세계비교헌법

김철수
정재황
김대환
이효원

박영사

머 리 말

우리 헌정사도 어느덧 66년이 지났다. 특히 제6공화국 헌법이 시행된 지 26년이 되었는데 헌정이 잘 운영되지 않는다고 하여 개정해야 한다는 의견이 높아졌다. 1987년 개정 당시만 하더라도 이 체제는 3김씨의 집권을 위한 것이라 10년 내에 바뀌게 될 것이며 3김 퇴장 후에는 보다 좋은 헌법이 탄생될 것이라고 기대하였다. 개정헌법이 순기능을 발휘하여 3김씨가 집권한 뒤에 새 세대로 정권이 이양되었으나 개헌은 되지 않았다. 의원내각제로의 개헌은 1987년 개헌 당시부터 주장되어 왔으나 대통령이 되기를 바라는 정치인의 반대로 개헌이 성사되지 못하였다.

행정부에서도 노무현 대통령이 대통령 연임을 위한 원 포인트 개헌론을 주장하였으나 임기말로 무산되었다. 이명박 대통령 때도 정무장관으로 하여금 개헌을 담당하게 하였으나 불발이 되었다. 국회에서는 끊임없이 대통령의 권한을 약화시키고 국회가 중심이 되는 헌법개정이 논의되었다. 2008년에 김형오 의장은 국회에 헌법연구자문위원회를 구성하여 야당의 불참 하에 헌법개정연구를 하게 하였다. 여기서도 권력구조에 관한 합의가 되지 않아 미국식 대통령제나 프랑스식 2원정부제 둘 중에서 택일하는 것이 좋을 것이라는 권고안이 2009년에 제출되었다. 그러나 국회의원들의 합의를 얻지 못하여 개헌안으로 발전하지는 않았다.

2014년 1월에는 강창희 의장이 국회헌법개정자문위원회를 구성하여 김철수와 함께 위원 14명이 헌법개정안을 성안하도록 위촉하였다. 이에 위원장을 맡은 김철수는 의안초안을 작성하기 위하여 세계각국헌법조문을 모으고 이를 분류할 필요를 느꼈다. 그리하여 서울대학교 법과대학 헌법학교실 출신의 정재황 위원, 김대환 위원, 이효원 위원과 함께 자료집을 작성하기로 합의하였고, 서울대학교를 비롯한 각 대학 조교들의 도움을 받아 세계헌법을 비교하는 자료집을 완성하게 되었다. 원래의 목적은 3월경에 출간할 예정이었으나 그 출간이 늦어지게 되었다.

그동안 세계각국헌법을 비교한 책은 많았으나 세계각국헌법이 그동안 전면 개정되거나 부분 개정되어 쓸모가 없게 되었다. 이에 편자들은 최신의 세계헌법을 집대성한 국회입법조사처의 「세계의 헌법」 2014년판을 대본으로 하여 새로이 분류 작성하기로 하였다. 이 작업에는 이들 교수들의 조교의 도움이 컸다. 이들에게 감사하며 「세계의 헌법」 번역을 해 주신 국회입법조사처 직원들에게도 감사한다.

2014년 가을부터 헌법개정논의는 점차 활발해지고 있으며, 통일헌법연구에도 관심이 집중되고 있다. 이러한 시기에 세계각국의 헌법이 중요문제에서 어떤 해답을 하고 있는가를 연구하는 것은 꼭 필요하며 이 세계헌법 비교자료집이 큰 도움을 줄 것으로 믿는다. 헌법개정에 참여하는 국회의원뿐만 아니라 이에 관심을 가지는 학자, 학생들에게도 필수적인 연구의 도구가 될 것으로 믿는다. 이 자료집이 우리나라 헌법개정연구의 토대가 되어 세계에 길이 남을 모범적 헌법이 제정되기를 편자들은 기원하고 있다.

끝으로 상품가치가 적은 이 자료집을 대한민국헌정 발전을 바라는 일념으로 출판해 주신 박영사 안종만 회장님과 편집과 교정에 노력해 주신 박영사 직원 여러분에게 감사한다.

2014년 10월 3일

개천절에

김철수

차 례

I. 전 문

[대한민국]

유구한 역사와 전통에 빛나는 우리 대한국민은 3·1운동으로 건립된 대한민국임시정부의 법통과 불의에 항거한 4·19민주이념을 계승하고, 조국의 민주개혁과 평화적 통일의 사명에 입각하여 정의·인도와 동포애로써 민족의 단결을 공고히 하고, 모든 사회적 폐습과 불의를 타파하며, 자율과 조화를 바탕으로 자유민주적 기본질서를 더욱 확고히 하여 정치·경제·사회·문화의 모든 영역에 있어서 각인의 기회를 균등히 하고, 능력을 최고도로 발휘하게 하며, 자유와 권리에 따르는 책임과 의무를 완수하게 하여, 안으로는 국민생활의 균등한 향상을 기하고 밖으로는 항구적인 세계평화와 인류공영에 이바지함으로써 우리들과 우리들의 자손의 안전과 자유와 행복을 영원히 확보할 것을 다짐하면서 1948년 7월 12일에 제정되고 8차에 걸쳐 개정된 헌법을 이제 국회의 의결을 거쳐 국민투표에 의하여 개정한다.

[러시아]

우리는 러시아연방의 다민족이며 우리 영토에 관한 단일한 운명으로 묶여있고, 개인의 권리와 자유 그리고 국민의 평화와 합의를 확립하고, 역사적으로 확립된 국가적 일체성을 보존하면서, 평등과 민족자결이라는 보편적 원칙으로부터 출발하여, 조국에 대한 사랑 그리고 선과 정의에 대한 믿음을 우리에게 전해준 선조들을 기리며, 러시아의 주권국가체제를 부흥시키고 견고한 민주적 기반을 확립하고, 러시아의 안녕과 번영을 보장할 수 있도록 노력하면서, 현재와 미래의 세대 앞에 조국에 대한 책임감을 가지고, 우리가 세계사회의 일원임을 자각하며, 이에 따라 러시아 연방의 헌법을 채택한다.

[미국]

우리 미국(the United States) 국민은 더욱 완벽한 연방(Union)의 형성과 정의의 확립, 국내의 안녕을 보장, 공동의 방위를 도모하고, 국민의 복지를 증진하며 우리들과 후대에게 자유의 축복을 보장할 목적으로 미국(the United States of America)을 위하여 이 헌법을 제정한다.

[프랑스]

프랑스 인민은 1789년의 인권선언에서 규정되고 1946년 헌법 전문에서 재차 확정되고 보완된 인권과 국민주권의 권리, 그리고 2004년 환경헌장에 규정된 권리와 의무에 구속됨을 엄숙히 선언한다. 상기된 원리와 국민들의 자유로운 자기결정에 입각하여, 프랑스 공화국은 이를 따르기를 희망하는 해외 주들에게 자유·평등·박애의 보편적 이념에 입각하고, 이들의 민주적 발전을 목적으로 구상된 새로운 체제를 제공한다.

[그리스]

– 성스럽고 일심동체이며 불가분인 삼위일체의 이름으로 –

[뉴질랜드]

헌법적 중요성을 가진 규정들을 하나의 법규로 합치고, 영국 의회의 1852년 뉴질랜드 헌법이 뉴질랜드 법으로서의 효력을 상실하도록 뉴질랜드 헌법을 개정하는 법

[독일]

독일 국민은 신과 인간에 대한 책임을 의식하고 통일 유럽에서 동등한 권리를 가진 구성원으로서 세계평화에 이바지할 것을 다짐하며 헌법 제정권력에 의하여 이 기본법을 제정하였다. 바덴－뷔르템베르크, 바이에른, 베를린, 브란덴부르크, 브레멘, 함부르크, 헷센, 메클렌부르크－포어포메른, 니더작센, 노르트라인－베스트팔렌, 라인란트－팔츠, 자르란트, 작센, 작센－안할트, 슐레스비히－홀슈타인과 튀링엔 주(州)의 독일인은 자유롭게 자기결정권을 가지며 독일의 통일과 자유를 성취하였다. 이로써 이 기본법은 모든 독일 국민에게 적용된다.

[스위스]

전능하신 신의 이름으로! 스위스 국민과 주들은, 천지창조에 대한 책임을 자각하며, 세계에 대한 연대와 개방정신으로 동맹관계(우호관계)를 강화하여 자유, 민주주의, 독립, 그리고 평화를 더욱 굳건히 할 것을 결의하며, 이들과 함께 이루어낸 성과와 장래 세대에 대한 그들의 책임을 의식하여, 서로 간의 존중과 그 다양성을 영위하며 함께 살아갈 것을 다짐하고, 자유를 행사하는 자만이 자유로우며, 또한 국민의 힘은 약자의 복지를 기준으로 평가됨을 바탕으로 하여 이하의 헌법을 채택하는 바이다.

[일본]

일본 국민은 정당한 선거로 선출된 국회의 대표자를 통하여 행동하고, 우리와 우리 자손을 위하여 세계 제 국민과의 화합에 따른 성과와 우리나라 전역에 자유가 가져올 혜택을 확보하며, 다시는 정부의 행위에 의하여 전쟁의 참화가 일어나지 않도록 할 것을 결의하고, 이에 주권이 국민에게 존재함을 선언하며 이 헌법을 확정한다. 무릇 국정은 국민의 엄숙한 신탁에 의한 것으로서 그 권위는 국민으로부터 유래하고, 그 권력은 국민의 대표자가 행사하며, 그 복리는 국민이 향유한다. 이는 인류보편의 원리이며 이 헌법은 이러한 원리에 기초한 것이다. 우리는 이에 반하는 일체의 헌법·법령 및 조칙(詔勅)을 배제한다.

일본 국민은 항구적인 평화를 염원하고 인간 상호관계를 지배하는 숭고한 이상을 깊이 자각하는 바이므로, 평화를 사랑하는 세계 제 국민의 공정과 신의를 신뢰함으로써 우리의 안전과 생존을 지켜나갈 것을 결의하였다. 우리는 평화를 유지하고 전제와 예종(隷從), 압박과 편협을 지상에서 영원히 제거하고자 노력하고 있는 국제사회의 명예로운 일원이 되고자 한다. 우리는 전 세

계의 국민이 균등하게 공포와 결핍에서 벗어나 평화롭게 생존할 권리를 가짐을 확인한다.

우리는 어떠한 국가도 자국의 이익에만 몰두하여 타국을 무시하여서는 아니 되고, 정치도덕의 법칙은 보편적인 것으로서 이 법칙에 따르는 것은 자국의 주권을 유지하고 타국과 대등한 관계에 서고자 하는 각국의 책무임을 믿는다.

일본 국민은 국가의 명예를 걸고 전력을 다하여 숭고한 이상과 목적을 달성할 것을 맹세한다.

Ⅱ. 총　강

1. 국가형태 – 민주공화국

[대한민국]

제 1 조 ① 대한민국은 민주공화국이다.
② 대한민국의 주권은 국민에게 있고, 모든 권력은 국민으로부터 나온다.

[러시아]

제 1 조 1. 러시아연방, 즉 러시아는 공화국 정부 형태를 가진 민주 연방 법치국가이다.

제 3 조 1. 러시아연방 주권의 보유자이자 권력의 유일한 원천은 연방의 다국적 국민들이다.
2. 국민은 직접적으로, 또는 국가 정부기관과 지방자치 정부기관들을 통하여 권력을 행사한다.

[프랑스]

제 1 조 ① 프랑스는 분리될 수 없고, 정치와 종교가 나누어져 있는, 민주 그리고 사회주의 공화국이다...

제 3 조 ① 국가의 주권은 국민에게 있고, 국민은 그 대표자와 국민투표를 통하여 주권을 행사한다.
② 특정인이나 일부 국민이 주권을 배타적으로 보유하거나 행사할 수 없다.

[노르웨이]

제 1 조 노르웨이왕국은 자유·독립국이며 불가분적이고 양도불가능한 하나의 왕국이다. 정부의 형태는 제한적 세습군주제이다.

[덴마크]

제 2 조 덴마크 왕국은 입헌군주국이다. 왕권은 1953년 3월 27일 왕위계승법의 조항에 따라 남녀에 의해 계승한다.

[독일]

제20조 (1) 독일연방공화국은 민주적·사회적 연방 국가이다.

(2) 모든 국가권력은 국민으로부터 나온다. 국가권력은 국민에 의하여 선거와 투표로, 그리고 입법, 행정 및 사법의 특별 기관을 통하여 행사된다.

[아이슬란드]

제1조 아이슬란드는 의원내각제 공화국이다.

[이탈리아]

제1조 이탈리아는 노동에 기초한 민주공화국이다.

주권은 국민에게 있으며, 헌법에 따라 그리고 헌법의 한계 내에서 국민에 의해 행사된다.

[헝가리]

기초

제A조 우리나라의 이름은 헝가리로 한다.

제B조 (1) 헝가리는 법치주의로 규율되는 민주적 독립 국가이다.

(2) 헝가리의 정부형태는 공화국으로 한다.

(3) 권력은 국민으로부터 나온다.

(4) 국민은 선출된 대표를 통하여 또는 예외적인 경우 직접적 방법으로 주권을 행사한다.

[남아프리카공화국]

제1조 (남아프리카공화국) 남아프리카공화국은 다음의 가치에 기초한 단일 주권 민주주의 국가이다.

a. 인간의 존엄성, 평등의 실현, 인권과 자유의 증진

b. 인종 평등과 성 평등

c. 헌법의 최고성과 법치주의

d. 책임, 감응(responsiveness), 개방성을 보장하기 위한 민주주의 정부의 보통 성인 선거권, 국가의 일반 유권자 명단, 정기적 선거와 복수 정당제

[터키]

제1조 터키는 공화국이다.

제6조 터키의 주권은 완전히 그리고 무조건적으로 국민에게 있다.

터키 국민은 헌법이 규정한 원칙에 의하여 정해진 바에 따라 정당한 조직을 통해 그 주권을 행사할 수 있다.

주권행사의 권리는 개인, 단체 또는 계층에 위임될 수 없다. 어떤 개인이나 기관도 헌법으로부터 유래되지 않은 국가권력을 행사할 수 없다.

[핀란드]

제1조 (헌법) 핀란드는 독립 공화국이다.

핀란드 헌법은 이 법률에 규정되어 있다. 헌법은 인간 존엄의 불가침성과 개인의 자유와 권리를 보장하고 사회정의를 촉진한다.

핀란드는 평화와 인권의 보호 및 사회 발전을 위해 국제 협력에 동참한다. 핀란드는 유럽연합의 회원국이다.

2. 국 적

[대한민국]

제2조 ① 대한민국의 국민이 되는 요건은 법률로 정한다.

② 국가는 법률이 정하는 바에 의하여 재외국민을 보호할 의무를 진다.

[러시아]

제6조 1. 러시아연방의 시민권은 연방법률에 따라 취득 또는 정지되며 취득사유와 상관없이 단일, 평등하다.

3. 러시아연방의 국민은 자신의 시민권 또는 국적 변경의 권리를 박탈당하지 아니한다.

제26조 1.모든 국민은 자신의 국적을 결정할 권리를 갖는다. 누구도 이에 관한 결정을 강요받지 아니한다.

제61조 1. 러시아연방 국민들은 러시아 연방으로부터 추방되거나 외국으로 인도되지 아니한다.

2. 러시아연방은 자국 국민에 대한 보호 및 해외에서의 지원을 보장한다.

제62조 1. 러시아연방 국민은 연방법률과 러시아연방이 체결한 국제조약에 따라 외국국적(이중국적)을 가질 수 있다.

2. 러시아연방 국민은 외국국적을 취득해도 연방법률이나 러시아연방이 체결한 국제조약과 다르게 규정되지 않는 한, 그 권리와 자유가 축소되지 않고, 러시아 국민으로서의 의무가 면제되지도 않는다.

3. 외국 시민이나 무국적자도 연방법 률이나 러시아연방이 체결한 국제조약이 규정하는 경우를 제외하고는 러시아연방 시민과 동등한 권리와 자유를 향유하며 의무를 진다.

[미국]

수정헌법 제14조 ① 제1문 미국에서 출생하거나 귀화한 미국의 관할권에 속하는 모든 사람은 미국 및 그 거주하는 주(州)의 시민이다.

[프랑스]

제34조 ① 법률은 다음 사항에 관하여 규정한다.

– 국적, 개인의 지위와 법적 능력, 혼인재산제, 상속과 증여

[덴마크]

제44조 (1) 법률에 따르지 않고는 어떠한 외국인도 귀화할 수 없다.

[독일]

제16조 (1) 독일인의 국적은 박탈되지 아니한다. 국적의 상실은 법률에 근거하여서만 그리고 이로 인하여 당사자가 무국적이 되지 않는 때에만 당사자의 의사에 반하여 행하여질 수 있다.

[룩셈부르크]

제9조 룩셈부르크 국적은 법률이 정한 원칙에 따라 취득되고, 유지되며 상실된다. 현행 헌법과 참정권에 관련된 다른 법률은 국적 이외에 참정권 행사를 위해 필요한 조건을 결정한다. 전항의 예외로서, 법률은 룩셈부르크 국민이 아닌 자에게 참정권 행사를 부여할 수 있다.

[벨기에]

제8조 벨기에 국민의 국적은 민사법이 규정하는 바에 따라 취득, 유지, 상실된다.

국적 이외의 정치적 권리의 행사를 위하여 필요한 요건은 헌법과 정치적 권리에 관한 다른 법률들로 정한다. 두번째 단락의 예외로, 벨기에의 국제적 및 초국가적인 의무에 따라서 벨기에 시민이 아닌 유럽연합 시민으로서의 투표권은 법률로 정할 수 있다.

전 단락에 따른 투표권은 법률에 의하여 유럽연합 회원국 시민이 아닌 벨기에 거주자들에게 확대 적용할 수 있다.

제9조 귀화는 연방의 입법권에 의하여 허가된다.

[스위스]

제37조 (시민권) ① 자치단체(Gemeinde) 시민권 및 자치단체가 속한 주의 시민권을 보유하는 사람은 스위스 시민권을 가진다.

② 누구도 시민권을 이유로 특혜나 불리한 처우를 받지 아니한다. 다만, 주의 입법으로 금지하지 아니하는 한 시민(Bürgergemeinden) 및 직능단체(Korporationen)에 있어서 참정권이나 재산권의 행사를 조정하기 위한 경우에는 그러하지 아니하다.

제38조 (시민권의 취득과 상실) ① 연방은 출생, 혼인, 입양에 의한 시민권의 취득 및 상실에 관하여 정한다. 연방은 기타 원인에 따른 스위스인의 시민권의 상실 및 회복에 관하여도 정한다.

② 연방은 외국인의 귀화에 필요한 최소한의 요건을 정하고 귀화를 허가한다.

③ 연방은 무국적 아동에 대한 귀화요건을 완화한다.

제40조 (재외국민) ① 연방은 재외국민들 간의 연대 및 재외국민과 스위스 간의 연대 강화에 기여한다. 연방은 이 목적의 달성을 도모하는 조직을 지원할 수 있다.

② 연방은 재외국민의 권리와 의무, 특히 연방에 있어서 참정권 행사, 병역 또는 대체복무 의무의 이행, 사회복지 및 사회보장에 관하여 입법한다.

[스페인]

제11조 ① 스페인 국적은 법률이 정한 요건에 따라 취득, 유지 또는 상실한다.

② 스페인 국민으로 태어난 자의 국적은 박탈할 수 없다.

③ 국가는 라틴아메리카 또는 스페인과 특별한 관계를 가지고 있었거나 가지고 있는 여러 나라와 이중국적에 관한 조약을 체결할 수 있다. 이러한 국가에서 비록 자국민에게 상호주의적인 권리를 인정하지 않는다고 하더라도 스페인 국민은 원래의 스페인 국적을 상실하지 않은 채 그 국가에 귀화할 수 있다.

[아일랜드]

제2조 이는 아일랜드섬 및 아일랜드를 구성하는 여러 섬과 바다를 포함한 지역에 태어난 모든 개인에게 부여되는 타고난 권리다. 또한 법에 따라 아일랜드 국민이 될 자격을 달리 갖춘 모든 개인의 권리이기도 하다. 나아가, 아일랜드는 아일랜드의 문화적 정체성과 유산을 공유하며 해외에서 살고 있는 아일랜드계 사람들과의 특별하고 밀접한 관계를 소중히 여긴다.

제9조 1. 1° 본 헌법의 시행 시, 본 헌법의 시행 직전에 아일랜드 자유국(Saorstát Éireann)의 국민이었던 자는 아일랜드의 국민이 된다.

2° 향후 아일랜드 국적 및 시민권의 취득 및 상실은 법에 따라 결정된다.

3° 어느 누구도 성별을 이유로 아일랜드 국적 및 시민권에서 배제될 수 없다.

2. 1° 본 헌법의 기타 조항에도 불구하고, 섬들과 바다를 포함하는 아일랜드섬에서 태어난 자로서, 출생 시에 부모 모두가 아일랜드 국민이 아니거나 아일랜드 국민이 될 자격을 갖추지 못한 경우, 법에 의해 달리 규정된 경우를 제외하고, 아일랜드 시민권 또는 국적을 취득할 자격이 없다.

2° 본 항은 본 항의 제정일 전에 태어난 자에게는 적용되지 아니 한다.

3. 국민과 국가에 대한 충성은 모든 국민의 기본적인 정치적 의무이다.

[일본]

제10조 [국민의 요건] 일본 국민의 요건은 법률로 정한다.

[헝가리]

기초

제G조 (1) 헝가리 국민의 자녀는 출생 시에 헝가리 국민이 된다. 기본법률(cardinal Act)로 그 밖의 헝가리 국적의 부여 및 취득을 정할 수 있다.

(2) 헝가리는 국민을 보호하여야 한다.

(3) 누구도 출생 또는 적법한 방법으로 취득한 헝가리 국적을 박탈당하지 않는다.

(4) 국적에 관한 세부규칙은 기본법률로 정한다.

자유와 책임

제XXIX조 (1) 헝가리에 거주하는 국민은 국가의 구성원이 된다. 민족을 불문하고 모든 헝가리 국민은 본인의 신원을 자유롭게 표현하고 보존할 권리를 가진다. 헝가리에 거주하는 민족은 모국어를 사용하고, 그 성명을 개인적 및 집단적으로 본인의 언어로 사용하며, 본인의 문화를 추구하고, 본인의 언어로 교육받을 권리를 가진다.

(2) 헝가리에 거주하는 민족은 지역적 및 전국적 자치정부를 설립할 권리를 가진다.

(3) 헝가리에 거주하는 민족의 권리, 민족, 민족으로서의 인정요건에 관한 세부규칙과 지방 및 국가 수준에서 민족자치정부의 선거에 관한 규칙은 기본법률로 정한다. 기본법률은 민족으로서의 인정이 특정한 기간의 주와 관련 민족의 구성원임을 선언한 자의 특정 수의 발의를 조건으로 함을 규정할 수 있다.

[터키]

제66조 (2001년 10월 17일 개정) 시민권에 의하여 터키 국가에 속한 모든 사람은 터키인이다.

터키인 아버지나 터키인 어머니의 자녀는 터키인이다.

시민권은 법률로 규정된 조건 하에서 취득될 수 있으며 법률로 정한 경우에 한하여 박탈할 수 있다.

어떠한 터키인도 조국에 대한 충성에 반하는 행위를 하지 않는 한 시민권이 박탈당하지 아니 한다.

시민권 박탈과 관련된 결정 및 절차에 반대하여 제기한 소송에서 재판청구권은 거부되지 아니 한다.

3. 영 토

[대한민국]

제3조 대한민국의 영토는 한반도와 그 부속도서로 한다.

[러시아]

제4조 1. 러시아연방의 주권은 연방 내의 전 영토에 미친다.

제67조 1. 러시아연방 영토는 내해, 영해, 영공을 포함한다.

2. 러시아연방은 연방법률 및 국제법에 정해진 절차에 따라 러시아연방의 대륙붕과 배타적 경제수역에 대한 주권을 가지며 사법권을 행사한다.

3. 러시아연방 구성주체 간의 경계선은 상호합의에 따라 변경할 수 있다.

[멕시코]

제27조 ⑦ 국가는 법률에 정하는 바에 따라 영해 밖에 위치하고 영해에 인접한 배타적 경제수역에 대한 주권과 관할권을 갖는다. 배타적 경제수역은 영해의 기준선으로부터 200해리이다. 배타적 경제수역이 다른 국가의 배타적 경제수역과 중복되는 경우에는 해당 국가와의 협정에 따라 경계선을 확정하여야 한다.

제42조 국가 영토는 다음과 같이 구성된다.

Ⅰ. 연방의 구성부분

Ⅱ. 인접 해역의 암초와 모래톱을 포함한 섬

Ⅲ. 태평양에 위치한 과달루페섬과 리빌러기기도섬

Ⅳ. 섬, 모래톱, 암초의 대륙붕과 해저층

Ⅴ. 국제법이 정하는 범위와 조건에 따른 영해의 수역과 내수면

Ⅵ. 국제법이 정하는 범위와 조건에 따른 영공

제43조 멕시코의 영토는 Aguascalientes주, Baja California주, Baja California Sur주 .... Zacatecas주와 연방직할시로 구성된다.

제48조 연방 정부는 영토에 속하는 인접 해역의 섬, 암초 및 모래톱, 해당 섬, 암초 및 모래톱의 대륙붕 및 해저층, 영해, 내륙 수로, 영공을 관할한다. 다만, 주(州)가 현재까지 관할권을 행사한 섬은 제외한다.

[아일랜드]

제3조 1. 아일랜드는 아일랜드섬의 영토를 공유하는 모든 이들이 정체성과 전통의 모든 다양성 속에서 조화롭고 우호적으로 통일하도록 하며, 아일랜드섬의 양쪽 관할지역에서 민주적으로 표명된 대다수 사람들의 동의를 얻어 오직 평화로운 수단을 통해서만 아일랜드가 통일되어야 한다는 확고한 의지를 천명하는 바이다. 그 때까지, 본 헌법에 따라 수립된 국회에 의해 제정된 법률은 본 헌법의 효력 발생 직전에 존재한 국회에 의해 제정된 법률과 유사한 적용 분야 및 범위를 가진다.

2. 해당 관할 간에 공유되는 집행권과 집행기능을 지닌 기관들은 명시된 목적을 위하여 관할 당국에 의해 설치될 수 있으며, 이 섬 전체 또는 일부에 대해 집행권과 집행기능을 행사할 수 있다.

[오스트리아]

제2조 ① 오스트리아는 연방국가이다.

② 연방국가는 독립적인 자치 주로 구성된다: 부르겐란트, 케른텐, 니더외스터라이히, 오버외스터라이히, 잘츠부르크, 슈타이어마르크, 티롤, 포르아를베르크, 빈(Wien)

③ 주의 수(數)를 변경하거나 본 항과 제3조에 따른 주의 참여를 제한함에 있어서는 주헌법적 규정도 필요로 한다.

제3조 ① 연방영역은 연방 각 주의 영역을 포괄한다.

② 연방국경의 변경을 가져오는 주간(州間)협약은 해당 주의 동의가 있어야만 체결할 수 있다.

③ 연방영역 내의 경계를 변경함에 있어서는 연방과 해당 주 모두의 동의를 얻은 법률에 의하여야 한다. 연방영역 내의 경계를 정비함에 있어서는 해당 주들의 동의를 얻은 법률에 의하면 충분하다.

④ 경계정비의 경우가 아닌 한, 제2항과 제3항에 따른 경계변경에 관한 국민회의의 의결은 재적의원 과반수의 출석과 투표수의 3분의 2 이상의 찬성에 의한다.

제4조 ① 연방영역은 통일적인 통화유통구역, 경제구역 및 관세구역으로 구성된다.

② 연방 내에서는 중간관세선이나 그 밖의 통상 제한은 설정되어서는 안 된다.

[캐나다]

1867년 캐나다 헌법

제3조 연방의 선언

추밀원의 자문에 따라 여왕은 적법하게 성명서에 명시된 날짜의 당일 혹은 이후 이 법이 가결된 날로부터 늦어도 6개월 이내에 캐나다의 각 주, 노바스코샤 및 뉴브런즈윅을 캐나다라는 국명 하에 단일한 자치령으로 구성하여 편입할 것을 선언하여야 한다. 이에 따라, 이들 세 지역은 성명서에 명시된 날의 당일 혹은 그 이후 캐나다라는 국명 하에 단일한 자치령을 구성하고 이에 편입된다.

제4조 추후 법 조항의 해석

별도의 명시적 또는 묵시적 규정이 없는 한, 캐나다라는 국명은 이 법에 따라 제정된 바와 같이 캐나다를 의미하는 것으로 간주한다.

제5조 4개의 주

캐나다는 온타리오 주, 퀘벡 주, 노바스코샤 주 및 뉴브런즈윅 주 등 4개의 주로 구성된다.

제6조 온타리오 주 및 퀘벡 주

구 북부 캐나다 및 남부 캐나다 지역을 각 구성한 캐나다 주의 부분(본 법의 가결 시 존재하는 대로)은 서로 분리된 것으로 간주하며 2개의 주를 별도로 구성한다. 구 북부 캐나다 지역을 구성한 부분은 온타리오 주를 구성하고, 구 남부 캐나다 지역을 구성한 부분은 퀘벡 주를 구성한다.

제7조 노바스코샤 주 및 뉴브런즈윅 주

노바스코샤 주와 뉴브런즈윅 주의 경계는 이 법 가결 시와 동일하다.

제8조 10년 주기의 인구 조사

이에 1871년에 최초로 실시하고 이후 10년마다 한 번씩 실시할 캐나다 총인구 조사에서는 4개 주의 지역별 인구를 구분해 집계한다.

[헝가리]

기초

제F조 (1) 헝가리의 수도는 부다페스트로 한다.

(2) 헝가리의 영토는 수도, 카운티, 시티, 타운 및 빌리지로 구성한다. 수도와 시티 및 타운은 구로 구분될 수 있다.

[터키]

제 3 조 터키는 영토와 국민으로 이루어진 단일체의 국가이다. 터키 국가의 언어는 터키어이다.

터키의 국기는 관련 법률에 의해 그 형태가 규정되어 있으며, 붉은색 배경에 흰색 초승달과 별로 구성되어 있다.

터키의 국가는 "독립 행진곡"이다.

터키의 수도는 앙카라이다.

제43조 연안은 국가의 주권과 처분권 하에 있다.

인근 해안, 호수 연안 또는 강가의 활용 및 해양과 호수의 연안선을 활용함에 있어 공익을 우선으로 고려해야 한다.

연안의 폭과 연안선은 그 활용 목적과 조건에 따라 개별적으로 법률로 정한다.

4. 국가의 기본이념

[대한민국]

제 4 조 대한민국은 통일을 지향하며, 자유민주적 기본질서에 입각한 평화적 통일 정책을 수립하고 이를 추진한다.

제 9 조 국가는 전통문화의 계승·발전과 민족문화의 창달에 노력하여야 한다.

[러시아]

제 7 조 1. 러시아연방은 사회적 국가이며, 러시아연방의 정책은 개인의 가치 있는 삶과 자유로운 발전을 보장해 주는 여건 창조를 목표로 한다.

제 8 조 1. 러시아연방에서는 경제권의 보전, 상품, 서비스, 재원의 자유로운 이동, 경쟁의 지원과 경제활동의 자유가 보장된다.

2. 러시아연방에서는 개인소유, 국가소유, 자치단체 소유 및 여타 소유형태가 동등하게 인정되고 보호된다.

제14조 1. 러시아연방은 세속적인 국가이다. 어떤 종교도 국교 또는 강제적인 것으로 설정될 수 없다.

2. 종교단체는 국가로부터 분리되며 법 앞에 평등하다.

[아르헨티나]

제 2 조 연방정부는 로마 카톨릭교를 지원한다.

[그리스]

제 2 조 ① 인간의 가치에 대한 존중과 보호는 국가의 일차적인 의무이다.

제 3 조 ① 그리스의 지배적인 종교는 그리스 정교이다. 그리스 정교회는 우리 주 예수 그리스도

를 수장으로 모시며, 콘스탄티노플의 그리스도 대교회 및 기타 교리는 같은 다른 모든 그리스도 교회와 하나로 통합되어 있고, 이들처럼 굳건하게 사도 및 종교회의의 교회법과 성스러운 전통을 준수한다. 그리스 정교는 독립되어 있으며, 주교좌 공의회(시노드, Synod)와 그에서 유래한 영구적인 공의회(시노드, Synod)에 의해 관리되고, 1850년 6월 29일자 원로 법전과 1928년 9월 4일자 공의회법의 규정을 준수하는 교회 헌장에 의하여 조직된다.

② 그리스 일부 지역에 존재하는 교회 체제는 전 항의 규정과 상반되는 것으로 간주되지 않는다.

③ 성서의 내용은 변경되지 않은 상태로 유지되어야 한다. 그리스 정교와 콘스탄티노플의 그리스도 대교회의 사전 허가 없이 다른 언어로 성서를 공식 번역하는 행위는 금지된다.

[네덜란드]

제2조 우리나라의 가치는 기독교와 인도주의 전통에 기반을 둔다. 헌법은 민주주의, 법치주의 및 인권을 보장한다.

[덴마크]

제4조 복음주의 루터교회는 덴마크 국교회이며 그러한 자격으로 국가의 지지를 받는다.

[스위스]

제2조 (목적) ① 스위스 연방은 국민의 자유와 권리를 보호하고 국가의 독립과 안전을 보장한다.

② 스위스 연방은 국가의 공공복리, 지속가능한 발전, 내부결속 및 문화적 다양성을 증진한다.

③ 스위스 연방은 모든 국민에 대하여 최대한의 기회균등을 보장한다.

④ 스위스 연방은 자연자원을 지속적으로 보존하고 정의롭고 평화로운 국제질서를 위하여 노력한다.

제5조 (법치국가의 원리) ① 법률은 국가의 모든 활동의 근거이며 한계이다.

② 국가의 활동은 공공의 이익에 부합하고 그 추구하는 목적에 비례하는 것이어야 한다.

③ 국가기관 및 사인(Private handeln)은 신의성실의 원칙에 따라 활동하여야 한다.

[헝가리]

제C조 (1) 헝가리의 국가기능은 권력분립의 원칙을 기초로 한다.

(2) 누구도 권력의 강제적 취득, 행사 또는 배타적 점유를 목적으로 하는 활동을 할 수 없다. 모든 사람은 그와 같은 행위에 적법한 방법으로 저항할 권리와 의무를 가진다.

(3) 국가는 헌법과 법률을 집행하기 위하여 강제력을 사용할 수 있는 배타적 권리를 가진다.

[터키]

제2조 터키 공화국은 법률에 따라 통치되고, 공공의 평화와 국민통합 및 정의를 실현하며, 인권을 존중하고, Ataturk의 민족주의에 충실하며, 전문에 규정된 근본정신에 기반을 둔 민주적이며 정치와 종교가 분리된 사회 국가이다.

제63조 국가는 역사적, 문화적, 자연적 자산 및 부를 보존해야 하며 이러한 목적을 지향하는 지원 및 촉진 조치를 취해야 한다.

개인소유의 이러한 자산과 부에 부과된 모든 제한 및 위 제한으로 인한 해당 자산과 부의 소유자에게 적용되는 보상 및 면제는 법률로 정한다.

5. 침략전쟁의 부인

[대한민국]

제5조 ① 대한민국은 국제평화의 유지에 노력하고 침략적 전쟁을 부인한다.

[필리핀]

제2장 제2조 필리핀은 국가정책의 실현수단으로서 전쟁을 포기하며, 보편적으로 수용되는 국제법의 원칙을 국내법의 일부로 채택하고 평화, 평등, 정의, 자유, 협력 정책 및 모든 국가와의 우호 정책을 고수한다.

[독일]

제26조 (1) 국제사회의 평화적인 공동생활을 방해함에 적합하고, 그러한 의도로 하는 행위, 특히 침략전쟁 수행의 준비는 위헌이다. 이러한 행위는 처벌되어야 한다.

(2) 전쟁수행을 위한 무기는 오직 연방정부의 허가를 받아 제조, 운반, 거래될 수 있다. 자세한 사항은 연방 법률로 정한다.

[아일랜드]

제29조 2. 아일랜드는 국제적 중재 또는 사법 결정에 의한 국제 분쟁의 평화적 해결 원칙의 고수를 확인한다.

[이탈리아]

제11조 이탈리아는 타국민의 자유를 침해하는 수단으로서의 전쟁과 국제분쟁 해결로서의 전쟁을 거부한다. 이탈리아는 타국과 동등한 조건으로 국가 간의 평화와 정의를 보장하는 세계 질서에 필요한 주권 제한에 동의한다. 이탈리아는 그런 목적을 추진하는 국제기구를 촉진 및 장려한다.

[일본]

제9조 [전쟁의 포기와 군비 미보유 및 교전권의 부인] ① 일본 국민은 정의와 질서를 바탕으로 하는 국제평화를 성실하게 희구하며, 국권의 발동인 전쟁과 무력에 의한 위협 또는 무력행사는 국제분쟁을 해결하는 수단으로서는 영구히 이를 포기한다.

② 제1항의 목적을 달성하기 위하여 육해공군 그 밖의 전력은 보유하지 아니한다. 국가의 교전권은 인정하지 아니한다.

6. 국제질서

[대한민국]

제6조 ① 헌법에 의하여 체결·공포된 조약과 일반적으로 승인된 국제법규는 국내법과 같은 효력을 가진다.

② 외국인은 국제법과 조약이 정하는 바에 의하여 그 지위가 보장된다.

[러시아]

제15조 4. 국제법상 보편적으로 인정되는 원칙과 규범 및 러시아연방이 체결한 국제조약들은 러시아연방법률체계를 구성하는 필수적인 부분이다. 만약 러시아 연방의 국제조약이 법률과 다

른 내용의 규정을 두고 있다면, 그 국제조약의 규정이 적용된다.

제62조 3. 외국 시민이나 무국적자도 연방법률이나 러시아연방이 체결한 국제조약이 규정하는 경우를 제외하고는 러시아연방 시민과 동등한 권리와 자유를 향유하며 의무를 진다.

[프랑스]

제55조 적법하게 비준 또는 승인된 국제조약 또는 국제협정은 각기 상대국에서도 시행된다는 유보 하에 공포 즉시 법률에 우선한다.

[그리스]

제 2 조 ② 그리스는 일반적으로 인정된 국제법을 준수하며 평화와 정의의 향상과 각국 국민 및 국가 간의 우호적인 관계 증진을 추구한다.

제28조[1] ① 일반적으로 승인된 국제법 및 법령에 의해 비준되어 해당 조건에 따라 발효된 국제조약은 그리스 국내법의 일부가 되며, 이에 배치되는 다른 법률에 우선한다. 국제법과 국제조약은 상호주의의 조건 하에서만 외국인에게 적용된다.

[네덜란드]

제90조 정부는 국제법 질서를 존중한다.

제93조 조약 및 국제기구 결의안은 공포된 후에는 모든 자에 대하여 구속력을 갖는다.

제94조 왕국에 시행 중인 법정 규정이 모든 자를 구속하는 국제기구의 조약 또는 결의와 충돌하는 때에는 그 법정 규정을 적용하지 않는다.

제95조 조약 및 결의안의 공포는 법률로 정한다.

[독일]

제25조 국제법의 일반원칙은 연방법의 구성부분이다. 이 원칙은 법률에 우선하며 연방영역의 주민에게 직접적으로 권리와 의무를 발생시킨다.

[스웨덴]

정부조직법 제10장 제 9 조 국제협약이 스웨덴 법률로써 효력을 가지는 것으로 법률이 정하는 경우, 의회는 국가를 구속하는 향후의 개정도 스웨덴 법률로 효력을 가지는 것으로 정할 수 있다. 이러한 결정은 제한적 범위의 향후 개정에 한하여만 적용한다. 이 경우의 결정은 제6조 둘째 문단에서 정하는 절차에 따른다.

[스위스]

제 5 조 (법치국가의 원리) ④ 연방 및 주는 국제법을 준수한다.

제121조

① 외국인의 스위스 출입국, 체재, 영주 및 난민 보호에 관한 법률의 제정은 연방의 권한에 속한다.

② 국가의 안전을 위태롭게 하는 외국인은 스위스에서 추방될 수 있다.

③ 외국인은 외국인에 대한 법적 지위와 관계없이 다음의 경우 스위스 거주권 및 기타 모든 법적 체류권을 상실한다.

a. 국제 살인, 강간 또는 기타 중대한 성범죄, 기타 강도, 인신매매, 마약매매 또는 주거침입

---

1) 해석 조항 : 제28조는 유럽 통합 과정에 참여하기 위한 기초를 제공한다.

절도 등 폭력범죄로 유효한 유죄판결을 받은 경우; 또는

b. 사회보험 및 사회보조혜택을 부당하게 청구한 경우.

④ 입법부는 제3항의 범죄를 상세히 정의하여야 하며, 다른 범죄를 추가할 수 있다.

⑤ 관할 당국은 제3항 및 제4항에 따라 스위스 거주권 및 기타 법적 체류권을 상실한 외국인을 스위스에서 추방하여야 하며, 이와 같은 외국인은 5년에서 15년까지 입국이 금지한다. 재범의 경우, 입국금지기간은 20년으로 한다.

⑥ 입국금지를 위반하거나 기타 스위스에 위법하게 입국하는 자는 범죄를 구성한다. 입법부는 관련 규정을 마련하여야 한다.

[스페인]

제13조 ① 외국인은 조약과 법률이 정하는 바에 의하여 이 편의 규정이 보장하는 공적 자유를 향유할 수 있다.

② 스페인 국민만이 제23조가 인정하는 권리를 가진다. 다만 상호주의 원칙에 따라 외국인은 조약 또는 법률에 의하여 지방선거에서 선거권과 피선거권을 가질 수 있다.

③ 범죄인의 인도는 상호주의의 원칙에 의하여 조약 또는 법률이 정하는 바에 따라 행한다. 정치범은 범죄인의 인도에서 제외된다. 그러나 테러행위는 정치범으로 보지 아니한다.

제96조 ① 유효하게 체결된 조약은 스페인 국내에서 공식적으로 공고되면 국내법체계의 일부를 구성한다. 조약의 규정은 조약 자체에서 정하는 방식으로 또는 국제법의 일반원칙에 따라서만 폐지, 개정 또는 정지할 수 있다.

② 조약 및 국제협정을 폐기하기 위해서는 제94조의 규정에 의한 절차를 밟아야 한다.

[아일랜드]

제29조 1. 아일랜드는 국제 정의와 도덕에 기초한 국가 간에 평화와 우호적인 협력의 이상을 실현하기 위해 전념할 것을 확인한다.

3. 아일랜드는 다른 국가들과의 관계에서 행동 준칙으로써 일반적으로 인정된 국제법 원칙을 인정한다.

4. 1° 대외 관계 또는 이와 관련한 국가의 집행권은 본 헌법 제28조에 따라 내각의 권한으로 또는 이를 근거로 하여 행사된다.

2° 대외 관계 또는 이와 관련한 국가의 공무 집행 기능의 행사 목적상, 내각은 법률로 정할 수 있는 범위까지 해당 조건에 의거하여 공동 관심사에 있어서 국제 협력의 목적상 국가가 관련되거나 관련될 국가 집단 또는 연맹국들에 의해 같은 목적으로 이용되거나 채택된 기관, 수단 또는 절차 방법을 법으로 결정하거나, 이용하거나 채택한다.

3° 국가는 유럽 원자력 공동체(1957년 3월 25일, 로마에서 서명된 조약에 의해 수립)의 회원국이 될 수 있다.

4° 아일랜드는 회원국들이 평화, 공동의 가치 및 국민들의 행복을 위해 노력하는 유럽연합의 노력에 찬성한다.

5° 국가는 유럽연합에 관한 조약 및 유럽공동체 수립 조약을 수정하는, 2007. 12. 13.자로 리스본에서 조인된 리스본 조약("리스본 조약")을 비준할 수 있고, 그 조약에 의하여 설립된 유럽연합의 회원국이 될 수 있다.

6° 헌법의 규정은 이 조 제5항에서 의미하는 유럽연합 회원의 의무 또는 유럽 원자력 공동

체 회원의 의무를 이행하기 위하여 리스본 조약 시행 전후에 국가가 제정한 법률, 국가가 채택한 행위 또는 조치를 무효로 하거나, 다음의 기구 등이 제정한 법률 또는 그 행위 또는 조치가 국가 법률로써의 효력을 가지는 것을 금지하지 아니 한다.

i. 상기 유럽연합 또는 유럽 원자력공동체 또는 그 산하기구,

ii. 리스본조약 시행 직전의 유럽공동체 또는 유럽연합 또는 그 산하기구 또는

iii. 이 조에서 말하는 조약에 의한 관할 기구.

9° 국가는 유럽연합 조약 제42조에 따른 공동방위에 국가가 포함되는 경우, 그 공동방위를 형성하기 위하여 유럽평의회가 취한 결정을 채택할 수 없다.

7. 1° 국가는 1998년 4월 10일에 벨파스트에서 체결된 영국 – 아일랜드 협정(이하, '협정'이라 함)에 구속되는 것에 동의할 수 있다.

2° 해당 협정에 의해 또는 이에 따라 설치된 기관은, 본 헌법에 의해 또는 이에 따라 지명, 창설 또는 수립된 개인 또는 국가 기관에 대해 유사한 권한 또는 기능을 부여하는 본 헌법의 기타 규정에도 불구하고, 아일랜드 섬의 전부 또는 일부에 대해 해당 기관에 부여된 권한과 기능을 행사할 수 있다. 분쟁이나 논쟁의 해결 또는 해소와 관련하여 해당 기관에 부여된 권한 또는 기능은 전술한 바와 같은 개인 또는 국가 기관에 대해 본 헌법에 의해 부여된 유사한 권한 또는 기능에 추가되거나 대체될 수 있다.

8. 국가는 일반적으로 인정된 국제법 원칙에 따라 치외법권을 행사할 수 있다.

9. 국가는 1998년 7월 17일에 로마에서 체결된 국제형사재판소에 관한 로마규정을 비준할 수 있다.

10. 국가는 2012년 3월 2일 브뤼셀에서 체결된 경제통화동맹의 안정성, 조정 및 지배구조에 관한 조약을 비준할 수 있다. 헌법의 규정은 당해 조약에 의한 국가의 의무를 이행하기 위하여 국가가 제정한 법률, 국가가 채택한 행위 또는 조치를 무효로 하거나, 그 조약에 의한 관할 기구 등이 제정한 법률, 행위 및 조치가 국가 법률의 효력을 가지는 것을 금지하지 아니 한다.

[오스트리아]

제9조 ① 일반적으로 승인된 국제법의 규정들은 연방법의 일부분으로 효력이 있다.

② 법률 또는 제50조 제1항에 의해 비준된 국가조약을 통해서 개별 주권이 다른 국가나 국제기구에 위임될 수 있다. 같은 방식으로 외국의 기관 또는 국제기구의 국내 직무와 오스트리아 기관의 외국에서의 직무가 규율될 수 있고, 외국 또는 국제기관의 개별 주권이 오스트리아 기관으로 위임될 수 있다. 그 경우에도 오스트리아 기관이 외국 또는 국제기구의 기관의 지시·통제를 받거나, 반대로 외국 또는 국제기구의 기관이 오스트리아 기관의 지시·통제를 받을 수 있다.

제23a조 ① 오스트리아의 유럽의회 구성원은 유럽연합법에 의해 평등, 직접, 개인적, 자유, 비밀 선거의 원칙에 따라 선거일 당시 만 16세에 이르고, 오스트리아 국적을 가진 자로서 유럽연합법에 따라 선거권이 배제되지 않은 자 또는 다른 한 회원국의 국적 소지자로서 유럽연합법에 따른 선거권을 부여받은 자에 의하여 비례대표제로 선출된다.

② 연방의 전 지역이 유럽의회의 선거에 있어 하나의 통일된 선거단체를 이룬다.

③ 선거일 현재 만 18세에 이른 자는 오스트리아에서 유럽의회 피선거권이 있다.

④ 제26조 제5항에서 제8항까지 준용된다.

제23b조 ① 공무원에게는 만약 그들이 유럽의회에 진출하려고 하면 신청에 필요한 자유시간이 보장되어야 한다. 유럽의회의 구성원으로 선출된 공무원에게는 의원직을 수행하는 동안 임금은 없으며 퇴직하여야 한다. 보다 상세한 것은 법률로 정한다.

② 대학교수는 유럽의회에 속해 있는 동안에도 연구와 교육활동과 검사활동을 계속할 수 있다. 이 활동기간 동안의 임금은 실제적으로 이루어진 성과에 따라 측정되며 대학교수 임금의 25%를 초과해서는 안 된다.

③ 이 연방헌법이 직무가 국민회의의 일원이거나 이전에 일원이었던 자와 부합되지 못한다고 규정하는 경우 이 직무는 유럽의회의 일원이거나 이전에 일원이었던 자와도 부합되지 않는다.

제23c조 ① 유럽연합의 틀에서 위원회, 재판소, 1심 법원, 회계감사원, 행정위원회, 유럽투자은행, 경제위원회와 사회위원회 및 지역위원회의 구성원의 임명에 오스트리아가 참여하는 것은 연방정부의 의무이다.

② 유럽의회의 위원회, 재판소, 1심 법원, 회계감사원, 행정위원회의 구성원에 대해서는 연방정부는 국민회의 의 상임위원회의 동의를 얻어야 한다. 연방정부는 국민회의의 상임위원회와 연방대통령에게 동시에 연방정부가 의도한 결정에 대해서 통지해야 한다.

③ 경제 및 사회위원회의 구성원에 대해서는 연방정부는 경제적이며 사회적으로 상이한 집단을 대표하는 법적이며 직업적 대표의 제청을 얻어야 한다.

④ 지역 위원회의 구성원들과 그 대리자를 임명하는 데 오스트리아가 참여하는 것은 주 및 오스트리아 도시 연맹과 오스트리아 지방자치단체연맹의 제청에 근거해서 이루어져야 한다. 이 경우 주는 각각 한 명씩, 오스트리아 도시연맹과 오스트리아 지방자치단체연맹은 공동으로 3명의 대표를 제청하여야 한다.

⑤ 제3항과 제4항에 따라 거명된 구성원에 대해서 연방정부는 국민회의에 통지해야 한다. 제2항과 제4항에 의해 거명된 구성원에 대해서 연방정부는 연방참사원에 통지해야 한다.

제23d조 ① 연방은 주의 독자적인 영향권에 관련되거나 주에 이해관계가 있을 수도 있는 유럽연합의 틀에서의 모든 기획에 대해서 지체 없이 주에 통지하고 그들에게 입장을 밝힐 기회를 주어야 한다. 그러한 입장표명은 연방수상에게 하여야 한다. 그 영향권이나 그 외의 중요한 이해관계와 관련이 있는 경우 지방자치단체에도 같은 것이 적용된다. 이 사항에서 지방자치단체를 대표할 의무는 오스트리아 도시연맹과 오스트리아 지방자치단체연맹에게 있다(제115조 제3항).

② 유럽연합의 틀에서 그 입법이 주의 소관인 사항과 관련된 기획에 대한 주의 입장이 연방에 제시되면 연방은 유럽연합에서의 협상과 투표에서 이 입장에 구속된다. 연방은 부득이한 대외적이며 통합정치적 이유에서만 그것과 다른 생각을 가질 수 있다. 연방은 그 이유를 지체 없이 주에 전달해야 한다.

③ 유럽연합의 틀에서의 기획에서 그 입법이 주의 소관인 사항과 관련되는 경우 연방정부는 주에 의해 거명된 대표자에게 위원회에서 의사결정에 참여하는 임무를 위임할 수 있다. 이 권한의 행사는 연방정부의 관할 구성원의 참여 하에 이 대표자와의 합의로 이루어진다. 그러한 주의 대표에 대해서는 제2항이 적용된다. 주의 대표는 그 경우 제142조에 따라 연방입법 사항에 있어서는 국민회의에, 주입법 사항에 있어서는 주의회에 대해 책임을 진다.

④ 제1항과 제3항에 대한 보다 상세한 규정은 연방과 주 사이의 합의를 통해 확정되어야 한다.

⑤ 주는 유럽통합의 틀에서 법률행위를 시행하는 데 있어서 자신의 독자적인 활동 범위 내에

서 필요한 조치를 취할 의무가 있다. 주가 이러한 의무를 적시에 이행하지 못하고 유럽연합의 법원이 이러한 내용을 오스트리아에 대해 확인한 때에는 그러한 조치에 대한 권한, 특히 필요한 법률을 제정할 권한은 연방으로 이관된다. 이러한 규정에 의해 연방에 의해 취해진 조치, 특히 그러한 방식으로 공포된 법률이나 그러한 방식으로 공포된 규정은 주가 필요한 조치를 취하면 효력이 상실된다.

제23e조 ① 연방의 관할 구성원은 유럽연합의 틀에서 이루어지는 모든 기획에 대해서 국민회의와 연방참사원에 지체 없이 통지해야 하며 이들에게 입장을 밝힐 기회를 주어야 한다.

② 주무 연방장관은 다음과 관련하여 유럽이사회 또는 유럽연합각료이사회가 앞으로 내릴 결정에 대해 국민의회와 연방의회에 명시적으로 보고해야 한다.

1. 만장일치에서 가중다수결로의 이행 또는
2. 특별입법절차에서 정규입법절차로의 이행.

이때 연방장관은 양 의회가 시간적 여유를 갖고 해당 법 조항에 의거한 관할권을 충분히 숙지할 수 있도록 유럽이사회 또는 유럽연합각료이사회의 결정사항을 보고해야 한다.

③ 연방정부의 관할 구성원이 제2항에 의거해서 국민회의의 입장과 뜻을 달리하려고 하면 유럽연합이 하고자 하는 법률행위가 현행 연방헌법의 변경을 의미하는 경우에 한하여 국민회의가 적절한 기간 내에 국민회의의 입장과 다른 태도를 취하는 것에 관한 이의를 제기하지 않은 경우에는 다른 태도를 취하는 것이 허용된다. 이 경우 주무 연방장관은 해당 안건을 국민회의에 다시 위임해야 한다. 어떤 법행위가 현행 연방헌법의 법령 개정을 필요로 하거나, 그런 법령 개정에 의해서만 결정될 수 있는 규정을 포함하는데도, 해당 계획이 그런 구속력 있는 법행위의 허용을 겨냥한다면, 그 계획에 의견을 달리 할 수 있다. 이때의 전제조건은 국민회의가 합당한 기간 내에 그것에 대해 반대를 하지 않는 것이다. 주무 연방장관은 유럽연합의 차원에서의 의결이 있은 후 그 결과를 국민회의에 지체 없이 보고해야 하며, 경우에 따라서는 그가 국민회의와 의견을 달리한 이유에 대해서도 밝혀야 한다.

④ 연방의회가, 제44조 제2항에 의거한 주의 입법과 법집행의 관할권을 제한하는 주헌법의 공포를 필요로 하거나, 그런 법령에 의해서만 결정될 수 있는 규정을 포함하는, 구속력 있는 법행위의 허용에 대해 입장을 표명했다면, 주무 연방장관은 유럽연합의 차원에서 협상을 벌이고 의결할 때 통합정책과 외교정책 의 부득이한 이유로만 연방의회와 다른 입장을 취할 수 있다. 이때의 전제조건은 연방의회가 합당한 기간 내에 그것에 대해 반대를 하지 않는 것이다. 주무 연방장관은 유럽연합의 차원에서의 의결이 있은 후 그 결과를 연방의회에 지체 없이 보고해야 하며, 경우에 따라서는 그가 연방의회와 의견을 달리한 이유에 대해서도 밝혀야 한다.

제23f조 ① 국민의회와 연방의회는 유럽연합조약, 유럽연합 기능에 관한 조약, 그리고 이 두 조약에 첨부된 의정서들에서 규정된 국회의 관할권을 행사한다.

② 모든 연방장관들은 매년 초 해당 년에 기대되는 유럽연합각료이사회와 유럽집행위원회의 계획 그리고 이 계획에서 오스트리아가 차지할 것으로 예상되는 위상에 대해 국민의회와 연방의회에 보고한다.

③ 그 밖의 보고의무는 연방법에 의해 정해진다.

④ 국민의회와 연방의회는 유럽연합의 계획에 대한 그들의 바람을 유럽연합의 기구들에게 보내는 고시(告示)에서 표현할 수 있다.

제23g조 ① 국민회의와 연방의회는 유럽연합의 테두리에서 어떤 입법행위에 대한 초안을 작성하기 위해 타당한 근거를 제시하면서, 왜 해당 초안이 보충성원칙과 일치하지 않는지를 설명할 수 있다.

② 국민회의와 연방의회는 주무 연방장관에게 제1항에 의거한 입법행위의 초안과 보충성원칙과의 일치에 관련된 발언을 요구할 수 있는데, 그 발언은 통상 요구서가 제출된 지 2주 내에 행해져야 한다.

③ 연방회의는 제1항에 의거한 모든 법률행위의 초안을 주의회에 지체 없이 보고해야 하며, 주가 그 초안에 대한 입장을 표명할 수 있는 기회를 주어야 한다. 제1항에 의거하여 타당한 근거를 제시하면서 표명한 입장에 대한 의결 시, 연방의회는 주의회의 입장표명을 고려해야 하며, 의결된 결과에 대해 주의회에 보고해야 한다.

제23h조 ① 국민회의와 연방의회는 유럽연합의 차원에서 어떤 입법행위가 보충성원칙을 위반했기 때문에, 해당 입법행위를 유럽재판소에 고소할 것을 결정할 수 있다.

② 연방총리실은 그 고소장을 국민회의 또는 연방의회의 이름으로 유럽재판소에 지체 없이 송달한다.

제23i조 ① 유럽이사회에서 오스트리아를 대표하는 구성원은 리스본조약의 유럽연합조약 제48조제6항에 의거한 발의에 대해 동의할 수 있는 권한을 부여받는다. 이때 국민의회가 연방정부의 제안을 토대로 연방의회의 동의를 얻어 그런 권한을 부여해 준다. 이와 관련된 사항에 대한 국민의회와 연방의회의 의결은 총 의원의 과반수이상 참석에, 참석 의원의 3분의 2 이상의 찬성을 필요로 한다.

② 국민회의는 연방의회의 동의를 얻어 다음과 관련된 발의 또는 제안을 유럽연합법에서 정해진 기간 안에 거부할 수 있다.

1. 만장일치에서 가중다수결로의 이행 또는
2. 특별입법절차에서 정규입법절차로의 이행.

이때의 전제는 해당 발의 또는 제안을 거부할 수 있는 가능성이 국회에 관련한 유럽연합법에 정해져 있어야 한다.

③ 유럽연합이 자기 자금을 확보하기 위해 새로운 범주의 도입을 추진하려는 각료이사회의 의결은 국민의회의 인가와 연방의회의 동의를 필요로 한다. 제50조 제4항 제2문이 준용된다. 유럽연합의 자기 자금 체계에 대한 법령을 정하려는 각료이사회의 의결은 국민의회의 인가를 필요로 한다. 제23e조 제2항이 준용된다.

④ 회원국이 동의로 비로소 회권국의 헌법과 조화를 이루면서 효력을 발휘하고, 유럽연합법을 따르는 유럽이사회 또는 유럽연합각료이사회의 의결에 제50조 제4항이 준용된다.

⑤ 이 조항에 의거한 국민의회와 연방의회의 의결은 연방총리에 의해 연방법률공보에 공포되어야 한다.

제23j조 ① 오스트리아는 니스 조약에 따른 유럽연합에 관한 조약 제5편 제1장 및 제2장에 근거해서 유럽연합 공동의 대외정책과 안보정책에 참여한다. 이것은 이 조약의 제17조 제2항에 의한 업무와 한 주나 여러 주에 대한 경제관계가 위험에 처하거나, 제한되거나, 완전히 중지되는 조치에 대한 참여를 포함한다. 공동방어에 관한 유럽위원회의 의결에는 제50조 제4항이 준용된다.

③ 파견군의 군사고문과 관련된 임무, 분쟁방지의 임무와 평화유지 또는 갈등 이후의 혼란 상황을 안정시키고 평화를 가져오려는 조치와 작전의 일환으로 위기극복의 차원에서의 병력투입

을 포함하는 유럽연합 밖으로의 군사파견에 대한 의결 시 그리고 공동 방위정책의 단계적 확정에 관련하여 리스본조약문에서 명시된 유럽연합조약 제42조제2항에 의거한 의결 시, 표결권은 연방총리와 외무장관 사이의 협조 속에서 행사되어야 한다.

④ 제3항에 따른 결의 내용이 오스트리아로 하여금 단체나 개인을 파견하는 것을 의미하는 것이라면, 그에 대한 동의는 오스트리아 헌법에 규정된 절차에 따라 시행되어야 한다는 제한을 유보하는 전제에서만 이루어질 수 있다. 이때 결정된 의결 사항의 전제조건은 군부대 또는 군 관련자를 외국으로 파견하는 일이 오스트리아의 의무에 속해야 한다는 것이다.

제23k조 ① 제23e조, 제23f조 제1항, 제2항 및 제4항, 제23g조부터 제23j조에 대한 상세한 규정은 국민회의 의사규정 및 연방의회 의사규정에 관한 연방법에서 정한다.

② 제23e조, 제23f조 제4항, 제23g조 그리고 제23j조 제2항에 따른 국민회의의 관할권은 국민회의 상임위원회의 책임에 속한다. 국민회의의 의사규정에 관한 연방법은 상임위원회가 상임소위원회를 선택하도록 규정할 수 있다. 이때 제55조 제3항이 상임소위원회에 유추적으로 적용된다. 상임위원회는 제1문에 따라 이 상임소위원회에게 관할권을 이관할 수 있다. 그런 관할권의 이관은 언제든지 전부가 또는 일부분이 철회될 수 있다. 국민회의의 직무교정에 관한 연방법에 의거하여 상임위원회의 관할권은 제1문에 따라 국민회의로 이관될 수 있거나, 제2문에 따라 상임위원회의 상임소위원회로 이관될 수 있다.

③ 제23e조, 제23f조 제4항 그리고 제23g조에 따른 연방의회의 관할권은 연방의회의 직무교정에 의해, 연방의 회가 선택한 위원회로 이관될 수 있다.

[체코]

제10a조 (1) 체코공화국을 구성하는 기관의 특정 권한은 조약에 의하여 국제기구 또는 기관으로 이양하는 것을 허용할 수 있다.

[헝가리]

기초

제E조 (1) 헝가리는 유럽국가의 자유, 번영 및 안보를 제고하기 위하여 유럽통합 창설에 기여하여야 한다.

(2) 헝가리는 유럽연합에 회원국으로 참가하기 위하여, 유럽연합 창설조약에서 기인하는 권리의 행사와 의무의 이행을 위하여 요구되는 범위에서 다른 회원국과 공동으로 국제적 합의에 의한 유럽연합의 시행을 통하여 헌법으로부터 도출되는 권한을 행사할 수 있다.

(3) 유럽연합법은 제2항에 규정된 조건에 따라 일반적 구속력을 가지는 행동규칙을 정할 수 있다.

(4) 제2항에서 언급한 국제합의의 구속력은 국회의원 3분의 2 이상의 찬성으로 승인한다.

제Q조 (1) 헝가리는 평화와 안보를 창조하고 유지하기 위하여, 그리고 지속가능한 인도주의의 발전을 달성하기 위하여 전세계 모든 국가와 협력하도록 노력하여야 한다.

(2) 헝가리는 국제법에 의한 의무를 이행하기 위하여 국제법과 헝가리법 사이의 조화를 보장한다.

(3) 헝가리는 일반적으로 인정된 국제법 원칙을 승인한다. 그 밖의 국제법은 입법의 형태로 공표함으로써 헝가리 법체계의 일부가 된다.

[남아프리카공화국]

제232조(국제관습법) 국제관습법은 헌법이나 법률에 저촉되지 않는 한 남아프리카공화국의 법률이다.

제233조(국제법의 적용) 법령을 해석할 때 모든 법원은 국제법에 어긋나는 대안적인 해석을 하기보다는 국제법에 부합하게 합리적으로 법령을 해석해야 한다.

[터키]

제16조 외국인의 기본권과 자유는 국제법과 일치하는 방식으로 법률에 의해 제한할 수 있다.

[포르투갈]

제8조 (국제법) 1. 일반적 또는 공통적인 국제법의 규칙 및 원칙은 포르투갈 법률의 중요한 부분을 형성한다.

2. 적법하게 비준되거나 통과된 국제 조약에 명시된 규칙은 공식적으로 발표되는 즉시 포르투갈 국내법으로 발효되며 포르투갈에 대해 국제적인 구속력을 지니는 한 계속 유효한 것으로 간주된다.

3. 포르투갈이 가입한 국제기구들의 담당기관들이 발표한 규칙은 포르투갈 국내법과 같은 효력을 가진다. 단, 이는 각각의 구성 조약에 명시되어 있는 것을 전제로 한다.

4. 유럽연합을 규율하는 조약의 규정과 유럽연합의 기관들이 각자의 책임을 이행하는 과정에서 발표한 규칙은 포르투갈 국내법에 적용한다. 이는 유럽연합법과 조화를 이루고, 법치주의에 입각한 민주주의 국가의 기본 원칙을 존중하기 위함이다.

제15조 (외국인, 무국적자, 유럽 시민) 1. 포르투갈에 위치해 있거나 주재 중인 외국인 및 무국적자들은 포르투갈 국민들과 동일한 권리를 향유하며 동일한 의무를 준수한다.

2. 정치적 권리, 주로 전문적 성격이 없는 공직의 수행 및 헌법과 법률이 포르투갈 국민들에 대해서만 유보해 둔 권리는 제1항의 규정 적용 대상에서 제외된다.

3. 대통령, 의회의장, 수상과 대법원장의 임명 및 군인과 외교관의 공무를 제외하고는, 포르투갈 법률과 상호주의 원칙에 따라 외국인들에게 부여되지 않는 권리들은 포르투갈에 계속 주재하는 포르투갈어권 국가의 국민들에게 적용된다.

4. 상호주의 원칙에 따라 포르투갈 법률은 포르투갈에 주재하는 외국인들에게 지방의회의원 선거권 및 피선거권을 부여할 수 있다.

5. 상호주의 원칙에 따라 포르투갈 법률은 포르투갈에 주재 중인 유럽연합 회원국 국민들에게 유럽의회의원 선거권 및 피선거권을 부여할 수 있다.

7. 국군의 임무

[대한민국]

제5조 ② 국군은 국가의 안전보장과 국토방위의 신성한 의무를 수행함을 사명으로 하며, 그 정치적 중립성은 준수된다.

[오스트리아]

제79조 ① 연방군에게는 군사적 국토방위의 의무가 있다. 연방군은 민병제도의 원칙에 따라서

설치되어야 한다.

② 연방군은 합법적인 민간권력이 그 참여를 요청하면, 다음과 같은 임무를 하도록 규정되어 있다.

1. 군사적 국토방위의 영역을 넘어서
   a) 헌법적인 시설과 그 활동능력 및 주민의 민주주의적 자유의 보호
   b) 국내 전반의 질서와 안전의 유지
2. 비상한 규모의 재난과 천재지변이 있는 경우의 구조

③ 연방군의 또 다른 임무는 연방헌법을 통해 규정된다.

④ 어떤 관청과 기관이 제2항에서 언급된 목적을 위해 연방군의 협조를 직접적으로 요청할 수 있는지는 방위법으로 정한다.

⑤ 제2항에 언급된 목적을 위한 독자적인 군사적 개입은 관할 관청이 상위 권력에 의해 군사적 개입을 하지 못하도록 되고, 더 이상 기다리다가는 공익에 회복할 수 없는 손실이 발생하거나, 연방군의 한 부대에 대한 폭력적인 공격을 격퇴하거나 폭력적인 저항을 제거하는 것이 문제가 될 때에만 허용된다.

[헝가리]

제45조 (1) 헝가리의 무장병력은 헝가리군대로 한다. 헝가리군대의 핵심활동은 헝가리의 독립, 영토의 완전성 및 국경, 공동방어 및 국제협약에 따른 평화유지임무 및 국제법원칙에 따른 인도주의 활동의 군사적 방어를 포함한다.

(2) 국제협약에서 달리 정하지 않는 한, 국회, 대통령, 국가방위위원회, 정부 및 책임 있고 권한 있는 장관은 헌법 및 기본법률에 따라 헝가리군대를 지휘할 수 있는 배타적 권한을 가진다. 헝가리군대의 운영은 정부가 지시한다.

(3) 헝가리군대는 재해예방 및 재해구조에 기여하여야 한다.

(4) 헝가리군대의 직업군인은 정당에 가입하거나 정치활동에 관여할 수 없다.

(5) 헝가리군대의 조직 임무 지휘 관리 및 운영에 관한 세부규칙은 기본법률로 정한다.

8. 공무원제도

[대한민국]

제7조 ① 공무원은 국민전체에 대한 봉사자이며, 국민에 대하여 책임을 진다.

② 공무원의 신분과 정치적 중립성은 법률이 정하는 바에 의하여 보장된다.

[독일]

제33조 (4) 고권적 권능의 행사는 일반적으로 공법상의 근무관계 및 충성관계에 있는 공무원에게 계속적인 임무로서 위임되어야 한다.

(5) 공무원법은 직업공무원제도의 전통적인 원칙을 고려하여 규정되고 더욱 발전되어야 한다.

[룩셈부르크]

제30조 행정행위로 인하여 공무원에 대해 기소할 때는, 국무위원을 기소하는 경우를 제외하고는, 어떠한 사전 허가도 요구되지 않는다.

제31조 국무위원을 제외하고 공무원은, 그가 어떠한 영역에 속하든지 간에, 법률이 정한 방식에

의해서만 직무, 명예 및 연금을 박탈당할 수 있다.

제110조 ② 모든 공무원은 직무 개시 전에 다음과 같이 맹세 한다 : "나는 대공에 대한 충성, 헌법과 국가 법률에 대한 복종을 맹세한다. 나는 완전함과 정확성 그리고 공정성을 가지고 업무에 매진할 것을 약속한다"

[이탈리아]

제97조 (제3항) 공무원의 권한, 의무 및 책임에 관해서는 행정기관 규칙으로 정한다.

(제4항) 공무원의 임용은 법률에 규정된 경우를 제외하고는 경쟁시험을 통해 채용한다.

제98조 공무원은 공무에만 전념한다.

의회 의원은 연공서열을 통한 경우를 제외하고는 직무상 승진할 수 없다.

판사, 현역 직업군인, 법률 집행관, 해외 외교관 및 영사의 정당 가입 권리는 법률로 제한할 수 있다.

[핀란드]

제118조 (직무상 책임) 공무원은 직무상 행위의 합법성에 대해 책임진다. 공무원은 본인이 일원으로서 찬성한 공식적 다수 구성원 조직의 결정에 대해서도 책임진다.

보고관은 본인의 보고를 토대로 이루어진 결정에 이의를 제기하지 않은 한, 그 결정에 대해 책임진다.

공무원이나 기타 공무수행자의 불법행위나 직무유기를 통해 권리를 침해당했거나 손해를 입은 사람은 법률이 정하는 바에 따라 해당 공무원이나 기타 공무수행자를 처벌하고 공공기관, 공무원, 기타 공무수행자가 손해를 배상할 것을 청구할 수 있다. 단, 헌법상 고발 사건을 고등탄핵재판소가 심리해야 할 경우에는 고발할 권리가 없다.

9. 정 당

[대한민국]

제 8 조 ① 정당의 설립은 자유이며, 복수정당제는 보장된다.

② 정당은 그 목적·조직과 활동이 민주적이어야 하며, 국민의 정치적 의사형성에 참여하는데 필요한 조직을 가져야 한다.

③ 정당은 법률이 정하는 바에 의하여 국가의 보호를 받으며, 국가는 법률이 정하는 바에 의하여 정당운영에 필요한 자금을 보조할 수 있다.

④ 정당의 목적이나 활동이 민주적 기본질서에 위배될 때에는 정부는 헌법재판소에 그 해산을 제소할 수 있고, 정당은 헌법재판소의 심판에 의하여 해산된다.

[러시아]

제13조 3. 러시아연방에서는 정치적 다양성과 복수정당이 허용된다.

[멕시코]

제41조 ② 연방 입법부와 행정부는 다음에 규정하는 원칙에 따른 자유선거, 정식선거 및 정기선거에 의하여 교체된다.

I. 정당은 공익단체로 본다. 정당의 등록에 관한 규칙과 법적 요건, 선거과정의 구체적인 참

여 형태는 법률로 정한다. 전국적 정당은 주(州), 지방자치단체 및 연방직할시의 선거에 참여할 수 있다.

정당의 목적은 국민의 민주주의 참가를 촉진하고, 국가 대의제의 통합에 기여하고, 시민이 프로그램, 원칙 및 사상에 따라 보통, 자유, 비밀 및 직접선거를 통하여 공권력을 행사할 수 있게 하는 것이다. 시민에 한하여 자유롭고 개별적으로 정당을 설립하고 가입할 수 있다. 노동조합, 사회단체 또는 다른 목적의 단체가 정당의 설립에 개입하는 것은 금지된다.

선거관리기관은 헌법과 법률에 규정하는 범위 내에서 정당의 내부문제에 개입할 수 있다.

II. 법률은 정당 활동을 수행하는데 필요한 재원을 전국 정당에 공정하게 제공하고, 공적자금이 민간자금보다 우선하도록 정당의 재정과 선거운동에 관한 규칙을 정하여야 한다.

각 선거 후 등록을 유지하는 정당에 대한 공적자금은 일상적이고 상시적인 활동에 대한 자금, 선거과정에서 선거활동에 대한 자금, 특정한 목적에 대한 자금으로 구성된다. 공적자금은 법률 및 다음에 규정하는 원칙에 따라 제공하여야 한다.

a) 일상적이고 상시적인 활동에 대한 공적자금은 매년 선거인명부에 등록된 유권자 총수에 연방직할시 1일 최저임금의 65%를 곱하여 결정한다. 앞 단락에 따라 결정된 금액의 30%는 정당 간에 공평하게 배분하고, 나머지 70%는 직전 하원의원 선거에서 얻은 득표율에 따라 배분한다.

b) 대통령, 상원의원 및 하원의원이 선출된 해의 선거활동에 대한 공적자금은 같은 해의 일상적 활동에 대하여 각 정당에 제공되는 공적자금의 50%이고, 하원의원만을 선출하는 해의 선거활동에 관한 공적자금은 일상적 활동에 대한 공적자금의 30%이다.

c) 교육, 훈련, 연구, 사회경제 및 정치와 관련된 특정 활동과 출판활동에 대한 공적자금은 제a)목에 따라 일상적 활동에 대하여 지급하는 공적자금 총액의 3%이다. 전단에 따라 결정된 금액의 30%는 정당 간에 공평하게 배분하고, 나머지 70%는 직전 하원의원 선거에서 얻은 득표율에 따라 배분한다. 정당의 내부 후보선출과정과 선거운동에 대한 지출한도는 법률로 정한다. 정당의 지지자로부터 받을 수 있는 기부금의 최대금액도 법률로 정하고, 기부금의 총액은 매년 각 정당의 최근 대통령선거 비용에 대하여 규정된 한도의 10%를 초과할 수 없다. 정당이 처분할 수 있는 모든 재원의 출처와 용도를 규제하고 감독하는 절차와 이 규정을 위반한 행위에 대하여 부과하는 벌칙도 법률로 정한다.

정당의 등록이 말소된 경우에 정당이 채무를 변제하는 절차와 잔여재산을 국가로 이전하는 방법은 법률로 정한다.

III. 정당은 상시적으로 대중매체를 이용할 권리가 있다.

A. 연방선거관리위원회는 법률 및 다음에 규정하는 바에 따라 국가의 목적달성과 정당의 권리행사를 위하여 라디오와 텔레비전에서 국가와 정당에 시간을 할당하는 유일한 기관이다.

a) 연방선거관리위원회는 예비선거의 시작일로부터 선거일까지 d)에 규정하는 일정에 따라 매일 48분 중 각 라디오 방송국과 TV채널에 매 시간마다 2~3분을 배분한다.

b) 예비선거 기간 동안 정당은 각 라디오 방송국과 TV 채널의 방송 중 매 시간마다 1분을 공동으로 사용할 수 있고, 나머지 시간은 법률에 정하는 바에 따라 사용한다.

c) 선거기간 동안에는 a)에 규정하는 총 가용시간 중 최소한 85%는 정당의 권리행사를 위하여 사용되어야 한다.

d) 모든 라디오 방송국과 TV 채널의 방송은 06:00부터 24:00 사이의 프로그램 일정 내에서 배분된다.

e) 정당의 권리로서 방송시간은 다음의 원칙에 따라 정당 간에 배분한다. 방송시간의 30%는 정당 간에 공평하게 배분하고 나머지 는 직전 하원의원 선거에서, 70% 얻은 득표율에 따라 배분한다.

f) 연방의회에 의석이 없는 전국 정당에 대해서는 e)에서 규정하는 비율만을 라디오와 텔레비전에 배분한다.

g) A 및 B의 규정에도 불구하고, 연방선거관리위원회는 그 형식에 관계없이 예비선거와 연방선거운동기간 사이에 라디오와 텔레비전에 대하여 국가에 배정된 총 방송시간의 최대 12%를 확보하고, 그 중 50%는 전국 정당 간에 배분하고 나머지 시간은 연방선거관리위원회와 연방 또는 주(州) 선거기관의 목적을 위하여 사용한다. 각 전국 정당은 5분은 월간프로그램에 배분하고 나머지 시간은 20초 메시지로 나누어 배분한다. 이 조항에 규정하는 모든 방송은 d)에 따라 연방선거관리위원회가 정한 일정표를 따른다. 특별한 상황에서 정당한 사유가 있는 때에는 연방선거관리위원회는 정당을 대신하여 정당의 메시지에 해당 시간을 사용할 수 있다.

정당은 어떠한 경우에도 직접 또는 제3자를 통하여 라디오와 텔레비전의 방송시간을 구매할 수 없다.

개인 또는 법인은 자신의 권리행사 또는 다른 자를 위한 행사인지에 관계없이 시민의 후보선호도에 영향을 미치거나 정당 또는 선출직 후보를 홍보 또는 공격하기 위하여 라디오 또는 텔레비전의 광고시간을 구매할 수 없다. 국내에서는 해외에서 구매한 메시지를 방송할 수 없다.

주(州)와 연방직할기구는 적용 법률에 따라 상기 두 조항의 준수를 집행하는 규정을 정하여야 한다.

B. 주(州)에서 실시되는 선거의 경우에는 연방선거관리위원회는 법률 및 다음에 규정하는 바에 따라 주(州)에 할당하는 주(州) 라디오와 텔레비전의 방송시간을 관리하여야 한다.

a) 연방선거와 동시에 실시하는 주(州) 선거의 경우에는 각 주(州)에 할당되는 방송시간은 A의 a), b), c)에 따라 할당된 총시간 내에 포함되어야 한다.

b) 기타 선거의 경우에는 법률 및 헌법에 정한 기준에 따라 할당하여야 한다.

c) 지역정당을 포함한 정당 간 방송시간 배분은 A항에 규정된 기준과 적용 법률에 따른다.

연방선거관리위원회는 전술한 단락에서 부여한 라디오 및 텔레비전 총 방송시간이 자신의 목적 또는 다른 선거기관의 목적상 충분하지 아니하다고 판단하는 경우에는 법률이 부여하는 권한 내에서 부족한 시간을 보충하기 위하여 적절한 조치를 취할 수 있다.

C. 정치 및 선거홍보에 있어서 정당은 공공기관 또는 정당을 폄하하거나 국민을 비방하는 용어 또는 표현을 사용할 수 없다.

선거일까지 연방 및 지방 선거운동기간 동안에는 연방, 주(州) 또는 지방자치단체의 기관, 연방직할시 정부기관 및 그 대표, 기타 공공기관의 홍보를 위한 매체방송을 중단하여야 한다. 다만, 선거기관이 실시하는 정보제공, 교육 및 의료서비스 홍보, 긴급한 상황에서 시민보호에 필요한 사항은 제외한다.

D. 연방선거관리위원회는 법률을 위반하는 라디오 및 텔레비전 방송의 취소, 면허 및 허가의 취소 명령을 포함한 신속한 절차를 통하여 이 조항의 위반행위를 처벌한다.

IV. 정당의 선출직 후보 선정 및 지명절차와 예비선거 및 선거운동에 관한 규칙은 법률로 정한다.

대통령 상원의원 및 하원의원을 선출하는 연도의 선거운동, 기간은 90일로 하고, 연방하원의원만을 선출하는 연도의 선거운동 기간은 60일로 한다. 예비선거기간은 선거운동에 허용된 기간의 3분의 2를 초과하여서는 아니 된다.

정당, 자연인 또는 법인이 이 규정을 위반한 때에는 법률에 따라 처벌된다.

[그리스]

제29조 ① 투표권을 지닌 그리스 시민은 자유롭게 정당을 설립하고 참여할 수 있으며, 정당의 구성과 활동은 민주 정부의 자유로운 기능에 도움을 주어야 한다. 아직 투표권을 얻지 못한 시민은 정당의 청소년부에 참여할 수 있다.

② 정당은 법 규정에 따라 선거 및 운영 비용에 대해 국가의 재정적 지원을 받을 권리가 있다. 법령은 선거 비용에 관한 투명성 보장에 대해 규정해야 하며, 일반적으로 정당, 국회, 국회의원 입후보자 및 모든 단계의 지방 정부 입후보자의 재무 관리에 대해 규정해야 한다. 법령은 선거 비용의 최대 한도를 부과해야 하며, 일정한 형태의 사전 선거 운동을 금지할 수 있고 다음 절의 특수 기구의 결정에 따라 관련 규정의 위반이 국회의원직 상실의 근거가 되는 조건들을 명시해야 한다. 정당 및 국회의원 입후보자의 선거 비용 감사는 법 규정에 따라 고위 사법 공무원의 참여로 구성되는 특수 기구에 의해 수행된다. 또한 법은 이러한 규제를 다른 선출직 입후보자에게 확대할 수 있다.

③ 사법 공무원과 군인 및 보안 부대원이 특정 정당 지지를 표명하는 것은 어떤 형태로든 절대적으로 금지된다. 공무원, 지방 정부, 기타 공법상 법인, 공기업, 지방 정부 기업, 또는 경영진을 국가에서 직·간접적으로 임명하는 기업의 직원이 임무를 수행함에 있어서, 행정 행위로서 혹은 주주로서의 지위에서 특정 정당 지지 또는 반대를 표명하는 것은 절대적으로 금지된다.

[독일]

제21조 (1) 정당은 국민의 정치적 의사형성에 참여한다. 정당의 설립은 자유이다. 정당의 내부질서는 민주주의적 원칙에 부합하여야 한다. 정당은 자금의 출처와 사용 그리고 재산상황을 공개하여야 한다.

(2) 그 목적이나 추종자의 행태에서 자유민주적 기본질서를 침해 또는 폐지하려 하거나 또는 독일연방공화국의 존립을 위태롭게 하려는 정당은 위헌이다. 위헌성의 문제에 관하여는 연방헌법재판소가 결정한다.

(3) 자세한 사항은 연방법률로 정한다.

[헝가리]

기초

제U조 (1) 정부형태는 1990년에 실시된 최초 자유선거를 통한 국가의 의지에 따라 제정된 법률을 근거로 하고, 과거의 공산주의 독재와 양립할 수 없다. 헝가리 사회주의 노동자당 및 그 전신과 공산주의 사상에 입각하여 이들에 기여하기 위하여 설립된 기타 정치단체는 범죄단체이며, 그 지도자는 다음 각 호에 관하여 공소시효와 관계없이 책임을 진다.

a) 억압적인 제도의 유지 및 지시, 법률의 위반, 국가반역,

b) 제2차 세계대전 이후에 복수정당제에 근거한 민주적 노력을 소비에트 군사지원을 받아 방해하는 행위,

c) 배타적인 권한의 행사와 불법에 근거한 법질서의 구축,

d) 재산의 자유에 근거한 경제를 폐지하고 국가가 채무를 부담하는 행위,

e) 외국의 이익을 위한 헝가리 경제, 국방, 외교 및 인력의 제공,

f) 유럽문명의 전통적 가치를 제도적으로 파괴하는 행위,

g) 시민 및 특정한 시민단체로부터 기본적 인권을 박탈하거나 심각하게 제한하는 행위, 특히 국민의 살해, 외국권력에 대한 국민의 인도, 불법적인 구금, 강제노역소로의 추방, 고문, 비인간적인 처우, 독단적으로 시민으로부터 자산을 박탈하고, 재산에 대한 권리를 제한하는 행위, 시민으로부터 정치적 의견과 국가의 강압에 대한 의지를 표현할 자유를 완전히 박탈하는 행위, 출생지, 세계관 또는 정치적 신념을 이유로 국민을 차별하고, 지식, 성실 및 재능에 기초한 성과와 성공을 방해하는 행위, 국민의 사생활을 불법적으로 감시하고 영향을 미치기 위하여 비밀경찰을 설치하여 운영하는 행위,

h) 1956년 10월 23일에 혁명독립전쟁에 대한 소비에트 점령군과 연합한 유혈진압과 이후의 테러와 보복의 통치, 모국으로부터 헝가리 국민 200,000명의 강제추방,

I) 정치적 동기를 위하여 저지르고, 사법제도에 의하여 기소되지 아니한 모든 일반 범죄.

헝가리 사회주의 노동자당의 법적 계승자로서 민주주의 이행과도기에 법적 승인을 받은 정치단체는 불법적으로 축적한 자산의 수혜자로서 전임자의 책임을 계속 부담한다.

(2) 제1항과 관련하여, 공산주의 독재의 활동이 현실적으로 밝혀져야 하고, 제3항부터 제10항까지에 따라 사회의 정의감이 보장되어야 한다.

(3) 국가가 공산주의 독재를 기념하기 위하여 국가기념위원회를 설치한다. 국가기념위원회는 공산주의 권력을 보유한 개인 및 단체의 권한과 역할의 측면에서 공산주의 독재의 활동을 밝히고, 종합보고서 및 기타 문서를 통하여 활동의 결과를 공표하여야 한다.

(4) 공산주의 독재하의 권력자는 본질적으로 허위인 진술서가 아니라 독재정부의 운영과 관련된 역할과 행위에 관한 사실진술서를 제출할 의무가 있다. 해당 역할과 행위와 관련된 개인정보는 대중에게 공개될 수 있다.

(5) 법률이 정하는 공산주의 독재의 지도자에 대한 법규에 따라 국가가 제공한 연금 또는 모든 기타 급부는 법률이 정하는 범위에서 삭감될 수 있다. 그에 따른 수익은 공산주의 독재에 의하여 입은 피해를 보상하고, 법률이 정하는 바에 따라 피해자의 기억을 이어가기 위하여 사용하여야 한다.

(6) 당국가의 이름으로 또는 당국가를 위하여, 또는 당국가와의 계약에 따라 공산주의 독재하에서 헝가리 또는 개인에 대하여 자행되고, 범행 당시에 시행 중인 형법에 따른 법률을 무시한 정치적 이유로 기소되지 아니한 법률로 정하는 중대한 범죄는 시효가 만료된 것으로 보지 아니한다.

(7) 제6항에 규정하는 범죄는 범행 당시에 시행 중인 형법에 따른 법률에 정하는 기간의 만료로 시효가 완성된다. 다만, 범행 당시에 시행 중인 형법에 따른 법률에 의하여 1990년 5월 1일까지 시효가 만료되지 아니한 때에는 그 기간은 헌법의 시행일 현재로 계산한다.

(8) 제5항에 규정하는 범죄는 범행일로부터 1990년 5월 1일까지의 사이에 기간의 만료로 시효가 완성된다. 다만, 범행 당시에 시행 중인 형법에 따른 법률에 의하여 1990년 5월 2일부터 2011년 12월 31일까지의 사이에 시효가 완성되고, 범인이 해당 범죄로 기소되지 아니한 때에는 그 기간은 헌법의 시행일 현재로 계산한다.

(9) 어떠한 법규도 1990년 5월 2일 이전에 정치적 이유로 인하여 불법적으로 생명 또는 자유를 박탈당하거나 국가에 의하여 부당한 재산상 손해를 입은 개인에 대하여 금융 또는 기타 금전적 대가를 제공하는 보상을 위한 새로운 법적 근거를 규정할 수 없다.

(10) 공산주의 국가당, 시민사회단체 및 공산주의 국가당의 기여로 설립되거나 직접적인 영향을 받은 청년단체와 공산주의독재 기간 동안 설립된 노동조합의 문서는 공무를 수행하는 기구의 파일과 동일한 방식으로 공공기록관에 보관하여야 한다.

[터키]

제68조 (1995년 7월 23일 개정 - 제4121/6조) 시민은 정당을 결성할 권리를 가지며 제정된 절차에 따라 정당에 가입 및 탈퇴할 권리를 갖는다. 정당의 당원이 되기 위해서는 18세 이상이어야 한다.

정당은 민주적인 정치생활의 필수 불가결한 요소이다.

정당은 사전 허가없이 결성될 수 있으며 헌법과 법률에 명시된 규정에 따라 그 활동을 추구해야 한다.

정당의 정강과 정책 및 활동은 국가의 독립, 영토와 국민으로 구성된 국가의 불가분한 보존원칙, 인권 및 평등의 원칙과 법치주의, 국민의 주권보장, 민주주의 원칙, 정교분리의 공화정 원칙과 상충되지 아니하여야 한다.

정당의 정강과 정책 및 활동은 계급이나 계급 독제 또는 모든 종류의 독재를 보호하거나 수립할 목적을 가져서는 아니 되며 국민으로 하여금 범죄행위를 행하도록 선동해서도 아니 된다.

판사와 검사, 감사법원의 판사를 포함한 고위 사법기관의 판사, 공공기관 및 단체의 공무원, 수행하는 서비스에 비추어 노동자로 간주되지 아니하는 기타 공무원, 군인 및 고등교육기관에 있지 아니한 학생은 정당의 당원이 될 수 없다.

정당 내 고등교육기관의 기관원을 가르치는 구성원은 법률로 정한다. 이 법률은 위 구성원이 정당의 중앙기관 이외의 직무를 담당하는 것을 허용하지 아니한다. 또한, 이 법률은 고등교육기관의 기관원을 교육하는 자가 정당의 당원으로서 준수해야 할 규칙을 명시한다.

고등교육기관의 학생으로서 정당 당원가입과 관련한 원칙은 법률로 정한다.

국가는 정당한 방식으로 정당에 적절한 재정적 수단을 제공해야 한다. 정당에 제공되는 재정적 지원과 당원회비 및 기부금 징수와 관련한 절차는 법률로 정한다.

제69조 (1995년 7월 23일 및 2001년 10월 17일 개정) 정당의 활동, 내부규정 및 운영은 민주주의 원칙에 부합해야 한다. 이러한 원칙의 적용은 법률로 정한다.

정당은 상업활동에 참여할 수 없다.

정당의 수입과 지출은 그 목적에 부합해야 한다. 이 원칙의 적용은 법률로 정한다. 헌법재판소에 의한 정당의 수입, 지출 및 취득물에 대한 감사 및 정당의 수입과 지출에 관한 법률준수 확립, 감사방법, 미준수의 경우 적용되는 제재 또한 법률로 정한다. 헌법재판소는 감사업무를 수행함에 있어 감사법원의 지원을 받아야 한다. 헌법재판소가 감사의 결과로 내린 판결은 최종 판결이 된다.

정당의 해산은 검찰총장의 제소에 따라 헌법재판소의 최종판결로 결정된다.

정당의 정강과 정책이 제68조의 넷째 단락의 규정을 위반한다는 점이 밝혀질 경우 해당 정당에 대한 영구 해산이 결정되어야 한다.

제68조의 넷째 단락의 규정을 위반한 활동을 근거로 정당의 영구적 해산결정은 헌법재판소가 문제의 해당 정당이 이러한 활동 집행의 중심이 되었다고 판단할 경우에 한해 내려질 수 있다. 정당은 해당 활동이 해당 정당의 당원에 의해 집중적으로 수행되거나, 해당 상황이 전당대회, 총재 또는 해당 정당의 중앙 정책결정 또는 행정기관 또는 터키 대국민회의 내 분파의 총회나 분파의 집행 위원회에 의해 암묵적 또는 명시적으로 공유되는 경우 또는 이러한 활동이 위에서 언급한 정당기관의 직접적인 결정에 따라 수행되는 경우에 한해 이러한 행위의 중심이 되었다고 간주된다.

헌법재판소는 위에서 언급한 단락에 따라 정당을 영구 해산하는 대신 제소된 행위의 정도에 따라 국가지원의 일부 또는 전부를 관련 정당으로부터 박탈하도록 판결할 수 있다.

영구 해산된 정당은 다른 명칭으로 결성될 수 없다.

정당의 영구 해산을 야기한 행위나 진술을 한 정당의 창당인을 포함한 그 당원은 헌법재판소의 최종판결과 정당의 영구 해산에 관한 사유가 명시된 관보가 발행된 날로부터 5년간 다른 정당의 창당인, 당원, 사무국장 또는 감독관이 될 수 없다.

외국, 국제기관 또는 외국인이나 외국기업으로부터 재정적 지원을 받는 정당은 영구 해산되어야 한다.

정당의 창당과 활동, 그 감독과 해산 또는 국가지원의 전체 또는 일부 박탈 및 정당 및 후보자의 선거비용 및 절차는 위에선 언급한 원칙에 따라 법률로 정한다.

[포르투갈]

제10조 (보통 선거권 및 정당) 2. 정당들은 국가적 자주성의 원칙, 국가의 단결 및 정치적 민주주의를 존중해 국민의 의사를 수렴하고 표현하는데 기여한다.

제51조 (정치적 연합 및 정당) 1. 결사의 자유는 정치적 연합 및 정당을 구성하거나 이에 참여할 권리를 포함하며 민의(民意)의 형성 및 정치적인 힘의 조직을 목적으로 그러한 연합 및 정당을 통해 민주적으로 공동 협력할 권리를 포함한다.

2. 누구도 1개 이상의 정당에 소속 당원으로 동시에 등록할 수 없으며 누구도 합법적으로 결성된 정당의 당원으로 등록되었거나 그러한 정당을 탈퇴한 이유로 권리의 행사를 박탈당해서는 아니 된다.

3. 정당 성명서의 근간을 이루는 철학 또는 이념을 침해하지 않는 한도에서 정당들은 특정 종

교 또는 교회와 직접적으로 관련된 표현 또는 국가나 종교의 상징과 혼동될 수 있는 표상들을 포함하는 명칭을 사용해서는 아니 된다.

4. 정당 설립 시 종교적 성격 또는 의도가 있는 명칭 또는 성명서를 사용해서는 아니 된다.

5. 정당들은 투명성의 원칙, 민주적 구성과 관리의 원칙 및 전 당원 참여의 원칙에 따라 운영된다.

6. 각 정당의 재정을 규율하는 규칙들, 특히 정치자금 후원 요건 및 한도뿐만 아니라, 자산과 회계를 공표하기 위한 필수요건들에 관한 규칙들을 법률로 정한다.

第114조 (정당과 반대권) 1. 정당들은 선거 결과의 비율에 따라 보통 선거권 및 직접 선거권에 의해 선출되는 기관 내에서 의석을 보유한다.

2. 소수당은 헌법 및 법률로 정한 바와 같이 민주적 반대권을 가진다.

3. 의회에서 의석을 보유하고 있으며 정부의 일부를 형성하지 않는 정당들은 공익적 주요 사안의 상황 및 진행 과정과 관련된 정보를 정부로부터 정기적으로 직접 전달받을 권리를 가진다. 자치구 의회 또는 다른 직접 선출된 의회에서 의석을 보유한 정당들은 각각의 집행부에 참여하지 않을 경우 집행부에 대한 관계에서 위와 동일한 권리를 갖는다.

10. 중요정책에 대한 국민투표

[대한민국]

第72조 대통령은 필요하다고 인정할 때에는 외교·국방·통일 기타 국가안위에 관한 중요정책을 국민투표에 붙일 수 있다.

[러시아]

第84조 러시아연방 대통령은

c) 연방 헌법적 법률에 규정된 절차에 따라 국민투표를 공고[한다].

[멕시코]

第35조 시민의 권리는 다음과 같다

VIII. 다음에 규정하는 사항이 적용되는 국가적 중요문제에 대한 국민투표에서 투표할 권리

1o. 다음에 규정하는 자의 요청에 따라 연방의회가 소집되는 문제

a) 대통령

b) 연방의회 양원 의원의 33% 이상, 또는

c) 법률이 정하는 바에 따라 선거인명부에 등록한 유권자의 2% 이상에 해당하는 시민.

c)에 규정하는 사항을 제외하고는 해당 요청은 연방의회 각 원의 과반수가 승인하여야 한다.

2o. 선거인명부에 등록한 국민의 40% 이상이 투표한 때에는 그 결과는 연방 행정부 및 입법부와 해당 기관에 대한 구속력을 갖는다.

3o. 이 헌법이 인정하는 권리의 제한, 즉 선거관련사항, 국가 수입 및 지출, 국가안보 및 상시적인 군대의 조직, 운영 및 규율 등 제40조의 원칙은 국민투표의 대상이 되지 아니한다. 대법원은 연방의회가 요청하기 전에 투표 사안의 합헌성을 판단하여야

한다.

4o. 연방선거관리위원회는 이 호 제1o목 c)가 규정하는 요건을 검증하고 투표를 준비, 진행, 계산하고 그 결과를 보고할 직접적인 책임을 진다.

5o. 국민투표는 연방선거일에 실시한다.

6o. 연방선거관리위원회의 결정에 대해서는 헌법 제41조제VI호 및 제99조제III호에 규정하는 바에 따라 이의를 제기할 수 있다.

7o. 이 호의 규정을 집행하는 관련 법률을 제정한다.

[아르헨티나]

제40조 ① 연방의회는 하원이 발의한 법안을 국민투표에 부칠 수 있다. 이런 국민투표가 필요한 법률에는 거부권을 행사하지 못한다. 그 법안은 국민의 찬성투표로 법률이 되고 자동으로 공포된다.

② 연방의회나 대통령은 각자의 권한에 따라, 구속력이 없는 국민투표를 실시할 수 있다. 이 경우에는 투표할 의무가 없다.

③ 연방의회는 각 원의 재적의원 과반수의 찬성으로 국민투표의 주제, 절차, 시기를 정한다.

[프랑스]

제11조 ① 대통령은 의회 회기 중의 정부의 제안 또는 관보에 게재된 양원의 합동 제안이 있는 경우에는 공권력의 조직에 관한 정부제출 법안, 국가의 경제, 사회, 환경정책 및 그에 기여하는 공공서비스 개혁에 관한 정부제출 안, 헌법에 위배되지는 않으나 제도의 운영에 영향을 주는 조약의 비준동의에 관한 정부제출법안에 대하여 국민투표를 실시할 수 있다.

② 정부의 제안에 따라 국민투표가 실시되는 경우에는, 정부는 양원 앞에 국민투표를 선언하고, 이에 대하여 토론한다.

③ 첫째 문단 기재 주제들에 관한 국민투표는, 선거인명부에 등록된 선거인 10분의 1의 지지를 받은 의회구성원 5분의 1의 발의로 실시될 수 있다. 이 발의는 의원 발의법안의 형식을 취하며, 공포된 지 1년 미만인 법률의 폐지를 목적으로 할 수 없다.

④ 발의의 제출 요건과 헌법위원회가 앞 문단의 준수 여부를 심의하는 요건은 조직법으로 규정한다.

⑤ 의원 발의법안이 조직법이 정한 기일 이내에 양원의 심의를 받지 못할 경우, 대통령은 이를 국민투표에 회부한다.

⑥ 의원 발의법안이 국민투표에서 가결되지 않은 경우에는, 국민투표일로부터 2년이 경과하기 전까지는 동일한 안건에 관하여 새로운 국민투표 발의안이 제출될 수 없다.

⑦ 국민투표에서 정부제출법안 또는 의원 발의법안이 가결되는 경우에는, 대통령은 투표결과 공표일로부터 15일 이내에 이를 법률로 공포한다.

[그리스]

제44조 ② 내각의 제안에 따른 국회 재적의원의 과반수의 의결이 있을 경우, 대통령은 대통령령으로 중대한 국가적 문제에 관한 국민투표를 선포한다. 국회 의사 규칙 및 이 항의 규정에 따라 국회 재적의원의 5분의 2의 발의 및 국회 재적의원의 5분의 3에 의한 의결이 있는 경우, 대통령은 재정 문제를 제외한 중요한 사회문제 규제를 위한 법률에 대하여 대통령령으로 국민투표를 선포할 수 있다. 하나의 법안에 대한 국민투표 발의는 같은 국회 회기 중에 2회를 초과

하여 제출될 수 없다. 법안을 표결할 경우 제42조 제1항에 기술된 기한은 국민투표가 실시되는 날에 시작된다.

[덴마크]

제42조 (1) 법안이 국회에서 가결된 경우 국회의원의 3분의 1이 모이면 해당 법안의 최종 가결일로부터 3일 이내에 국회의장에게 해당 법안의 국민투표 부의를 요구할 수 있다. 이와 같은 요구는 서면으로 실시하며 해당 의원들은 요구서에 서명한다.

(2) 제7항에 언급된 경우를 제외하고는 국민투표에 부의될 수 있는 법안(제6항 참조)은 제1항에 명시된 시한의 만료 전에 또는 전술한 바와 같이 요구된 국민투표가 실시되기 전에 국왕의 재가를 받을 수 없다.

(3) 법안에 관한 국민투표가 요구된 경우 국회는 해당 법안의 최종 가결일로부터 5일 이내에 해당 법안의 철회를 결의할 수 있다.

(4) 국회가 제3항에 따라 결의하지 않은 경우, 해당 법안의 국민투표 부의 사실을 수상에게 즉시 통지하며, 수상은 국민투표 실시 예정 문구와 함께 해당 법안이 공표되도록 한다. 국민투표는 해당 법안의 공표일로부 터 적어도 12일에서 18일 이내에 수상의 결정에 따라 실시한다.

(5) 국민투표에서 해당 법안에 대한 찬반을 묻는다. 해당 법안이 부결되려면 투표 참여 유권자의 과반수와 전체 투표권자의 30%이상이 해당 법안에 반대표를 던져야 한다.

(6) 기존 조약의 의무를 부과할 목적으로 제출된 법안뿐 아니라 재정 법안, 추가 세출 예산안, 임시세출 예산안, 국채 법안, 공무원(수정) 법안, 봉급 및 연금 법안, 귀화 법안, 수용 법안, 과세 법안은 국민투표에 부의되어 결정될 수 없다. 이 규정은 제9조, 제8조, 제10조 및 제11조에 언급된 법안들과, 해당 의결안의 국민 투표 부의가 특별법에 의해 규정되어 있지 않고 법의 형태로 존재하는 경우 제19조에 규정된 바와 같은 의결안에도 적용된다. 헌법의 수정은 제88조에 규정된 규정에 따른다.

(7) 비상시 국민투표에 부의될 수 있는 법안은 가결된 직후에 국왕의 재가를 받을 수 있다. 단, 해당 법안에 이러한 취지의 조항이 포함되어야 한다. 제1항에 따라 국회의원의 3분의 1이 해당 법안 또는 국왕의 재가가 부여된 법에 대한 국민투표를 요구하는 경우 국민투표는 상기 규칙에 따라 개최된다. 해당 법이 국민 투표에 의해 부결되는 경우 수상은 국민투표 실시일로부터 14일 이내에 과도한 지연 없이 그와 같은 취지의 내용을 공표한다 . 공표일로부터 해당 법은 무효가 된다.

(8) 페로 제도와 그린란드에서의 국민투표 실시 범위를 포함한 국민투표 규정은 법률로 정한다.

[스위스]

제136조 (참정권) ② 제1항에 해당하는 모든 스위스인은 국민의회 선거 및 연방투표에 참여하고, 연방 문제에 대하여 국민발안 및 국민투표 요구를 발의·서명할 수 있다.

제140조 (필요적 국민투표) ① 다음 사항은 국민투표 및 주투표에 회부한다.

b. 집단적 안전보장기구 또는 초국가적 공동체에의 가입

c. 헌법에 따르지 아니하고 그 유효기간이 1년을 초과하는 긴급연방법률은 그러한 연방법률은 연방의회에서 채택된 날로부터 1년 이내에 투표에 회부되어야 한다.

제141조 (임의적 국민투표) ① 투표권을 가진 5만의 국민 또는 8개 주가 그 법령이 공고된 날로

부터 100일 이내에 국민투표를 요구하는 경우에는 다음 사항을 국민투표에 회부한다.

a. 연방법률

b. 유효기간이 1년을 초과하는 긴급 연방법률

c. 헌법 또는 법률에서 요구하는 경우의 연방포고

d. 다음의 국제조약

1. 유효기간이 한정되지 아니하고 폐지의 통고가 정해지지 아니한 조약

2. 국제기구에의 가입과 관련된 조약

3. 중요한 법률 규정을 포함하고 있거나 그 시행에 연방법의 제정이 필요한 조약

제141a조 (국제조약의 시행) ① 국제조약의 비준에 관한 결정이 필수적 국민투표의 대상이 되는 경우, 연방의회는 해당 조약의 시행과 관련한 헌법 개정을 그 비준 여부 결정에 포함시킬 수 있다.

② 국제조약의 비준에 관한 결정이 임의적 국민투표의 대상이 되는 경우, 연방의회는 해당 조약의 시행과 관련한 법률 개정을 그 비준 여부 결정에 포함시킬 수 있다.

제142조 (정족수) ① 국민투표에 회부된 안건은 투표자의 과반수 찬성으로 채택한다.

② 국민투표 및 주투표에 회부된 안건은 국민 투표의 과반수 찬성 및 주의 과반수 승인으로 채택한다.

③ 어느 한 주의 주민투표 결과는 해당 주의 투표가 된다.

④ 옵발덴(Obwalden), 닏왈덴(Nidwalden), 바셀－쉬타트(Basel－Stadt), 바셀－란트샤프트(Basel－Landschaft), 아펜 젤 아우스제어호덴(Appenzell Ausserrhoden) 및 아펜젤 인너호덴(Appenzell Innerrhoden) 주는 각각 2분의 1의 주표로 계산한다.

[아일랜드]

제47조 1. 민의를 묻기 위해 국민투표에 부의되는 본 헌법의 모든 수정안은, 본 헌법의 제46조의 목적상, 해당 국민투표에서 수정안 입법 찬성이 투표자의 과반수를 득표한 경우에 국민의 승인을 얻은 것으로 간주한다.

2. 1° 헌법 수정안 이외에, 민의를 묻기 위해 국민투표에 부의되는 모든 법안은 해당 국민투표에서 해당 제안의 입법 반대가 투표자의 과반수를 득표한 경우와 해당 제안의 입법 반대표가 등록 유권자의 33⅓%이상에 해당되는 경우에 국민에 의해 거부된 것으로 간주한다.

2° 헌법 수정안 이외에, 민의를 묻기 위해 국민투표에 부의되는 모든 법안은 본 헌법 제27조의 목적상, 본 항의 전술한 호의 규정에 따라 국민에 의해 거부되지 않는 한 국민의 승인을 얻은 것으로 간주한다.

3. 하원 의원 선거에 대한 투표권이 있는 모든 국민은 국민투표에 대한 투표권을 가진다.

4. 전술한 조항에 따라 국민투표는 법률로 정한다.

[이탈리아]

제75조 유권자 50만 명이나 주 의회 5개가 요청하면 법률 또는 법률의 효력을 가진 조치를 전부 또는 일부 폐지하기 위한 일반 국민투표를 실시할 수 있다.

세금, 예산, 일반사면 또는 특별사면에 관한 법률이나 국제조약을 비준하는 법률에 대해서는 국민투표를 실시할 수 없다.

하원 선거권이 있는 국민은 국민투표권을 가진다.

선거권자 과반수가 투표하고 유효 투표가 과반수에 도달하면 국민투표가 실시된 것으로 간주한다.

제87조 (제3항) 대통령의 권한은 다음과 같다.

- 헌법에 규정된 경우 일반 국민투표 소집

[헝가리]

제８조 (1) 국회는 20만 명 이상의 선거인의 신청이 있는 경우, 전국 국민투표를 명하여야 한다. 국회는 대통령, 정부 또는 10만 명 이상의 선거인의 신청이 있는 경우, 전국 국민투표를 명할 수 있다. 유효하고 결정적인 국민투표의 결정은 국회에게 구속력을 가진다.

(2) 전국 국민투표는 국회의 책임 및 권한에 속하는 사항에 관하여 할 수 있다.

(3) 다음의 경우에는 전국 국민투표를 할 수 없다.

a) 헌법 개정을 목적으로 하는 사항,

b) 국가예산법의 내용 및 그 시행, 중앙세금유형, 연금 또는 의료 출연, 관세 및 지방세에 대한 중앙정부요건,

c) 국회의원, 지방대표 및 시장, 유럽의회 구성원의 선출에 관한 법률의 내용,

d) 국제협약으로 인한 의무,

e) 인적자원 및 국회의 권한에 속하는 조직의 설치에 관한 사항,

f) 국회의 자발적 해산,

g) 대표기구의 강제적 해산,

h) 전쟁상태, 국가위기상태 및 비상사태의 선포 및 예방적 방어상태의 선포 또는 연장,

i) 군사작전 참가에 관한 사항,

j) 사면.

(4) 전국 국민투표는 선거인 과반수의 유효한 투표로 성립하며, 투표인의 과반수 이상이 찬성한 안으로 결정한다.

[포르투갈]

제115조 (국민투표) 1. 헌법 및 법률의 각 규정에 따라 의회 또는 정부의 책임에 속하는 사안들과 관련해 의회 또는 정부의 제안에 따라 대통령은 포르투갈 영토 내에서 선거권자로 등록된 국민들에게 국민투표를 통해 의무적으로 직접 각자의 의견을 표명할 것을 요청하기로 결정할 수 있다.

2. 국민투표는 의회에 요청서를 제출하는 국민들의 발의에 따라 실시할 수 있다. 그러한 요청서들은 계약 조건 하에서 법률에 규정된 시한 이내에 제출 및 검토한다.

3. 국민투표의 대상은 의회나 정부가 국제 협정 또는 입법을 통과시켜 결정해야 하는 국익 관련 주요 사안들에만 국한한다.

4. 다음에 열거한 사항들은 국민투표의 대상에 해당되지 아니한다.

a) 헌법의 변경

b) 예산, 세금 관련 또는 재무적 내용을 포함한 사안 및 결의

c) 다음에 열거한 각 항의 조항을 위반하지 않는 한도에서 제161조에 규정된 사안

d) 제164조에 규정된 사안 (동조 제9호 규정은 제외)

5. 전항의 규정들은 제 161조 제9호에 의거하여 국제 협약의 대상에 해당되는 국익 관련 주요 사안들의 국민투표 발의를 침해해서는 아니 된다. 단, 그러한 사안들이 평화 또는 국경 변경과 관련된 경우는 예외로 한다.

6. 국민투표는 건당 1개 사안만 처리한다. 투표 문항은 객관적이면서도 분명하고 정확하게 마련되어야 하고 단답형의 답변(예 혹은 아니오)을 선거권자들에게 요구하며 법률에 의해 규정되는 문항의 최대수를 초과해서는 아니 된다. 또한 국민투표의 준비 및 시행을 규율하는 다른 조건들도 법으로 규정한다.

7. 국민투표는 주권 행사 기관들에 대한 일반 선거는 물론, 자치구의 자치기관들, 지방자치기구 및 유럽 의회의원들을 위한 선거가 요구되는 날부터 그러한 선거들을 시행하는 날까지 요청 또는 시행해서는 아니 된다.

8. 대통령은 의회나 정부가 발의한 모든 국민투표 초안에 대해 사전에 합헌성 및 적법성 여부를 의무적으로 확인하는 절차를 요청한다.

9. 제113조 제1, 2, 3, 4, 7항의 규정들은 필요한 변경을 가하여 국민투표에 준용한다.

10. 대통령이 거부하거나 유권자들이 반대하는 국민투표 초안은 동일한 입법 회기 동안 재발의 해서는 아니 된다. 단, 의회가 새로운 선거로 구성되는 경우 정부가 사퇴하거나 해임되는 경우는 예외로 한다.

11. 국민투표는 투표자의 수가 등록된 유권자 수의 절반(50%)을 초과할 경우에만 법적 구속력을 가진다.

12. 재외 국민으로서 제121조 제2항 규정에 따라 유권자로 정식 등록된 자들에 대해서는 특별히 그들과 관계가 있는 사안들을 다루고 있는 국민투표에 참여할 것을 요구한다.

13. 국민투표는 제232조 제2항에 따라 지역 차원에서 실시할 수 있다.

제134조 (개인적 책임) 대통령은 다음에 열거한 사항들에 대한 개인적인 책임을 진다.

c) 제115조에 규정된 바와 같은 주요 국가 현안들과 제232조 제2항 및 제256조 제3항에 인용된 동 현안들을 국민투표에 회부

[핀란드]

제53조 (국민투표 및 국민발안) 국민의 의견을 묻는 국민투표를 조직하는 결정은 법률로 하고 국민투표 시기와 유권자에게 제시할 투표용지에 관한 규정을 포함시킨다. 국민투표 실시에 관해서는 법률로 정한다. 투표권이 있는 5만 명 이상의 핀란드 국민은 법률이 정하는 바에 따라 의회에 법률제정을 위한 발안을 제출할 권리를 가진다.

Ⅲ. 국민의 권리와 의무

1. 기본적 인권의 보장

[대한민국]

제10조 모든 국민은 인간으로서의 존엄과 가치를 가지며, 행복을 추구할 권리를 가진다. 국가는 개인이 가지는 불가침의 기본적 인권을 확인하고 이를 보장할 의무를 진다.

[러시아]

제 2 조 인간, 그리고 그의 권리와 자유가 절대적인 가치를 가진다. 개인과 시민의 권리와 자유를 인정하고 이를 준수하며 수호하는 것은 국가의 의무이다.

제17조 1. 러시아연방에서는 보편적으로 인정되는 국제법상의 원칙과 규범 및 헌법에 의해 개인과 시민의 권리와 자유가 인정되고 보장된다.

2. 개인의 기본 권리와 자유는 박탈할 수 없으며 출생 시부터 모든 국민들이 향유하는 것이다.

3. 개인과 시민의 권리와 자유의 행사가 타인의 권리와 자유를 침해하여서는 안 된다.

제18조 개인과 시민의 권리와 자유는 직접적인 효력을 가지며, 법률의 의미, 내용 및 적용, 입법부 및 행정부의 작용, 지방자치기구의 작용을 규정한다.

제21조 1.인간의 존엄성은 국가에 의해 보호되며, 그 무엇도 이를 훼손할 수 없다.

[독일]

제 1 조 (1) 인간의 존엄은 불가침이다. 모든 국가권력은 이를 존중하고 보호할 의무를 진다.

(2) 그러므로 독일 국민은 이 불가침·불가양의 인권을 세계의 모든 인류공동체, 평화 및 정의의 기초로 인정한다.

(3) 다음에 열거하는 기본권은 직접적인 효력을 갖는 권리로서 입법권·행정권·사법권을 구속한다.

제 2 조 (1) 누구든지 다른 사람의 권리를 침해하거나 헌법질서 또는 도덕률에 반하지 않는 한 자기의 인격을 자유로이 실현할 권리를 가진다.

[스페인]

제10조 ① 인간의 존엄, 인간의 고유한 불가침의 권리, 인격의 자유로운 함양, 법의 존중 및 타인의 권리 존중은 정치질서 및 사회평화의 기본이다.

② 헌법이 인정하는 기본적 권리와 자유에 대한 규범은 「세계인권선언」(Declaración Universal de Derechos Humanos) 및 스페인이 비준한 인권에 관한 국제조약 및 협정에 따라 해석한다.

[일본]

제11조 [기본적 인권의 향유] 국민은 모든 기본적 인권의 향유를 방해 받지 아니한다. 이 헌법이 국민에게 보장하는 기본적 인권은 침해될 수 없는 영구적 권리로서 현재와 미래의 국민에게 부여된다.

제13조 [개인의 존중, 생명·자유·행복추구의 권리] 모든 국민은 개인으로서 존중된다. 생명, 자유 및 행복추구에 대한 국민의 권리는 공공복리에 반하지 아니하는 한 입법 그 밖의 국정에 있어 최대한 존중된다.

제97조 [기본적 인권의 본질] 헌법이 일본국민에게 보장하는 기본적 인권은 인류가 오랜 세월 자유획득을 위하여 노력한 성과로서, 이들 권리는 과거 수많은 시련을 이겨내고 현재와 미래의 국민들에게 불가침의 영구적 권리로서 신탁된 것이다.

[헝가리]

자유와 책임

제 I 조 (1) 국가는 주요 의무로서 인간의 불가침 및 양도할 수 없는 기본권을 존중하고 방어한다.

(2) 헝가리는 개인과 공동체가 행사할 수 있는 기본권을 인정한다.

(4) 법률로 확립된 법인은 본래 자연인에게 한정되지 않는 기본권과 의무를 가진다.

제 II 조 인간의 존엄성은 침해할 수 없다. 모든 인간은 생명과 인간의 존엄성에 대한 권리를 가지며, 배아 및 태아의 생명은 임신 시부터 보호의 대상이 된다.

[남아프리카공화국]

제7조 (권리) ① 본 권리장전은 남아프리카공화국 민주주의의 초석을 이룬다. 우리나라 모든 국민의 권리를 소중히 여기며, 이 권리장전을 통하여 인간의 존엄성, 평등, 자유의 민주적 가치를 확인한다.

② 국가는 권리장전에 포함된 권리를 존중, 보호, 증진 및 실현하여야 한다.

③ 권리장전에 포함된 권리는 제36조 또는 권리장전의 기타 조항에 수록 또는 언급된 제한을 받는다.

제8조 (적용) ① 권리장전은 모든 법률에 적용되며 입법부, 행정부, 사법부 및 모든 국가기관을 구속한다.

② 권리장전의 규정은 해당 권리의 속성 그리고 해당 권리에 의해 부과되는 모든 의무의 속성을 고려해 적용이 가능한 경우, 적용이 가능한 범위 내에서, 자연인 또는 법인에 대해 구속력을 가진다.

③ 전항과 관련하여 권리장전의 규정을 자연인 또는 법인에게 적용할 때, 법원은

a. 권리장전에 포함된 권리의 효력을 발생시키기 위해, 법률에 의해 해당 권리의 효력이 발생하지 않는 경우 보통법을 적용하거나 필요한 경우 보통법을 개발해야 한다.

b. 해당 권리를 제한하기 위한 보통법상의 규칙을 제36조 제1항의 한계 내에서 마련할 수 있다.

④ 법인은, 권리의 성질 및 해당 법인의 특성상 필요한 범위 내에서, 권리장전상의 권리를 향유할 수 있다.

제10조 (인간의 존엄성) 모든 국민은 고유한 존엄성을 지니고 있으며 각자의 존엄성을 존중 및 보호받을 권리를 가진다.

제11조 (생존) 모든 국민은 생존권을 가진다.

[터키]

제5조 국가의 기본목적과 의무는 터키 국민의 독립과 존엄성, 국가의 불가분성, 공화정 및 민주주의를 지키고 개인과 사회의 복지, 평화, 행복을 보장하며 법률에 의해 통치되는 정의구현 및 사회 국가원칙에 반하는 방법으로 개인의 기본권과 자유를 제한하는 정치, 사회, 경제적 장애를 제거하고자 노력하고 개인의 물질적 및 정신적 존속과 발전에 필요한 여건을 제공하는 것이다.

제12조 모든 국민은 불가침, 불가양의 천부의 기본권과 자유를 가진다.

기본권과 자유는 사회, 가족, 타인에 대한 개인의 의무와 책임으로 구성된다.

제14조 (2001년 10월 17일 개정) 헌법에 규정된 어떠한 권리와 자유도 영토와 국민으로 구성된 국가의 불가분적 보존을 침해하고 인권에 기반한 민주원칙과 정교분리의 원칙을 위태롭게 할 목적으로 행사될 수 없다.

터키 헌법의 어떠한 조항도 국가나 개인이 헌법에 규정된 기본권과 자유를 침해할 수 있도록 허용하거나 기본권과 자유를 헌법에 명시된 제한보다 더 광범위하게 제한할 목적을 갖는 활동을 꾀하도록 허용하는 방식으로 해석되지 아니한다.

이러한 조항에 위반되는 행위를 한 자에 대해 적용되는 처벌은 법률로 규정해야 한다.

[포르투갈]

제16조 (기본권의 적용 범위와 해석) 1. 헌법에 명시된 기본권들은 법률과 국제법의 해당 규정에 명시된 그 밖의 권리들을 배제하지 아니한다.

2. 기본권에 관한 헌법과 법률의 조항들은 세계인권선언에 따라 해석되어야 한다.

제24조 (생명권) 1. 인간의 생명은 침해될 수 없다.

2. 사형은 어떠한 경우에도 존속되어서는 아니 된다.

제25조 (인간 존엄성에 대한 권리) 1. 모든 국민의 도덕적, 육체적 존엄성은 침해될 수 없다.

2. 누구도 고문이나 잔혹 행위를 당하지 아니하며 모멸적이거나 비인도적인 처우 또는 처벌을 받아서는 아니 된다.

제26조 (기타 인격권) 1. 모든 국민은 개인의 정체성에 대한 권리, 각자의 개성을 계발할 권리, 시민의 자격에 대한 권리, 시민권, 명예 및 평판에 대한 권리, 초상권, 발언권, 사생활 및 가정생활의 비밀을 보호 받을 권리, 모든 형태의 차별에 대해 법적 보호를 받을 권리를 가진다.

2. 개인 및 가족에 관한 정보의 제공과 남용 및 인간의 존엄성에 반하는 정보의 활용을 효과적으로 방지할 수 있는 보장 수단들은 법률로 정한다.

3. 특히 기술의 창안, 개발, 활용 및 과학적 실험에 있어서 인간의 존엄성과 유전적 정체성을 법률로 보장한다.

4. 시민권의 박탈과 시민의 자격에 대한 제한은 법률로 정할 수 있는 경우에 또한 법률이 정하는 조건에 따라서만 이루어질 수 있으며, 정치적 동기를 근거로 하면 아니 된다.

제12조 (보편성의 원칙) 1. 모든 국민은 헌법에 명시된 권리를 향유하는 동시에 헌법에 명시된 의무를 준수한다.

2. 법인은 법인격에 부합하는 범위 내에서 권리를 향유하고 의무를 준수한다.

제17조 (권리, 자유 및 보장을 규율하는 규칙) 권리, 자유 및 보장을 규율하는 일련의 규칙들은 아래의 제2편에 명시된 규칙들과 유사한 성격의 기본권에 적용된다.

2. 평등권

[대한민국]

제11조 ① 모든 국민은 법 앞에 평등하다. 누구든지 성별·종교 또는 사회적 신분에 의하여 정치적·경제적·사회적·문화적 생활의 모든 영역에 있어서 차별을 받지 아니한다.

② 사회적 특수계급의 제도는 인정되지 아니하며, 어떠한 형태로도 이를 창설할 수 없다.

③ 훈장등의 영전은 이를 받은 자에게만 효력이 있고, 어떠한 특권도 이에 따르지 아니한다.

[미국]

제1조 ⑨ 제7문 미국은 어떠한 귀족의 칭호도 수여하지 아니한다. 미국 정부에서 유급직 또는 위임에 의한 관직에 있는 자는 누구라도 연방의회의 승인 없이는 어떠한 국왕, 왕족 또는 외국으로부터도 종류 여하를 막론하고 선물, 보수, 관직 또는 칭호를 받을 수 없다.

[프랑스]

제1조 ① ... 프랑스는 모든 시민들이 법 앞에서 출신, 인종, 혹은 종교에 대한 구분 없이 평등함을 보장한다...

② 법률은 남녀가 선거직과 그 지위는 물론 직업적·사회적 직책에 대해서도 동등하게 다가설 수 있도록 노력한다.

[그리스]

제4조 ① 모든 그리스인은 법 앞에 평등하다.

② 그리스의 남성과 여성은 동일한 권리와 동일한 의무를 갖는다.

⑦ 귀족의 칭호 또는 특별대우를 그리스인에게 부여하지 않는다.

제5조 ② 그리스 영토 안에서 사는 모든 사람들은 국적, 인종 또는 언어, 그리고 종교적 또는 정치적 신념과 상관없이 생명, 명예 및 자유를 완전히 보호 받아야 한다. 이에 대한 예외는 국제법에 의해 규정된 경우에만 허용된다. 반체제 운동가로서의 행동에 대해 기소된 외국인에 대한 범죄인 인도는 금지된다.

제116조 ② 남성과 여성 간의 평등을 촉진시키기 위한 적극적인 조치의 채택은 성별에 근거한 차별이 아니다. 국가는 특히 여성에게 불리한 실제로 존재하는 불평등을 제거하기 위한 조치들을 취해야 한다.

[독일]

제3조 (1) 모든 인간은 법 앞에 평등하다.

(2) 남성과 여성은 동등한 권리를 가진다. 국가는 남성과 여성의 동등한 권리가 실제적으로 실현되도록 지원하고 현존하는 불이익이 제거되도록 노력한다.

(3) 누구든지 자신의 성별, 가문, 인종, 언어, 고향과 출신, 신앙, 종교적 또는 정치적 견해 때문에 불이익을 받거나 우대받지 아니한다. 누구라도 장애를 이유로 불이익을 받지 아니한다.

제33조 (1) 모든 독일인은 각 주에서 국민으로서의 동등한 권리와 의무를 가진다.

[벨기에]

제11조의2 법률, 연방법률 또는 제134조의 규정은 남성과 여성이 동등하게 권리와 자유를 행사할 수 있음을 보장하며 특히 선거권과 공권에 대한 남녀의 동등한 접근을 촉진한다.

내각과 공동체 및 지방정부에는 남성과 여성 양쪽이 포함되어야 한다.

법률, 연방법률 또는 제134조의 규정은 주(州)의회 상임대표단, 시장 및 시의회 의원단, 사회복지센터 협의회 및 상임위원회의 구성원이 되거나 기타 주(州)간, 자치도시 간 또는 자치도시 내의 지방기관의 임원이 되는 것에 관하여 규정한다.

위 단락은 법률, 연방법률 또는 제134조의 규정이 주(州)의회 상임대표단 위원, 시의회 의원, 사회복지센터 협의회 및 상임위원회 위원 또는 기타 주(州)간, 자치도시 간 또는 자치도시 내의 지방기관의 임원을 직접 선출하는 것으로 규정하는 경우에는 적용되지 아니한다.

[아일랜드]

제40조 1. 모든 국민은 인간으로서 법률 앞에 평등하다. 이것은 국가가 법의 제정 시 신체적 및 정신적인 능력과 사회적 기능의 차이를 충분히 고려하지 않는 것을 의미하는 것이 아니다.

2. 1° 국가는 귀족 신분을 부여하지 아니 한다.

2° 내각의 사전 승인을 얻은 경우를 제외하고, 어떠한 국민도 귀족이나 높은 신분을 인정할 수 없다.

[오스트리아]

제7조 ① 모든 국민은 법 앞에서 평등하다. 출신, 성별, 신분, 계급 및 신앙에 따른 특권은 인정되지 않는다. 어느 누구도 자신의 장애를 이유로 불이익을 받아서는 아니 된다. 공화국(연방, 주 및 자치단체)은 장애인과 비장애인에게 일상생활의 모든 분야에서 평등한 대우를 보장한다.

② 연방, 주 및 지방자치단체는 남성과 여성을 실질적으로 평등하게 대우한다. 특히 사실상 존재하는 불평등을 제거함으로써 여성과 남성의 실질적인 평등을 촉진하기 위한 조치들은 허용된다.

③ 관청의 표시는 해당 공무원의 성별이 나타나는 형태로 사용될 수 있다. 칭호, 대학의 학위 및 직업표시에도 동일하게 적용한다.

[캐나다]

1982년 캐나다 헌법

제15조 법 앞의 평등 및 법률에 따른 평등 그리고 법률의 동등한 보호 및 혜택

① 모든 개인은 법 앞에서 평등하고, 평등하며 특히 인종, 국적, 민족, 피부색, 종교, 성별, 연령, 정신적 또는 신체적 장애 등을 이유로 한 차별을 받지 않고 법률상 동등한 혜택을 누릴 권리가 있다.

② (처우개선 프로그램) 전항은 인종, 국적, 민족, 피부색, 종교, 성별, 연령, 정신적 또는 신체적 장애를 이유로 불이익을 당하는 자들을 포함하여 불이익을 받은 개인 내지 집단의 여건을 개선하는 데 목적을 둔 법률, 프로그램 내지 활동을 배제하지 않는다.

[헝가리]

자유와 책임

제XV조 (1) 모든 사람은 법 앞에 평등하다. 모든 인간은 법적 능력을 가진다.

(2) 헝가리는 인종, 피부색, 성별, 장애, 언어, 종교, 정치적 또는 기타 견해, 국적 또는 사회적 출신, 재정상태, 출생 또는 기타 조건 등에 근거한 차별 없이 모든 사람의 기본권을 보장하여야 한다.

(3) 여성과 남성은 평등한 권리를 가진다.

(4) 헝가리는 별도의 조치를 통하여 기회의 균등과 사회적 포용의 달성을 촉진하여야 한다.

(5) 헝가리는 별도의 조치를 통하여 가족, 아동, 여성, 노인 및 장애인을 보호하여야 한다.

[남아프리카공화국]

제9조 (평등) ① 모든 국민은 법 앞에서 평등하며 동등한 법적 보호 및 혜택을 누릴 권리를 가진다.

② 평등은 모든 권리와 자유의 완전하면서도 동등한 향유를 포함한다. 평등의 실현을 증진하기 위해, 부당한 차별로 인해 불이익을 당한 자들 또는 그러한 부류를 보호하거나 그들에 대한 처우를 개선할 목적으로 입법 및 그 이외의 조치를 취할 수 있다.

③ 국가는 인종, 성별, 임신, 혼인 여부, 민족적 또는 사회적 출신, 피부색, 성적 성향, 연령, 장애, 종교, 양심, 신념, 문화, 언어 및 출생을 포함한 하나 이상의 사유를 근거로 하여 누군가를 직접 혹은 간접적으로 부당하게 차별해서는 안 된다.

④ 누구도 위 제3항과 관련해 하나 이상의 사유를 근거로 하여 다른 사람을 직·간접적으로 부당하게 차별해서는 안 된다. 부당한 차별 행위를 예방 또는 금지하기 위한 법률이 제정되어야 한다.

⑤ 위 제3항에 나열된 사유 중 하나 이상을 근거로 한 차별은, 그러한 차별이 정당하다는 사실이 입증되지 않는 한, 부당한 것으로 간주된다.

[터키]

제10조 (2010년 9월 23일 개정) 모든 국민은 언어, 인종, 피부색, 성별, 정치적 견해, 철학적 신념, 종교 및 종파에 상관없이 법 앞에 평등하다.

남성과 여성은 동등한 권리를 갖는다. 국가는 이러한 평등이 실제로 구현되도록 할 의무가 있다. 이러한 목표를 이루기 위한 조치는 평등원칙에 위배되는 것으로 해석하지 아니한다.

어린이, 노인, 장애인, 재향군인과 전쟁 및 공무 중에 사망한 자의 미망인과 고아를 위한 조치는 평등원칙에 위배되지 아니한다.

특정 개인이나 가족, 단체 또는 계층에게 어떠한 특권도 허용되지 아니 한다.

국가기관과 행정기관은 모든 사법절차에 있어 법 앞의 평등원칙을 준수해야 한다.

[핀란드]

제 6 조 (평등) 모든 국민은 법 앞에 평등하다. 누구도 정당한 이유 없이 성별, 연령, 출신, 언어,

종교, 신념, 의견, 건강, 장애나 그 신상에 관한 기타 이유를 근거로 차별 대우를 받지 않는다. 어린이는 개인으로서 평등한 대우를 받고, 각자의 발달 단계에 따라 본인과 관련된 문제에 대해 영향을 미칠 수 있다. 양성평등이 사회활동과 직장생활, 특히 보수와 기타 고용 조건 결정에 있어서 장려되고 세부사항은 법률로 정한다.

3. 신체의 자유

[대한민국]

제12조 ① 모든 국민은 신체의 자유를 가진다. 누구든지 법률에 의하지 아니하고는 체포·구속·압수·수색 또는 심문을 받지 아니하며, 법률과 적법한 절차에 의하지 아니하고는 처벌·보안처분 또는 강제노역을 받지 아니한다.

② 모든 국민은 고문을 받지 아니하며, 형사상 자기에게 불리한 진술을 강요당하지 아니한다.

③ 체포·구속·압수 또는 수색을 할 때에는 적법한 절차에 따라 검사의 신청에 의하여 법관이 발부한 영장을 제시하여야 한다. 다만, 현행범인인 경우와 장기 3년 이상의 형에 해당하는 죄를 범하고 도피 또는 증거인멸의 염려가 있을 때에는 사후에 영장을 청구할 수 있다.

④ 누구든지 체포 또는 구속을 당한 때에는 즉시 변호인의 조력을 받을 권리를 가진다. 다만, 형사피고인이 스스로 변호인을 구할 수 없을 때에는 법률이 정하는 바에 의하여 국가가 변호인을 붙인다.

⑤ 누구든지 체포 또는 구속의 이유와 변호인의 조력을 받을 권리가 있음을 고지받지 아니하고는 체포 또는 구속을 당하지 아니한다. 체포 또는 구속을 당한 자의 가족등 법률이 정하는 자에게는 그 이유와 일시·장소가 지체없이 통지되어야 한다.

⑥ 누구든지 체포 또는 구속을 당한 때에는 적부의 심사를 법원에 청구할 권리를 가진다.

⑦ 피고인의 자백이 고문·폭행·협박·구속의 부당한 장기화 또는 기망 기타의 방법에 의하여 자의로 진술된 것이 아니라고 인정될 때 또는 정식재판에 있어서 피고인의 자백이 그에게 불리한 유일한 증거일 때에는 이를 유죄의 증거로 삼거나 이를 이유로 처벌할 수 없다.

[멕시코]

제16조 ③ 사법기관만이 체포영장을 발부할 수 있다. 체포영장은 항상 법률이 징역형으로 처벌할 수 있는 범죄로 규정하는 위법행위에 대한 공식적인 기소 또는 고발이 선행되고, 범죄사실을 입증하는 증거가 있고 피의자가 해당 범죄를 범하였거나 범행에 가담하였을 가능성이 있어야 한다.

④ 체포영장을 집행하는 기관은 지체 없이 엄격한 책임 하에 피의자를 판사에게 인계하여야 한다. 이를 이행하지 아니한 때에는 형법에 따른 처벌을 받는다.

⑤ 현행범의 경우에는 누구라도 범죄자를 체포할 수 있고, 지체 없이 가까운 관서에 범죄자를 인계하고, 해당 관서는 다시 검사에게 인계하여야 한다. 체포사실은 즉시 기록하여야 한다.

⑥ 검사는 긴급하고, 범죄가 중대하고, 피의자가 사법조치를 회피할 수 있는 합리적인 위험이 있으며, 시간, 장소 또는 상황으로 인하여 피의자를 사법기관에 인계할 수 없는 경우에 한하여 구속결정의 사유를 설명하고 자신의 책임 하에 피의자의 구속을 명령할 수 있다.

⑦ 긴급한 경우 또는 흉악범인 경우에는 피의자를 인수한 판사는 법률이 정하는 바에 따라

즉시 구속을 확정하거나 석방을 명령하여야 한다.

⑧ 조직범죄의 경우에 조사가 필요하고 사람 또는 재산을 보호할 필요가 있거나 피의자가 사법 조치를 회피할 수 있는 합리적인 위험이 있는 때에는 사법기관은 검사의 요청에 따라 법률이 정한 시간과 장소를 준수하여 피의자를 구속할 것을 명령할 수 있다. 다만, 그 기간은 40일을 초과할 수 없고, 검사가 구속이 연장되어야 하는 사유를 증명하는 때에는 연장할 수 있다. 어떠한 경우에도 구속기간은 80일을 초과할 수 없다.

⑨ 조직범죄란 해당 법률이 규정하는 바에 따라 범죄를 실행하기 위하여 영구적 또는 일시적으로 3인 이상이 구성한 조직을 말한다.

⑩ 검사는 피의자를 48시간 이상 구속할 수 없다. 이 기한 내에 피의자의 석방을 명령하거나 사법기관에 인계하여야 한다. 법률이 규정하는 조직범죄의 경우에는 이 기한을 2배로 연장할 수 있다. 이 조항을 준수하지 아니한 때에는 형법에 따른 처벌을 받는다.

제19조 ① 사법당국의 구금은 범죄사실, 장소, 시간 및 범죄상황과 법률이 범죄로 규정하는 행위가 있었고, 피의자가 해당 행위를 하였거나 가담하였을 가능성이 있음을 입증하는 자료를 첨부한 구속영장이 없으면 72시간을 초과할 수 없다.

② 검사는 다른 예방조치가 피의자의 재판출석, 조사의 진행, 피해자, 증인 또는 지역사회의 보호에 충분하지 아니한 경우와 피의자가 재판 중에 있거나 계획적 범죄를 범하여 이미 유죄판결을 받은 경우에 한하여 판사에게 미결구금을 청구할 수 있다. 판사는 조직범죄, 살인, 강간, 유괴, 마약거래, 무기 및 폭발물과 같은 폭력수단을 사용하여 범한 범죄, 국가안보, 자유롭게 인격을 개발할 권리 및 공중보건을 위협하는 중대한 범죄인 때에는 형식에 구애받지 아니하고 미결구금을 명령하여야 한다.

③ 판사가 재판의 대상인 자에게 부여한 자유를 철회할 수 있는 경우는 법률로 정한다.

구금명령의 발부기간은 법률이 정하는 절차에 따라 피의자의 요청이 있는 경우에 한하여 연장될 수 있다. 이를 위반하여 구금을 연장한 때에는 형법에 따른 처벌을 받는다. 피의자가 구금된 시설을 관할하는 기관이 첫 번째 단락에 규정하는 기한 내에 미결구금을 명령하는 구속영장 또는 기한연장신청서의 정본을 수령하지 아니한 때에는 담당판사에게 그 사실을 통지하여야 하고, 통지 후 3시간 이내에 해당 서류를 수령하지 아니한 때에는 피의자를 석방하여야 한다.

④ 모든 법적 절차는 구속영장에 명시된 범죄에 한하여 진행하여야 한다. 법적 절차의 진행 중에 다른 범죄가 확인된 때에는 별도로 수사하여야 하며, 해당되는 경우에는 사건의 병합을 명령할 수 있다. 조직범죄 혐의에 대하여 구속영장이 발부된 후에 피의자가 사법조치를 회피하거나 해외의 다른 판사에게 이송되는 경우에는 공소시효와 함께 해당 절차는 중단된다.

⑤ 체포 또는 수감 중의 학대, 법적으로 정당한 사유가 없는 괴롭힘, 구치소 내에서 강제부담금 또는 기부금의 징수는 권한남용을 구성하여 법률에 따라 처벌을 받고 관할당국의 통제를 받는다.

[미국]

수정헌법 제4조 부당한 수색, 체포, 압수로부터 신체, 가택, 문서 및 재산의 안전을 보장받는 국민의 권리를 침해할 수 없다. 체포, 수색, 압수의 영장은 상당한 이유에 근거하고, 선서 또는 확약에 의하여 확인되고, 특히 수색 장소, 체포될 사람 또는 압수될 물품을 기재하지 아니하고는 발급할 수 없다.

수정헌법 제5조 누구라도 대배심에 의한 고발 또는 기소가 있지 아니하는 한 사형에 해당하는 죄 또는 파렴치 범죄에 관하여 심리를 받지 아니한다. 다만, 육군이나 해군에서 또는 전시나 공중의 위험시 복무 중에 있는 민병대에서 발생한 사건에 관하여서는 예외로 한다...어떠한 형사사건에 있어서도 자기에게 불리한 증언을 강요당하지 아니하며, 누구라도 정당한 법의 절차에 의하지 아니하고는 생명·자유 또는 재산을 박탈당하지 아니한다.

수정헌법 제5조 ...누구라도... 어떠한 형사사건에 있어서도 자기에게 불리한 증언을 강요당하지 아니[한다].

수정헌법 제8조 과다한 보석금을 요구하거나, 과다한 벌금을 과하거나, 잔혹하고 비정상적인 형벌을 과하지 못한다.

[필리핀]

제3장 제1조 누구도 적법절차를 거치지 않고서는 생명, 자유 또는 재산을 박탈당하지 않으며 평등한 법의 보호를 받는다.

제2조 성격이나 목적을 불문하고 정당하지 못한 조사와 구금으로부터 신체, 주거, 증거서류, 물건의 안전을 보호받을 국민의 권리는 침해되지 않으며, 판사가 고소인이나 그가 내세우는 증인의 선서나 확인하에 검토 후 판사가 개인적으로 판단하기에 상당한 근거가 있는 경우를 제외하고는 어떠한 수색영장이나 체포영장도 발부되지 않으며, 특히 수색할 장소와 체포할 사람 또는 압류할 물건은 기술되어야 한다.

제12조 ① 위법행위에 대한 조사하에 있는 자는 묵비권을 행사할 수 있는 권리와 피의자 본인이 선택한 법적 자격을 갖추고 있고 독립적인 변호사를 선임할 권리가 있음을 통지받을 권리를 가져야 한다. 해당 개인이 스스로 변호인을 구할 수 없을 때에는 국가가 변호인을 제공한다. 이러한 권리는 변호사의 입회하에 서면으로 작성한 경우를 제외하고는 포기될 수 없다.

② 어떠한 고문, 강압, 폭력, 협박, 위협 또는 자유의지를 해치는 그 밖의 다른 수단도 피의자에게 사용이 금지된다. 비밀 감금 장소, 독방 감금, 외부와 연락이 차단된 감금 또는 그 밖의 유사한 형태의 감금은 금지된다.

③ 본 조 또는 제17조를 위반하여 취득한 자백 또는 인정은 피의자에 대한 증거로 인정되지 않는다.

제13조 유죄의 증거가 매우 명확할 때 영구격리(reclusion perpetua)의 처벌이 가능한 범죄로 기소된 자를 제외하고는, 모든 국민은 유죄 판결이 있기 전까지 충분한 담보를 대가로 보석될 수 있거나, 법률이 정한 바에 따라 서약서로서 불구속될 수 있다. 보석 받을 권리는 인신보호영장의 권리가 중지된 경우에도 부인되지 않는다. 과도한 보석은 요구할 수 없다.

제14조 ① 누구도 본인의 범법행위에 대하여 적법절차 없이 구속되지 않는다.

② 모든 형사소추에서 피고인은 유죄로 입증되기 전까지 무죄로 간주되어야 하며, 피고인 본인과 변호사를 통해 의견을 제시할 권리와 피고인에 대한 고소의 성격과 근거를 전달받고 신속하고 공평하며 공개적인 재판을 통해 증인과 대면하며 피고인에 유리한 증인 출석과 증거 확보를 보장하는 필수적 절차를 가질 권리가 있다. 그러나 법원 심리 후, 피고인의 결석에도 불구하고 재판은 진행될 수 있다. 단, 피고인에게 적절한 통지가 있어야 하며 피고인의 불출석에 변명의 여지가 없어야 한다.

제15조 인신보호영장의 특권은 외환 또는 내우의 경우 공공안전이 이를 요구할 경우를 제외하고

는 정지되지 않는다.

第17조 누구도 본인에게 불리한 증인이 되도록 강요받지 않는다.

第18조 ② 범죄의 당사자가 정당하게 유죄 판결을 받아 해당 범죄에 대해 처벌받는 경우를 제외하고는 어떠한 형태의 비자발적 강제 노역도 인정되지 않는다.

第19조 ① 과도한 벌금이 부과되지 않으며, 잔인하거나 불명예스러운 또는 비인격적인 처벌이 부과되지 않는다. 또한 극악한 범죄와 관련한 필연적 사유를 이유로 의회가 이에 대해 사형선고를 규정하지 않는 한, 사형이 부과되지 않는다. 이미 판결된 사형선고는 영구격리로 감형된다.

② 죄수나 억류자에 대한 육체적, 심리적 또는 불명예스러운 처벌의 채택 또는 인간 이하의 조건하에 있는 기준 이하의 또는 부적절한 처벌시설의 사용은 법률로 정한다.

[독일]

第 2 조 (2) 누구든지 생명권과 신체적 훼손을 받지 않을 권리를 가진다. 인신의 자유는 침해되지 아니한다. 이 권리들은 오직 법률에 근거하여 제한할 수 있다.

第12조 (2) 누구도 전통적이고 일반적인, 모두에게 평등한 공공역무의 의무를 제외하고는 특정한 노동을 강요당하지 아니한다.

(3) 강제노동은 오직 법원이 명하는 자유박탈의 경우에만 허용된다.

第104조 (1) 신체의 자유는 형식적인 법률에 근거하여, 그리고 그 법률이 정하는 형식에 따라서만 제한될 수 있다. 구금된 사람은 정신적으로나 육체적으로 학대받아서는 안 된다.

(2) 자유박탈의 허용 및 계속에 대하여는 법관만이 결정한다. 법관의 명령에 의거하지 않는 모든 자유 박탈은 지체 없이 법관의 결정을 구하여야 한다. 경찰은 자기의 권한으로 누구도 체포의 익일이 종료한 후까지 구금할 수 없다. 자세한 사항은 법률로 정한다.

(3) 누구든지 처벌받을 수 있는 행위의 혐의로 일시적으로 체포된 때에는 늦어도 체포의 익일에 법관에게 인치되어야 하며, 법관은 피체포자에게 체포의 이유를 고지하고, 그를 심문해야 하며, 그에게 이의를 제기할 기회를 주어야 한다. 법관은 지체 없이 이유를 기재한 체포영장을 발부하거나 또는 석방을 명하여야 한다.

(4) 자유박탈의 명령 또는 계속에 관한 법관의 결정은 지체 없이 피구금자의 가족 또는 그가 신뢰하는 사람에게 통지되어야 한다.

[벨기에]

第12조 개인의 자유는 보장된다.

누구든지 법률이 정하는 경우에 법률이 정하는 형식에 의하지 아니하고는 소추되지 아니한다. 현행범의 경우를 제외하고는 누구든지 법관이 이유를 명시하여 발부한 영장에 의하지 아니하고는 체포되지 아니한다. 구속영장은 체포 당시 또는 적어도 체포 시로부터 24시간 이내에 발부되어야 한다.

第14조의2 사형은 폐지된다.

[스위스]

第10조 (생명권 및 자유권) ① 모든 국민은 생명에 대한 권리를 가진다. 사형은 금지한다.

② 모든 국민은 자유권, 특히 신체적·정신적 불가침 및 행동의 자유를 가진다.

③ 고문 및 기타 잔혹하고 비인도적이거나 품위를 손상하는 처우 또는 형벌은 금지한다.

[스페인]

제15조 모든 사람은 생명, 신체, 정신에 대한 완전한 권리를 가진다. 고문, 비인도적 혹은 굴욕적 형벌 또는 취급은 어떠한 경우에도 허용되지 아니한다.

사형은 폐지한다. 다만, 전시에 군형법에 의한 경우에는 예외로 한다.

제25조 ③ 민사행정부(Administración civil)는 직접 또는 부차적으로 자유형에 해당하는 제재를 과할 수 없다.

[아일랜드]

제15조 5. 2° 국회는 사형의 선고를 규정하는 법을 제정하지 아니 한다.

제38조 1. 적법 절차의 경우를 제외하고 어떠한 개인도 형사 혐의로 재판을 받지 아니 한다.

제40조 3. 3° (제1문) 국가는 모체의 동등한 생명권을 충분히 고려하여 태아의 생명권을 인정하며, 해당 권리를 존중하고, 법률상 실행 가능한 최대로, 지키고 옹호할 것을 법률적으로 보증한다.

4. 1° 어떠한 국민도 법률에 따른 경우를 제외하고 개인적 자유를 박탈당하지 아니 한다.

2° 불법 구금되어 있음을 주장하는 내용의 고소가 어떤 개인에 의해 또는 어떤 개인을 대리하여 고등법원이나 고등법원 판사에게 제기되는 경우, 해당 고등법원 또는 고등법원 판사는 즉시 고소 내용을 조사하고, 해당 개인을 구금하고 있는 자에게 지명된 날에 해당 개인을 고등법원에 출두하게 하고 구금의 이유를 서면으로 증명할 것을 명할 수 있으며, 고등법원은, 해당 개인의 법원 출두 시 그리고 해당 개인을 구금하고 있는 자에게 구금의 정당성을 입증할 기회를 부여한 후, 법률에 따라 해당 개인의 구금이 정당화되지 않는 한, 해당 개인의 구금 해제를 명한다.

3° 불법 감금되었음을 주장하는 개인이 본 항에 따라 그에 관해 내려진 명령을 이행하여 고등법원에 출두하고, 해당 개인이 법률에 따라 구금되어 있지만 본 헌법의 조항을 고려할 때에 해당 법률이 무효인 것으로 판단되는 경우, 고등법원은 해당 법률의 효력에 관한 문제를 사건 설명과 함께 대법원에 회부하며, 그와 같은 회부 시 또는 그 후 언제라도, 대법원이 그와 같이 회부된 문제에 대한 결정을 내릴 때까지 고등법원이 정하는 조건에 따라 해당 개인을 보석으로 방면할 것을 허용할 수 있다.

4° 불법 감금되었음을 주장하는 개인이 본 항에 따라 그에 관해 내려진 명령을 이행하여 출두하는 고등법원은 고등법원장이 또는, 고등법원장의 부재 시, 고등법원의 선임 판사가 특정 경우에 대해 그와 같이 지시하는 경우, 3명의 판사로 구성되며, 다른 모든 경우에는 한 명의 판사만으로 구성된다.

5° 그러나, 본 항의 어떠한 규정도 전쟁 또는 무장 반란 시 국방군의 행동을 금지, 통제 또는 방해하기 위한 근거가 되지 아니 한다.

6° 중죄로 기소된 사람의 범행을 방지하기 위해 필요한 것으로 합리적으로 간주되는 경우에 법원에 의한 해당 개인의 보석 거부를 규정하는 조항이 법률로 제정될 수 있다.

[캐나다]

1982년 캐나다 헌법

제11조 형사 및 처분 문제의 제반 절차

범죄로 기소된 자는

(a) 해당 범죄의 내용을 지체 없이 통보받을 권리가 있다.

(b) 적정 시일 내에 재판을 받을 권리가 있다.

(c) 범죄와 관련하여 당사자를 상대로 한 소송 절차에서 증언의 강요를 받지 않을 권리가 있다.

(d) 독립적이면서 공정한 법정에 의해 소집되는 공평하면서도 공개적인 심리에서 법률에 따라 유죄로 판명될 때까지 무죄로 간주될 권리가 있다.

(e) 정당한 사유 없이 적당한 보석을 거부당하지 않을 권리가 있다.

(f) 군법에 해당하는 범죄로 군사재판을 받는 경우가 아닌 한 법정형의 하한형이 징역 5년 이상일 경우 배심재판을 받을 권리가 있다.

(g) 어떠한 작위 또는 부작위가 발생 당시 캐나다법 또는 국제법에 의하여 범죄로 성립되지 않는 한, 혹은 그러한 작위 또는 부작위가 국가 공동체가 인정하는 일반 법률 원칙에 따라 범죄로 성립되지 않는 한, 그러한 작위 또는 부작위를 이유로 유죄판결을 받지 않을 권리가 있다.

(h) 최종적으로 무죄판단을 받은 경우, 그로 인해 다시 재판을 받지 않을 권리가 있고 어떤 범죄에 대하여 유죄판결 및 처벌을 받을 경우, 그로 인하여 다시 재판을 받거나 처벌을 받지 않을 권리가 있다. 그리고,

(i) 범죄 발생 시점으로부터 판결 시점까지 해당 범죄에 대한 형벌의 내용에 변경이 있는 경우 그중 더 약한 처벌을 받을 권리가 있다.

제12조 처우 또는 처벌

모든 사람은 무자비하고 비정상적인 처우 또는 처벌을 받지 않을 권리가 있다.

제14조 통역

소송 절차에서 사용되는 언어를 사용 또는 이해하지 못하거나 청각에 장애가 있는 당사자나 증인은 통역인의 도움을 받을 권리가 있다.

[헝가리]

자유와 책임

제Ⅲ조 (1) 누구도 고문, 비인도적이거나 모멸적인 처우 또는 형벌을 받지 않으며, 노예가 되지 않는다. 인신매매는 금지된다.

(2) 충분한 정보를 제공한 후에 자유로운 동의를 얻지 않은 인간을 대상으로 하는 모든 의학적 및 과학적 실험은 금지된다.

(3) 모든 우생학을 목표로 하는 실무, 금전적 이익을 위한 인체 또는 그 일부의 사용 및 인간복제는 금지된다.

제Ⅳ조 (1) 모든 사람은 신체의 자유와 안전에 대한 권리를 가진다.

(2) 누구도 법정의 원인 또는 법정의 절차에 의하지 않고는 자유를 박탈당하지 않는다. 가석방 없는 종신형은 의도적이고 폭력적인 죄를 범한 경우에 한하여 부과할 수 있다.

(3) 범죄의 혐의를 받거나 범죄로 인하여 체포된 자는 지체 없이 석방되거나 법원으로 송치되어야 한다. 법원은 당해인에게 심리의 기회를 제공하고 그 유무죄를 즉시 판단할 의무가 있다. 이 경우 이유서를 붙여야 한다.

제Ⅴ조 모든 사람은 본인의 신체 또는 재산에 대한 위법한 공격 또는 직접적 위협에 대해 방어할

권리를 가진다.

제XXVIII조 (2) 누구도 법원의 유효한 판결에 의하여 형사책임이 확정되지 않고는 유죄로 간주되지 않는다.

(3) 기소된 사람은 재판의 모든 단계에서 법적 방어권을 가진다. 변호인은 법적 방어를 제공하는 중에 표현한 의견에 대한 책임을 지지 않는다.

(4) 누구도 행위 시에 헝가리 또는 다른 국가의 법률, 국제협약 또는 유럽연합의 법적 조치에 의하여 범죄를 구성하지 않는 행위로 유죄판결 또는 처벌되지 않는다.

(5) 제4항은 행위 시에 일반적으로 승인된 국제법에 따른 범죄 행위에 대한 소추 또는 유죄판결을 배제하지 않는다.

[남아프리카공화국]

제12조 (개인의 자유와 안전) ① 모든 국민은 다음의 권리를 포함해 개인의 자유와 안전에 대한 권리를 가진다.

a. 임의로 혹은 정당한 사유 없이 자유를 박탈당하지 않을 권리
b. 재판 없이 구금되지 않을 권리
c. 공권력 또는 사적 권력에 의한 모든 형태의 폭력으로부터 자유로울 권리
d. 어떤 식으로든 고문을 당하지 않을 권리
e. 잔인하거나 비인간적이거나 모욕적인 방식의 대우 또는 처벌을 받지 않을 권리

② 모든 국민은 다음의 권리를 포함해 육체적, 정신적 건강에 대한 권리를 가진다.

a. 출산에 관한 의사를 결정할 권리
b. 본인의 신체에 대한 안전 및 통제에 관한 권리
c. 정보제공을 통한 동의 없이 의료 또는 과학 실험의 대상이 되지 않을 권리

제35조 (체포, 구금 및 기소된 자) ① 범죄를 범한 혐의로 체포된 모든 사람은 다음의 권리를 가진다.

a. 진술을 거부할 권리
b. 다음 사항을 즉시 통보받을 권리
  i. 진술거부권을 행사할 권리
  ii. 진술거부권을 행사하지 않을 경우의 영향
c. 당사자에게 불리한 증거로 사용할 수 있는 자백 또는 시인을 강요받지 않을 권리
d. 합리적으로 가능한 한 빨리, 늦어도 다음 기간 이내에 재판에 회부될 권리
  i. 체포된 지 48시간 이내, 또는
  ii. 48시간의 시한이 통상적인 공판 시간이 아닌 시간에 또는 통상적인 공판일이 아닌 날에 만료 되는 경우, 48시간이 초과된 후 첫 번째 공판가능일이 끝나기 전
e. 체포된 후 최초로 법정에 출두 시, 기소되거나 구금이 계속되는 사유를 설명받거나 또는 석방될 권리
f. 정당한 경우, 적절한 조건에 따라 석방될 권리

② 법정에서 선고를 받은 수용자를 포함해 구금된 모든 국민은 다음의 권리를 가진다.

a. 구금 사유를 즉시 통보받을 권리
b. 변호사를 선택하고 변호사와 상의할 권리, 그리고 이러한 권리를 즉시 통보받을 권리

c. 실질적으로 부당한 결과가 발생할 우려가 있는 경우, 정부가 비용을 부담하는 국선변호사를 배정받을 권리, 그리고 이러한 권리를 즉시 통보받을 권리
d. 법정에서 구금의 합법성에 대해 직접 이의를 제기할 권리, 그리고 그러한 구금이 불법일 경우 석방될 권리
e. 적어도 정부가 비용을 부담하는 충분한 수용 공간, 영양, 독서자료 및 치료의 사용 및 제공 등을 포함하는 인간의 존엄성에 부합하는 구금 환경을 가질 권리
f. 다음의 관계자와 연락하고 이들 관계자의 면회를 받을 권리
　i. 본인의 배우자 또는 파트너
　ii. 본인의 친족
　iii. 본인이 선택한 종교 상담자
　iv. 본인이 선택한 의사

[터키]

第17조 (2004년 5월 22일 개정) 모든 국민은 생존의 권리와 자신의 물질적 및 정신적 정체성을 보호하고 개발할 권리를 갖는다.

개인의 육체적 보존은 의료상 불가피한 경우와 법률로 규정된 경우를 제외하고는 침해될 수 없고, 개인의 동의없이 과학 또는 의학실험의 대상이 될 수 없다.

누구든지 고문이나 학대를 받지 아니 하고, 인간의 존엄성에 반하는 처벌이나 취급을 받지 아니 한다.

정당방위에 따른 살인행위 및 구인, 체포영장의 집행, 합법적으로 체포 또는 유죄선고를 받은 자의 도주 방지, 폭동 또는 소요진압 또는 계엄령이나 비상사태 하에서의 명령수행 등을 위해 무기를 사용한 결과 사망이 초래되었을 때에는 위 권리의 범위에 포함되지 아니한다.

第19조 (2001년 10월 17일 개정) 모든 국민은 개인의 자유와 안전을 보장 받을 권리를 갖는다.

법률로 그 절차와 조건이 규정되어 있는 경우, 즉, 자유를 제한하는 판결집행 및 법원명령에 따라 결정된 안전조치 이행 법원판결이나 법이 당사자에게 부여한 책임에 따른 그 개인의 구인 및 구금, 미성년자의 교육 감시나 해당 당사자를 주무기관에 출석시킬 목적으로 한 명령집행, 불건전한 생각을 가지고 있는 자, 알코올 중독자, 약물 중독자, 부랑자, 전염병을 옮기는 자가 공공에게 위험을 가할 경우 수용기관에서 치료, 교육 또는 교정에 관한 관련 법률조항에 따라 취해진 조치의 이행, 불법으로 입국하거나 입국을 시도한 자 또는 강제추방 또는 범인인도 명령이 발부된 자의 구인 또는 구금의 경우를 제외하고는 누구도 자신의 자유를 박탈당하지 아니한다.

범죄를 범했다는 명확한 증거가 있는 자에 대하여 도주를 방지하고 증거인멸 및 훼손을 방지할 목적하에서, 또한 구금의 필요성이 인정되고 법률에 규정한 유사한 그 밖의 상황에서만 오직 판사의 결정에 의해서 체포할 수 있다. 범죄자가 현행범일 경우 또는 체포지연이 정당한 법 절차를 방해할 가능성이 있는 경우 판사의 결정 없이 체포할 수 있다. 이러한 행위의 요건은 법률로 정한다.

체포 또는 구속된 자에게 어떤 경우라도 신속하게 체포 또는 구속의 이유와 범죄사실에 대해 서면으로 통지해야 하며, 서면통지가 불가능한 경우 구두로 통보하여야 한다. 집단적 범죄행위의 경우 늦어도 개인이 기소되기 전까지 이러한 통지가 이루어져야 한다.

체포 또는 구금된 자는 48시간 이내에 판사의 심문절차를 거쳐야 하고, 집단적 범죄의 경우 체포된 자를 체포된 장소에서 가장 가까운 법원으로 이송하는데 걸린 시간을 제외한 최대 4일 이내에 판사의 심문절차를 거쳐야 한다. 누구든지 위에서 규정된 기간이 만료된 후에는 판사의 결정 없이 자유를 박탈당하지 아니 한다. 이 기간은 비상사태, 계엄령, 또는 전시의 상황에서는 연장될 수 있다.

개인의 체포 또는 구속은 즉시 가까운 친족에게 통지되어야 한다.

구금된 자는 적절한 기간 내에 재판을 요구하거나 조사 또는 기소 중 석방을 요구할 권리를 갖는다. 재판 절차 및 판결 집행절차에 출석을 담보할 목적으로 적절한 보석금을 납입하는 조건으로 구속이 집행정지될 수 있다.

어떠한 경우에도 신체의 자유를 박탈당한 자는 사법기관에 재판 절차의 신속한 판결을 요청하고, 그 자유의 제한이 합법적이지 않을 경우 석방을 신청할 권리를 갖는다.

위의 조항에 반하는 취급을 받은 자는 배상에 관한 법률에 따라 국가로부터 배상받을 수 있다.

[포르투갈]

제27조 (자유와 안전에 대한 권리) 1. 모든 국민은 자유와 안전에 대한 권리를 가진다.

2. 누구도 전적으로 또는 부분적으로 자유를 박탈당해서는 아니 된다. 단, 법정형으로 자유형이 정하여진 어떤 행위를 저질렀다는 이유로 부과된 판결 내지 법원에 의하여 부과된 보안처분의 결과로서 자유가 박탈되는 경우는 예외로 한다.

3. 법률로 결정할 수 있는 기간 및 조건 하에서 다음에 열거한 바와 같이 자유를 박탈하는 경우들은 상기의 원칙에 대한 예외로 간주한다.

a) 현행범으로 구금

b) 최대 3년 이상의 징역형으로 처벌 받을 수 있는 중범죄의 수행을 입증하는 확실한 증거가 존재할 때의 미결 구금 또는 유치

c) 포르투갈 영토를 불법으로 침입했거나 동 영토에 불법으로 머무는 자 또는 현재 범인인도나 국외추방 절차의 대상에 해당되는 자에 대해 사법적 통제에 따른 자유형 또는 미결 구금, 그 밖의 모든 강압적 조치의 부과

d) 군 요원에 대해 징계적 자유형 부과. 그러한 자유형은 관할 법원에 대한 항소의 대상이 된다.

e) 관할 법원의 명령에 따라 적절한 시설에서 보호, 보조 또는 교육을 받을 수 있도록 하기 위해 마련된 미성년자에 대한 강제적 조치

f) 법원 판결을 따르지 않은 것에 대한 법원 명령에 따라 실시되는 구금 또는 관할 사법 당국으로의 출두를 보장하기 위한 구금

g) 반드시 필요하다고 판단되는 경우에 필요한 시간동안 신원 확인을 목적으로 하는 피의자 구금

h) 정신이상 증세를 보이고 있는 자를 관할 사법기관의 명령 또는 확인에 따라 적절한 치료 시설에 수용

4. 자유를 박탈당한 모든 자에 대해서는 그의 체포, 투옥 또는 구금에 대한 이유와 각자의 권리에 관한 정보를 즉시 이해할 수 있는 방법으로 전달한다.

5. 본 헌법 및 법률의 규정에 반하는 자유의 박탈이 있을 경우, 국가는 권리를 침해당한 피해자에게 법에 따른 보상을 하여야 한다.

4. 형벌불소급, 일사부재리

[대한민국]

제13조 ① 모든 국민은 행위시의 법률에 의하여 범죄를 구성하지 아니하는 행위로 소추되지 아니하며, 동일한 범죄에 대하여 거듭 처벌받지 아니한다.

③ 모든 국민은 자기의 행위가 아닌 친족의 행위로 인하여 불이익한 처우를 받지 아니한다.

[러시아]

제50조 1. 누구도 동일 범죄에 대해 중복하여 판결을 받지 아니한다.

제54조 1. 책임을 부과하거나 이를 증대시키는 법률은 소급효가 없다.

2. 누구도 행위의 시점에서 범죄를 구성하지 않는 행위에 대해서는 책임을 지지 않는다. 범죄를 저지른 후 그에 대한 책임이 경감되거나 면제되는 경우 신법이 적용된다.

[멕시코]

제14조 ① 법률은 개인의 권리를 침해하는 경우에는 소급효를 가지지 아니한다.

② 누구라도 필수적인 정식절차를 준수하고 해당 행위 전에 제정된 법률에 따라 사전에 규정된 법원에 의한 공정한 재판을 받지 아니하고는 그 자유, 재산 또는 권리가 박탈되지 아니한다.

제23조 형사재판은 3심으로 제한된다. 누구든지 무죄인지 또는 유죄인지에 관계없이 동일한 범죄로 재판을 두 번 받지 아니한다. 심급면제의 관행은 금지된다.

[독일]

제103조 (2) 행위는 그것이 행하여지기 전에 가벌성이 법률로 규정된 경우에 한하여 처벌될 수 있다.

(3) 누구든지 동일한 행위를 이유로 일반형법에 의거하여 거듭 처벌되지 않는다.

[스페인]

제9조 ③ 헌법은 합법의 원칙, 규범의 계층성, 법령의 공시, 개인의 권리에 불리하거나 이를 제한하는 제재규정의 불소급, 법적안정성, 국가의 책임 및 공권력의 자의적 행사에 대한 금지를 보장한다.

제25조 ① 누구든지 작위 또는 부작위가 행위 시의 형법, 경범죄처벌법, 행정법규에 대한 위반행위에 해당하지 아니하는 경우에는 기소되거나 형을 선고받지 아니 한다.

[아이슬란드]

제69조 누구도 범죄 당시 법률에 따라 범죄를 구성하는 행위나 그러한 행위와 전적으로 유사한 행위로 유죄 판결을 받지 않고서는 처벌을 받지 아니 한다. 형벌은 범죄 당시 법률이 허용하는 것보다 무거울 수 없다. 사형은 절대 법률로 정할 수 없다.

[헝가리]

제XXVIII조 (6) 법률로 정한 특별한 법적 구제조치인 경우를 제외하고, 누구도 헝가리 또는 국제협약/유럽연합의 법적 행위에 의하여 정해진 여타 관할에서 법원의 유효한 판결에 의하여 유무죄가 확정된 행위에 대하여 다시 소추되지 않는다.

[터키]

제38조 (2004년 5월 22일 개정) 누구든지 행위 당시에 실효한 법률로 인해 범죄행위를 구성하지 않는 행위로 처벌을 받지 아니 한다.

누구든지 행위시의 법률에 의해 처벌되는 것보다 더 과중한 처벌을 받지 아니 한다.

위 원칙은 범죄 및 처벌 그리고 유죄판결에 대한 제한 법률에 적용된다.

처벌 및 처벌을 대신한 보호처분은 오직 법률로 규정하여야 한다.

5. 소급법에 의한 재산권박탈 등 금지

[대한민국]

제13조 ② 모든 국민은 소급입법에 의하여 참정권의 제한을 받거나 재산권을 박탈당하지 아니한다.

[멕시코]

제14조 ① 법률은 개인의 권리를 침해하는 경우에는 소급효를 가지지 아니한다.

② 누구라도 필수적인 정식절차를 준수하고 해당 행위 전에 제정된 법률에 따라 사전에 규정된 법원에 의한 공정한 재판을 받지 아니하고는 그 자유, 재산 또는 권리가 박탈되지 아니한다.

[필리핀]

제22조 소급입법이나 사권을 박탈하는 어떠한 법안도 제정되지 않는다.

[노르웨이]

제97조 법률의 소급효는 인정되지 아니한다.

6. 거주·이전의 자유

[대한민국]

제14조 모든 국민은 거주·이전의 자유를 가진다.

[러시아]

제26조 1. 모든 국민은 자신의 국적을 결정할 권리를 갖는다. 누구도 이에 관한 결정을 강요받지 아니한다.

제27조 1. 러시아연방 영토 내에서 합법적으로 거주하는 모든 개인들은 자유로운 이전이 보장되며 일시적 또는 영구적 주거지를 자유롭게 선택할 권리를 갖는다.

2. 모든 국민은 러시아연방 영토의 국경을 넘어 자유로이 다닐 수 있으며, 러시아연방 국민은 러시아연방으로 자유로이 돌아올 권리를 갖는다.

[멕시코]

제11조 ① 누구든지 안전보증서, 여권, 안전통행증 또는 기타 이와 유사한 증서 없이 입국 및 출국을 하고, 국내를 여행하며, 주거지를 이동할 권리가 있다. 형사 또는 민사책임과 관련된 경우에는 이 권리의 행사는 사법기관에 의하여 제한되고, 이민과 공중보건 또는 멕시코에 거

주하는 불법체류자에 대하여는 법률이 정하는 바에 따라 행정기관의 권한에 의해 제한된다.

[그리스]

제5조 ④ 국내에서 그리스인의 자유로운 이동이나 주거, 그리고 주거지의 자유로운 출입을 제한하는 개별적인 행정 조치들은 금지된다. 그와 같은 제한 조치는 법 규정에 따라 예외적인 비상 상황에서 그리고 범죄 행위를 방지하기 위해 형사 법원에서 결정한 부수적 처벌로서만 부과될 수 있다.[2)]

[네덜란드]

제2조 ④ 법률에 명시된 경우를 제외하고 모든 국민은 출국할 권리가 있다.

[독일]

제11조 (1) 모든 독일인은 전체 연방영역에서 거주이전의 자유를 가진다.

(2) 이 권리는 충분한 생활기반이 없기 때문에 국민일반에게 특별한 부담이 발생할 수 있는 경우 또는 연방이나 주의 존립이나 자유민주적 기본질서의 절박한 위험의 방지를 위하여, 전염병 위험, 자연 재해, 또는 특히 심각한 재난의 극복을 위하여, 청소년을 방임으로부터 보호하거나 범죄행위를 예방하기 위하여 필요한 경우에만 오직 법률에 의하거나 법률에 근거하여 제한될 수 있다.

[스위스]

제24조 (거주의 자유) ① 스위스 국민은 국가의 어디에서든지 거주할 권리를 가진다.

② 스위스 국민은 스위스를 출국 또는 입국할 권리를 가진다.

제25조 (추방, 인도 및 송환으로부터의 보호) ① 스위스 국민은 스위스로부터 추방되지 아니하며, 본인이 동의하는 경우에 한하여 외국의 기관에 인도될 수 있다.

② 난민은 처형당할 수 있는 국가에 강제적으로 송환되거나 인도되지 아니한다.

③ 누구든지 고문 및 기타 잔혹하고 비인도적인 처우 또는 형벌을 받을 우려가 있는 국가에 송환되지 아니한다.

[아이슬란드]

제66조 아이슬란드 국민은 입국이 금지되거나 추방당하지 아니 한다. 외국인이 아이슬란드에 입국하여 거주할 권리와 추방될 수 있는 사유는 법률로 정한다.

누구도 사법적 결정에 의하지 않고서는 출국이 금지되지 아니 한다. 단, 합법적 체포에 의하여 출국이 금지될 수 있다.

아이슬란드에서 합법적으로 거주하는 자는 누구나 거주지를 자유롭게 선택할 수 있으며 법률에 규정된 한계 내에서 여행의 자유를 누린다.

[일본]

제22조 [거주·이전·직업선택의 자유, 외국 이주 및 국적이탈의 자유] ① 누구든지 공공복리에 반하지 아니하는 한 거주·이전 및 직업선택의 자유를 가진다.

② 누구든지 외국에 이주하거나 국적을 이탈할 자유를 침해받지 아니한다.

---

2) 해석조항 : 제4항은 법 규정에 따라, 검사가 기소한 사람들의 출국 금지를 명하거나, 공중 보건이나 환자의 건강을 보호하기 위해 필요한 조치를 부과하는 것을 배제하지 않는다.

[캐나다]

1982년 캐나다 헌법

제6조 국민의 이동

① 캐나다의 모든 국민은 캐나다에 입국 및 주재할 권리와 캐나다에서 출국할 권리를 갖는다.

② (이동과 생계수단을 획득할 권리) 캐나다의 국민 그리고 캐나다 영주권자의 지위를 보유한 자는 누구나,

(a) 원하는 주로 이동하고, 원하는 주에서 거주할 권리를 갖는다.

(b) 원하는 주에서 생계 수단의 확보를 추구할 권리를 갖는다.

③ (제한 조건) 제2항에 규정된 제반 권리는,

(a) 주로 현재 또는 과거의 거주지를 근거로 하여 사람들을 서로 차별하는 법률 내지 관례를 제외하고 어떤 주에서 일반적으로 적용 및 발효 중인 모든 법률 또는 관례 그리고

(b) 공적으로 제공되는 사회복지서비스를 이용할 자격 요건으로서 적정한 거주 요구 사항들을 규정하고 있는 모든 법률을 따른다.

④ (처우개선 프로그램) 제2항과 제3항은 어떤 주의 취업률이 캐나다 전체 취업률에 미치지 못할 경우 사회 경제적으로 불이익을 받는 해당 주 주민들의 여건을 개선하는 데 목적을 둔 어떠한 법률, 프로그램 또는 활동을 배제하지 않는다.

[남아프리카공화국]

제21조 (이동 및 거주의 자유) ① 모든 국민은 이동의 자유를 누릴 권리를 가진다.

② 모든 국민은 남아프리카공화국에서 출국할 권리를 가진다.

③ 모든 국민은 남아프리카공화국에 입국할 권리, 체류할 권리, 거주할 권리를 가진다.

④ 모든 국민은 여권을 소지할 권리를 가진다.

[터키]

제23조 (2010년 9월 23일 개정) 모든 국민은 거주 및 이전의 자유를 갖는다.

거주의 자유에 대한 제한은 범죄예방, 사회·경제발전 촉진, 건전하고 질서 있는 도시성장 보장, 공공자산의 보호를 위해, 이전의 자유에 대한 제한은 범죄수사 및 기소, 범죄예방을 목적으로 법률로써 제한할 수 있다.

국민의 해외출국의 자유는 민사상 의무 또는 형사상의 수사 또는 기소를 이유로 제한할 수 있다.

국민은 추방될 수 없으며, 고국으로 귀할 권리를 박탈당하지 아니 한다.

[핀란드]

제9조 (이동의 자유) (1) 핀란드 국민과 핀란드에 합법적으로 거주하는 외국인은 국내에서 자유롭게 이동하고 거주 장소를 선택할 권리가 있다.

(2) 누구나 핀란드를 떠날 권리가 있다.

(3) 이 권리에 대한 제한은 법적 절차 보호나 형벌 집행 또는 국방 의무의 이행을 위해서 필요한 경우 법률로써 정할 수 있다.

(4) 핀란드 국민은 본인의 의사에 반해 핀란드 입국을 저지당하거나 핀란드에서 추방되거나 다른 나라로 인도 또는 이송되지 않는다.

(5) 단, 형법에 기하거나 법적 절차 목적상 또는 어린이 보육에 관한 결정을 집행하기 위해 핀란드 국민을 인권과 법적 보호가 보장되는 국가로 인도하거나 이송할 수 있도록 법률로 정할 수 있다.
(6) 외국인이 핀란드에 입국하고 국내에 체류할 권리는 법률로 정한다.

7. 망명권

[러시아]

제63조 1. 러시아연방은 국제법원 보편적 규정에 따라 외국인과 무국적자에 대해 정치적 망명을 제공할 수 있다.
2. 러시아연방에서는 자신의 정치적 신조 때문에 또는 러시아 연방 내에서 범죄로 간주되지 않는 행동(작위 또는 부작위) 때문에 박해를 받은 인사를 타국에 양도하지 않는다. 범죄자에 대한 인도는 타국에서 복역 중인 기결수의 인도와 마찬가지로, 러시아연방법과 러시아 연방이 체결한 국제조약에 의거하여 이루어진다.

[멕시코]

제11조 ② 정치적 박해의 경우에는 정치적 망명을 요구할 권리가 있고, 인도주의적으로 보호장소를 제공한다. 정치적 망명이 허용되는 경우와 그 예외는 법률로 정한다.

[프랑스]

제53-1조 ① 공화국은 망명, 인권보호, 기본권으로서의 자유권이라는 공통된 이념으로 연결된 유럽 국가들과 사이에 해당국가에 제출된 망명 요청을 심사할 수 있는 권한에 관한 협정을 체결할 수 있다.
② 다만, 상기의 협정 하에서 망명요청이 자국의 재판권에 속하지 아니하는 경우에도, 공화국은 자유를 위한 활동을 이유로 박해받거나 그 외의 이유로 공화국의 보호를 필요로 하는 모든 외국인에게 망명을 허가할 수 있다.

[독일]

제16a조 (1) 정치적으로 박해받는 자는 망명권을 가진다.
(2) 유럽연합의 회원국 또는 난민의 법적 지위에 관한 협약, 인권 및 기본적 자유의 보호를 위한 협약의 적용이 보장되는 제3국으로부터 입국하는 사람은 제1항의 권리를 주장할 수 없다. 제1문의 조건에 해당되는 유럽공동체 외의 국가는 연방참사원의 동의를 요하는 법률로 정한다. 제1문의 경우에는 체류를 종료시키는 조치는 이에 대한 사법적 권리구제와 관계없이 집행할 수 있다.
(3) 연방참사원의 동의를 요하는 법률로 법적 현실, 법률 적용 및 일반적인 정치적 상황에 기초하여 정치적 박해나 비인도적이거나 모욕적인 형벌이나 취급이 이루어지지 않음이 보장되고 있는 것으로 보이는 국가들이 규정될 수 있다. 그러한 국가로부터 입국하는 외국인은 정치적으로 박해받고 있다는 가정의 근거가 되는 사실을 제출하지 않는 한 정치적으로 박해받지 않는다고 추정된다.
(4) 체류를 종료시키는 조치의 집행은 제3항의 경우와 명백하게 이유가 없거나 또는 명백하게 이유가 없는 것으로 간주되는 다른 경우에 그 조치의 적법성에 대한 진지한 의혹이 있을 때만

법원에 의하여 정지된다. 심사의 범위는 제한될 수 있고, 지체하여 제출된 신청은 고려되지 않을 수 있다. 자세한 사항은 법률로 정한다.

(5) 제1항 내지 제4항은 유럽연합의 회원국 상호간에 그리고 조약국가에서 그 적용이 보장되어야 하는, 난민의 법적 지위에 관한 협약과 인권 및 기본적 자유의 보호를 위한 협약으로부터 나오는 의무를 준수하면서 망명권 결정의 상호 승인을 포함한 망명 신청심사에 대한 권한규정을 제정하는 제3국들과의 국제법상의 조약에 반하여 적용되지 아니한다.

[헝가리]

자유와 책임

제XIV조 (1) 어떠한 헝가리 국민도 헝가리 영토에서 추방되지 않으며, 모든 헝가리 국민은 언제든지 외국에서 헝가리로 입국할 수 있다. 헝가리 영토에 체류 중인 모든 외국 국민은 적법한 판결에 의한 경우에 한하여 추방될 수 있다. 집단적 추방은 금지된다.

(2) 누구도 사형, 고문 또는 기타 비인도적 처우 또는 형벌의 위험에 직면하게 될 국가로 추방 또는 송환될 수 없다.

(3) 헝가리는 인종 또는 국적 특정 사회집단 가입 또는 종교적 정치적 신념으로 인하여 본국 또는 통상의 거주국에서 박해받거나 박해를 우려할 충분한 근거가 있는 경우, 헝가리 국민이 아닌 자의 요청에 따라 망명을 승인한다. 다만, 국적지 또는 기타 국가에서 보호를 받는 경우에는 그렇지 않다.

[포르투갈]

제33조 (국외 추방, 범인 인도 및 망명권) 1. 포르투갈 국민들은 포르투갈 영토에서 강제 추방되지 않는다.

2. 포르투갈 영토에 정식으로 입국했거나 정식으로 주재하는 자, 거주 허가증을 교부받은 자 또는 거부된 바 없는 망명 요청서를 제출한 자의 추방은 오로지 사법기관의 명령에 의해서만 가능하다. 그러한 경우에 법은 신속한 절차에 의해 판결이 이루어지도록 보장하여야 한다.

3. 포르투갈 영토에서 포르투갈 국민에 대한 범죄인 인도는 국제협약을 통해 양국 간 범죄인 인도 조약을 체결한 경우, 또는 테러 행위나 국제적인 조직범죄의 경우와 인도 신청국의 법제도가 정의롭고 공정한 재판의 보장이 있는 경우에 한해서만 허용할 수 있다.

4. 범죄인 인도 신청국의 법률에 따라 영구적으로 또는 불특정한 기간 동안 자유를 박탈하거나 제한하는 판결 또는 보안처분에 따라 처벌을 받을 수 있는 범죄를 근거로 한 범죄인 인도는 포르투갈이 체결한 이 영역의 국제 협약에서 신청국이 협약 당사자인 경우와 신청국이 그러한 판결 또는 보안처분을 적용 또는 집행하지 않을 것임을 보장하는 경우에만 허용할 수 있다.

5. 전항의 규정들은 유럽연합(EU)의 권한에 따라 마련된 규칙으로서 형사상 분야에서 사법적 협조를 규율하는 규칙들의 적용에 지장을 주어서는 아니 된다.

6. 어떤 경우든 간에 누구도 범죄인 인도 신청국의 법률에 따라 사형 또는 개인의 신체적 존엄성을 돌이킬 수 없을 정도로 손상시키는 결과를 초래하는 형벌로 처벌 가능한 범죄를 저질렀다는 이유로, 또는 정치적 이유를 근거로 신병이 넘겨지거나 인도되어서는 아니 된다.

7. 범죄인 인도는 사법기관의 명령에 의해 이루어져야 한다.

8. 망명권은 민주주의, 사회적 해방 및 국가 해방, 인류 평화, 자유 또는 인권을 증진하기 위한 활동을 수행한 이유로 박해의 대상이 되거나 박해에 처해질 심각한 위협 아래 있는 외국인 및

무국적자들을 대상으로 보장된다.
9. 정치적 망명자의 지위는 법률로 정한다.

8. 직업선택의 자유

[대한민국]
제15조 모든 국민은 직업선택의 자유를 가진다.

[멕시코]
제5조 ① 누구든지 자신이 선택한 바에 따라 합법적인 직업, 산업, 무역 또는 사업을 하는 것을 방해받지 아니한다. 이 권리는 제3자의 권리가 침해된 때에는 사법적 결정에 의하여 또는 사회의 권리가 침해되는 때에는 법률에 따라 발행된 정부명령에 의해서만 금지될 수 있다. 누구든지 사법적 판결에 의하지 아니하고는 노동의 결실을 박탈당하지 아니한다.
② 각 주(州)의 법률은 면허가 있어야 행할 수 있는 직업, 그 면허의 취득요건과 이를 규제할 권한을 가진 기관을 정하여야 한다.
누구든지 제123조 제I호 및 제II호의 규정에 따라 법원이 형벌로 부과한 경우를 제외하고는 정당한 보수와 본인의 완전한 동의 없이 근로하거나 개인적 노무의 제공을 강요받지 아니한다.
병역 의무, 배심원 의무, 의회의원 의무 및 직접 또는 간접선거를 통하여 부여된 직위의 공적 업무수행은 개별 법률이 정하는 조건으로만 요구할 수 있다. 선거 및 인구조사와 관련된 업무는 의무적이면서 무급이다. 다만, 전문적으로 수행한 업무에 대해서는 이 헌법과 적용 법률이 정한 조건에 따라 보수를 지급하여야 한다. 사회적 성격의 전문업무는 의무적으로서 법률에 따라 보수를 받고, 그 예외는 법률로 정한다.

[독일]
제12조 (1) 모든 독일인은 직업, 직장 및 직업훈련장을 자유로이 선택할 권리를 가진다. 직업의 행사는 법률에 의하거나 법률에 근거하여 제한될 수 있다.

[아이슬란드]
제75조 모든 사람은 선택한 직업을 추구할 자유가 있다. 단, 공익상 필요한 경우 이 권리를 법률로 제한할 수 있다. 고용 조건과 기타 노동 관련 문제를 협상할 권리는 법률로 정한다.

[일본]
제22조 [거주·이전·직업선택의 자유, 외국 이주 및 국적이탈의 자유] ① 누구든지 공공복리에 반하지 아니하는 한 거주·이전 및 직업선택의 자유를 가진다.

[헝가리]
자유와 책임
제XII조 (1) 모든 사람은 직업, 직장 및 기업활동을 자유롭게 선택할 권리를 가진다. 모든 사람은 능력과 잠재력을 최대한 발휘하여 공동체 강화에 기여할 의무가 있다.
(2) 헝가리는 일할 수 있는 능력과 의지가 있는 모든 사람이 일할 수 있는 조건을 만들기 위해 노력하여야 한다.

[포르투갈]

第47조 (직업선택 및 행정 참여의 자유) 1. 모든 국민은 직업 또는 업종을 자유롭게 선택할 권리가 있으며 다만 공공의 이익을 위해 법률이 부과할 수 있는 제약 조건 또는 각자의 능력에 내재되어 있는 제약 조건들을 따른다.

2. 모든 국민은 일반적으로 경쟁에 의한 채용절차를 통해 동등한 자격으로 자유롭게 공공 행정직에 응시할 수 있는 권리를 가진다.

9. 주거의 자유

[대한민국]

第16조 모든 국민은 주거의 자유를 침해받지 아니한다. 주거에 대한 압수나 수색을 할 때에는 검사의 신청에 의하여 법관이 발부한 영장을 제시하여야 한다.

[멕시코]

第16조 ① 누구라도 절차의 법적 사유를 정당하게 기재한 관할기관의 서면명령에 의한 경우를 제외하고는 개인, 가족, 거주지, 서류 또는 점유물을 침해하여서는 아니 된다.

⑪ 수색영장은 검사의 요청에 따라 사법기관만이 발부할 수 있다. 수색영장에는 수색할 장소, 체포할 대상자 및 압류할 물품을 기재하여야 하고, 그 기재한 내용으로 범위가 제한된다. 수색이 종료된 때에는 수색한 장소의 거주자가 지정한 2인의 증인이 입회하거나, 그 지정한 증인이 없거나 거부하는 때에는 수색집행기관이 입회하여 현장에서 조서를 작성하여야 한다.

⑮ 행정기관은 위생 및 경찰규정을 집행하는 경우에 한하여 개인의 주거지를 수색할 수 있고, 수색영장에 정한 절차와 형식에 따라, 회계규정의 준수를 입증하는데 필요한 회계장부와 문서를 요구할 수 있다.

⑰ 평시에는 군대의 구성원은 소유자의 동의 없이 개인의 주거지를 숙소로 삼을 수 없고, 어떠한 의무도 부과할 수 없다. 전시에는 군대는 적용 계엄령이 정하는 바에 따라 숙소, 물품, 음식 및 기타 편익을 요구할 수 있다.

[미국]

수정헌법 제3조 평시에 군대는 어떠한 주택에도 그 소유자의 승낙을 받지 아니하고는 주둔할 수 없다. 전시에 있어서도 법률이 정하는 방법에 의하지 아니하고는 주둔할 수 없다.

[덴마크]

第72조 주거는 신성하여 침해할 수 없다. 가택 수색, 압류, 편지 및 기타 문서의 조사, 우편, 전보, 전화와 관련된 비밀의 침해는 사법적 명령에 의한 경우와 법률에 따라 특정 예외가 정당화되는 경우를 제외하고는 이를 행하지 아니한다.

[독일]

第13조 (1) 주거는 침해되지 아니한다.

(2) 수색은 법관에 의하여만 명하여지며, 지체의 염려가 있는 경우에는 법률에 규정된 다른 기관에 의하여도 명하여질 수 있다. 수색은 법률에 규정된 형식으로만 실행될 수 있다.

(3) 일정한 사실로 어떤 사람이 법률에 개별적으로 규정된 특히 중대한 범행을 한 사실을 증명

하고 사태의 조사가 다른 방법으로는 지나치게 곤란하거나 가망이 없을 수 있는 경우에는 그 범행을 추적하기 위하여 법관의 명령으로 피의자가 체재하는 것으로 추정되는 주거를 감청하기 위하여 기술적 수단을 설치할 수 있다. 이 조치는 기한이 정하여져야 한다. 명령은 3인의 법관으로 구성된 합의체에서 행한다. 지체의 염려가 있는 경우에 명령은 1인의 법관에 의하여 이루어질 수 있다.

⑷ 공공 안전에 대한 급박한 위험, 특히 공동의 위험 또는 생명의 위험을 방지하기 위해서는 오직 법관의 명령으로 주거의 감시를 위하여 기술적 수단을 설치할 수 있다. 지체의 염려가 있는 경우에 이 조치는 법률로 정한 다른 기관이 명령할 수 있다. 이 경우에는 사후에 지체 없이 법관의 결정을 받아야 한다.

⑸ 기술적 수단이 오직 그 설치 당시 주거에서 활동하는 사람의 보호를 위한 것일 때에는 그 조치는 법률에 규정된 기관에 의하여도 명하여질 수 있다. 이때 취득한 정보를 다른 목적에 이용하는 것은 형사소추 또는 위험방지의 목적으로만 그리고 사전에 그 조치의 적법성이 법관에 의하여 확인된 경우에만 허용된다. 지체의 염려가 있는 경우에는 사후에 지체 없이 법관의 결정을 받아야 한다.

⑹ 연방정부는 매년 연방의회에 제3항에 따른 기술적 수단의 설치와 연방의 권한 영역 내에 있는 제4항에 따른 기술적 수단의 설치 및 법관의 심사가 필요한 한에서 제5항에 따른 기술적 수단의 설치에 대하여 보고한다. 연방의회가 선출한 위원회는 이 보고를 기초로 의회의 통제를 행한다. 주에도 동등한 의회 통제가 행하여진다.

⑺ 그 외에도 침해와 제한은 공동의 위험 또는 개인의 생명의 위험을 방지하기 위하여, 또한 법률에 근거하여 공공안전과 질서의 긴박한 위험의 방지, 특히 주택부족의 해결, 전염병 위험의 퇴치 또는 위험에 처한 청소년의 보호를 위해서만 행하여질 수 있다.

[남아프리카공화국]

제14조 (사생활) 모든 국민은 다음의 권리를 포함해 사생활에 대한 권리를 가진다.

a. 신체 또는 가택 수색을 받지 않을 권리
b. 재산 수색을 받지 않을 권리
c. 개인 소유물을 압류당하지 않을 권리

제26조 (주거) ① 모든 국민은 적당한 주거를 이용할 권리를 가진다.

② 국가는 가용 자원의 범위 내에서 이러한 권리를 점진적으로 실현하기 위해 적절한 입법 조치 및 기타 조치를 취해야 한다.

③ 모든 관련 상황을 검토하여 이루어진 법원의 명령 없이는, 누구도 자신의 집에서 퇴거당하지 아니하며 집이 파괴되어서도 안 된다. 그 어떠한 법률도 임의적 퇴거 조치를 허용해서는 안 된다.

[터키]

제21조 (2001년10월 17일 개정) 개인의 주거는 침해될 수 없다.

국가안보, 공공질서, 범죄예방, 공중보건 보호, 공공도덕 또는 타인의 권리와 자유보호 등 하나 또는 그 이상의 이유를 판단한 판사의 결정이 있는 경우가 아닌 한, 또는 이상의 이유 등으로 집행지연이 손해를 야기할 수 있어 법률이 인정한 기관의 서면명령이 발행된 경우가 아닌 한, 주거에 침입 또는 수색하거나 거주지 내 재산을 압수할 수 없다. 기관의 결정은 24시간 이내에 관할권 판사의 승인을 위해 제출되어야 한다. 판사는 압수 시로부터 48시간 이내에 그 적법 여부를 해야 한다. 그렇지 않을 경우, 압수는 자동으로 해제된다.

10. 사생활의 자유와 통신의 자유

[대한민국]

제17조 모든 국민은 사생활의 비밀과 자유를 침해받지 아니한다.

제18조 모든 국민은 통신의 비밀을 침해받지 아니한다.

[러시아]

제23조 1. 모든 국민은 사생활의 불가침, 자신과 가족의 프라이버시의 불가침, 자신의 명예와 명성을 보호할 권리를 갖는다.

2. 모든 국민은 서신, 전화통화, 우편, 전신과 다른 통신수단에 대한 프라이버시권을 가지며 이 권리의 제한은 법원의 명령에 의해서만 허용한다.

제24조 1. 개인의 사생활에 관한 정보의 수집, 보존, 이용과 유포는 본인의 동의 없이는 허용되지 않는다.

2. 국가기구 및 지방자치기구들과 이 기관의 책임자들은 법에서 달리 정하는 경우가 아니면, 모든 개인들에게 본인의 권리와 자유에 직접 영향을 미치는 문서와 자료에 접근할 수 있는 기회를 보장할 의무가 있다.

[멕시코]

제16조 ② 모든 국민은 개인자료를 보호 받고, 그 자료에 접근, 그 자료를 정정 및 취소할 권리를 가지며, 법률이 정하는 바에 따라 그 자료의 공개에 이의를 제기할 권리가 있다. 국가안보, 공공질서, 공중보건 및 제3자의 권리보호를 이유로 해당 자료의 처리에 적용하는 원칙에 대한 예외는 법률로 정한다.

⑫ 사적 통신은 침해되어서는 아니 된다. 관련된 당사자가 자발적으로 제출한 경우를 제외하고는 사적통신의 자유와 프라이버시를 위협하는 행위는 법률에 따른 처벌을 받는다. 판사는 해당 통신이 범행과 관련된 정보를 포함하고 있는지를 판단하여야 한다. 어떠한 경우에도 법률이 규정하는 비밀유지의무를 위반하는 통신은 허용되지 아니 한다.

⑬ 전화도청 및 사적 통신의 방해는 관할연방기관 또는 주(州)검사의 요청에 따라 연방 사법기관만이 허가할 수 있다. 이를 요청하는 기관은 필요한 도청의 종류, 대상자 및 기간을 기재하여 해당 요청을 하는 법적 사유를 서면으로 제출하여야 한다. 연방사법기관은 선거, 회계, 상업, 민사 또는 행정업무와 관련되거나 피의자와 그 변호인 간의 통신인 때에는 도청 또는 통신의 방해를 허가할 수 없다.

사법부는 판사가 피의자와 피해자의 권리를 보호하면서 즉시 모든 수단을 이용하여 금지명령 및 수사방법을 해결할 수 있도록 통제하여야 한다. 판사와 검사 및 기타 관할 당국 간의 모든 통신 기록의 정본을 보관하여야 한다.

⑭ 허가된 도청 및 통신의 방해는 법률에 정한 요건과 제한의 적용을 받는다. 이 요건을 준수하지 아니한 전화도청 및 통신의 방해 결과는 증거로 인정되지 아니한다.

⑯ 우편으로 발송하는 봉인서신은 수색 대상에서 제외되고, 이를 위반한 때에는 법률에 따른

처벌을 받는다.

[그리스]

제9조 ① 모든 사람의 가정은 성역이다. 개인의 사생활과 가정 생활은 불가침의 영역이다. 법에 규정된 경우 법률이 정하는 방식에 따라서 항상 사법권의 대표자의 입회 하에서만 가택 수색을 할 수 있다.

② 위 조항을 위반한 자는 법 규정에 따라 가정의 성역을 침범한 죄와 권한 남용으로 처벌되며 피해자에게 모든 손해를 배상할 책임을 진다.

제9A조 모든 사람은 법규정에 따라 자신의 개인 데이터를 특히 전자적 수단에 의한 수집, 처리 및 사용하는 것으로부터 보호받을 권리를 갖는다. 개인 데이터의 보호는 법에 의해 구성되고 운영되는 독립 기관에 의해 보장된다.

제19조 ① 서신 및 다른 모든 형태의 자유로운 서신왕래 또는 통신의 비밀은 절대적으로 침해불가능하다. 국가 보안 또는 특별한 중범죄 조사를 목적으로 사법 기관이 이 비밀 유지 의무를 지키지 않아도 되는 요건은 법으로 정한다.

② 제1항의 비밀을 보장하기 위한 독립 기관의 구성, 운영 및 기능과 관련된 사안은 법으로 정한다.

③ 본 조 및 제9조와 제9A조를 위반하여 획득한 증거의 이용은 금지된다.

[독일]

제10조 (1) 서신 및 우편과 전신의 비밀은 침해되지 아니한다.

(2) 이에 대한 제한은 오직 법률에 근거하여 행하여질 수 있다. 그 제한이 자유민주적 기본질서 또는 연방이나 주의 존립이나 안전의 보호에 기여하는 경우에는 법률은 그 제한이 당사자에게 통지되지 않는다는 것과 사법적 권리 구제절차 대신에 국민의 대표자에 의하여 임명된 기관과 보조기관에 의하여 심사가 이루어지는 것을 정할 수 있다.

[스위스]

제13조 (사생활의 보호) ① 누구든지 사생활 및 가정생활에서, 거주지 내의 우편 및 통신에 있어서 사생활을 존중받을 권리를 가진다.

② 누구든지 자신에 대한 개인적 정보의 잘못된 사용으로부터 보호받을 권리를 가진다.

[아일랜드]

제40조 3. 3° (제3문) 본 호는, 법률로 제정될 수 있는 조건에 의거하여, 다른 국가에서 합법적으로 이용 가능한 서비스와 관련한 정보를 국가 내에서 획득하거나 이용할 자유를 제한하지 아니 한다.

[터키]

제20조 (2010년 9월 23일 개정) 모든 국민은 개인생활과 가족생활이 존중받을 권리가 있다. 개인 또는 가족생활의 사생활은 침해될 수 없다.

국가안보, 공공질서, 범죄예방, 공중보건 보호, 공공도덕 또는 타인의 권리와 자유 보호 중 하나 또는 그 이상의 이유로 판사의 결정이 있는 경우가 아닌 한, 또는 위에서 언급한 근거를 이유로 집행지연이 손해를 야기할 수 있어 법률에 따른 기관의 서면명령을 발행한 경우가 아닌 한, 개인 또는 그 개인의 사적 문서나 소유물을 압수·수색할 수 없다. 기관의 결정은 24시간 이내에 관할권 판사의 승인을 위해 제출되어야 한다. 판사는 압수로부터 48시간 이내에 그 적법여부에 관한 결정을 해야 한다. 그렇지 않을 경우, 압수는 자동으로 해제된다.

모든 사람은 자신의 개인정보를 보호받을 권리가 있다.

이 권리는, 자신과 관련된 개인정보의 제공, 처리, 수정 및 삭제를 요청할 권리와 제공된 목적에 맞게 사용되었는지 여부에 대해 알 권리를 포함한다.

개인정보는 법률의 명시적 규정 및 개인의 명백한 동의하에 처리될 수 있다. 개인정보 보호와 관련된 원칙과 절차는 법률로 정해야 한다.

第22조 (2001년 10월 17일 개정) 모든 국민은 통신의 자유를 갖는다.

통신의 비밀은 기본권이다

국가안보, 공공질서, 범죄예방, 공중보건 보호, 공공도덕 또는 타인의 권리와 자유보호 중 하나 또는 그 이상의 이유로 판사가 적절하게 판결한 결정이 있는 경우가 아닌 한, 또는 이상의 이유 등으로 집행 지연이 손해를 야기할 수 있어 법률이 인정한 기관의 서면명령이 발행된 경우가 아닌 한, 통신을 방해하거나 통신비밀을 침해할 수 없다. 기관의 결정은 24시간 이내에 관할권 판사의 승인을 위해 제출되어야 한다.

판사는 압수시로부터 48시간 이내에 그 적법 여부를 결정해야 한다. 그렇지 않을 경우, 압수는 자동으로 해제된다. 위의 경우에 대한 예외가 적용되는 공공관청이나 기관은 법률로 정한다.

11. 종교의 자유

[대한민국]

第20조 ① 모든 국민은 종교의 자유를 가진다.

② 국교는 인정되지 아니하며, 종교와 정치는 분리된다.

[러시아]

第28조 모든 국민에게는 양심의 자유와 종교의 자유(개인적으로 또는 집단적으로 원하는 종교를 신봉할 권리 또는 어떤 종교도 신봉하지 않을 권리, 종교와 그밖의 신념을 자유롭게 선택, 신봉, 전파할 수 있는 권리를 포함한다)가 보장된다.

[멕시코]

第３조 I. 제24조가 종교의 자유를 보장하는 바와 같이, 교육은 세속적이므로 종교교리와 완전히 분리되어야 한다.

第24조 ① 누구든지 윤리적, 양심적, 종교적 신념의 자유를 스스로 선택하고 누릴 권리가 있다. 이 같은 자유에는 개인이나 집단적으로, 혹은 공적이나 사적으로 의식, 기도, 예배에 참석할 권리도 포함된다. 단, 이 같은 의식, 기도, 예배 행위가 법률에 의해 처벌받는 범죄나 과실 행위가 아니어야 한다. 누구라도 이러한 자유를 개종이나 선동 등 정치적 목적으로 공공장소에서 표현할 수 없다.

② 연방의회는 종교를 창설하거나 금지하는 법률을 제정할 수 없다.

③ 일반적으로, 교회예배 등의 종교행위는 사원 또는 예배장소에서 하여야 한다. 예외적으로 옥외에서 종교행위를 하는 때에는 해당 법규를 준수하여야 한다.

第130조 ① 이 조의 규정은 역사적인 정교분리 원칙에 따른다. 교회와 기타 모든 종교단체는 법률을 준수하여야 한다.

② 연방의회만이 공개예배, 교회 및 종교단체에 관한 법률을 제정할 수 있다. 공개적인 법률은 다음 조항을 개발하고 구체화하여야 한다.

a) 교회와 종교단체는 등록함으로써 종교단체로서의 법적 지위를 갖는다. 법률은 종교단체를 규율하고 등록요건을 규정한다.

b) 공공기관은 종교단체의 내부문제에 간섭하지 아니한다.

c) 국민은 성직자가 될 수 있다. 국민과 외국인은 이를 위하여 법률에 규정하는 요건을 충족하여야 한다.

d) 법률에 따라 종교단체의 성직자는 공직을 맡을 수 없다. 시민으로서 투표할 수 있으나 선출될 수는 없다. 법률에 규정된 방식으로 성직자를 그만 둔 자는 선출될 수 있다.

e) 성직자는 정치적 목적으로 결사하거나 정당 또는 정치단체의 후보자에 대한 지지나 반대 의견을 설교할 수 없다. 대중 집회, 예배, 종교적 선전 또는 종교적 출판물에서 국가 또는 그 기관의 법률에 반대하거나 그 형식을 묻지 아니하고 국가의 상징을 모욕할 수 없다.

종파와 관련된 단어 또는 기타 표시를 명칭에 포함하는 모든 종류의 정치단체 설립은 엄격히 금지된다. 사원 또는 교회에서는 정치적 성격의 집회를 할 수 없다.

진실을 말하고 계약상 의무를 이행한다는 단순한 약속은 그 약속을 한 자가 이를 지키지 아니하는 경우에는 법률에 정하는 처벌을 받는다.

종교단체의 성직자와 그 직계 존속, 비속, 형제자매, 배우자와 그들이 속한 종교단체는 정신적으로 지도하거나 도와주고 4촌 이내의 친척 관계가 아닌 자의 유언으로 상속할 수 없다.

개인의 민사상 지위와 관련된 모든 행위는 법률에 정하는 바에 따라 행정기관의 전적인 책임에 속하고, 법률이 부여하는 효력을 갖는다.

연방, 주(州) 및 지방자치단체는 민사상 지위와 관련된 문제에 있어서 법률에 정하는 권한과 책임이 있다.

[그리스]

제13조 ① 종교적 양심의 자유는 침범할 수 없다. 시민의 권리와 자유의 향유는 개인의 종교적 신념에 좌우되지 않는다.

② 모든 알려진 종교는 자유롭고 그 예배 의식은 방해를 받지 않아야 하며 법의 보호를 받아야 한다. 예배 의식의 수행은 공공 질서나 올바른 관습을 위배하지 않아야 한다. 개종의 권유는 금지된다.

③ 모든 알려진 종교의 성직자들은 국가의 감독을 받아야 하며 지배적인 종교의 의무와 동일한 의무가 부여된다.

④ 누구도 자신의 종교적 신념을 이유로 국가에 대한 의무를 면제받거나 법률 준수를 거부할 수 없다.

⑤ 법에서 정한 경우 및 법에 따른 형식에 의하지 않고는 선서를 강제하거나 강요할 수 없다.

[독일]

제4조 (1) 신앙과 양심의 자유 및 종교적·세계관적 신조의 자유는 침해되지 아니한다.

⑵ 종교활동의 자유는 보장된다.

제33조 ⑶ 시민과 국민으로서의 권리의 향유, 공직에의 취임의 허용, 공적 직무에서 획득한 권리는 종교적 신조와 관계없다. 누구라도 어떤 신앙 또는 세계관에 속하는지 아닌지를 이유로 하여 불이익을 받아서는 안 된다.

[룩셈부르크]

제19조 예배의 자유, 공개적인 예배행사의 자유, 그리고 종교적인 의견 표현의 자유는, 이러한 자유 행사에 있어서 저지른 범죄를 단속하는 경우를 제외하고는 보장된다.

제20조 어느 누구도 예배행위 및 예배의식에 어떠한 방식으로든지 협력하거나 휴일에 이를 준수할 것을 강요받을 수 없다.

제21조 민법상 결혼이 혼인 미사보다 항상 선행되어야 한다.

제22조 종교 수장의 임명과 취임에 대한 국가의 개입, 다른 나머지 사제들의 임면 방식, 모두를 위하여 수도원장들과 연락하고 그들의 행위를 발표하는 권한, 그리고 교회 당국과 국가의 관계는 그 개입을 필요하게 하는 조항을 위해 의회에 위임할 협약의 대상이다.

[아이슬란드]

제62조 복음주의 루터교는 아이슬란드의 국교이며, 그에 따라 국가의 지원과 보호를 받는다. 이는 법률로 변경할 수 있다.

제63조 누구나 개인적 신념에 따라 종교 단체를 설립하고 종교를 실천할 수 있다. 단, 공중도덕이나 공공질서를 해치는 것은 설교하거나 실행할 수 없다.

제64조 누구도 종교를 이유로 국민의 권리를 상실하지 않으며, 누구도 종교적 이유로 일반적으로 적용되는 국민의 의무를 거부할 수 없다.

누구나 종교 단체에 가입하지 않을 자유가 있다. 누구도 자기가 가입하지 않은 종교 단체에 회비를 납부할 의무가 없다.

어떤 종교 단체에도 가입하지 않은 자는, 만약 종교 단체에 가입했다면 납부했어야 할 회비를 아이슬란드대학교에 납부한다. 이는 법률로 변경할 수 있다.

[아일랜드]

제44조 1. 국가는 전능하신 하느님께 교회의 예배의식을 통해 경배를 드리는 것을 인정한다. 국가는 하느님의 이름을 경외하며 종교를 존중하고 공경한다.

2. 1° 양심의 자유와 종교의 신앙고백 및 예배의식의 자유가, 공공질서 및 도덕을 조건으로 하여, 모든 국민에게 보장된다.

2° 국가는 종교를 부여하지 않을 것을 보장한다.

3° 국가는 종교적 직업, 신앙 또는 지위를 근거로 불리한 조건을 부과하거나 차별하지 아니한다.

4° 학교에 국가 보조금을 제공하는 법률은 다른 종교 종파의 관리 하에 있는 학교들을 차별하지 않으며, 공적 자금을 수령하는 학교에 다니는 아동이 해당 학교의 종교 교육에 참석하지 않을 권리에 편파적으로 영향을 미치지 아니 한다.

5° 모든 종교 종파는 스스로 자체 문제를 처리하고 재산, 동산 및 부동산을 소유, 취득 및 관리하고, 종교적 또는 자선 목적으로 기관을 유지할 권리가 있다.

6° 종교 종파 또는 교육 기관의 재산은, 필요한 공공사업 및 보상의 지불 목적을 제외하고는

전용되지 아니 한다.

[헝가리]

자유와 책임

제VII조 (1) 모든 사람은 사상, 양심 및 종교의 자유를 가진다. 이 권리는 종교 또는 기타 종교적 신념을 선택 또는 변경할 자유, 본인의 종교 또는 기타 종교적 신념을 공공장소 또는 개인적 삶에서 단독으로 또는 타인과 공동으로 종교적 활동, 의식 또는 기타의 방법으로 선포, 불선포, 고백 또는 교육할 자유를 포함한다.

(2) 의회는 기본법률로써 교회 등 종교활동을 수행하는 특정한 단체를 승인할 수 있고, 국가는 공동체의 목표 달성을 위하여 협력하여야 한다. 교회의 승인에 관한 기본법률은 헌법소원의 대상이 될 수 있다.

(3) 국가와 교회 및 종교활동을 수행하는 기타 단체는 분리하여 운영한다. 교회와 종교활동을 수행하는 기타 단체는 자치권을 갖는다.

(4) 교회에 관한 세부규칙은 기본법률로 정한다. 기본법률은 교회 등 종교활동을 수행하는 단체의 승인에 관한 요건으로서, 운영기간의 연장, 사회적 지원 및 공동체 목표를 달성하기 위한 협력의 적합성을 규정할 수 있다.

[남아프리카공화국]

제15조 (종교, 신념 및 의견의 자유) ① 모든 국민은 양심, 종교, 생각, 신념 및 의견의 자유를 누릴 권리를 가진다.

② 종교적 의식은 국가 시설 또는 국가가 지원하는 시설에서 수행할 수 있다. 단,

a. 그 의식은 해당 공공 기관이 정한 규칙을 준수해야 한다.

b. 그 의식은 공평하게 수행되어야 한다.

c. 그 의식의 참석은 자유롭게 그리고 자발적으로 이루어져야 한다.

③ a. 본 조는 다음을 인정하는 법률의 제정을 막지 않는다.

i. 전통 또는 종교법, 개별법 또는 가족법에 따라 성립된 혼인

ii. 전통에 따른 또는 특정 종교의 신앙을 가진 자들이 고수하는 개별법 및 가족법

b. 위 제a호에 관련한 인정은 본 조와 이 법의 기타 조항에 부합해야 한다.

[터키]

제24조 (2) 참배 행위 종교적 예배 및 의식은 이러한 행위가 제14조의 규정에 위배되지 않는 한, 자유롭게 행할 수 있어야 한다.

(3) 누구든지 예배나, 종교 의식에 참여하도록 강요받지 않으며 종교적 믿음과 신념을 공개하도록 강요받지 않고 그 종교적 믿음과 신념을 이유로 책망 또는 비난받지 아니 한다.

(4) 종교와 윤리에 대한 교육과 훈육은 국가의 감독과 통제 하에 이루어져야 한다. 종교문화에 대한 훈육과 윤리교육은 초등 및 중등교육 과정에서 필수과목이어야 한다. 기타 종교교육과 훈육은 개인 자신의 희망에 따라야 하며 미성년자의 경우 법정대리인의 요구에 따라야 한다.

(5) 누구든지 어떠한 방식으로든 개인적 또는 정치적 영향을 미칠 목적으로 또는 부분적으로라도 종교적 교리에 기본적, 사회적, 경제적, 정치적, 법적인 국가질서의 기반을 두기 위한 목적으로 종교나 종교적 감정 또는 종교에서 신성하게 여기는 사물을 이용 또는 악용할 수 없다.

12. 양심의 자유

[대한민국]

제19조 모든 국민은 양심의 자유를 가진다.

[러시아]

제13조 1. 러시아연방에서는 이데올로기의 다양성이 허용된다.

2. 어떠한 이데올로기도 국가이념이나 의무적 이념으로 규정될 수 없다.

제28조 모든 국민에게는 양심의 자유와 종교의 자유(개인적으로 또는 집단적으로 원하는 종교를 신봉할 권리 또는 어떤 종교도 신봉하지 않을 권리, 종교와 그밖의 신념을 자유롭게 선택, 신봉, 전파할 수 있는 권리를 포함한다)가 보장된다.

[독일]

제 4 조 (1) 신앙과 양심의 자유 및 종교적·세계관적 신조의 자유는 침해되지 아니한다.

(3) 누구든지 자신의 양심에 반하여 집총병역을 강요당하지 아니한다. 자세한 사항은 연방법률로 정한다.

[남아프리카공화국] (종교의 자유와 중복)

제15조 (종교, 신념 및 의견의 자유) ① 모든 국민은 양심, 종교, 생각, 신념 및 의견의 자유를 누릴 권리를 가진다.

② 종교적 의식은 국가 시설 또는 국가가 지원하는 시설에서 수행할 수 있다. 단,

a. 그 의식은 해당 공공 기관이 정한 규칙을 준수해야 한다.

b. 그 의식은 공평하게 수행되어야 한다.

c. 그 의식의 참석은 자유롭게 그리고 자발적으로 이루어져야 한다.

③ a. 본 조는 다음을 인정하는 법률의 제정을 막지 않는다.

ⅰ. 전통 또는 종교법, 개별법 또는 가족법에 따라 성립된 혼인

ⅱ. 전통에 따른 또는 특정 종교의 신앙을 가진 자들이 고수하는 개별법 및 가족법

b. 위 제a호에 관련한 인정은 본 조와 이 법의 기타 조항에 부합해야 한다.

13. 언론·출판의 자유

[대한민국]

제21조 ① 모든 국민은 언론·출판의 자유와 집회·결사의 자유를 가진다.

② 언론·출판에 대한 허가나 검열과 집회·결사에 대한 허가는 인정되지 아니한다.

④ 언론·출판은 타인의 명예나 권리 또는 공중도덕이나 사회윤리를 침해하여서는 아니된다. 언론·출판이 타인의 명예나 권리를 침해한 때에는 피해자는 이에 대한 피해의 배상을 청구할 수 있다.

[러시아]

제29조 1. 모든 국민에게는 사상과 언론의 자유가 보장된다.

2. 사회적, 인종적, 국가적 또는 종교적 증오와 반목을 야기하는 선전 또는 선동은 허용되지

않는다. 사회적, 인종적, 국가적, 종교적 또는 언어적 우월성에 대한 선전은 허용되지 않는다.
3. 누구도 개인의 사상과 신념을 표현하거나 또는 이를 부인하도록 강제 당하지 아니한다.
4. 모든 국민은 어떠한 합법적인 방법으로든 자유로이 정보를 추구, 수신, 전달, 생산, 전파할 수 있는 권리가 있다. 국가의 기밀을 구성하는 정보 유형의 목록은 연방법에 의해 정해진다.
5. 보도의 자유는 보장되며 검열은 금지된다.

[멕시코]

제6조 ① 사상의 표현이 도덕에 위배되거나 타인의 사생활이나 권리를 침해하고, 범죄를 야기하거나 공공질서를 어지럽히는 경우를 제외하고는 사법 또는 행정적 조사의 대상이 되지 아니한다. 반론권은 법률이 정하는 바에 따라 행사하여야 한다. 국가는 정보권을 보장하여야 한다.
② 누구나 여러 가지 적절한 정보를 자유롭게 이용하고, 모든 표현매체의 정보와 이념을 추구하고 획득하며 전달할 권리가 있다.
③ 국가는 광대역과 인터넷을 포함한 정보통신기술과 방송 및 통신서비스에 대한 접근권을 보장하여야 한다. 국가는 해당 서비스의 제공에 있어서 효율적인 경쟁의 조건을 정하여야 한다.

제7조 ① 대중매체를 통하여 의견, 정보 및 사상을 전파할 자유는 불가침이다. 이 권리는 권력의 남용 또는 신문, 라디오방송 주파수 또는 정보의 전파에 사용된 장비의 사적 통제와 같은 간접적인 방법 또는 수단, 또는 사상 및 의견의 전송과 전파를 방해하는 것을 목표로 한 기타 수단 및 정보통신기술에 의하여 제한될 수 없다.
② 법률이나 기관이 헌법 제6조 첫번째 단락에 명시한 내용을 제외하고는 사전검열을 하거나 전파의 자유를 제한할 수 없다. 어떠한 경우에도 범죄수단으로서 정보, 의견 및 사상의 전파에 사용된 재산을 압류할 수 없다.

[그리스]

제5A조 ① 모든 사람은 법에 규정된 바에 따라 정보권을 갖는다. 이 권리에 대한 제한은 국가안보, 범죄와의 전쟁 또는 제3자의 권리와 이해 관계 보호를 위해 절대적으로 필요하고 정당한 경우에만 법에 의해 부과될 수 있다.
② 모든 사람은 정보 사회에 참여할 권리를 갖는다. 전자적으로 전달되는 정보에 대한 접근, 생산, 교환 및 확산을 촉진하는 것은 국가의 의무이며, 제9조, 제9A조 및 제19조의 보장을 준수해야 한다.

제14조 ① 모든 사람은 법률을 준수하는 한 자신의 생각을 구두, 서면 및 언론을 통해 표현하고 전파할 수 있다.
② 언론은 자유롭다. 검열 기타 모든 예방적 조치는 금지된다.
③ 유포 전 또는 후에 신문 및 다른 출판물을 압수하는 것은 금지된다. 배포 후 검사의 명령에 의한 압수는 다음과 같은 경우 예외적으로 허용된다.
a) 기독교 또는 다른 모든 알려진 종교에 대한 모욕
b) 대통령의 인격에 대한 모욕
c) 군대 또는 방어 시설의 구성, 장비 및 배치에 대한 정보를 노출한 출판물 또는 폭력적인 체제 전복이나 국가의 영토 보전에 대한 위협을 목표로 하는 출판물
d) 공공 질서에 명백히 위배되는 외설적인 출판물로서 법에 의해 규정된 경우
④ 전 항에 규정된 모든 경우, 검사는 압수 후 24시간 이내에 사건을 법관 회의에 회부한다.

법관 회의는 그 후 24 시간 이내에 압수를 유지할 것인지 해제할 것인지 결정해야 하고, 결정이 없을 경우 법률상 당연 해제된다. 압수된 신문 기타 다른 인쇄물의 발행자와 검사는 항소법원과 최고 민·형사 법원에 항소할 수 있다.

⑤ 부정확한 출판물이나 방송에 의해 피해를 입은 사람은 누구든지 반론권을 가지며 해당 정보 매체는 즉시 충분한 배상을 해 줄 의무가 있다. 모욕적이거나 명예훼손적인 출판물이나 방송에 의해 피해를 입은 사람도 역시 반론권을 가지며 해당 정보 매체는 즉시 그 반론을 출판 또는 방송할 의무가 있다. 반론권을 행사하는 방식과 충분하고 즉각적인 배상을 하거나 반론을 출판 및 전송하는 방식은 법으로 정한다.

⑥ 제3항에 규정된 범죄행위에 대해 5년 동안 최소한 3회의 유죄 판결을 받은 경우 법원은 신문 발행의 최종 금지 또는 임시 정지를 명령해야 하며, 심각한 경우에는 유죄 판결을 받은 사람이 언론인 직업을 수행하는 것을 법률에 따라 금지해야 한다. 출판 금지 또는 저지는 법원의 명령이 확정된 그 효력이 있다.

⑦ 언론 및 기타 정보 매체의 민사 및 형사책임과 관련된 문제 및 관련사건의 즉결심판에 대한 사항은 법으로 정한다.

제52조 모든 국가 공무원은 국민 주권의 표현인 국민 의사의 자유롭고 왜곡되지 않은 표현을 보장해야 하며, 어떤 상황에서도 그 표현을 보장할 의무가 있다. 본 조항의 위반에 대한 형사처벌은 법률로 정한다.

[네덜란드]

제7조 ① 표현의 자유에 대한 사전 허가제는 법에 의한 국민의 의무가 없는 한 금지된다.

② 라디오 및 텔레비전 방송에 대한 규율은 법률로 정한다. 라디오 및 텔레비전의 내용에 대한 사전 허가제는 금지된다.

③ 누구도 법률상의 의무를 준수하는 한, 전항에 명시된 것 이외의 수단을 동원해 개인의 생각 또는 소견을 유포함에 있어 그러한 생각 또는 의견을 명시한 문서를 사전 허가를 위해 제출해야 할 의무는 없다. 단 16세 이하의 아동 및 청소년들에게 공개되는 공공 행사의 개최는 미풍양속을 보호하기 위해 법률에 따라 제한할 수 있다.

④ 전항의 규정은 상업 광고에 적용되지 않는다.

제110조 정부 당국은 각자의 의무를 수행하는 과정에서 법률에 따라 일반 국민의 알 권리를 준수한다.

[노르웨이]

제100조 누구나 표현의 자유를 가진다.

진실의 추구, 민주주의의 장려 그리고 의사 형성의 자유라는, 표현의 자유의 인정근거에 비추어 정당화할 수 있는 경우를 제외하고는, 누구도 정보, 아이디어 또는 견해를 전달하거나 수령한 것에 대하여 법적 책임을 지지 아니한다. 그러한 법적 책임은 법률로 정하여 한다.

모든 사람은 국가 행정 및 기타 모든 주제에 대하여 자신의 견해를 솔직하게 말할 자유가 있다. 이 권리에 대한 제한은 분명하게 정하여야 할 뿐 아니라, 표현의 자유의 인정근거에 비추어 특히 신중한 검토를 거쳐 정당화되는 경우에만 부과할 수 있다.

영화의 해로운 영향으로부터 아동과 청소년을 보호하기 위하여 필요한 경우 외에는, 사전검열 및 기타 예방적 조치를 적용할 수 없다. 서신검열은 보호시설에서만 행할 수 있다.

모든 사람은 국가 및 지방자치단체의 행정문서에 대한 접근권과 법원 및 민주적으로 선출된 기관의 절차에 대한 권리를 가진다. 이러한 권리는 개인의 사생활보호 또는 다른 중대한 사유로 법률로 제한할 수 있다.

공개적이고 교화된 공공토론을 촉진하는 여건을 조성하는 것은 국가의 책무이다.

[벨기에]

제25조 출판은 자유이며 검열제도는 금지된다. 저자나 발행자 및 인쇄자로부터 보증금을 징수하지 못한다.

저자가 누구인지 명백하고 벨기에에 거주하고 있는 경우에는 발행자나 인쇄자 또는 배포자를 소추할 수 없다.

[스위스]

제16조 (표현 및 정보의 자유) ① 표현 및 정보의 자유는 보장한다.

② 누구든지 자신의 의견을 자유로이 형성하고 표현하며 유포할 권리를 가진다.

③ 누구든지 정보를 자유로이 수령하고, 일반적으로 접근할 수 있는 정보원으로부터 정보를 취득하며, 이를 유포할 권리를 가진다.

제17조 (언론의 자유) ① 출판, 라디오, 텔레비전의 자유 및 공공통신 수단에 의한 기타 유형의 제작물 및 정보를 유포할 수 있는 자유는 보장한다.

② 검열은 금지한다.

③ 취재원을 밝히지 않을 권리는 보장한다.

제18조 (언어의 자유) 언어의 자유는 보장한다.

[아일랜드]

제40조 6. 1° 국가는 공공질서 및 도덕에 의거하여 다음 권리를 행사할 자유를 보장한다.

i . 신념과 의견을 자유롭게 표현할 국민의 권리 단, 여론의 교육이 공익에 중대한 문제에 해당하며, 국가는 무선 통신, 언론, 영화와 같은 여론 기관들이, 정부 정책에 대한 비판을 포함하여 정당한 표현의 자유를 보존하는 한편, 공공질서 또는 도덕 또는 국가의 권위를 훼손하는데 사용되지 않도록 노력한다. 불경스럽거나 선동적이거나 음란한 내용의 발표나 유포는 법률에 따라 처벌될 수 있는 범죄이다.

[이탈리아]

제21조 누구든지 연설, 서면 또는 기타 형태의 의사소통을 통하여 자신의 생각을 자유롭게 표현할 권리를 갖는다. 언론은 어떠한 허가나 검열을 받지 않는다.

언론에 관한 법률에 규정된 범죄를 저지르거나 그 범죄에 대한 책임자의 신원을 확인할 의무를 위반한 경우에 한해 이유를 기재한 법원 명령으로 압수가 허용된다.

절대적으로 긴급하고 법원의 개입이 불가능한 경우, 경찰은 정기간행물을 압수할 수 있고, 즉시 그리고 어떤 경우에도 24시간 내에 그 사안을 법원에 제출하여 정당성을 인정받도록 한다. 이후 24시간 내에 그 정당성을 인정받지 못한 조치는 취소되며 무효로 간주된다. 정기간행물 출판 재원 공개에 관한 일반 규정을 법률로 정할 수 있다.

공중도덕을 위반하는 출판, 공연, 기타 전시는 금지된다. 위반에 대한 예방 및 규제 조치는 법률로 정한다.

[헝가리]

자유와 책임

제Ⅵ조 (1) 모든 사람은 본인과 가족의 생명, 주거, 관계 및 명성을 보호할 권리를 가진다.

(2) 모든 사람은 본인의 개인정보를 보호하고 공익정보에 접근하고 이를 배포할 수 있는 권리를 가진다.

(3) 개인정보의 보호 및 공익정보로의 접근에 대한 권리는 독립기관이 감독한다.

제Ⅸ조 (1) 모든 사람은 본인의 의견을 표현할 권리를 가진다.

(2) 헝가리는 언론의 자유와 언론의 다양성을 인정하고 이를 방어하며, 민주적 여론 형성에 필요한 정보의 자유로운 보급을 위한 조건을 확보한다.

(3) 민주적 여론의 형성에 필요한 정보를 적절하게 전파하고, 기회의 균등을 보장하기 위하여 언론매체에 한하여 무상으로 정치광고를 게재할 수 있다. 국회의원 및 유럽의회의원의 선거 전 선거운동 기간에 국회의원 일반선거를 위한 전국후보명단 또는 유럽의회의원 선거를 위한 후보명단을 확정하는 지정단체에 의하여 또는 그 지정단체를 위하여 게재된 정치광고는 기본법률에 정하는 바에 따라 동일한 조건으로 대중매체를 통하는 경우에 한하여 게재될 수 있다.

(4) 다른 자의 인간존엄성을 해할 목적으로 언론의 자유에 대한 권리를 행사할 수 없다.

(5) 헝가리 국민의 존엄성 또는 국가 윤리 인종 또는 종교공동체의 존엄성을 해할 목적으로 언론의 자유에 대한 권리를 행사할 수 없다. 해당 공동체의 구성원은 법률이 정하는 바에 따라 인간존엄성의 침해를 적용하여 공동체를 해하는 의견의 표현에 대하여 법원에 소송을 제기할 수 있다.

(6) 언론의 자유와 매체서비스, 언론 상품 및 정보통신시장을 감독하는 기관에 관한 세부규칙은 기본법률로 정한다.

[남아프리카공화국]

제16조 (표현의 자유)① 모든 사람은 아래의 사항을 포함해 표현의 자유를 누릴 권리를 가진다.

a. 언론 및 기타 매체의 자유

b. 정보 또는 생각을 수용 또는 제공할 수 있는 자유

c. 예술적 창작의 자유

d. 학술적 자유 및 과학적 연구의 자유

② 전항의 권리는 다음 사항에 대해서는 확대 적용되지 않는다.

a. 전쟁을 위한 선전 활동

b. 임박한 폭력 선동

c. 인종, 민족, 성별 또는 종교를 근거로 하여 폭동을 유발하는 증오의 옹호

제32조 (정보에 대한 접근) ① 모든 국민은 다음의 정보에 접근할 권리를 가진다.

a. 국가가 보유한 모든 정보

b. 타인이 보유하고 있는 정보로서 권리의 행사 또는 보호를 위해 필요한 모든 정보

② 이러한 권리를 구현하기 위하여 국가의 입법이 행해져야 하고, 국가의 행정적, 재정적 부담을 덜기 위한 적절한 조치를 마련할 수 있다.

[터키]

제25조 모든 국민은 사상과 견해의 자유를 갖는다. 누구든지 어떤 이유나 목적을 불문하고 그의

사상과 견해를 밝히도록 강요받지 아니 하며, 그의 사상과 견해를 이유로 책망 받거나 비난받지 아니 한다.

第26条 (2001년 10월 17일 개정) 모든 국민은 그의 사상과 견해를 연설, 서면 또는 그림이나 기타 매체를 통해 개인적으로 또는 집단적으로 표현 및 전파할 권리를 갖는다. 이러한 권리에는 공공기관의 간섭 없이 정보와 사상의 수신과 전파의 자유가 포함된다. 이 규정은 라디오, 텔레비전, 영화 및 유사 수단을 통한 인가시스템으로의 전송도 예외로 하지 아니 한다.

이러한 자유의 행사는 국가안보, 공공질서, 공공안전, 공화국의 본질을 보호하고 영토와 국민으로 구성된 국가의 불가분한 보존을 지키며, 범죄를 예방하고 범법자를 처벌하고, 국가기밀로 적절히 분류된 정보를 보호하며 타인의 명성과 권리 및 개인과 가족의 삶을 보호하거나 또는 법률로 규정된 직업상 기밀을 보호하거나 또는 사법부의 적절한 기능수행을 보존할 목적으로 제한될 수 있다.

표현과 사상의 전파 자유 행사에 적용되는 형식, 조건, 절차는 법률로 정한다.

第28条(2001년 10월 17일 개정) 언론의 자유가 보장되며 언론은 검열되어서는 아니 한다. 출판사의 설립은 사전 허가나 재정 보증을 위한 예치금의 적용을 받지 아니 한다.

국가는 언론의 자유와 정보의 자유를 보장하기 위한 필요한 조치를 취해야 한다.

언론의 자유에 대한 제한에는 헌법 제26조 및 제27조가 적용될 수 있다.

국가의 내적·외적 안보 또는 영토와 국민으로 구성된 국가의 불가분한 보존을 위협하는, 범죄·폭동 또는 소요를 선동할 의도가 있거나, 또는 국가기밀을 누설하는 뉴스 또는 기사를 작성 또는 인쇄하는 자 및 위에서 언급한 목적으로 뉴스 또는 기사를 타인에게 인쇄 또는 전파하는 자는 위 범죄행위와에 관한 법률에 따라 책임을 진다. 이러한 뉴스 또는 기사의 배포는 판사의 결정에 따르거나 그와 같은 결정을 받을 시간적 여유가 없고, 그와 같은 지연이 유해하다고 간주될 경우에는 법률이 정한 주무기관에 의해 예방조치로 이를 중단할 수 있다. 이와 같은 경우 주무기관은 24시간 내에 주무판사에게 그 결정을 통지해야 한다.

주무판사가 48시간 이내에 그 결정을 승인하지 않으면 배포중단 명령은 무효가 되어 그 효력을 잃게 된다.

사법부의 적절한 기능수행을 보장하기 위해 판사의 결정을 제외하고는 법률로 정한 제한 내에서 사건에 대한 보도는 금지되어서는 아니 된다.

정기 또는 비정기 출판물은 법률에 규정된 범죄행위의 지속적인 조사나 기소의 경우 판사의 판단에 따라, 또는 그 판단이 지연될 경우 영토와 국민으로 구성된 국가의 불가분한 보존, 국가안보, 공공질서 또는 공도덕을 위협할 수 있는 경우에는 범죄예방을 위해, 법률로 정한 주무기관의 명령에 따라 압수될 수 있다. 위 주무기관은 24시간 내에 그 결정을 주무판사에게 통지해야 한다. 주무판사가 48시간 이내에 그 결정을 승인하지 않으면 몰수명령은 무효가 되어 그 효력을 잃게 된다.

형사상 수사나 기소를 이유로 정기 및 비정기 출판물의 압수 및 몰수가 이루어지는 경우 일반총칙 규정이 적용된다.

터키에서 발행되는 정기출판물은 영토와 국민으로 구성된 국가의 불가분한 보존, 공화국의 기본원칙, 국가안보, 공공도덕에 저촉되는 내용을 포함하고 있다는 사실이 발견될 경우 법원판결에 따라 일시적으로 정지될 수 있다. 정기출판물의 정지 지속 사유를 명백하게 보유하고 있는 출판물은 금지되며 주무판사의 결정에 따라 압수되어야 한다.

제29조 정기 및 비정기 출판물은 사전승인이나 재정보증을 위한 예치금의 적용을 받지 아니한다.

정기간행물 출판을 위해서는 법률로 지정된 주무기관에 법률에 규정된 정보와 문서를 제출하는 것으로 충분하다. 제출된 정보와 문서가 법률에 위배된다고 판단될 경우 주무기관은 법원에 출판정지를 신청해야 한다.

정기간행물 출판, 출판조건, 재정자원, 언론직업에 관한 규정은 법률로 규제되어야 한다. 이 법률은 어떠한 정치적, 경제적, 재정적, 기술적 조건을 부과하지 않아야 하며 따라서 뉴스, 사상, 신념의 자유로운 전파를 방해하거나 어렵게 하지 않아야 한다.

정기출판물은 국가, 기타 공기업 또는 국가기관의 매체와 시설에 동등하게 접근할 수 있어야 한다.

제30조 언론사로 적절히 설립된 출판소 및 부대시설 또는 출판장비를 범죄에 사용되고 있다는 이유로 압수, 몰수하거나 또는 작동을 금지할 수 없다.

제31조 (2001년 10월 17일 개정) 개인과 정당은 공기업이 소유하고 있는 언론 이외의 대중매체와 통신수단을 사용할 권리를 갖는다. 이러한 사용의 조건과 절차는 법률로 규정한다.

이러한 법률은 국가안보, 공공질서, 공공도덕 또는 공공위생 보호 이외의 이유로는 국민이 이러한 매체를 통해 정보를 수신하거나 사상과 의견을 형성하는 것을 방해하는 제한이나 국민 의견이 자유롭게 형성되는 것을 방해하는 제한을 둘 수 없다.

제32조 개인의 평판이나 명예가 공격을 받거나 또는 미확인 주장의 경우에 한해 정정보도 및 해명할 권리가 주어져야 하며 법률로 규제되어야 한다.

정정 또는 해명보도를 하지 않을 경우, 판사는 개인의 청구일로부터 7일 이내에 해당 내용의 발행을 발표를 요구할 것인지를 결정한다.

14. 집회·결사의 자유

[대한민국]

제21조 ① 모든 국민은 언론·출판의 자유와 집회·결사의 자유를 가진다.

② 언론·출판에 대한 허가나 검열과 집회·결사에 대한 허가는 인정되지 아니한다.

[러시아]

제13조 5. 러시아 연방 헌법체계의 기초를 강제적으로 변경시키거나 연방의 일체성을 파괴하거나, 국가 안보를 훼손하거나, 무장병력을 창설하거나, 사회적·인종적·민족적·종교적 갈등을 부추기는 것을 목적으로 하는 사회단체의 창설과 활동은 금지된다.

제30조 1. 모든 국민은 자신의 이해를 보호하기 위한 노동조합을 결성할 권리를 포함하여 결사의 권리를 가진다. 공공조합의 활동의 자유는 보장한다.

2. 누구도 어떠한 단체에 가입하거나, 그 단체에 머무를 것을 강요당하지 아니한다.

제31조 러시아연방 국민은 무기를 갖지 않고 평화롭게 집회, 집단적 모임 및 시위, 행진 및 피켓 행위를 할 권리를 갖는다.

[멕시코]

제 9 조 합법적인 목적을 위하여 평화적으로 집회 또는 결사할 권리는 제한할 수 없다. 멕시코 국민에 한하여 국내의 정치적 문제에 참여할 수 있다. 무장한 집회를 계획할 권리는 인정되지

아니한다.

어떠한 기관의 행위에 대하여 청원하거나 항의하는 것을 목적으로 한 결사 또는 집회는 불법으로 보지 아니하며 해산되지 아니한다. 다만, 해당 기관에 대하여 중상모략을 하거나 해당 기관이 원하는 결정을 하도록 위협하거나 강제하기 위하여 폭력 또는 협박을 사용하는 때에는 그러하지 아니하다.

第35조 시민의 권리는 다음과 같다:

III. 국가의 정치문제에 평화적으로 참여하기 위하여 개별적으로 자유롭게 집회할 권리

[덴마크]

第78조 (1) 시민은 사전 허가 없이 합법적인 목적으로 단체를 조직할 자유가 있다.

(2) 다른 견해를 가진 사람에게 폭력을 사용하는 단체나 아니면 폭력이나 폭력 선동으로 또는 처벌 대상에 해당하는 유사한 영향력을 행사함으로써 자신들의 목적을 달성하고자 하는 단체는 법원 판결에 따라 해산한다.

(3) 어떠한 단체도 정부 조치에 의해 해산되지 아니한다. 단, 단체는 임시로 제한될 수 있으며 단체의 해산을 위한 긴급 소송절차가 실시되어야 한다.

(4) 정치 단체의 해산과 관련된 소송은 특별 허가 없이 왕국의 대법원에서 심리될 수 있다.

(5) 해산의 법적 효력은 법률로 정한다.

第79조 시민은 사전 허가 없이 자유로이 비무장집회를 가질 수 있다. 경찰은 공회에 참석할 자격이 있다. 옥외 집회는 치안에 위험을 야기할 우려가 있을 경우에 금지될 수 있다.

第80조 폭동이 발생할 경우 무장 군대는 국왕과 법의 이름으로 군중에게 3차례 해산요구를 한 후에 해당 경고가 무시되고 공격을 받을 때까지는 조치를 취할 수 없다.

[독일]

제8조 (1) 모든 독일인은 신고나 허가 없이 평화적으로 무기를 소지하지 않고 집회할 권리를 가진다.

(2) 이 권리는 옥외집회의 경우 법률에 의하여 또는 법률에 근거하여 제한될 수 있다.

제9조 (1) 모든 독일인은 단체와 회사를 결성할 권리를 가진다.

(2) 그 목적이나 활동이 형법에 위반되거나 또는 헌법질서, 국제적 협조의 이념에 반하는 단체는 금지된다.

(3) 근로조건 및 경제조건의 유지 및 개선을 위한 단체를 결성할 권리는 모든 개인 및 직업에 보장된다. 이 권리를 제한하거나 방해하는 합의는 무효이며 이를 목적으로 하는 조치는 위법이다. 제12a조, 제35조 제2항 및 제3항, 제87a조 제4항과 제91조에 따른 조치는 제1문이 말하는 단체의 근로조건 및 경제조건의 유지 및 개선을 위한 노동쟁의에 대하여 행하여져서는 아니된다.

[아이슬란드]

第74조 정치단체와 노동조합을 포함하여 합법적 목적으로 사전 허가 없이 단체를 설립할 수 있다. 행정 결정으로 단체를 해산할 수 없다. 단, 불법적 목적을 조장하는 것으로 판명된 단체의 활동은 금지될 수 있으며, 그런 경우 단체를 해산하라는 판결을 받기 위해 지체 없이 법적 조치를 취한다.

누구도 단체에 가입할 의무는 없다. 단, 어떤 단체가 공익이나 타인의 권리를 위한 기능을

하는데 단체 가입이 필요한 경우 법률로 가입을 의무화할 수 있다.

모든 국민은 비무장 집회를 자유롭게 열 수 있다. 공공 집회에는 경찰이 동반할 수 있다. 폭동으로 이어질 위험이 있으면 옥외 공공 집회를 금지할 수 있다.

[아일랜드]

제40조 6. 1° 국가는 공공질서 및 도덕에 의거하여 다음 권리를 행사할 자유를 보장한다.

ii. 비무장으로 평화롭게 집회를 실시할 국민의 권리 치안의 방해를 야기하거나 일반 대중에 대한 위험이나 혐오를 야기하기 위해 계획된 것으로 법률에 따라 결정되는 모임을 금지 또는 통제하고, 국회 양원 부근에서의 모임을 금지 또는 통제하기 위한 조항이 법률로 제정될 수 있다.

iii. 단체 또는 조합을 결성할 시민의 권리 단, 전술한 권리 행사의 규제 및 통제를 위한 법률이 공익을 위해 제정될 수 있다.

2° 단체 및 조합을 결성할 권리와 자유로운 집회의 권리가 행사될 수 있는 방식을 규제하는 법률에는 정치적, 종교적 또는 계급적 차별이 포함 되어서는 안 된다.

[남아프리카공화국]

제17조 (집회, 시위, 피케팅 및 청원) 모든 국민은 무장을 하지 않은 상태에서 평화적으로 집회, 시위, 피케팅 및 청원을 할 권리를 가진다.

[터키]

제33조 (2001년 10월 17일 개정) 모든 국민은 단체를 결성하거나 단체의 회원이 되거나 또는 사전승인 없이 단체에서 탈퇴할 권리를 갖는다.

누구든지 단체의 회원가입 및 회원탈퇴 금지를 강요받지 아니 한다.

결사의 자유는 국가안보와 공공질서를 보호하기 위해 또는 범죄행위 예방이나 공공도덕과 공공위생을 보호하기 위해서만 법률로 제한할 수 있다.

결사의 자유행사를 관장하는 형식, 조건 및 절차는 법률로 정한다.

단체는 법률로 정한 경우에 한해 판사의 결정에 따라 해산되거나 활동을 정지당할 수 있다. 집행지연이 국가안보 또는 공공질서를 위협하고 범행이나 범행의 지속을 방지하거나 구인집행을 하는데 필요한 경우, 법률이 정한 기관은 단체의 활동을 중지시킬 수 있는 권한을 부여 받을 수 있다. 이러한 기관의 결정은 24시간 이내에 담당 판사의 승인을 위해 제출되어야 한다. 담당 판사는 48시간 이내에 그 적법여부를 결정해야 하며 그렇지 않은 경우 위 기관의 결정은 자동으로 무효가 된다.

다만, 공무원의 의무가 요구되는 범위 내에서 군, 보안군 그리고 공무원의 결사의 권리에 제한을 둘 수 있다.

이 조항의 규정은 재단에도 적용된다.

제34조 (2001년 10월 17일 개정) 모든 국민은 사전 허가없이 비무장 평화집회와 시위를 할 수 있는 권리를 갖는다.

집회와 시위권리는 국가안보, 공공질서, 범죄예방, 공중보건 및 공공도덕 또는 타인의 자유와 권리 보호를 근거로 법률로 제한될 수 있다.

집회와 시위개최 권리의 행사를 관장하는 형식, 조건 및 절차는 법률로 정한다.

[포르투갈]

제45조 (집회 및 시위에 대한 권리) 1. 국민은 당국의 승인을 받지 않고도 일반에 개방된 장소에서 무기를 소지하지 않고 평화롭게 집회에 참가할 권리가 있다.

2. 모든 국민의 시위 참여권은 인정된다.

제46조 (결사의 자유) 1. 국민은 당국의 승인을 받지 않고도 서로 자유롭게 결사할 권리가 있다. 단, 그러한 결사가 폭력을 조장해서는 아니 되며 연합의 그 목적은 포르투갈 형법에 부합해야 한다.

2. 결사는 공공기관의 방해를 받음이 없이 그 목적을 자유롭게 추구하며 국가에 의해 해산되거나 그 활동이 강제적으로 중단되어서는 아니 된다. 단, 법이 정한 경우라면 단지 사법적 명령에 의해서 그러한 조치가 이루어질 수 있다.

3. 누구도 결사에 소속되어야 할 의무는 없으며 결사에 참여해야 한다는 어떠한 형태의 강요를 받아서도 아니 된다.

4. 인종 차별적 성격을 띠고 있거나 파시즘적 이념의 무장 결사, 군대 조직, 군사 교육을 받았거나 준군사조직의 형태를 갖춘 결사와 조직들은 허용되지 아니한다.

15. 학문·예술의 자유

[대한민국]

제22조 ① 모든 국민은 학문과 예술의 자유를 가진다.

② 저작자·발명가·과학기술자와 예술가의 권리는 법률로써 보호한다.

[멕시코]

제3조 VII. 법률이 자치를 허용하는 대학교와 기타 고등교육기관은 자치에 대한 권한과 책임을 가지고, 학문의 자유, 연구의 자유, 조사 및 토론의 자유를 존중하면서 이 조에서 정하는 원칙에 따라 교육 및 연구를 실시하고 문화를 보급한다. 이러한 기관은 계획과 프로그램을 결정하고, 교직원의 채용, 승진 및 유지에 관한 조건을 규정하며, 그 재산을 관리하여야 한다. 기관과 학문 및 행정인력 간의 노사관계에 대해서는 이 호에 정하는 기관의 자치권, 학문의 자유, 연구의 자유 및 목표를 간섭하지 아니하는 특별한 업무의 성격에 따라 연방노동법이 정하는 조건과 방식으로 헌법 제123조 제A호를 적용한다.

제4조 ⑩ 누구든지 문화에 접근하고, 국가가 제공하는 문화상품과 서비스를 누리며, 문화권을 행사할 권리가 있다. 국가는 모든 형태의 문화적 다양성을 고려하고 창작의 자유를 존중하여 문화를 확산하고 개발하는 수단을 제공하여야 한다. 문화적 표현에 대한 접근과 참가를 보장하는 제도는 법률로 정한다.

⑪ 누구든지 신체문화와 스포츠를 즐길 권리가 있다. 국가는 이 사항을 법률에 따라 촉진하고 권장하여야 한다.

제28조 ⑩ 예술작품의 창작을 위하여 특정한 기간 동안 작가 및 예술가에게 부여된 특권과 발명의 배타적 사용을 위하여 발명가 및 발명품을 개선한 자에게 부여되는 특권은 독점을 구성하지 아니한다.

[독일]

제5조 (3) 예술과 학문, 연구와 교수는 자유이다. 교수의 자유는 헌법에 충실할 의무로부터 면제되지 아니한다.

[오스트리아]

제81c조 ① 공립대학교는 자유로운 학문적 연구, 교수 및 예술적 개발의 장소이다. 공립대학은 법률의 범위 내에서 자율적으로 규칙을 제정할 수 있다. 대학 협의체기구의 구성원은 규칙으로부터 자유롭다.

② 오스트리아 국적을 가지고 있지 않은 사람의 대학에서의 근무 및 대학의 기관과 학생대표기관에의 참여는 연방법률로 허용할 수 있다.

③ 임명직인 직업적 대학구성원의 복무법 사항에 관한 심급관할은 관할 연방장관에게까지 이른다.

[헝가리]

자유와 책임

제X조 (1) 헝가리는 과학적 연구와 예술적 창조의 자유, 최고의 지식수준 습득을 위한 학습의 자유 및 법률로 정한 구조 내에서 강학의 자유를 보장한다.

(2) 국가는 과학적 진실에 관한 문제를 결정할 수 없고, 과학자들이 과학적 연구를 평가할 수 있는 배타적 권리를 가진다.

(3) 헝가리는 헝가리과학원과 헝가리예술원의 과학적 및 예술적 자유를 보호하여야 한다. 고등교육기관은 연구와 교수의 내용과 방법을 자율적으로 정할 수 있으며, 그 조직은 법률로 정한다. 정부는 법적 체계 내에서 공공고등교육기관의 재무관리에 적용하는 규칙을 정하고, 그 재무관리를 감독하여야 한다.

[포르투갈]

제42조 (문화적 창작의 자유) 1. 지적 창작, 예술적 창작 및 과학적 창작은 제한되지 않는다.
2. 이러한 창작의 자유는 과학적, 문학적, 예술적 저작물을 발명, 생산 및 발표할 권리를 구성하며 법률에 의한 저작권의 보호를 포함한다.

제78조 (문화 향유 및 창달) 1. 모든 국민은 문화를 향유 및 창달할 권리가 있는 동시에, 문화유산을 보존, 유지하고 강화해야 할 의무가 있다.

2. 국가는 모든 문화적 행위자들과 협력해 다음에 열거한 의무들을 이행한다.

a) 문화 활동에 필요한 수단과 방법들을 모든 국민들이 이용할 수 있도록 독려 및 보장하고 이러한 점에서 국가가 안고 있는 기존의 불균형을 교정해야 할 의무

b) 다양한 형식 및 표현을 동원해 개인 및 공동의 창작을 촉진하고 수준 높은 문화재와 문화자산을 통해 더 많은 관광객을 유치할 계획을 뒷받침할 의무

c) 문화유산의 보호 및 강화를 추진하는 한편, 그러한 문화유산이 공통적인 문화적 정체성을 고취하는 요소가 될 수 있도록 노력해야 할 의무

d) 모든 국민들, 특히 포르투갈어를 사용하는 사람들과의 문화적 관계를 돈독히 발전시켜 나가면서 해외에서 포르투갈 문화의 보호 및 홍보를 보장할 의무

e) 문화정책을 기타 분야별 정책과 조율할 의무

16. 재산권의 보장

[대한민국]

제23조 ① 모든 국민의 재산권은 보장된다. 그 내용과 한계는 법률로 정한다.

② 재산권의 행사는 공공복리에 적합하도록 하여야 한다.

③ 공공필요에 의한 재산권의 수용·사용 또는 제한 및 그에 대한 보상은 법률로써 하되, 정당한 보상을 지급하여야 한다.

[러시아]

제34조 1. 모든 국민은 법으로 금지되어 있지 않은 경제활동이나 기업활동을 위해 자신의 재산과 능력을 자유롭게 이용할 권리를 갖는다.

2. 불공정한 경쟁이나 독점을 위한 경제활동은 허용되지 않는다.

제35조 1. 사유재산권은 법률로 보장한다.

2. 모든 국민은 단독으로 또는 타인과 공동으로 재산을 소유, 점유, 사용, 처분할 수 있는 권리를 갖는다.

3. 누구도 법원의 명령에 의하지 아니하고는 자기의 재산을 몰수당하지 아니한다. 국가의 필요에 따른 재산의 강제수용은 사전에 공정한 보상을 하는 조건하에서만 행해질 수 있다.

4. 재산상속권은 보장한다.

제36조 1. 개인이나 단체는 토지를 사유재산으로 소유할 권리를 갖는다.

2. 환경을 훼손하지 않고 타인의 권리 및 적법한 이익을 침해하지 않는 한, 자연자원이나 토지의 소유, 사용과 처분은 자유롭게 행할 수 있다.

[멕시코]

제27조 ① 영토 내의 모든 토지와 물의 소유권은 원래 국가에 귀속된다. 국가는 이 권리를 개인에게 이전할 수 있고, 이에 따라 사유재산이 된다.

사유재산의 수용은 공익을 위한 경우에 한하여 인정되고, 보상금의 지급을 조건으로 한다.

② 국가는 공공재화를 공평하게 분배하고, 이를 보존하며, 국가의 균형 잡힌 개발을 달성하고, 농촌과 도시 인구의 생활수준을 개선하기 위하여 언제든지 사유재산에 대하여 공익상 필요한 제한을 부과할 뿐만 아니라 사회적 편익을 위하여 도용되기 쉬운 천연자원의 이용을 규제할 수 있다. 그러므로 공공사업을 진행하고 인구밀집지역의 건설, 유지, 개선 및 성장을 계획하고 규제하기 위하여 주민정착을 준비하고, 토지, 물 및 산림의 충분한 공급, 사용, 비축 및 최종 사용을 규정하고, 생태계의 균형을 유지 및 회복하고, 대토지를 분할하고, 적용 법규에 따라 공유지 및 공동체의 조직과 집단적 이용을 관리하고, 소농지를 개발하고, 농업, 목축업, 임업 및 농촌 환경에서의 다양한 경제활동을 장려하고, 천연자원의 파괴를 방지하며, 사회에 피해를 주는 손해를 방지하는 데 필요한 조치를 취하여야 한다.

[아르헨티나]

제17조 재산은 불가침이므로 법률에 따른 형벌에 의한 경우를 제외하고 누구도 재산을 박탈당하지 않는다. 공익을 이유로 한 수용은 법률로 허가하고 사전 보상해야 한다. 제4조에 언급된 세금은 연방의회만 부과한다. 법률이나 법률에 따른 형벌에 의한 경우를 제외하고 노역을 요청할 수 없다. 모든 저작자나 발명자는 법률로 허용된 기간 동안 자기 작품, 발명, 발견의 독점

소유자가 된다. 재산몰수는 이 헌법으로 아르헨티나 형법에서 영원히 폐지된다. 어떤 무장단체도 징발하거나 각종 지원을 요구할 수 없다.

[그리스]

제17조 ① 재산권은 국가의 보호를 받는다. 그러나 그로부터 파생된 권리는 공공의 이익에 반하여 행사할 수 없다.

② 충분히 입증된 공공의 이익을 위해, 법률이 규정하는 바에 따라, 수용되는 재산의 잠정적인 가치를 결정하는 법원의 심리 당시 시점의 가치에 상응하는 충분한 보상이 이루어진 경우를 제외하고는 개인의 재산을 수용할 수 없다. 보상금의 최종 결정에 대해 이의를 제기하는 경우, 그 이의제기에 대해 법원이 심리하는 시점의 가치를 감안해야 한다. 보상금의 최종 결정에 관한 법원 심리가, 잠정적으로 이를 결정한 법원 심리가 행해진 시점으로부터 1년 후에 이뤄질 경우, 최종적으로 보상금을 결정하는 법원 심리 시점의 가치를 감안해야 한다. 수용을 결정하는 판결에서는 충반한 보상 가능성에 대한 구체적인 정당화가 이루어져야 한다. 수혜자가 동의할 경우, 보상은 현물지급으로 이루어질 수 있으며, 특히 다른 재산에 대한 소유권 기타 권리 부여 형태로 이루어질 수도 있다.

③ 수용 공고 이후, 그 공고로 인하여 발생한 수용대상 재산의 가치 변동은 고려하여서는 아니된다.

④ 보상금은 관할 법원에서 결정한다. 그러한 보상금은 수혜자의 의견을 경청하거나 수혜자를 소환한 후에 잠정적으로 결정될 수 있고, 법원의 재량에 따라 수혜자는 법률 규정에 따라 보상금을 받기 위해 그에 상응하는 보증서를 제공해야 할 수도 있다. 제94조에도 불구하고, 수용과 관련된 모든 분쟁과 사건의 해결, 그리고 관련 소송의 우선적 진행을 위해 법으로 통일적 관할권을 규정할 수 있다. 소송을 진행하는 방식은 위와 동일한 법에 의해 규정될 수 있다. 최종 또는 잠정적 보상금을 지불하기 전까지 소유자의 모든 권리는 온전하며 해당 재산에 대한 점유는 허용되지 않는다. 국가 경제에 전반적인 중요성을 가진 업무를 수행하기 위해, 합리적인 보상금의 일부를 지불하고 보상금 수혜자를 위해 충분한 보증이 제공되는 경우, 법 규정에 따라 보상금에 대해 최종 또는 잠정적 결정을 할 권한을 가진 법원의 특별판결에 의해, 보상금 결정 및 지불 이전에도, 해당 업무 수행이 허용될 수 있다. (본 항의) 두 번째 문장은 이러한 경우에도 적용된다. 법원이 결정한 액수의 보상금은 어떤 경우에도 보상금의 잠정적 결정과 관련된 판결의 선고 이후로부터 최대 1년 반 이내에, 그리고 보상금의 최종 결정에 대한 직접적인 이의제기가 있을 경우에는 법원 판결 선고일 이후 1년 반 이내에 지급해야 한다. 그렇지 않을 경우 해당수용은 법률상 당연 취소된다. 위의 보상금에 대해서는 세금, 공제, 수수료 등이 부가되지 아니한다.

⑤ 재산 수용으로 인한 보상금 지급시까지의 영업손실보상 의무에 대해서는 법률로 규정한다.

⑥ 공공의 이익을 위한 업무 또는 국가 경제에 대한 전반적인 중요성을 지닌 업무를 수행해야 할 경우, 법률에 따라 국가는 관련 업무 수행에 필요한 구역 보다 더 넓은 구역을 수용할 수 있다. 동 법률은 그러한 수용조건 및 공공 또는 공익을 위해 필요 범위를 초과하여 수용한 지역을 처분하는 것에 대한 사항을 규정해야 한다.

⑦ 국가, 공법상 법인, 지방 정부기관, 공익 사업 기관 및 공기업을 위해 명백한 공익이 있는 공사를 수행하는 경우, 보상금 없이 적절한 깊이에 지하 터널을 굴착하는 것을 법으로 허용할

수 있다. 단, 이는 터널 위에 위치한 부동산의 정상적인 이용이 방해 받지 않는 한도에서 가능하다.

[덴마크]

제73조 (1) 재산권은 신성하여 범할 수 없다. 공익 목적상 요구되는 경우를 제외하고 어떠한 개인에게도 재산 양도 명령을 내릴 수 없다. 양도 명령은 법률로 정해진 경우에 한해 완전 보상을 전제로 내려진다.

(2) 재산의 수용과 관련한 법안이 가결된 경우 국회의원의 3분의 1 이상으로 새로운 국회 선거가 실시되고 그 후에 소집되는 국회에 의해 그 법안이 재의결될 때까지는 그 법안이 국왕의 재가를 얻기 위해 제출되지 않도록 지연 요청을 할 수 있다. 단 그러한 요청은 그 법안의 최종 가결일로부터 3일 이내에 해야 한다.

(3) 수용 행위의 적법성과 보상 금액에 대한 문제는 사법재판소에서 심리될 수 있다. 보상 금액과 관련한 문제에 대한 청문회는 법률에 따라 해당 목적으로 설치된 사법재판소에 회부될 수 있다.

[독일]

제14조 (1) 재산권과 상속권은 보장된다. 그 내용과 한계는 법률로 정한다.

(2) 재산권은 의무를 수반한다. 그 행사는 동시에 공공복리에 이바지하여야 한다.

(3) 공용수용은 공공복리를 위해서만 허용된다. 공용수용은 오직 보상의 종류와 정도를 규정하는 법률에 의하여 또는 법률에 근거하여 행하여질 수 있다. 보상은 공공의 이익과 관계자의 이익을 정당하게 형량하여 결정되어야 한다. 보상의 수준에 대한 분쟁의 경우에는 일반법원에 소송을 제기할 수 있다.

제15조 토지, 천연자원 및 생산수단은 사회화를 목적으로 보상의 종류와 정도를 규정하는 법률에 의하여 공유재산 또는 공동관리 경제의 다른 형태로 전환될 수 있다. 그 보상에는 제14조 제3항 제3문 및 제4문을 준용한다.

[벨기에]

제16조 누구든지 공공의 이익을 위하여 법률로 정한 경우에 법률이 정하는 방식에 따라서 사전에 정당한 보상을 지급하지 아니하고는 소유권을 박탈당하지 아니한다.

제17조 형벌로 재산을 몰수할 수 없다.

[아이슬란드]

제72조 사유재산권은 불가침이다. 공익상 필요한 경우가 아니고는 누구도 자기 재산을 양도할 의무가 없다. 그러한 조치는 법률로 정하고, 충분한 보상을 지급한다.

외국인이 아이슬란드에서 부동산이나 기업 주식을 소유할 권리는 법률로 제한될 수 있다.

[아일랜드]

제43조 1. 1° 국가는 인간이 이성적인 존재인 까닭에, 외부 재산의 사적인 소유에 대한, 실정법에 선행하는, 자연권을 가지고 있음을 인정한다.

2° 이에 따라 국가는 사유 재산권 또는 재산의 양도, 증여 및 상속에 대한 일반적인 권리의 폐지를 시도하는 법을 통과시키지 않을 것을 보장한다.

2. 1° 그러나, 국가는 본 조의 전술한 조항에 언급된 권리들의 행사가, 시민 사회에서, 사회

정의의 원칙에 의해 규제되어야 함을 인정한다.

2° 이에 따라 국가는, 필요한 경우, 공익의 요구와 해당 권리의 행사를 조화시키기 위한 목적으로 해당 권리들의 행사의 범위를 법률로 정할 수 있다.

[남아프리카공화국]

제25조 (재산) ① 일반적으로 적용되는 법률에 의한 경우를 제외하고는 누구도 재산을 박탈당해서는 안 되며, 어떠한 법률도 임의로 재산 박탈을 허용해서는 안 된다.

② 다음의 경우에 일반적으로 적용되는 법률에 의해서만 재산을 수용할 수 있다.

a. 공공의 목적 또는 공익을 위한 경우

b. 보상 금액, 지급 시기 및 방법에 대해 영향을 받는 당사자들이 합의했거나 법원에서 이들 사항을 판결 또는 승인한 경우

③ 보상 금액과 지급 시기 및 방법은 공정하고 공평해야 하며, 공익과 당사자의 이해 간의 공평한 균형을 반영하고, 다음 사항을 포함해 모든 관련 상황을 고려해야 한다.

a. 재산의 현재 용도

b. 재산의 취득 및 사용 이력

c. 재산의 시가

d. 재산의 취득 및 수익 자본 개선에 대한 국가 직접 투자 및 보조금 지급의 범위

e. 재산 수용의 목적

④ 본 조와 관련하여,

a. 공익은 국가의 토지 개혁 의무와 남아프리카공화국의 모든 천연자원에 대한 공평한 접근을 실현하기 위한 개혁 의무를 포함한다.

b. 재산은 부동산에 국한되지 않는다.

⑤ 국가는 가용 자원의 범위 내에서 국민들이 부동산 접근 권한을 공평하게 획득할 수 있는 여건을 조성하기 위해 합리적인 입법 조치 및 기타 조치를 취해야 한다.

⑥ 과거의 인종차별적 법률 또는 관행으로 인해 부동산 소유권이 법적으로 불안전한 개인 또는 공동체는, 법률에 규정된 범위 내에서 법적으로 안전한 소유권 또는 그에 준하는 보상을 받을 권리를 가진다.

⑦ 과거의 인종차별적 법률 또는 관행으로 인해 1913년 6월 19일 이후 재산을 빼앗긴 개인 또는 공동체는, 법률에 규정된 범위 내에서, 해당 재산을 반환 받거나 공평한 보상을 받을 권리를 가진다.

⑧ 이 조의 어떠한 규정도 국가가 과거의 인종차별로 인한 결과를 보상할 목적으로 실시하는 부동산, 수자원 및 그에 관한 과년 개혁을 위한 입법 조치 등을 방해하여서는 아니 된다. 이때 이 조의 규정에 대한 모든 이탈 행위는 제36조 제1항의 규정을 따라야 한다.

⑨ 국회는 상기 제6항에 언급된 법률을 제정해야 한다.

[터키]

제46조 (2001년 10월 17일 개정) 국가와 공기업은, 공익을 위해 토지가 필요한 경우, 사적으로 소유하고 있는 토지 전체 또는 그 일부를 수용할 권한을 가지며 법률로 정한 원칙과 절차에 따라 해당 토지에 대한 행정적 용익물권을 부과할 수 있다. 단 실제적 보상이 사전에 이루어져야 한다.

토지수용에 대한 보상과 최종판결에 따라 강제된 토지수용 확대와 관련된 보상액은 사전에 현금으로 지불되어야 한다. 그러나 토지개혁, 주요 에너지 및 관개사업, 주택 및 재정착 계획과 조림을 수행하기 위해, 그리고 해안을 보호하고 관광시설을 건설하기 위해 수용된 토지에 대한 보상에 적용되는 절차는 법률로 정한다.

법률이 분할지급을 허용할 경우 지급기간은 5년을 넘지 않아야 하며, 매 분할금으로 동일한 금액이 지불되어야 한다.

자신의 토지를 경작하는 자작농으로부터 수용된 토지에 대한 보상은 모든 경우 사전에 지불되어야 한다.

공공의 청구에 대해 지불되는 가장 높은 이자율과 동일한 이자율이 위 분할지불의 경우에도 적용된다.

17. 선거권

[대한민국]

제24조 모든 국민은 법률이 정하는 바에 의하여 선거권을 가진다.

[러시아]

제32조 1. 러시아연방 국민은 직접적으로 그리고 대표자를 통해 국정운영에 참여할 권리가 있다.

2. 러시아연방 국민은 국가기구와 지방자치기구에 대한 선거권과 피선거권을 가지며 국민투표에 참가 할 권리가 있다.

3. 법원에 의해 무능력자로 선고되거나, 법원 판결에 의해 수감 중인 시민들은 선거권과 피선거권이 없다.

[미국]

수정헌법 제15조 ① 미국 시민의 투표권은 인종, 피부색 또는 과거의 예속 상태로 인해서 미국이나 주(州)에 의하여 거부되거나 제한되지 아니한다.

수정헌법 제19조 미국 시민의 투표권은 성별을 이유로 미국이나 주(州)에 의하여 거부 또는 제한되지 아니한다.

수정헌법 제24조 ① 대통령 또는 부통령 선거인들 또는 연방의회 상원의원이나 하원의원을 위한 예비선거 또는 그 밖의 선거에서의 미국 시민의 선거권은 인두세나 기타 조세를 납부하지 아니하였다는 이유로 미국 또는 주에 의하여 거부되거나 제한되지 아니한다.

수정헌법 제26조 ① 연령 18세 이상의 미국 시민의 투표권은 연령을 이유로 하여 미국 또는 어떤 주(州)에 의해서도 거부되거나 제한되지 아니한다.

[아르헨티나]

제37조 ① 국민주권 원칙과 거기서 나온 법률에 따라 정치적 권리의 완전한 행사를 보장한다. 선거권은 보통, 평등, 비밀, 의무적이다.

[필리핀]

제5장 제 1 조 참정권은 법률에 의해 자격을 상실한 자가 아닌 한, 18세 이상 그리고 1년 이상

동안 필리핀에서 그리고 해당 선거 전 6개월 이상 동안 선거를 할 예정인 장소에 거주했던 모든 필리핀 국민에 의해 행사될 수 있다. 글을 읽고 쓸 수 있는 능력, 재산 또는 그 밖의 어떠한 실질적 요건도 참정권 행사에 부과되지 않아야 한다.

제2조 의회는 투표의 비밀과 신성함을 보장하기 위한 제도와 자격을 갖춘 재외 필리핀 국민의 부재자투표를 위한 제도를 제공해야 한다.

의회는 또한 장애인 및 문맹인이 타인의 도움 없이 투표할 수 있는 절차를 수립해야 한다. 그 때까지 장애인과 문맹인은 기존 법률과 선거위원회가 투표의 비밀을 보호하기 위해 공포하는 규칙하에서 투표를 행사할 수 있다.

[노르웨이]

제50조 의회 의원의 선거권은 선거가 실시되는 해에 만 18세 이상이 되는 남녀 노르웨이 국민에게 있다. 위 조건을 충족하나 선거일에 왕국 이외의 지역에 거주하는 노르웨이 국민에게 선거권을 부여하는 범위는 법률로 정한다.

중대한 정신박약 또는 심신미약 상태에 있는 자의 선거권에 관하여 법률로 정할 수 있다.

제51조 선거인명부 관리와 선거인명부 등록에 대하여는 법률로 정한다.

제53조 다음과 같은 사람은 선거권을 상실한다.

a) 법률에 의하여 형사 범죄에 대해 유죄판결을 받은 사람

b) 정부의 승인 없이 국외 세력에 복무한 사람

[룩셈부르크]

제52조 선거권자이기 위해서는 다음 각 호의 조건이 요구된다.

1. 룩셈부르크 국민일 것
2. 시민권과 참정권을 가질 것
3. 만 18세 이상일 것

위의 세 가지 조건에 법률로 정해진 다른 조건들이 결합되어야 한다. 납입금에 관한 어떠한 조건도 요구될 수 없다.

피선거권자이기 위해서는 다음 각 호의 조건이 요구된다.

1. 룩셈부르크 국민일 것
2. 시민권과 참정권을 가질 것
3. 만 18세 이상일 것
4. 대공국에 거주할 것

피선거권자에 관한 다른 어떠한 조건도 요구될 수 없다.

제53조 다음 각 호에 해당하는 사람은 선거권자나 피선거권자가 될 수 없다.

1. 중죄 형벌을 선고받은 자
2. 경죄사건에서 판결선고로 투표권을 박탈당한 자
3. 피후견 성인

다른 제외 사유는 예정되지 않는다.

형사 판결선고로 투표권을 잃었던 사람들에 대한 사면을 통하여 투표권이 회복될 수 있다.

[스위스]

제34조 (참정권) ① 참정권은 보장한다.

② 참정권의 보장은 시민의 의사 형성의 자유 및 의사 표현의 자유를 보호한다.

제39조 (참정권의 행사) ① 연방은 연방 사무에 관한 참정권 행사를 규율하고, 주는 주 및 자치단체 사무에 관한 참정권 행사를 규율한다.

② 참정권은 거주지 자치단체에서 행사한다. 연방 및 주는 예외를 정할 수 있다.

③ 누구든지 동시에 1개를 초과하는 주에서 참정권을 행사하지 못한다.

④ 주는 전입자에 대하여 전입한 날로부터 최장 3개월의 기한이 경과한 이후에만 주 및 자치단체의 사무에 관하여 투표권을 행사할 수 있도록 정할 수 있다.

제136조 (참정권) ① 만 18세 이상의 모든 스위스인은 정신질환 또는 정신지체를 이유로 행위능력이 없지 아니하는 한, 연방 문제에 있어서 참정권을 가진다. 참정권을 가진 스위스 국민 모두는 동등한 정치적 권리와 의무를 가진다.

② 제1항에 해당하는 모든 스위스인은 국민의회 선거 및 연방투표에 참여하고, 연방 문제에 대하여 국민발안 및 국민투표 요구를 발의·서명할 수 있다.

[헝가리]

자유와 책임

제XXIII조 (1) 성인인 헝가리 국민은 국회의원, 지역대표 및 시장 및 유럽의회 구성원 선거에서 선거권과 피선거권을 가진다.

(2) 헝가리에 거주하는 유럽연합 회원국의 성인인 국민은 지역대표와 시장 및 유럽의회 구성원 선거에서 선거권과 피선거권을 가진다.

(3) 난민, 이민 또는 헝가리 거주자로 인정된 모든 성인은 지역대표 및 시장 선거에서 선거권과 피선거권을 가진다.

(4) 능동적 참정권의 행사 또는 완성은 헝가리 거주를 조건으로 할 수 있으며, 수동적 참정권은 기본법률에 규정된 기타 요건을 조건으로 할 수 있다.

(5) 모든 선거인은 본인이 거주하는 지역 또는 등록된 주소지의 지역대표 및 시장 선거에 참가할 수 있다. 모든 선거인은 거주하는 지역 또는 등록된 주소지에서 투표권을 행사할 수 있다.

(6) 법원이 범죄 또는 정신적 능력제한으로 인하여 참정권을 박탈한 자는 참정권을 가지지 못한다. 헝가리에 거주하는 유럽연합 회원국 어떠한 국민도 본인의 국적국의 법률, 법원 또는 공적 판단에 의하여 본국에서 참정권을 박탈당한 자는 수동적 참정권을 가진다.

(7) 국회의원 선거에서 투표할 권리를 가지는 모든 사람은 전국 국민투표에 참가할 권리를 가진다. 지역대표 및 시장 선거에서 투표할 권리를 가지는 모든 사람은 지방 주민투표에 참가할 권리를 가진다.

[호주]

제8조 (선거인의 자격) 주의 상원의원 선거인의 자격은 헌법 또는 의회가 정하는 하원의원 선거인의 자격과 동일하다. 단, 상원의원 선거에서 각 선거인의 투표는 1회에 한한다.

하원

제30조 (선거인의 자격) 의회가 달리 정하지 않는 한, 각 주에서 하원의원의 선거인 자격은 법률로 정한 해당 주의 의원 수가 더 많은 원의 선거인 자격과 동일하다. 단, 하원의원 선거에서 각 선거인은 한 번만 투표할 수 있다.

의회의 양원

第41조 (주 선거인의 권리) 주의회의 의원 수가 더 많은 원의 선거에서 선거권을 가지고 있거나 이를 가지게 되는 성인은 누구든지, 그 권리가 존속하는 한, 연방의 어떠한 법률에 의해서도 연방의회의 상원 또는 하원 선거에서 투표가 금지되지 않는다.

[터키]

第67조 (2001년 10월 17일 개정) 법률에 규정된 요건에 따라 시민은 선거권과 피선거권을 가지며 독립적으로 정치활동 및 정당에 참여하고 국민투표에 참여할 수 있는 권리를 갖는다.

선거와 국민투표는 자유, 평등, 비밀, 직접, 보통선거의 원칙과 공개개표의 원칙에 따라 사법부의 지시 및 감독 하에 이루어져야 한다. 그러나 해외에 거주하는 터키 국민이 선거권 행사에 관한 조건은 법률로 정한다.

만 18세 이상의 모든 터키 국민은 선거에서 투표하고 국민투표에 참여할 수 있는 권리를 갖는다.

이러한 권리의 행사는 법률로 정한다.

군복무 중인 자, 군사학교 학생 및 과실범이 아닌 죄로 징역형을 수형중인 범죄자는 투표할 수 없다. 중앙선거위 원회는 수형기관내 수감인이 투표할 경우 개표의 안전을 보장하기 위해 취해야 할 조치들을 결정해야 한다. 이러한 투표는 지정된 판사의 현장지시와 감독 하에 이루어진다. 선거법은 이러한 방법에 대해 상세히 기술하여 공정한 대의제와 행정의 일관성 원칙이 일치하도록 해야 한다.

선거법에서 개정된 내용은 그 개정 법률이 시행되는 날이 포함된 당해 연도 내에 개최되는 선거에는 적용되지 아니 한다.

18. 공무담임권

[대한민국]

第25조 모든 국민은 법률이 정하는 바에 의하여 공무담임권을 가진다.

[멕시코]

第35조 시민의 권리는 다음과 같다:

II. 모든 선출직에 선출될 권리. 이 경우 법률에 규정하는 자격을 갖추어야 한다. 선거관리기관에 대하여 후보자의 등록을 요구할 권리는 법률에 정하는 바에 따라 독립적으로 등록을 신청하고 요건을 충족한 정당과 시민에게 있다.

[그리스]

第 4 조 ④ 특별법에 규정된 예외적인 경우를 제외하고 그리스 시민만이 공무담임권을 갖는다.

[헝가리]

第XXIII조 (8) 모든 헝가리 국민은 그 소질, 자격 및 전문지식에 상응하는 공직에 취임할 권리를 가진다. 정당의 당원 또는 관리가 취임할 수 없는 공직은 특별법으로 정한다.

[터키]

第70조 모든 국민은 공무담임권을 갖는다.

공직채용과 관련한 자격요건 이외에는 어떠한 기준도 고려하지 아니 한다.

第71조 공직에 진출하는 자의 재산신고 및 신고의 빈도는 법률로 정한다. 입법부와 행정부에 종사하는 자도 이 규정에서 제외되지 아니 한다.

[포르투갈]

第48조 (공무 참여) 1. 모든 국민은 직접 참여를 통해 혹은 자유롭게 선출된 대표들을 통해 정치생활과 국가 공무의 관리에 참여할 권리를 가진다.

2. 모든 국민은 국가 및 기타 공공기관의 조치에 대해 객관적인 설명을 들을 권리가 있으며, 공무의 운영에 관한 정보를 정부 및 기타 기관들로부터 전달받을 권리가 있다.

第50조 (공직 입후보권) 1. 모든 국민은 모든 공직에 동등한 자격으로 자유롭게 입후보할 수 있는 권리를 가진다.

2. 누구도 정치적 권리의 행사나 공직의 보유를 이유로 임용, 직무나 직업 경력 또는 그에게 부여된 사회적 혜택에서 불이익을 받아서는 아니 된다.

3. 선출직 공직에 입후보할 권리를 규율함에 있어 선거권자의 선택의 자유와 해당 공직을 수행하기 위한 독립성 및 편견의 배제를 모두 보장하는데 필요한 무자격(無資格) 요건을 법률로 정함에 그친다.

19. 청원권

[대한민국]

第26조 ① 모든 국민은 법률이 정하는 바에 의하여 국가기관에 문서로 청원할 권리를 가진다.

② 국가는 청원에 대하여 심사할 의무를 진다.

[멕시코]

第8조 ① 공무원은 청원권의 행사를 존중하여야 한다. 다만, 이 청원은 정치적 사안에 한하여 멕시코 국민이 서면으로 평화적이고 정중한 방식으로 하여야 한다.

② 모든 청원은 담당 기관이 서면으로 결정하여 단기간 내에 신청인에게 회신하여야 한다.

第35조 시민의 권리는 다음과 같다:

V. 청원할 권리

[그리스]

第10조 ① 모든 사람은 국가의 법률에 따라 자기 스스로 또는 다른 사람과 함께 공공기관에서 청원을 할 권리를 갖는다. 공공 기관은 유효한 법 조항에 따라 신속한 조치를 취해야 하며 법 규정에 따라 청원자에게 이유를 기재한 서면 답변을 제공해야 한다.

② 처벌 가능한 행위를 내용으로 하는 청원서를 제출한 사람에 대한 기소는 청원 대상 기관이 최종 결정을 통지한 후 이 기관의 허가를 획득한 후에만 허용되어야 한다.

③ 관할 청 또는 기관은 법 규정에 따라 정보 제공 요청에 답변을 하고 문서, 특히 인증서, 증빙 문서 및 증명서를 60일을 넘지 않는 정해진 기한 내에 제공할 의무가 있다. 아무 조치 없이 이 기한이 경과하거나 불법적으로 정보 제공 요청을 거부할 경우 관련 제재 및 벌칙에 추가하여 법 규정에 따라 신청자에게 특별 보상금을 지불해야 한다.

[룩셈부르크]

제27조 개인은 1인 혹은 다수의 서명을 받은 청원서를 공권력 기관에 제출할 권리가 있다. 정부 기관만이 단체이름으로 청원서를 제출할 수 있다.

제67조 개인적으로 의회에 청원서를 제출하는 것은 금지한다.

의회는 제출된 청원서를 국무위원에게 송부할 수 있다. 국무위원은 의회의 요청이 있을 때마다 탄원서의 내용에 관하여 설명을 전달한다.

의회는, 청원서가 정부나 권력당국에 의하여 제기된 불법행위로부터 기인하는 불만을 바로 잡으려는 것이 아니거나 일어날 결정이 의회의 권한에 속하지 않는 이상, 개인적 이해관계를 가진 어떠한 청원서도 담당하지 않는다.

[스페인]

제29조 ① 스페인 국민은 누구나 법률이 정하는 바에 따라 개인적·집단적으로 문서로 청원할 권리를 가진다.

② 국방군 또는 군사적 규율에 복종하는 단체의 구성원은 개별적으로 그리고 특별법이 정하는 경우에 한하여 청원권을 행사할 수 있다.

제77조 ① 양원은 서면에 의한 경우에 한하여 개인 혹은 집단의 청원을 받을 수 있다. 그러나 국민의 시위에 의한 직접청원은 금지된다.

② 양원은 수리한 청원을 내각에 송부할 수 있다. 내각은 양원이 요구하는 경우 그 내용에 관하여 설명하여야 한다.

[오스트리아]

제49b조 ① 원칙적이고 오스트리아 전체에 관련된 중요한 사항에 관한 국민청원은 연방입법이 규정을 관할하며, 국민회의가 그 구성원이나 연방정부의 신청에 따라 상임위원회에서 예비협의를 한 후에 의결하면 실시되어야 한다. 선거에 관한 사항이나 법원 또는 행정관청이 결정하여야 하는 사항은 국민청원의 대상이 될 수 없다.

② 제1항에 따른 신청은 국민청원의 근거가 될 질문사항에 대한 제안을 포함하고 있어야 한다. 이것은 "예" 또는 "아니오"로 대답하는 형식 또는 두 가지 중 하나를 선택하는 형식을 취하여야 한다.

③ 국민청원은 제45조와 제46조를 준용하여 시행하여야 한다. 국민회의에 대한 선거권이 있는 자는 국민청원에 관한 투표권이 있다. 연방선거관청은 국민청의의 결과를 국민회의와 연방참사원에 제출해야 한다.

[터키]

제74조 (2010년 9월 23일 개정) 국민과 호혜의 원칙을 수용하는 외국인 거주자는 그 자신 또는 국민과 관련한 요구나 민원과 관련하여 주무기관과 터키 대국민회의에 서면으로 청원할 권리를 갖는다.

국민 자신과 관련한 청원신청의 결과는 지체 없이 서면으로 청원자에게 통지되어야 한다.

모든 국민은 정보에 접근하고 공공심사원에 청원할 권리가 있다.

터키 대국민회의의 소속인 고충처리위원회는 행정업무와 관련된 불만을 조사한다.

공공선임심사원은 터키 대국민회의에 의해 비밀투표로 4년마다 선출한다. 첫번째, 두번째 선거에서 재적의원 3분의 2, 세번째 투표에서는 재적의원의 과반수 득표를 해야 한다. 세번째 투표에서 과반수 득표를 못할 경우, 이 선거에서 가장 많이 득표한 두 명의 후보자를 대상으로 네번째 투표를 실시한다. 네번째 선거에서 가장 많이 득표한 후보가 선출된다.

이 조항에 열거된 권리를 행사하는 방식, 고충처리위원회의 설립, 책임, 업무, 심사결과와 함께 공공선임심사원과 심사원의 자격, 선출 및 직원의 권리와 관련한 절차 및 원칙은 법률로 정한다.

[포르투갈]

제52조 (청원권 및 대중 소송권) 1. 모든 국민은 주권 행사 기관, 자치구의 자치기관 또는 그 외의 당국을 상대로 자신의 권리, 헌법, 법규 또는 일반적 이해관계를 변호하면서 청원, 진정, 청구 또는 소송을 개별적으로 또는 타인과의 연대를 통해 제기할 권리를 가질 뿐만 아니라, 적정한 시일 내에 그러한 조치들을 검토한 결과를 통보받을 권리도 가진다.

2. 의회와 자치구 의회에 대한 공동 청원을 본회의에서 검토하기 위한 근거가 되는 조건들은 법률로 정한다.

3. 모든 국민은 법률로 정한 경우에 그에 정한 조건에 따라 권리를 침해당한 당사자를 위하여 해당 이해관계의 수호를 목적으로 하는 결사를 통해 혹은 개인적으로 적절한 보상을 신청할 권리를 포함하여 민중소송을 제기할 권리를 가진다. 동 권리는 특히 다음에 열거한 사항들을 목적으로 행사한다.

a) 공중 보건, 소비자의 권리, 삶의 질 또는 환경 및 문화유산의 보존 등을 해치는 침해행위의 예방, 중단 또는 사법적 기소의 촉진

b) 국가, 자치구 및 지방자치단체의 재산 보호

20. 재판청구권

[대한민국]

제27조 ① 모든 국민은 헌법과 법률이 정한 법관에 의하여 법률에 의한 재판을 받을 권리를 가진다.

② 군인 또는 군무원이 아닌 국민은 대한민국의 영역안에서는 중대한 군사상 기밀·초병·초소·유독음식물공급·포로·군용물에 관한 죄중 법률이 정한 경우와 비상계엄이 선포된 경우를 제외하고는 군사법원의 재판을 받지 아니한다.

③ 모든 국민은 신속한 재판을 받을 권리를 가진다. 형사피고인은 상당한 이유가 없는 한 지체없이 공개재판을 받을 권리를 가진다.

④ 형사피고인은 유죄의 판결이 확정될 때까지는 무죄로 추정된다.

⑤ 형사피해자는 법률이 정하는 바에 의하여 당해 사건의 재판절차에서 진술할 수 있다.

[멕시코]

제17조 ② 모든 국민은 법률이 정하는 조건에 따라 법원에서 신속한 재판을 받을 권리가 있다. 법원은 신속하고, 완전하며, 공정하게 판결하여야 한다. 법원의 업무는 무상이므로, 모든 재판비용의 부과는 금지된다.

③ 연방의회는 집단소송에 적용하는 법률을 제정하여야 한다. 그 법률은 각 법률이 적용되는

경우와 사법절차 및 구제수단을 규정하여야 한다. 연방판사만이 해당 절차와 구제에 대한 사법권을 갖는다.

④ 법률은 분쟁을 해결하는 대체수단을 제공하여야 한다. 형사사건과 관련하여, 법률은 해당 수단의 적용을 규제하고, 손해배상을 보장하며, 사법감독이 요구되는 경우를 규정하여야 한다.

⑤ 구두변론절차를 중단하는 결정은 소송당사자가 참석한 공개법정에서 설명되어야 한다.

⑥ 연방 및 지방 법률은 법원의 독립성과 그 판결의 완전한 집행을 보장하기 위하여 필요한 수단을 규정하여야 한다.

⑦ 연방, 주(州) 및 연방직할시는 국선변호인 사무소를 설치하고, 국선변호인의 전문적 서비스에 관한 조건을 규정하여야 한다. 국선변호인의 수수료는 검사에게 적용되는 수수료보다 적어서는 아니 된다.

⑧ 누구라도 단순한 민사채무를 이유로 수감되지 아니한다.

제20조 형사소송절차는 기소와 변론으로 구성되고, 공개재판, 반론, 집중, 지속성 및 직접성 원칙이 적용된다.

A. 일반원칙

Ⅰ. 형사소송은 사실관계를 밝히고, 무고한 자를 보호하고, 범죄자가 처벌을 받고 범죄로 인하여 야기된 손해를 회복하는 것을 목적으로 한다.

Ⅱ. 판사는 모든 재판에 출석하여야 하고, 자유롭고 논리적인 방식으로 실시하여야 하는 증거의 제출 및 평가를 다른 자에게 위임할 수 없다.

Ⅲ. 재판에서 제출된 증거에 한하여 증거로서 선고에 활용할 수 있다. 이에 대한 예외와 특성상 사전제출을 요하는 증거에 관한 요건은 법률로 정한다.

Ⅳ. 이전에 해당 사건을 담당하지 아니한 판사가 재판을 진행하여야 한다. 모든 논거와 증거는 공개적으로 제출되어야 하고, 구두로 반박할 수 있어야 한다.

Ⅴ. 피고인의 유죄를 입증할 책임은 검사에게 있다. 검사와 피고인은 재판절차의 진행 기간 동안에는 동등하다.

Ⅵ. 판사는 항상 모순의 원칙을 고려하고, 상대방이 출석하지 아니하면 일방 당사자와 재판에 관하여 대화할 수 없다. 다만, 헌법이 규정하는 경우를 제외한다.

Ⅶ. 형사소송절차는 피고인이 이의를 제기하지 아니하고 법률로 정한 절차에 따른 경우에는 조기에 종료할 수 있다. 피고가 사법기관에 대하여 그 결과를 알고도 자발적으로 범죄사실을 인정하고, 유죄를 입증하기에 충분한 증거가 있는 때에는 판사는 선고공판일정을 계획하여야 한다. 피고인의 유죄를 인정하는 때에 피의자에게 부여되는 혜택은 법률로 정한다.

Ⅷ. 판사는 피고인의 유죄에 대한 확신이 있는 경우에 한하여 유죄를 선고하여야 한다.

Ⅸ. 피고인의 기본권을 침해하여 취득한 모든 증거는 무효로 한다.

Ⅹ. 상기 원칙은 예심에서도 준수하여야 한다.

B. 피고인의 권리

Ⅰ. 피고인은 판사의 선고를 통하여 유죄가 선고될 때까지는 무죄로 추정한다.

Ⅱ. 피고인은 묵비권을 행사할 수 있다 피고인이 체포된 순간부터 피고인에 대한 혐의사실과 묵비권이 있음을 통지하여야 하고, 이 통지를 하지 아니한 때에는 피고인에 대하여 사용할 수 없다. 모든 형태의 감금, 협박 또는 고문은 금지되고, 이를 위반한 때에는 형

법에 따른 처벌을 받는다. 변호인의 조력이 없이 한 자백은 증거능력이 없다.

Ⅲ. 모든 피의자는 체포된 시점과 검사 또는 판사 앞에 출석한 시점에 피의자에 대한 혐의사실과 피의자의 권리를 통지받을 권리가 있다. 조직범죄의 경우에는 사법기관은 검사의 성명과 인적사항을 비밀로 할 수 있다.

조직범죄와 관련된 중범죄의 수사에 유효한 조력을 제공하는 피의자, 기소된 자 또는 유죄판결을 받은 자에 대한 혜택은 법률로 정한다.

Ⅳ. 피고인이 제출한 모든 증인과 기타 관련 증거는 법률에 정하는 기한 내에 인정되어야 한다. 사법기관은 법률이 정하는 바에 따라 증언할 자의 출석을 보장하기 위하여 지원하여야 한다.

Ⅴ. 피고인은 판사 또는 법원에 의하여 공개재판을 받아야 한다. 이 조항은 국가안보, 공공의 안녕, 피해자, 증인 및 아동의 보호를 이유로 법률이 정한 예외적인 경우 또는 법원이 정당한 사유가 있다고 판단하는 경우에 한하여 제한될 수 있다.

조직범죄의 경우에는 수사단계에서 취한 모든 조치가 법원에서 재현될 수 없거나 증인 또는 피해자에게 해를 끼치는 경우에는 증거능력을 갖는다. 이 조항은 해당 증거에 대하여 이의를 제기하거나 다툴 수 있고, 반대증거를 제출할 수 있는 피고인의 권리를 해하지 아니한다.

Ⅵ. 피고인은 자신의 방어를 위하여 필요한 모든 자료와 소송절차상의 모든 기록을 제공받을 권리가 있다.

피고인과 그 변호인은 피고인이 체포되어 있고, 피고인이 진술을 하거나 심문을 받는 때에는 수사기록에 접근할 수 있다. 피고인은 1차 재판이 진행되기 전에 방어를 준비하기 위하여 이러한 기록을 요청할 수 있다. 1차 재판이 진행된 후에는 수사에 관한 모든 정보를 비밀로 할 수 없다. 다만, 수사의 성공을 보장하기 위하여 필수적이고, 피고인의 권리에 영향을 미치지 아니하도록 적절하게 공개되는 경우와 같이 법률이 명시적으로 규정하는 예외적인 경우를 제외한다.

Ⅶ. 피고인이 자신의 방어를 준비하기 위하여 기한의 연장을 신청하는 경우를 제외하고는 2년을 초과하지 아니하는 징역형으로 처벌될 수 있는 범죄의 경우에는 4개월 이내, 해당 기간을 초과하는 형벌로 처벌될 수 있는 범죄의 경우에는 1년 이내에 재판절차가 종료되어야 한다.

Ⅷ. 피고인은 변호인을 선임할 권리가 있다. 피고인은 체포된 시점부터 자유롭게 변호인을 선임할 수 있다. 피고인이 변호인을 원하지 않거나 변호인을 선임할 수 없는 때에는 법원은 국선변호인을 임명하여야 한다. 피고인의 변호인은 모든 소송절차에 출석할 수 있고, 피고인의 요구에 따라 출석할 의무가 있다.

Ⅸ. 변호사 비용을 지불하지 아니하거나 민사채무 또는 기타 이와 유사한 이유로 인한 기타 금전적 의무가 있음을 이유로 징역 또는 구금을 연장할 수 없다.

피고인이 방어권의 행사를 이유로 연장을 신청하는 경우를 제외하고는 미결구금은 법률이 해당 범죄에 대한 최대 형벌로 정한 기간을 초과할 수 없고, 어떠한 경우에도 2년을 초과하여서는 아니 된다. 이 기간 내에 선고가 되지 아니한 경우에는 피고인은 절차에 따라 즉시 석방되어야 한다. 다만, 다른 예방적 조치의 사용을 방해하지 아니한다.

선고에 따른 징역의 기간에는 구금기간을 산입한다.

C. 피해자의 권리

Ⅰ. 피해자에게는 헌법이 규정하는 피해자의 권리를 통지받을 권리가 있고, 피해자가 요청하는 때에는 형사소송절차의 진행사항을 통지하여야 한다.

Ⅱ. 검사는 수사 및 소송절차의 진행과정에서 피해자가 제출한 모든 정보 또는 증거를 수령하고, 피해자를 원조하는데 필요한 모든 조치를 취하여야 한다. 피해자는 재판에 개입하고 법률이 정하는 바에 따라 청원할 권리가 있다.

검사는 피해자가 요구하는 조치를 취할 필요가 없다고 판단하는 때에는 그 거부의 법적 근거와 정당한 사유를 제시하여야 한다.

Ⅲ. 피해자는 범행 시점부터 긴급 의료 및 심리적 치료를 받을 권리가 있다.

Ⅳ. 피해자는 손해를 회복할 권리가 있다. 해당되는 경우에는 검사는 피해의 배상을 청구할 의무가 있고, 이는 피해자 또는 부상자가 직접 청구할 권리를 해하지 아니한다. 판사는 유죄판결을 한 경우에는 손해배상의무를 면제할 수 없다.

손해배상에 관한 판결을 집행하는 절차는 법률로 정한다

Ⅴ. 판사는 피해자가 강간, 인신매매, 납치, 조직범죄와 관련된 미성년자이고 사법기관이 피해자를 보호할 필요가 있다고 판단하는 때에는 피고인의 권리를 존중하면서 피해자의 신원 및 기타 개인정보를 보호하여야 한다.

검사는 피해자, 원고, 증인 및 일반적으로 소송절차에 참가하는 모든 당사자를 보호하여야 한다.

판사는 이 의무의 적절한 이행을 감독하여야 한다.

Ⅵ. 피해자는 권리의 보호 및 회복에 필요한 예방조치를 청구할 수 있다.

Ⅶ. 피해자는 범죄수사과정에 있어서 검사의 부작위뿐만 아니라 기소유예, 불기소, 공소취하 또는 손해배상이 이행되지 아니한 때의 절차 중단에 대하여 사법기관에 이의를 제기할 수 있다.

[캐나다]

1982년 캐나다 헌법

제24조 (보장된 권리와 자유의 집행) ① 본 헌장에서 보장하는 권리나 자유를 침해 또는 거부당한 자는 누구나 제반 상황에서 법원이 적절하고 공정하다고 판단하는 구제수단을 획득하기 위하여 관할법원에 신청할 수 있다.

② (법 집행의 평판을 떨어뜨리는 증거의 배제) 제1항에 따른 소송 절차에서 본 헌장이 보장하는 권리 또는 자유를 침해하거나 거부하는 방식으로 증거를 획득했다는 법원의 판결이 있을 경우, 제반 상황을 고려하여 소송절차에서 그러한 증거를 허용하는 것이 법 집행의 평판을 떨어뜨릴 것이라는 사실이 입증된다면 그 증거를 배제하여야 한다.

[남아프리카공화국]

제34조 (법원에 대한 접근) 모든 국민은 법률의 적용으로 해결될 수 있는 모든 분쟁에 대해 공정한 청문회를 거쳐 법원 또는 적절한 경우 독립적이며 공정한 심판 위원회 또는 포럼에서 공정한 청문회를 거쳐, 판단 받을 권리를 가진다.

제35조 (체포, 구금 및 기소된 자) ③ 모든 피고인은 다음의 권리를 포함해 공정한 재판을 받을 권리를 가진다.

a. 답변에 필요한 충분한 세부 내용과 함께 혐의를 통보받을 권리
b. 변호를 준비하기에 충분한 시간 및 편의를 가질 권리
c. 일반 법정에서 공판을 받을 권리
d. 불필요한 지체 없이 재판이 시작 및 종결되도록 할 권리
e. 재판 중에 출석할 권리
f. 변호사를 선택하고 변호사가 피고인을 대리하도록 할 권리, 그리고 이러한 권리를 즉시 통보받을 권리
g. 실질적으로 부당한 결과가 발생할 우려가 있는 경우, 정부가 비용을 부담하여 국선변호사를 배정받을 권리, 그리고 이러한 권리를 즉시 통보받을 권리
h. 무죄로 추정받을 권리, 진술거부권을 행사할 권리, 그리고 소송 과정에서 증언을 하지 않을 권리
i. 증거를 제시할 권리와 증거에 대해 이의를 제기할 권리
j. 자기부죄(自己負罪)의 증거 제공을 강요받지 않을 권리
k. 피고인이 이해할 수 있는 언어로 재판을 받을 권리, 또는 그러한 재판을 할 수 없는 경우, 해당 언어로 소송 절차를 통역 받을 권리
l. 해당 행위 또는 부작위를 저지른 시점에 국내법이나 국제법 중 어느 쪽에 의해서도 범죄가 아닌 행위 또는 부작위를 이유로 유죄 판결을 받지 않을 권리
m. 이전에 무죄 또는 유죄 선고를 받은 행위 또는 부작위와 관련한 범죄에 대해 재판을 받지 않을 권리
n. 어떤 범죄를 저지른 시점부터 판결 시점까지 해당 범죄에 대해 규정된 처벌의 내용이 변경된 경우, 규정된 처벌 중 가장 낮은 형으로 처벌을 받을 권리
o. 상급 법원에 항소할 권리 또는 상급 법원에서 다시 심리를 받을 권리

④ 본 조에 따라 누군가에게 정보를 전달해야 할 경우, 해당 정보는 당사자가 이해할 수 있는 언어로 전달되어야 한다.

⑤ 해당 증거의 인정이 재판을 부당하게 만들거나 사법 집행을 저해할 우려가 있는 경우, 권리장전에 포함 된 권리를 침해하는 방식으로 획득된 증거는 배제되어야 한다.

제38조 (권리의 집행) 이 조에 열거된 모든 사람은 관할 법원에 접근하여 권리장전에 포함된 권리가 침해되었거나 위협을 받았다는 혐의를 제기할 권리를 가지며, 법원은 권리의 선언을 포함해 적절한 구제책을 승인할 수 있다. 법원에 접근할 수 있는 사람은 다음과 같다.
a. 자신의 이익을 위해 행동하는 모든 자
b. 직접 행동할 수 없는 타인을 대신하여 행동하는 모든 자
c. 여러 명으로 이루어진 집단 또는 계층의 구성원으로서 행동하거나 그러한 집단 또는 계층의 이익을 위해 행동하는 모든 자
d. 공익을 위해 행동하는 모든 자
e. 구성원의 이익을 위해 행동하는 단체

[포르투갈]

제20조 (법과 유효한 사법적 구제 수단에 대한 접근) 1. 모든 국민은 법적 보호를 받는 자신의 권리 및 이익을 방어하기 위해 법과 법원에 대한 접근 권한을 보장 받으며, 누구도 재정적 수

단의 부족으로 인해 재판을 거부당해서는 아니 된다.

2. 법이 명시하는 조건들에 따라, 모든 국민은 법적인 정보와 자문을 얻을 권리, 변호사의 도움을 받을 권리, 모든 당국 앞에서 변호사와 동행할 권리를 가진다.

3. 법은 법적 절차의 비밀을 충분히 보호하기 위한 수단을 규정하고 보장한다.

4. 모든 국민은 자신이 당사자인 모든 소송에서 적절한 시일 내에 공정한 절차에 따라 판결을 받을 권리를 가진다.

5. 국민의 인격권, 자유 및 보장을 보호할 목적에서 위협 또는 침해를 막는 유효하면서도 시의 적절한 사법적 보호 수단을 확보할 수 있는 방법으로 신속함과 이러한 권리에 대한 우선성 부여를 특징으로 하는 사법적 절차들을 법률로 보장한다.

제32조 (형사상 법적절차 내 안전장치) 1. 형사소송절차는 항소권을 포함해 변호에 필요한 모든 보호 수단을 보장한다.

2. 모든 피고는 자신에 대한 판결이 최종적으로 통과될 때까지 무죄로 간주되며, 방어권에 지장을 주지 않는 범위 내에서 가능한 한 신속한 재판을 받는다.

3. 피고는 모든 소송행위와 관련해 변호사를 선임할 권리와 변호인의 조력을 받을 권리를 가진다. 변호사의 지원이 필수적으로 요구되는 소송의 사건들 및 단계들은 법률로 정한다.

4. 예비 조사는 판사의 책임 하에 대부분 이루어져야 한다. 다만, 기본권과 직접적인 관계가 없는 조사 실행을 법이 정한 바에 따라 다른 사람 또는 기관들에게 위임할 수 있다.

5. 형사소송절차는 탄핵주의를 따르며, 공판과 법이 요구할 수도 있는 예비 조사는 변론 및 반론의 원칙에 따라 진행한다.

6. 공판을 포함한 소송 행위에서 항변권의 보호를 조건으로 피고 또는 형사적 피고인의 입회를 생략할 수 있는 경우들은 법률로 정한다.

7. 피해자들은 법률에 명시된 바에 따라 소송 절차에 참여할 권리가 있다.

8. 고문, 강압, 개인의 신체적 또는 도덕적 존엄성 침해, 사생활, 가정, 서신 또는 통신에 대한 부당한 개입을 통해 확보한 모든 증거는 무효로 간주된다.

9. 이전의 법규에 의거해 이미 관할권을 가진 법원으로부터 어떠한 소송도 각하되어서는 아니 된다.

10. 행정위반에 관한 소송 또는 제재가 부과될 수 있는 있는 모든 소송의 피고들은 청문권과 방어권을 가진다.

21. 형사보상청구권

[대한민국]

제28조 형사피의자 또는 형사피고인으로서 구금되었던 자가 법률이 정하는 불기소처분을 받거나 무죄판결을 받은 때에는 법률이 정하는 바에 의하여 국가에 정당한 보상을 청구할 수 있다.

[그리스]

제7조 ④ 부당하게 또는 불법적으로 유죄를 선고 받거나, 재판 시까지 구금되거나, 기타 방식으로 개인적 자유를 박탈당한 사람에게 국가가 판결에 따라 배상을 하는 조건에 대한 사항은 법률로 정한다.

[스위스]

제124조 (피해자 지원) 연방 및 주는 신체적·정신적 또는 성적인 범죄의 피해자를 지원하고, 피해자가 그 범죄행위로 인하여 재정적 곤란에 처한 경우에 구조 및 적절한 보상을 받을 수 있도록 보장한다.

[일본]

제40조 [형사보상] 누구든지 억류 또는 구금된 후 무죄판결을 받았을 때에는 법률이 정하는 바에 따라 국가에 그 보상을 청할 수 있다.

[헝가리]

제Ⅳ조 (4) 충분한 이유 없이 또는 위법한 방법으로 자유를 박탈당한 자는 배상을 청구할 수 있다.

제XXⅧ조 (7) 법원, 행정 또는 기타 공식적 판단으로 인하여 권리 또는 적법한 이익을 침해당한 자는 그 판단에 대하여 법적 구제조치를 구할 권리를 가진다.

22. 국가배상청구권

[대한민국]

제29조 ① 공무원의 직무상 불법행위로 손해를 받은 국민은 법률이 정하는 바에 의하여 국가 또는 공공단체에 정당한 배상을 청구할 수 있다. 이 경우 공무원 자신의 책임은 면제되지 아니한다.

② 군인·군무원·경찰공무원 기타 법률이 정하는 자가 전투·훈련등 직무집행과 관련하여 받은 손해에 대하여는 법률이 정하는 보상외에 국가 또는 공공단체에 공무원의 직무상 불법행위로 인한 배상은 청구할 수 없다.

[멕시코]

제108조 ① 이 편의 목적상, 공무원은 투표로 선출된 대표, 연방사법부 및 연방직할시 사법부의 구성원, 임원 및 직원, 일반적으로 연방의회, 연방직할시 의회, 연방정부 또는 연방직할시 정부에서 직무를 수행하는 모든 자와 이 헌법이 자치권을 인정하는 기관의 공무원을 포함한다. 공무원은 그 직무수행 과정에서의 작위 또는 부작위에 대하여 책임을 진다.

③ 주(州)지사, 주(州)의회 의원, 주(州) 대법원 판사, 지방사법위원회 위원은 헌법 및 연방 법률의 위반과 연방 기금 및 재원의 부적절한 관리에 대하여 책임을 진다.

④ 주(州) 헌법은 첫번째 단락과 동일한 조건으로 주(州) 정부 또는 지방자치단체에서 직무를 수행하는 공무원 지위와 그 책임을 규정하여야 한다.

제109조 ① 연방의회와 주(州)의회는 그 권한의 범위 내에서 공무원에게 적용하는 법률과 벌칙을 정하고, 다음 규정에 따른 공무원의 책임을 규정하여야 한다.

Ⅰ. 제110조에 규정하는 공무원은 직무를 수행하는 과정에서 기본적 공익 또는 최선의 이익에 반하는 작위 또는 부작위를 한 때에는 같은 조에 규정하는 탄핵에 의하여 처벌된다.
단순한 사상의 표현을 이유로 한 탄핵은 인정되지 아니한다.

Ⅱ. 공무원이 저지른 범죄는 형법에 따라 기소 및 처벌하여야 한다.

Ⅲ. 직무를 수행하는 과정에서 공무원의 적법성, 명예, 충성심, 공정성 및 효율성에 영향을 미치는 작위 또는 부작위를 범한 때에는 행정벌을 부과한다.

② 처벌을 부과하는 절차는 독립적으로 진행된다. 하나의 행위에 대하여 동일한 성격의 처벌을 중복하여 부과할 수 없다.

③ 공무원의 직무 수행 중에 직접 또는 중개인을 통하여 부정축재를 하였다는 이유로 형벌이 부과될 수 있는 경우와 상황은 법률로 정한다. 합리적으로 설명할 수 없는 방식으로 공무원의 자산이 상당히 증가하거나, 물건을 취득하거나, 소유자로서 권리를 행사하는 경우에는 해당 재산을 압류하거나 소유권을 박탈하고, 그 밖에 적용되는 처벌을 받는다.

④ 모든 시민은 엄격책임에 따라 증거를 제출함으로써 이 조에 규정하는 행위에 관하여 연방하원에 고발할 수 있다.

제113조 ① 공무원 행정책임에 관한 법률은 그 직무의 수행에 있어서 적법성, 명예, 충성심, 공정성 및 효율성을 보호할 의무와 공무원의 작위 또는 부작위에 대한 처벌, 이 의무를 이행하는 절차 및 권한을 규정하여야 한다. 이에 대한 처벌은 법률에 규정하는 것 이외에 직무정지, 해임 및 자격상실과 벌금으로 구성되고, 행위자가 얻은 경제적 이익 및 제109조제III호에 규정하는 작위 또는 부작위에 의하여 초래된 손해 및 손실에 비례하여야 한다. 벌금은 행위자가 얻은 이익금액 또는 초래한 손해금액의 3배를 초과할 수 없다.

② 국가는 위법한 행정행위로 인하여 발생한 개인의 재산 또는 권리에 대한 손해에 직접적이고 객관적인 책임을 진다. 개인은 법률이 정하는 기준, 한계 및 절차에 따라 손해배상을 받을 권리가 있다.

[독일]

제34조 위임받은 공무의 수행에 있어서 제3자에 대한 직무상의 의무를 위반한 자는 그가 근무하는 국가나 공공단체에 대하여 원칙적으로 책임을 진다. 고의 또는 중대한 과실의 경우에는 구상권이 유보된다. 손해배상의 청구권과 구상권에 대하여 일반법원에의 제소가 배제되어서는 안 된다.

[스페인]

제106조 ② 개인은 공무원의 직무수행 결과로 그 재산 및 권리에 손해가 발생한 때에 불가항력의 경우를 제외하고 법률이 정한 바에 따라 보상을 받을 권리를 가진다.

제121조 오판 또는 사법행정의 부당한 집행에 의하여 손해를 입은 경우 법률이 정하는 바에 따라 국가에 배상청구를 할 수 있다.

[헝가리]

제XXIV조 (1) 모든 사람은 공공기관으로 하여금 본인의 사무를 공정하고, 공평하며, 합리적으로 적절한 시기에 처리하도록 할 권리를 가진다. 이 권리는 공공기관이 법률로 정한 판단에 대한 정당한 근거를 제시할 의무를 포함한다.

(2) 모든 사람은 공공기관이 직무수행 중에 야기한 위법한 손해에 대하여 법정의 국가배상청구권을 가진다.

[포르투갈]

제22조 (공공기관의 책임) 국가와 그 밖의 모든 공공기관들은 직무를 수행하는 과정에서 타인의

권리, 자유 또는 보장을 침해하거나 타인에게 손실을 입히는 결과를 초래하는 행위 또는 부작위에 대해 소속 공무원, 간부 및 요원들과 공동으로 민사상 책임을 진다.

23. 생존권·사회보장

[대한민국]

제34조 ① 모든 국민은 인간다운 생활을 할 권리를 가진다.

② 국가는 사회보장·사회복지의 증진에 노력할 의무를 진다.

③ 국가는 여자의 복지와 권익의 향상을 위하여 노력하여야 한다.

④ 국가는 노인과 청소년의 복지향상을 위한 정책을 실시할 의무를 진다.

⑤ 신체장애자 및 질병·노령 기타의 사유로 생활능력이 없는 국민은 법률이 정하는 바에 의하여 국가의 보호를 받는다.

⑥ 국가는 재해를 예방하고 그 위험으로부터 국민을 보호하기 위하여 노력하여야 한다.

[러시아]

제7조 2. 러시아연방에서는 국민들의 노동과 건강이 보호되며, 최저임금이 보장되며, 가족, 모성, 부성, 아동, 장애자와 노령자에 대한 국가지원이 제공되며, 사회복지 사업체계가 발전되며 국가연금, 수당과 여타 사회보장제도가 확립된다.

제39조 1. 모든 국민에게는 노령, 질병, 신체장애, 가장의 사망과 아동의 양육에 대해 법에 정해진 바에 따라 사회적 보장이 허용된다.

2. 국가연금과 사회적 수당은 법에 의해 정해진다.

3. 자발적인 사회적 보험이나 추가적인 형태의 사회보장 및 자선단체의 창설은 장려된다.

제40조 1. 모든 국민은 주거의 권리를 갖는다. 누구도 자의적으로 주거의 권리를 박탈당할 수 없다.

2. 국가기관이나 지방자치기관은 주택건설을 촉진하고, 주거의 권리를 실현시킬 조건을 만들어야 한다.

3. 극빈자 및 주거가 필요한 것으로 법으로 정해진 기준에 따라 국가, 지방자치단체, 기타 주택기금으로부터 무상으로 또는 저렴한 임대료로 주택이 제공될 수 있다.

[멕시코]

제4조 ③ 누구든지 영양이 풍부하고, 풍족하며 질 높은 음식물을 섭취할 권리가 있다. 국가는 이를 보장하여야 한다.

⑤ 누구든지 충분하고, 건강하고, 용인가능하며, 입수 가능한 방식으로 개인 및 가정 소비를 위하여 물을 이용, 공급 및 배수할 권리가 있다. 국가는 이 권리를 보장하여야 한다. 법률은 수자원에 대한 접근과 수자원의 공평하고 지속가능한 이용을 위한 기준, 지원 및 방식을 정하고, 그러한 목적을 달성하기 위한 연방, 주(州) 및 지방자치단체의 참가와 시민 참가를 규정하여야 한다.

⑥ 모든 가정은 제대로 된 주택에 거주할 권리가 있다. 이 목적을 달성하기 위하여 필요한 수단과 지원은 법률로 정한다.

⑦ 국가의 모든 결정과 조치에 있어서 아동에게 최대한의 이익이 되고 아동의 권리를 완전하

게 보장하는 원칙을 준수하여야 한다. 아동은 필수적인 성장을 위하여 영양, 건강, 교육 및 휴식 욕구를 충족할 권리가 있다. 이 원칙은 아동을 대상으로 한 공공정책의 계획, 시행, 감독 및 평가의 지침이 된다.

⑧ 부모, 후견인, 보호자는 이러한 권리와 원칙을 보존하고 행사할 의무가 있다.

⑨ 국가는 개인이 아동의 권리를 행사할 수 있도록 지원을 제공하여야 한다.

[그리스]

제21조 ② 다자녀 가정, 전쟁 및 평화 시 상이 군인, 전쟁희생자, 미망인 및 고아, 그리고 치유가 불가능한 신체 및 정신적 질환을 앓는 자는 국가의 특별한 보살핌을 받을 권리가 있다.

③ 국가는 시민의 건강을 관리해야 하며 청소년, 노인, 장애인의 보호와 영세민의 구제를 위해 특별 조치를 채택해야 한다.

④ 집이 없는 노숙자나 주거환경이 열악한 자들의 거주지 확보는 국가의 특별한 관심 대상이 되어야 한다.

⑤ 인구동태에 따른 정책의 계획과 시행, 그리고 필요한 모든 조치를 취하는 것은 국가의 의무이다.

⑥ 장애인은 자급자족, 직업적 통합 및 사회, 경제, 정치적 삶에 참여를 보장하는 조치로부터 혜택을 받을 권리를 갖는다.

[벨기에]

제23조 모든 사람은 인간으로서의 존엄성을 유지하면서 삶을 영위할 권리를 가진다.

이러한 목적을 위하여 법률, 연방법률 및 제134조의 규정은 그에 상응하는 의무를 고려하면서 경제적, 사회적 및 문화적 권리의 보호를 보장하고 그 행사요건을 결정한다.

이러한 권리에는 특히 다음 사항이 포함된다.

2. 사회보장권, 보건권 및 사회적·의료적·법률적 구조를 받을 권리
3. 적절한 주거에서 생활할 권리
4. 위생적인 환경의 보호권
5. 문화적·사회적 실현의 권리

[스위스]

제12조 (궁핍 상태에서 조력을 받을 권리) 누구든지 궁핍하고 자활할 수 있는 상태가 아닌 자는 조력과 보호를 받을 권리가 있고, 기본적인 생활을 영위하는 데 필요한 재정적인 지원을 받을 권리가 있다.

제41조 ① 연방 및 주는 개인의 자기책임과 자주성을 보완하여 다음 사항을 확보하도록 노력한다.

a. 모든 국민은 사회보장의 혜택을 받는다.
b. 모든 국민은 그 건강을 위하여 필요한 의료혜택을 받는다.
c. 가정은 성인과 아동의 공동체로서 보호받고 장려되어야 한다.
d. 근로능력이 있는 모든 국민은 공평한 조건 하에서 근로하고 자신의 생계를 확보할 수 있어야 한다.
e. 자기 자신 및 가정을 위하여 주택을 필요로 하는 모든 국민은 부담할 수 있는 조건 하에서 적절한 주택을 마련할 수 있어야 한다.

f. 아동, 청소년 및 근로연령에 달한 자는 자신의 능력에 따른 초등교육과 고등교육을 받을 수 있다.

g. 아동 및 청소년이 자립적이고 사회적 책임을 담당할 수 있는 성인으로 성장하도록 장려하고, 사회적·문화적·정치적으로 통합되도록 지원한다.

② 연방 및 주는 모든 국민이 노령, 장애, 질병, 사고, 실업, 출산, 고아 및 배우자와의 사별로 인하여 야기되는 경제적 여파로부터 보호받도록 노력한다.

③ 연방 및 주는 헌법상의 권한과 이용 가능한 자원의 범위 내에서 사회적 목적을 달성하기 위하여 노력한다.

④ 이러한 사회적 목적을 근거로 국가의 급부(staatliche)를 직접 청구하는 권리는 허용되지 아니한다.

제111조 (노령·유족·장애에 대한 연금) ① 연방은 노령·유족·장애에 대한 재정적 지원을 보장하기 위하여 조치를 강구한다. 이것은 노령·유족·장애 연방 보험, 직업연금 및 개인연금의 3대 보장으로 이루어진다.

② 연방은 노령·유족·장애 연방보험과 직업연금이 지속적으로 그 기능을 유지할 수 있도록 보장한다.

③ 연방은 주에 대하여 노령·유족·장애 연방보험과 직업연금 유관기관에 대한 세금을 면제하고, 가입자 및 가입자의 고용주가 납부하는 분담금 및 장래 수령할 금액에 대해 세금을 감면해 주도록 강제할 수 있다.

④ 연방은 주와 협력하여 특히 세금 관련 조치 및 소유권 취득 증진정책을 통하여 개인연금을 장려한다.

제112조 (노령·유족·장애 보험) ① 연방은 노령·유족·장애 보험에 관한 법률을 제정한다.

② 연방은 법률의 제정에 있어 다음의 원칙을 준수한다.

a. 보험은 의무적이다.

a^{bis}. 연방은 부담금을 현금 및 현물로 지급한다.

b. 연금은 기초생활비를 적절히 충당할 만큼 충분해야 한다.

c. 연금의 최고액은 최소액의 2배를 초과하여서는 아니 된다.

d. 연금은 최소한 물가변동에 따라 조정되어야 한다.

③ 보험의 재원은 다음에 의하여 조달된다.

a. 가입자의 보험료. 가입자가 봉급생활자인 경우에 그 고용주가 그 보험료의 절반을 부담한다.

b. 연방의 보조금

④ 연방의 보조금은 보험금 지급액의 절반을 초과하지 아니한다.

⑤ 연방의 보조금은 우선적으로 담배, 증류주, 도박장에 대한 세금으로 조달한다.

제112a조 (추가 보조금) ① 연방 및 주는 노령·유족·장애 보험이 기초생활비를 충당하지 못하는 사람들에게 추가 보조금을 지급한다.

② 추가 보조금의 정도, 연방과 주의 임무와 권한은 법률로 정한다.

제112b조 (장애인의 사회통합 장려) ① 연방은 현금 및 현물 지급을 통하여 장애인의 통합을 장려한다. 연방은 이를 위하여 장애 보험의 재원을 사용할 수 있다.

② 주는 특히 장애인을 위한 주택 및 일자리 제공 담당기관의 설치와 운영 분담금을 통하여

장애인의 통합을 장려한다.

③ 법률은 장애인 통합의 목적, 원칙 및 기준을 정한다.

제112c조 (노인 및 장애인 지원) ① 주는 노인 및 장애인에 대한 가정방문지원 및 재가용역을 제공한다.

② 연방은 노인 및 장애인을 위하여 국가적 차원의 지원을 제공한다. 연방은 이 목적을 위하여 노령·유족·장애 보험의 재원을 사용할 수 있다.

제113조 (직업연금) ① 연방은 직업연금에 관한 법률을 제정한다.

② 연방은 법률의 제정에 있어서 다음의 원칙을 존중한다.

a. 직업연금은 노령·유족·장애 보험과 병행하여 그 가입자가 적절하게 이전의 생활수준을 유지할 수 있도록 보장한다.

b. 근로자의 직업연금 가입은 의무이다. 법률은 그 예외를 정할 수 있다.

c. 사용자는 그 근로자를 연금기관에 가입시킨다. 필요한 경우 연방은 근로자를 연방 연금기관에 가입하게 할 수 있다.

d. 자영업자는 임의로 연금기관에 가입할 수 있다.

e. 연방은 특정 범주의 자영업자에 대하여 일반적 또는 개별적 위험에 대비하여 의무적으로 직업연금에 가입하게 할 수 있다.

③ 직업연금은 가입자의 분담금으로 충당한다. 가입자가 근로자인 경우 그 사용자가 최소한 분담금의 절반을 부담한다.

④ 연금기관은 연방법률에서 정하는 최소한의 조건을 충족하여야 한다. 연방은 특정한 사안을 해결하기 위하여 스위스 모든 지역에 적용되는 조치를 정할 수 있다.

제114조 (실업보험) ① 연방은 실업보험에 관한 법률을 제정한다.

② 연방은 법률의 제정에 있어서 다음의 원칙을 존중한다.

a. 보험은 소득손실에 대한 적절한 보상을 보장하고, 실업의 방지 및 극복을 위한 조치를 강구한다.

b. 근로자의 실업보험의 가입은 의무이다. 법률은 그 예외를 정할 수 있다.

c. 자영업자는 임의로 가입할 수 있다.

③ 실업보험은 가입자의 보험료로 충당한다. 가입자가 근로자인 경우 그 사용자가 보험료의 절반을 부담 한다.

④ 연방 및 주는 특수한 상황에 대하여 재정적으로 지원한다.

⑤ 연방은 실업자에 대한 사회적 지원에 관한 법 규정을 제정할 수 있다.

제115조 (빈곤자 구호) 빈곤자는 그 거주지 주에 의하여 구호를 받는다. 연방은 그 예외와 권한을 규율한다.

제116조 (자녀수당 및 출산보험) ① 연방은 그 사무의 수행에 있어서 가족이 필요로 하는 바를 감안한다. 연방은 가족을 보호하기 위한 조치를 강구할 수 있다.

② 연방은 자녀수당에 관한 법 규정을 제정하고, 가족수당 관련 연방기금을 운영할 수 있다.

③ 연방은 출산보험을 설립한다. 연방은 그 보험의 혜택을 받지 못하는 자에 대하여도 보험료 납부를 의무화할 수 있다.

④ 연방은 일반적 또는 개별적 범주에 속하는 자에 대하여 가족수당기금 및 출산보험 가입을 의무화할 수 있고, 주의 적정한 보조금에 상응한 보조금을 부담할 수 있다.

제117조 (의료보험 및 상해보험) ① 연방은 의료보험 및 상해보험에 관한 법률을 제정한다.
② 연방은 일반적 또는 개별적 범주에 속하는 자에 대하여 의료보험 및 상해보험의 가입을 의무화할 수 있다.

제118조 (보건) ① 연방은 그 권한의 범위 내에서 건강을 보호하기 위한 조치를 강구한다.
② 연방은 다음 사항에 관하여 법률을 제정한다.
a. 식료품, 치료제, 마약, 유기체, 화학물질 및 건강에 유해한 물질의 이용
b. 인간 및 동물에 전염되고, 유행되며, 특히 위험한 질병의 극복
c. 이온화 방사선으로부터의 보호

[아일랜드]

제45조 본 조에 명시된 사회 정책의 원칙은 국회의 일반적 지침을 위한 것이다. 해당 원칙을 입법에 적용하는 것은 전적으로 국회의 책임이며, 본 헌법의 어떠한 조항에 따라서도 법원에 의해 심리될 수 없다.
1. 국가는 국민 생활을 다루는 모든 기관들에게 정의와 자선을 알리게 되는 사회 질서를 최대한 효과적으로 확보 및 보호함으로써 전체 국민의 복지를 촉진하기 위해 노력한다.
2. 특히, 국가는 다음 사항을 확보할 목적으로 정책 방향을 설정한다.
ⅰ. 국민들은 (남성과 여성 국민 모두 동등하게 적합한 생계 수단을 가질 권리가 있음) 직업을 통해 가족에게 합리적으로 필요한 것을 제공하기 위한 수단을 모색할 수 있음
ⅳ. 신용 규제와 관련하여, 불변의 지배적인 목적은 전체로서 국민의 복지임
ⅴ. 해당 상황에서 실행 가능한 수만큼의 가정들에게 경제적 안정을 주도록 함
4. 1° 국가는 지역 사회 취약 계층의 경제적 이익을 각별히 주의하여 지키고, 필요한 경우, 노약자, 미망인, 고아, 노인의 지원에 기여할 것을 맹세한다.
2° 국가는 남녀 근로자의 체력과 건강을 보장하고, 연소자들이 혹사되지 않도록 하며, 국민들이 경제적 어려움으로 자신의 성별, 연령 또는 체력에 부적합한 직업에 무리하게 종사하게 되지 않도록 하기 위해 노력한다.

[남아프리카공화국]

제27조 (보건, 음식, 물 및 사회보장) ① 모든 국민은 다음에 접근할 권리를 가진다.
a. 출산을 포함한 보건 서비스
b. 충분한 음식과 물
c. 자신과 피부양자를 부양할 수 없는 경우, 적정한 사회부조를 포함한 사회보장
② 국가는 가용 자원의 범위 내에서 이러한 권리들을 점진적으로 실현하기 위해 적절한 입법 조치 및 기타 조치를 취해야 한다.
③ 누구도 응급치료를 거부당해서는 안 된다.

제28조 (아동) ① 모든 아동은 다음의 권리를 가진다.
a. 태어나면서 이름과 국적을 획득할 권리
b. 가정 또는 부모의 보호를 받을 권리, 또는 가정환경으로부터 보호받지 못할 경우 적절한 대체적 보호를 받을 권리
c. 기본적 영양, 주거, 기본적 보건 서비스 및 사회 복지에 대한 권리
d. 학대, 방치, 폭행 또는 비하로부터 보호를 받을 권리

e. 착취적 노동 행위로부터 보호를 받을 권리
f. 다음과 같은 작업을 수행하거나 서비스를 제공하도록 요구 또는 허용되지 않을 권리
  i. 해당 아동의 연령인 자에게 부적합한 작업 또는 서비스
  ii. 아동의 행복, 교육, 신체적 또는 정신적 건강이나 영적, 윤리적 또는 사회적 발달을 위협하는 작업 또는 서비스
g. 최후의 수단인 경우를 제외하고는 구금되지 않을 권리. 최후의 수단으로 구금되는 경우, 아동은 최소한의 적절한 기간 동안만 구금될 수 있으며 제12조 및 제35조에 따라 아동이 향유하는 권리에 더해, 다음의 권리를 가진다.
  i. 18세 이상의 성인 구금자들과 따로 구금될 권리
  ii. 아동의 연령을 감안한 대우를 받고 연령을 고려한 여건에 있을 권리
h. 아동에게 영향을 미치는 민사 소송에서, 실질적으로 부당한 결과가 발생할 우려가 있는 경우, 국가가 비용을 부담하여 국선변호사를 배정받을 권리
  i. 무력 충돌에 직접 이용되지 않을 권리, 무력 충돌 시 보호를 받을 권리

② 아동의 최대 이익은 아동에 관한 모든 사안에서 가장 중요하다.
③ 본 조에서 “아동”은 연령이 18세 미만인 자를 의미한다.

[포르투갈]

제63조 (사회보장 및 연대) 1. 모든 국민은 사회보장에 대한 권리를 가진다.

2. 국가는 노동조합, 노동자들을 대변하는 그 밖의 기구 및 기타 모든 수혜자들을 대변하는 단체들의 참여 하에 통합 및 분권화된 사회보장제도를 구성, 조정하고 그에 필요한 보조금을 제공할 책임이 있다.

3. 사회보장제도는 질환이 있거나 고령인 국민들을 비롯해 장애인, 배우자를 잃은 사람 또는 고아, 실업자 또는 생계 수단이나 업무 능력의 결여 또는 감소를 동반하는 그 밖의 상황에 처한 자들을 보호한다.

4. 법률로 정한 바에 따라 총 근무 기간은 수행한 활동의 부문에 관계없이 고령 연금 및 장애 연금을 산정하는데 기여한다.

5. 본 조 및 아래의 제67조 제2항 제2호, 제69조, 제70조 제1항 제5호, 제71조 및 제72조에 특별히 규정된 사적 연대의 목적을 추구하기 위해 국가는 법률로 정한 바에 따라 공익적 단체로 인정되는 민영 자선기관 및 기타 비영리 기관들의 활동과 운영을 지원 및 감시한다.

제69조 (아동) 1. 전인적인 성장을 위해 자녀들은 특히 모든 형태의 유기, 차별 및 억압은 물론, 가족이나 기타 기관 내 권한 행사의 남용으로부터 사회와 국가의 보호를 받을 권리가 있다.

2. 국가는 고아, 유기된 아동 또는 다른 방법으로 정상적인 가정환경을 박탈당한 아동들에 대해 특별한 보호를 보장한다.

3. 취학 연령대에 속하는 미성년자들의 노동은 법률이 정한 바에 따라 금지된다.

제70조 (청소년) 1. 청소년들은 경제적, 사회적, 문화적 권리를 실질적으로 향유하기 위해 특히 다음과 같은 특별한 보호를 받는다.

a) 교육, 직업교육 및 문화
b) 최초 취업, 직장 및 사회보장 관련
c) 주택 입주

d) 체육 및 스포츠 분야
e) 여가 시간의 활용

2. 청소년 정책의 우선적인 목적은 청소년들의 개성을 함양하고 활동적인 생활환경에 효과적으로 융화되는 데 필요한 조건을 조성하는 한편, 자유로운 창의성에 대한 애정과 사회봉사에 대한 의식을 갖추도록 하는데 있다.

3. 국가는 상기의 목적을 추구하면서 가족, 학교, 기업, 주민 단체, 문화 단체 및 재단, 문화 및 레크리에이션 집단 등과 협력해 청소년 기구들과 국제 청소년 교류를 육성하고 지원한다.

제71조 (장애인) 1. 신체적 또는 정신적 장애가 있는 국민들은 본 헌법에 규정된 권리를 충분히 향유하고 헌법에 규정된 의무를 이행한다. 단, 장애 때문에 그들에게 부적합한 권리의 행사 또는 의무의 이행은 예외로 한다.

2. 국가는 장애의 예방, 장애인의 치료, 재활, 통합 및 장애인 가족에 대한 지원 등을 목적으로 하는 국가정책을 시행하고, 사회를 교육하고, 장애를 지닌 국민들에 대한 존중 및 결속 의무를 사회에 숙지시키는 한편, 장애인의 부모 또는 보호자의 권리와 의무를 침해하지 않으면서 장애인들이 자신의 권리를 실질적으로 향유할 수 있도록 보장한다.

3. 국가는 장애인 단체들을 지원한다.

제72조 (노인) 1. 노인들은 경제적 안정을 누릴 권리가 있으며 개인적 자율을 존중하며 고립 또는 사회적 소외를 방지하고 극복하는 주거, 가정생활 및 공동체 생활과 관련된 조건에 대한 권리를 가진다.

2. 노인 정책은 공동체 생활에 적극 참여함으로써 개인의 성취를 위한 기회들을 노인들에게 제공할 수 있는 사회적, 경제적 및 문화적 성격의 조치들을 포함한다.

24. 소비자보호청구권

[대한민국]

제124조 국가는 건전한 소비행위를 계도하고 생산품의 품질향상을 촉구하기 위한 소비자보호운동을 법률이 정하는 바에 의하여 보장한다.

[멕시코]

제28조 ③ 법률은 국가의 경제 또는 국민의 소비에 필수적으로 간주되는 품목, 상품 또는 물품의 최고 가격을 결정하는 기준과 공급부족 또는 가격인상을 초래하는 불필요하거나 과도한 개입을 피하기 위하여 해당 품목, 상품 또는 물품의 분배에 관한 규칙을 정하여야 한다. 법률은 소비자와 그 단체가 최선의 이익을 얻을 수 있도록 보호하여야 한다.

[스위스]

제97조 (소비자 보호) ① 연방은 소비자를 보호하기 위한 조치들을 강구한다.

② 연방은 소비자단체의 구제에 관한 법률을 제정한다. 소비자단체는 불공정경쟁에 관한 연방법제가 적용되는 영역에서 직업단체 및 경제단체와 동등한 권리를 가진다.

③ 주는 일정하게 정해진 한도액을 초과하지 아니하는 분쟁에 대하여 조정절차 또는 간이하고 신속한 재판 절차를 정한다. 연방내각은 그 한도액을 정한다.

[스페인]

제51조 ① 국가는 소비자 및 이용자에 대한 보호를 보장하고, 효율적인 수단에 의하여 그들의 안전, 건강 및 적법한 경제적 이익을 보호한다.

② 국가는 소비자 및 이용자의 정보 및 교육을 장려하고, 그 조직을 육성하며 또한 법률이 정한 조건하에서 구성원에게 영향을 주는 문제에 관하여 그들의 의견을 청취하여야 한다.

③ 제1항 및 제2항에 규정된 범위 내에서 법률은 국내의 거래 및 상품의 인가제도를 규율한다.

[포르투갈]

제60조 (소비자의 권리) 1. 소비자들은 좋은 품질의 제품 및 서비스를 소비할 권리, 교육 및 정보에 대한 권리, 건강, 안전 및 경제적 이익의 보호를 받을 권리, 손해에 대한 배상을 받을 권리를 가진다.

2. 광고는 법규를 통해 규제하며 모든 형태의 비밀 광고, 간접 광고 또는 허위 광고는 금한다.

3. 소비자 단체와 소비자 협동조합은 법률로 정한 바에 따라 국가로부터 지원을 받을 권리와 소비자 보호문제에 관해 발언할 권리가 있으며, 구성원들을 옹호하거나 집단의 이익 또는 일반 이권을 변호하기 위해 원고 적격을 가진다.

25. 환경권

[대한민국]

제35조 ① 모든 국민은 건강하고 쾌적한 환경에서 생활할 권리를 가지며, 국가와 국민은 환경보전을 위하여 노력하여야 한다.

② 환경권의 내용과 행사에 관하여는 법률로 정한다.

[아르헨티나]

제41조 ① 모든 국민은 미래 세대의 요구를 위태롭게 하지 않으면서 현재 요구를 충족하는 생산 활동을 위해 인간 개발에 맞는 건강하고 균형 잡힌 환경을 누릴 권리가 있고, 환경을 보전할 의무가 있다. 최우선 사항으로, 환경훼손 시 법률에 따라 그것을 복구할 의무가 생긴다.

② 당국은 이 권리의 보호, 천연자원의 합리적 사용, 자연 및 문화유산과 생물 다양성 보존뿐 아니라 환경 정보와 교육에 관해 규정한다.

③ 연방은 최소 보호 기준을 정하고, 주는 각자의 관할 변경 없이 그 집행에 필요한 것을 정한다.

④ 현재 또는 잠재적 유해 폐기물과 방사능 폐기물을 국내에 반입하는 것은 금지된다.

[그리스]

제24조 ① 자연 및 문화 환경의 보호는 국가의 의무이며 모든 사람의 권리이다. 국가는 지속 가능한 발전 원칙의 맥락에서 환경의 보존을 위해 특별한 예방적 및 억제적인 조치를 채택해야 한다. 삼림 및 삼림 지대의 보호와 관련된 일반적인 사안은 법으로 정한다. 삼림 등기부의 작성은 국가의 의무이다. 공공의 이익을 위해 농업을 발전시키거나 다른 용도로 사용하는 것이 국가 경제에 더 유리할 경우를 제외하고 삼림 및 삼림 지대의 용도 변경은 금지된다.[3)]

3) 해석 조항 : 삼림 또는 삼림 생태계는 그곳에 공존하는 식물상 및 동물상과 함께 상호 의존과 상호 작용을 통해 특정 생물군집 (숲 생물군집) 및 (숲에서 유래한) 특별한 자연 환경을 구성하는 지역에 있는 나무 줄기를 포함한 야생 식물 전체를 의미한다. 삼림 지대는 키가 큰 수목이나 관목이 우거진 야생 식물이 산

[스위스]

제73조 (지속가능한 개발) 연방 및 주는 자연과 그 재생능력 및 인간의 자연이용 수요 사이에서 지속가능한 균형을 달성하기 위하여 노력한다.

제74조 (환경보호) ① 연방은 인간 및 자연환경이 손상되거나 방해받지 않도록 보호하기 위하여 법률을 제정한다.

② 연방은 그러한 손상이나 방해를 방지하기 위하여 노력한다. 방지비용 및 복구비용은 원인 제공자가 부담한다.

[헝가리]

자유와 책임

제XX조 (1) 모든 사람은 신체적 및 정신적 건강에 대한 권리를 가진다.

(2) 헝가리는 농업에서 유전자변형식물을 배제하도록 하고, 건강한 식품과 음용수에 대한 접근을 제공하며, 산업안전과 의료를 관리하고, 스포츠와 정기적 운동을 지원하며, 환경보호를 보장함으로써 제1항에 규정된 권리를 촉진한다.

제XXI조 (1) 헝가리는 건강한 환경에 대한 인간의 권리를 인식하고 집행하여야 한다.

(2) 환경을 훼손한 자는 법률로 정한 바에 따라 환경을 회복하거나 회복비용을 부담할 의무가 있다.

(3) 어떠한 오염폐기물도 투기를 목적으로 헝가리로 반입할 수 없다.

[남아프리카공화국]

제24조 (환경) 모든 국민은 다음의 권리를 가진다.

a. 자신의 건강 또는 행복에 유해하지 않은 환경에 대한 권리

b. 다음의 합리적 입법 조치 및 기타 조치를 통해, 현재 및 미래 세대의 이익을 위해 환경을 보호 받을 권리

　i. 공해 및 생태계 파괴를 방지하는 조치

　ii. 환경 보존을 촉진하는 조치

　iii. 생태적으로 지속 가능한 천연자원 개발 및 사용을 보장하면서 정당한 경제 사회적 개발을 촉진하는 조치

[포르투갈]

제66조 (환경과 삶의 질) 1. 모든 국민은 건강에 유익하면서 생태학적으로 균형을 이룬 생활환경에서 생활할 권리가 있으며 그러한 권리를 옹호해야 할 의무가 있다.

2. 지속가능한 개발의 전반적인 틀 안에서 국민의 관여 및 참여와 함께 적절한 기관들을 통해 국민의 관여 및 참여로써 이루어지는 환경에 대한 권리의 향유를 보장하기 위해 국가는 다음에 열거한 의무들을 이행한다.

　a) 공해와 그에 따른 영향 및 유해한 형태의 부식을 방지하고 통제할 의무

　b) 올바른 활동 장소, 균형 잡힌 사회적·경제적 개발 및 조경 강화를 목적으로 도시농촌계획을 수행하고 추진할 의무

　c) 자연을 보호하고 역사적 또는 예술적으로 중요한 문화적 가치와 자산을 보존할 수 있는

재하는 곳을 의미한다.

방법으로 자연과 휴양 보호구와 공원을 조성 및 개발하고 경관과 장소를 분류 및 보호할 의무

d) 천연자원의 합리적인 사용을 도모하면서 세대 간 결속의 원칙을 존중해 천연자원의 회복능력과 생태학적 안정을 유지할 수 있는 능력을 유지할 의무

e) 지방자치단체와 협력하면서 특히 건축적 측면과 사적지의 보존을 고려하여 농어촌 거류지 및 도시생활의 환경적 질을 증진해야 할 의무

f) 자연 분야별로 다양한 정책들에 반영된 환경적인 목적의 통합성을 제고시킬 의무

g) 환경교육을 추진하면서 환경적 가치에 대한 존중을 증진해야 할 의무

h) 재정 정책상 환경 및 삶의 질과 양립하는 내용의 개발을 보장할 의무

26. 교육을 받을 권리·의무

[대한민국]

제31조 ① 모든 국민은 능력에 따라 균등하게 교육을 받을 권리를 가진다.

② 모든 국민은 그 보호하는 자녀에게 적어도 초등교육과 법률이 정하는 교육을 받게 할 의무를 진다.

③ 의무교육은 무상으로 한다.

④ 교육의 자주성·전문성·정치적 중립성 및 대학의 자율성은 법률이 정하는 바에 의하여 보장된다.

⑤ 국가는 평생교육을 진흥하여야 한다.

⑥ 학교교육 및 평생교육을 포함한 교육제도와 그 운영, 교육재정 및 교원의 지위에 관한 기본적인 사항은 법률로 정한다.

[러시아]

제43조 1. 모든 국민은 교육을 받을 권리를 갖는다.

2. 국가나 지방자치단체의 보통교육 시설과 기업체에 있어서 학령 전 교육, 중등교육, 중등직업교육은 일반인들이 무상으로 받을 권리를 가진다.

3. 모든 국민은 경쟁에 기반하여 국가나 지방자치단체의 교육시설 및 기업들에 의해 행해지는 고등교육을 무상으로 받을 권리가 있다.

4. 기초 보통교육은 의무이다. 부모나 법정대리인은 자식이 기초 보통교육을 받을 수 있도록 보장하여야 한다.

5. 러시아연방은 국가교육 수준을 정하여 여러 형태의 교육 및 자율학습을 지원한다.

[멕시코]

제3조 ① 모든 국민은 교육을 받을 권리가 있다. 국가—연방, 주(州), 연방직할시, 시(市)—는 유아, 초등, 중등 및 고등교육을 제공한다. 유아, 초등 및 중등교육은 기본교육으로서, 이 교육과 고등교육은 의무교육이다.

② 국가가 제공하는 교육은 모든 인간의 능력을 조화롭게 개발하고, 조국에 대한 사랑, 인권의 존중, 독립과 정의에 대한 국제연대를 고취하여야 한다.

③ 국가는 교육자료 및 교수법, 학교조직, 교육기반시설 및 교사와 교장의 적절성을 통하여

학생이 최고의 배움을 받을 수 있는 의무교육의 질을 보장하여야 한다...

제31조 멕시코 국민의 의무는 다음과 같다.

I. 법률에 정하는 바에 따라 자녀 또는 피부양자가 공립 또는 사립학교에서 유아, 초등, 중등 및 고등교육과 군사교육을 받게 한다.

[필리핀]

제14장 제 1 조 국가는 모든 수준에서 모든 국민의 질적인 교육에 대한 권리를 보호하고 추구하며 모든 국민이 이러한 교육에 접근할 수 있도록 적절한 방책을 취한다.

제 2 조 국가는,

① 국민과 사회의 요구와 관련된 완전하고, 적절하며, 통합된 교육 시스템을 수립, 유지, 지원한다.

② 초등 및 고등교육 수준에서 무료 공교육 시스템을 수립 및 유지한다. 그 자녀를 양육하는 부모의 자연권을 제한하지 않고, 초등교육은 모든 취학 연령의 아동에게 의무적이다.

③ 공립 및 사립학교 모두에서 받을 자격을 갖춘 학생, 특히 취약계층이 이용 가능해야 하는 장학금, 학생 대출 프로그램, 보조금 및 기타 인센티브 시스템을 수립하고 유지한다.

④ 형식적이지 않으며, 비공식적이고 고유한 학습시스템과 자기학습, 독립적인 학교 외 학습프로그램, 특히 지역사회 요구에 상응하는 학습프로그램을 장려한다.

⑤ 성인, 장애인, 미진학 청소년에게 국민윤리교육, 직업적 능률성 그리고 그 밖의 기술을 제공한다.

제 3 조 ① 모든 교육기관은 교육과정의 일부로 헌법에 대한 교육을 포함한다.

② 모든 교육기관은 애국심과 민족의식을 심어주고, 인류애, 인권에 대한 존중, 국가의 역사발전에서 국가 영웅의 역할에 대한 이해를 증진시키며, 국민의 권리와 의무를 가르치고, 윤리적 및 영적 가치를 강화시키고, 도덕적 인성과 인격적 수양을 발전시키고, 비판적이고 창조적인 사고를 장려하며, 과학적 및 기술적 지식을 넓히고, 직업적 능률을 높인다.

③ 부모 또는 후견인이 서면으로 명시한 선택사항에서 종교를 공립 초등 및 고등학교에서 정규수업시간에 자녀와 피후견인이 속한 종교의 종교기관이 지정 또는 승인한 지도자를 통해 자녀와 피후견인에게 정부에 추가 비용 없이 가르치도록 허용한다.

제 4 조 ① 국가는 교육 시스템 내 공립 및 사립기관의 보완적 역할을 인정하며 모든 교육기관에 대해 합리적인 감독과 규제를 행사한다.

제 5 조 ① 국가는 지역과 부문 요구 및 조건을 고려하며 교육정책 및 프로그램 개발에 있어 지역의 계획을 장려한다.

② 보다 높은 모든 학습기관에서의 학문적 자유가 향유되어야 한다.

③ 모든 국민은 공정하고 타당하며 공평한 입학허가 및 학문적 요구에 따라 직업 또는 학습과정을 선택할 자유가 있다.

④ 국가는 직업적 향상에 대한 교사의 권리를 증진시킨다. 비교수 학문 및 비학문 인력은 국가의 보호를 향유한다.

⑤ 국가는 교육에 예산상 가장 높은 우선순위를 배정해야 하며 적절한 급료와 그 밖의 직업만족 및 실현 수단을 통해 가용한 최고 인재 중 적절한 수를 교직에 유치하고 보존하여야 한다.

[독일]

제7조 ⑴ 모든 학교제도는 국가의 감독을 받는다.

⑵ 교육권자는 종교수업에 그 자녀를 참여시킬지를 결정할 권리를 가진다.

⑶ 종교수업은 공립학교에서 비종파학교를 제외하고는 정규 과목이다. 국가의 감독권과는 관계없이 종교수업은 종교단체의 교리에 따라 진행된다. 교사는 자신의 의사에 반하여 종교수업을 할 의무를 지지 아니한다.

⑷ 사립학교를 설립할 권리는 보장된다. 공립학교를 대체하는 사립학교는 국가의 인가를 요하고 주법의 적용을 받는다. 사립학교는 교육목표, 시설 및 교사의 학력에 있어서 공립학교에 뒤지지 않고 부모의 재산 상태를 기준으로 학생을 선발하지 않는 한 인가되어야 한다. 교사의 경제적 및 법적 지위가 충분히 보장되지 않는 때에는 인가가 거부되어야 한다.

⑸ 사립초등학교는 교육청이 특별한 교육적 이익을 인정하는 때 또는 그 학교를 종파 혼합학교, 종파학교, 세계관학교로서 설립하고자 하고 그 지방자치단체에 이러한 유형의 공립초등학교가 없는 경우로서 교육권자가 신청하는 때에만 허용될 수 있다.

⑹ 예비학교는 폐지된다.

[벨기에]

제24조 ① 교육은 자유이며 이에 대한 어떠한 규제조치도 금지된다. 교육에 수반되는 범죄의 처벌은 법률 또는 연방법률로만 정한다.

공동체는 학부모에게 선택의 자유를 부여한다.

공동체는 특정종교와 관계없는 교육을 행한다. 이는 특히 학부모와 학생의 철학적, 이념적 또는 종교적 신념을 존중하는 것을 의미한다.

공공기관에 의하여 운영되는 학교는 의무교육이 종료될 때까지, 공인된 종교의 교육과 특정종교와 무관한 윤리교육 간의 선택의 기회를 부여한다.

② 공동체는, 유효투표의 2/3 이상의 찬성으로 채택된 연방법률에 의하여서만 조직화 기관의 자격으로 1개 이상의 자치단체에 권한을 위임할 수 있다.

③ 모든 사람은 기본적 권리와 자유에 대하여 교육을 받을 권리를 가진다. 의무교육은 무상으로 제공된다. 학령에 달한 모든 학생들은 공동체의 비용으로 도덕 또는 종교교육을 받을 권리를 가진다.

④ 모든 학생, 학부모, 교직원 또는 교육기관은 법률 또는 연방법률 앞에 평등하다. 법률과 연방법률은 특히 적절한 취급을 정당화하는 각 조직화 기관의 특성을 비롯한 객관적 차이점을 고려한다. 특히 적절한 조치를 보장하고자 하는 조직기관의 특성을 비롯한 객관적 차이를 고려해야 한다.

⑤ 공동체에 의한 교육의 조직, 승인 및 보조금 지급에 대하여서는 법률 또는 연방법률로 정한다.

[스위스]

제19조 (초등교육을 받을 권리) 적정한 무상 초등교육을 받을 권리는 보장한다.

제61a조 (스위스 교육 분야) ① 연방 및 주는 각각 그 권한의 범위 내에서 협력하여 스위스 교육분야의 질을 향상하고 접근성을 확보하도록 보장한다.

② 연방 및 주는 공동기관을 통하여 협력하고 기타의 조치를 강구함으로써 상호 공조한다.

③ 연방 및 주는 그 임무를 수행함에 있어서 교양교육과정과 직업교육과정이 사회적으로 동등한 인정을 받도록 노력한다.

第62조 (학교교육) ① 학교교육은 주의 권한에 속한다.

② 주는 모든 아동들에게 개방된 기초교육을 제공한다. 기초교육은 의무이며, 공공기관의 지휘 또는 감독을 받는다. 공립학교에서의 교육은 무상교육이다.

③ 주는 장애를 가진 아동 및 청소년에 대하여 최장 20세까지 충분한 특수교육을 제공한다.

④ 입학연령, 의무교육, 각 교육 단계의 기간 및 목표수준, 진급 및 학위인정과 관련된 공조노력이 조율되지 못하는 경우에 연방은 필요한 범위 내에서 법률을 제정한다.

⑤ 연방은 신학년 개학을 규율한다.

⑥ 주는 주의 권한에 영향을 미치는 학교교육과 관련된 연방법 초안 작성에 참여한다. 주의 의견은 특별한 비중을 가진다.

第63조 (직업교육) ① 연방은 직업교육에 관한 법률을 제정한다.

② 연방은 직업교육의 다양성과 접근성을 촉진한다.

第63a조 (고등교육 기관) ① 연방은 연방기술전문학교(technische Hochschulen)를 운영한다. 연방은 다른 대학, 기타 고등교육 기관을 설립, 인수 또는 운영할 수 있다.

② 연방은 주립 대학교를 지원하고, 연방이 인가하는 고등교육 기관에 보조금을 지급할 수 있다.

③ 연방 및 주는 스위스 고등교육의 질적 향상을 위하여 협력하고 이를 보장한다. 이를 위하여 연방 및 주는 대학 및 대학 관련 기관의 자율성을 감안하고, 동일한 기능의 교육기관에 대한 동등한 처우를 보장한다.

④ 연방 및 주는 그 임무 수행을 위하여 협정을 체결하고 그 권한의 일부를 공동기관에 위임한다. 법률은 공동기관에 위임될 수 있는 권한 및 그 조직과 공조절차에 관한 원칙을 정한다.

⑤ 연방 및 주의 협력을 통하여 공동의 목표를 달성하지 못하는 경우에 연방은 교육수준, 진급, 평생교육, 교육기관 및 학위 인정에 관한 법 규정을 제정한다. 또한 연방은 대학에 대한 재정 지원의 원칙을 정하고, 특별히 지출이 수반되는 활동을 수행하는 대학에 그에 따른 보조금을 지원할 수 있다.

第64a조 (평생교육) ① 연방은 평생교육과 훈련에 관한 원칙을 정한다.

② 연방은 평생교육과 훈련을 장려한다.

③ 법률은 그러한 장려를 할 평생교육의 분야 및 기준을 정한다.

第66조 (교육지원) ① 연방은 대학 및 기타 고등교육기관의 학생들에 대한 장학금 지급을 위하여 주에 대하여 보조금을 지원할 수 있다. 연방은 교육지원과 관련하여 주 간의 조화를 장려하고 그 지원에 관한 원칙을 정할 수 있다.

② 연방은 교육에 관한 주의 자치권을 존중하면서 주의 조치들을 보완하여 자체적으로 교육을 증진하기 위한 조치를 강구할 수 있다.

第67조 (아동 및 청소년에 대한 장려) ① 연방 및 주는 그 임무를 수행함에 있어서 아동 및 청소년에 대한 적절한 계발과 보호의 특별한 필요성을 고려한다.

② 연방은 주의 조치들을 보완하여 아동 및 청소년의 과외활동을 지원할 수 있다.

第67a조 (음악교육) ① 연방 및 주는 아동 및 청소년 등의 음악교육을 장려하여야 한다.

② 연방 및 주는 그 권한 범위 내에서 학교에서 높은 수준의 음악 교육을 제공할 수 있도록 노력하여야 한다. 주가 조정을 통하여 학교 내 음악교육의 목표를 조화시킬 수 없는 경우, 연

방은 그 조화를 위하여 필요한 규정을 제정하여야 한다.

③ 연방은 주와 협의하여 청소년들이 음악활동에 참여하도록 하고 음악적 재능을 가진 청소년을 육성할 수 있는 원칙을 정하여야 한다.

제68조 (체육) ① 연방은 체육을 비롯한 운동을 장려한다.

② 연방은 체육학교를 운영한다.

③ 연방은 청소년들의 체육활동에 관한 법 규정을 제정하고 학교에서의 체육교육을 의무화할 수 있다.

[아일랜드]

제42조 1. 국가는 아동의 1차적인 자연적 교육자는 가정이라는 점을 인정하며 부모가 자신의 방식에 따라 자녀에게 종교적, 도덕적, 지적, 신체적 및 사회적 교육을 제공할, 양도할 수 없는, 권리와 의무를 존중할 것을 보장한다.

2. 부모는 가정, 사립학교 또는 국가에서 인정하거나 설립한 학교에서 이러한 교육을 자유로이 제공한다.

3. 1° 국가는 부모에게 자신의 양심과 합법적인 선호와 배치되게 자녀를 국가에서 설립한 학교로 보내거나 국가에서 지정한 특정 유형의 학교로 보낼 것을 강제하지 아니한다.

2° 단, 국가는 공익의 수호자로서 실제 상황을 고려하여 자녀들이 일정한 최소의 도덕적, 지적 및 사회적 교육을 받도록 요구한다.

4. 국가는 무상 초등 교육을 제공하며 민간 및 기업의 교육 주도를 보완하고 합리적으로 보조하기 위해 노력하며, 공익상 요구되는 경우, 특히 종교적·도덕적 형성의 문제와 관련해서, 친권을 충분히 고려하여 기타 교육 시설 또는 기관을 제공한다.

5. 신체적 또는 정신적 이유로 부모가 자신의 자녀에 대한 의무를 이행하지 못하는 예외적인 경우, 국가는 공익의 수호자로서, 적절한 수단을 동원하여 부모의 자리를 제공하기 위해 노력하되, 항상 해당 아동의 타고난 불가침의 권리를 충분히 고려한다.

[남아프리카공화국]

제29조 (교육) ① 모든 국민은 다음의 권리를 가진다.

a. 성인 기초 교육을 포함한 기초 교육을 받을 권리

b. 국가가 적절한 조치를 통해 점진적으로 이용 및 접근 가능한 교육을 계속 받을 권리

② 모든 국민은 해당 교육이 합리적으로 실행 가능한 공공 교육기관에서 공용어 또는 각자가 선택한 언어로 교육을 받을 권리를 가진다. 이러한 권리에 대한 효과적인 접근을 보장하고 이러한 권리의 충족을 보장하기 위해 국가는 다음 사항을 고려하여 단일 매개 시설을 포함한 모든 합리적 교육 대안을 검토해야 한다.

a. 형평성

b. 실행 가능성

c. 과거의 인종차별적 법률 및 관행에 따른 결과를 보상해야 할 필요성

③ 모든 국민은 사비로 다음과 같은 독립적 교육기관을 설립 및 유지할 권리를 가진다.

a. 인종에 근거한 차별을 하지 않으며,

b. 국가에 등록되어 있고,

c. 동등한 공공 교육기관의 수준에 뒤떨어지지 않는 수준을 유지한다.

④ 전항은 독립적 교육기관에 대한 국가 보조금을 막지 않는다.

[터키]

제42조 (2008년 2월 9일 개정) 누구든지 학습과 교육의 권리를 박탈당해서는 아니 된다.

교육권의 영역은 법률로 정의하고 규제되어야 한다.

학습과 교육은 동시대의 과학과 교수법을 토대로 국가의 감독과 통제 하에 Ataturk의 원칙과 개혁에 맞춰 진행되어야 한다. 이러한 규정을 위반하는 학습과 교육기관은 설립될 수 없다.

학습과 교육의 자유는 개인의 헌법준수 의무를 면제시키지 않는다.

초등교육은 양성의 모든 국민이 받아야 하는 의무교육이며 국립학교에서 무상으로 제공된다.

사립 초등 및 중등학교의 기능을 관장하는 원칙은 국립학교에 관한 기준에 맞춰 법률로 정한다.

누구든지 법에 명백히 규정되어 있지 않은 사유로 인하여 고등교육에 대한 권리를 박탈당해서는 아니 된다. 이 권리 행사의 제한은 법에 의해 결정되어야 한다(2008년 6월 5일자 헌법재판소 판결(제E.2008/16, K.2008/116호)에 의하여 이전 문구는 폐기되었음).

국가는 경제적 여건이 좋지 않은 유능한 학생들이 교육을 지속할 수 있도록 장학금 및 기타 지원수단을 제공해야 한다. 국가는 특수교육이 요구되는 자를 사회에 복귀시켜 사회에 유능한 인재로 육성하기 위해 필요한 조치를 취해야 한다.

학습, 교육, 조사 및 연구는 학습 및 교육기관에서 취해져야 하는 유일한 활동이다. 이러한 활동은 어떤 경우라도 방해받지 아니 한다.

터키어 이외의 어떠한 언어도 모든 학습 또는 교육기관에서 터키 국민에게 모국어로 가르칠 수 없다.

학습 및 교육기관에서 가르치는 외국어와 외국어로 학습 및 교육을 수행하는 학교가 준수해야 할 규칙들은 법률로 정한다. 국제조약의 규정은 제외한다.

제58조 국가는 동시대 과학에 맞추어 아타튀르크(Atatürk)의 원칙과 개혁에 따라 영토와 국민으로 구성된 국가의 불가분한 보존을 파괴할 목적을 갖는 사상에 반대하여 우리의 국가와 독립 그리고 공화국의 보존을 계승할 청소년의 교육과 개발이 이루어질 수 있도록 조치를 취해야 한다.

국가는 알코올 중독, 마약 중독, 범죄, 도박, 유사한 비행 및 무지로부터 청소년을 보호하는데 필요한 조치를 취해야 한다.

[포르투갈]

제43조 (학습과 교수의 자유) 1. 학습과 교수의 자유는 보장된다.

2. 국가는 어떤 철학적, 미학적, 정치적, 이념적 또는 종교적 방침에 따라 교육 및 문화 교과 과정을 규정해서는 아니 된다.

3. 공교육은 특정 종파에 속해서는 아니 된다.

4. 사립학교와 협력학교를 설립할 권리는 보장된다.

제73조 (교육, 문화 및 과학) 1. 모든 국민은 교육과 문화에 대한 권리를 가진다.

2. 국가는 교육의 민주화는 물론, 기회 균등에 기여하기 위해 학교 및 기타 교육 수단들을 통해 실시되는 교육에 필요한 그 밖의 조건들을 증진하며 경제적, 사회적, 문화적 불평등의 극복과 개성의 함양, 관용, 상호이해, 사회의 발전과 민주적 공무 참여에 대한 연대 및 책임의 정신 등을 증진한다.

3. 국가는 대중매체, 문화단체 및 재단, 문화 및 레크리에이션 집단, 문화유산 단체, 주민 단체 및 기타 문화 담당자들과 협력해 문화 향유 및 창작에 대한 모든 국민들의 접근을 장려하고 보장함으로써 문화의 민주화를 증진한다.

4. 국가는 과학적 연구와 창안 및 기술 혁신의 자유 및 자율성을 보장하고 경쟁력을 강화하면서 과학 연구기관과 기업 간 협력을 보장하는 방향으로 과학적 연구와 창안 및 기술 혁신을 촉진하고 지원한다.

第74조 (교육) 1. 모든 국민은 교육의 권리를 가지며 동등한 기회를 가질 권리, 학교교육을 받을 권리 및 학교교육과정을 성공적으로 이수할 권리를 보장받는다.

2. 교육정책을 시행하는 과정에서 국가는 다음에 열거한 의무들을 이행한다.

a) 보편적이고 의무적이며 자유로운 기초교육을 보장할 의무

b) 공공의 유치원 제도를 마련하고 이를 발전시킬 의무

c) 평생교육을 보장하고 문맹을 퇴치해야 할 의무

d) 개인의 역량에 따라 최고 수준의 교육, 과학적 연구 및 예술창작에 대한 모든 국민의 접근권한을 보장할 의무

e) 점진적으로 모든 단계의 교육을 무상으로 실시할 의무

f) 일선의 학교들을 해당 지역 사회에 편입하는 한편, 교육활동과 경제, 사회 및 문화적 활동 간 연결고리를 형성할 의무

g) 장애인들이 교육을 받을 권리를 증진하고 지원하는 한편, 필요한 경우 특수교육을 지원해야 할 의무

h) 문화의 표현이자 교육 및 동등한 기회를 획득하기 위한 수단으로서 포르투갈 수화를 보호하고 개발할 의무

i) 재외 동포들의 자녀들이 포르투갈어를 배우고 포르투갈 문화를 접할 기회를 향유할 수 있도록 보장할 의무

j) 이주민들의 자녀들이 실질적인 교육의 권리를 향유할 수 있도록 적절한 지원을 제공해야 할 의무

第75조 (공교육, 사교육 및 협력 교육) 1. 국가는 모든 국민의 필요를 충족하는 공교육 시설망을 구축한다.

2. 국가는 법률로 정한 바에 따라 사교육 및 협력교육을 승인하고 감독한다.

第76조 (대학교 및 고등교육을 받을 권리) 1. 대학교 및 기타 고등교육 기관에서 교육을 받을 권리를 규율하는 규칙들은 교육제도 안에서 동등한 교육기회와 교육제도의 민주화를 보장하며, 자격을 갖춘 인력을 확보하고 국가의 교육적, 문화적, 과학적 수준을 높여야 할 국가적 필요성을 충분히 고려한다.

2. 법률로 정한 바에 따라 그리고 교육의 질적 수준에 대한 적절한 평가를 배제하지 않는 범위에서 각 대학은 충분한 평가의 권리를 침해하지 않는 조건에서 자체 정관을 자율적으로 마련하며 과학적, 교육학적, 행정적, 재정적 자율권을 향유한다.

第77조 (민주적 교육 참여) 1. 교사와 학생들은 법률에 정한 바에 따라 학교의 민주적 운영 과정에 참여할 권리가 있다.

2. 교사 단체, 학생 단체, 학부모 단체와 지역사회 기관 및 과학기관이 교육 정책을 마련하는 과정에 참여하는 방식은 법률로 정한다.

27. 근로의 권리·의무

[대한민국]

제32조 ① 모든 국민은 근로의 권리를 가진다. 국가는 사회적·경제적 방법으로 근로자의 고용의 증진과 적정임금의 보장에 노력하여야 하며, 법률이 정하는 바에 의하여 최저임금제를 시행하여야 한다.

② 모든 국민은 근로의 의무를 진다. 국가는 근로의 의무의 내용과 조건을 민주주의원칙에 따라 법률로 정한다.

③ 근로조건의 기준은 인간의 존엄성을 보장하도록 법률로 정한다.

④ 여자의 근로는 특별한 보호를 받으며, 고용·임금 및 근로조건에 있어서 부당한 차별을 받지 아니한다.

⑤ 연소자의 근로는 특별한 보호를 받는다.

⑥ 국가유공자·상이군경 및 전몰군경의 유가족은 법률이 정하는 바에 의하여 우선적으로 근로의 기회를 부여받는다.

[멕시코]

제5조 ⑤ 근로계약은 법률로 정한 시간 동안 합의한 근로를 제공하는 경우에 한하여 효력이 있고, 근로자에게 불리하게 1년을 초과할 수 없다. 근로계약은 어떠한 경우에도 참정권 또는 시민권을 포기, 상실 또는 제한할 수 없다.

⑥ 근로자가 전 단락의 계약을 이행하지 아니한 경우에는 민사책임만의 대상이 될 수 있고, 어떠한 경우에든 근로자에게 물리력을 가하여서는 아니 된다.

제123조 ① 누구든지 품위 있고 사회적으로 유익한 직업을 가질 권리가 있다. 따라서 일자리 창출 및 사회조직을 법률에 따라 촉진한다.

② 연방의회는 다음에 규정하는 기본원칙을 위배하지 아니하면서 다음 사항에 대하여 적용하는 노동법을 제정하여야 한다.

A. 근로자, 일용직 종사자, 가사근로자, 장인 및 일반적인 모든 근로계약

Ⅰ. 일일 최대근로시간은 8시간으로 한다.

Ⅱ. 일일 최대야간근로시간은 7시간으로 한다. 16세 미만인 자의 비위생적이거나 위험한 작업, 야간 작업 및 기타 오후 10시 이후의 모든 작업은 금지된다.

Ⅲ. 14세 미만 미성년자의 노동력 사용은 금지된다. 14세 이상 16세 미만인 자의 일일 최대근로시간은 6시간으로 한다.

Ⅳ. 6일 근무한 근로자는 최소한 1일 이상 휴식하여야 한다.

Ⅴ. 임신한 여성은 과도한 노동이 필요하고 임신과 관련하여 건강에 위험을 초래하는 작업을 하여서는 아니 되며, 출산 예정일 전후로 각각 6주 동안 출산휴가를 받을 수 있다. 출산휴가 동안에는 임금의 전액을 받고, 고용관계에 따라 취득한 고용과 권리를 유지한다. 수유기간 동안에는 매일 2회, 각 30분씩 유아 수유를 위한 휴게시간을 가질 수 있다.

Ⅵ. 근로자가 받는 최저임금은 일반적으로 또는 직업에 따라 정한다. 일반적인 최저임금은 정해진 경제구역에 적용되고, 직업별 최저임금은 특정한 분야의 경제활동 또는

특수산업, 직업 또는 작업에 대하여 적용한다.

일반적인 최저임금은 한 가정의 통상적인 물질적, 사회적 및 문화적 요구를 충족하고, 자녀의 의무교육을 제공하기에 충분하여야 한다. 직업별 최저임금은 다양한 경제활동의 조건을 고려하여 정한다.

최저임금은 근로자, 사용자 및 정부의 대표자로 구성된 국가위원회가 정한다. 국가위원회는 그 직무의 적절한 수행을 위하여 필요하다고 판단되는 특별자문위원회의 도움을 받을 수 있다.

Ⅶ. 성별 또는 국적에 관계없이 동일한 노동에 대하여 동일한 임금을 지급한다.

Ⅷ. 최저임금은 압류, 배상 및 공제에서 면제된다.

Ⅸ. 근로자는 다음 규칙에 따라 규제되는 기업의 이익배분에 참여할 수 있다.

a) 근로자, 사용자 및 정부의 대표로 구성된 국가위원회는 근로자에게 배분할 이익의 비율을 정한다.

b) 국가위원회는 국가경제의 일반적 상황을 파악하기 위하여 필요하고 적절한 조사와 연구를 수행한다. 국가의 산업발전을 촉진할 필요성, 자본에서 얻는 합리적인 이익 및 필요한 자본의 재투자를 고려하여야 한다.

c) 국가위원회는 새로운 연구와 조사를 통하여 정당한 사유가 있는 때에는 정해진 비율을 변경할 수 있다.

d) 신규 설립된 기업의 탐사활동 및 성격과 특정한 조건에 의하여 정당화되는 기타 활동에 대하여 특정한 기간 동안 이익배분의무를 법률로 면제할 수 있다.

e) 각 기업의 이익 금액은 소득세법에 따른 과세대상소득을 기준으로 결정한다. 근로자는 법률에 정하는 절차에 따라 재무신용부의 관련 부서에 이의를 제기할 수 있다.

f) 이익배분에 참여할 근로자의 권리는 회사의 경영 또는 관리에 간섭할 권한을 의미하지 아니한다.

Ⅹ. 임금은 반드시 법정통화로 지급하여야 하고, 상품, 할인권, 상품권 또는 기타 화폐의 대용물로 지급할 수 없다.

Ⅺ. 특별한 상황으로 인하여 일일 근로시간을 연장하여야 하는 때에는 정상근무시간에 대하여 정한 금액의 100%를 초과근무수당으로 지급하여야 한다. 초과근무는 일일 3시간 또는 연속하여 3회를 초과할 수 없다. 16세 미만인 자에 대해서는 초과근무를 허용하지 아니한다.

Ⅻ. 모든 농업, 산업, 광업 또는 기타 업종의 기업은 관련 법률에 따라 근로자에게 쾌적하고 위생적인 주택을 제공하여야 한다. 이 요건은 근로자에게 주택을 구입하기에 충분한 저리대출을 제공하는 국민주택기금에 근로자를 위한 부담금을 납부함으로써 달성된다.

법률에 따라 연방정부, 근로자 및 사용자의 대표로 구성되는 기관을 설치하고, 이 기관은 국민주택기금의 재원을 관리한다. 근로자가 주택을 취득하는 형식과 절차는 법률로 정한다.

이 호의 첫번째 단락에 규정하는 기업이 인구 중심지 밖에 위치한 때에는 학교, 병원 및 공동체에 필요한 기타 서비스를 제공하여야 한다.

또한, 작업장 중심지의 인구가 200명을 초과하는 때에는 공공시장, 지방자치단체 시설 및 휴양센터에 대하여 5,000평방미터 이상의 토지를 지정하여야 한다.

모든 작업장에서 술집과 도박장을 설치하는 것은 금지된다.

XIII. 기업은 그 활동에 관계없이 근로자에게 해당 업무에 대한 교육을 제공해야 한다. 사용자가 이러한 의무를 이행하는 제도, 방법 및 절차는 법률로 정한다.

XIV. 사용자는 업무수행으로 인하여 발생한 산업재해와 업무상 질병에 대하여 책임을 지고, 사망, 일시적 또는 영구적 장애가 발생한 때에는 법률에 따라 적절한 보상금을 지급하여야 한다.

사용자가 중개인을 통하여 근로자를 고용한 경우에도 이 책임은 존속한다.

XXIII. 마지막 연도에 받은 임금 또는 월급과 보상금에 대한 근로자의 채권은 법정관리 또는 파산한 경우에 다른 모든 채무에 우선한다.

XXIV. 근로자가 사용자, 그 동업자, 친인척 또는 피부양자를 위하여 부담한 채무는 해당 근로자의 단독책임이다. 어떠한 경우에도 근로자의 가족에게 변제를 요구하거나 근로자의 1개월분 임금을 초과하는 금액을 요구할 수 없다.

XXV. 취업서비스는 시청, 직업소개소, 기타 공공 또는 민간기관이 서비스를 제공하는지에 관계없이 무상이다.

취업서비스를 제공할 때에는 노동수요를 고려하고, 동일한 조건에서 가족의 유일한 소득원인자를 우선한다.

XXVI. 멕시코 국민과 외국 사용자 간에 체결한 모든 근로계약은 관할 지방자치기관이 승인하고 근로자가 취업할 예정인 국가의 영사가 부서하여야 한다. 해당 근로계약은 표준조항 이외에 사용자가 근로자의 귀국비용을 부담함을 분명하게 규정하는 조항을 포함하여야 한다.

XXVII. 다음에 해당하는 조건은 계약에 명시적으로 규정되어 있다고 하더라도 무효이며 계약 당사자를 구속하지 아니한다.

a) 작업의 성격을 고려할 때, 비인간적인 근로시간을 정한 것.
b) 조정중재위원회가 판단하기에 충분하지 아니한 임금을 정한 것
c) 일당의 지급에 관하여 1주일이 넘는 기간을 규정한 것
d) 임금의 지급장소로 휴양센터, 여관, 카페, 술집, 매점 또는 상점을 지정한 것. 해당 시설의 종업원에게 지급하는 경우를 제외한다.
e) 특정 상점 또는 장소에서 소비자 상품을 구매하는 직접 또는 간접적인 의무를 포함하는 것.
f) 벌금으로 임금 보유를 허용하는 것
g) 근로자가 산업재해, 업무상 질병, 계약위반 또는 해고로 인한 손해에 대하여 배상받을 권리를 포기하게 하는 것.
h) 근로자 보호 및 지원 법률에서 근로자에게 부여된 권리의 포기를 의미하는 기타 모든 조항.

XXVIII. 가족재산을 구성하는 재산은 법률로 정한다. 해당 재산은 양도할 수 없고, 담보 또는 압류의 대상이 되지 아니하며, 상속절차의 간소화에 따라 상속으로 이전할 수 있다.

XXIX. 사회보장법은 사회복지에 관한 법률로서, 장애급부, 은퇴연금, 생명보험, 비자발적 실업급여, 질병 및 사고, 탁아와 기타 근로자, 농부, 일용직 근로자 및 기타 사회부문과 가족의 보호 및 복지를 목적으로 한 서비스를 포함한다.

XXX. 근로자가 분할납입으로 구입하는 값싸고 위생적인 주택을 건설하기 위하여 설립된 협동조합은 공익사업으로 본다.

XXXI. 노동법의 집행은 각 권한의 범위 내에서 주(州) 기관의 책임이다. 다만, 다음 사항과 관련된 문제는 연방기관의 배타적 관할에 속한다.

a) 산업 부문 및 서비스
   1. 섬유산업
   2. 전기
   3. 영화산업
   4. 고무
   5. 설탕
   6. 광업
   7. 금속 및 철강산업. 기본광물의 채굴, 가공 및 제련, 모든 형태의 철강 제품, 합금 및 압연 제품을 포함한다.
   8. 탄화수소
   9. 석유화학
   10. 시멘트
   11. 채석
   12. 자동차산업. 기계 또는 전기적인 차량부품을 포함한다.
   13. 화학산업. 의약산업을 포함한다.
   14. 펄프와 종이
   15. 식물성 기름 및 지방
   16. 포장, 캔 또는 병 가공제품을 생산하는 산업에 한하여 적용되는 식품 생산
   17. 병 및 캔음료 또는 관련 산업
   18. 철도
   19. 기초목재업. 제재소와 판자 및 집성목의 제조업을 포함한다.
   20. 유리. 평면유리, 곡면유리 또는 유리용기의 제조업으로 제한한다.
   21. 담배산업, 담배제품의 가공 또는 제조를 포함한다.
   22. 은행 및 신용서비스

b) 기업
   1. 연방정부가 직접 관리하거나 분권화한 기업.
   2. 연방정부와의 계약 또는 연방정부가 부여한 면허에 따라 운영되는 기업과 관련 산업
   3. 연방구역 또는 연방관할의 수면, 배타적 경제수역 내에서 작업하는 기업

2개 이상의 주(州)에 영향을 미치는 노사분쟁, 하나 이상의 (州)주에서 의무적인 것으로 선언된 단체근로계약, 개별 법률에 따른 사용자의 교육의무, 근로자의 교육에 관한 사용자의 의무, 작업자의 보건 및 위생은 연방기관의 배타적

관할에 속한다. 주(州) 기관은 관련 법률에 따라 지역 관할에 속하는 사항에 관하여 연방기관을 지원하여야 한다.

B. 연방기관, 연방직할시 정부 및 그 공무원

Ⅰ. 일일 최대근로시간은 8시간, 야간 최대근로시간은 7시간으로 한다. 이를 초과하는 때에는 초과근로로 보고, 정규근로시간에 대하여 정한 금액의 100%를 초과근로수당으로 지급하여야 한다.

초과근로시간은 일일 3시간 또는 연속하여 3회를 초과할 수 없다.

Ⅱ. 공무원은 6일을 근무하고, 1일 이상의 유급 휴가를 받을 수 있다.

Ⅲ. 공무원은 연간 20일 이상의 휴가를 받을 수 있다.

Ⅳ. 임금은 헌법 제127조와 법률에 따라 개별 예산에서 정하고, 그 금액은 예산이 유효한 동안에는 감액되지 아니한다.

어떠한 경우에도 공무원의 임금은 연방직할시 및 주에서 일반적인 근로자의 최저임금보다 낮을 수 없다.

Ⅴ. 성별에 관계없이 동일 노동에 대하여 동일 임금을 지급한다.

Ⅵ. 법률에 규정하는 경우에 한하여 임금을 원천징수, 할인, 공제 또는 압류할 수 있다.

Ⅶ. 공무원의 임용은 지원자의 지식과 능력을 평가하는 시스템을 기반으로 한다. 국가는 행정학교를 설치한다.

Ⅷ. 지식, 능력 및 연공서열에 따라 승진할 수 있는 등급표를 둔다. 조건이 동일한 때에는 가족의 유일한 수입원인 자가 우선한다.

Ⅸ. 공무원은 정당한 사유가 있는 경우에 한하여 법률에 따라서 직무정지 또는 해고될 수 있다. 부당한 해고의 경우에는 공무원은 복직과 법적 절차를 통한 적절한 보상 중에서 선택할 권리가 있다. 해당 직위가 폐지된 경우에는 해당 공무원은 폐지된 직위와 동등한 직위에 배정되거나 법률에 따라 손해배상을 받을 권리가 있다.

Ⅺ. 사회보장은 다음에 규정하는 최소기준에 따라 결정한다.

a) 사회보장은 산업재해, 업무상 질병 및 기타 질병, 출산, 퇴직, 장애, 노령 및 사망을 포함한다.

b) 사고 또는 질병의 경우에는 법률이 정하는 기간 동안 일할 권리가 유지된다.

c) 임신한 여성은 과도한 노동이 필요하고 임신과 관련하여 건강에 위험을 초래하는 작업을 하여서는 아니 되며, 출산 전 1개월과 출산 후 2개월의 출산휴가를 받을 수 있다. 출산휴가 동안에는 임금의 전액을 받고, 고용관계에 따라 취득한 고용과 권리를 유지한다. 수유기간 동안에는 매일 2회, 각 30분씩 유아 수유를 위한 휴게시간을 가질 수 있다. 그 밖에도, 의료 및 산부인과 진료, 의약품, 간호 및 탁아서비스를 받을 수 있다.

d) 공무원의 가족은 법률에 규정하는 경우에는 그 정한 비율로 의료 및 의약품을 받을 수 있다.

e) 공무원과 그 가족을 위하여 휴양 및 회복 시설과 할인점을 설치한다.

f) 공무원은 사전에 승인된 프로그램에 따라 임대 또는 매매용 주택을 저렴하게 제공받는다. 또한 국가는 공무원을 위하여 부담금을 적립하는 국민주택기금을 설치하여 공무원에게 쾌적하고 위생적인 주택을 구입하기에 충분한 저리대출을 제공하

거나 주택을 건축, 보수 또는 개선하거나 주택을 구입하기 위하여 이용할 수 있는 융자를 제공한다.

국민주택기금에 대한 부담금은 법률에 규정하는 사회보장기관에 통지하고, 국민주택기금을 관리하는 방법 및 절차와 공무원에 대한 대출금 지급 절차는 법률로 정한다.

Ⅻ. 개별, 집단, 노조 간 분쟁은 관련 법률이 정하는 바에 따라 조직된 연방조정중재법원에 제출하여야 한다.

연방 사법부와 그 소속 공무원 간의 분쟁은 연방사법위원회가 해결한다. 대법원과 그 소속 공무원 간의 분쟁은 대법원이 해결한다.

XIII. 군인, 선원, 외교관, 검사, 법률 전문가 및 경찰기관의 구성원에 대해서는 해당 기관의 법률을 적용한다.

연방, 연방직할시, 주(州) 및 지방자치단체의 검사, 법률전문가 및 경찰기관의 구성원은 행위시에 유효한 법률에 정한 요건을 충족하지 아니하거나 그 직무의 수행과정에서 책임이 발생한 경우에는 해임될 수 있다. 관할기관이 해임, 정리해고 또는 기타 형태의 고용해지가 정당하지 아니하다고 판단하는 경우에는 국가는 해당 공무원에게 보상금 및 법률에 정하는 기타 급부만을 지급할 의무가 있다. 다만, 어떠한 경우에도 판결 또는 방어에 관계없이 공무원의 복직을 의미하지는 아니한다.

연방, 연방직할시, 주(州) 및 지방자치단체의 기관은 검찰, 경찰 및 법률서비스에 종사하는 공무원과 그 가족의 사회보장을 강화하기 위하여 보충적인 사회보장제도를 시행하여야 한다.

국가는 이러한 기관의 사회보장요소의 담당기관을 통하여 동일한 조건으로 육군, 공군 및 해군의 현역 군인에게 이 조 제XI호f)목에 규정하는 급부를 제공하여야 한다.

XIII-1. 중앙은행과 멕시코 금융제도를 구성하는 모든 연방기관은 해당 기관과 그 소속 공무원 간의 노사관계에 관하여 이 조에서 규정하는 조항에 따른다.

XIV. 위탁직으로 보는 직무는 법률로 정한다. 해당 직무를 담당하는 자는 임금보호 및 사회보장의 혜택을 받을 수 있다.

[터키]

제48조 모든 국민은 자신이 선택한 분야에서 노동하고 계약을 체결할 자유를 갖는다. 민간기업은 자유롭게 설립할 수 있다.

국가는 민간기업이 국가 경제요건과 사회적 목적에 따라 그리고 안전하고 안정적인 조건 하에서 운영될 수 있도록 조치를 취해야 한다.

제49조 (2001년 10월 17일 개정) 모든 국민은 근로의 권리와 의무를 갖는다.

국가는 근로자의 생활수준을 향상시키고 노동의 일반적인 조건을 개선하기 위해 근로자와 실업자를 보호하며 노동을 장려하고 실업예방을 위한 적절한 경제적 조건을 창출하며 노동평화를 보장하기 위한 필요한 조치를 취해야 한다.

제50조 누구든지 그의 연령, 성별 및 능력에 맞지 않는 노동을 수행하도록 요구받지 아니한다.

미성년자, 여성 및 육체적 또는 정신적 장애를 갖고 있는 자는 노동조건과 관련하여 특별한 보호를 받아야 한다.

모든 근로자는 휴식 및 여가의 권리를 갖는다.

유급 주말 및 휴일근무에 관한 권리와 조건은 유급 연차휴가와 함께 법률로 정한다.

28. 근로3권과 그 제한

[대한민국]

제33조 ① 근로자는 근로조건의 향상을 위하여 자주적인 단결권·단체교섭권 및 단체행동권을 가진다.

② 공무원인 근로자는 법률이 정하는 자에 한하여 단결권·단체교섭권 및 단체행동권을 가진다.

③ 법률이 정하는 주요방위산업체에 종사하는 근로자의 단체행동권은 법률이 정하는 바에 의하여 이를 제한하거나 인정하지 아니할 수 있다.

[멕시코]

제123조 ② 연방의회는 다음에 규정하는 기본원칙을 위배하지 아니하면서 다음 사항에 대하여 적용하는 노동법을 제정하여야 한다.

A. 근로자, 일용직 종사자, 가사근로자, 장인 및 일반적인 모든 근로계약

XV. 사용자는 기업의 성격에 따라 그 시설의 보건 및 위생에 관한 법률규정을 준수하고, 기계, 도구, 자재를 사용함에 있어서 사고를 방지하기 위하여 적절한 조치를 취하여야 한다. 사용자는 근로자와 임신한 여성의 경우에는 태아의 건강과 생명을 최대한 보장하는 방법으로 작업을 편성하여야 한다. 각각의 경우에 적용하는 벌칙은 법률로 정한다.

XVI. 사용자와 근로자는 노동조합, 직업단체 등을 결성함으로써 각자의 이익을 보호하기 위하여 단결할 권리가 있다.

XVII. 법률은 근로자와 사용자의 권리로서 파업과 직장폐쇄를 인정하여야 한다.

XVIII. 파업은 노동권과 자본권을 조화롭게 함으로써 다양한 생산요소 간에 균형을 이루는 것이 목적일 때에는 적법하다. 공무원은 파업 예정일로부터 10일 전에 예정된 조업중단일을 조정중재위원회에 통지하여야 한다. 파업 중인 근로자의 다수가 사람 또는 재산에 대하여 폭력을 행사하거나 전시에 정부가 의존하는 시설 또는 서비스에 고용된 때에는 파업은 불법으로 본다.

XIX. 직장폐쇄는 생산량 초과로 인하여 합리적인 수준으로 가격을 유지하기 위하여 필요한 경우에 조정중재위원회의 사전 승인을 받은 경우에 한하여 적법하다.

XX. 사용자와 근로자 간의 이견 또는 분쟁은 동일한 인원수의 근로자 및 사용자 대표와 정부 대표 1명으로 구성된 조정중재위원회의 결정에 따른다.

XXI. 사용자가 분쟁을 조정중재위원회에 제출하기를 거부하거나 위원회의 결정을 수용하지 아니하는 경우에는 근로계약이 해지되고, 사용자는 3개월분의 임금에 해당하는 금액을 근로자에게 보상하며 그 분쟁에 따른 책임을 진다. 이 규정은 다음 호에 규정하는 행위에 대해서는 적용하지 아니한다. 근로자가 분쟁을 조정중재위원회에 제출하기를 거부하는 경우에는 근로계약은 해지된다.

XXII. 정당한 사유 없이 또는 근로자가 단체 또는 노동조합에 가입하거나 합법적 파업에 참가했다는 이유로 근로자를 해고한 사용자는 근로자의 선택에 따라, 계약을 이행하거나 3개월분의 임금을 근로자에게 보상하여야 한다. 사용자가 보상금의 지급으로 계약이행 의무를 면할 수 있는 경우는 법률로 정한다. 근로자가 사용자의 부정을 이유로 퇴직하거나 근로자 또는 그 배우자, 자녀, 부모, 형제자매가 사용자부터 부당한 대우를 받은 경우에도 사용자는 3개월분의 임금을 근로자에게 보상하여야 한다. 부당한 대우가 사용자의 동의 또는 묵인 하에 행동한 부하 또는 가족에 기인한 경우에는 사용자는 이 책임을 면할 수 없다.

B. 연방기관, 연방직할시 정부 및 그 공무원

X. 공무원은 공동이익을 보호하기 위하여 단결할 권리가 있다. 이 조에 규정하는 권리가 일반적으로 또는 제도적으로 침해되는 경우에는 법률에 정하는 요건에 따라 파업권을 행사할 수 있다.

[벨기에]

제23조 모든 사람은 인간으로서의 존엄성을 유지하면서 삶을 영위할 권리를 가진다.

이러한 목적을 위하여 법률, 연방법률 및 제134조의 규정은 그에 상응하는 의무를 고려하면서 경제적, 사회적 및 문화적 권리의 보호를 보장하고 그 행사요건을 결정한다.

이러한 권리에는 특히 다음 사항이 포함된다.

1. 고용의 권리, 무엇보다도 가능한 한 높고 안정적인 수준의 고용 안정성의 확보를 위한 일반고용 정책의 맥락 내에서 자유로운 직업선택의 권리, 공정한 보수와 공정한 고용 조건을 보장받을 권리, 정보에 대한 권리, 상담을 받을 권리 및 단체교섭권

[스페인]

제7조 노동조합 및 사업자단체는 각각 고유한 경제적·사회적 이익의 보호 및 촉진에 공헌한다. 노동조합 및 사업자단체의 설립과 그 활동은 헌법 및 법률을 존중하는 한 자유이다. 노동조합 및 사업자단체의 내부조직과 운영은 민주적이어야 한다.

제28조 ① 모든 국민은 노동조합을 자유롭게 결성할 권리를 가진다. 법률은 국방군 (Fuerzas o Institutos Armados) 또는 군사적 규율에 복종하는 기타 단체에 대하여 이 권리의 행사를 제한하거나 배제할 수 있으며, 공무원에 대하여 그 권리의 행사에 관한 특별한 조건을 정한다. 노동조합 결성의 자유에는 노동조합의 결성, 자기가 선택하는 조합에의 참여, 노동조합의 연합 또는 국제노동조합기구의 설립 및 회원가입에 대한 권리가 포함된다. 누구도 노동조합에 참여할 것을 강요당하지 아니한다.

② 노동자에게는 그 이익보호를 위하여 파업권을 인정한다. 이 권리의 행사를 규율하는 법률은 필수적인 공공서비스의 유지를 위한 권리행사의 한계를 정한다.

제37조 ① 법률은 노동자 및 사용자 대표자 간의 단체교섭권 및 협약의 구속력을 보장한다.

② 노동자 및 사용자의 집단 쟁의권은 인정된다. 이 권리의 행사를 규정하는 법률은 권리행사의 제한 조항 이외에도 필수적 공공서비스의 유지를 보장하기 위하여 필요한 담보조항을 포함하여야 한다.

[남아프리카공화국]

제23조 (노사관계) ① 모든 국민은 정당한 노동 행위에 대한 권리를 가진다.

② 모든 노동자는 다음의 권리를 가진다.
a. 노동조합을 결성하고 이에 가입할 권리
b. 노동조합의 활동 및 프로그램에 참여할 권리
c. 파업을 할 권리
③ 모든 사용자는 다음의 권리를 가진다.
a. 사용자단체를 결성하고 이에 가입할 권리
b. 사용자단체의 활동 및 프로그램에 참여할 권리
④ 모든 노동조합과 모든 사용자단체는 다음의 권리를 가진다.
a. 자체적인 운영, 프로그램 및 활동을 결정할 권리
b. 조직을 구성할 권리
c. 연합체를 결성하고 이에 가입할 권리
⑤ 모든 노동조합, 사용자단체 및 사용자는 단체교섭에 참여할 권리를 가진다. 단체교섭을 규제하기 위한 법률을 제정할 수 있다. 법률로 본 장의 권리를 제한할 경우, 제36조 제1항을 따라야 한다.
⑥ 법률에 따라 단체협약에 포함된 조합 보장 협정을 인정할 수 있다. 법률로 본 장의 권리를 제한할 경우, 제36조 제1항을 따라야 한다.

[터키]

제51조 (2010년 9월 23일 개정) 근로자와 사용자는, 근로관계에서 자신의 경제·사회적 권리와 그 구성원의 이익을 보호하고 발전시키기 위해, 노동조합 및 사용자단체와 그 상급단체를 허가를 받지 않고도 결성할 권리를 가지며, 또한 자유롭게 단체의 구성원으로 가입 및 탈퇴할 수 있는 권리를 갖는다. 누구도 강제로 단체의 구성원이 되거나 단체에서탈퇴하도록 강요받지 아니 한다.

노동조합의 결성권은 국가안보와 공공질서, 범죄예방, 공중보건, 공공도덕 등을 보호하고 타인의 자유와 권리를 보장할 목적으로만 법률에 의해 제한될 수 있다.

노동조합 결성권의 행사에 적용되는 형식, 조건, 절차는 법률로 정한다.

근로자 신분을 갖지 않는 공무원의 범위와 예외 및 권리의 제한은 그 직무의 특성에 따라 법률로 정한다. 노동조합과 그 상급단체의 규약, 행정 및 기능은 공화정의 기본적 특성 및 민주주의 원칙과 상충되지 않아야 한다.

제53조 (2010년 9월 23일 개정) 근로자와 사용자는 상호간의 경제·사회적 지위와 근로조건을 규정하기 위해 단체교섭 조약을 맺을 권리를 갖는다.

단체교섭 조약체결 시 준수해야 할 절차는 법률로 정한다.

공무원과 그 밖의 공공근로자는 단체교섭 조약을 맺을 권리가 있다.

단체교섭 체결 시 분쟁이 발생할 경우 공무원중재위원회에 중재를 신청할 수 있다. 공무원중재위원회의 결정은 종국결정이며, 단체교섭 조약은 법률적 효력을 갖는다.

단체교섭 적용 예외에 대한 권리의 범위, 단체협약의 형식, 절차와 집행, 단체교섭 규정을 퇴직자에게 반영하는 것, 공무원중재위원회의 구성, 업무의 원칙과 절차 및 기타 사항은 법률로 정한다.

제54조 (2010년 9월 23일 개정) 근로자는 단체교섭 진행 과정에서 분쟁이 발생할 경우 파업을

할 수 있는 권리를 갖는다. 이러한 권리의 행사와 사용자의 직장폐쇄, 두 행위의 범위 및 이러한 행위에 적용되는 예외조항은 법률로 정한다.

파업권과 직장폐쇄는 사회에 손해를 끼치는 신의성실의 원칙에 반하는 형태 및 국가재정에 피해를 주는 형태로 행사될 수 없다.

파업 및 직장폐쇄의 금지, 유예 및 해당 장소는 법률로 정한다.

파업이나 직장폐쇄가 금지 또는 유예되는 경우, 분쟁은 유예기간 종료 후에 최고중재위원회를 통해 중재되어야 한다. 최고중재위원회의 결정은 종국결정이며 단체교섭 조약의 효력을 갖는다.

최고중재위원회의 조직과 직무는 법률로 정한다.

파업참여를 거부한 근로자는 어떠한 경우에도 파업참여자로부터 사업장에서의 근로를 방해받지 아니한다.

第55条 (2001년 10월 17일 개정) 임금은 노동의 대가로 지불되어야 한다.

국가는 노동자가 수행한 노동에 맞는 적정임금을 받고 그 밖의 사회적 혜택을 받을 수 있도록 필요한 조치를 취해야 한다.

최소임금을 결정함에 있어 노동자의 생계조건과 국가의 경제적 상황을 고려해야 한다.

[포르투갈]

第54条 (노동자위원회) 1. 노동자들은 자신의 이해관계를 옹호하고 회사의 경영활동에 민주적으로 참여하기 위해 노동자위원회를 구성할 권리를 가진다.

2. 노동자위원회의 구성은 위원회의 정관을 승인하고 직접, 비밀투표를 통해 위원들을 선출할 해당 노동자들에 의해 결정된다.

3. 경제적 구조조정 시 중재를 원활하게 하고 노동자의 이익을 보장하기 위한 목적으로 조정위원회를 구성할 수 있다.

4. 위원회의 위원들은 노동조합 대표들에게 부여되는 법적 보호를 받을 수 있다.

5. 노동자위원회는 다음에 열거한 권리들을 가진다.

a) 과업을 수행하는데 필요한 모든 정보를 획득할 권리

b) 기업의 경영을 감시할 권리

c) 특히 교육활동과 관련된 경우 혹은 근로조건이 변경되는 경우, 기업 구조조정 절차에 참여할 권리

d) 노동자 부문의 문제를 다루는 노동 입법 및 경제 사회적 계획을 마련하는 과정에 참여할 권리

e) 기업의 사회적 활동을 관리하거나 그러한 관리에 참여할 권리

f) 법률로 정한 바에 따라 국가 또는 그 외의 공공기관에 속해 있는 기업의 경영 조직에로의 노동자 대표의 선출을 지지할 권리

第55条 (노동조합에 관한 자유) 1. 노동자들은 자신의 권리와 이익을 수호하기 위한 단일체를 구성하는 조건이자 그러한 단일체의 보장으로서 노동조합을 결성 및 운영할 자유가 있다.

2. 노동조합을 결성하고 운영할 자유를 행사하는 과정에서 노동자들은 특히 다음에 열거한 사항들을 차별 없이 보장받는다.

a) 모든 수준에서 노동조합을 결성할 자유

b) 노동조합에 가입할 자유. 노동자는 자신이 가입하지 않은 조합에 회비를 지불할 의무가 없다.

c) 노동조합의 조직 및 내부 규정을 결정할 자유

d) 기업 내 노동조합 활동에 참여할 권리

e) 노동조합의 각 정관에 명시된 방식으로 정치적 견해를 피력할 권리

3. 노동조합은 당국의 승인 또는 인가를 받지 않고도 비밀투표를 통해 조합의 운영위원들을 정기적으로 선출하는 것을 근거로 한 민주적 조직 구성 및 관리의 원칙에 따라 운영되어야 하며 노동조합 활동의 모든 측면에 걸쳐 노동자의 적극적인 참여를 기반으로 한다.

4. 노동조합은 고용자, 국가, 종교적 교파 및 정당들과 기타 정치 단체에 의해 좌우되지 않는 독립된 조직이어야 하며, 노동자계급 단결의 바탕이 되는 독립성을 위해 적절한 보장 사항들은 법률로 정한다.

5. 노동조합은 국제 노동조합 기구들과의 관계를 형성하거나 그러한 기구들에 가입할 권리를 가진다.

6. 노동자들이 선출한 조합 대표들은 직무를 합법적으로 수행하는 과정에서 정보 및 자문을 제공받을 권리가 있으며 그러한 과정에서 조건, 제약 또는 제한을 따라야 하는 모든 형태의 종속으로부터 충분한 법적 보호를 받을 권리가 있다.

제56조 (노동조합권 및 단체협약) 1. 노동조합은 노동조합이 대변하는 노동자들의 권익을 변호하고 그러한 변호를 증진해야 할 책임이 있다.

2. 노동조합은 다음에 열거한 권리들을 가진다.

a) 노동입법 과정에 참여할 권리

b) 노동자들의 이익을 실현하고자 노력하는 사회보장 기관 및 기타 기구들의 운영에 참여할 권리

c) 경제 사회적 계획에 관한 의견을 제시하고 그러한 계획의 이행 과정을 감독할 권리

d) 법률에 정한 바에 따라 사회적 조정 기관들을 대표할 권리

e) 특히 교육활동과 관련된 경우 혹은 근로조건이 변경되는 경우, 기업 구조조정 절차에 참여할 권리

3. 노동조합은 법률로 정한 바에 따라 보장되어야 할 권리로서 단체협약 체결권을 행사할 책임이 있다.

4. 단체노동협약을 체결하기 위한 합법성과 그러한 협약 규정의 유효성을 규율하는 규칙들을 법률로 정한다.

제57조 (파업권 및 직장 폐쇄 금지) 1. 파업권은 보장된다.

2. 노동자들은 파업을 통해 옹호할 이익의 범위를 정의할 책임이 있으며 법률은 그러한 이익의 범위를 제한해서는 아니 된다.

3. 장비 및 시설의 안전과 유지를 보장하는데 필요한 서비스 및 사회적 요구를 충족하는데 없어서는 안 될 최소한의 서비스를 파업 중에 제공하기 위한 근거가 되는 조건은 법률로 정한다.

4. 직장 폐쇄 조치는 금한다.

제59조 (노동자의 권리) 1. 연령, 성별, 인종, 시민권, 출신지, 종교 및 정치적·이념적 신념에 관계없이 모든 노동자는 다음에 열거한 권리를 가진다.

a) 동일노동, 동일임금의 원칙을 존중하여 업무의 분량, 성격 및 질적 수준에 따라 적정한

생활을 보장할 수 있는 방법으로 자신의 업무에 대한 보수를 받을 권리
b) 개인적인 성취감을 제공함은 물론 직장생활과 가정생활의 조화를 가능케 하는 방식과 사회적 존엄을 존중하는 방향으로 해당 업무를 조직할 수 있는 권리
c) 청결하고 안전하면서 건강한 근로 한도에서 근무할 권리
d) 휴식 및 여가 시간, 평일 최대 근무 일수, 주간 휴업기간 및 정기 유급휴가에 대한 권리
e) 비자발적 실업 시 물질적인 지원을 받을 권리
f) 업무와 관련된 사고 또는 직업병으로 피해를 입을 경우, 지원 및 공정한 배상을 받을 권리
2. 국가는 노동자들의 권리를 수반하는 근무조건, 보수조건 및 휴업 관련 조건들을 특히 다음에 열거한 방법들을 통해 보장해야 할 책임이 있다.
a) 노동자들의 요구 생계비 상승 각 생산 부문의 발전 수준 경제적·재정적 안정을 위한 요구 사항 및 개발 목적의 자본금 축적 등을 특별히 감안한 국가 최저 임금의 결정 및 갱신
b) 국가 근로시간 한도의 결정
c) 임신 중 여성, 출산 후 여성들을 위해 특별 업무 관련 보호 수단의 보장, 미성년자와 장애인 및 매우 고된 직업에 종사하고 있거나 비위생적이며 유독성의 위험한 근로 한도에서 일하는 자들을 위한 보호 수단의 보장
d) 사회적 기구들과 협력하여 휴양 및 휴가 시설망의 체계적인 개발의 보장
e) 재외 이주민 노동자의 근로 조건의 보호 및 사회 급여의 보장
f) 근로 장학생의 근로조건의 보호
3. 임금은 법률로 정한 바에 따라 특별히 보장된다.

第61조 (민간 기업, 협동조합 및 노사) 1. 민간 경제 부문의 사업은 본 헌법과 법률에 규정된 전반적인 틀 안에서 일반적인 이해관계를 고려해 자유롭게 수행되어야 한다.
2. 모든 국민은 협동조합의 원칙에 따라 협동조합을 자유롭게 구성할 권리를 가진다.
3. 협동조합은 법률에 규정된 전반적인 틀 안에서 활동을 자유롭게 수행하며 연합, 연맹 및 동맹과 법률로 정해진 형태의 기타 조직 내에서 집단을 형성할 수 있다.
4. 국가 또는 공공기관이 지분을 보유하고 있는 협동조합에 대한 특별한 조직적 요구 사항들은 법률로 정한다.
5. 노무 관리에 대한 권리는 법률로 정한 바에 따라 부여된다.

29. 혼인과 가족생활의 보호

[대한민국]

第36조 ① 혼인과 가족생활은 개인의 존엄과 양성의 평등을 기초로 성립되고 유지되어야 하며, 국가는 이를 보장한다.
② 국가는 모성의 보호를 위하여 노력하여야 한다.
③ 모든 국민은 보건에 관하여 국가의 보호를 받는다.

[러시아]

第38조 1. 모성, 아동과 가족은 국가의 보호를 받는다.

2. 아동에 대한 보호와 양육은 양친의 동등한 권리이며 의무이다.

3. 18세 이상의 근로능력자는 노동 능력이 없는 부모를 부양해야 한다.

제41조 1. 모든 국민은 건강의 보호와 의료보호를 받을 권리가 있다. 국가기관이나 지방자치단체의 의료보호는 국민에게 무료로 시행하며 관련 비용은 국가 예산, 보험료 납입, 기타의 자금에 의해 충당된다.

2. 러시아연방에서는 공공의 건강을 보호하고 개선하는 연방 프로그램이 재정적 지원을 받고, 국가, 지방자치단체와 민간의 보건제도를 발전시키는 조치가 강구되며, 개인의 건강 향상, 신체교육과 스포츠의 발전, 생태적, 위생적 및 역학적 행복에 기여하는 활동이 권장된다.

3. 국민의 건강과 생명을 위협하는 사실과 환경을 공무원이 은폐하는 행위에 대하여는 연방법에 따라 책임을 묻는다.

[필리핀]

제2장 제12조 국가는 가족생활의 존엄성을 인식하며 기초적인 자율적 사회 기관으로서 가족을 보호하고 강화한다. 국가는 산모의 생명과 태아의 생명을 동일하게 보호해야 한다. 시민적 능률과 도덕적 인성의 발달로 청년들을 양육함에 있어서 부모의 선천적이며 중대한 권리와 의무는 정부의 지원을 받는다.

제15조 국가는 국민의 보건에 대한 권리를 보호하고 추구하며 국민의 보건의식을 확립시킨다.

제13장 제11조 국가는 모든 국민이 감당할 수 있는 비용으로 필수품, 보건 및 기타 사회 서비스를 이용할 수 있도록 노력하는 보건 발전에 대한 통합적이고 종합적인 접근방식을 채택한다. 취약계층, 환자, 노인, 장애자, 여성 및 어린이의 요구에 우선순위를 둔다. 국가는 극빈자에게 무상의료를 제공하고자 노력한다.

제12조 국가는 효과적인 식약 규제시스템을 설립·유지하며 국가의 보건 요구와 문제에 대응하여, 적절한 보건, 인력개발, 연구를 수행한다.

제13조 국가는 장애인의 재활, 자기개발, 자립 및 사회 주류로의 융화를 위해 특별기관을 설립한다.

제15장 제1조 국가는 필리핀인 가족을 국가의 토대로 인식한다. 따라서 국가는 가족의 결속력을 강화시키며 적극적으로 가족의 전반적인 발전을 촉진시킨다.

제2조 결혼은 신성한 사회제도로서 가족의 기초이며 국가에 의해 보호된다.

제3조 국가는 다음의 권리를 보장한다.

① 종교적 신념과 책임감 있는 어버이의 요구에 따라 가족을 구성하는 배우자들의 권리

② 적절한 보호와 영양을 포함한 지원 그리고 모든 형태의 무관심, 악습, 학대, 착취 및 그 밖의 아동의 성장에 해가 되는 조건으로부터 특별한 보호를 받을 아동의 권리

③ 가족 생활급과 수입에 대한 가족의 권리

④ 가족과 가족연합에 영향을 주는 정책 및 프로그램의 기획과 시행에 참여할 수 있는 가족 또는 가족연합의 권리

제4조 가족은 나이 든 가족 구성원을 보살필 의무가 있으며 국가는 또한 적절한 사회보장 프로그램을 통해 이를 수행한다.

[스위스]

제11조 (아동 및 청소년의 보호) ① 아동 및 청소년은 특별히 온전하게 보호받고 그 성장발달을

지원받을 권리를 가진다.

② 아동 및 청소년은 그 판단능력의 범위 내에서 권리를 행사한다.

제14조 (혼인 및 가족형성의 권리) 혼인 및 가족형성의 권리는 보장된다.

[스페인]

제32조 ① 모든 남성과 여성은 법률상 완전히 평등하게 혼인할 권리를 가진다.

② 법률은 혼인의 형식, 연령, 능력, 배우자의 권리, 의무, 별거, 이혼의 사유 및 그 효력을 정한다.

제39조 ① 국가는 가족에 대한 사회적, 경제적 및 법률적 보호를 보장한다.

② 국가는 부모의 혈통, 출신성분, 혼인 여부에 관계없이 법 앞에 평등하게 아동의 완전한 보호를 보장한다. 법률은 친자확인 검사를 정한다.

③ 부모는 혼인 중 또는 혼인 외로 포태한 자녀에 대하여 미성년으로 있는 기간 또는 법적 근거가 있는 기타의 경우, 모든 원조를 제공하여야 한다.

④ 아동은 아동의 권리보장에 관한 국제조약에서 정한 바에 따른 보호를 받는다.

제43조 ① 보건의 권리는 인정한다.

② 예방적 조치, 필요한 급부 및 역무를 통해 공중의 건강을 지키는 것은 국가의 의무이다. 법률은 이에 관한 모든 사람의 권리 및 의무를 규정한다.

③ 국가는 보건교육, 체육 및 스포츠를 촉진한다. 국가는 여가의 적절한 활용을 장려하여야 한다.

[아일랜드]

제41조 1. 1° 국가는 가정을 사회의 자연적·일차적인 기본 구성단위로서 그리고 모든 실정법에 선행하는 상위의 양도할 수 없는, 불가침의 권리를 소유한 도덕적 기관으로서 인정한다.

2° 따라서, 국가는 가정을 사회 질서의 필요한 기반으로서 그리고 국민과 국가의 복지에 필수 불가결한 존재로서 국가 제도와 권한 내에서 보호할 것을 보장한다.

2. 1° 특히, 국가는 여성이 가정 내의 삶을 통해 국가의 공익 달성에 필수적인 기여를 하고 있음을 인정한다.

2° 따라서, 국가는 어머니들이 가정 내 의무를 소홀히 하고 노동에 종사하지 않으면 안 될 경제적 필요성에 얽매이지 않도록 노력한다.

3. 1° 국가는 가정의 바탕이 되는 결혼 제도를 각별히 주의하여 지키고 침범되지 않도록 보호할 것을 맹세한다.

2° 법률로 지정된 법원은 다음의 경우를 만족하는 경우에만 이혼을 허락할 수 있다.

ⅰ. 소송 제기일 현재 배우자들이 5년 중 4년 이상에 해당되는 기간을 서로 별거한 경우

ⅱ. 배우자들 간에 화해의 가능성이 없는 것으로 합리적으로 판단되는 경우

ⅲ. 법원이 적절하다고 판단할 만한 상황이 존재하거나, 배우자들, 배우자(들)의 자녀 그리고 법률로 정한 기타 개인에 대한 상황이 존재하는 경우

ⅳ. 법률로 정한 추가 조건이 충족되는 경우

3° 다른 국가의 민법상 결혼 관계가 종료되었지만 본 헌법에 의해 수립된 내각 및 국회의 관할 내에서 당분간 유효하게 합법적인 결혼 생활을 지속하고 있는 자는 그와 같이 종료

된 결혼의 상대방 당사자가 살아 있는 동안 해당 관할 내에서 법적으로 유효한 혼인을 맺을 수 없다.

[포르투갈]

第36조 (가족, 결혼 및 친자 관계) 1. 모든 국민은 가족을 구성하고 전적으로 평등한 한도에서 결혼할 권리가 있다.

2. 결혼이 성립된 방식에 관계없이 결혼의 요건과 효력 및 사망 또는 이혼에 의한 혼인관계의 해소는 법률로 정한다.

3. 배우자들은 시민적, 정치적 자격, 자녀의 부양, 및 교육과 관련해 동일한 권리와 의무를 가진다.

4. 혼외 관계로 태어난 자녀들은 차별을 받아서는 아니 되며, 법률 또는 공공기관이나 공적 서비스는 친자 관계와 관련하여 차별 조항을 적용해서는 아니 된다.

5. 부모는 자녀를 교육 및 부양할 권리와 의무가 있다.

6. 부모가 자녀들에 대한 기본적인 의무를 이행하지 않는 경우를 제외하면 자녀들은 부모와 분리되어서는 아니 되며 부모와의 분리는 항상 사법적 명령에 따라 결정한다.

7. 입양은 법률로 규정하고 보호 받으며, 입양에 필요한 사항을 신속히 기재할 입양 양식을 포함하여야 한다.

第64조 (보건) 1. 모든 국민은 보건의 권리와 더불어 건강을 유지하고 증진해야 할 의무가 있다.

2. 보건의 권리는 다음에 열거한 방법을 통해 행사한다.

a) 보편적이면서 일반적인 서비스로서 특별히 이를 이용하는 국민들의 경제적, 사회적 조건들을 고려해 대체로 무상으로 제공되는 국민건강 보험의 실시

b) 아동, 청소년 및 노인의 보호를 특별히 보장하는 경제적, 사회적, 문화적, 환경적 조건들을 조성하고 생활 및 근로 조건들을 조직적으로 개선하면서 학교와 사회에서 육체적 건강과 스포츠 활동을 증진하는 한편, 국민의 건강 및 위생 교육과 건강한 생활 습관들을 개발

3. 국민이 보건의 권리를 향유할 수 있도록 보장하기 위해 국가는 다음에 열거한 바와 같은 일차적 의무를 이행한다.

a) 개인의 경제적 상황에 관계없이 모든 국민이 예방, 치료 및 재활을 목적으로 하는 의료서비스를 이용할 수 있도록 보장할 의무

b) 보건의료 단위 및 인적 자원의 관점에서 합리적이면서 효율적인 전국적 보험서비스를 보장할 의무

c) 의료 및 의약에 소요되는 비용에 대한 공적 자금을 제공하기 위해 노력할 의무

d) 법인 및 사설 형태의 의료서비스를 규제 및 감시하고, 공영 및 민영 보건 의료기관에서 효율성 및 품질의 적정 기준들을 보장할 수 있는 방법으로 국민보건서비스를 그러한 의료기관들과 연계할 의무

e) 화학제품, 생물학적 제품 의약 제품과 기타 치료 및 진단용 수단들의 생산, 공급, 마케팅, 판매 및 사용을 규제하고 통제할 의무

f) 약물 남용의 예방 및 치료를 위한 정책들을 수립할 의무

4. 국민보건서비스는 분권화된 참여적 관리 제도를 갖추어야 한다.

第67条 (가족) 1. 사회의 기본 요소인 가족은 사회와 국가로부터 보호를 받을 권리뿐만 아니라, 가족 구성원들이 저마다 개인적인 성취를 얻을 수 있도록 하는데 필요한 모든 조건들을 실질적으로 충족할 권리가 있다.

2. 가족을 보호하기 위해 국가는 특히 다음에 열거한 의무들을 이행한다.

a) 가족 단위의 사회적, 경제적 독립을 증진할 의무

b) 노인 정책과 함께 가족을 부양하도록 계획된 국가적 보육 시설망 및 기타 사회 시설망의 설립을 추진하는 한편, 이러한 시설망의 이용권한을 보장해야 할 의무

c) 자녀교육과 관련하여 부모와 협력해야 할 의무

d) 개인의 자유와 관련하여 가족계획에 대한 권리를 보장하고 그에 필요한 방법 및 수단들에 대한 정보전달을 촉진하면서 그러한 방법 및 수단들을 이용할 수 있는 권한을 강화하는 한편, 모성과 부성에 대한 계획이 의식적으로 수립되는 데 법적, 기술적 계획을 준비해야 할 의무

e) 인간의 존엄성을 보호할 수 있도록 대리 임신을 규제해야 할 의무

f) 가계비용에 따라 세금 및 사회적 급여를 규율해야 할 의무

g) 가족을 대변하는 단체들의 조언에 따라 포괄적이면서도 통합적인 가족정책을 수립 및 시행해야 할 의무

h) 다양한 분야별 정책들이 어우러질 수 있도록 하고 직장생활과 가정생활의 조화를 도모해야 할 의무

第68条 (부모) 1. 자녀, 특히 자녀교육과 관련해 대체할 수 없는 고유한 역할을 수행하는 과정에서 부모는 사회와 국가로부터 보호를 받을 권리와 각자의 직업적 성취와 시민생활 참여를 보장받을 권리가 있다.

2. 부성과 모성은 고귀한 사회적 가치들을 구성한다.

3. 여성은 임신 중 출산 후 특별한 보호를 받을 권리가 있으며 여성 노동자들 역시 보수나 특권을 상실하지 않는 한도에서 충분한 기간 동안 휴가를 보장받을 권리가 있다.

4. 자녀의 복리 및 가족 단위의 필요에 따라 부모에게 충분한 기간 동안 휴가를 보장할 것을 법률로 정한다.

30. 기본권의 보장과 그 제한

[대한민국]

第37条 ① 국민의 자유와 권리는 헌법에 열거되지 아니한 이유로 경시되지 아니한다.

② 국민의 모든 자유와 권리는 국가안전보장·질서유지 또는 공공복리를 위하여 필요한 경우에 한하여 법률로써 제한할 수 있으며, 제한하는 경우에도 자유와 권리의 본질적인 내용을 침해할 수 없다.

[러시아]

第6条 2. 러시아연방의 모든 국민은 영토 내에서 러시아연방 헌법에 규정된 모든 권리와 자유를 향유하며, 동등한 책임을 부담한다.

第45条 1. 러시아연방에서는 개인과 시민의 자유와 권리에 대한 국가의 보호가 보장된다.

2. 모든 국민은, 법률에 의해 금지되지 않는 모든 수단을 이용하여 자신의 권리와 자유를 보호할 권리를 갖는다.

제55조 1. 러시아연방 헌법에 기본적인 권리와 자유가 열거되어 있다고 하여 다른 보편적인 개인의 권리와 자유를 축소 또는 부인하는 것으로 해석되어서는 안 된다.

2. 러시아연방 내에서는 개인과 시민의 권리와 자유를 축소하거나 폐지하는 법률이 제정되어서는 안 된다.

3. 개인과 시민의 권리와 자유는 헌법체제, 윤리, 보건, 타인의 권리와 법적 이해관계의 기초 및 국가의 방위와 안전을 보장하기 위해 필요한 정도로만 연방법률로써 제한 할 수 있다.

제56조 1. 국가비상 사태하에서는 국민의 안전보장 및 헌법질서의 수호를 위해 그리고 연방의 헌법적 법률이 정하는 바에 따라 일정기간과 범위를 명시하여 개인의 권리와 자유를 제한할 수 있다.

2. 러시아연방의 모든 영토 및 개별지역에 대한 비상사태 선포는 상황에 맞게, 연방 헌법적 법률이 정한 절차에 따라 이루어진다.

3. 러시아연방 헌법 제20조, 제21조, 제23조(제1항), 제24조, 제28조, 제34조(제1항), 제40조(제1항), 제46조~제54조에 규정된 권리와 자유는 제한할 수 없다.

[멕시코]

제29조 ① 침략, 중대한 치안방해 또는 기타 사회를 심각한 위험 또는 갈등에 놓이게 할 수 있는 사태가 발생한 경우에는 대통령만이 국무부 및 법무부 장관과의 협의에 따라 연방의회 또는 휴회 중인 때에는 상임위원회의 승인을 받아 전국적으로 또는 특정 장소에서 해당 상황에 대하여 신속하고 용이하게 대처하는데 방해될 수 있는 헌법상 권리와 보장을 중지할 수 있다. 그러한 헌법상 권리 및 보장의 중지는 일시적이어야 하고, 특정한 개인에 한정하여 적용하여서는 아니 된다. 연방의회가 개원한 기간 중에 헌법상 권리 및 보장의 중지가 발생한 때에는 연방의회는 대통령에게 해당 상황에 대처하기 위하여 필요한 권한을 부여하여야 한다. 다만, 연방의회의 휴회 중에 해당 상황이 발생하는 때에는 연방의회는 이를 승인하기 위하여 지체없이 소집된다.

② 전항에 규정하는 상황에서 제정한 법령은 차별받지 아니할 권리, 법인격권, 생명권, 개인적 품성에 대한권리, 가족을 보호할 권리, 성명권, 국적을 가질 권리, 아동의 권리, 정치권, 사상의 자유, 종교의 자유, 사후소급적용의 원칙, 사형의 금지, 노예제도 및 노예상태의 금지, 실종 및 고문의 금지, 이러한 권리와 원칙을 보호하기 위하여 필요한 사법적 보장의 행사를 제한하거나 중지할 수 없다.

③ 헌법상 권리 및 보장의 행사에 대한 제한 또는 중지는 헌법이 정하는 조항을 근거로 하고 그에 따라 정당화되어야하며, 위험에 비례하고, 적법성, 합리성, 선언, 공개 및 차별금지의 원칙을 항상 준수하여야 한다.

지정된 기간이 경과하였거나 연방의회가 명령함으로써 헌법상 권리 및 보장의 행사에 대한 제한 또는 중지가 종료된 때에는 해당 제한 또는 중지 기간 동안 취한 모든 법적 및 행정적 조치는 즉시 효력을 상실한다. 대통령은 연방의회가 헌법상 권리 및 보장의 제한 또는 중지를 취소하는 명령에 대하여 이의를 제기할 수 없다.

④ 대법원은 직권으로 즉시 헌법상 권리 및 보장의 제한 또는 중지 기간 동안 대통령이 제정한

법령을 검토하고, 가능한 한 신속하게 그 합헌성과 유효성을 결정하여야 한다.

[독일]

제17a조 (1) 병역복무와 대체복무에 관한 법률은 군대와 대체복무의 소속원에게 병역복무 또는 대체복무 기간에 말, 글 및 그림으로 의견을 자유로이 표현하고 전달하는 기본권(제5조 제1항 제1문 전단), 집회의 자유의 기본권(제8조), 타인과 공동으로 청원 또는 소원을 제출할 권리가 보장되는 경우의 청원권(제17조)이 제한되도록 정할 수 있다.

(2) 민간인의 보호를 포함하는 국방에 기여하는 법률은 거주이전의 자유(제11조)와 주거의 불가침(제13조)의 기본권이 제한됨을 정할 수 있다.

제18조 자유민주주적 기본질서를 공격할 목적으로, 표현의 자유 특히 출판의 자유(제5조 제1항), 교수의 자유(제5조 제3항), 집회의 자유(제8조), 결사의 자유(제9조), 서신, 우편 및 전신의 비밀(제10조), 재산권(제14조) 또는 망명권(제16a조)을 남용한 자는 기본권의 효력을 상실한다. 실효 및 정도는 연방헌법재판소에 의하여 결정된다.

제19조 (1) 기본법에 의하여 기본권이 법률에 의하여 또는 법률에 근거하여 제한될 수 있는 경우에 그 법률은 일반적으로 적용되어야 하고 개별적인 경우에만 적용되어서는 안 된다. 이밖에 그 법률은 기본권의 해당 조항을 적시하여야 한다.

(2) 어떠한 경우에도 기본권의 본질적 내용이 침해되어서는 안 된다.

(3) 기본권은 본질상 적용될 수 있는 경우에는 내국법인에도 적용된다.

(4) 권리가 공권력에 의하여 침해될 때에는 소송을 제기할 수 있다. 다른 관할권이 인정되지 않는 한, 통상적 권리구제절차가 인정된다. 제10조 제2항 제2문에는 영향을 주지 않는다.

[스위스]

제36조 (기본권의 제한) ① 기본권의 제한은 법률상 근거를 필요로 한다. 중대한 제한은 연방법률로 정해야 한다. 다만, 다른 조치가 불가능한 중대하고 직접적이며 절박한 위험이 있는 경우는 그러하지 아니하다.

② 기본권의 제한은 공공의 이익 또는 타인의 기본권을 보호하기 위하여 정당화될 수 있는 것이어야 한다.

③ 기본권의 제한은 그 목적에 비례하는 것이어야 한다.

④ 기본권의 본질적 내용은 침해할 수 없다.

[스페인]

제18조 ④ 법률은 국민의 명예, 개인 및 가족의 사생활과 이러한 모든 권리의 완전한 행사를 보장하기 위하여 정보과학의 이용을 제한할 수 있다.

제53조 ① 이 편 제2장에서 인정하는 권리 및 자유는 모든 공권력을 구속한다. 법률은 어떠한 경우에도 위와 같은 권리 및 자유의 본질적 내용을 존중하여야 한다. 이러한 권리 및 자유의 행사는 법률이 정하는 바에 따라 규율할 수 있고 제161조 제1항 a)의 규정에 따라 보장된다.

② 국민은 누구나 특별약식 절차에 의하여 보통재판소에, 또 경우에 따라 보호청구소송에 의하여 헌법재판소에, 제14조 및 제2장 제1절이 인정하는 자유 및 권리의 보호를 청구할 수 있다. 보호청구소송은 제30조가 인정하는 양심적 병역거부에 적용된다.

③ 제3장에서 인정한 제 원칙의 확인, 존중 및 보호는 입법, 사법, 행정의 지침이 되어야 한다. 이 원칙들은 이를 실행하기 위한 법률이 정하는 경우에 한하여 보통재판소에 그 적용을 신청할

수 있다.

제54조 이 편의 모든 권리를 보호하기 위하여 조직법은 국민의회가 지명하는 국민의회의 최고위원인 호민관(Defensor del Pueblo)제도를 규율한다. 이를 위하여 호민관은 정부의 행동을 감시하고 국민의회에 보고하여야 한다.

제55조 ① 제17조, 제18조 제2항, 제3항, 제19조, 제20조 제1항 a), d), 동조 제5항, 제21조, 제28조 제2항 및 제37조 제2항이 규정하는 모든 권리는 헌법이 정하는 조건에 따라 비상사태 또는 계엄령이 선포되었을 때 정지될 수 있다. 비상사태가 선포될 경우에 제17조 제3항은 유지한다.

② 조직법은 재판소의 관여 및 의회의 적절한 통제하에서 제17조 제2항, 제18조 제2항 및 제3항에서 인정한 권리를 무장단체 또는 테러집단의 행동에 대한 조사와 관련하여 특정한 개인에 관하여 정지할 수 있는 방식 및 경우를 정할 수 있다. 조직법이 인정하는 위와 같은 권한을 남용할 경우에는 법률이 인정하는 권리 및 자유에 대한 침해에 해당되어 이에 대한 형사책임을 진다.

[남아프리카공화국]

제36조 (권리의 제한) ① 권리장전에 포함된 권리는, 그러한 권리의 제한이 다음을 포함한 모든 관련 요소를 고려할 때 인간의 존엄성, 평등 및 자유에 기초한 열린 민주 사회에서 적절하고 정당한 범위에서, 일반적으로 적용되는 법률에 의해서만 제한할 수 있다.

a. 권리의 본질
b. 제한의 목적의 중요성
c. 제한의 본질과 범위
d. 제한과 목적의 관련성
e. 목적을 달성하기 위한 덜 제한적인 수단

② 전항 또는 이 법의 기타 조항에 명시된 경우에 의하지 않고는, 어떠한 법률도 권리장전에서 보호하는 권리를 제한할 수 없다.

[포르투갈]

제19조 (권리의 행사 정지) 1. 헌법에 규정된 형태의 계엄 상태 또는 비상사태가 선포되는 경우가 아닌 한, 주권 행사 기관들은 권리, 자유 및 보장의 행사를 공동 또는 개별적으로 유보하지 아니한다.

2. 외국군이 실질적 공격 또는 임박한 공격을 감행하는 경우, 헌법상의 민주주의 질서가 심각한 위협을 받거나 교란될 경우 또는 공공재해가 발생할 경우에 한해 계엄 상태나 비상사태가 포르투갈 영토의 일부 또는 전역에 걸쳐 선포될 수 있다.

3. 전항에 인용된 전제 조건들의 위험성이 비교적 낮을 경우 비상사태를 선포하되, 유보할 수 있는 권리, 자유 및 보장 중 일부만을 유보한다.

4. 계엄 상태와 비상사태 중 택일하여 그러한 긴급 조치를 선포 및 이행할 때에는 비례의 원칙을 존중하며, 그러한 조치들은 특히 적용 범위와 기간 및 사용되는 수단들과 관련해 정상적인 헌정 상황을 즉시 회복하는데 필요한 한도 내에서만 제한하여 실시한다.

5. 계엄 상태나 비상사태의 선포는 적절한 절차에 따라서 충분한 근거를 제시해야 하고 유보되는 권리, 자유 및 보장을 구체적으로 명시한다. 동일한 한도 내에서 갱신 가능성을 침해하지

않는 한에서 계엄이나 비상사태는 15일 이상 지속하지 아니하며, 전쟁 선포로 인하여 긴급 조치가 발령된 경우 법률로 정한 기간을 초과해서는 아니 된다.

6. 계엄 상태나 비상사태의 선포는 그 어떤 경우에도 생명권, 인간 존엄성, 개인의 정체성, 시민의 자격 및 시민권, 형법의 불소급, 피고인의 방어권 또는 양심과 종교의 자유 등에 영향을 미치지 아니한다.

7. 계엄 상태나 비상사태의 선포는 단지 본 헌법 및 법률에 규정된 방법으로만 정상적인 헌정 상황을 변경할 수 있다. 특히 그러한 긴급 조치의 발령은 주권행사기관들 또는 자치구 자치기관의 책임 및 직무 또는 그러한 직무를 담당하는 공무원들의 권리 및 소추 면책과 관련한 헌법상 규칙의 적용에 영향을 미쳐서는 아니 된다.

8. 계엄 상태나 비상사태의 선포는 정상적인 헌정 상황을 지체 없이 회복하기 위해 필요한 적절한 조치들을 취할 권한과 책임을 공공기관에게 부여한다.

31. 납세의 의무

[대한민국]

제38조 모든 국민은 법률이 정하는 바에 의하여 납세의 의무를 진다.

[미국]

수정헌법 제16조 연방의회는 각 주(州)에 소득세를 할당하거나 어떠한 국세조사나 인구수 산정을 고려하지 않고, 어떠한 소득원이든지 그로부터 얻어지는 소득세를 부과, 징수할 권한을 가진다.

[스페인]

제31조 ① 모든 국민은 평등 및 누진세의 원칙에 의한 공정한 조세제도를 통하여 경제능력에 따라 공공의 비용을 분담한다. 징발적 과세는 어떠한 경우에도 금지된다.

② 공공비용의 지출은 공공자금을 균형적으로 배분하여 이루어져야 하고, 그 편성 및 집행은 효율적이고 경제적인 기준에 따라야 한다.

③ 공공의 목적을 위한 인적 또는 재산적 급부의 제공의무는 법률이 정한 경우에만 부과할 수 있다.

[이탈리아]

제53조 모든 사람은 각자의 능력에 따라 공공 지출에 기여한다.

조세는 누진세로 한다.

[터키]

제73조 모든 국민은 공공지출을 충당하기 위해 자신의 재정자원에 따라 세금을 납부할 의무를 갖는다.

조세부담의 공평하고 균형 있는 분배는 재정정책의 사회적 목표이다.

세금, 사용료, 요금 및 기타 이러한 재정적 부과는 법률로 부과, 개정 또는 폐지된다.

국무회의는 법률로 규정된 최소 및 최대 제한선 이내에서 세금, 요금, 관세 및 기타 이러한 재정적 부과의 감면, 예외 및 삭감의 백분율을 개정할 수 있는 권한을 갖는다.

[포르투갈]

제104조 (조세) 1. 개인소득세는 사회적 불평등을 줄이는데 그 목적이 있으며 단일의 누진세가 되어야 하며 가계 요구 및 소득을 충분히 감안한다.

2. 기업에 대한 세금은 기본적으로 실질소득을 근거로 하여 부과한다.

3. 자산의 과세는 국민들 간의 평등에 기여하여야 한다.

4. 소비자 과세는 경제 발전 및 사회 정의의 요구 사항이 변화됨에 따라 소비구조를 그에 맞게 조정하는데 그 목적이 있으며, 소매용 사치품을 사는 데 드는 비용을 증대시켜야 한다.

32. 국방의 의무

[대한민국]

제39조 ① 모든 국민은 법률이 정하는 바에 의하여 국방의 의무를 진다.

② 누구든지 병역의무의 이행으로 인하여 불이익한 처우를 받지 아니한다.

[러시아]

제59조 1. 조국수호는 러시아연방 국민의 본분이며 의무이다.

2. 러시아연방 국민은 러시아 연방법률에 따라 병역의 의무를 완수해야 한다.

3. 자신의 신념이나 종교적 믿음이 군복무 이행과 상충하는 경우 및 연방법률에 규정된 다른 경우에 러시아 연방 국민들은 대체 복무를 선택할 수 있다.

[멕시코]

제31조 멕시코 국민의 의무는 다음과 같다.

Ⅱ. 거주하고 있는 시가 지정하는 날짜와 시간에 출석하여 시민의 권리행사, 무기사용기술, 군율에 관한 지식에 관한 시민 및 군사교육을 받는다.

Ⅲ. 국가의 독립, 영토, 명예, 권리 및 이익과 국내평화와 질서를 확보하고 방어하기 위하여 관련 조직법에 따라 주(州)방위군에 입대하여 복무한다.

제36조 시민의 의무는 다음과 같다.

Ⅱ. 주(州) 방위군에 입대할 의무

[아르헨티나]

제21조 모든 국민은 조국과 이 헌법을 수호하기 위해 연방의회가 제정한 법률과 연방정부의 명령에 따라 병역 의무를 진다. 귀화한 국민은 귀화서류를 받은 날로부터 10년간 병역을 자유롭게 선택할 수 있다.

[네덜란드]

제98조 ① 네덜란드 국군은 지원병제로 운영되며 징병제를 병행할 수도 있다.

② 의무병역제도 및 현역복무징집 유예 권한은 법률로 정한다.

제99조 양심적 병역거부를 이유로 한 병역면제는 법률로 정한다.

제99조의a 민방위를 목적으로 한 규정 및 의무는 오로지 법률에 의해서만 가능하다.

[독일]

제12a조 (1) 남성에게는 만 18세부터 군대, 연방 국경 수비대 또는 민방위대에서 복무할 의무를 지울 수 있다.

(2) 양심상의 이유로 집총병역을 거부하는 사람에게는 대체복무의 의무를 지울 수 있다. 대체복무의 기간은 병역기간을 초과할 수 없다. 자세한 사항은 양심의 결정의 자유에 영향을 미칠 수 없고, 군대와 연방국경수비대와 무관한 대체복무의 가능성을 규정하여야 하는 법률로 정한다.

(3) 제1항과 제2항에 따라 복무에 동원되지 않는 병역 의무자에게는 방위사태 시에 법률에 의하여 또는 법률에 근거하여 민간인 보호를 포함하는 방위의 목적을 위하여 근로관계에서 민간역무의 의무를 지울 수 있다. 공법상의 근무관계에서의 의무 부과는 경찰임무의 수행을 위하여 또는 공법상의 근무관계에서만 충족시킬 수 있는 공공행정의 고권적 임무의 수행을 위해서만 허용된다. 제1문에 따른 근로관계는 군대, 군대 보급분야 및 공공행정에서 성립될 수 있다. 민간인 급양분야에서 근로관계에서의 의무부과는 민간인의 생활에 필요한 수요를 충족시키거나 그 보호를 확보하기 위해서만 허용된다.

(4) 방위사태 시 민간의 보건시설과 의료시설 및 상주 군사의료기관에서의 민간역무 수요가 자원자로 충족될 수 없으면, 만 18세부터 55세까지의 여성은 법률에 의하여 또는 법률에 근거하여 그러한 유형의 복무에 투입될 수 있다. 여성은 어떠한 경우에도 집총복무에 강제될 수 없다.

(5) 방위사태 발생 이전 시기에는 제3항의 의무는 제80a조 제1항의 조건에 따라서만 부과될 수 있다. 특별한 지식과 숙련을 요하는 제3항에 따른 역무에 대비하기 위하여 법률에 의하여 또는 법률에 근거하여 교육참가의무가 부과될 수 있다. 이 범위에서 제1문은 적용되지 아니한다.

(6) 방위사태 시 제3항 제2문에서 말하는 분야에서 노동력의 수요가 자원자로 충족될 수 없으면, 이 수요를 확보하기 위하여 직업의 행사 또는 직장을 포기하는 독일인의 자유를 법률에 의하여 또는 법률에 근거하여 제한할 수 있다. 방위사태의 발생 전에는 제5항 제1문이 준용된다.

[스위스]

제58조 (군대) ① 스위스는 군대를 보유한다. 군대는 본질적으로 민병(Milzprinzip)을 원칙으로 하여 조직한다.

제59조 (병역 및 대체복무) ① 모든 스위스 남성은 병역의 의무를 진다. 대체복무(Zivilen Ersatzdienst)에 관하여는 법률로 정한다.

② 스위스 여성은 자원하여 군복무를 할 수 있다.

③ 병역 또는 대체복무를 이행하지 아니하는 모든 스위스 국적의 남성에 대하여서는 세금(Abgabe)을 부과 한다. 이 세금은 연방이 부과하되, 주가 확정하고 징수한다.

④ 연방은 병역 또는 대체복무의 수행으로 발생하는 소득손실에 대한 적절한 보상에 관한 법률을 제정한다.

⑤ 병역 또는 대체복무 수행 중에 건강을 해치거나 순직한 자는 그 자신 또는 친족을 위하여 연방으로부터 적절한 지원을 받을 권리를 가진다.

[헝가리]

자유와 책임

제XXXI조 (1) 모든 헝가리 국민은 국방의 의무를 가진다.

(2) 헝가리는 국방을 위하여 자발적 예비군을 유지하여야 한다.

(3) 국가위기상태인 경우 또는 예방적 방어상태 중 국회가 결정하는 경우, 헝가리에 거주하는 모든 성인 남성인 헝가리 국민은 군복무를 수행하여야 한다. 군복무 의무가 있는 자가 무장복무를 할 수 없는 경우에는 비무장복무를 수행하여야 한다. 군복무의 형식과 세부 사항은 기본법률로 정한다.

(4) 헝가리에 거주하는 모든 성인 헝가리 국민은 기본법률의 규정에 따라 국가위기상태 중에 국방을 위한 노역 수행 명령을 받을 수 있다.

(5) 헝가리에 거주하는 모든 성인 헝가리 국민은 기본법률의 규정에 따라 국방 및 재해관리를 위하여 시민보호에 참여하라는 명령을 받을 수 있다.

(6) 모든 사람은 기본법률의 규정에 따라 국방 및 재해관리를 위하여 경제적 및 재정적 서비스를 제공하라는 명령을 받을 수 있다.

[포르투갈]

제276조 (국방, 병역 및 대체복무) 1. 모든 포르투갈 국민은 국가를 수호해야 할 기본적인 권리 및 의무가 있다.

2. 병역을 규정하고 병역 이행의 방식, 성격(자발적 또는 의무적), 기간 및 내용은 법률로 정한다.

3. 법률에 따라 병역 의무의 대상이 되지만 무장 병역에 부적합한 자로 판정을 받은 국민들은 그들의 상황에 적합한 비무장 병역 또는 대체복무를 이행한다.

4. 법률에 따른 병역 의무의 대상이 되는 양심적 병역 거부자들은 무장 병역의 경우와 동일한 기간 및 노동 강도를 지닌 대체복무를 이행한다.

5. 대체복무는 병역을 대체 내지 보완하는 수단으로서 규정할 수 있으며 포르투갈 법률은 병역 의무의 대상이 아닌 국민들에 대해 대체복무를 의무화할 수 있다.

6. 의무적 병역 또는 대체복무를 이행하지 않거나 그러한 의무의 이행을 중단한 국민은 국가 또는 기타 공공기관에 채용되어서는 아니 된다.

7. 국민은 병역 또는 의무적 대체복무를 이행한 이유로 배치, 사회적 급부 내지 종신 고용과 관련해 불이익을 당하지 아니한다.

제273조 (국방) 1. 정부는 국가의 방위를 보장해야 할 의무가 있다.

2. 국방은 헌법 질서, 민주주의 제도 및 국제 협약을 존중하면서 외세의 공격이나 위협으로부터 국가의 독립성, 영토의 보전 및 국민의 자유와 안전을 보장하는데 그 목적이 있다.

33. 저항의 권리·의무

[그리스]

제120조 ④ 헌법 준수는 헌법을 폭력적으로 폐지하려고 시도하는 자에게 가능한 모든 방법으로 저항할 권리와 의무를 갖는 그리스인들의 애국심에 맡긴다.

[독일]

제20조 (4) 모든 독일인은 이러한 질서의 폐지를 기도하는 자에 대하여, 다른 구제수단이 불가능할 때는, 저항할 권리를 가진다.

[포르투갈]

제21조 (저항권) 모든 국민은 각자의 권리, 자유 또는 보장을 침해하는 모든 명령에 저항할 권리를 가지며 공공기관의 도움을 얻을 수 없는 경우에는 모든 공격을 막기 위해 무력을 사용할 권리를 가진다.

34. 헌법존중·옹호의무

[러시아]

제15조 1. 러시아연방의 헌법은 최고의 법적 힘과 직접적 효력을 가지며, 러시아연방의 모든 영토에 적용된다. 러시아연방에서 채택된 법률, 기타의 법령은 러시아 연방의 헌법과 상치되어서는 안 된다.

2. 국가권력기구, 지방자치기구, 공무원, 일반시민들과 그들의 단체는 러시아 연방 헌법과 법률을 준수할 의무가 있다.

[그리스]

제120조 ② 헌법 및 그와 동등한 법률에 대한 존중, 그리고 모국과 민주주의에 대한 헌신은 모든 그리스인의 기본적인 의무이다.

[스페인]

제 9 조 ① 국민과 국가는 헌법 및 기타 법질서에 따라야 한다.

[이탈리아]

제54조 모든 국민은 국가에 충성하고 헌법과 법률을 준수할 의무가 있다.

공무를 위임받은 국민은, 법률에 규정된 경우 선서를 하고, 규율에 맞도록 명예롭게 공무를 수행할 의무가 있다.

[일본]

제99조 [헌법 존중·옹호의 의무] 천황 또는 섭정 및 국무대신, 국회의원, 재판관, 그 밖의 공무원은 이 헌법을 존중하고 옹호할 의무를 진다.

[헝가리]

제R조 (1) 헌법은 헝가리 법체계의 근거가 된다.

(2) 헌법과 입법은 모든 사람에게 구속력을 가진다.

(3) 헌법의 규정은 그 목적, 국민의 맹세 및 역사적 구성의 업적에 따라 해석한다.

[터키]

제11조 헌법조항은 입법부, 행정부, 사법부 및 행정기관과 기타 기관 및 개인을 구속하는 기본적인 규범이다.

법률은 헌법에 저촉되어서는 아니 된다.

[포르투갈]

제 3 조 3. 국가, 자치구, 지방자치단체와 기타 공공기관의 법률 및 법령의 적법성은 헌법에 대한 합치여부에 따라 결정된다.

Ⅳ. 행정부

[대통령(국가원수)]

1. 대통령의 지위·권한

[대한민국]

제66조 ① 대통령은 국가의 원수이며 외국에 대하여 국가를 대표한다.

② 대통령은 국가의 독립·영토의 보전·국가의 계속성과 헌법을 수호할 책무를 진다.

③ 대통령은 조국의 평화적 통일을 위한 성실한 의무를 진다.

④ 행정권은 대통령을 수반으로 하는 정부에 속한다.

[러시아]

제80조 1. 러시아연방 대통령은 국가의 원수이다.

2. 러시아연방 대통령은 러시아연방 헌법 및 국민의 권리와 자유의 수호자이다. 대통령은 러시아연방 헌법이 정한 절차에 따라 러시아연방의 주권독립과 국가적 일체성을 지키기 위한 조치를 강구하며 국가기구들의 균형있는 기능과 상호작용을 보장한다.

3. 러시아연방 대통령은 러시아연방의 헌법 및 연방법률에 따라 국가의 대내 외 정책의 기본방향을 설정한다.

4. 러시아연방 대통령은 국가원수로서 국가 내에서 그리고 국제적인 관계에서 러시아연방을 대표한다.

[미국]

제2조 ① 제1문 행정권은 미국 대통령에게 속한다. 대통령의 임기는 4년으로 하며, 동일한 임기의 부통령과 함께 다음과 같은 방법에 의하여 선출된다.

[그리스]

제26조 ② 행정권은 대통령과 정부가 행사한다.

제30조 ① 대통령은 공화국 기관들의 기능을 관리한다...

제50조 대통령은 헌법 및 헌법과 동시에 적용되는 법에 의해 명시적으로 수여된 권한 이외에 다른 권한을 갖지 않는다.

[노르웨이]

제3조 행정권은 국왕 또는 제6조, 제7조 또는 제48조의 규정에 의해 왕위를 계승한 여왕에게 있다. 왕위를 계승한 여왕은 헌법과 법률에 따라 국왕이 갖는 모든 권리·의무를 가진다.

[뉴질랜드]

제2조 ① 뉴질랜드의 정당한 군주는 뉴질랜드의 국가 수장이고, 선포된 칭호와 직함으로 칭한다.

② 군주에 의하여 임명된 총독은 뉴질랜드에서 군주의 대리인이다.

제3조 ① 왕권의 행사는 군주 자신 또는 총독이 법률에 의하여 부여된 권한으로 군주를 대리하여 행사한다.

② 법률에서 규정한 '위원회에서의 총독' 기타 그와 유사한 표현은 최고집행위원회의 조언 및 동의를 얻어 권한을 행사하는 군주도 포함한다.

[룩셈부르크]

제32조 ② 대공은 헌법에 근거하여 특별히 제정된 법률이 공식적으로 부여하는 권한 이외에는 다른 권한이 없다. 이는 현행 헌법 제3조를 해하지 않는다.

제33조 대공은 국가의 원수이고 그가 속한 단일체의 상징이며 국가적 독립성의 보증인이다. 대공은 헌법과 법률에 따라 행정권을 행사한다.

[벨기에]

제88조 국왕은 불가침이다. 국왕의 장관들은 책임을 진다.

[스위스]

제176조 (대통령) ① 연방대통령은 연방내각의 의장을 겸한다.

[스페인]

제56조 ① 국왕은 통일성 및 영속성의 표상으로서 국가의 원수이다. 국왕은 모든 제도의 정상적 기능을 중재·조정하며 국제관계, 특히 역사적 공동체의 모든 국가와의 관계에 있어서 스페인의 최고의 대표자이며 헌법 및 법률이 명문으로 부여하는 권한을 행사한다.

② 국왕의 칭호는 스페인 국왕이며 왕위에 관계되는 기타 칭호도 사용할 수 있다.

③ 국왕의 인격은 불가침이며 국왕에게는 정치적, 민·형사적 책임을 물을 수 없다. 국왕의 행동은 제64조가 정한 방식의 부서가 없으면 무효이다. 다만, 제65조 제2항에 규정된 것은 그러하지 아니하다.

제62조 국왕의 권능은 다음 각 호와 같다.

c) 헌법이 정하는 경우 국민투표를 공시한다.

g) 국사에 관한 보고를 받고 총리의 요청이 있는 경우 각의를 주재한다.

j) 왕립예술원을 후원한다.

제65조 ① 국왕은 가족 및 왕궁의 유지를 위하여 포괄적인 금액을 국가의 예산에서 받으며 이를 자유로이 분배한다.

② 국왕은 왕궁의 문관 및 무관을 자유로이 임명 및 해임한다.

[아이슬란드]

제11조 (1문) 대통령은 행정 행위에 대해 책임을 지지 아니 한다. 대통령 권한 대행자에게도 동일한 규정이 적용된다.

[아일랜드]

제12조 1. 아일랜드의 대통령(Uachtarán na hÉireann, 이하 '대통령'이라고 함)은 국가의 모든 개인에 우선하며, 본 헌법과 법률에 의해 대통령에게 부여된 권한과 직무를 수행한다.

11. 1° 대통령은 더블린 시내에 또는 근처에 공관을 둔다.

2° 대통령은 법률로 정할 수 있는 보수와 수당을 받는다.

3° 대통령의 보수와 수당은 임기 동안 감소되지 아니 한다.

제13조 8. 1° 대통령은 대통령의 권한과 직무의 행사 및 수행에 대해 또는 이에 있어서 대통령에 의해 실시되었거나 실시하고자 하는 행동에 대해 국회 양원이나 법원에 책임을 지지 아니 한다.

2° 그러나, 대통령의 행동은 본 헌법 제12조 제10항의 목적상 상원 또는 하원에서 또는 상원 또는 하원에 의해 지명 또는 지정된 법원, 재판소 또는 기관에 의해 제12조 제10항에 따라 탄핵 조사 목적으로 조사 대상이 될 수 있다.

9. 본 헌법에 의해 대통령에게 부여된 권한과 직무는 내각의 권고에 의해서만 대통령에 의해 행사 및 수행될 수 있다. 단, 대통령이 절대 재량이 있거나, 국가평의회와의 협의로 또는 국가평의회와 관련하여 실시하거나, 기타 개인이나 법인의 권고나 추천 또는 기타 형태의 의견에 따르도록 본 헌법에 규정된 경우는 제외한다.

10. 본 헌법에 의거하여, 법률에 의해 대통령에게 추가 권한 및 직무가 부여될 수 있다.

11. 법률에 의해 대통령에게 부여된 권한과 직무는 내각의 권고에 의하지 않고는 대통령에 의해 행사 또는 수행될 수 없다.

[오스트리아]

제61조 ② '연방대통령'칭호는 – 부가어와 함께 또는 다른 명칭과 연관하여 – 다른 누구도 사용해서는 안 된다. 그 칭호는 법적으로 보호된다.

제68조 ① 연방대통령은 그의 직무의 집행에 관하여 제142조에 따라 연방총회에 대해 책임을 진다.

② 이러한 책임의 행사를 위해 국민회의 또는 연방참사원의 의결에 따라 연방수상에 의해 연방총회가 소집되어야 한다.

③ 제142조에 따른 기소를 위한 의결에 대해서는 양 대의기관 구성원의 각각 과반수 참석과 투표수 3분의 2 이상의 찬성이 필요하다.

[일본]

제 1 조 [천황의 지위·국민주권] 천황은 일본국의 상징이며 일본국민통합의 상징으로서, 그 지위는 주권의 보유자인 일본 국민의 총의에 기초한다.

제 3 조 [천황의 국사행위와 내각의 조언·승인 및 책임] 천황의 국사에 관한 모든 행위는 내각의 조언과 승인을 필요로 하며, 내각이 그 책임을 진다.

제 4 조 [천황의 권한의 한계와 행사의 위임] ① 천황은 이 헌법이 정하는 국사 (國事)에 관한

행위만을 하며, 국정(國政)에 관한 권한을 가지지 아니한다.
② 천황은 법률이 정하는 바에 따라 국사에 관한 행위를 위임할 수 있다.

[헝가리]

제9조 (1) 대통령은 헝가리의 원수이며, 국가통합을 구현하고 국가조직의 민주적 운영을 수호한다.
(3) 대통령은,
a) 헝가리를 대표하고,
d) 전국 국민투표를 제안할 수 있으며,
e) 국회의원, 지방대표 및 시장 및 유럽의회 구성원 총선거 및 전국 국민투표의 일자를 정하고,
f) 특별한 법적 명령에 관한 결정을 내리며,
g) 국회의 취임회기를 소집하고,
h) 국회를 해산할 수 있으며,
i) 제정 또는 개정된 헌법을 그 채택에 관하여 헌법에 규정된 절차적 요건의 준수여부를 심사하기 위하여 헌법재판소에 송부할 수 있고, 채택된 법률을 헌법의 준수여부를 심사하기 위하여 헌법재판소에 송부하거나 재의를 위하여 이를 국회에 환부할 수 있다.
j) 수상, 대법원장, 국가사법평의회 위원장, 검찰총장 및 기본권위원회 위원장이 될 자를 제안하여야 하고,
k) 전문법관 및 예산평의회의 장을 선임하여야 하며,
l) 헝가리과학원장 및 헝가리예술원장의 임명을 확인하여야 하고,
m) 그 직을 위한 조직을 형성하여야 한다.
(4) 대통령은,
c) 장관 헝가리은행장 및 부행장 자율규제기구의 장 및 대학교수를 선임하여야 하고,
d) 대학 목사를 선임하여야 하고,
e) 총회장(generals)의 선임 및 진급을 명하여야 하며,
f) 법정 훈장, 포상 및 작위를 수여하고, 외국 훈장의 사용을 승인하여야 하고,
g) 개인을 사면할 권리를 행사하여야 하며,
h) 그 책임 및 권한에 속하는 영토 내의 행정사항을 결정하여야 하고,
i) 국적의 취득과 종료에 관한 사항을 결정하여야 하며,
j) 기타 법률에 의하여 그 권한에 속하는 사항을 결정하여야 한다.
(5) 제4항에 의한 대통령의 결정 등에는 정부구성원이 서명하여야 한다. 법률은 대통령의 법정 권한에 속하는 결정에 대하여 정부구성원의 서명을 요하지 않는 것으로 정할 수 있다.
(6) 대통령은 법적 조건이 부재하거나 국가의 민주적 운영에 심각한 지장을 초래할 수 있다는 충분한 이유가 있는 경우 제4항 제b호부터 제e호에 규정된 의무의 이행을 거부하여야 한다.
(7) 대통령은 헌법에 내포된 가치에 위배되는 경우 제4항 제f호에 규정된 의무의 이행을 거부하여야 한다.

제12조 (1) 대통령은 불가침이다.
(5) 대통령과 전임 대통령의 법적 지위와 보수에 관한 세부규칙은 기본법률로 정한다.

[터키]

제8조 행정부의 권한과 직무는 헌법과 법률에 따라 공화국 대통령과 국무회의가 행사하고 수행한다.

제104조 공화국 대통령은 국가의 수반이다. 그 권한 내에서 대통령은 터키 공화국과 터키 국민을 대표한다. 대통령은 헌법의 구현과 국가기관의 일상적이며 조화로운 기능 수행을 보장해야 한다.

이러한 목적을 위해 대통령이 수행해야 할 의무와 행사할 권한은 헌법의 관련 조항에 명시된 조건에 따라 다음과 같다.

a) 입법에 관한 의무와 권한

대통령이 필요하다고 판단할 경우, 입법 회기년도 개회일에 터키 대국민회의 개회사 낭독,

대통령이 필요하다고 판단할 경우, 터키 대국민회의 회의소집,

법률 공포,

재고를 위해 터키 대국민회의에 법률 반송,

대통령이 필요하다고 판단할 경우, 헌법 개정에 관한 법안을 국민투표에 회부,

형식과 내용 면에서 법률의 특정 조항, 법률적 효력을 갖는 시행령, 터키 대국민회의 의사규칙이 헌법에 위반된다는 이유로 일부 또는 전체에 대한 무효를 헌법재판소에 청구

터키 대국민회의 총선 실시

b) 행정기능에 관한 의무와 권한

총리임명 및 총리의 사임 수용,

총리의 제청에 따라 각료 임면,

국무회의 의장직 수행 또는 대통령이 필요하다고 판단할 경우 언제든지 대통령을 의장으로 하는 국무회의 소집, 외국에 대한 터키 국가대표자 및 터키 공화국에 임명된 외국의 대표자에게 신임장 수여,

국제조약 비준 및 공포, 터키 대국민회의를 대신하여 터키 군대의 최고 군통치권자 역할 수행,

터키 군 동원 결정,

참모총장 임명,

국가안보위원회 소집,

국가안보위원회 의장직 수행,

계엄령 또는 국가 비상사태 선포 및 대통령을 의장으로 하는 국무회의 결정에 따라 법률적 효력을 갖는 명령 발효,

명령서명,

만성질환, 장애 또는 고령을 근거로 개인에게 부과된 형량의 전부 또는 일부 감면,

국가감독위원회 위원 및 의장 임명,

국가감독위원회의 질의·조사 및 감사 지시,

고등교육위원회 위원 임명

c) 사법에 관한 의무와 권한

헌법재판소 판사, 최고행정법원 판사 4분의 1, 고등법원 검사장과 부검사장, 고등 군사법원 판사, 고등 군사행정법원 판사, 최고판사위원회 위원 및 검사 임명,

선거 및 임명 권한을 행사하며 헌법과 법률이 대통령에게 부여한 그 밖의 의무를 수행한다.

[포르투갈]

제120조 (정의) 대통령은 포르투갈공화국을 대표하고 국가의 독립성, 국가의 단일성 및 민주주의 제도의 정상적인 기능을 보장하며 포르투갈 국군의 직권상 최고통수권자를 담당한다.

제 2 장 책임

제133조 (다른 기관과 관련된 책임) 다른 기관들과 관련하여 대통령은 다음에 열거한 사항들에 대한 책임을 진다.

a) 국가평의회 의장직의 수행
b) 선거법에 따라 대통령 선거일, 의회의원 선거일, 유럽의회의원 선거일 및 자치구 의회의원 선거일을 결정
c) 의회 임시 개회의 요청
d) 의회 및 자치구 의회에 대통령 교서를 전달
e) 제172조 규정에 의거해 의회 원내 정당들 및 국가평의회와 1차 협의를 실시한 후, 의회를 해산
f) 제187조 제1항에 따라 수상 임명
g) 제195조 제2항에 따라 정부 내각 교체, 제186조 제4항에 따라 수상 면직
h) 수상의 발의에 따라 정부 구성원을 임면
I) 수상의 요청이 있을 경우, 각료회의 의장직을 수행
j) 국가평의회 및 자치구 의회 원내 정당들과 1차 협의 후, 제172조의 규정을 준용해 자치구 의회를 해산
<k)는 원문에 없으므로 잘못된 것은 아님>
l) 정부와 1차 협의 후, 공화국의 대표들을 각 자치구에 임면
m) 정부의 발의에 따라 회계감사법원장 및 법무부장관을 임면
n) 위원 5명과 최고사법평의회의원 2명을 임명
o) 최고국방협의회 의장직 수행
p) 정부의 발의에 따라 국군참모총장을 임명, 국군참모총장과 협의 후 국군참모 부참모장 및 육·해·공군참모 총장을 각각 임명

제136조 (법 제정 및 거부권) 1. 하나의 법률로서 제정할 의회의 법령을 접수한 날로부터 20일 이내에 혹은 해당 법령의 규정이 위헌의 소지가 없음을 선고한 헌법재판소 판결 선고일로 부터 20일 이내에 대통령은 해당 법령을 공표하거나 거부권을 행사한다. 후자의 경우, 대통령은 거부권 행사의 근거를 설명하고 해당 법령의 재검토를 요청하는 내용의 교서를 전달한다.

2. 의회가 재적의원 과반수에 의해 원래의 결의를 확인할 경우, 대통령은 해당 법령을 접수한 날로부터 8일 이내에 이 법령을 공표한다.

3. 단, 조직법의 형태를 취하는 법령이나 다음의 사안에 관한 법령에 대하여 원래의 결의를 확인하기 위해서는 출석 의원의 3분의 2 이상과 재적의원 과반수를 넘는 다수결이 요구된다.

a) 대외 관계
b) 생산 수단의 소유와 관련해 공공 부문, 민간 부문 및 협동조합 부문 간 경계
c) 조직법의 형태를 취하지 않는 규정으로서 본 헌법에 규정된 선거 법령을 규율하는 규정

4. 제정할 정부 법령을 접수한 날로부터 40일 이내에 혹은 해당 법령의 조항이 위헌의 소지가 없음을 선고한 헌법재판소 판결 선고일로부터 40일 이내에 대통령은 해당 법령을 공표하거나 거부권을 행사한다. 후자의 경우, 대통령은 거부권 행사의 근거를 정부에 서면으로 통보한다.

5. 또한 대통령은 제278조 및 제279조에 따라 거부권을 행사한다.

第137조 (제정 또는 승인 불이행) 대통령이 제134조 제2호에 규정된 법령을 공표하지 아니하거나 서명하지 아니할 경우 그 법령은 법적 효력이 없다.

[핀란드]

第57조 (대통령의 직무) 대통령은 헌법이나 다른 법률에 구체적으로 규정된 직무를 수행한다.

第58조 (대통령의 결정) 대통령은 정부가 제안한 발의를 토대로 정부에 관한 결정을 한다. 대통령이 정부의 발의에 대한 결정을 하지 않는 경우, 그 사안은 정부로 회송하여 새로 준비한다. 이 경우, 법률의 확인 또는 공직자의 선임에 관한 것 이외의 사항인 경우, 정부는 그 사항에 대한 보고서를 의회에 제출할 수 있다. 그 후 그 사안은 정부의 제안이 있는 경우, 당해 보고서에 기초하여 의회가 채택한 입장에 따라 결정한다.

제1문의 규정에도 불구하고, 대통령은 정부의 발의 없이 다음 사항을 결정한다.

(1) 정부나 장관 임명, 정부나 장관의 사표 수리

(2) 특별의회 선거에 관한 명령 공포

(4) 올란드제도의 재정과 관련된 것을 제외하고 올란드제도 자치에 관한 법에 언급된 문제

해당 장관이 안건을 대통령에게 제출한다. 단 이 문제가 정부 전체와 관련된 경우 해당 정부 보고관이 정부 조직 개편안을 제출한다. 대통령은 법률이 정한 세부사항에 따라 장관과 함께 군사 명령 관련 문제에 관해 결정한다. 대통령은 군부 임명과 법률로 정한 대통령실 관련 문제에 대해 결정한다.

군사위기관리에 대한 참가에 관한 결정은 법률에서 따로 정하는 바에 의한다.

2. 대통령의 선거

[대한민국]

第67조 ① 대통령은 국민의 보통·평등·직접·비밀선거에 의하여 선출한다.

② 제1항의 선거에 있어서 최고득표자가 2인 이상인 때에는 국회의 재적의원 과반수가 출석한 공개회의에서 다수표를 얻은 자를 당선자로 한다.

③ 대통령후보자가 1인일 때에는 그 득표수가 선거권자 총수의 3분의 1 이상이 아니면 대통령으로 당선될 수 없다.

④ 대통령으로 선거될 수 있는 자는 국회의원의 피선거권이 있고 선거일 현재 40세에 달하여야 한다.

⑤ 대통령의 선거에 관한 사항은 법률로 정한다.

第68조 ① 대통령의 임기가 만료되는 때에는 임기만료 70일 내지 40일전에 후임자를 선거한다.

② 대통령이 궐위된 때 또는 대통령 당선자가 사망하거나 판결 기타의 사유로 그 자격을 상실한 때에는 60일 이내에 후임자를 선거한다.

[멕시코]

제81조 멕시코 합중국의 대통령은 선거법에 따라 국민이 직접 선출한다.

제82조 대통령은 다음과 같은 자격이 요구된다.

Ⅰ. 자기의 권리를 행사할 수 있는 법적 자격이 있는 출생에 의한 멕시코 시민으로서, 멕시코 부모의 자녀이고 20년 이상 국내에 거주하여야 한다.

Ⅱ. 선거일 현재 35세에 달하여야 한다.

Ⅲ. 선거일로부터 1년 전부터 국내에 거주하여야 한다. 국내에 거주하지 아니한 기간이 30일 이하인 때에는 거주한 것으로 본다.

Ⅳ. 목사 또는 성직자가 아니어야 한다.

Ⅴ. 선거일로부터 6개월 전에 군에서 전역하여야 한다.

Ⅵ. 선거일로부터 6개월 전에 장관 또는 차관, 검찰총장, 주지사 또는 연방직할시 시장의 직을 사임하여야 한다.

Ⅶ. 제83조에 규정하는 결격사유에 해당하지 아니하여야 한다.

[미국]

제2조 ① 제2문 각 주(州)는 그 주(州) 의회가 정하는 바에 따라, 그 주(州)가 연방의회에 보낼 수 있는 상원의원과 하원의원의 총수와 동수의 선거인을 임명한다. 다만, 상원의원이나 하원의원 또는 미국에서 위임에 의한 또는 유급의 관직에 있는 자는 선거인이 될 수 없다.

제3문 선거인은 각기 자기 주(州)에서 회합하여 비밀투표에 의하여 2인을 선출한다. 다만, 2인 중 적어도 1인은 선거인과 동일한 주(州)의 주민이 아니어야 한다. 선거인은 모든 득표자들의 명부와 각 득표자의 득표수를 기재 한 표를 작성하여 서명하고 확인한 다음, 봉함하여 상원의장 앞으로 미국 정부의 소재지로 송부한다. 상원의장은 상원의원 및 하원의원 앞에서 모든 확인서를 개봉하고 계표한다. 최고 득표자의 득표수가 임명된 선거인 총수의 과반수가 되었을 때에는 그가 대통령으로 당선된다. 과반수 득표자가 2인 이상이 되고, 그 득표수가 동수일 경우에는 하원이 즉시 비밀투표로 그 중 1인을 대통령으로 선임해야 한다. 과반수 득표자가 없을 경우에는 하원이 동일한 방법으로 최다득표자 5명중에서 대통령을 선출한다. 다만, 이러한 방법에 의하여 대통령을 선거할 때에는 선거를 주(州)단위로 하고 각 주(州)의 대표자는 1표의 투표권을 가지며, 그 선거에 필요한 정족수는 각 주(州)의 하원의원의 3분의 2로부터 1명 또는 그 이상의 의원의 출석으로써 성립되며, 전체 주(州)의 과반수 찬성을 얻어야 선출될 수 있다. 어떤 경우에 있어서나, 대통령을 선출하고 난 후에 최다수의 득표를 한 자를 부통령으로 한다. 다만, 동수의 득표자가 2인 이상 있을 때에는 상원이 비밀투표로 그 중에서 부통령을 선출한다.

제4문 연방의회는 선거인들의 선임시기와 이들의 투표일을 결정할 수 있으며, 이 투표일은 미국 전역을 통하여 같은 날이 되어야 한다.

제5문 출생에 의한 미국 시민이 아닌 자, 또는 이 헌법의 제정 시에 미국 시민이 아닌 자는 대통령으로 선임될 자격이 없다. 연령이 35세에 미달한 자, 또는 14년간 미국 내에 거주하지 아니한 자도 대통령으로 선임될 자격이 없다.

제6문 수정헌법 제12조 선거인은 각각 자신의 주(州)에서 집회하여, 비밀투표에 의하여 대통령과 부통령을 선거한다. 양인 중 적어도 1인은 선거인과 동일한 주(州)의 주민이 아니어야 한다. 선거인은 투표용지에 대통령으로 투표되는 사람의 이름을 지정하고, 별개의 투표용지에 부통령으로 투표되는 사람의 이름을 지정하여야 한다. 선거인은 대통령으로 투표된 모든 사람의 명부와 부통령으로 투표된 모든 사람의 명부 그리고 각 득표자의 득표수를 기재한 표를 별개로 작성하여 선거인이 이에 서명하고 확인한 다음, 봉합하여 상원의장 앞으로 미국 정부 소재지로 송부한다. 상원의장은 상원의원 및 하원의원의 참석하에 모든 확인서를 개봉하고 개표한다. 대통령으로서의 투표의 최고득표자를 대통령으로 한다. 다만, 득표수가 선임된 선거인 총수의 과반수가 되어야 한다. 이와 같은 과반수 득표자가 없을 경우 하원은 즉시 대통령으로 투표된 사람의 명부 중 3인을 초과하지 아니 하는 최다수 득표자들 중에서 대통령을 비밀투표로 선거해야 한다. 다만, 이러한 방법으로 대통령을 선거할 때에는 투표를 주(州)단위로 하고, 각 주(州)는 1표의 투표권을 가지며, 그 선거에 필요한 정족수는 전체 주(州)의 3분의 2의 주(州)로부터 1명 또는 그 이상의 의원의 출석으로써 성립되며, 전체 주(州)의 과반수의 찬성을 얻어야 선출될 수 있다. 대통령 선정권이 하원에 귀속된 경우에는 하원이(다음 3월 4일까지) 대통령을 선정하지 않을 때에는 대통령의 사망 또는 그 밖의 헌법상의 직무수행 불능의 경우와 같이 부통령이 대통령의 직무를 행한다. 부통령으로서의 최고득표자를 부통령으로 한다. 다만, 그 득표수는 선임된 선거인 총수의 과반수가 되어야 한다. 과반수 득표자가 없을 경우에는 상원이 득표자 명부 중 최다수 득표자 2인 중에서 부통령을 선임한다. 이 목적을 위한 정족수는 상원의원 총수의 3분의 2로 성립되며, 그 선임에는 의원총수의 과반수가 필요하다. 다만, 헌법상 대통령의 직에 취임할 자격이 없는 사람은 미국 부통령의 직에 취임할 자격도 없다.

[아르헨티나]

제89조 대통령이나 부통령으로 선출되려면 아르헨티나 태생이거나 외국에서 태어났다면 아르헨티나 태생 국민의 자녀이고, 상원의원이 되는 데 필요한 기타 자격이 있어야 한다.

제94조 대통령과 부통령은 헌법에 따라 국민이 직접 결선투표로 선출한다. 이 목적상 전국이 단일 선거구가 된다.

제95조 선거는 대통령 임기 만료 전 2개월 내에 실시한다.

제96조 해당되는 경우 결선투표는 이전 선거 후 30일 내에 최다득표 후보 2팀 사이에 실시한다.

제97조 첫 투표에서 최다득표 팀이 유효 찬성표의 45퍼센트 이상을 획득하면, 그 팀은 대통령과 부통령으로 당선된다.

제98조 첫 투표에서 최다득표 팀이 최소한 유효 찬성표의 40퍼센트를 획득하고 차순위 득표 팀의 모든 유효 찬성표와 10퍼센트 이상 차이나면, 그 팀은 대통령과 부통령으로 당선된다.

[프랑스]

제6조 ① 대통령은 직접, 보통 선거에 의하여 5년 임기로 선출한다.

③ 이 조의 시행방법은 조직법으로 정한다.

제7조 ① 대통령은 유효투표의 절대 과반수 획득에 의하여 선출된다. 제1차 투표에서 절대 과반수를 획득한 후보자가 없는 경우에는 그로부터 14일 후에 제2차 투표를 실시한다. 제1차 투표에서 더 많이 득표한 후보자가 사퇴한 경우에는 제1차 투표에서 최다 득표한 2인의 후보자만 제2차 투표에 참가할 수 있다.

② 대통령 선거는 정부의 공고에 의하여 실시한다.

③ 현 대통령의 임기 만료 35일 내지 20일 이전에 후임자를 선거한다.

⑤ 대통령이 궐위되거나 헌법위원회가 대통령이 최종적으로 직무를 수행할 수 없음을 최종적

으로 선언한 경우에는, 후임자를 선출하기 위한 선거는 헌법위원회에서 불가항력적 사유가 있음을 인정한 경우를 제외하고는 궐위가 시작되거나 최종적인 직무수행 불능이 선언된 날로부터 35일 내지 20일 이내에 실시한다.

⑥ 입후보 등록 마감 30일 이전에 입후보할 것임을 공개적으로 선언했던 후보자가 입후보등록 마감 전 7일 이내에 사망하거나 직무를 수행할 수 없게 된 경우에는, 헌법위원회는 선거를 연기할 수 있다.

⑦ 제1차 투표 전에 후보자 중 1인이 사망하거나 직무를 수행할 수 없게 된 경우에는, 헌법위원회는 선거의 연기를 선언한다. 제1차 투표 후 사퇴가 이루어지기 전에 최다득표자 2인 중 1인이 사망하거나 직무를 수행할 수 없게 된 경우에는, 헌법위원회는 재선거를 선언한다. 제2차 투표의 후보자로 정해진 2인 중 1인이 사망하거나 직무를 수행할 수 없게 된 경우에도 이와 같다.

⑧ 모든 사안들은 제6조에 규정된 조직법에서의 후보자 등록에 관한 방법 또는 제61조 둘째 문단에 규정된 방법에 따라 헌법위원회에 부의된다.

⑨ 헌법위원회는 헌법위원회의 결정이 있은 날로부터 35일 이내에 선거가 실시되는 경우에는 셋째 문단 및 다섯째 문단에서 정한 기한을 연장할 수 있다. 이 문단의 적용으로 인하여 선거가 현 대통령의 임기만료 후에 실시되는 경우에는 현 대통령은 그 후임자가 공포될 때까지 직무를 수행한다.

⑩ 대통령이 궐위되거나 최종적으로 직무를 수행할 수 없음이 선언되어 후임자를 선출하는 기간 동안에는 헌법 제49조, 제50조, 제89조가 적용되지 아니한다.

[독일]

제54조 (1) 연방대통령은 연방회의에서 토론을 거치지 않고 선출된다. 연방의회 의원의 선거권을 갖는 만 40세에 달한 모든 독일인은 피선거권을 갖는다.

[스위스]

제176조 (대통령) ② 연방의회는 연방내각의 각료 중에서 1년의 임기로 연방내각의 대통령 및 부통령을 선출한다.

③ 연방내각의 대통령 및 부통령은 임기 다음 해에는 연임하지 못한다. 대통령은 다음 해에 부통령으로 선출되지 못한다.

[아이슬란드]

제3조 대통령은 국민이 선출한다.

제4조 35세 이상으로서 거주 요건을 제외하고 의원 선거권을 행사하는데 필요한 요건을 충족한 자는 대통령으로 선출될 수 있다.

제5조 대통령은 의원 선거권이 있는 국민의 직접 비밀 선거로 선출한다. 대통령 후보는 1,500명 이상 3,000명 이하의 유권자가 추천한다. 후보가 2명 이상이면 최다 득표자가 대통령으로 정식 당선된다. 후보가 1명뿐이면 투표 없이 정식 당선된다. 대통령 후보와 선거에 대한 추가 규정은 법률로 정하며, 일정수의 추천인이 국내의 각 지역에 해당 지역의 유권자수에 비례하여 거주해야 한다고 규정할 수 있다.

제6조 대통령 임기는 8월 1일에 시작하여 4년 후 7월 31일에 끝난다. 대통령 선거는 임기가 만료되는 해의 6월이나 7월에 실시한다.

[아일랜드]

제12조 2. 1° 대통령은 국민의 직접 선거에 의해 선출된다.

2° 하원의원 선거에 대한 투표권이 있는 모든 국민은 대통령 선거에 대한 투표권을 가진다.

3° 투표는 단기이양식 비례대표제에 의거하여 비밀 투표로 실시한다.

3. 3° 대통령 선거는 모든 대통령의 임기 만료일로부터 60일 전에 실시하며, 이보다 지연되거나 조기에 실시하지 아니 한다. 단, 대통령의 해임, 사망, 사임 또는 앞서 언급한 바와 같이 영구적인 행위능력 상실(대통령 취임 전 또는 후 발생 여부와 상관없음)이 입증된 경우, 대통령 선거는 해당 발생일로부터 60일 이내에 실시한다.

4. 1° 35세의 연령에 달한 모든 국민은 대통령 후보자 자격이 있다.

2° 전임 또는 퇴임 대통령이 아닌, 모든 선거 후보자는 다음 중 한 가지 방법으로 지명된다.

ⅰ. 현직 국회의원 20명 이상의 지명

ⅱ. 법률로 정의된 행정상의 주(자치도시 포함) 평의회 4곳 이상의 지명

3° 어떠한 개인 또는 어떤 해당 평의회도 동일한 선거에 대해 두 명 이상의 후보자의 지명에 동의할 자격이 없다.

4° 전임 또는 퇴임 대통령은 스스로 지명 후보자가 될 수 있다.

5° 대통령직에 한 명의 후보자만이 지명되는 경우, 선거를 실시할 필요가 없다.

5. 본 조에 따라 대통령 선거는 법률로 정한다.

[헝가리]

제10조 (1) 대통령은 국회에서 5년마다 선출한다.

(2) 35세 이상의 헝가리 국민은 대통령으로 선출될 수 있다.

제11조 (1) 대통령은 전임 대통령의 임기 만료 시로부터 60일 내지 90일 이전 또는 그 임기가 중단된 날로부터 30일 이내에 선출하여야 한다. 대통령 선출일은 국회의장이 정한다. 국회는 비밀투표로 대통령을 선출한다.

(2) 대통령을 선출할 때에는 먼저 지명을 해야 한다. 지명은 국회의원 5분의 1 이상의 추천서가 있는 경우에 유효하다. 지명서는 국회의장에게 제출하고, 국회의장이 투표를 명한다. 모든 국회의원은 1인의 후보를 제안할 수 있다. 2인 이상의 후보를 제안하는 경우에는 무효로 한다.

(3) 제1차 투표 시 국회의원 3분의 2 이상의 득표를 한 자를 대통령으로 선출한다.

(4) 제1차 투표로 대통령을 선출하지 못 한 경우, 제2차 투표를 시행한다. 제2차 투표는 제1차 투표의 최다 득표자와 차하위 득표자에게 할 수 있다. 제1차 투표 시 최다 득표자가 2인 이상인 경우에는 최다 득표자에 한하여 투표할 수 있고, 최다 득표자가 1인이고 차하위 득표자가 2인 이상인 경우에는 최다 득표자와 차하위 득표자에게 투표할 수 있다. 제2차 투표 시에는 득표수와 관계없이 최다 득표자를 대통령으로 선출한다. 제2차 투표로 대통령을 선출하지 못한 경우, 재지명 후 선거절차를 새로 진행한다.

(5) 선거절차는 최대 2일 이내에 완료하여야 한다.

(6) 대통령 당선인은 국회 앞에서 선서하여야 하고, 전임 대통령의 임기가 만료하는 때 또는 전임 대통령의 임기가 중단된 경우 선거결과 공표일로부터 8일이 경과한 때 취임한다.

[터키]

제101조 (2007년 5월 31일 개정) (1) 공화국 대통령은 40세 이상으로 고등학력을 완수한 터키

대국민회의 의원 또는 이러한 자격요건을 충족시키고 대의원으로서의 피선거권을 갖는 일반 터키 국민 중에서 국민에 의해 선출된다.

제102조 (2007년 5월 31일 개정) 공화국 대통령선거는 현직 공화국 대통령의 임기가 만료되기 전 60일 내에 또는 대통령이 궐위된 후 60일 이내에 완료되어야 한다.

보통선거로 진행되는 대통령선거에서 유효투표의 절대 다수를 획득한 후보가 공화국 대통령으로 선출된다. 첫번째 투표에서 다수를 획득한 후보가 없을 경우 첫번째 투표 후 두 번째 일요일에 두 번째 투표를 실시한다.

첫번째 투표에서 최고 득표한 두 명의 후보자가 두 번째 투표에 후보가 되고 유효투표 중 다수를 획득한 후보가 공화국 대통령으로 당선된다.

두 번째 투표에 나설 수 있는 권리를 가진 후보 중 한 명이 사망하거나 피선거권을 상실할 경우, 첫 번째 투표에서 3위를 차지한 후보가 결원된 후보 자리를 대신하여 두 번째 투표를 실시한다. 두 번째 투표에 오직 한 명의 후보자만 남는 경우, 국민투표로 두 번째 투표를 실시한다. 후보자가 투표의 과반수를 획득한 경우, 해당 후보자가 공화국 대통령으로 선출된다.

현직 공화국 대통령의 임기는 대통령 당선자가 취임할 때까지 지속된다.

대통령선거와 관련한 절차 및 원칙은 법률로 정한다.

[포르투갈]

1. 대통령은 포르투갈 영토 내에서 유권자로 등록된 모든 포르투갈 국민들과 다음 항에 따른 모든 재외 포르투갈 국민들에 의한 보통·직접·비밀 선거를 통해 선출된다.

2. 재외 포르투갈 국민들의 선거권은 법률로 규정하며 이를 위해서는 실질적으로 재외 포르투갈 국민들을 포르투갈 사회에 연결하는 유대관계의 존재를 충분히 감안한다.

3. 포르투갈 영토 내 선거권은 직접투표 방식으로 행사한다.

제122조 (피선거권) 선거권자로 등록되어 있으며 35세의 연령에 도달한 포르투갈 출신의 국민들은 피선거권이 있다.

제123조 (재선 자격) 1. 3회 연임을 위한 출마 또는 2회 연임의 임기가 끝난 직후 5년 동안 재선은 허용되지 아니한다.

2. 대통령이 퇴임할 경우, 대통령은 차기 대선 혹은 퇴임 직후 5년 동안 실시되는 어떤 선거에도 재출마해서는 아니 된다.

제124조 (후보 지명) 1. 대통령 후보는 최소 7,500명 이상, 최대 15,000명 이하의 등록 선거권자의 추천을 받아야 한다.

2. 입후보자는 선거일 30일 전까지 헌법재판소에 입후보 등록을 제출한다.

3. 대통령 후보의 사망 시 또는 대통령 후보가 대통령의 직무를 수행할 수 없다는 그 밖의 사실이 밝혀질경우, 법률에 규정된 조건에 따라 선거 절차를 재개한다.

제125조 (선거일) 1. 대통령은 전임 대통령이 퇴임하기 전 60일 이내 또는 대통령 궐위 이후 60일 이내에 선출한다.

2. 대통령 선거는 선거일 전후 90일 이내에 시행해서는 아니 된다.

3. 전항에 규정된 경우에서 대통령 선거는 전항에 명시된 기간이 끝나는 날로부터 10일 이내에 실시하며 퇴임 대통령의 임기는 필요한 기간 동안 자동으로 연장된다.

제126조 (선거 제도) 1. 유효투표의 과반수 이상 득표한 후보는 대통령으로 선출된다. 기표가

되지 않은 투표용지는 유효표로 간주되지 아니한다.

2. 과반수의 표를 획득한 후보가 없을 경우, 최초 대통령 선거일로부터 21일 이내에 2차 투표를 실시한다.

3. 1차 투표에서 득표수가 가장 많으며 입후보를 철회하지 않은 2명의 후보만 2차 투표에 출마한다.

[핀란드]

第54条 (대통령 선거) 대통령은 6년 임기로 하여 직접 투표로 선출한다. 대통령은 핀란드 태생 국민이어야 한다. 동일인이 대통령으로 2회를 초과하여 연임할 수 없다. 선거에서 과반수 득표한 후보가 대통령이 된다. 과반수 득표한 후보가 없으면, 최다 득표한 두 후보 간에 선거를 새로 실시한다. 새 선거에서 최다 득표한 후보가 대통령이 된다. 지명된 대통령 후보가 1명뿐이면 선거 없이 대통령으로 임명된다. 대통령 선거에서 후보를 지명할 권리는 최근 의회 선거에서 그 후보 명단에서 1명 이상의 의원이 당선된 등록 정당과 투표권이 있는 국민 2만 명이 모인 단체가 가진다. 대통령 선거 시기와 절차는 법률로 정한다.

3. 취임선서

[대한민국]

第69条 대통령은 취임에 즈음하여 다음의 선서를 한다.

"나는 헌법을 준수하고 국가를 보위하며 조국의 평화적 통일과 국민의 자유와 복리의 증진 및 민족문화의 창달에 노력하여 대통령으로서의 직책을 성실히 수행할 것을 국민 앞에 엄숙히 선서합니다."

[러시아]

第82条 1. 러시아연방 대통령은 취임에 즈음하여 국민들에게 다음과 같은 내용의 선서를 한다. "본인은 러시아연방 대통령으로서 권한을 행사함에 있어 국민의 권리와 자유를 존중하고 보호하며, 러시아연방 헌법을 준수하고 보호하여 국가의 주권, 독립, 안전과 일체성을 수호하며 국민에게 충실히 봉사할 것을 선서합니다."

2. 선서는 러시아연방의 연방회의 의원들, 국가두마 의원들 및 헌법 재판소 판사들이 참석한 가운데 장엄한 분위기 속에서 거행된다.

[멕시코]

第87条 ① 대통령은 취임할 때에 연방의회 또는 연방의회가 휴회 중인 때에는 상임위원회에서 다음과 같이 선서한다.

"본인은 멕시코 합중국의 헌법과 그에 따라 제정된 법률을 준수하고 집행하며, 국민이 본인에게 부여한 대통령직을 성실하고 애국적으로 수행하고, 국가의 복지와 번영을 추구하며, 본인이 이러한 의무를 이행하지 않을 경우에는 국가가 본인에게 요구할 수 있음을 맹세합니다"

② 어떠한 사유로 인하여 대통령이 전항의 규정에 따라 선서를 할 수 없는 경우에는 즉시 양원의 집행위원회에서 선서하여야 한다.

③ 대통령이 연방의회, 상임위원회, 양원의 집행위원회에서 선서할 수 없는 경우에는 즉시 대법원장의 면전에서 선서하여야 한다.

[미국]

제2조 ① 제8문 대통령은 그 직무수행을 시작하기에 앞서 다음과 같은 선서 또는 확약을 해야 한다. "나는 미국 대통령의 직무를 성실히 수행하며, 나의 능력의 최선을 다하여 미국 헌법을 보전하고, 보호하고, 수호할 것을 엄숙히 선서(또는 확약)한다."

[독일]

제56조 연방대통령은 취임에 즈음하여 연방의회와 연방참사원의 구성원 앞에서 다음과 같이 선서한다.

"나는 독일국민의 복리를 위하여 전력을 다하며 국민의 이익을 증진시키고 국민의 피해를 제거하며 기본법과 연방의 법률을 보전하고 수호하며, 양심적으로 나의 의무를 완수하며 모든 사람에 대하여 정의를 행할 것을 서약합니다. 신이여, 저를 도우소서."

선서는 종교적인 서약 없이도 할 수 있다.

[스페인]

제61조 ① 국왕이 국민의회에서 즉위선언을 할 때, 그 임무를 충실히 이행하고 헌법 및 법률을 준수하며 국민과 자치주의 권리를 존중할 것을 선서한다.

② 황태자가 성년에 달할 때 또는 섭정을 할 자가 취임한 때에는 위와 동일한 선서 및 국왕에 대한 충성의 선서를 한다.

[아일랜드]

제12조 8. 대통령은 국회 양원의원들, 대법원 및 고등법원 판사들 및 기타 정부 요인이 참석한 가운데, 다음과 같이 선서함으로써 취임한다.

"전능하신 하느님 앞에 본인은, 아일랜드 헌법을 유지하고 아일랜드 법률을 지지할 것과, 헌법과 법률에 따라 충실히 양심적으로 대통령의 직책을 수행할 것과, 아일랜드 국민의 복지를 위해 국민에게 봉사하기 위해 본인의 능력을 바칠 것을 엄숙히 진실로 서약하고 선서합니다. 하느님이시여 저를 지도하고 지탱하여 주소서."

[오스트리아]

제62조 ① 연방대통령은 연방총회에서 취임할 때 다음과 같은 서약을 한다.

"나는 헌법과 공화국의 모든 법률을 준수하고 성실히 나의 의무를 수행할 것을 서약한다."

② 종교적인 선서 문구를 덧붙이는 것은 허용된다.

[남아프리카공화국]

별표 2 선서 및 엄중한(무선서) 확언

대통령 및 대통령 권한대행의 선서 또는 엄중한(무선서) 확언

1. 대통령 또는 대통령 권한대행은 헌법재판소장 또는 헌법재판소장이 지정한 다른 법관 앞에서 다음과 같이 선서/확언해야 한다.

여기에 모인 모든 이들 앞에서 그리고 본인이 남아프리카공화국의 대통령/대통령 권한대행으로서 맡게 되는 소명을 온전히 이해하며, 본인 a. b.(성명)는 남아프리카공화국에 대한 충성을 다하고 공화국의 헌법 및 공화국의 기타 모든 법률을 준수, 보존 및 유지할 것을 엄숙히 선서/확언하는 바이며 다음을 항상 이행할 것을 엄숙히 그리고 진심으로 약속하는 바입니다.

· 공화국의 발전을 이끌 모든 것을 증진하는 한편, 공화국에 해를 입힐 수 있는 모든 것과 맞서 싸울 것입니다.
· 모든 남아프리카공화국 국민의 권리를 보호 및 증진할 것입니다.
· 본인의 모든 힘과 재능을 활용해 지식과 능력을 최대한 발휘하여 양심에 따라 의무를 이행할 것입니다.
· 모든 이를 공정하게 대우할 것입니다.
· 공화국과 모든 국민의 안녕을 위해 헌신할 것입니다.
(선서의 경우 : 신이여, 나를 도우소서.)

4. 임 기

[대한민국]

제70조 대통령의 임기는 5년으로 하며, 중임할 수 없다.

[러시아]

제81조 1. 러시아연방 대통령은 보통·평등 및 직접 선거권에 기초하여 비밀투표로 러시아연방 국민이 6년 임기로 선출한다.

3. 동일인은 러시아연방 대통령 직을 2회 이상 중임할 수 없다.

제92조 1. 러시아연방 대통령은 취임선서를 한 시점부터 권한행사를 시작하며, 후임 대통령이 선서를 한 시점부터 권한행사가 중지된다.

2. 러시아연방 대통령은 사임하거나, 건강상 이유로 권한을 행사할 수 없거나 탄핵되는 경우 임기만료 전에 권한행사를 중지한다. 이 경우 새로운 대통령 선거는 권한 행사가 중지된 시점으로부터 3개월 이내에 시행되어야 한다.

[멕시코]

제83조 대통령은 12월 1일에 취임하여 6년간 재임한다. 국민투표에 의하여 선출되거나 임시 또는 보결로서 대통령의 직무를 수행하거나 연방행정부의 임시수반으로 직무를 수행한 시민은 어떠한 경우에도 그 이유를 묻지 아니하고 중임할 수 없다.

[미국]

제 2 조 ① 제 1 문 행정권은 미국 대통령에게 속한다. 대통령의 임기는 4년으로 하며, 동일한 임기의 부통령과 함께 다음과 같은 방법에 의하여 선출된다.

수정헌법 제20조 ① 대통령과 부통령의 임기는 이 조가 비준되지 아니하였더라면 임기가 만료하였을 해의 1월 20일 정오에 끝[난다]...그 후임자의 임기는 그때부터 시작된다.

수정헌법 제22조 ① 누구라도 2회를 초과하여 대통령직에 선출될 수 없으며, 타인이 대통령으로 당선된 임기 중 2년 이상 대통령직에 있었거나 대통령 직무를 대행한 자는 1회를 초과하여 대통령직에 당선될 수 없다. 다만, 이 조는 연방의회가 이를 발의하였을 때에 대통령직에 있는 자에게는 적용되지 아니하며, 또 이 조가 효력을 발생하게 될 때에 대통령직에 있거나 대통령 직무를 대행하고 있는 자가 잔여 임기 중 대통령직에 있거나 대통령 직무를 대행하는 것을 방해하지 아니한다.

[프랑스]

제6조 ① 대통령은 직접, 보통 선거에 의하여 5년 임기로 선출한다.

② 대통령은 2회를 초과하여 연임할 수 없다.

③ 이 조의 시행방법은 조직법으로 정한다.

[필리핀]

제7장 제4조 대통령과 부통령은 6년의 임기로 국민의 직접투표를 통해 선출되며 임기는 선거일 이후 첫 번째 6월의 30일 정오에 시작되어 6년 후 동일한 날 정오에 만료된다. 대통령은 재선에 출마할 수 없다. 대통령으로서 임기를 마치고 4년 이상 대통령직을 수행한 자는 영원히 동일한 공직의 선거에 출마할 자격을 가질 수 없다...

[그리스]

제30조 ① ...대통령은 제32조와 제33조의 규정에 의거하여 국회에서 선출하며, 임기는 5년이다.

③ 대통령 임기는 대통령의 취임선서 시점부터 시작된다.

④ 전쟁시 대통령 임기는 전쟁이 끝날 때까지 연장된다.

⑤ 동일인이 대통령으로 재선되는 것은 한 번만 허용된다.

[독일]

제54조 (2) 연방대통령의 임기는 5년이다. 연임은 1회에 한한다.

[아이슬란드]

제7조 대통령이 임기 만료 전에 사망하거나 사임한 경우, 후임자는 선거로부터 4년 후 7월 31일까지 재임한다.

[아일랜드]

제12조 3. 1° 대통령은, 임기 만료 전에 사망 또는 사임하거나 해임되거나 영구히 행위 능력을 상실하는 경우를 제외하고, 대통령 취임일로부터 7년간 재임한다. 단, 해당 행위 능력 상실의 경우, 5명 이상의 판사로 구성된 대법원이 만족할 수 있도록 입증되어야 한다.

2° 대통령 재직자는 1회에 한하여 대통령 연임 자격이 있다.

7. 초선 대통령은 당선 후 가능한 빠른 시일 내에 취임하고, 모든 후임 대통령은 전임자의 임기 만료일 다음 날 또는 만료일 후 가능한 빠른 시일 내에 취임하며, 제3항에 규정된 바와 같이 전임자의 해임, 사망, 사임 또는 영구 행위 능력 상실의 경우는 당선 후 가능한 빠른 시일 내에 취임한다.

[오스트리아]

제60조 ⑤ 연방대통령의 직은 임기가 6년이다. 연임은 한 번만 허용된다.

[헝가리]

제10조 (1) 대통령은 국회에서 5년마다 선출한다.

제12조 (3) 대통령의 임기는 다음의 경우 종료된다.

a) 임기가 만료되는 때,

b) 사망한 때,

c) 90일 이상 그 책임을 수행할 수 없는 때,

d) 선출조건이 더 이상 존재하지 않게 된 때,

e) 무능력이 선언된 때,

f) 사임한 때 또는

g) 대통령직에서 해임된 때.

(4) 대통령이 90일 이상 책임을 수행할 수 없었던 조건 확인, 선출요건의 부재, 무능력 선언에 관하여는 출석의원 3분의 2 이상의 찬성으로 국회가 결정한다.

[남아프리카공화국]

제88조 (대통령의 임기) ① 대통령의 임기는 대통령직에 취임한 즉시 시작되며 대통령직이 공석이 되거나 차기 대통령 당선자가 대통령에 취임할 때 종료된다.

② 대통령직은 2회를 초과하여 연임할 수 없다. 다만 누군가가 대통령직의 공석을 채우기 위해 대통령으로 선출될 경우, 해당 대통령 선거와 차기 대통령 선거 사이의 기간은 임기로 간주되지 않는다.

제89조 (대통령의 해임) ① 하원은, 전체 하원의원 3분의 2 이상의 찬성표를 얻어 채택된 결의안에 따라, 다음의 사유에 근거해서만 대통령을 해임할 수 있다.

a. 헌법 또는 법률의 중대한 위반

b. 중대한 직권 남용

c. 직무 수행 불능

② 상기 제1항 제a호 또는 동항 제b호에 따라 대통령직에서 해임된 모든 자는 대통령직의 모든 특권을 상실하며 어떠한 공직에도 종사할 수 없다.

[터키]

제101조 (2007년 5월 31일 개정) (2) 대통령의 임기는 5년으로 한다. 공화국의 대통령은 최대 2번의 임기로 중임될 수 있다.

터키 대국민회의 의원 또는 대국민회의 외부의 시민 중 공화국 대통령직 후보 지명은 국민회의 의원 20인의 서면 제안이 있어야 한다. 또한, 가장 최근 의회선거에서 총 유효투표수 중 10% 이상을 확보한 정당은 공동후보를 지명할 수 있다.

5. 대통령권한대행

[대한민국]

제71조 대통령이 궐위되거나 사고로 인하여 직무를 수행할 수 없을 때에는 국무총리, 법률이 정한 국무위원의 순서로 그 권한을 대행한다.

[러시아]

제92조 3. 러시아연방 대통령이 직무를 수행할 수 없는 경우에는 러시아연방 총리가 그 임무를 대행한다. 러시아연방 대통령 권한대행은 국가두마 해산권, 국민투표 실시권과 헌법 개정 제안권을 갖지 못한다.

[멕시코]

제84조 ① 대통령이 공석인 경우에는 연방의회는 임시 또는 보결대통령을 임명하고, 60일을 초

과하지 아니하는 기간 동안에는 내무부 장관이 임시로 연방행정부의 수반이 된다. 이 경우에 헌법 제82조 제II호, 제III호 및 제VI호의 규정은 적용하지 아니한다.

② 임시 대통령은 상원의 사전 승인이 없으면 국무장관 또는 법무장관을 해임하거나 임명할 수 없다. 임시대통령은 그 직무가 종료된 날로부터 10일 이내에 업무보고서를 연방의회에 제출하여야 한다.

③ 취임일로부터 2년 이내에 대통령이 영구히 공석인 경우에는 연방의회가 회기 중인 때에는 각 원 재적의원 3분의 2 이상이 출석하여 즉시 선거인단을 구성하고, 비밀투표 및 과반수 득표를 통하여 연방의회법에 정하는 바에 따라 임시대통령을 임명한다. 임시 대통령 임명 후 10일 이내에 연방의회는 임기를 완수할 대통령의 선거를 공표하고, 그 요청일과 선거일 사이의 기간은 7개월에서 9개월 사이에 해당하여야 한다. 선출된 대통령은 선거절차가 종료된 날로부터 7일 후에 연방의회에서 선서하고 그 직무를 개시한다.

④ 연방의회가 휴회 중인 때에는 상임위원회는 즉시 선거인단을 구성하기 위한 특별회를 소집하고, 임시 대통령을 임명하고, 전항에 따라 대통령 선거를 공표한다.

⑤ 임기만료일로부터 4년 이내에 대통령이 영구히 공석인 경우에는 의회가 회기 중인 때에는 임기를 완수할 보결 대통령을 임명하고, 그 이후에는 임시 대통령의 경우와 동일한 절차를 따른다.

⑥ 연방의회가 휴회 중인 때에는 상임위원회는 선거인단을 구성하고 보결 대통령을 임명하기 위한 특별회를 소집하고, 그 후에는 임시 대통령의 경우와 동일한 절차를 따른다.

제85조 헌법상 임기가 개시되기 전에 선거가 종료되지 아니하거나 선거의 유효성이 선언되지 아니한 경우에는 임기가 만료한 대통령은 퇴임하고 제84조에 정하는 바에 따라 연방의회가 임명한 임시 대통령이 취임한다.

헌법상 임기가 개시되고 대통령이 영구히 공석인 경우에는 상원의장이 임시로 대통령의 직무를 수행하고, 연방의회는 그동안 제84조에 따라 임시 대통령을 임명한다.

대통령이 60일 이내의 휴가를 요청하는 때에는 의회가 이를 승인한 후에 내무부 장관이 임시로 행정부의 수반이 된다.

대통령의 일시적인 공석이 영구적으로 공석이 되는 경우에는 제84조에 정하는 절차에 따른다.

[미국]

제2조 ① 제6문 대통령이 면직되거나, 사망하거나, 사직하거나 또는 그 권한 및 직무를 수행할 능력을 상실할 경우에, 대통령의 직무는 부통령에게 귀속된다. 연방의회는 법률에 의하여 대통령 및 부통령의 면직 또는 직무수행불능의 경우를 규정할 수 있으며, 그러한 경우에 어떤 공무원이 대통령의 직무를 수행할 것인지를 정할 수 있다. 이 공무원은 대통령의 직무수행 불능이 제거되거나 대통령이 새로 선임될 때까지 대통령의 직무를 대행한다.

수정헌법 제20조 ③ 대통령의 임기 개시일로 정해놓은 시일에 대통령 당선자가 사망하였으면 부통령 당선자가 대통령이 된다. 대통령 임기의 개시일로 정한 시일까지 대통령이 선정되지 아니하였거나, 대통령 당선자가 자격을 구비하지 못하였을 때에는 부통령 당선자가 대통령이 그 자격을 구비할 때까지 대통령의 직무를 대행한다. 연방의회는 대통령 당선자와 부통령 당선자가 다 자격을 구비하지 못하는 경우에 대비하여 대통령의 직무를 대행하여야 할 자 또는 그 대행자의 선정방법을 정하여 법률로써 규정해야 한다. 이러한 경우에 선임된 자는 대통령 또는 부통령이 자격을 구비할 때까지 대통령의 직무를 대행한다.

수정헌법 제25조 ① 대통령이 면직, 사망 또는 사임하는 경우에는 부통령이 대통령이 된다.
② 부통령직이 궐위되었을 때에는 대통령이 부통령을 지명하고, 지명된 부통령은 양원의 과반수득표에 의하여 승인을 얻어 그 직에 취임한다.
③ 대통령이 상원의 임시의장과 하원의장에게 대통령의 권한과 임무를 수행할 수 없다는 것을 기재한 서면성명서를 제출한 때에는 이와 반대되는 서면성명서가 제출될 때까지 부통령이 대통령 권한대행으로서 그 권한과 임무를 수행한다.
④ 부통령과 연방의회가 법률이 정하는 행정부 주요 공무원 또는 기타 기관의 장들의 대다수가 상원의 임시의장과 하원의장에게 대통령이 그의 권한과 임무를 수행할 수 없다는 것을 기재한 서면성명서을 제출한 때에는 부통령이 즉시 대통령 권한대행으로서 대통령직의 권한과 임무를 수행한다. 그리고 대통령이 상원의 임시의장과 하원의장에게 직무수행 불능이 존재하지 아니하다는 것을 기재한 서면성명서를 제출한 때에는 대통령이 그의 권한과 임무를 다시 수행한다. 다만, 그러한 경우에 부통령, 행정부 또는 연방의회가 법률에 의하여 규정하는 기타 기관장들의 대다수가 4일 이내에 상원의 임시의장과 하원의장에게 대통령이 그의 권한과 임무를 수행할 수 없다는 것을 기재한 서면성명서를 제출할 때에는 예외로 한다. 그 경우에 연방의회는 비회기중이라 할지라도 목적을 위하여 48시간 이내에 소집하여 그 문제를 결정한다. 연방의회가 후자의 서면성명서를 수령한 후 21일 이내에 또는 비회기중이라도 연방의회가 소집 요구를 받은 후 21일 이내에 양원의 3분의 2의 표결로써 대통령이 그의 직무의 권한과 임무를 수행할 수 없다는 것을 결의할 경우에는 부통령이 대통령 권한대행으로서 계속하여 그 권한과 임무를 수행한다. 다만, 그렇지 아니한 경우에는 대통령이 그의 권한과 임무를 다시 수행한다.

[필리핀]

제7장 제7조 대통령 당선자와 부통령 당선자는 그 임기의 시작과 함께 취임한다.

대통령 당선자가 자격을 상실할 경우 대통령 당선자가 자격을 갖출 때까지 부통령 당선자가 대통령직을 대행한다.

대통령이 선출되지 않은 경우 대통령이 선출되어 자격을 갖출 때까지 부통령 당선자가 대통령직을 수행한다.

대통령 임기 시작 시 대통령 당선자가 사망하거나 또는 불구가 되어 영구히 직을 수행할 수 없게 될 경우 부통령 당선자가 대통령이 된다.

대통령과 부통령이 선출되지 않거나 또는 자격을 갖추지 못하거나 또는 대통령과 부통령이 사망하거나 또는 불구가 되어 영구히 그 직을 수행할 수 없게 될 경우 상원의장이 또는 상원의장이 직을 수행하지 못할 경우 하원의장이 대통령 또는 부통령이 선출되어 자격을 갖출 때까지 대통령직을 수행한다.

의회는 사망, 영구 직무수행 불가능 또는 다음의 전항에 언급한 공직의 이행 불가능 시 대통령 또는 부통령이 자격을 갖출 때까지 대통령직을 수행해야 할 자가 선출되는 방법을 법률로 정한다.

제8조 대통령의 사망, 영구 직무수행 불가능, 해임 또는 사임 시, 부통령이 잔여 임기를 수행하는 대통령이 되어야 한다. 대통령과 부통령 모두의 사망, 영구 직무수행 불가능, 해임 또는 사임 시, 상원의장 또는 상원의장이 직을 수행하지 못할 경우 대통령 또는 부통령이 선출되어

자격을 갖출 때까지 하원의장이 대통령직을 수행해야 한다.

의회는 대통령 권한대행의 사망, 영구 직무수행 불가능 또는 사임 시 대통령직에 복무할 자를 법률로 정한다. 선정된 자는 대통령 또는 부통령이 선출되어 자격을 갖출 때까지 복무해야 하며 대통령 권한대행과 동일한 권한 제한과 자격박탈의 적용을 받는다.

제11조 대통령이 상원의장과 하원의장에게 대통령직의 권한과 의무를 수행할 수 없다는 대통령의 서면 진술을 전달할 경우 항상, 그리고 대통령이 그 반대의 경우에 대한 서면 진술을 상원의장과 하원의장에게 전달할 때까지, 해당 권한과 의무는 대통령 권한대행으로서 부통령에 의해 이행된다.

내각의 모든 국무위원 중 과반수가 상원의장과 하원의장에게 대통령이 대통령직의 권한과 의무를 이행할 수 없다는 서면 진술을 전달할 경우 부통령은 대통령 권한대행으로서 대통령의 권한과 의무를 즉시 맡는다.

그 후 대통령이 상원의장과 하원의장에게 직무 수행 불가능이 발생하지 않는다는 대통령의 서면 진술을 전달할 경우 대통령은 대통령직의 권한과 의무를 다시 맡는다. 반면 내각의 모든 국무위원 중 과반수가 5일 이내에 상원의장과 하원의장에게 대통령이 대통령직의 권한과 의무를 이행할 수 없다는 서면 진술서를 전달 할 경우 의회는 이 사안을 결정해야 한다. 이 목적을 위하여 의회는 회기 중이 아닌 경우 48시간 이내에 소집을 요구할 필요 없이 규칙에 따라 소집된다.

의회가 최종 서면 진술서 수령 후 10일 이내에 또는 회기 중이 아닌 경우 소집이 요청된 후 12일 이내에 양원이 별도로 투표하여 양원의 3분의 2의 득표로 대통령이 대통령직의 권한과 의무를 이행할 수 없다고 판단할 경우 부통령이 대통령직을 대행한다. 그렇지 않을 경우 대통령은 대통령직의 권한과 의무 행사를 지속한다.

제14조 대통령 권한대행에 의해 연장된 임명은 공직 취임이나 재취임 후 90일 이내에 선출된 대통령에 의해 철회되지 않는 한 효력을 유지한다.

제15조 차기 대통령직 선거 2달 전부터 그 임기가 만료될 때까지, 대통령 또는 대통령 권한대행은 그 지속적인 결원이 공무에 해가 되거나 공공 안전을 저해할 경우 행정직위에 대한 임시 임명을 제외하고는, 임명권을 행사할 수 없다.

[독일]

제57조 연방대통령의 권한은 연방대통령이 유고시 또는 임기 만료 전에 궐위된 경우 연방참사원 의장이 행사한다.

[룩셈부르크]

제6조 대공의 서거 시 그 계승자가 미성년일 경우 가문의 협의에 따라 섭정제가 실행된다.

제7조 대공이 통치를 할 수 없는 상황이라면, 미성년일 경우와 마찬가지로 섭정제가 실행된다. 대공의 지위가 공석일 경우, 의회는 임시로 섭정을 실행할 수 있다. 새롭게 구성된 의회는 30일 이내에 평소 두 배의 인원을 소집하여 공석에 대한 최종 결정을 내린다.

제8조 ① 섭정직에 오른 사람은 다음 내용을 선서한다.

② "나는 대공에게 충성을 맹세한다. 나는 국가의 헌법과 법률을 준수할 것을 맹세한다."

제42조 대공은 자신을 왕자에 의해 대리하게 할 수 있고, 이 왕자는 대공의 대리인 지위를 가지며 대공국에 거주한다. 이 대리인은 권한을 행사하기 전에 헌법을 준수한다는 선서를 한다.

[아일랜드]

제14조 1. 대통령의 부재 또는 본 헌법 제12조 제3항에 규정된 바와 같은 임시적 혹은 영구적 행위 능력 상실 또는 대통령의 사망, 사임, 해임 또는 대통령의 권한과 직무의 행사 및 수행의 불이행의 경우 또는 대통령의 궐위 시 언제라도, 본 헌법에 의해 또는 이에 따라 대통령에게 부여된 권한과 직무는 본 조의 제2항 규정에 따라 구성된 위원회에 의해 행사 및 수행된다.

2. 1° 위원회는 대법원장, 하원 의장, 상원 의장으로 구성된다.

2° 고등법원장은 대법원장의 궐위 시 또는 대법원장이 직무를 수행할 수 없는 경우에 대법원장을 대리하여 위원회 위원의 직무를 수행한다.

3° 하원 부의장은 하원 의장의 궐위 시 또는 하원 의장이 직무를 수행할 수 없는 경우에 하원 의장을 대리하여 위원회 위원의 직무를 수행한다.

4° 상원 부의장은 상원 의장의 궐위 시 또는 상원 의장이 직무를 수행할 수 없는 경우에 상원 의장을 대리하여 위원회 위원의 직무를 수행한다.

3. 위원회는 전체위원 중 두 명에 의해 결의할 수 있으며, 전체 위원 중 궐위의 발생에도 불구하고 결의할 수 있다.

4. 국가평의회는 본 조의 이전 조항들에 의해 규정되지 않은 우발적인 사건의 발생 시에 본 헌법에 의해 또는 헌법에 따라 대통령에게 부여된 권한과 직무의 행사 및 수행 목적에 부합되는 것으로 간주되는 조항을 국가평의회 위원 과반수로 제정할 수 있다.

5. 1° 본 헌법에 의해 또는 이에 따라 대통령에게 부여된 권한과 직무의 행사 및 수행과 관련되는 본 헌법의 조항은 본 항의 후속 조항이 적용될 수 있다는 조건하에, 본 조에 따른 해당 권한과 직무의 행사 및 수행에 적용된다.

2° 본 헌법에 의해 또는 이에 따라 소정의 기한 내에 대통령에게 행사 또는 수행이 요구되는 권한 또는 직무를 대통령이 행사 또는 수행하지 못하는 경우, 해당 권한 또는 직무는, 그와 같이 지정된 시한의 만료 후 가능한 빠른 시일 내에 본 조에 따라 행사 또는 실시된다.

[남아프리카공화국]

제90조 (대통령 권한대행) ① 대통령이 공화국에 부재중이거나 대통령의 임무를 수행할 수 없는 경우 혹은 대통령직이 공석일 때

다음 서열대로 해당 공직자가 대통령의 권한을 대행한다.

a. 부통령

b. 대통령이 지정한 장관

c. 그 외 내각 구성원이 지정한 장관

d. 하원의장(하원에서 다른 하원의원 중 한 명을 지정할 때까지)

② 대통령 권한대행은 대통령의 의무, 권한 및 기능을 맡는다.

③ 대통령 권한대행은 대통령의 의무, 권한 및 기능을 맡기에 앞서 별표 2에 따라 공화국에 대한 충성과 헌법 준수를 선서 또는 확인해야 한다.

④ 대통령 권한대행의 자격으로 공화국에 대한 충성을 선서 또는 확언한 자는 차기 대통령 당선자가 대통령에 취임할 때까지 대통령 권한대행의 자격으로 후속 임기 동안 선서 또는 확언 절차를 반복할 필요가 없다.

[포르투갈]

제132조 (대통령 권한대행) 1. 대통령이 일시적으로 그의 직무를 수행할 수 없는 경우 또는 신임 대통령 당선자가 취임하기 전까지 대통령직이 궐위된 경우, 대통령의 직무는 의회의장이 대행하며, 의회의장이 대통령직을 대행할 수 없는 경우, 그의 대리인이 대통령직을 대행한다.

2. 의회의장 또는 의회의장 대리인의 의회의원으로서의 권한은 대통령권한 대행직을 수행하는 기간 동안 자동으로 정지 된다.

3. 대통령은 일시적으로 자신의 직무를 수행할 수 없는 기간 동안 대통령직 고유의 권한 및 특권을 유지한다.

4. 대통령 권한대행은 대통령직의 모든 명예와 특권을 향유하지만, 그의 권한은 그가 본래 맡은 선출직의 권한을 벗어나면 아니 된다.

제139조 (대통령 권한대행의 역할) 1. 대통령 권한대행은 본 헌법의 제133조 제5호 및 제13호와 제134조 제3호에 규정된 행위를 할 수 없다.

2. 대통령 권한대행은 국가평의회의 조언을 구한 후 본 헌법의 제133조 제2, 3, 6, 12, 15호와 제134조 제1호 및 제135조 제1호에 규정된 행위만을 수행한다.

6. 외교권

[대한민국]

제73조 대통령은 조약을 체결·비준하고, 외교사절을 신임·접수 또는 파견하며, 선전포고와 강화를 한다.

[멕시코]

제89조 대통령의 권한과 의무는 다음과 같다.

VIII. 연방의 사전 승인을 받아 멕시코 합중국의 이름으로 전쟁을 선포한다.

X. 상원의 승인을 받아 외교정책을 시행하고, 국제조약을 체결, 종료, 폐기, 중단, 수정, 개정 및 유보를 취소하고, 해당 조약 및 협정에 관한 해석적 선언을 한다. 정책을 수행함에 있어서 대통령은 자결권, 불간섭, 분쟁의 평화적 해결, 국제관계에서 위협 또는 무력사용금지, 국가의 법적 평등, 국제개발협력, 인권의 존중, 보호 및 촉진, 평화 및 안보를 위한 노력과 같은 표준원칙을 준수하여야 한다.

[미국]

제 2 조 ② 제 2 문 대통령은 상원의 권고와 동의를 얻어 조약을 체결하는 권한을 가진다. 다만, 그 권고와 동의는 상원의 출석의원 3분의 2 이상의 찬성을 얻어야 한다. 대통령은 대사, 그 밖의 공사 및 영사, 연방대법원 판사, 그리고 그 임명에 관하여 이 헌법에 특별규정이 없으나, 법률로써 정하는 그 밖의 모든 미국 관리를 지명하여 상원의 권고와 동의를 얻어 임명한다…

③ …대통령은 대사와 그 밖의 외교사절을 접수[한다]…

[벨기에]

제167조 ① 국왕은 공동체 및 지역들의 국제협력규제 권한과 별도로 헌법에 따라 헌법이행을 위한 권한에 해당되는 사항에 대하여 조약의 체결 등 국제관계를 지휘한다.

국왕은 군대를 지휘한다. 국왕은 전쟁상태를 확인하고 전투의 종료를 선언한다. 국왕은 국가의 이해관계 및 안보가 허용하는 즉시 추가적인 의견을 양원에 통지한다.

영토의 할양, 교환 또는 확장은 법률에 의하여서만 할 수 있다.

② 국왕은 조약을 체결한다. 다만, 제3항에 열거된 사항은 예외이다. 이 조약은 양원의 승인을 얻은 후에만 효력을 발휘한다.

③ 제121조에 규정된 공동체 및 지방정부는 당해 정부와 관련되는 범위 내에 그 의회의 권한에 속하는 문제에 관한 조약을 체결한다. 이 조약은 의회의 승인을 얻은 후에만 효력을 발휘한다.

④ 제4조 마지막 단락에 정한 바와 같이 과반수에 의하여 채택된 법률은 제3항에 규정된 조약의 체결과 헌법에 따라 헌법이행을 위한 지역 또는 공동체의 권한에 배타적으로 해당되지 않는 사항에 관한 조약의 체결에 관한 특별규칙을 정한다.

⑤ 국왕은 당해 공동체 또는 지역정부와의 합의하에 1993년 5월 18일에 체결된, 제3항에 규정된 사항에 관한 조약을 파기할 수 있다.

국왕은 당해 공동체 또는 지역정부가 그와 같이 요청하는 경우에 위와 같은 조약을 파기한다. 당해 공동체와 지역정부에 의견의 불일치가 발생하는 경우에는 제4조 마지막 단락에 정한 바와 같이 과반수에 의하여 채택된 법률로 해당 절차를 수립한다.

[오스트리아]

제65조 ① 연방대통령은 대외적으로 공화국을 대표하고, 외교사절을 파견하고 영접하며, 외국 영사의 임명을 승인하고, 외국에서 공화국을 대표할 영사를 임명하며, 조약을 체결한다. 연방대통령은 제50조에 해당하지 않는 조약이나 제16조 제1항에 따른 조약을 체결할 때 그것이 법률을 개정하거나 보충하는 것이 아니면 이 조약이 명령의 제정을 통해 시행되도록 명할 수 있다.

[일본]

제7조 [천황의 국사행위] 천황은 내각의 조언과 승인에 따라 국민을 위하여 다음의 국사에 관한 행위를 한다.

8. 비준서 및 법률이 정하는 그 밖의 외교문서의 인증
9. 외국 대사 및 공사의 접수

[핀란드]

제93조 (외교정책 분야의 권한) 핀란드의 외교정책은 대통령이 정부와 협력하여 정한다. 단, 의회는 핀란드의 국제의무와 그 폐기를 승인하고 이 헌법에 규정된 범위에서 핀란드의 국제의무 이행에 관해 결정한다. 대통령은 의회의 동의를 받아 전쟁과 평화에 관한 사항을 결정한다. 정부는 유럽연합에서 결정될 문제의 국가적 준비를 책임지고, 그에 따른 핀란드의 조치에 관해 의회의 승인을 요하지 않는 경우 결정한다. 의회는 헌법 규정에 따라 유럽연합에서 결정될 문제의 국가적 준비에 참여한다. 중요한 외교정책 입장을 외국과 국제기구에 통지하는 것은 외무장관의 책임이다.

7. 국군통수권

[대한민국]

제74조 ① 대통령은 헌법과 법률이 정하는 바에 의하여 국군을 통수한다.

② 국군의 조직과 편성은 법률로 정한다.

[러시아]

제87조 1. 러시아연방 대통령은 러시아연방 군의 최고 사령관이다.

2. 러시아연방이 침략을 당하거나 직접적인 침략위험이 발생한 경우에 러시아 연방 대통령은 러시아연방의 전역이나 그 일부지역에 계엄령을 선포하고 지체없이 연방회의와 국가두마에 통보한다.

[미국]

제2조 ② 제1문 대통령은 미국 육·해군의 총사령관 그리고 각 주(州)의 민병이 미국의 현역에 소집되었을 때는 그 민병대의 총사령관이 된다...

[아르헨티나]

제99조 대통령의 권한은 다음과 같다.

12. 대통령은 모든 연방군대의 총사령관이 된다.

13. 대통령은 연방군대 직위를 정하고, 상원의 동의를 받아 군대 고위장교에게 직위나 계급을 부여하고, 자기책임으로 전쟁터에 동일한 간부진을 둔다.

14. 대통령은 연방의 필요에 따라 군대를 통제하고 조직과 배치를 책임진다.

[프랑스]

제15조 대통령은 군을 통수한다. 대통령은 국방최고회의 및 국방 최고위원회를 주재한다.

[룩셈부르크]

제37조 대공은 군대를 지휘한다. 대공은 헌법 제114조제2항의 조건에서 제기된 의회의 투표에 의하여 승인된 후에 전쟁 및 전쟁의 중지를 선언한다.

[아일랜드]

제13조 4. 국방군의 최고 지휘권은 대통령에게 부여된다.

5. 1° 국방군의 최고 지휘권의 행사는 법률로 규제된다.

2° 국방군의 모든 장교들은 대통령에 의해 그 지위를 유지한다.

[캐나다]

제15조 여왕에게 계속 귀속되는 군 지휘권

캐나다에 속한 캐나다 내 육상 및 해상 방위군과 모든 해군 및 육군 병력의 최고 사령관은 여왕에게 계속 존속한다.

[터키]

제117조 최고통수권자는 터키 대국민회의의 정신적 존재와 분리될 수 없으며 공화국 대통령이 이를 대표한다.

국무회의는 국가안보와 국가방위를 위한 군의 준비태세에 대해 터키 대국민회의에 대하여 책임을 진다.

참모총장은 군 통수권자이며 전시에 공화국 대통령을 대신하여 최고통수권자의 직무를 맡는다.

참모총장은 국무회의의 제청에 따라 공화국 대통령이 임명한다. 참모총장의 의무와 권한은 법률로 정한다.

참모총장은 그 의무와 권한을 행사함에 있어 총리에게 대하여 책임을 진다.

참모총장과 군 통수권자와의 관계에 있어 국방부 장관의 직무상 관계와 직무범위는 법률로 정한다.

[핀란드]

제128조 (국군 총사령관) 대통령은 국군 총사령관이 된다. 긴급사태 발생 시 정부가 제안하는 경우, 대통령은 이 임무를 다른 국민에게 위양할 수 있다. 대통령은 국군 장교를 임명한다.

제129조 (동원) 정부의 제안에 따라 대통령은 국군 동원에 관해 결정한다. 의회가 개회 중이 아닌 경우에는 즉시 의회를 소집한다.

8. 대통령령(국무원령)

[대한민국]

제75조 대통령은 법률에서 구체적으로 범위를 정하여 위임받은 사항과 법률을 집행하기 위하여 필요한 사항에 관하여 대통령령을 발할 수 있다.

[러시아]

제90조 1. 러시아연방 대통령은 대통령령을 공포한다.

2. 러시아연방 대통령령은 러시아연방 전역에서 적용된다.

3. 러시아연방 대통령은 러시아연방의 헌법과 연방법률에 상치되지 않아야 한다.

[아르헨티나]

제99조 대통령의 권한은 다음과 같다.

2. 대통령은 국가의 법률집행에 필요한 지침과 규칙을 정하고, 행정규칙에 의한 예외설정으로 법률의 정신을 훼손하지 아니한다.

3. 대통령은 헌법에 따라 법률 제정에 참여하고, 법률을 공포 및 간행한다.

어떤 경우에도 행정부는 입법적 성격의 규칙을 제정하지 못하며, 그 경우 절대적, 확정적으로 무효가 된다.

특별상황 때문에 이 헌법으로 예정된 법률 제정에 관한 통상적인 절차를 따를 수 없고, 형사문제, 과세, 선거문제, 정당제도와 무관한 경우에만, 필요하고 긴급한 이유로 명령을 공포하되, 명령은 장관들의 일반 합의로 결정하고 국무총리와 함께 부서한다.

국무총리는 10일 내에 개인적으로 그 결정을 각 원의 정파 비율에 따라 구성되는 연방의회 합동상임위원회에 제출하여 심의하게 한다. 이 위원회는 10일 내에 그 보고서를 구체적으로 심의하도록 각 원의 본회의에 제출하면 양원에서 즉시 논의한다. 각 원의 재적의원 과반수의 찬성으로 제정된 특별법으로 연방의회 참여 절차와 범위를 정한다.

[네덜란드]

제89조 ① 추밀원령은 국왕의 칙령으로 정한다.

② 형벌 조항을 추가로 명시하고 있는 모든 법규는 오로지 법률을 근거로 하여 제정될 수 있다. 부과해야 할 형벌에 대해서는 법률로 정한다.

③ 추밀원령의 공포 및 발효는 법률로 정한다. 추밀원령은 반드시 공포된 후에 발효되는 것을 원칙으로 한다.

④ 제2항 및 제3항은 국가에서 제정해 일반적인 구속력을 갖는 그 밖의 법규에도 동일하게 적용된다.

[노르웨이]

제17조 국왕은 상업, 관세, 생계 및 경찰에 대한 명령을 발령하고 폐지할 수 있다. 이러한 명령은 헌법이나 의회에서(제77조, 제78조 및 제79조의 규정에 따라) 제정한 법률에 저촉되어서는 아니 된다.

제18조 국왕은 의회에서 부과한 세금징수와 의무의 집행에 관한 규정을 만들어야 한다.

[터키]

제105조 공화국 대통령에게 총리와 관련 각료의 서명 없이 독자적으로 입법화할 수 있는 권한이 주어진 경우를 제외하고 모든 대통령령은 헌법과 그 밖의 법률 규정에 따라 총리와 관련 각료가 서명해야 한다. 총리와 관련 각료는 이러한 대통령령에 대해 책임을 진다.

공화국 대통령의 발의에 따라 대통령이 서명한 결정과 명령에 대해 헌법재판소를 포함한 어떤 법률기관에도 이의를 제기할 수 없다.

공화국 대통령은 터키 대국민회의 총 재적의원수의 최소 3분의 1의 제안과 총 재적의원수의 최소 4분의 3의 의결을 통해 대역죄를 이유로 탄핵될 수 있다.

9. 긴급권

[대한민국]

제76조 ① 대통령은 내우·외환·천재·지변 또는 중대한 재정·경제상의 위기에 있어서 국가의 안전보장 또는 공공의 안녕질서를 유지하기 위하여 긴급한 조치가 필요하고 국회의 집회를 기다릴 여유가 없을 때에 한하여 최소한으로 필요한 재정·경제상의 처분을 하거나 이에 관하여 법률의 효력을 가지는 명령을 발할 수 있다.

② 대통령은 국가의 안위에 관계되는 중대한 교전상태에 있어서 국가를 보위하기 위하여 긴급한 조치가 필요하고 국회의 집회가 불가능한 때에 한하여 법률의 효력을 가지는 명령을 발할 수 있다.

③ 대통령은 제1항과 제2항의 처분 또는 명령을 한 때에는 지체없이 국회에 보고하여 그 승인을 얻어야 한다.

④ 제3항의 승인을 얻지 못한 때에는 그 처분 또는 명령은 그때부터 효력을 상실한다. 이 경우 그 명령에 의하여 개정 또는 폐지되었던 법률은 그 명령이 승인을 얻지 못한 때부터 당연히 효력을 회복한다.

⑤ 대통령은 제3항과 제4항의 사유를 지체없이 공포하여야 한다.

제77조 ① 대통령은 전시·사변 또는 이에 준하는 국가비상사태에 있어서 병력으로써 군사상의 필요에 응하거나 공공의 안녕질서를 유지할 필요가 있을 때에는 법률이 정하는 바에 의하여 계엄을 선포할 수 있다.

② 계엄은 비상계엄과 경비계엄으로 한다.

③ 비상계엄이 선포된 때에는 법률이 정하는 바에 의하여 영장제도, 언론·출판·집회·결사의 자유, 정부나 법원의 권한에 관하여 특별한 조치를 할 수 있다.

④ 계엄을 선포한 때에는 대통령은 지체없이 국회에 통고하여야 한다.

⑤ 국회가 재적의원 과반수의 찬성으로 계엄의 해제를 요구한 때에는 대통령은 이를 해제하여야 한다.

[러시아]

제56조 1. 국가비상 사태하에서는 국민의 안전보장 및 헌법질서의 수호를 위해 그리고 연방의 헌법적 법률이 정하는 바에 따라 일정기간과 범위를 명시하여 개인의 권리와 자유를 제한할 수 있다.

2. 러시아연방의 모든 영토 및 개별지역에 대한 비상사태 선포는 상황에 맞게, 연방 헌법적 법률이 정한 절차에 따라 이루어진다.

3. 러시아연방 헌법 제20조, 제21조, 제23조(제1항), 제24조, 제28조, 제34조(제1항), 제40조(제1항), 제46조~제54조에 규정된 권리와 자유는 제한할 수 없다.

제87조 3. 계엄령 체제는 연방의 헌법적 법률에 의하여 규정된다.

제88조 러시아연방 대통령은 연방 헌법적 법률에 규정된 상황과 절차에 따라 러시아 연방 전역 또는 일부지역에서 비상 상태를 선포하며 이를 지체없이 연방회의와 국가두마에 통보한다.

[아르헨티나]

제61조 외국의 공격 시 상원은 대통령이 국내의 한곳이나 여러 곳에 계엄을 선포하게 허가할 수도 있다.

제75조 연방의회의 권한은 다음과 같다.

29. 내란 시 국내의 한 곳이나 여러 곳에 계엄을 선포하고, 연방의회의 휴회 중 연방정부가 선포한 계엄을 승인하거나 중단

제76조 입법권은 연방정부에 위임할 수 없으나, 예외적으로 행정 및 공공 비상사태에 관한 문제를 특정행사 기간에 연방의회가 정한 조건에 따라 위임하는 것은 가능하다.

전 단락에 언급된 기간이 만료되어도 연방의회가 위임한 권한에 따라 나온 규정에서 발생한 법적 관계는 변하지 않는다.

제99조 대통령의 권한은 다음과 같다.

16. 외국의 공격 시 대통령은 상원의 동의를 받아 한정된 기간 동안 연방의 한 곳이나 여러 곳에 계엄을 선포한다. 내란 시에는 연방의회가 휴회 중일 때만 이 권한을 행사하는데, 이것은 이 기관과 관련된 권한이기 때문이다. 대통령은 제23조에 규정된 제한에 따라 그 권한을 행사한다.

[프랑스]

제16조 ① 공화국의 제도, 국가의 독립, 영토의 보전, 국제협약의 이행이 심각하고 직접적으로 위협받고, 헌법에 기초한 공권력의 정상적인 기능이 저해되는 경우에 대통령은 총리, 양원의

의장, 헌법위원회와의 공식협의를 거친 후 필요한 조치를 취한다.

② 대통령은 교서를 내리고 그러한 조치들을 국민에게 알린다.

③ 이러한 조치는 헌법에 기초한 공권력에게 그 직무를 완수할 수 있는 수단을 최단기간 내에 확보하여 주는 것을 목표로 한다. 이러한 조치에 관하여 헌법위원회와 협의한다.

④ 의회는 당연 소집된다.

⑤ 비상권한 발동 중에는 해산되지 아니한다.

⑥ 위 비상권한 발동일로부터 30일이 경과한 후에는, 하원의장, 상원의장, 60인의 하원의원 또는 상원의원 60인은 첫째 문단 기재 요건들이 충족되었는지 여부를 평가하기 위하여 이를 헌법위원회에 송부할 수 있다. 헌법위원회는 최단기간 내에 공식적인 결정을 하여야 한다. 헌법위원회는 비상권한 발동일로부터 60일이 경과한 이후 또는 그 이후 언제라도 이에 관하여 조사를 수행하고 같은 방법으로 결정을 내린다.

제36조 ① 비상계엄령은 국무회의에서 발한다.

② 계엄기간이 12일을 초과하는 경우에는 의회만이 그 연장을 승인할 수 있다.

[필리핀]

제6장 제23조 ② 전시 또는 그 밖의 전국 비상사태 시, 의회는 법률에 의해 제한된 기간 동안 그리고 의회가 규정한 제한에 따라 대통령에게, 선포된 국가정책을 수행함에 있어 필요하고 적절한 권한을 행사하도록 승인할 수 있다. 의회 의결에 의해 조기에 철회되지 않는 한, 이러한 권한은 의회의 다음 회기 때 철회되어야 한다.

제7장 제18조 대통령은 모든 필리핀 군대의 국군 통수권자이며, 필요한 경우 언제든지 무법의 폭력, 침입 또는 반란을 방지 또는 진압하기 위해 군대를 출동시킬 수 있다. 침입 또는 반란의 경우 공공 안전상 필요할 때 대통령은 60일을 넘지 않는 기간 동안 인신보호영장의 특권을 중지시키거나 필리핀 또는 그 일부를 계엄령하에 둘 수 있다. 계엄령 또는 인신보호영장 특권 정지 선포 후 48시간 이내에 대통령은 인편 또는 서면으로 보고서를 의회에 제출해야 한다. 의회는 양원 공동표결로 정기 또는 특별회기 내에서 모든 의원의 최소 다수결 득표를 통해 선포 또는 중지를 철회할 수 있으며, 철회는 대통령에 의해 거부될 수 없다. 침입 또는 반란이 지속되고 공공의 안전상 필요한 경우 대통령의 발의 시 의회는 동일한 방법으로 의회가 정한 기간 동안 해당 선포 또는 중지를 연장할 수 있다.

의회는 회기 중이 아닌 경우 이러한 선포 또는 중단 후 24시간 내에 소집을 요구할 필요 없이 규칙에 따라 소집된다.

대법원은 국민이 제기한 적절한 소송 절차에서 계엄령 선포 또는 인신보호영장 특권의 중단 또는 그 연장의 사실적 토대가 충분한지 여부를 검토할 수 있으며 소송 제기 후 30일 이내에 이에 대한 판결을 발표한다.

계엄령하에서는 헌법의 운영을 중단시키지 않으며 민사법원이나 의회의 기능을 대신하지 않고 민사재판이 기능할 수 있는 경우에는 국민에 대한 군사재판과 기관의 관할권이 부여되지 않으며 인신보호영장의 특권은 자동으로 정지되지 않는다.

인신보호영장의 특권 정지는 오직 반란이나 침략에 관여된 또는 직접 연관된 범죄행위를 이유로 사법적인 처벌을 받은 자에게만 적용된다.

인신보호영장의 특권 정지 기간 동안 체포 또는 구금된 자는 3일 이내에 기소되어야 하며 그렇지 않은 경우 석방되어야 한다.

[그리스]

제44조 ① 긴급하고 예상하지 못한 예외적인 상황에서 대통령은 내각의 제안에 따라 입법적 내용의 명령을 공포할 수 있다. 그러한 명령은 제72조 제1항의 규정에 따라 공포 후 40일 이내 또는 국회 회기 내 집회 후 40일 이내에 국회로 제출하여 비준을 받아야 한다. 그러한 명령이 상기 기한 내에 국회로 제출되지 않거나 국회로 제출된 후 3개월 이내에 비준되지 않을 경우 그 명령은 효력을 상실한다.

제48조 ① 외부적인 위험이나 국가 안보에 대한 임박한 위협으로 인한 전쟁이나 동원의 경우, 혹은 민주 체제를 전복시키려는 쿠데타가 발생할 경우, 국회는 내각의 제안에 따라 의결을 공포하여 국가 전체 또는 일부에 계엄령을 선포하고, 비상 법원을 설립하며, 제5조 제4항, 제6조, 제8조, 제9조, 제11조, 제12조 제1항부터 제4항, 제14조, 제19조, 제22조 제3항, 제23조, 제96조 제4항 및 제97조의 효력을 전체 또는 부분적으로 정지한다. 대통령은 국회의 의결을 공포한다. 해당 조치의 존속 기간은 국회의 의결로 정하며, 15일을 초과할 수 없다.
② 국회가 휴회 중이거나 적시에 소집하는 것이 객관적으로 불가능할 경우, 전 항에 언급된 조치는 내각의 제안에 의해 대통령령으로 공포한다. 국회 소집이 가능해지는 즉시 내각은 국회의 임기가 끝났거나 해산된 경우에도 국회에 해당 대통령령을 제출하여 반드시 15일 이내에 승인을 받아야 한다.
③ 전항들에 언급된 조치들의 지속 기간은 국회 임기가 끝났거나 해산되었는지 여부와 무관하게 소집된 국회에서 의결로 15일 단위로 연장될 수 있다.
④ 전항에 명시된 조치들은 국회 의결에 의해 연장되지 않을 경우 제1항, 제2항 및 제3항에 명시된 기한이 만료되면 법적으로 해제되며, 전쟁을 이유로 한 경우에는 전쟁 종료시 해제된다.
⑤ 전항들에서 언급된 조치들이 발효되는 시점부터, 대통령은 비상 사태에 대처하기 위해 또는 헌법 기관들의 기능을 가능한 한 빨리 복구하기 위해 내각의 제안에 따라 입법적 내용의 명령을 공포할 수 있다. 이들 명령은 공포 후 또는 국회 회기 소집 후 15일 이내에 국회에 제출하여 비준을 받아야 한다. 위에 언급된 기한 내에 국회에 제출하지 않을 경우 또는 제출 후 15일 이내에 승인되지 않을 경우 그 명령은 효력을 상실한다. 계엄령은 그 발효 기간 동안 개정할 수 없다.
⑥ 제2항과 제3항에 언급된 국회의 의결은 국회 재적의원의 과반수에 의해 채택되며, 제1항에 언급된 의결은 국회 재적의원의 5분의 3에 의해 채택된다. 국회는 이들 사안을 한 회기 내에 결정해야 한다.
⑦ 본조에 따라 취해진 비상 사태의 조치 적용기간 동안, 헌법 제61조와 제62조의 규정은 국회가 해산되거나 임기가 종료되었는지 여부와 상관없이 법적으로 적용된다.

[독일]

제115a조 (1) 연방영역이 무력으로 침공되거나 또는 침공의 직접적인 위협의 확인(방위사태)은 연방참사원의 동의로 연방 의회가 결정한다. 해당 확인은 연방 정부의 신청에 의하여 이루어지고 연방 의회 투표수 3분의 2의 다수, 적어도 연방 의회 재적의원 과반수의 찬성을 요한다.
(2) 상황이 불가피하게 즉각적인 조처를 요하고, 연방 의회의 적시의 집회가 극복할 수 없는 장애에 직면하거나 또는 연방 의회가 의결능력이 없는 경우에는 공동위원회가 투표수 3분의

2의 다수, 적어도 공동위원회 재적구성원의 과반수의 찬성으로 이를 확인한다.

⑶ 이 확인은 연방대통령이 제82조에 의거하여 연방법률 공보에 공포한다. 적시에 이를 공포할 수 없는 경우에는 다른 방법으로 공포한다. 사정이 허용되는 즉시 연방법률 공보에 추가하여 공포하여야 한다.

⑷ 연방 영역이 무력으로 침공되고, 권한을 가진 연방기관이 즉각 제1항 제1문에 의한 확인을 할 수 없는 경우, 이 확인은 침공이 개시된 때 확인되고, 그 시점에 공포된 것으로 간주한다. 연방 대통령은 사정이 허용되는 즉시 이 시점을 공포하여야 한다.

⑸ 방위사태의 확인이 공포되고, 연방 영역이 무력으로 침공될 경우, 연방대통령은 연방의회의 동의로 방위사태의 성립에 관한 국제법 상의 선언을 할 수 있다. 제2항의 전제조건 하에서는 공동위원회가 연방의회를 대신한다.

제115b조 방위사태가 공포되면 군대에 대한 명령권 및 지휘권은 연방 수상에게 위임된다.

제115c조 ⑴ 연방은 방위사태의 경우 주의 입법권에 속하는 분야에 있어서 경합적 입법권을 가진다. 이 법률은 연방참사원의 동의를 요한다.

⑵ 방어상태에서 사정에 의해 요구되는 정도, 방어를 위한 연방법률은

1. 수용의 경우 제14조 제3항 제2문과는 상이하게 보상을 임시로 정할 수 있다.
2. 자유 박탈의 경우 법관이 평시에 적용되는 기한 내에 처리할 수 없는 경우를 위하여 최장 제104조 제2항 제3문 및 제3항 제1문과는 다른 기한을 최장 4일 이내로 정할 수 있다.

⑶ 현존하는 또는 직접적으로 위협적인 침공을 저지하기 위하여 필요한 경우 방위사태에 있어서 연방참사원의 동의로 연방법률에 의하여 제8장, 제8a장 및 제10장과는 달리 연방 및 주의 행정 및 재정제도를 정할 수 있다. 이때 주, 지방자치단체 및 지방자치단체연합의 존립능력, 특히 재정적인 면에서의 존립능력은 유지되어야 한다.

⑷ 제1항 및 제2항 제1호에 따른 연방법률은 방위사태의 개시 전에 이미 그 실시의 준비를 위하여 적용될 수 있다.

제115d조 ⑴ 방위사태에 있어서는 연방의 입법에 관하여 제76조 제2항, 제77조 제1항 제2문 및 제2항에서 제4항까지, 제78조 및 제82조 제1항과는 달리 제2항 및 제3항의 규정이 적용된다.

⑵ 긴급한 것으로 표시된 연방정부의 법률안은 연방의회에 제출됨과 동시에 연방참사원에 이송되어야 한다. 연방 의회 및 연방참사원은 법률안을 지체 없이 공동으로 심의한다. 연방참사원의 동의를 요하는 법률에 한하여 법률이 성립되기 위해서는 연방참사원의 투표권 과반수의 찬성을 요한다. 자세한 사항은 연방의회에 의하여 의결되고 연방참사원의 동의를 요하는 의사규칙에 정한다.

⑶ 법률의 공포에는 제115a조 제3항 제2문이 준용된다.

제115e조 ⑴ 방위사태의 경우에 공동위원회가 적어도 투표권수의 3분의 2의 다수로, 적어도 그 구성원의 과반수로 연방 의회의 적시의 집회가 극복할 수 없는 장애에 직면하거나 또는 연방의회가 의결할 수 없다고 확인하는 경우 공동위원회는 연방 의회와 연방참사원의 지위를 가지고 그들의 권한을 통일적으로 행사한다.

⑵ 기본법은 공동위원회의 법률에 의하여 개정되거나 또는 그 전부 또는 일부가 실효되거나, 또는 그 적용이 중지될 수 없다. 공동위원회는 제23조 제1항 제2문, 제24조 제1항 또는 제29조에 따른 법률을 제정할 권한을 갖지 않는다.

제115f조 ⑴ 연방 정부는 방위사태의 경우에 상황에 따라 필요한 경우,

1. 연방 전역에 연방국경수비대를 투입할 수 있고,
2. 연방 행정청 외에도 주정부에 대하여 그리고 연방 정부가 긴급하다고 판단할 때에는 주 관청에 대하여 지시할 수 있으며, 이 권한을 연방 정부가 지정하는 주 정부의 구성원에게 이관할 수 있다.

⑵ 연방 의회, 연방참사원 및 공동위원회는 제1항에 따라 실행한 조치를 지체 없이 보고받아야 한다.

제115g조 연방헌법재판소와 그 재판관의 헌법적 지위 및 헌법적 임무의 수행은 침해되지 않는다. 연방헌법재판소법은 연방헌법재판소의 견해에 의하여도 재판소의 기능 유지를 위하여 필요한 경우에만 공동위원회의 법률에 의하여 개정될 수 있다. 그러한 법률이 제정될 때까지 연방헌법재판소는 재판소의 직무 능력의 유지에 필요한 조치를 취할 수 있다. 연방헌법재판소는 제2문 및 제3문에 의한 결정을 재석 재판관의 과반수로 행한다.

제115h조 ⑴ 방위사태 동안 연방 의회 또는 주 의회의 의회 회기가 만료되는 경우에 그 의회 회기는 방위사태가 종식된 때부터 6개월 후에 종료된다. 방위사태 중에 만료한 연방대통령의 임기와 그 직의 궐위 시의 연방참사원 의장에 의한 대통령 권한대행은 방위사태가 종식된 때부터 9개월 후에 종료된다. 방위사태 중에 만료한 연방헌법재판소 재판관의 임기는 방위사태가 종식된 때부터 6개월 후에 종료된다.

⑵ 공동위원회에 의한 연방수상의 새로운 선출이 필요한 경우 공동위원회는 구성원의 과반수로 새로운 연방수상을 선출한다. 연방대통령은 공동위원회에 제청한다. 공동위원회는 구성원의 3분의 2의 다수로 후임자를 선출함으로써만 연방수상에 대한 불신임을 표명할 수 있다.

⑶ 방위사태의 기간에 연방의회는 해산되지 않는다.

제115i조 ⑴ 소관 연방기관이 위험을 방어하기 위한 필요한 조치를 취할 수 없는 경우, 그리고 상황이 연방의 각 지역에서 즉각 독자적인 행동을 불가피하게 필요로 하는 경우에는 주 정부 또는 주 정부가 지정한 관청이나 그 대리인은 그 권한 내에서 제115f조 제1항에서 말하는 조치를 취할 수 있다.

⑵ 제1항에 따른 조치는 연방정부에 의하여, 주 관청 및 연방하급 관청과의 관계에서는 주 수상에 의하여 폐지될 수 있다.

제115k조 ⑴ 제115c조, 제115e조 및 제115g조에 따른 법률과 그러한 법률에 의거하여 제정된 법규명령은 적용기간 동안 저촉되는 법의 적용을 배제한다. 이는 제115c조, 제115e조, 제115g조에 의거하여 제정된 구법에 대하여는 적용되지 않는다.

⑵ 공동위원회가 의결한 법률과 그 법률에 근거하여 제정된 법규명령은 늦어도 방위사태가 종식한 후 6개월 후에는 효력을 상실한다.

⑶ 제91a조, 제91b조, 제104a조, 제106조 및 제107조와 다른 규정을 포함한 법률은 최장 방위사태 종식 후의 두 번째 회계연도의 말까지 유효하다. 이 법률은 방위사태 종식 후 제8a장 및 제10장에 의한 규율을 받도록 연방참사원의 동의를 요하는 연방법률로 개정될 수 있다.

제115l조 ⑴ 연방의회는 연방참사원의 동의로 공동위원회가 제정한 법률을 폐지할 수 있다. 연방참사원은 연방의회가 폐지를 의결하도록 요구할 수 있다. 그 밖에도 위험을 방지하기 위하여 공동위원회 또는 연방정부가 취한 조치는 연방의회 및 연방참사원이 의결하면 폐지되어야 한다.

⑵ 연방의회는 연방참사원의 동의로 언제든지 연방대통령에 의하여 공포되어야 할 의결로 방

위사태의 종식을 선언할 수 있다. 연방참사원은 연방 의회가 이에 관한 의결을 하도록 요구할 수 있다. 방위사태는 그 사태 확인에 관한 요건이 더 이상 존재하지 않게 된 때에는 종식된 것으로 지체 없이 선언되어야 한다.

(3) 강화조약의 체결에 관하여는 연방법률로 정한다.

[남아프리카공화국]

제37조 (비상사태) ① 비상사태는 다음의 경우에 한해서, 법률에 따라서만 선포할 수 있다.

a. 전쟁, 침공, 전면적 반란, 소요, 천재지변 또는 기타 공적 위급 상황으로 인해 국가의 존속이 위태로울 경우

b. 평화와 질서를 회복하기 위해 선포가 필요한 경우

② 비상사태의 선포와 그러한 선포의 결과로 제정된 모든 법률 또는 시행된 기타 조치는,

a. 미래에 대해서만 효력을 가지며,

b. 하원이 비상사태 선포를 연장하기로 의결하지 않는 한 비상사태, 선포일로부터 최대 21일 동안만 유효하다. 하원은 비상사태 선포를 1회에 최대 3개월간 연장할 수 있다. 비상사태의 첫 번째 연장은 하원의원의 과반수 찬성표로 채택된 결의안을 통해 이루어져야 한다. 이후의 모든 연장은 하원의원의 60% 이상의 찬성표로 채택된 결의안을 통해 이루어져야 한다. 본 항에 따른 결의안은 하원에서 공개토론을 실시한 후에만 채택할 수 있다.

③ 모든 관할 법원은 다음의 유효성을 결정할 수 있다.

a. 비상사태의 선포

b. 비상사태 선포의 연장

c. 비상사태를 선포한 결과로 제정된 모든 법률 또는 시행된 기타 조치

④ 비상사태의 선포에 따른 결과로 제정된 모든 법률은 다음에 해당하는 경우에 한해서만 권리장전의 적용 대상에서 제외될 수 있다.

a. 그러한 적용 제외가 비상사태에 의해 엄격하게 요구되며

b. 해당 법률이

i. 비상사태에 적용되는 국제법에 따른 공화국의 의무에 부합하고

ii. 하기 제5항의 규정을 충족하며

iii. 제정 후 합리적으로 가능한 한 빨리 중앙정부 관보에 공고될 경우

⑤ 비상사태의 선포를 승인하는 법률과 선포의 결과로 제정된 법률 또는 시행된 기타 조치는 다음을 허용 또는 승인할 수 없다.

a. 불법행위에 대한 국가 또는 사람의 면책

b. 이 조에 대한 적용 제외

c. 적용 제외 대상이 아닌 권리를 나열한 아래 표의 1열에 명시된 각 조의 맞은편에 나열된 표의 3열에 대한 적용 제외 적용

제외 대상이 아닌 권리

1. 조 번호	2. 조 제목	3. 권리의 보호 범위
9	평등	오로지 인종, 피부색, 민족적 또는 사회적 출신, 성별, 종교 또는 언어에 근거한 부당한 차별에 관련된 경우
10	인간의 존엄성	모든 경우

11	생존	모든 경우
12	개인의 자유와 안전	제1항 제d호·제e호 및 제2항 제c호와 관련된 경우
13	노예 제도, 노역 및 강제 노동	노예 제도 및 노역과 관련된 경우
28	아동	다음에 관련된 경우—제1항 제d호·제e호—제1항 제g호 제i목·제ii목
35	체포, 구금 및 기소된 자	다음에 관련된 경우—제1항 제a호·제b호·제c호 및 제2항 제d호—제3항의 제a호에서 제o호까지 명시된 권리(제d호 제외)—제4항—해당 증거의 인정이 재판을 부당하게 만들 우려가 있는 경우 증거의 배제에 관한 제5항

⑥ 비상사태의 선포로 인한 권리의 적용 제외에 따른 결과로서 누군가가 재판 없이 구금될 경우, 항상 다음의 조건을 준수해야 한다.

a. 구금자의 성인 가족 구성원 또는 친구가 합리적으로 가능한 한 빨리 연락을 받아야 하며, 해당자가 구금된 사실을 통보받아야 한다.

b. 구금자의 성명 및 구금 장소를 명시하고 해당자의 구금이 이루어진 근거가 된 비상조치를 언급하는 통지가 해당자가 구금된 지 5일 이내에 중앙정부 관보에 공고되어야 한다.

c. 구금자는 의사를 선택하고 언제든 적절한 시기에 의사의 방문을 받도록 허락되어야 한다.

d. 구금자는 법적 대리인을 선택하고 언제든 적절한 시기에 법적 대리인의 방문을 받도록 허락되어야 한다.

e. 법원은 해당자가 구금된 후 합리적으로 가능한 한 빨리, 늦어도 10일 이내에 구금 내용을 다시 심리해야 하며, 평화와 질서를 회복하기 위해 구금을 계속 유지할 필요가 있는 경우가 아니라면 구금자를 석방해야 한다.

f. 상기 제e호나 이 호에 따라 석방되지 아니한 경우 구금자는 이전 심리일부터 10일이 경과한 이후의 어느 시점에든 다시 구금에 대한 새로운 심리를 법원에 신청할 수 있으며, 평화와 질서를 회복하기 위해 구금을 계속 유지할 필요가 여전히 있는 경우가 아니라면 법원은 구금자를 석방해야 한다.

g. 구금자는 해당 구금과 관련된 모든 재판에 직접 출석하고, 그러한 심리에서 구금자의 변호사가 법적 대리인이 되도록 하며, 계속적 구금에 항의하게 하도록 허락되어야 한다.

h. 국가는 구금자의 계속적 구금을 정당화하기 위해 사유서를 법원에 제출해야 하며, 법원에서 구금의 정당성에 대하여 심리하는 날의 적어도 2일 전에 구금자에게 그러한 사유서의 사본을 전달해야 한다.

⑦ 법원이 구금자를 석방할 경우, 해당자를 재구금해야 하는 정당한 사유를 국가가 먼저 법원에 입증하지 않는 한, 해당자를 동일한 사유로 재구금할 수 없다.

⑧ 상기 제6항 및 제7항은 남아프리카공화국 국민이 아니며 국제적 무력 충돌의 결과로 구금된 자에게는 적용되지 않는다. 그 대신, 국가는 그러한 자의 구금과 관련해 국제인도법에 따라 공화국에 대해 구속력을 갖는 규범을 준수해야 한다.

제203조 (계엄) ① 중앙 행정부의 수반인 대통령은 계엄을 선포할 수 있으며 조속한 시일 내에 다음 사항을 국회에 상세히 통보해야 한다.

a. 계엄 선포의 사유

b. 방위군이 활용되는 장소

c. 관련 인원수

② 계엄 선포시 국회가 개원을 하지 않은 상태일 경우, 대통령은 계엄을 선포한 날로부터 7일 이내에 임시 국회를 소집해야 한다.

③ 계엄 선포는 선포일로부터 7일 이내에 국회의 승인을 얻지 못할 경우, 효력을 상실한다.

[터키]

1. 자연재해 또는 심각한 경제위기에 따른 국가비상사태 선포

제119조 자연재해, 위험한 전염병 또는 심각한 경제위기 발생 시, 공화국 대통령을 의장으로 하는 국무회의는 하나 또는 그 이상의 지역 또는 전국에 6개월을 초과하지 않는 기간 동안 국가비상사태를 선포할 수 있다.

2. 광범위한 폭력행위와 심각한 공공질서 파괴에 따른 국가비상사태 선포

제120조 헌법에 따라 수립된 자유 민주주의 질서 또는 기본권과 자유의 파괴를 목적으로 하는 광범위한 폭력행위의 명확한 징후나 폭력행위로 인해 공공질서의 심각한 붕괴가 발생 시, 공화국 대통령을 의장으로 하는 국무회의는 국가안보위원회와의 협의 하에 하나 또는 그 이상의 지역 또는 전국에 6개월을 초과하지 않는 기간 동안 국가비상사태를 선포할 수 있다.

3. 국가비상사태와 관련된 규칙

제121조 헌법 제119조 및 제120조의 규정에 따라 국가비상사태 선포 시 이러한 결정은 관보에 게재되어야 하며 승인을 위해 즉시 터키 대국민회의에 제출되어야 한다. 터키 대국민회의가 휴회 중인 경우, 대국민회의는 즉시 소집되어야 한다. 대국민회의는 비상사태의 기간을 변경하거나, 국무회의가 요청할 때마다 최대 4개월까지 기간을 확대하거나 국가비상사태를 해제할 수 있다.

제119조에 따른 국가비상사태 선포시 시민에게 부여되며 각 국가비상사태 성격에 따라 적용 가능한 재정적, 물질적 및 근로의무와 제15조에 따라 기본권과 자유가 제한 또는 중단되는 방법에 관한 절차, 상황에 따라 요구되는 조치의 시행 방법 및 수단, 공직에 부여되는 권한의 종류, 공직자 신분의 변경 종류, 비상사태 규칙을 관장하는 절차는 국가비상사태에 관한 법률로 정한다.

국가비상사태 기간 동안, 공화국 대통령을 의장으로 하는 국무회의는 국가비상사태로 판단되는 사안에 관해 법률적 효력을 갖는 명령을 발효할 수 있다. 이 시행령은 관보에 게재되며 승인을 위해 발효 당일 터키 대국민회의에 제출되어야 한다. 국민회의의 승인에 관한 시간 제약과 절차는 의사규칙에 명시한다.

B. 계엄령, 동원 및 전시

제122조 국가비상사태를 필요로 하는 경우보다 더 위험하고 헌법에 명시된 자유 민주주의 질서나 기본권 및 자유의 파괴를 목적으로 하는 광범위한 폭력행위가 발생하거나 전쟁, 전쟁을 필요로 하는 상황, 폭동, 조국과 공화국에 대항한 폭력적이고 강렬한 반란행위 발생 시 또는 국가와 국민의 불가분성을 내적 또는 외적으로 위협하는 광범위한 폭력행위 발생 시 공화국 대통령을 의장으로 하는 국무회의는 국가안보위원회와의 협의 하에 하나 또는 그 이상의 지역 또는 전국에 6개월을 초과하지 않는 기간 동안 계엄령을 선포할 수 있다. 이러한 결정은 즉시 관보에 게재되어야 하며 승인을 위해 당일에 터키 대국민회의에 제출되어야 한다. 터키 대국민회의가 휴회 중인 경우, 즉시 소집되어야 한다. 터키 대국민회의는 필요하다고 판단할 경우

계엄령 기간을 축소 또는 확대하거나 이를 해제할 수 있다.

계엄령 기간 동안, 공화국 대통령을 의장으로 하는 국무회의는 계엄령 상황에서 요구되는 사안에 대해 법률적 효력을 갖는 명령을 발효할 수 있다.

이 명령은 관보에 게재되어야 하며 승인을 위해 발효 당일 터키 대국민회의에 제출되어야 한다. 국민회의의 승인에 관한 시간제약과 절차는 의사규칙에 명시한다.

매회 최대 4개월 간 계엄령 기간연장은 터키 대국민회의의 결정을 통해 이루어져야 한다. 전쟁 발생 시에는 4개월 제한규정은 적용하지 않는다.

계엄령, 동원 및 전쟁 발생 시, 적용규정과 업무수행, 행정부와의 관계, 자유의 제한 또는 중지 방식, 전시 또는 전쟁을 요하는 상황발생시 시민에게 부과되는 의무는 법률로 정한다.

계엄사령관은 참모총장의 권한 하에서 그 의무를 수행한다.

10. 공무원 임명권

[대한민국]

第78조 대통령은 헌법과 법률이 정하는 바에 의하여 공무원을 임면한다.

[멕시코]

第89조 대통령의 권한과 의무는 다음과 같다.

I. 연방의회가 제정한 법률을 공포 및 시행하고, 행정분야에서 그 법률을 정확하게 준수한다.

II. 국무장관을 임의로 임면하고, 대사, 총영사 및 재무부 고위관료를 해임하며, 헌법 또는 법률에 임면에 관하여 달리 규정되지 아니한 기타 연방공무원을 임의로 임면한다.

III. 상원의 동의를 받아 대사, 총영사, 재무부 고위관료 및 통신, 에너지 및 경제문제를 규제할 책임이 있는 합의기관의 구성원을 임명한다.

IV. 상원의 동의를 얻어 육군, 해군 및 공군의 대령과 기타 고위장교를 임명한다.

V. 법률에 따라 육군, 해군, 공군의 기타 장교를 임명한다.

IX. 상원의 승인을 받아 법무장관을 임명한다.

XVI. 상원이 휴회 중인 경우에 대통령은 상임위원회의 승인을 받아 제III호, 제IV호 및 제IX호에 규정하는 자를 임명할 수 있다.

[미국]

第2조 ② 제2문 ...대통령은 대사, 그 밖의 공사 및 영사, 연방대법원 판사, 그리고 그 임명에 관하여 이 헌법에 특별규정이 없으나, 법률로써 정하는 그 밖의 모든 미국 관리를 지명하여 상원의 권고와 동의를 얻어 임명한다. 다만, 연방의회는 적당하다고 인정되는 하급관리 임명권을 법률에 의하여 대통령에게, 법원에게, 또는 각 부처 장관에게 부여할 수 있다.

대통령은 상원의 휴회 중에 생기는 모든 결원을 임명에 의하여 충원하는 권한을 가진다. 다만, 그 임명은 다음 회기가 만료될 때에 효력을 상실한다.

[프랑스]

第13조 ② 대통령은 국가의 일반공무원 및 군 공무원을 임명한다. 국사원(Conseil d'Éat) 위원, 레지옹도뇌르 상훈국 총재, 대사, 특사, 회계감사원, 감사관, 제74조에서 규정한 해외영토 및 뉴칼레도니아 파견 정부대표, 군장성, 대학교 총장, 중앙행정조직의 장은 국무회의에서 임명한다.

③ 국무회의에서 임명하는 다른 직위 및 대통령의 임명권 위임 요건은 조직법으로 정한다.

④ 셋째 문단 기재의 직위 또는 지위를 제외한 다른 직위 또는 지위 중에서 국민의 권리와 자유의 보장 또는 경제적, 사회적 활동에 대하여 갖는 중요성을 고려하여 양원의 소관 상임위원회의 공식 의견을 구하여 대통령이 임명권을 행사하게 되는 직위와 직무에 대하여는 조직법으로 정한다. 각 위원회에서 나온 반대표의 합계가 적어도 각 위원회에서 행사된 투표수의 5분의 3에 달하는 경우에는, 대통령은 임명을 할 수 없다. 관련 직위와 직무에 따른 소관 상임위원회는 법률로 정한다.

[노르웨이]

제21조 왕은 국무회의의 협의를 거쳐 모든 고위 공무원 및 군간부를 임명한다. 임명을 받기 전에 해당관리는 헌법과 왕에 대한 순종과 충성을 선서하거나 법에 의해 선서에서 면제될 경우에는 엄숙하게 선언해야 한다. 노르웨이 국민이 아닌 고위 관리는 이 의무에서 면제된다. 왕세자는 고위 공무원직을 겸할 수 없다.

제22조 국왕은 국무회의의 의견을 들은 후 법원의 판결 없이 총리와 다른 국무회의 위원을 장관들과 함께 면직시킬 수 있다. 정부부처나 외교 또는 영사업무를 담당하는 고관, 고위 공무원 및 교회 관리, 군대의 연대 및 기타 군사 조직의 지휘자, 주둔지 사령관 및 군함 지휘관의 경우에도 같다. 면직된 고위 관리에 대한 연금의 지급 여부는 차기 의회에서 정한다. 의회의 결정까지는 이전 급여의 2/3를 지급한다.

다른 고위 관리는 국왕에 의해 정직될 수만 있고, 정직 즉시 법원에 기소되어야 하며, 법원의 판결에 의하지 아니하고는 자신의 의지에 반하여 면직되거나 전직되지 않는다.

모든 고위 관리는 정년에 의해 당연히 퇴직한다.

제24조 국왕은 재량에 의하여 왕실 및 궁정 관리를 선택하고 면직한다.

[벨기에]

제107조 국왕은 군의 직위를 수여한다.

국왕은 일반 행정을 담당하는 공무원 및 외교 사무를 담당하는 공무원을 임명한다. 다만, 법률로 예외를 둘 수 있다.

국왕은 법률에 명문의 규정이 있는 경우에만 그 외의 공무원을 임명할 수 있다.

[아이슬란드]

제20조 대통령은 법률의 규정에 따라 공무원을 임명한다.

아이슬란드 국적을 가지지 않은 자는 공직을 맡을 수 없다. 각 공직자는 헌법을 준수하겠다는 선서나 서약을 한다.

대통령은 자신이 임명한 공직자를 해임할 수 있다. 대통령은 공직자를 다른 곳으로 전보할 수 있으나, 이 때 해당자의 공식 보수는 삭감되지 않으며 해당자는 그 전보와 법률의 규정에 따라 연금 또는 노령급여가 주어지는 퇴직 중 하나를 선택할 수 있다.

특정 범주의 공직자 및 제61조에 언급된 자는 법률의 규정에 따라 이 조항의 규정이 면제될 수 있다.

[일본]

第6条 [천황의 임명권] ① 천황은 국회의 지명에 따라 내각총리대신을 임명한다.

② 천황은 내각의 지명에 따라 최고재판소의 장인 재판관을 임명한다.

第7条 [천황의 국사행위] 천황은 내각의 조언과 승인에 따라 국민을 위하여 다음의 국사에 관한 행위를 한다.

5. 국무대신과 법률이 정하는 그 밖의 관리의 임면, 전권위임장 및 대사·공사의 신임장의 인증

[호주]

제67조 (공무원의 임명) 의회가 달리 정하지 않는 한, 연방 행정부 공무원의 임면은 위원회의 총독에게 귀속된다. 단, 위원회의 총독 또는 연방 법률에 의해 다른 기관에 임명이 위임된 경우는 예외이다.

11. 사면권

[대한민국]

제79조 ① 대통령은 법률이 정하는 바에 의하여 사면·감형 또는 복권을 명할 수 있다.

② 일반사면을 명하려면 국회의 동의를 얻어야 한다.

③ 사면·감형 및 복권에 관한 사항은 법률로 정한다.

[멕시코]

제89조 대통령의 권한과 의무는 다음과 같다.

XIV. 연방법원의 관할 내에서 범죄로 유죄판결을 받은 자와 연방직할시 내의 일반범죄로 유죄판결을 받은 자를 법률에 따라 사면한다.

[미국]

제2조 ② 제1문 ...대통령은 미국에 대한 범죄에 관하여 탄핵의 경우를 제외하고, 형의 집행정지 및 사면을 명할 수 있는 권한을 가진다.

[필리핀]

제7장 제19조 탄핵 또는 헌법에 달리 정한 바에 따르는 경우를 제외하고 대통령은 최종 판결로 유죄가 확정된 후 형 집행의 유예, 감형, 특별사면을 허가할 수 있고 벌금형과 몰수형을 면제할 수 있다.

또한 대통령은 의회의 재적의원 중 과반수의 동의하에 일반사면을 허락할 수 있는 권한을 가진다.

[그리스]

제47조 ① 대통령은 법무부장관의 권고 및 과반수가 판사들로 구성된 판사 협의회의 자문에 따라 법원에서 선고한 형벌을 사면 또는 감형할 수 있으며 이미 형이 선고되어 복역 중인 형벌을 취소할 권한을 갖는다.

② 대통령은 제86조 규정에 따라 유죄 선고를 받은 장관에게 사면을 수여할 권한을 갖지만 국회의 동의를 받아야 한다.

③ 특별 사면은 국회 총회에서 국회 재적의원의 5분의 3으로 통과된 법령에 의해 정치 범죄에 대해서만 수여할 수 있다.

④ 일반 범죄에 대한 특별 사면은 법에 의해서도 수여할 수 없다.

[덴마크]

제24조 국왕은 특별 사면을 포함한 사면권을 가진다. 국왕은 고등법원에 의해 형벌을 선고받은 장관을 국회의 동의를 얻어 사면할 수 있다.

제25조 국왕은 직접 또는 관련 정부당국을 통해 사면을 하고 법률의 면제를 허용한다. 이때 그러한 사면과 면제는 1849년 6월 5일 이전의 법률에 따라 허용하거나 또는 그 날 이후 통과된 법률에서 보장된 대로 시행한다.

[독일]

제60조 (2) 연방대통령은 개별적인 경우에 연방을 위하여 사면권을 행사한다.

(3) 연방대통령은 이러한 권한을 다른 기관에 위임할 수 있다.

[벨기에]

제108조 국왕은 법관이 선고한 형을 감면할 권한을 가진다. 다만, 장관과 공동체 및 지역정부의 구성원들에 관하여 특별한 규정이 있는 경우에는 그러하지 아니한다.

제111조 국왕은 하원이나 관련 의회의 요청이 있는 경우 외에는 대법원에서 유죄 판결을 받은 공동체 또는 지역 정부의 장관 또는 구성원을 사면하지 아니한다.

[오스트리아]

제65조 ② 나아가 연방대통령에게는—이 헌법의 다른 규정에 의해 그에게 이관된 권한 이외에—다음과 같은 권한이 있다.

c) 개별적인 경우에 있어서, 법원의 확정판결을 받은 사람의 사면, 법원에 의해 선고된 형의 감경 또는 변경, 사면단계에서 형 집행의 유예와 유죄판결의 파기 및 직권으로 소추되어야 하는 가벌행위에 대한 형사소송절차의 중지

[이탈리아]

제79조 일반사면 및 특별사면은 각 항목에 대해 최종 투표로 양원 모두에서 3분의 2 이상 찬성을 얻은 법률로 허가할 수 있다.

해당 법률로 일반사면 또는 특별사면 시행 기한을 정한다.

제출된 일반사면 및 특별사면은 해당 법안 제출 후 발생한 범죄에는 적용될 수 없다.

제87조 대통령은 특별사면 및 감형을 할 수 있다.

[일본]

제7조 [천황의 국사행위] 천황은 내각의 조언과 승인에 따라 국민을 위하여 다음의 국사에 관한 행위를 한다.

6. 대사(大赦), 특사(特赦), 감형, 형 집행 면제 및 복권의 인증

[체코]

제62조 대통령은 다음 각 호의 권한을 갖는다.

체코공화국 대통령은

g) 법원이 부과한 형벌을 사면 또는 감형하고, 형사기록의 삭제를 명령할 수 있다.

제63조 (1) 또한, 대통령은 다음 각 호의 권한을 갖는다.

k) 사면권을 갖는다.

[핀란드]

제58조 (대통령의 결정) (3) 법률의 구체적 규정에 따라 국무회의 심의가 불필요한 개인이나 사안에 대한 대통령 사면과 기타 문제

제105조 (대통령 사면) 개별 사건에서 대통령은 대법원의 의견서를 받은 후 법원에서 내린 처벌이나 기타 형벌을 전부 또는 일부 사면할 수 있다. 일반사면은 법률로만 주어질 수 있다.

12. 영전수여권

[대한민국]

제80조 대통령은 법률이 정하는 바에 의하여 훈장 기타의 영전을 수여한다.

[러시아]

제89조 러시아연방 대통령은

b) 러시아연방 국가표창을 수여하고 러시아연방 명예칭호, 최고 군사칭호 및 최고 특별칭호를 부여[한다].

[그리스]

제46조 ② 대통령은 관련 법률의 규정에 따라 훈장을 수여한다.

[노르웨이]

제23조 국왕은 특별한 공헌에 대한 보상으로 훈장을 수여할 수 있고, 이러한 훈장은 공개적으로 수여하여야 한다.

그러나 관직에 부속된 직위나 직함을 제외한 다른 직위나 직함은 부여할 수 없다. 훈장은 국민으로서의 의무나 책임을 면제하지 않고, 국가 고위 관직에 대한 우선권을 부여하지도 않는다. 관직에서 명예롭게 퇴임한 고위 관리는 그 관직의 직위와 직함을 유지한다. 그러나 이는 국무회의 위원이나 장관에게는 적용되지 않는다.

특권은 세습되지 않는다.

[룩셈부르크]

제40조 대공은 어떤 특권도 부가시킬 수 없이 귀족 작위를 수여할 수 있는 권리가 있다.

제41조 대공은 민간 및 군사 계급을 수여하는데 이러한 관점에서 법률이 규정한 것을 준수한다.

[벨기에]

제113조 국왕은 귀족의 작위를 수여할 권한을 가지나, 특권을 부여할 권한은 가지지 아니한다.

[스페인]

제62조 국왕의 권능은 다음 각 호와 같다.

f) 각의에서 합의된 명령을 발하고 문관 및 무관을 임명하고 법률에 따라 영전을 수여한다.

[이탈리아]

第87조 (제7항) 대통령은 영전을 수여한다.

[일본]

제 7 조 [천황의 국사행위] 천황은 내각의 조언과 승인에 따라 국민을 위하여 다음의 국사에 관한 행위를 한다.

7. 영전의 수여

[체코]

第63조 (1) 또한, 대통령은 다음 각 호의 권한을 갖는다.

h) 국가 훈장을 수여한다. 다른 기관에 위임한 경우를 제외한다.

[남아프리카공화국]

第84조 (대통령의 권한 및 기능) ② 대통령은 다음에 대한 책임이 있다.

k. 훈장을 수여

[포르투갈]

第134조 (개인적 책임) 대통령은 다음에 열거한 사항들에 대한 개인적인 책임을 진다.

i) 법률에 따라 훈장을 수여하고 포르투갈 명예훈장 수여 책임자의 직무를 수행

13. 국회출석·발언권

[대한민국]

第81조 대통령은 국회에 출석하여 발언하거나 서한으로 의견을 표시할 수 있다.

[미국]

제 2 조 ③ 대통령은 연방의 상황에 관하여 수시로 연방의회에 보고하고, 필요하고 권고할 만하다고 인정하는 법안의 심의를 연방의회에 권고해야 한다. 긴급 시에 대통령은 상·하 양원 또는 그 중의 1원을 소집할 수 있으며, 휴회의 시기에 관하여 양원 간의 의견이 일치되지 아니하는 때에는 대통령은 적당하다고 인정하는 때까지 양원의 정회를 명할 수 있다...

[프랑스]

第18조 ① 대통령은 양원에 교서를 전달하여 낭독하게 함으로써 의회와 소통한다. 교서는 토론의 대상이 되지 아니한다.

② 대통령은 연설을 목적으로 소집된 의회에서 연설할 수 있다. 동 연설은 대통령의 불참 하에 토론의 대상이 될 수 있으나, 표결에 부치지 아니한다.

③ 의회의 회기가 아닌 경우에는 특히 위와 같은 목적을 위하여 양원이 소집된다.

[덴마크]

第38조 (1) 회기 연도 첫 번째 회의에서 수상은 국가의 제반 정세와 정부에 의해 제출된 법안에 대해 보고한다.

(2) 해당 보고 내용은 전체 토의의 대상이 된다.

[아일랜드]

제13조 7. 1° 대통령은 국가평의회와의 협의로 국가적으로 또는 공적으로 중요한 문제에 대한 교서를 국회에 제출하여 의견을 전달할 수 있다.

2° 대통령은 국가평의회와의 협의로 그와 같은 문제에 대해 국민에게 언제라도 교서를 발표할 수 있다.

3° 단, 모든 해당 교서 또는 연설은 내각의 승인을 얻어야 한다.

[체코]

제64조 (1) 대통령은 양원의 회의와 양원의 위원회 및 심의회의 회의에 참석할 권리가 있다. 대통령은 요청에 따라 발언권을 갖는다.

(2) 대통령은 정부의 회의에 참석하고, 정부 또는 정부위원에 대하여 보고를 요청하고, 정부 또는 정부위원의 소관 사안을 정부 또는 정부위원과 협의할 권리가 있다.

14. 부 서

[대한민국]

제82조 대통령의 국법상 행위는 문서로써 하며, 이 문서에는 국무총리와 관계 국무위원이 부서한다. 군사에 관한 것도 또한 같다.

[멕시코]

제92조 대통령이 제정한 모든 규정, 법령 및 명령은 관련 장관이 서명하여야 하고, 그러하지 아니한 때에는 효력이 없다.

[아르헨티나]

제100조 국무총리와 장관의 수와 권한은 특별법으로 정하고, 이들은 연방업무를 책임지고 대통령의 행위에 부서하여 공인하는데, 부서 없는 해당 행위는 무효이다...

[프랑스]

제19조 제8조 제1문 제11조, 제12조, 제16조, 제18조, 제54조, 제56조 및 제61조가 정한 대통령의 행위 외의 행위에 대하여는 총리가 부서하고, 필요한 경우에는 주무장관이 부서한다.

제22조 총리의 행위에 대하여 필요한 경우에는 그 집행을 담당하는 장관이 부서할 수 있다.

[그리스]

제35조 ① 대통령의 어떤 행위도 관할 장관이 부서(副署)하여 관보에 공표하지 않으면 무효이며 실행되지 않는다. 내각이 제38조 제1항의 규정에 따라 해임될 경우 및 국무총리가 관련 법령을 부서하지 못할 경우에는 대통령이 단독으로 서명한다.

② 예외적으로 다음과 같은 행위는 부서가 필요 없다.

a) 국무총리의 임명

b) 제37조 제2항, 제3항 및 제4항에 의거한 예비조사명령의 지시

c) 제32조 제4항 및 국무총리가 부서하지 못할 경우 제41조 제1항, 그리고 내각이 부서하지 못할 경우 제53조 제1항에 의거한 국회 해산

d) 제42조 제1항에 따라 표결된 의안 또는 법안을 국회로 반송하는 것

e) 대통령직의 행정 직무에 대한 직원 임명

③ 제44조 제2항의 규정에 따라 법안에 대해 국민투표를 선포하는 법령은 국회의장이 부서해야 한다.

[네덜란드]

제47조 모든 법률 및 칙령들은 국왕의 서명은 물론 1명 이상의 장관 또는 국무장관의 서명을 받는다.

제48조 국무총리를 임명하는 국왕의 칙령은 1명 이상의 장관 또는 국무장관의 확인 서명을 받는다. 각료 및 국무장관을 임명 또는 해임하는 국왕의 칙령은 수상의 확인 서명을 받는다.

[노르웨이]

제31조 국왕의 모든 결정은 부서가 되어야 효력이 있다. 군대의 지휘통제와 관련된 결정은 그 안건을 제출한 사람이 부서하고, 그 외의 결정은 총리가 하며, 총리가 부재중인 경우에는 국무회의에 참석한 최고위 국무회의 위원이 부서한다.

[독일]

제58조 연방대통령의 명령 및 처분이 유효하기 위해서는 연방수상 또는 소관 연방장관의 부서가 필요하다. 이 규정은 연방수상의 임면, 제63조에 따른 연방의회의 해산, 제69조 제3항에 따른 요청에는 적용되지 아니한다.

[스페인]

제64조 ① 국왕의 행위는 총리 및 경우에 따라 주무대신이 부서하지 않으면 효력이 발생하지 아니한다. 총리의 임명 및 제99조의 규정에 의한 해산은 하원의장이 부서한다.

② 국왕의 행위에 대하여 부서한 자는 그 행위에 대하여 책임을 진다.

[오스트리아]

제67조 ① 연방대통령의 모든 행위는 헌법에 달리 규정되어 있지 않는 한, 연방정부나 연방정부에 의해 위임받은 연방장관의 제청에 따라 행하여진다. 이 경우 연방정부나 관할 연방장관 자신들이 다른 기관의 제청에 얼마나 구속되는지에 대해서는 법률로 정한다.

② 연방대통령의 모든 행위는 헌법에 의해 달리 규정되어 있지 않는 한, 연방수상이나 관할 연방장관의 부서가 있어야 유효하다.

[이탈리아]

제89조 대통령의 공문서는 제안한 장관이 서명해야 유효하며, 해당 장관이 그에 대해 책임을 진다.

법률의 효력을 가진 공문서와 법률에 따라 발행된 기타 공문서에는 국무총리가 부서한다.

[체코]

제63조 (3) 제1항 및 제2항에 따른 대통령의 결정은 총리 또는 총리가 지정한 정부위원이 서명한 경우에 한하여 그 효력이 있다.

(4) 정부는 총리 또는 총리가 지정한 정부위원이 서명하여야 하는 대통령의 결정에 대하여 책임을 진다.

15. 겸직금지

[대한민국]

제83조 대통령은 국무총리·국무위원·행정각부의 장 기타 법률이 정하는 공사의 직을 겸할 수 없다.

[아르헨티나]

제92조 대통령과 부통령은 재무부로부터 보수를 받고, 보수는 임기 중 변경되지 않는다. 임기 동안 다른 공직을 겸임하거나 연방 또는 주(州)로부터 다른 보수를 받을 수 없다.

[독일]

제55조 (1) 연방대통령은 연방 또는 주의 정부와 의회에 소속될 수 없다.

(2) 연방대통령은 다른 유급직, 영업 및 직업에 종사할 수 없으며, 영리를 목적으로 하는 기업의 이사회 및 감사회에 소속될 수 없다.

[아이슬란드]

제9조 대통령은 의원이 되거나 공공기관 또는 사기업을 위한 유급직을 수락할 수 없다. 국가 재정에서 대통령이나 대통령 권한 대행자에게 지급하는 보수는 법률로 정한다. 이러한 대통령의 보수는 임기 중 삭감되지 아니 한다.

[아일랜드]

제12조 6. 1° 대통령은 국회의원이어서는 안 된다.

2° 국회의원이 대통령에 선출되는 경우, 선출된 자는 해당 의원직을 사퇴한 것으로 간주한다.

3° 대통령은 보수가 있는 다른 관직이나 직위를 유지하지 아니 한다.

[헝가리]

제12조 (2) 대통령은 다른 주(州), 사회, 경제 및 정치적 직 또는 임기를 겸할 수 없다. 대통령은 보수가 있는 직업을 가질 수 없고 저작권보호의 대상이 되는 활동 이외에는 기타 활동에 대한 수수료를 받을 수 없다.

[터키]

제101조 (2007년 5월 31일 개정) (3) 대통령 당선자가 정당의 당원인 경우, 해당 당과의 관계 및 터키 대국민회의 의원으로서의 자격이 모두 중지된다.

16. 형사상 특권

[대한민국]

제84조 대통령은 내란 또는 외환의 죄를 범한 경우를 제외하고는 재직중 형사상의 소추를 받지 아니한다.

[러시아]

제91조 러시아연방 대통령은 면책특권을 가진다.

제93조 1. 러시아 연방 대통령은 국가두마에 의해 제기된 대역죄 또는 다른 중범죄의 소추에 기해서만, 러시아 연방회의에 의해 탄핵될 수 있고, 러시아 연방 대통령의 행동에 범죄의 징표가 존해한다는 점에 대한 러시아 연방대법원의 판단 그리고 탄핵의 절차가 준수되었음을 확인하는 러시아 연방 헌법재판소의 판단에 의하여 확정된다.

2. 대통령을 소추하는 국가두마의 결정 및 대통령을 탄핵하는 연방회의의 결정은 국가두마 의원 3분의 1 이상의 발의 및 국가두마에 설치된 특별위원회의 결정을 거쳐 국가 두마와 연방회의의 각 재적의원 3분의 2의 찬성으로 채택되어야 한다.

3. 러시아 연방 대통령을 탄핵하는 연방회의의 결정은 국가두마가 대통령을 소추한 후 3개월 이내에 채택되어야 한다. 만일 연방회의의 결정이 그 기간 내에 채택되지 않을 경우 대통령에 대한 소추는 받아들여지지 않은 것으로 간주된다.

[프랑스]

제67조 ① 제53조의 둘째 문단과 제68조에 따라 대통령의 공적 업무를 수행한 것에 대하여 책임을 지지 아니한다.

② 대통령은 임기 중에는 프랑스의 모든 법원 또는 행정기관에서 증언하도록 요구받지 아니하고, 민사절차, 수사, 기소 및 조사의 대상이 되지 아니한다. 대통령의 임기 중에는 모든 시효기간의 진행이 정지된다.

③ 대통령에 대해 정지되었던 모든 소송 및 절차는 대통령의 임기가 종료된 때로부터 1개월이 지나면 재개된다.

제68조 ① 대통령은 대통령으로서의 의무를 위반하였고 그 위반이 대통령으로 계속 재직하는 것과 양립할 수 없는 경우가 아닌 이상 면직되지 아니한다. 대통령의 면직은 의회가 고등법원으로서 주재하여 선언한다.

② 양원 중 하나의 의회에서 채택된 고등법원 소집을 위한 제안은 다른 법원으로 즉시 이송되고, 이송 받은 법원은 이송 받은 날로부터 15일 이내에 결정을 하여야 한다.

③ 고등법원은 하원의장이 주재한다. 고등법원은 1개월 이내에 비밀투표로 대통령의 면직에 관하여 결정한다.

고등법원의 결정은 즉시 효력을 가진다.

④ 이 조의 결정은 해당 원 재적의원 또는 고등법원 구성원의 2/3 중 다수로 의결된다. 대리투표는 허용되지 아니한다. 고등법원 소집 제안 또는 면직에 찬성하는 투표만이 조사된다.

조직법은 이 조의 적용요건을 정한다.

[그리스]

제49조 ① 대통령은 반역죄나 고의적인 헌법 위반을 제외하고 어떤 경우에도 자신의 직무 수행 중 행위에 대해 책임을 지지 않는다. 직무와 상관 없는 행위에 대해서는 대통령 임기가 끝날 때까지 기소가 유예된다.

[노르웨이]

제5조 국왕의 인격은 신성하고, 불신임되거나 기소되지 않는다.

[덴마크]

제13조 국왕은 자신의 행위에 대해 책임을 지지 아니한다. 국왕의 존재는 극히 신성하다...

[헝가리]

제13조 (1) 대통령은 그 임기가 종료된 후에 한하여 소추될 수 있다.

(2) 대통령이 재임 중에 고의로 헌법 또는 법률을 위반하거나 고의로 범죄를 저지른 경우에는 국회의원 5분의 1 이상의 동의로 해임을 제안할 수 있다.

(3) 탄핵은 국회의원 3분의 2 이상의 찬성을 요한다. 투표는 비밀투표로 진행한다.

(4) 대통령은 국회가 탄핵을 결정한 때로부터 탄핵절차 종료 시까지 그 권한을 행사할 수 없다.

(5) 탄핵절차는 헌법재판소가 수행한다.

(6) 헌법재판소는 공법에 의한 대통령의 책임이 인정되는 경우, 대통령을 해임할 수 있다.

[행정부(내각)]

1. 행정권의 소재

[대한민국]

제66조 ④ 행정권은 대통령을 수반으로 하는 정부에 속한다.

[러시아]

제110조 1. 러시아연방의 행정권은 러시아연방 내각이 행사한다.

2. 러시아연방 내각은 러시아연방 총리, 러시아연방 부총리 및 연방 각료들로 구성한다.

[프랑스]

제20조 ① 정부는 국가의 정책을 결정하고 추진한다.

② 정부는 행정조직과 군 조직으로 구성된다.

③ 정부는 제49조, 제50조에서 정한 요건 및 절차에 따라 의회에 대하여 책임을 진다.

[그리스]

제81조 ① 국무총리 및 장관으로 이루어진 내각이 정부를 구성한다. 내각의 구성과 기능은 법률로 정한다. 국무총리의 명령에 의해 1명 이상의 장관이 부총리로 임명될 수 있다. 부장관, 특임 장관(無任所長官), 내각구성원이 될 수 있는 차관 및 상설 차관의 지위는 법률로 정한다.

⑤ 부총리가 없을 경우, 국무총리는 필요할 때마다 장관 중 한 명을 자신의 임시 권한대행자로 임명할 수 있다.

[네덜란드]

제42조 ① 정부는 국왕과 각료들로 구성된다.

② 정부의 행정적 결정에 대한 책임은 국왕이 아닌 각료에게 있다.

[독일]

제62조 연방정부는 연방수상과 연방장관들로 구성된다.

[벨기에]

제37조 연방행정권은 헌법이 정하는 바에 따라서 국왕에게 속한다.

[스위스]

제174조 (연방내각) 연방내각은 연방의 최고 통치 및 집행기관이다.

제178조 (연방행정) ① 연방내각은 연방행정을 관장한다. 연방내각은 연방행정의 효율적인 조직운영 및 원활한 사무수행이 이루어지도록 보장한다.

② 연방행정은 각 부처별로 조직되고, 연방내각의 각료가 해당 부처를 지휘한다.

③ 행정사무는 법률에 의하여 연방내각에 속하지 아니하는 공법상·사법상의 조직, 단체 또는 개인에게 위임될 수 있다.

[아일랜드]

제28조 2. 국가의 집행권은, 본 헌법의 조항에 의거하여, 내각의 권한에 의해 또는 그 권한을 근거로 하여 행사된다.

[오스트리아]

제69조 ① 연방의 최고 행정사무는, 이것이 연방대통령에게 이관되어 있는 경우를 제외하고는, 연방수상, 부수상 및 그 외의 연방장관에게 위임되어 있다. 그들은 전부 연방수상을 의장으로 한 연방정부의 구성원이 된다.

[캐나다]

제9조 여왕의 행정권 선언

캐나다가 보유하며 캐나다를 통치하는 행정부 및 행정권은 여왕에게 존속됨과 동시에 귀속된다.

[헝가리]

제15조 (1) 정부는 일반적 집행기관으로써, 그 책임 및 권한은 헌법 또는 기타 입법에 의하여 다른 기관의 책임 및 권한에 명시적으로 위임되지 않은 모든 사항을 포함한다. 정부는 국회의 요구에 응하여야 한다.

(2) 정부는 공공행정의 최고기관으로써 법률이 정한 바에 따라 공공행정기관을 둘 수 있다.

(3) 정부는 그 권한 내에서 법률로 규제하지 않는 사항에 관하여 법정 승인에 의한 칙령을 채택할 수 있다.

(4) 정부의 칙령은 법률에 반할 수 없다.

[남아프리카공화국]

제40조 (공화국 정부) ① 남아프리카공화국의 정부는 구별되고 상호의존적이며 밀접한 관계를 맺고 있는 중앙정부 영역, 주정부 영역 및 지방정부 영역으로 구성된다.

② 정부의 모든 영역은 본 장의 원칙을 반드시 준수 및 고수해야 하며 이 장에 명시된 한계 내에서 각자의 활동을 수행해야 한다.

제85조 (공화국의 행정권) ① 공화국의 행정권은 대통령에게 귀속된다.

② 대통령은 다음의 조치를 통해 다른 내각 구성원들과 함께 행정권을 행사한다.

a. 법률을 집행(헌법 또는 법률이 별도의 규정을 명시하고 있는 경우 제외)

b. 국가 정책을 수립 및 시행

c. 정부 부처 및 행정기관의 기능을 조정

d. 법률의 입안 및 발의

e. 헌법 또는 법률에 규정된 그 밖의 모든 행정 기능을 수행

[핀란드]

제60조 (정부) 정부는 국무총리와 일정 수의 장관들로 구성한다. 장관은 정직하고 유능하다고 알려진 핀란드 국민이어야 한다. 장관은 직무상 행위에 대해 의회에 책임을 진다. 정부 회의에서 안건 심의에 참가한 모든 장관은 결정에 대해 책임지나, 이의를 제기하여 그 내용이 회의록에 기재된 경우는 그렇지 않다.

제65조 (정부의 직무) 정부는 헌법에 구체적으로 규정된 직무뿐 아니라, 정부나 장관에게 할당되거나 대통령 또는 다른 공공기관의 관할에 속하지 않는 기타 정부 및 행정상 직무를 가진다. 정부는 대통령의 결정을 이행한다.

2. 국무총리의 임명·선출

[대한민국]

제86조 ① 국무총리는 국회의 동의를 얻어 대통령이 임명한다.

③ 군인은 현역을 면한 후가 아니면 국무총리로 임명될 수 없다.

[러시아]

제111조 1. 러시아연방 총리는 러시아연방 대통령이 국가두마의 동의를 얻어 임명한다.

2. 러시아연방 총리 후보에 대한 제안은 새로 선출된 러시아연방 대통령의 취임 후 또는 러시아연방 내각이 사퇴한 후 2주일 이내에 또는 국가두마가 후보 인준을 거부한 후 1주일 이내에 이루어져야 한다.

3. 국가두마는 러시아연방 대통령이 추천한 러시아연방 총리 후보를 그 제안이 제출된 날로부터 1주일 이내에 심의하여야 한다.

4. 국가두마가 대통령이 추천한 러시아연방 총리 후보를 3차례 거부할 경우 대통령은 러시아연방 총리를 임명한 후 의회를 해산하고 새로운 선거를 공고한다.

[그리스]

제37조 ① 대통령은 국무총리를 임명하고 그의 추천에 따라 다른 내각 구성원과 차관을 임명하고 해임한다.

② 국회에서 절대 다수의 의석을 가진 정당의 대표가 국무총리로 임명된다. 절대 다수 의석을 가진 정당이 없을 경우, 대통령은 국회의 신임을 받는 정부 구성 가능성을 확인하기 위해 상대적으로 다수의 의석을 차지하고 있는 정당의 대표에게 예비조사명령을 발한다.[4)]

③ 이러한 가능성을 확인할 수 없을 경우, 대통령은 국회에서 2번째로 큰 정당의 대표에게 예비조사명령을 발하고, 이것으로도 확인할 수 없는 경우, 국회에서 3번째로 큰 정당의 대표에게 발한다. 각 예비조사명령은 3일 동안 유효하다. 위와 같은 모든 예비조사명령으로도 그 가능성 확인에 실패할 경우 대통령은 모든 정당 대표들을 소환하며, 국회의 신임을 받는 내각 구성이

4) 해석 조항 : 예비조사명령과 관련하여, 정당들의 국회 의석수가 동일할 경우에는 선거에서 득표가 많은 정당이 다른 정당보다 우선된다. 또 의석수가 같은 상황이라면, 의사 규칙에 따라, 최근에 구성된 원내단체가 있는 정당보다 이전에 구성된 정당이 우선된다. 이 두 가지 경우 모두에서 예비조사명령은 4개 정당을 초과하여 교부될 수 없다.

불가능함이 확인될 경우, 국회의원 선거 실시를 목적으로 국회의 모든 정당으로 구성된 내각을 구성할 것을 시도해야 한다. 이 시도가 실패할 경우, 대통령은 최고 행정 법원장과 최고 민사 및 형사 법원장 또는 감사 법원장에게 선거를 실시하기 위해 가능한 한 폭넓게 용인되는 내각의 구성을 위임하고 국회를 해산한다.

④ 상기 조항들에 따라 내각 구성 명령이나 예비조사명령이 발해질 경우, 정당에 대표나 대변인이 없거나 또는 대표나 대변인이 국회의원으로 선출되지 않았다면, 대통령은 그 정당의 원내단체에서 추천한 사람에게 그 명령을 발한다. 명령의 지시에 대한 발의는 국회의장 또는 부의장이 대통령에게 각 정당이 보유한 국회 의석 수를 통지하고 나서 3일 안에 이루어져야 하며, 이 통지는 명령을 교부하기 전에 이루어져야 한다.

제81조 ② 제55조에 규정된 국회의원 자격 조건을 보유하지 않은 사람은 정부 내각이나 차관으로 임명될 수 없다.

③ 정부 내각, 차관 및 국회의장의 직무를 수행하는 동안 직업 활동은 중지 되어야 한다.

④ 장관 및 차관의 직과 겸직할 수 없는 다른 업무들은 법률로 정한다.

[독일]

제63조 (1) 연방수상은 연방대통령의 제청으로 연방의회에 의하여 토론을 거치지 않고 선출된다.

(2) 연방의회 의원 과반수의 투표를 얻은 자가 선출된다. 선출된 자는 연방대통령에 의하여 임명된다.

(3) 제청된 자가 선출되지 아니할 때에는 연방의회는 투표 후 14일 이내에 의원의 과반수로 연방수상을 선출할 수 있다.

(4) 이 기한 내에 선출이 이루어지지 않은 때에는 지체 없이 새로운 투표가 실시되고 최다 득표를 한 자가 선출된다. 선출된 자가 연방의회 의원 과반수의 표를 얻은 때에는 연방대통령은 선출 후 7일 이내에 그를 임명하여야 한다. 선출된 자가 과반수를 얻지 못한 때에는 연방대통령은 7일 이내에 그를 임명하거나 연방의회를 해산하여야 한다.

[스페인]

제62조 국왕의 권능은 다음 각 호와 같다.

d) 총리후보자를 추천하고 헌법이 정하는 바에 따라 총리를 임면한다.

제99조 ① 하원 선거 후 혹은 헌법이 정한 그 외의 경우 국왕은 의원을 대표하는 정당이 지명하는 대표자와 사전에 협의한 후 하원의장을 통하여 총리후보를 추천한다.

② 제1항에 정하는 바에 따라 추천된 후보는 그가 구상하는 정책안을 하원에 제출하고 신임을 구하여야 한다.

③ 총리후보가 하원의 절대다수의 찬성에 의하여 신임되면 국왕에 의해 임명된다. 만약 절대다수의 찬성을 얻지 못할 경우에는 투표한 때부터 48시간 경과 후에 새로운 표결에 붙여 단순다수를 얻은 경우에 신임된 것으로 간주한다.

④ 재표결에 의하여도 총리 임명의 신임을 받지 못한 경우에는 새로 후보를 추천하여 위 조항에 규정된 방식으로 표결을 하여야 한다.

⑤ 제1회의 표결로부터 기산하여 2개월 이내에 어떤 후보도 하원의 신임을 얻지 못한 경우 국왕은 양원을 해산하고 하원의장의 부서를 얻어 새로운 선거를 공시한다.

[일본]

제67조 [내각총리대신의 지명] ① 내각총리대신은 국회의원 중에서 국회의 의결로 지명한다. 이 지명은 다른 모든 안건에 앞서 행한다.

② 중의원과 참의원이 서로 다른 지명 의결을 한 경우에 법률이 정하는 바에 따라 양원의 협의회를 열어도 의견이 일치하지 아니할 때, 또는 중의원이 지명 의결을 한 후 국회 휴회기간을 제외하고 10일 이내에 참의원이 지명 의결을 하지 아니할 때에는 중의원의 의결을 국회의 의결로 한다.

[헝가리]

제16조 (1) 정부의 구성원은 수상과 장관으로 한다.

(2) 수상은 부수상이 될 1인 또는 2인을 지정하는 칙령을 채택하여야 한다.

(3) 수상은 대통령의 제청에 의하여 국회가 선출한다.

(4) 수상의 선출은 국회의원 과반수의 찬성으로 한다. 수상은 선출일에 취임한다.

(5) 대통령은 다음의 시기에 제3항에 규정된 제안을 하여야 한다.

a) 수상의 임기가 신규로 선출된 국회의 구성으로 종료된 경우, 신규 국회 취임회기 시,

b) 수상의 임기가 사임, 사망, 무능력 확정, 선출요건 부재 또는 국회의 신임투표에 의한 불신임표시로 인하여 종료된 경우, 수상의 임기 종료 후 15일 이내.

(6) 국회가 제5항에 규정된 수상 후보를 선출하지 않는 경우, 대통령은 15일 이내에 새로운 후보를 제안하여야 한다.

(7) 장관은 수상의 제청에 의하여 대통령이 선임한다. 장관은 선임서에서 지정한 날 또는 그 날을 지정하지 않은 경우 선임일에 취임한다.

(8) 정부는 장관의 선임에 의하여 구성한다.

(9) 정부구성원은 국회 앞에서 선서하여야 한다.

[핀란드]

제61조 (정부 구성) 국무총리는 의회가 선출한 후 대통령이 임명한다. 기타 장관은 국무총리의 제청으로 대통령이 임명한다. 국무총리 선출 전에 원내에 진출한 단체는 정치적 계획과 정부 구성에 관해 협상한다. 이 협상 결과를 토대로 의회의장과 원내 단체의 의견을 들은 후, 대통령은 국무총리 내정자를 의회에 통지한다. 내정자는 의회의 기명투표에서 과반수 이상 득표하면 국무총리로 선출된다. 내정자가 필요한 과반수를 얻지 못하면, 동일한 절차에 따라 다른 내정자를 내세운다. 두 번째 내정자도 과반수 득표를 얻지 못하면 국무총리 선출은 의회에서 기명투표로 진행된다. 이 경우 최다 득표자가 선출된다. 정부 임명 시와 정부 조직의 근본적 개편 시에는 의회가 개회 중이어야 한다.

3. 국무총리의 권한

[대한민국]

제86조 ② 국무총리는 대통령을 보좌하며, 행정에 관하여 대통령의 명을 받아 행정각부를 통할한다.

제87조 ③ 국무총리는 국무위원의 해임을 대통령에게 건의할 수 있다.

[러시아]

제112조 1. 러시아연방 총리는 임명된 후 1주일 이내에 연방 내각 구성에 대한 제안을 러시아연방 대통령에게 제출한다.

2. 러시아연방 총리는 러시아연방 부총리와 연방 각료 후보자를 러시아연방 대통령에게 추천한다.

제113조 러시아연방 총리는 러시아연방 헌법, 연방법률 및 러시아연방 대통령령에 따라 러시아연방 내각 활동의 기본방향을 설정하고 그 사업을 수행한다.

[프랑스]

제21조 ① 총리는 정부의 활동을 지휘한다. 총리는 국방에 대하여 책임을 진다. 총리는 법의 집행을 보장한다. 제13조에 따라 총리는 행정입법 제정권을 행사하며, 일반공무원 및 군공무원을 임명한다.

② 총리는 권한의 일부를 장관에게 위임할 수 있다.

③ 총리는 일정한 경우에 대통령을 대행하여 제15조에 정한 국방최고회의와 국방최고위원회를 주재할 수 있다.

④ 총리는 예외적인 경우에 한하여 특정주제에 관한 명시적인 위임을 받아 대통령을 대행하여 국무회의를 주재할 수 있다.

[독일]

제65조 연방수상은 정책의 방침을 정하고 이에 대한 책임을 진다. 이 방침의 범위 내에서 연방장관은 소관 사무를 독자적으로 그리고 자기의 책임으로 처리한다. 연방장관 간의 의견 차이에 관하여는 연방정부가 결정한다. 연방수상은 연방정부가 결정하고 연방대통령의 재가를 받은 직무규칙에 따라 사무를 처리한다

[아일랜드]

제28조 5. 1° 내각의 수반인 수상은 본 헌법에서 티셕(Taoiseach) 이라고 언급한다(이하 '수상'이라 함).

2° 수상은 국내 및 국제 정책 사항에 대해 대통령에게 일반적으로 계속 정보를 제공한다.

[헝가리]

제18조 (1) 수상은 정부의 일반 정책을 결정한다.

(2) 장관은 정부의 일반 정책에 따라 그 권한에 속하는 공공행정의 각 부문 및 하위기관을 자율적으로 관리하며, 정부 또는 수상이 정한 책임을 수행한다.

(3) 정부구성원은 그 권한 내에서 단독 또는 다른 장관과 공조하여 법률 또는 정부칙령의 위임에 의한 칙령을 채택하여야 한다. 이 경우 칙령은 법률, 정부칙령 또는 헝가리은행장의 명령과 충돌할 수 없다.

(4) 정부구성원은 그 활동에 대하여 국회의 요구에 응하여야 하고, 장관은 수상의 요구에 응하여야 한다. 정부구성원은 국회의 회기에 출석하여 연설할 수 있다. 국회 및 국회 위원회는 정부구성원으로 하여금 그 회기에 출석할 것을 요구할 수 있다.

(5) 정부구성원의 법적 지위 및 보수, 장관의 교체에 관한 세부사항은 법률로 정한다.

[핀란드]

제66조 (국무총리의 직무) 국무총리는 정부의 활동을 지휘하고 정부의 권한에 속하는 사항의 준비와 심의를 감독한다. 국무총리는 국무회의를 주재한다. 국무총리는 유럽이사회에서 핀란드를 대표한다. 정부가 달리 정하지 않는 한, 국무총리는 국가 최고위급의 참가를 요구하는 기타 유럽연합활동에서 핀란드를 대표한다. 국무총리가 직무를 수행할 수 없으면 부총리로 지정된 장관이 이를 대행하고 부총리가 본인의 다른 직무를 수행할 수 없으면 최고위급 장관이 대행한다.

4. 내각(국무회의)의 조직·권한 등

[대한민국]

제88조 ① 국무회의는 정부의 권한에 속하는 중요한 정책을 심의한다.

② 국무회의는 대통령·국무총리와 15인 이상 30인 이하의 국무위원으로 구성한다.

③ 대통령은 국무회의의 의장이 되고, 국무총리는 부의장이 된다.

[프랑스]

제9조 대통령은 국무회의를 주재한다.

[네덜란드]

제45조 ① 각료들은 내각을 함께 구성한다.

② 각료회의의 의장은 국무총리가 담당한다.

③ 각료회의는 정부의 전반적인 정책을 검토 및 의결하고 정책의 일관성을 증진한다.

제46조 ① 국무장관은 국왕의 칙령에 의해 임명 및 해임될 수 있다.

② 국무장관은 다른 장관이 필요하다고 판단한 경우에 그 장관의 권한을 대행한다. 그러한 경우 국무장관은 해당 장관의 제반 지침을 준수한다. 해당 장관의 책임 사항이 아닌 한 국무장관에게 책임이 있다.

제73조 ① 국무회의 또는 동 위원회의 각 분과는 제반 법안, 추밀원령 초안 및 조약의 의회 승인 요청에 대한 자문을 제공한다. 법률에 별도로 명시된 경우에는 그러한 자문을 생략할 수 있다.

② 국무회의 또는 동 위원회의 각 분과는 국왕의 칙령에 따라 결정을 내려야 하는 행정분쟁을 조사하는 한편 그러한 분쟁에 대한 결정시 필요한 자문을 제공해야 할 책임이 있다.

③ 국무회의 또는 동 위원회의 각 분과는 법률에 의거해 필요하다면 행정분쟁에 대한 결정을 내릴 수 있다.

제74조 ① 국왕은 국무회의의 위원장이 된다. 왕위 계승자로 추정되는 자는 18세가 되면 동 위원회에 배석할 법적 자격을 갖는다. 기타 왕실의 일원들은 법률에 따라 동 위원회에 배석할 수 있다.

② 동 위원회의 위원직은 국왕의 칙령에 의거해 종신직으로 임명된다.

③ 동 위원회를 구성하는 위원들은 사임을 할 경우 혹은 법률에서 별도로 정하는 연령에 도달할 경우에 그러한 위원직을 상실한다.

④ 동 위원회를 구성하는 위원들은 법률에 특별히 명시된 각 경우에서 정직 또는 해임될 수 있다.

⑤ 동 위원들의 법적 지위는 법률로 정한다.

제75조 ① 국무회의의 조직, 구성 및 권한은 법률로 정한다.

② 국무회의 또는 동 위원회의 각 분과는 법률에 따라 별도의 임무를 추가로 위임 받을 수 있다.

[노르웨이]

제12조 국왕은 투표권을 가진 노르웨이 국민 중에서 국무회의 위원을 직접 선택한다. 국무회의는 1인의 총리와 7인 이상의 위원으로 구성한다.

국무회의 위원 중 과반수는 국교를 신봉해야 한다.

국왕은 국무회의 위원에게 업무를 분배한다. 국왕은 특별한 상황에서는 상임 국무회의 위원 외에 의회 의원이 아닌 노르웨이 국민을 국무위원으로 할 수 있다.

부부, 부모와 자녀, 또는 형제자매는 동시에 국무회의의 위원이 될 수 없다.

제27조 모든 국무회의 위원은 적법하게 불출석하는 경우를 제외하고는 국무회의에 참석해야 하고, 국무회의는 재적 위원의 과반수가 참석하지 않은 경우에는 어떠한 의결도 할 수 없다.

국교를 신봉하지 않는 국무회의 위원은 국교회와 관련된 사안의 의결에 참여하지 않는다.

제28조 고위 관직에 대한 임명 및 기타 중요한 사안에 대한 제안은 그에 대한 권한을 가진 국무회의 위원이 국무회의에 제출하고, 국무회의의 의결에 따라 당해 국무회의 위원이 처리한다. 그러나 단지 군대의 지휘통제에만 관련된 사안은 국왕이 정한 범위 내에서 국무회의의 업무권한에서 제외된다.

제40조 국무회의는, 의회가 소집되어 국왕이 미성년인 동안의 정부 운영에 대한 규정을 제정할 때까지 헌법에 따라 왕국의 행정업무에 대하여 책임진다.

[벨기에]

제99조 내각의 구성원의 수는 15인 이하로 한다.

수상을 제외한 내각은 동수의 네덜란드어 사용 장관들과 프랑스어 사용 장관들로 구성된다.

[스위스]

제177조 (협의제의 원칙 및 행정부처제) ① 연방내각은 협의제(Kollegium)기구로서 결정한다.

② 연방내각의 사무는 그 준비와 집행을 위하여 각 행정부처별로 개별 각료에게 분배한다.

③ 연방내각의 사무는 각 행정부처 또는 그 산하 기관에 위임될 수 있고, 그러한 사무에 있어서 위임받은 기관의 법적 결정권은 보장한다.

제180조 (정부정책) ① 연방내각은 연방 정부정책의 목적과 수단을 정한다. 연방내각은 국가의 활동을 계획하고 조정한다.

② 연방내각은 우선적 공익 또는 사익에 반하지 아니하는 한, 그 활동에 대해 적절한 시기에 충분하게 공개한다.

제183조 (재정) ① 연방내각은 재정계획 및 예산안을 작성하고, 연방회계를 마련한다.

② 연방내각은 적절한 재정운영을 보장한다.

제184조 (대외 관계) ① 연방내각은 연방의회의 참여가 보장된 대외 관계를 책임진다. 연방내각은 대외적으로 스위스를 대표한다.

② 연방내각은 조약을 체결하고 비준한다. 연방내각은 비준된 조약의 승인을 위하여 연방의회에 제출한다.

③ 국가의 이익을 옹호하기 위하여 필요한 경우에 연방내각은 법규명령을 발하고 필요한 결정을 내릴 수 있다. 법규명령은 한시적인 것이어야 한다.

제185조 (대내외 안전보장) ① 연방내각은 스위스의 대외적 안보, 독립 및 중립을 수호하기 위한 조치를 강구한다.

② 연방내각은 대내적 치안을 유지하기 위한 조치를 강구한다.

③ 연방내각은 공공의 질서나 대외적 안보 또는 대내적 치안을 침해하는 중대한 위협을 제거하고, 긴급사태에 대비하기 위하여 이 조항에 근거하여 법률명령을 채택하고 필요한 결정을 내릴 수 있다. 그러한 법률 명령은 한시적인 것이어야 한다.

④ 연방내각은 긴급사태에 있어서는 병력을 동원할 수 있다. 연방내각이 4천 명 이상의 병력을 동원하거나 그 병력 동원 기간이 3주를 넘을 경우에는 연방의회를 즉시 소집하여야 한다.

제186조 (연방과 주의 관계) ① 연방내각은 연방과 주의 관계 유지에 대한 책임을 지고, 주와 협력한다.

② 연방내각은 연방법에 규정된 경우 주의 입법을 승인한다.

③ 연방내각은 주가 다른 주 또는 외국과 체결하려고 하는 협정에 대하여 이의를 제기할 수 있다.

④ 연방내각은 연방법, 주헌법 및 주 간의 협정이 준수되도록 보장하고 이를 위해 필요한 조치를 강구한다.

제187조 (기타 사무 및 권한) ① 연방내각은 다음의 사무 및 권한을 가진다.

a. 연방행정부 및 연방의 사무를 위탁받은 다른 기관에 대하여 감독한다.
b. 연방의회에 대하여 정기적으로 그 운영 및 국가의 상황을 보고한다.
c. 다른 기관의 권한으로 되어 있지 아니한 공직을 임명한다.
d. 법률에서 정하는 바에 따라 탄원 사건을 처리한다.

② 법률은 연방내각에 기타 사무 및 권한을 부여할 수 있다.

[아일랜드]

제28조 1. 내각은 본 헌법의 조항에 따라 대통령에 의해 임명되는 7명 이상 15명 이하의 내각 구성원으로 구성된다.

3. 1° 하원이 동의하는 경우를 제외하고, 전쟁은 선포되지 않으며 국가는 어떠한 전쟁에도 개입하지 아니 한다.

2° 단, 실제 침입이 있는 경우, 내각은 국가를 보호하는데 필요하다고 판단할 수 있는 모든 조치를 취할 수 있으며, 하원은 개회 중이 아닌 경우, 실행 가능한 가장 빠른 날에 소집되어 회합을 가진다.

[오스트리아]

제69조 ① 연방의 최고 행정사무는, 이것이 연방대통령에게 이관되어 있는 경우를 제외하고는, 연방수상, 부수상 및 그 외의 연방장관에게 위임되어 있다. 그들은 전부 연방수상을 의장으로 한 연방정부의 구성원이 된다.

② 부수상은 연방수상의 전체 권한 범위 내에서 연방수상을 대리하기 위하여 임명된다. 연방수상과 부수상이 동시에 유고가 되면 연방수상은 연방정부의 최장근무자에 의해, 근무연수가 같으면 최고 연장자에 의해 대리된다.

③ 연방정부는 그 구성원 과반수의 참석으로 의결할 수 있다.

제77조 ① 연방부처와 그 소속 관청들이 연방 행정업무를 처리한다.

② 연방부처의 수, 그 권한 및 조직은 연방법률로 정한다.

③ 연방수상청의 지휘는 연방수상에게, 다른 연방부처의 지휘는 각 연방장관에게 위임되어 있다. 연방대통령은 연방장관에게 인사행정과 조직에 관한 업무까지 포함하여 연방수상청의 권한에 속하는 특정한 사항의 실질적인 지휘를 연방수상청의 권한을 해함이 없이 위임할 수 있다. 위임받은 연방장관은 해당사항과 관련해서 관할 연방장관의 지위를 갖는다.

④ 연방수상과 그 외의 연방장관은 예외적으로 2개 연방부처의 지휘도 위임받을 수 있다.

[남아프리카공화국]

제91조 (내각) ①내각은 내각의 수반인 대통령과 부통령 및 장관으로 구성된다.

② 대통령은 부통령과 장관을 임명하고 그들의 권한과 기능을 위임하며 그들을 해임할 수 있다.

③ 대통령은

a. 하원의원 중에서 부통령을 선출해야 한다.

b. 하원의원 중에서 필요한 인원의 장관을 선출할 수 있다.

c. 하원 외에서 최대 2명의 장관을 선출할 수 있다.

④ 대통령은 내각 구성원 1명을 하원 내 정무수석으로 임명해야 한다.

⑤ 부통령은 정부의 기능 수행에서 대통령을 보좌해야 한다.

제92조 (책임 및 의무) ① 부통령 및 장관은 대통령이 그들에게 위임한 행정부의 권한 및 직무를 책임진다.

② 내각 구성원의 권한 행사 및 직무수행에 대해 국회는 내각 구성원 공동 및 개인에게 책임을 추궁할 수 있다.

③ 내각 구성원은

a. 헌법에 따라 행동해야 한다.

b. 자신이 관리하는 사안에 관한 내용을 빠짐없이 수록한 정기 보고서를 국회에 제출해야 한다.

[터키]

제109조 국무회의는 총리와 각료로 구성된다.

총리는 터키 대국민회의 의원 중 공화국 대통령이 임명한다.

각료는 총리가 추천하고 터키 대국민회의가 임명하거나 대의원으로서의 피선거 자격을 갖춘 자 중에서 임명한다. 그리고 각료는 필요하다고 판단될 경우 총리의 제안에 따라 공화국 대통령이 해임할 수 있다.

제110조 국무회의 위원 전체 목록은 터키 대국민회의에 제출되어야 한다. 터키 대국민회의가 휴회 중인 경우, 대국민회의가 소집되어야 한다.

국무회의의 정부정책은 총리나 각료 중 1인이 국무회의 구성 1주일 이내에 터키 대국민회의에서 낭독하고 이후 신임투표를 실시해야 한다. 신임투표에 대한 논의는 정책 낭독 후 만 2일 후에 시작해야 하며 논의 종료 후 만 1일 후에 투표를 실시해야 한다.

제111조 총리가 필요하다고 판단하고 국무회의에서 사안을 논의한 경우, 총리는 터키 대국민회

의에 신임투표를 요구할 수 있다.

신임투표 요구는 터기 대국민회의에 제출된 때로부터 만 1일이 경과하기 전에는 논의할 수 없으며 논의 후 만 1일이 지나기 전에는 투표할 수 없다.

신임투표 요구는 총 재적의원의 절대 다수로만 기각된다.

5. 국무회의의 심의 또는 의결사항

[대한민국]

第89條 다음 사항은 국무회의의 심의를 거쳐야 한다.

1. 국정의 기본계획과 정부의 일반정책
2. 선전·강화 기타 중요한 대외정책
3. 헌법개정안·국민투표안·조약안·법률안 및 대통령령안
4. 예산안 결산 국유재산처분의 기본계획 국가의 부담이 ···될 계약 기타 재정에 관한 중요사항
5. 대통령의 긴급명령·긴급재정경제처분 및 명령 또는 계엄과 그 해제
6. 군사에 관한 중요사항
7. 국회의 임시회 집회의 요구
8. 영전수여
9. 사면·감형과 복권
10. 행정각부간의 권한의 획정
11. 정부안의 권한의 위임 또는 배정에 관한 기본계획
12. 국정처리상황의 평가·분석
13. 행정각부의 중요한 정책의 수립과 조정
14. 정당해산의 제소
15. 정부에 제출 또는 회부된 정부의 정책에 관계되는 청원의 심사
16. 검찰총장·합동참모의장·각군참모총장·국립대학교총장·대사 기타 법률이 정한 공무원과 국영기업체 관리자의 임명
17. 기타 대통령·국무총리 또는 국무위원이 제출한 사항

[러시아]

第114條 1. 러시아연방 내각은

a) 연방예산을 편성하여 국가두마에 제출하고 그의 집행을 보장한다. 국가두마에 연방예산 집행 보고서를 제출한다. 국가두마에 정부의 활동 결과(국가두마가 제기한 문제에 따른 결과를 포함한다)에 관한 연례보고서를 제출한다.
b) 러시아연방 내에 단일한 재정, 신용 및 통화정책의 집행을 보장하며,
c) 러시아연방 내에서 문화, 과학, 교육, 보건, 사회보장, 생태학 분야에서 단일한 정책의 집행을 보장하며,
d) 연방재산에 대한 관리를 시행하며,
e) 국가안전을 보장하고 러시아연방의 대외정책을 실현하기 위한 조치를 강구하며,

f) 개인의 권리와 자유를 보장하고 재산과 사회질서를 보호하며, 범죄 퇴치를 위한 조치를 실시하며,

g) 러시아연방 헌법, 연방법률, 러시아연방 대통령령에 의하여 내각에 부여된 기타 권한을 행사한다.

2. 러시아연방 내각의 활동절차는 연방 헌법적 법률에 의하여 규정한다.

[일본]

제73조 [내각의 사무] 내각은 기타 일반 행정사무 외에 다음의 사무를 행한다.

1. 법률의 성실한 집행과 국무의 총괄
2. 외교관계의 처리
3. 조약의 체결. 다만, 사전에 또는 시의(時宜)에 따라서는 사후에 국회의 승인을 거칠 필요가 있다.
4. 법률이 정하는 기준에 따른 관리(官吏)에 관한 사무 담당(掌理)
5. 예산의 작성 및 국회에 대한 제출
6. 헌법 및 법률 규정의 실시를 위한 정령의 제정. 다만, 정령에는 특별히 법률의 위임이 있는 경우를 제외하고는 벌칙을 둘 수 없다.
7. 대사, 특사, 감형, 형 집행의 면제 및 복권의 결정

[터키]

제162조 (2005년 10월 29일 개정) 국무회의는 일반 및 추경예산 초안과 국가예산 추정액이 포함된 보고서를 회계연도 개시 전 최소한 75일 이전에 터키 대국민회의에 제출해야 한다.

예산초안과 보고서는 예산위원회에서 검토되며 예산위원회는 40명의 위원으로 구성된다. 이 위원회의 구성에 있어 국민회의 내 다양한 정당 교섭단체와 무소속 의원의 비례가 고려되어야 하며 집권당 또는 연립 집권당의 의원에게 최소 25석이 할당되어야 한다.

예산위원회가 55일 이내에 승인해야 하는 예산초안은 그 이후 국민회의에서 검토되며 회계연도 시작 전에 확정되어야 한다.

터키 대국민회의 의원은 각각의 예산 전체에 대해 총회에서 개최되는 논의과정에서 부처 및 추경예산에 관한 의견을 제시한다. 개정에 관한 다양한 공청회 및 동의가 제청되어야 하며 별도의 논의 없이 투표에 상정된다.

예산법안에 대한 본회의 논의 기간 중 터키 대국민회의 의원은 지출증가 또는 수입삭감을 발생시키는 제안을 할 수 없다.

[핀란드]

제67조 (정부의 의사 결정) 정부의 권한에 속하는 문제는 국무회의나 소관 부처에서 결정한다. 광범위하게 중요하거나 원칙상의 이유로 중요한 문제와 그 중요성이 명백한 문제는 국무회의에서 결정한다. 정부의 의사 결정권에 관한 세부사항은 법률로 정한다. 정부가 심의할 안건은 해당 부처에서 준비한다. 정부는 안건 준비를 위해 장관으로 구성된 위원회를 설치할 수 있다. 국무회의는 장관 5명이 출석하면 정족수가 충족된다.

6. 행정각부 및 그 장의 임면

[대한민국]

제94조 행정각부의 장은 국무위원 중에서 국무총리의 제청으로 대통령이 임명한다.

제96조 행정각부의 설치·조직과 직무범위는 법률로 정한다.

[그리스]

제83조 ① 각 장관은 법에 규정된 권한을 행사한다. 무임소 장관은 국무총리의 결정에 의해 주어진 권한을 행사한다.

② 차관은 국무총리와 관할 장관의 공동 결정에 의해 주어진 권한을 행사한다.

제85조 내각과 차관은 장관의 책임에 대한 법률 규정에 따라 일반적인 정부 정책에 대해 집단적으로 책임지며, 각자는 자신의 권한 내에서의 행위 또는 태만에 대해 책임져야 한다. 대통령의 서면 또는 구두 명령은 어떤 경우에도 장관 및 차관의 책임을 경감시키지 않는다.

[네덜란드]

제43조 국무총리와 다른 각료는 국왕의 칙령에 의해 임면된다.

제44조 ① 내각의 각부는 국왕의 칙령에 의해 구성된다. 각부의 수반은 장관이 담당한다.

② 내각 각부에 속하지 아니하는 장관을 임명할 수 있다.

제49조 장관 및 국무장관은 지금까지 공직을 수행함에 있어 법적인 결격 사유에 해당될만한 행동은 하지 않았음을 국왕의 면전에서 법률에 규정된 방법에 따라 맹세하거나 확언 및 서약해야 하며 네덜란드왕국 헌법을 준수하고 의무를 성실히 이행할 것을 맹세 또는 서약한다.

[벨기에]

제96조 국왕은 장관을 임면한다.

하원이 절대과반수 의결로 국왕에 의해 지명된 후임수상을 추천하는 불신임 동의를 채택하거나, 신임 동의의 부결일로부터 3일 이내에 국왕에 의해 지명된 후임수상을 추천하는 경우에는 연방정부는 국왕에게 총사퇴서를 제출한다. 국왕은 후임수상자로 추천된 자를 수상으로 임명하고, 신임 수상은 새로운 연방 정부의 출범 시에 취임한다.

제97조 벨기에 국민이 아닌 자는 장관이 될 수 없다.

제98조 왕족은 장관이 될 수 없다.

[스위스]

제145조 (임기) 국민의회의 의원, 연방내각의 각료 및 연방내각사무처의 처장은 4년의 임기로 선출된다. 연방대법원의 법관은 6년의 임기로 선출된다.

제175조 (구성 및 선거) ① 연방내각은 7인의 각료로 구성한다.

② 연방내각의 각료는 국민의회의 총선 이후 연방의회에서 선출한다.

③ 연방내각의 각료의 임기는 4년이며, 국민의회 피선거권이 있는 스위스의 국민 중에서 선출한다.

④ 연방내각의 각료의 선거에 있어서는 다양한 지역 및 언어가 적절히 대표되도록 배려하여야 한다.

[아일랜드]

제13조 1. 2° 대통령은 하원의 사전 승인을 얻어 수상의 지명에 따라 내각의 다른 구성원들을 임명한다.

3° 대통령은 수상의 권고에 따라 내각 구성원의 사임을 허락하거나 임명을 취소한다.

제28조 7. 1° 수상, 부수상 그리고 재무부를 담당하는 내각 구성원은 하원 의원이어야 한다.

2° 내각의 다른 구성원들은 하원 의원 또는 상원 의원이어야 한다. 단, 상원 의원은 두 명을 초과할 수 없다.

9. 1° 수상은 대통령에게 사직원을 제출함으로써 언제라도 사임할 수 있다.

2° 다른 내각 구성원은 수상을 통해 대통령에게 사직원을 제출하여 사임할 수 있다.

3° 대통령은 수상이 해임을 권고하는 경우 수상 이외 내각 구성원의 사임을 수락한다.

4° 수상은 언제라도 충분한 이유를 내세워 내각 구성원에게 사임을 요청할 수 있다. 해당 내각 구성원이 수상의 요청에 불응할 경우, 수상이 해임을 권고하는 경우 대통령에 의해 해임된다.

[일본]

제68조 [국무대신의 임명·파면] ① 내각총리대신은 국무대신을 임명한다. 다만, 그 과반수는 국회의원 중에서 선임하여야 한다.

② 내각총리대신은 임의로 국무대신을 파면할 수 있다.

제69조 [중의원의 내각불신임과 중의원해산 또는 내각총사직] 내각은 중의원에서 불신임 결의안이 가결되거나 신임 결의안이 부결된 때에는 10일 이내에 중의원을 해산하지 아니하는 한 총사직하여야 한다.

제70조 [내각총리대신의 궐위·중의원 총선거 후의 내각총사직] 내각총리대신이 궐위된 때 또는 중의원 의원 총선거 후 최초로 국회 소집이 있은 때에는 내각은 총사직하여야 한다.

제71조 [총사직 후 내각의 직무수행] 제69조와 제70조의 경우 내각은 새로운 내각총리대신이 임명될 때까지 계속하여 그 직무를 수행한다.

제75조 [국무대신의 소추] 국무대신은 재임 중 내각총리대신의 동의 없이 소추되지 아니한다. 다만, 이를 이유로 소추의 권리가 침해되지는 아니한다.

[호주]

제64조 (장관) 총독은 위원회의 총독이 설립할 수 있는 연방의 각 부처를 운영할 관리를 임명할 수 있다. 관리는 총독의 신임을 받는 동안 재임한다. 이들은 연방행정위원회 위원이 되며 연방 장관이 된다.

(장관의 의회 재임) 최초 총선 후에는, 장관이 상원의원이나 하원의원이 되지 않은 경우 3개월을 초과하여 재임할 수 없다.

제65조 (장관의 수) 의회가 달리 정하지 않는 한, 장관의 수는 7명을 초과해서는 안 되며, 장관은 의회가 정하는 직무를 수행하고 규정이 없을 경우에는 총독이 지시하는 직무를 수행한다.

제66조 (장관의 보수) 장관의 보수는 의회가 달리 정하지 않는 한, 연간 1만 2천 파운드를 초과해서는 안 되며, 연방통합세입기금 중에서 여왕이 지급한다.

[핀란드]

제68조 (부처) 정부는 필요한 수의 부처를 둔다. 각 부처는 적절한 권한범위 내에서 정부가 심의할 안건 준비와 적절한 행정 기능에 대해 책임진다. 각 부처의 책임자는 장관이다. 부처의 최대 수와 부처 설치의 일반 원칙에 관해서는 법률로 정한다. 부처의 권한과 부처 간 업무 분담뿐 아니라 정부 조직의 기타 형태에 관해서는 법률이나 정부가 공표한 명령으로 정한다.

제69조 (정부 법무장관) 정부 소속으로서 법률에 정통한 법무장관과 법무차관을 대통령이 임명한다. 대통령은 5년 이하의 임기로 법무차관 대행도 임명한다. 법무차관이 직무를 수행할 수 없으면 그 대행이 책임진다. 적절한 경우 법무장관에 관한 규정이 법무차관과 그 대행에게 적용된다.

7. 총리령·부령

[대한민국]

제95조 국무총리 또는 행정각부의 장은 소관사무에 관하여 법률이나 대통령령의 위임 또는 직권으로 총리령 또는 부령을 발할 수 있다.

[러시아]

제115조 1. 러시아연방 내각은 러시아연방 헌법, 연방법률 및 러시아연방 대통령령에 기초하여 내각의 정책집행을 위한 각종 부령을 공포하며 그 집행을 보장한다.

2. 러시아 연방 정부의 부령은 러시아 연방 내에서 법적 구속력이 있다.

3. 러시아연방 내각의 부령은 러시아연방 헌법, 연방법률 및 러시아 대통령령에 상치되는 경우에 러시아연방 대통령에 의하여 취소할 수 있다.

[스위스]

제182조 (법률제정 및 시행) ① 연방내각은 헌법 또는 법률이 허용하는 범위 내에서 법규명령의 형식으로 법규범을 제정한다.

② 연방내각은 법규, 연방의회의 결의안 및 연방사법기관의 판결의 집행을 보장한다.

[스페인]

제97조 내각은 국내외의 정책, 민사, 군사행정, 국방을 담당하고, 헌법 및 법률에 따라 행정권 및 규칙제정권을 행사한다.

[체코]

제78조 정부는 권한 범위 내에서 시행령을 할 수 있다. 해당 정부령은 총리와 정부위원이 서명하여야 한다.

제79조 (3) 부처, 기타 행정기관 및 지방자치단체는 법률의 위임을 받은 경우 법률의 범위 내에서 부령을 제정할 수 있다.

Ⅴ. 입법부

1. 국회의 구성과 입법권

[대한민국]

제40조 입법권은 국회에 속한다.

[러시아]

제94조 러시아연방 의회는 러시아연방의 대의 및 입법 기구이다.

제95조 1. 연방의회는 연방회의와 국가두마의 양원으로 구성한다.

[미국]

제 1 조 ① 이 헌법에 의하여 부여되는 모든 입법권한은 미국 연방의회(Congress of the United States)에 속하며, 연방의회는 상원(Senate)과 하원(House of Representatives)으로 구성한다.

[프랑스]

제24조 ① 의회는 법률을 의결한다. 의회는 정부의 활동을 감시한다. 의회는 공공정책을 평가한다.

② 의회는 하원과 상원으로 구성한다.

[필리핀]

제 6 장 제 1 조 입법권은 국민발의와 국민투표에 관한 조항에 따라 국민에게 유보된 경우를 제외하고 상원과 하원으로 구성된 필리핀 의회에 있다.

[뉴질랜드]

제10조 ① 뉴질랜드를 위한 국회는 계속 존재한다.

② 국회는 영국 의회의 1852년 뉴질랜드 헌법 제32조에 규정된 국회와 같은 단체이다.

③ 의회가 해산되거나 임기만료 되더라도 국회는 항상 존재하는 것으로 간주한다.

④ 국회는 1933년 선거법에 의해 선출되는 사람들로 구성되고, 이들을 의회 의원(members of Parliament)이라 한다.

제14조 ① 뉴질랜드의 정당한 군주와 국회로 구성되는 뉴질랜드 의회(Parliament)를 둔다.

② 뉴질랜드 의회는 본 법의 효력발생 전 총독과 국회로 구성된(영국 의회의 1852년 뉴질랜드 헌법 제32조에 의해 설립된) 총회와 같은 단체이다.

第15조 ① 뉴질랜드 의회는 법률을 제정할 전적인 권한을 가진다.

② 본 법의 효력 발생 후에 통과된 영국 의회의 법은 뉴질랜드 법으로서 효력을 갖지 않는다.

[덴마크]

제 3 조 입법권은 국왕과 국회에 공동으로 귀속한다...

[독일]

제38조 (1) ... 의원은 전 국민의 대표자이며 위임과 명령에 구속되지 않고, 오직 그의 양심에 따른다.

제50조 주는 연방참사원을 통하여 연방의 입법과 행정 및 유럽연합의 사무에 참여한다.

제51조 (1) 연방참사원은 주정부가 임면하는 주정부의 구성원으로 구성된다. 구성원은 주정부의 다른 구성원에 의하여 대리될 수 있다.

(2) 각 주는 적어도 3개의 투표권을 가진다. 인구 200만을 초과하는 주는 4개의 투표권을, 인구 600만을 초과 하는 주는 5개의 투표권을, 인구 700만을 초과하는 주는 6개의 투표권을 가진다.

(3) 각 주는 투표권과 동수의 구성원을 파견할 수 있다. 한 주의 투표권은 통일적으로, 그리고 출석 구성원 또는 그의 대리인에 의하여만 행사될 수 있다.

제52조 (1) 연방참사원은 매년 의장을 선출한다.

(2) 의장은 연방참사원을 소집한다. 의장은 적어도 2개 주의 대표자 또는 연방정부의 요구가 있을 때에는 연방참사원을 소집하여야 한다.

(3) 연방참사원은 최소한 투표의 과반수로 의결한다. 연방참사원은 의사규칙을 제정한다. 연방참사원의 의사는 공개된다. 의사는 비공개로 할 수 있다.

(3a) 유럽연합 사안을 위하여 연방참사원은 유럽위원회를 구성할 수 있고, 유럽위원회의 의결은 연방참사원의 결정으로서의 효력을 가진다. 주가 통일적으로 행사할 투표권의 수는 제51조 제2항에 따라 결정된다.

(4) 연방참사원의 위원회에는 주정부의 다른 구성원 또는 그 대리인이 소속될 수 있다.

제53조 연방정부의 구성원은 연방참사원 및 위원회의 의사에 참여할 수 있으며, 요청이 있으면 의사에 참여할 의무를 진다. 이들은 발언의 기회를 갖는다. 연방참사원은 연방정부로부터 업무수행에 관하여 상시 보고를 받아야 한다.

제53a조 (1) 합동위원회의 3분의 2는 연방의회 의원, 3분의 1은 연방참사원 구성원으로 구성된다. 연방의회 의원은 연방의회에 의하여 원내교섭단체의 구성 비율에 따라 결정된다. 의원은 연방정부에 속할 수 없다. 각 주는 그가 임명한 연방참사원 구성에 의하여 대표된다. 이 구성원은 지시에 구속되지 않는다. 합동위원회의 구성과 절차는 연방의회가 의결하고 연방참사원의 동의를 요하는 의사규칙으로 정한다.

(2) 연방정부는 합동위원회에 방위사태에 대한 계획을 보고하여야 한다. 제43조 제1항에 따른 연방의회와 위원회의 권한에는 영향을 미치지 않는다.

제54조 (3) 연방회의는 연방의회 의원과 비례선거의 원칙에 따라 주의회가 선출한 동수의 구성원으로 구성된다.

(4) 연방회의는 늦어도 연방대통령의 임기 만료의 30일 이전에, 그리고 임기 만료 전에 임기가

종료된 경우에는 늦어도 그 때부터 30일 이내에 집회한다. 연방회의는 연방의회의 의장이 소집한다.

(5) 연방의회의 회기가 만료된 후에는 제4항 제1문의 기한은 연방의회의 최초 집회부터 시작된다.

(6) 연방회의 구성원의 과반수의 투표를 얻은 자는 연방대통령으로 선출된다. 2차투표에서 과반수의 투표를 얻은 후보자가 없을 때에는, 계속되는 투표에서 최다득표를 한 자가 선출된다.

(7) 자세한 사항은 연방법률로 정한다.

[룩셈부르크]

제46조 모든 법률은 의회의 동의를 요한다.

제51조 ② 의회의 조직은 법률에 의해 결정한다.

[스위스]

제148조 (지위) ① 연방의회는 국민 및 주의 권리 유보하에 연방의 최고기관이다.

② 연방의회는 대등한 지위를 가진 국민의회와 전주의회의 양 의회로 구성한다.

제150조 (전주의회의 구성 및 선거) ① 전주의회는 46인의 주대표로 구성한다.

② 옵발덴(Obwalden), 닏발덴(Nidwalden), 바젤－슈타트(Basel－Stadt), 바젤－란트샤프트(Basel－Landschaft), 아펜 젤 아우서로덴(Appenzell Ausserrhoden) 및 아펜젤 인너로덴(Appenzell Innerrhoden) 주는 각각 1인의 의원을 선출하고, 기타 주는 각각 2인의 의원을 선출한다.

③ 주는 전주의회 의원 선출에 관한 규칙을 정한다.

제153조 (의회위원회) ① 각 의회는 소속의원으로 구성되는 위원회를 설치한다.

② 법률로 합동위원회를 설치할 수 있다.

③ 입법권을 제외한 일부 권한을 법률로써 위원회에 위임할 수 있다.

④ 위원회는 그 임무를 수행하기 위하여 정보수집, 문서열람 및 조사 권한을 가진다. 그 범위에 관하여는 법률로 정한다.

제154조 (교섭단체) 연방의회의 의원은 교섭단체를 구성할 수 있다.

제155조 (의회사무처) 연방의회는 자율적으로 의회사무처(Parlamentsdienste)를 설치할 수 있다. 연방의회는 연방행정의 사무지원을 요구할 수 있다. 기타 세부사항은 법률로 정한다.

제163조 (연방의회 제정 법령의 형식) ① 연방의회는 연방법률 또는 법규명령의 형식으로 법적 구속력 있는 규정을 제정한다.

② 전항 이외의 법규범에 대하여는 연방포고(Bundesbeschluss)의 형식으로 제정하되, 국민투표의 대상이 되지 아니하는 연방포고는 이를 단순연방포고(einfacher Bundesbeschluss)라 한다.

제164조 (법률제정) ① 법적 구속력 있는 모든 중요한 규정은 연방법률의 형식으로 제정되어야 한다. 이에는 특히 다음 사항과 관련된 기본 규정들이 있다.

a. 참정권의 행사

b. 헌법적 권리의 제한

c. 개인의 권리와 의무

d. 납세자의 자격, 과세 대상 및 세액의 산정

e. 연방의 임무 및 사무

f. 연방법의 시행 및 집행에 있어서 주(Kantone)의 의무
g. 연방기관의 조직 및 절차

② 법률제정의 권한은 연방헌법에 의하여 금지되지 아니하는 한, 연방법률로써 위임할 수 있다.

제165조 (긴급 입법) ① 시행의 연기가 허용되지 아니하는 연방법률(긴급연방법률)에 대하여는 각 의회의 재적의원 과반수의 결정으로 그 긴급성을 선언하고, 즉시 효력을 발생하게 할 수 있다. 해당 법률에는 그 유효기간이 명시되어 있어야 한다.

② 긴급연방법률(dringlich erklärten Bundesgesetz)에 대하여 국민투표가 요구되는 경우에 해당 연방법률은 연방의회에서 채택된 날로부터 1년 이내에 국민투표에서 승인되지 아니하면 그 기한이 만료됨에 따라 효력을 상실한다.

③ 긴급연방법률이 헌법상의 근거를 갖추지 아니한 경우에는 연방의회에 의하여 채택된 날로부터 1년 이내에 국민투표와 주투표로 승인을 얻지 못하면 그 기한이 만료됨에 따라 효력을 상실한다. 해당 법률에는 그 유효기간이 명시되어 있어야 한다.

④ 국민투표에서 승인되지 못한 긴급연방법률은 이를 다시 제출하지 못한다.

[캐나다]

1867년 캐나다 헌법

제17조 캐나다 연방의회의 구성

캐나다 연방의회는 여왕, 상원 및 하원으로 구성된다.

제91조 캐나다 연방의회의 입법 권한

여왕은 캐나다 연방의회 상원과 하원의 권고와 동의에 따라 이 법에 의하여 각 주 입법부에 독점적으로 할당된 일련의 주제 목록에 해당되지 않는 모든 사안들과 관련하여 캐나다의 평화, 질서 및 원활한 통치를 위한 법률을 제정할 수 있다. 보다 확실히 하기 위해, 그러나 이 조에서 이미 규정한 제반 조항의 보편성을 제한하지 않도록 하기 위하여(이 법의 다른 조항에도 불구하고) 캐나다 연방의회의 독점적 입법 권한은 아래에 열거한 주제에 해당되는 모든 사안에 확대 적용된다.

1. 폐지됨 1A. 공채 및 공공 재산
2. 무역 및 상거래 규제 2A. 실업보험
3. 여하한 과세 방식 또는 체계에 따른 세금 징수
4. 공공 채권을 기반으로 한 자금의 차입
5. 우편 업무
6. 인구 조사 및 통계
7. 방위군, 육군, 해군 병역 및 방위
8. 캐나다 정부 공무원 및 기타 관리에 대한 급여 및 수당의 결정 및 지급
9. 표지, 부표, 등대 및 세이블아일랜드
10. 항해 및 선박
11. 검역 그리고 해양 병원의 설립 및 유지
12. 해안 및 내륙 어장
13. 캐나다와 영국/외국 간 연락선 또는 캐나다 내 두 지역 간 연락선
14. 통화 및 경화

15. 은행업, 은행 설립 및 지폐의 발행
16. 저축은행
17. 도량형
18. 환어음 및 약속어음
19. 금리
20. 법정통화
21. 파산 및 지급불능
22. 발명의 특허 및 발견
23. 저작권
24. 인디언 및 인디언 거류지
25. 귀화 및 외국인
26. 결혼 및 이혼
27. 형사 법원의 구성은 제외하나 형사 사건의 법적 절차를 포함한 형법
28. 교도소의 설립, 유지 및 관리
29. 이 법에 따라 각 주의 입법부에만 지정된 일련의 주제 목록에서 명시적으로 제외된 부류의 주제

본 조에 나열된 일련의 주제에 해당되는 모든 사안은, 본 법에 의거해 각 주의 입법부에 독점적으로 할당된 일련의 주제 목록에 포함된 지역적 또는 사적 성격의 사안에 해당되는 것으로 간주해서는 아니 된다.

주 입법부의 독점적 권한

제92조 독점적인 주 입법의 대상

각 주의 입법부는 아래에 열거한 주제와 관련하여 법률을 독점적으로 제정할 수 있다.

1. 폐지됨
2. 주에서 사용할 세수를 징수하기 위하여 주 지역 내에서 하는 직접 과세
3. 각 주의 단일 채권을 기반으로 자금 차입
4. 주 정부 청사의 설립 및 유지 그리고 주 정부 공무원의 임명 및 보수
5. 각 주가 소유한 공유지의 관리 및 매각 그리고 그러한 공유지 내 목재 및 수목의 관리 및 매각
6. 각 주에 소재하며 각주를 위한 주립 교도소 및 소년원의 설립, 유지 및 관리
7. 해양병원을 제외한 각 주 병원, 보호소, 자선 단체 및 구호 기관의 설립, 유지 및 관리
8. 각 주의 지방 자치 기관
9. 주, 지역 또는 지방에서 사용할 세수를 징수하기 위한 점포, 술집, 여인숙, 경매인 및 기타 면허
10. 다음에 열거한 부류에 속하지 않는 지방 업무 및 사업
    (a) 특정 주를 다른 주와 연결하거나 주의 경계를 초과하여 확장되는 증기선 또는 기타 선박 노선, 철도, 운하, 전신 및 기타 업무 및 사업
    (b) 캐나다와 영국 또는 외국을 잇는 증기선 노선
    (c) 비록 해당 주 내에 소재하지만, 해당 업무의 시행 전후에 캐나다의 국익 또는 캐나다 내 여러 주의 공익을 위한 것이라고 캐나다 연방의회가 선언한 업무

11. 주 차원의 목적을 가진 기업의 법인 설립
12. 각 주 지역 내 결혼식의 거행
13. 각 주 지역 내 재산권 및 공민권
14. 민사 및 형사 법원을 포함하는 주 지방 법원의 구성, 유지 및 조직은 물론, 그러한 법원에서 민사사건에 관한 법적 절차를 포함한 주 지역 내의 사법 집행
15. 본 조에 열거된 부류의 주제에 해당되는 모든 사안과 관련하여 제정된 주의 법률을 시행할 목적에서 과태료, 벌금 또는 징역에 의한 형벌 부과
16. 일반적으로 주 지역 내에서 단순히 지역적 내지 사적인 성격의 모든 사안들

재생 불가능한 천연자원, 임산자원 및 전력

제92A조 재생 불가능한 천연자원, 임산자원 및 전력에 관한 제반 법률

① 각 주의 입법부는 아래에 열거한 사항들에 대하여 법률을 독점적으로 제정할 수 있다.

(a) 각 주에서 재생 불가능한 천연자원의 탐사

(b) 각 주에서 재생 불가능한 천연자원 및 임산자원의 개발, 보존 및 관리(그러한 자원을 이용한 1차 생산량과 관련된 제반 법률을 포함한다)

(c) 각 주에서 전력의 발전 및 생산을 위한 부지 및 시설의 개발, 보존 및 관리

② (각 주에서 제반 자원 반출) 각 주의 입법부는 각 주 내 재생 불가능한 천연자원 및 임산자원을 이용하여 생산된 1차 생산물 및 각 주의 전력 발전 시설에서 생산된 전력을 해당 주에서 캐나다의 다른 지역으로 반출하는 것과 관련하여 법률을 제정할 수 있다. 다만, 그러한 법률은 캐나다의 다른 지역으로 반출되는 가격 또는 물량에서의 차별을 승인 내지 규정하여서는 아니 된다.

③ (입법부의 권한) 제2항의 규정은 같은 항에 규정된 사안들에 대한 제반 법률을 제정할 의회의 권한을 훼손하지 않으며, 그러한 연방의회의 법과 주법이 서로 상충할 경우, 상충되는 범위 내에서 연방법이 주법보다 우선한다.

④ (제반 자원의 과세) 각 주의 입법부는 아래에 열거한 사항들에 대하여 과세 방식 또는 체계에 따라 세금을 징수하는 법률을 제정할 수 있다.

(a) 각 주 내 재생 불가능한 천연자원 및 임산자원 그리고 그러한 자원을 이용한 1차 생산물

(b) 각 주의 전력 발전용 부지 및 시설과 그러한 시설에서의 전력 생산. 단, 그러한 생산물의 전부 또는 일부가 해당 주에서 반출되는지 여부에 관계없이, 그러한 법률은 캐나다의 다른 지역으로 반출된 생산물과 해당 주에서 반출되지 않은 생산물을 서로 구별하는 과세를 승인 내지 규정해서는 아니 된다.

⑤ ("1차 생산물") "1차 생산물"의 의미는 별표 6에 규정된 바와 같다.

⑥ (기존의 권한 또는 권리) 제1항부터 제5항까지의 규정은 본 조가 발효되기 전에 주의 입법부 또는 주 정부가 보유한 모든 권한 내지 권리를 훼손하지 않는다.

교육

제93조 교육에 관한 입법

각 주의 입법부는 다음에 열거한 제반 조항에 따라 교육에 관한 법률을 독점적으로 제정할 수 있다.

① 제정되는 법률은 연방 창설 당시 해당 주 내에서 법에 따라 보유하는 특정 종파 소속 학교의 권리 또는 특권에 악영향을 미쳐서는 아니 된다.

② 법률에 따라 연방 창설 당시 북부 캐나다 지역에서 여왕의 로마 가톨릭교 신자의 분리파 학교 및 학교이사진에게 부여 및 부과된 모든 권한, 특권 및 의무는 퀘벡 주에 거주하는 여왕의 개신교 신자 및 로마 가톨릭교 신자의 비국교 학교에까지 확대 적용한다.
③ 연방 창설 당시 어떠한 주에 법률에 따라 분리파 학교 제도 또는 비국교 학교 제도가 존재하거나 이후 주 입법부에 의해 그러한 제도가 마련될 경우 교육과 관련하여 여왕의 신자들로 구성된 개신교 소수집단 또는 로마 가톨릭교 소수집단의 모든 권리 또는 특권에 영향을 미치는 어떠한 법 또는 주 권한의 결정에 대하여 추밀원의 연방총독에 대한 청원을 인정하여야 한다.
④ 본 조의 제반 조항을 정당하게 집행하기 위하여 필요하다고 추밀원의 연방총독이 수시로 판단하는 어떠한 주법이 제정되지 않을 경우 또는 그러한 점과 관련하여 본 조에 따라 어떠한 청원에 대한 추밀원 연방총독의 결정이 해당 주 정부의 권한에 의하여 적법하게 집행되지 않을 경우, 캐나다 연방의회는 각 경우의 제반 상황이 허락하는 한도 내에서 본 조의 제반 조항을 적법하게 집행하고 본 조에 따라 추밀원 연방총독의 모든 결정을 적법하게 집행하기 위한 교정법을 제정할 수 있다.

제93A조 퀘벡 주 제93조의 제1항~제4항 규정은 퀘벡 주에 적용되지 않는다.

온타리오 주, 노바스코샤 주 및 뉴브런즈윅 주 내 제반 법률의 일관성

제94조 3개 주 내 제반 법률의 일관성에 관한 입법

이 법의 제반 규정에도 불구하고 캐나다 연방의회는 온타리오 주, 노바스코샤 주 및 뉴브런즈윅 주의 재산권 및 공민권에 관한 모든 법률 또는 일부 법률의 일관성을 규정할 수 있고, 3개 주의 모든 법원 또는 일부 법원에 적용되는 법적 절차의 일관성을 규정할 수 있으며, 그러한 점과 관련하여 어떠한 법률을 가결한 후, 그러한 모든 법률에 포함된 사안과 관련하여 법률을 제정할 수 있는 캐나다 연방의회의 권한은 이 법률의 규정에도 불구하고 제한을 받아서는 아니 된다. 다만, 그러한 일관성을 규정하는 캐나다 연방의회의 모든 법률은 각 주 입법부에 의하여 법률로 채택 및 제정되지 않는 한, 그러한 채택 및 제정이 이루어질 때까지 해당 주에서 발효되어서는 아니 된다.

노령 연금

제94A조 노령 연금 및 추가 급부에 관한 입법

캐나다 연방의회는 연령에 관계없는 생존자 급부 및 장애 급부를 포함하여 노령 연금 및 추가 급부와 관련된 법률을 제정할 수 있으나, 그러한 법률은 해당 사안과 관련하여 주 입법부의 현행 또는 향후 모든 법률의 시행에 영향을 미쳐서는 아니 된다.

농업 및 이주

제95조 농업 등에 관한 공동 입법권

각 주의 입법부는 주의 농업 및 이주와 관련한 법률을 제정할 수 있고, 캐나다 연방의회는 모든 주 또는 일부 주의 농업 및 이주와 관련한 법률을 수시로 제정할 수 있음을 선언하며, 농업 또는 이주와 관련한 주 입법부의 모든 법률은 캐나다 연방의회의 법에 부합하는 범위 내에서만 주에서 효력을 가진다.

[헝가리]

제1조(1) 헝가리 최고의 대중대표기구는 국회다.
(2) 국회는,

a) 헝가리 헌법을 제정하고 개정하며,
b) 국회제정법을 채택하고,
c) 국가예산안을 채택하고 그 시행을 승인하며,
d) 그 책임과 능력을 조건으로 국제협약의 구속력 인정을 승인하고,
e) 대통령, 헌법재판소 재판관 및 헌법재판소장, 대법원장(President of Curia), 국가사법평의회 위원장(President of National Office for the Judiciary), 검찰총장, 기본권위원회(Commissioner for Fundamental Rights) 위원장 및 부위원장, 감사원장을 선출하며,
f) 수상을 선출하고, 정부와 관련된 신임문제를 결정하며,
g) 헌법에 반하는 행위를 하는 대표기구를 해산하고,
h) 전쟁상태의 선포를 결정하고, 평화협정을 체결하며,
i) 특수한 법적 명령 및 군사작전 참가에 관한 판단을 하고,
j) 사면을 허여하며,
k) 헌법 및 기타 법률로 정한 책임 및 권한을 행사한다.

제T조 (1) 일반적으로 구속력이 있는 행동규칙은 헌법 또는 관보에 게재된 헌법이 규정하는 바에 따라 입법권한이 있는 기구가 제정한 법규로 정할 수 있다. 특별한 법질서가 발효된 중에 채택된 지방정부조례 및 법규의 공표에 관한 별도의 규칙은 기본법률로 정할 수 있다.

(2) 입법은 국회제정법 정부칙령 헝가리은행장의 명령 국무총리령 각부 칙령, 자율규제기구의 명령 및 지방 조례를 포함한다. 입법은 국가위기상태 또는 비상사태 중에 국가방위위원회 및 대통령이 공표한 명령을 포함한다.

(3) 입법은 헌법과 충돌할 수 없다.

(4) 기본법률은 출석의원 3분의 2 이상의 찬성으로 채택 및 개정하는 국회제정법을 말한다.

[남아프리카공화국]

제42조 (국회의 구성) ① 국회는 다음의 양원으로 구성된다.
a. 하원
b. 상원

② 하원과 상원은 이 법에 명시된 방법으로 입법 절차에 참여한다.

③ 하원은 이 법에 따라 국민을 대표하고 국민에 의한 정치를 보장하기 위해 선출된다. 하원은 대통령을 선출하고 사안의 공개적 검토를 위한 국가 포럼을 제공하며 법률을 가결하고 행정처분을 면밀히 검토 및 감독함으로써 이를 수행한다.

④ 상원은 중앙정부의 영역 내에서 각 주의 이해가 충분히 고려되도록 보장하기 위해 각 주를 대표한다.

상원은 주로 국내 입법 절차에 참여하고 주에 영향을 미치는 사안의 공개적 검토를 위한 국가 포럼(national forum)을 제공함으로써 이를 수행한다.

⑤ 대통령은 특별한 정무를 수행하기 위해 언제든지 임시국회를 소집할 수 있다.

⑥ 국회의 소재지는 케이프타운이다. 단, 제76조 제1항·제5항에 따라 제정된 법률은 국회의 소재지를 다른 곳으로 결정할 수 있다.

제43조 (공화국의 입법권) a. 중앙정부 영역의 입법권은 제44조에 명시된 바와 같이 국회에 귀속된다.

b. 주정부 영역의 입법권은 제104조에 명시된 바와 같이 주의회에 귀속된다.
c. 지방정부 영역의 입법권은 제156조에 명시된 바와 같이 지방의회에 귀속된다.

제44조 (국가 입법권) ① 국회에 귀속되는 국가 입법권은
a. 다음의 각 권한을 하원에 부여한다.
i. 개헌권
ii. 별표 4에 나열된 기능 영역 내 사안을 포함한 모든 사안(단, 2항에 따르는 것을 조건으로 하여 별표 5에 나열된 기능 영역 내 사안은 제외)과 관련해 법률을 가결할 권한
iii. 개헌권을 제외한 하원의 모든 입법권을 다른 정부 입법기관에 위임할 권한
b. 다음의 각 권한을 상원에 부여한다.
i. 제74조에 따라 개헌 절차에 참여할 권한
ii. 제76조에 따라 별표 4에 나열된 기능 영역 내 모든 사안과 헌법상 제76조에 따른 가결을 요하는 그 밖의 모든 사안과 관련해 법률을 가결할 권한
iii. 제75조에 따라 하원이 가결한 그 밖의 모든 법률을 검토할 권한

② 국회는 별표 5에 나열된 기능 영역에 해당되는 사안과 관련해 제76조 제1항에 따라 법률을 가결함으로써, 다음과 같은 경우에 개입할 수 있다.
a. 국가 안보를 유지해야 할 경우
b. 경제 통합을 유지해야 할 경우
c. 필수 국가 표준을 유지해야 할 경우
d. 서비스의 제공에 필요한 최소한의 표준을 제정해야 할 경우
e. 다른 주 또는 국가 전체의 이익을 침해하는 비합리적 조치를 어떤 주가 취하지 못하도록 막아야 할 경우

③ 별표 4에 나열된 모든 사안과 관련된 권한의 유효한 행사를 위해 합리적으로 필요하거나 그러한 권한의 행사에 수반되는 사안에 관한 법률은 모든 경우 별표 4에 나열된 사안에 관한 법률에 해당된다.

④ 입법권을 행사할 때, 국회는 오로지 헌법의 구속만을 받으며 헌법에 따라 헌법의 한도 내에서 활동해야 한다.

[포르투갈]

제112조 (입법) 1. 입법은 법률, 시행령, 지역 법령으로 구성된다.

2. 입법권에 따라 제정되며 법체계의 기본적 요소를 담고 있는 시행령이 그에 상응하는 법률에 위배되지 아니하는 한 법률과 시행령은 동등한 효력을 가진다.

3. 조직법, 3분의 2 이상의 과반수에 의해 통과되어야 하는 법률 및 헌법에 따라 여타 법률에 대하여 강제적인 법적 전제 조건에 해당되는 법률 또는 그 외의 법률이 따라야 하는 법률 등은 우선적인 효력을 가진다.

4. 제227조 제1항 제2호 및 제3호의 규정들을 침해하지 않는 한, 법령 지역적 범위에서 적용되어야 하며 주권 행사 기관들의 배타적 책임에 해당되지 않는 사안들로서 해당 자치구의 정치 행정적 입법에 명시된 사안들을 다루어야 한다.

5. 법률은 다른 유형의 입법을 구성해서는 아니 되며 혹은 제3자와 관련해 효력을 발생시키는 방법으로 그것의 조항들을 해석, 통합, 변경, 보류 또는 철회할 수 있는 권한을 다른 유형의

법령에 부여해서도 아니 된다.

6. 정부의 규정들은 그것이 규제하는 법률의 요구가 있을 경우와 독립적인 규정이 있을 경우에 규제 명령의 형태를 취한다.

7. 정부의 규정들은 그것이 규제하고자 하는 법률 또는 그러한 규정들을 공포할 수 있는 주관적, 객관적 권한을 규정하는 법률을 명시적으로 언급한다.

8. 유럽연합(EU)의 법률과 다른 법령들을 국내 법제에 도입할 경우, 법률, 시행령 또는 제4항에 따라 지역 법령의 형태를 취한다.

제147조 (정의) 의회는 모든 포르투갈 국민들을 대표하는 의회여야 한다.

2. 국회의원의 선거

[대한민국]

제41조 ① 국회는 국민의 보통·평등·직접·비밀선거에 의하여 선출된 국회의원으로 구성한다.

③ 국회의원의 선거구와 비례대표제 기타 선거에 관한 사항은 법률로 정한다.

[러시아]

제96조 1. 국가두마는 5년 임기로 선거한다.

2. 연방회의 구성 절차와 국가두마 의원 선거 절차는 연방법률로 정한다.

[미국]

제 1 조 ④ 제 1 문 상원의원과 하원의원을 선거할 시기, 장소 및 방법은 각 주(州)에서 그 주(州) 의회가 정한다. 그러나 연방의회는 언제든지 법률에 의하여 그러한 규정을 제정 또는 개정할 수 있다. 다만, 상원의원의 선거장소에 관하여는 예외로 한다.

[아르헨티나]

제49조 주(州)의회는 연방 하원의원의 직접 선거를 실시하는 방법을 정하고, 향후 연방의회가 일반법을 제정한다.

제51조 공석이 생기면 주(州)정부나 수도정부는 새 하원의원을 선출할 법정선거를 실시한다.

제62조 사망, 사임, 기타 사유로 상원에 공석이 생기면, 그 공석이 속한 주(州)정부는 즉시 새 상원의원 선거를 실시한다.

[그리스]

제51조 ③ 국회의원은 법 규정에 따라 투표권을 가진 시민에 의해 직접, 보통 및 비밀 투표를 통해 선출된다. 법은 최소 연령에 도달하지 않은 경우 또는 법적인 능력 상실 또는 특정한 중범죄에 대한 취소 불가능한 유죄 선고의 경우를 제외하고 투표권을 제한할 수 없다.

④ 국회의원 선거는 전국에서 동시에 이루어진다. 외국에 거주하는 자의 투표권 행사와 관련된 사안은 국회 재적의원의 3분의 2에 의해 채택한 법률로 정할 수 있다. 외국에 거주하는 자에 관련하여 동시 선거의 원칙은 투표 개표와 결과 발표가 국내·외에서 동시에 시행된다면, 우편 투표 또는 기타 다른 적절한 방법에 의한 투표권 행사를 제한하지 않는다.

⑤ 투표권의 행사는 의무사항이다.

제54조 ① 선거 제도와 선거구는 법률로 정하며, 관련 법 채택 직후 진행되는 선거 이후부터

적용된다. 단, 국회 재적의원의 3분의 2에 의해 채택된 명시적인 조항으로 법 채택 이후 진행되는 선거에 즉시 적용할 것을 규정할 수 있다.

② 각 선거구에서 선출되는 국회의원 수는 법률에 따라 가장 최근 인구조사에 따라 해당 시 선거인명부에 근거한 법적 인구수에 근거해서 대통령령으로 정한다. 인구조사 결과는 인구조사가 실시된 마지막 날로부터 1년이 경과한 후에 관할기관의 데이터에 근거해서 발표된 것으로 간주한다.

③ 국회 재적의원의 20분의 1을 초과하지 않는 국회의 일부를 법률에 따라 각 정당의 전국 총 득표수에 비례하여 전국구에서 선출할 수 있다.

[덴마크]

제29조 (1) 왕국에 영구 거주하고 있고 제2항에 규정된 바와 같이 선거권 연령에 달한 모든 덴마크 국민은 국회의원 선거에서 투표할 권리를 가진다. 단, 금치산자 선고를 받은 적이 없어야 한다. 법의 취지 내에서 빈민 구제에 해당되는 공적 부조와 유죄 판결이 어느 정도까지 선거권 박탈에 해당하는지는 법률로 정한다.

(2) 선거권 연령은 1953년 3월 25일의 법이 정하는 바에 의하여 국민투표로 결정된 바와 같다. 선거권 연령은 법률로 언제라도 변경할 수 있다. 그와 같은 제정 목적으로 국회에 의해 가결된 법안은, 선거권 연령 변경 조항이 제42조 제5항에 따라 국민투표에 부의되어 부결되지 않은 경우에만 국왕의 승인을 받는다.

제31조 (1) 국회의원은 보통 및 직접 선거로 선출한다.

(2) 투표권 행사 규정은 유권자의 다양한 의견을 균등하게 나타내기 위해 선거 방식을 규정하고 비례대표제와 소선거구를 혼용할 것인지, 비례대표제만을 채택할 것인지 여부를 결정하는 선거법(Election Act)에 의해 규정된다.

(3) 각 지역에 대한 의석수의 분배를 결정하기 위해 주민의 수, 유권자의 수, 인구 밀도가 고려되어야 한다.

(4) 선거법은 새로운 선거가 요구되는 경우에 채택될 절차에 관한 규정뿐 아니라 대리인 선거와 대리인의 국회 입회에 관한 규정을 정한다.

(5) 국회에서 그린란드의 대표에 관한 특별 규정은 법률로 정할 수 있다.

제32조 (3) 수상은 국회 임기 만료 전에 총선거가 실시되도록 한다.

(5) 법률에 따라 국회에서의 페로 제도 및 그린란드 대표직의 개시 및 종료에 관한 특별 규정을 정할 수 있다.

[독일]

제38조 (1) 독일 연방의회의 의원은 보통, 직접, 자유, 평등, 비밀선거로 선출된다...

(2) 만 18세 이상인 국민은 선거권을 가진다. 성년이 된 자는 피선거권을 갖는다.

(3) 자세한 사항은 연방법률로 정한다.

제39조 (1) 연방의회는 다음의 규정을 제외하고는 4년마다 선출된다. 의회 회기는 차기 연방의회의 집회로 종료된다. 차기 선거는 의회 회기의 개시 후 빠르면 46개월, 늦어도 48개월에 실시된다. 연방의회가 해산된 경우에는 차기 선거는 60일 이내에 실시된다.

[룩셈부르크]

제51조 ③ 의회는 60명의 의원으로 구성한다. 제114조 제2항의 조건에서 가결된 법률은 각 구역

에서 선출할 의원을 정한다.

④ 선거는 직접선거로 한다.

⑤ 의원들은 전면적인 보통선거에 기초하여 명부 투표에 따라, 비율적인 대표 규칙을 따르고 선거 최소 비율 원칙에 의하여 법률에 따라 결정될 규칙을 좇아서 선출된다.

⑥ 국가는 네 개의 선거지구로 나누어진다.

–남부(Esch–sur–Alzette 및 Capellen 칸톤);

–중부(Luxembourg 및 Mersch 칸톤);

–북부(Diekirch, Redange, Wiltz, Clervaux 및 Vianden 칸톤);

–동부(Grevenmacher, Remich 및 Echternach 칸톤)

⑦ 선거권자는 법률에 의하여 결정될 경우 및 조건에서 국민투표를 통하여 의사를 표현하도록 요청받을 수 있다.

[스페인]

제68조 ② 선거구는 현으로 한다. 세우타(Ceuta) 및 멜리야(Melilla) 양현의 주민은 각각 1인의 하원의원에 의하여 대표된다. 법률은 각 선거구에 적어도 1인을 할당하고 그 잔여는 인구에 비례하여 하원의원의 정수를 배분한다.

선거는 비례대표의 기준에 따라 각 선거구에서 행한다.

⑥ 선거는 임기만료일로부터 30일 내지 60일의 기간 내에 실시한다. 하원은 선거실시일로부터 25일 이내에 소집되어야 한다.

제69조 ① 상원은 지역대표의 의원이다.

② 조직법이 정하는 바에 따라 각 현의 유권자는 자유, 평등, 직접, 비밀의 보통선거로 4인의 상원의원을 선출한다.

③ 도서 지역 현에서는 시의회(Cabildo) 또는 도서평의회(Consejo Insular)를 가지는 각 섬 혹은 군도가 상원의원 선출을 위한 선거구를 구성하며 큰 섬인 그란카나리아(Gran Canaria), 마졸카(Mallorca) 및 테네리페(Tenerife)에 있어서는 각 섬마다 3인이, 이비자 폴멘테라(Ibiza–Formentera), 메놀카(Menorca), 펠테벤투라(Fuerteventura), 고메라(Gomera), 이에로(Hierro), 란자로테(Lanzarote) 및 라 팔마(La Palma) 섬에는 각각 1인이 할당된다.

④ 세우타(Ceutla) 및 멜리야(Metilla)의 주민은 각각 2인의 상원의원을 선출한다.

⑤ 자치주는 주민 100만 명마다 1인의 상원의원을 추가하여 선출한다. 지명은 입법의원이 하며, 입법의원이 없는 경우에는 조례가 정하는 바에 따라 자치주의 최고심의기관이 이를 행한다. 어떠한 경우에도 조례는 비례대표제를 보장한다.

[아일랜드]

제16조 1. 2° i. 모든 시민과

ii. 법률로 정할 수 있는 국가 내 기타 개인 중 법률상 결격자가 아니며 18세의 연령에 달하고 하원의원 선거와 관련한 법 규정을 준수하는 자는 성별의 구분 없이 하원 의원 선거권을 가진다.

3° 성별을 근거로 국민에게서 하원 의원 피선거권을 박탈하는 법을 제정하거나, 그러한 근거로 국민이나 기타 개인에게서 하원 의원 선거에서의 투표 자격을 박탈하는 법을 제정하지 아니 한다.

4° 유권자는 하원 선거에서 단 한 표의 투표권을 행사할 수 있으며, 투표는 비밀 투표로 한다.

2. 1° 하원은 법률로 정해진 선거구를 대표하는 의원들로 구성된다.

2° 의원의 수는 종종 법률로 확정되지만, 하원 의원 총수는 인구 30,000명 당 의원 1명 이하로 또는 인구 20,000명 당 의원 1명 이상으로 결정되어서는 아니 된다.

3° 각 선거구에 대해 선출되는 의원의 수와, 이전 인구 조사에서 확인된 각 선거구의 인구의 비율은, 실행 가능한 범위 내에서, 국가 전체적으로 동일해야 한다.

4° 국회는 인구 분포의 변화를 충분히 고려하여 적어도 12년에 한번 선거구를 수정하지만, 선거구의 변경은 그와 같은 수정이 실시될 당시의 현직 하원의 임기 중에 시행되지 아니한다.

5° 의원들은 단기이양식 비례 대표제에 의거하여 선출된다.

6° 어떤 법률도 선거구의 재선 의원의 수가 3명 미만으로 되도록 제정하지 아니 한다.

3. 1° 하원은 본 헌법 제13조제2항에 규정된 바와 같이 소집 및 해산된다.

2° 하원 의원 총선거는 하원 해산 후 30일 이내에 실시된다.

4. 1° 모든 하원 총선거에서 투표는, 실행 가능한 범위 내에서, 전국적으로 동일한 날에 실시되어야 한다.

2° 하원은 해당 투표일로부터 30일 이내에 회합한다.

6. 하원의 해산 직전에 의장직을 수행한 하원 의원이 실제 선거 없이 다음 총선거에서 하원 의원으로 선출되는 것으로 간주되도록 할 수 있도록 하는 조항을 법률로 제정한다.

7. 본 조의 전술한 규정에 의거하여, 보궐 선거를 포함한 하원 의원 선거는 법률에 따라 규제된다.

제18조 3. 지명직 상원 의원들은 지명자 본인의 사전 동의를 얻어, 상원의원을 지명하면서 해산된 하원의 재소집 후 임명되는 차기 수상에 의해 지명된다.

4. 1° 선출직 상원 의원은 다음과 같이 선출된다.

i. 3명은 아일랜드 국립대학(NUI)에 의해 선출된다.

ii. 3명은 더블린 대학에 의해 선출된다.

iii. 43명은 이하에 규정된 바와 같이 구성된 후보자 패널에서 선출된다.

2° 제1호의 제 i 목 및 제 ii 목에 따라 선출될 의원들의 동수를 대체하여 법률로 확정될 수 있는 같은 수의 상원 의원을 아래의 기관들이 선거권에 기초하여 법률에 따라 규정되는 방식으로 선출하는 것을 법률로 제정할 수 있다.

i. 본 항의 제 1호에 언급된 대학

ii. 국가 내 기타 고등교육기관 상원 의원(들)은 다수의 기관으로 이루어진 집단에 의해 또는 단일 기관에 의해 본 호에 따라 선출될 수 있다.

3° 본 조의 어떠한 규정도 본 항의 제 1호에 언급된 대학의 법률상 해산을 금지하기 위한 근거가 되지 아니 한다.

5. 모든 선출직 상원 의원 선거는 단기이양식 비례 대표제에 의거하여 비밀 우편 투표로 실시된다.

6. 대학에 의해 선출되는 상원 의원들은 선거권에 기초하여 법률로 규정되는 방식으로 선출된다.

7. 1° 후보자 패널에서 선출될 각 상원 의원의 총선거를 실시하기 전에, 각각 다음과 같은 관

심분야 및 봉사에 대한 지식과 실제 경험을 갖춘 자들의 이름들을 포함하는 5개의 후보자 패널이 법률상 규정된 방식으로 구성된다.

i. 국어 및 문화, 문학, 미술, 교육 및 본 패널의 목적상 법률로 정의될 수 있는 전문적 분야

ii. 농업과 농업 관련 분야 및 수산업

iii. 노동(노조 가입 또는 비가입 여부와 무관)

iv. 금융, 재무, 회계, 공학 및 건축을 포함한 산업 및 상업

v. 자발적 사회 활동을 포함한 행정 및 사회 복지 사업

2° 본 헌법 제19조의 규정에 의거하여 한 패널에서 5명 이상 11명 이하의 상원 의원이 선출된다.

8. 상원 총선거는 하원 해산 후 90일 이내에 실시하며, 총선거 후 상원의 첫 회의는 수상의 권고에 따라 대통령이 결정하는 날에 실시된다.

제19조 본 헌법 제18조에 따라 구성된 후보자패널로부터 선출될 상원의원들의 동수를 대체하여, 법률로 확정될 수 있는 동수의 상원 의원들을 직무 또는 직업 집단, 단체 또는 협회가 직접 선거할 수 있는 것에 대한 조항을 법률로 제정할 수 있다.

[캐나다]

연방하원

제40조 4개 주의 선거구

캐나다 연방의회가 별도의 규정을 마련할 때까지 연방하원에서 직무를 수행할 구성원을 선출하기 위한 목적에서 온타리오 주, 퀘벡 주, 노바스코샤 주 및 뉴브런즈윅 주를 다음과 같이 여러 선거구로 분할한다.

1. 온타리오 주

온타리오 주는 본 법의 별표 1에 나열된 바와 같이 카운티, 타운 행정구, 시, 시 일부 및 타운으로 분할되고, 같은 동 별표에 순번이 매겨진 이들 행정 단위는 각 1명의 의원을 선출할 권리를 갖는다.

2. 퀘벡 주, 3. 노바스코샤 주, 4. 뉴브런즈윅 주 생략.

제41조 캐나다 연방의회가 별도의 규정을 마련할 때까지 기존 선거법 존속

캐나다 연방의회가 별도의 규정을 마련할 때까지, 아래와 같은 사안에 관련하여 연방 창설 당시 발효중인 모든 법은 각 주의 연방하원에서 의원직을 수행할 구성원을 선출하는데 적용된다 : 각 주에서 주 하원 의원 또는 주 의회의원으로 선출할 자 또는 그러한 의원으로 출석 내지 표결을 수행할 자들의 자격 획득 및 박탈 요건, 그러한 의원 선거의 유권자, 유권자들이 해야 할 선서, 선거 관리 위원, 선거 관리 위원의 권한과 의무, 의원 선거 절차, 선거를 계속 진행할 수 있는 기간, 논란이 된 선거결과에 대한 재판 및 그 부수적인 절차, 의원직의 사임 그리고 의회 해산 이외의 사유로 인하여 공석이 된 의원직의 경우에 신규 명령장의 집행 등 제반 사안 또는 그 일부. 단, 캐나다 연방의회가 별도의 규정을 마련할 때까지 알고마 지구를 대표하는 연방 하원의원 1명의 선거 시, 캐나다자치주법에 의하여 투표할 자격을 갖는 자들 외에도 세대주이자 21세 이상인 모든 영국 남성도 투표권을 갖는다.

제44조 연방 하원의장 선출

총선을 실시한 후 최초로 소집하는 연방 하원은 연방 하원의원 중 한 명을 연방 하원의장으로 선출하는 절차를 가능한 한 조속하게 진행하여야 한다.

제45조 연방 하원의장직의 공석 보충

사망, 사임 또는 그 밖의 이유로 연방 하원의장직의 공석이 발생할 경우, 연방 하원은 연방 하원의원 중 한명을 연방 하원의장으로 선출하는 절차를 가능한 한 조속하게 진행하여야 한다.

[헝가리]

제2조 (1) 선거인은 기본법률로 정한 방식에 따라 투표자의 의지를 자유롭게 표현할 수 있는 선거에서 직접·비밀투표로 국회의원을 선출할 수 있는 보통 및 평등 선거권을 행사할 수 있다.

(2) 헝가리에 거주하는 민족은 기본법률로 정한 바에 따라 국회의 업무에 기여하여야 한다.

(3) 국회의원 총선거는 직전 국회 선거로부터 4년 후의 4월 또는 5월에 시행한다. 다만, 국회가 자발적 또는 강제적으로 해산된 때에는 예외로 한다.

[터키]

제78조 (2002년 12월 12일 개정－제4777/2조) 새로운 선거 개최가 전쟁으로 인해 불가능하다고 판단될 경우 터키 대국민회의는 선거를 1년간 연기하도록 결정할 수 있다.

연기사유가 소멸되지 않을 경우 이 조치는 연기절차에 따라 반복될 수 있다.

보궐선거는 터키 대국민회의 국회의원에 결원이 생길 경우 개최된다. 보궐선거는 매 임기마다 1회 개최되어야 하며 이전 총선거일로부터 30개월이 지나기까지는 개최할 수 없다. 그러나 결원의 수가 총 의석 수의 5%에 이를 경우, 3개월 이내에 보궐선거를 실시해야 한다.

보궐선거는 총선거 이전 1년 이내에 개최될 수 없다.

위에서 규정된 상황 이외에, 도시 또는 지역의 대의원이 결원인 경우, 결원 발생 후 90일의 뒤 첫 번째 일요일에 보궐선거를 실시해야 한다. 이 경우 헌법 제127조의 세번째 단락은 적용되지 아니한다.

[포르투갈]

제149조 (선거구) 1. 의원들은 법률에 따라 지리적으로 정의되는 각 선거구별로 선출한다. 대선거구 및 소선거구는 법률로 정할 수 있으며 그러한 선거구의 성격과 상보성은 법률로 규정할 수 있다. 단, 득표수는 비례대표 제도에 따라 동트(d'Hont)의 최고 평균 방식을 적용해 의석수로 환산할 수 있도록 보장한다.

2. 전국구를 제외하면 포르투갈 영토 내 각 대선거구의 의원 수는 해당 선거구의 등록 선거권자 수에 비례 한다.

[핀란드]

제25조 (의회 선거) 의원은 직접·비례·비밀 투표로 선출된다. 투표권이 있는 모든 국민은 선거에서 평등한 선거권을 가진다. 의회 선거 시 전국을 핀란드 국민 수에 따라 최소 12개에서 최대 18개의 선거구로 나눈다. 올란드제도는 독자적 선거구가 되어 의원 1명을 선출한다. 의회 선거에 후보를 지명할 권리는 등록된 정당과 법률이 정한 바에 따라 투표권자가 모인 단체에 속한다. 의회 선거의 시기, 후보 지명, 선거 실시 및 선거구에 관한 세부사항은 법률로 정한다.

3. 국회의원의 수

[대한민국]

제41조 ② 국회의원의 수는 법률로 정하되, 200인 이상으로 한다.

[러시아]

제95조 2. 연방회의는 각 러시아 연방 구성주체에서 선출된 2인의 대표, 즉 대의 기구 대표 1인과 행정기구 대표 1인으로 구성한다.

3. 국가두마는 450인의 의원으로 구성한다.

[멕시코]

제52조 하원은 소선거구제를 통하여 상대다수대표 원칙에 따라 선출된 300명의 의원과 투표수에 비례하여 대표자를 선출하는 지역명부제 및 다수득표제를 통하여 비례대표원칙에 따라 선출된 200명의 의원으로 구성된다.

제56조 ① 상원은 128명의 상원의원으로 구성되며, 각 주(州)와 연방직할시에서 상대다수대표 원칙에 따라 2명의 상원의원을 선출하고 제1소수당에 1명의 상원의원을 배정한다. 이를 위하여 정당은 후보자 2명을 명부에 등록하여야 한다. 제1소수당의 상원의원 의석은 해당 주(州)에서 두 번째로 득표수가 많은 정당의 명부상 1번 후보에게 배정한다.

② 나머지 32명의 상원의원은 단일 전국구에서 투표명부제를 통하여 비례대표원칙에 따라 선출한다. 이 목적을 위하여 적용하는 규칙과 기준은 법률로 정한다.

제57조 각 상원의원에 대하여 보결 1명이 선출된다.

[미국]

제1조 ② 제1문 상원은 각 주(州)의 주(州)의회에서 선출한 6년 임기의 상원의원 2명씩으로 구성되며, 각 상원의원은 1표의 투표권을 가진다.

제3문 하원의원수와 직접세는 연방에 가입하는 각 주(州)의 인구수에 비례하여 각 주에 배정한다. 각 주(州)의 인구수는 계약제 노무자를 포함한 자유인의 총수에, 과세하지 아니하는 인디언을 제외하고, 위 부류에 포함되지 않는 인구총수의 5분의 3을 가산하여 결정한다. 인구수의 산정은 제1차 연방의회를 개회한 후 3년 이내에 행하며, 그 후는 10년마다 법률이 정하는 바에 따라 행한다. 하원의원의 수는 인구 3만 명당 1인의 비율을 초과하지 못한다. 다만, 각 주(州)는 적어도 1명의 하원의원을 가져야 한다. 위의 인구수의 산정이 있을 때까지 뉴햄프셔 주는 3명, 매사추세츠 주는 8명, 로드아일랜드 주와 프로비던스 식민지(Providence Plantations)는 1명, 코네티컷 주는 5명, 뉴욕 주는 6명, 뉴저지 주는 4명, 펜실베이니아 주는 8명, 델라웨어 주는 1명, 메릴랜드 주는 6명, 버지니아 주는 10명, 노스 캐롤라이나 주는 5명, 사우스 캐롤라이나 주는 5명, 그리고 조지아 주는 3명의 의원을 각기 선출할 수 있다.

[아르헨티나]

제45조 하원은 주민, 부에노스아이레스 시민, 그리고 수도 이전 시 그 시민이 단순다수제로 직접 선출한 대표로 구성되는데, 수도는 이를 위해 단일 주(州) 선거구로 간주된다. 하원의원 수는 주민 33,000명 또는 16,500명 미만이 아닌 지역마다 1인으로 한다. 각 인구조사 후 연방의회는 그에 따라 선거구를 정하고, 각 하원의원이 대표하는 기반을 늘릴 수 있으나 줄일 수는 없다.

제46조 첫 회기의 하원의원은 다음 비율로 임명한다. 부에노스아이레스 12명, 코르도바 6명, 카타마르카 3명, 코리엔테스 4명, 엔트레리오스 2명, 후후이 2명, 멘도자 3명, 라리오자 2명, 살타 3명, 산티아고 4명, 산후안 2명, 산타페 2명, 산루이스 2명, 투쿠멘 3명.

제47조 두 번째 회기에는 총 인구조사를 실시하여 그 결과에 따라 하원의원 수를 정하되, 인구조사는 10년마다 새로 한다.

제54조 상원은 각 주(州)에서 3명, 부에노스아이레스시에서 3명을 직접 공동선출한 상원의원으로 구성되는데, 그 중 2석은 최다득표 정당에, 나머지 1석은 차순위 득표 정당에 배정된다. 각 상원의원은 1표의 투표권을 가진다.

[프랑스]

제24조 ③ 하원의원의 수는 577인을 초과할 수 없고, 직접선거에 의하여 선출한다.

④ 상원의원의 수는 348인을 초과할 수 없고, 간접선거에 의하여 선출한다. 상원은 공화국의 지방자치단체들의 대표성을 보장한다.

제25조 ① 양원의 임기, 의원의 정수, 세비, 피선거 자격요건, 피선거권의 상실, 겸직금지에 관하여는 조직법으로 정한다.

③ 법률로 그 구성, 조직 및 운영 규정을 정하는 독립위원회는 하원의원 선거를 위한 선거구의 범위를 정하거나 하원의원 또는 상원의원 의석분배를 수정하는 것을 내용으로 하는 정부제출 법안과 의원 발의법안들에 대하여 공개적으로 의견을 표명한다.

[필리핀]

제6장 제2조 상원은 법률이 정한 바에 따라 필리핀 유권자가 전국적으로 선출한 24명의 상원의원으로 구성한다.

제5조 ① 하원은 법률이 달리 정하지 않는 한, 각각의 거주인 수에 따라 그리고 통일적이고 누진적 비율을 기준으로 주, 시, 마닐라 특별시에 배분된 선거구에서 선출된 자와 법률이 정한 바에 따라 등록된 전국, 지역, 부문 정당 및 단체의 정당명부제를 통해 선출된 자 등 총 250명을 넘지 않는 의원으로 구성한다.

② 비례대표의원은 정당명부제하의 하원의원을 포함한 총 하원의원 수의 20퍼센트를 구성한다. 헌법이 비준된 후 3연속 임기 동안 비례대표의원에 할당된 의석의 2분의 1은 법률이 정한 바에 따라 종교부문을 제외한 그 밖의 다른 부분, 노동자, 농민, 도시빈민, 토착 문화 공동체, 여성, 청년에서 선출된다.

③ 각 선거구는 실현 가능한 범위 내에서 연속적이고 밀집하며 인접한 구역을 구성한다. 적어도 25만 명의 인구를 가진 도시 또는 주는 1명 이상의 하원의원을 두어야 한다.

④ 매 인구조사 순환 후 3년 이내에 의회는 본 조에 규정된 기준을 토대로 선거구를 재지정한다.

[노르웨이]

제57조 의회 의원의 수는 169명으로 한다.

왕국은 19개의 선거구로 나눈다.

의원 중 150명은 선거구의 대표로 선출하고, 나머지 19명은 전국구 의원으로 선출한다.

각 선거구는 1개의 전국구 의석을 갖는다.

각 선거구에서 선출되는 의원의 수는 각 선거구의 주민 수 및 면적과 전체 왕국의 주민 수 및 면적의 비율에 의하여 결정한다. 이때 주민 1명은 1점으로 계산하고 1㎢는 1.8점으로 계산한다. 이 계산은 8년마다 한다.

왕국의 선거구 분할과 의회 의석의 분배에 대하여는 법률로 정한다.

[벨기에]

제63조 ① 하원은 150인의 의원으로 구성된다.

② 각 선거구는 왕국의 총 인구수를 150으로 나누어 산출된 연방의 제수(除數)로 선거구 거주자의 수를 나눈 결과와 동수의 의석을 가진다. 잔여 의석은 아직 대표되지 아니한 최대잉여인구를 가진 선거구에 배정한다.

③ 선거구 사이의 하원의원의 배분은 인구에 비례하여 국왕이 행한다. 각 선거구의 거주자 수는 10년마다 실시되는 인구조사 또는 법률에 규정된 다른 방법에 의하여 정해진다. 국왕은 6개월 이내에 조사결과를 공표한다. 공표 이후 3개월 이내에 국왕은 각 선거구에 할당되는 의석수를 결정한다. 신규 배정은 차기 총선거부터 적용한다.

④ 선거구는 법률로 정한다. 선거인명부에 등재되기 위해 필요한 자격 및 선거 실시 방법은 법률로 정한다. 다만, 종전 브라반트주의 프랑스어 사용국민과 네덜란드어 사용국민의 적법한 이익을 보호하기 위한 특칙은 법률로 정한다. 이러한 특칙을 확립하는 규정은 제4조 마지막 문장에 규정된, 다수결로 채택된 법률에 의한 경우에 한하여 개정할 수 있다.

제67조 ① 제72조의 경우를 제외하고는, 상원은 다음과 같이 71인의 상원의원으로 구성된다.

1. 제61조의 규정에 따라서 네덜란드 선거인단에 의하여 선출된 25인의 상원의원
2. 제61조의 규정에 따라서 프랑스 선거인단에 의하여 선출된 15인의 상원의원
3. 플랑드르 의회라고 불리는 플라망어 공동체 의회에 의하여 플라망어 공동체 의회 구성원 중에서 임명된 10인의 상원의원
4. 프랑스어 공동체 의회에 의하여 프랑스어 공동체 의회 내에서 구성원 중에서 임명된 10인의 상원의원
5. 독일 공동체 의회에 의하여 독일어 공동체 의회 구성원 중에서 임명된 1인의 상원의원
6. 제1호와 제3호에 정한 상원의원에 의하여 임명된 6인의 상원의원
7. 제2호와 제4호에 정한 상원의원에 의하여 임명된 4인의 상원의원

의회의 전면적 개선(改選)이 실시되나 이 개선이 상원의 새로운 임기가 시작되는 시점과 일치하지 않는 경우에는, 해당 의회에서의 의석을 상실한 상태에 있는 첫번째 항의 제3호에서 제5호에 정한 상원의원들은 상원의 개선 후 최초 회기가 개시될 때까지 상원의원직을 유지한다.

[스페인]

제68조 ① 하원은 법률에서 정한 바에 따라 자유, 평등, 직접, 비밀의 보통선거로 선출되는 최소 300인, 최대 400인의 하원의원으로 구성한다.

[아일랜드]

제18조 1. 상원은 60명의 의원으로 구성되며, 상원 의원 중 11명은 지명직이고, 49명은 선출직이다.

[오스트리아]

제34조 ① 연방참사원에서 주는 다음 규정에 따라 주의 주민에 비례해서 대표된다.

② 가장 주민수가 많은 주는 12명, 다른 주는 그 주민 수와 최다수의 주민 수를 보유한 주의 주민 수를 비례한 상당한 수의 의원을 파견하며, 이 경우 비례수의 1/2을 초과하는 수는 1로 간주한다. 각 주에는 그러나 최소한 3명의 의원을 대표로 보내는 것이 보장된다. 각 의원에 대해서는 한 명의 예비의원이 임명된다.

③ 각 주에 의해 파견될 의원의 수는 연방대통령에 의해 모든 일반 인구조사에 따라 확정된다.

[이탈리아]

제56조 (제2항 제1문) 하원의원 수는 630명이고, 그 중 12명은 해외 선거구에서 선출한다.

(제3항) 해외 선거구에 할당된 의석수를 제외하고 선거구에 의석을 분배할 때는, 가장 최근의 총인구조사에 나타난 국민수를 618로 나누고, 전체 몫과 최대 나머지를 토대로 모든 선거구의 인구에 비례하여 의석을 배정한다.

제57조 상원은 해외 선거구에 할당된 의석을 제외하고 주 기준으로 선출한다.

상원의원 수는 315명이고, 그중 6명은 해외 선거구에서 선출한다. 어느 주의 상원의원도 7명 미만일 수 없으나, 몰리세(Molise)는 2명, 발레다오스타(Valle d'Aosta)는 1명으로 한다.

해외 선거구에 할당된 의석수를 제외하고 주에 의석을 배분할 때에는 제56조에 따라 전체 몫과 최대 나머지를 토대로 최근 총인구조사에 따라 주의 인구에 비례하여 배정한다.

[체코]

제16조 (1) 하원은 4년을 임기로 선출되는 200명의 하원의원으로 구성한다.

(2) 상원은 6년을 임기로 선출되는 81명의 상원의원으로 구성한다. 매 2년마다 상원 재적의원의 3분의 1을 선거로 선출한다.

[캐나다]

1867년 캐나다 헌법

연방상원

제21조 연방 상원의 의원수

이 법의 제반 조항을 조건으로 하여 캐나다 연방 상원은 105명의 의원들로 구성되고, 이들 의원을 일컬어 연방 상원의원이라 한다.

제22조 연방 상원 내 지역별 의석수

연방 상원의 구성과 관련하여 캐나다는 다음의 4개 선거구로 구성된다.

1. 온타리오 주
2. 퀘벡 주
3. 연해주 즉 노바스코샤 주 및 뉴브런즈윅 주, 그리고 프린스에드워드아일랜드 주
4. 서부주, 즉, 매니토바 주, 브리티시컬럼비아 주, 서스캐처원 주 및 앨버타 주

이들 네 선거구에서는 다음과 같이 균등한 수의 연방 상원의원을(본 법의 제반 조항에 의거해) 선출하여야 한다. 즉, 온타리오 주에서 24명, 퀘벡 주에서 24명, 연해주와 프린스에드워드아일랜드 주에서 24명의 연방 상원의원을 선출해야 하고, 이때 노바스코샤 주, 뉴브런즈윅 주 및 프린스에드워드아일랜드 주에서 각 10명 및 4명의 연방 상원의원을 선출해야 한다. 또한 서부주에서 24명의 연방 상원의원을 선출해야 하고, 이때 매니토바 주, 브리티시컬럼비아 주, 서스캐처원 주 및 앨버타 주에서 각 6명씩의 연방 상원의원을 선출해야 한다. 또한 뉴펀들랜드 주는 6명의 연방 상원의원을 선출할 권리를 가지며 유콘 준주(準州), 노스웨스트 준주와 누나

부트 준주는 각 1명씩의 연방 상원의원을 선출할 권리를 갖는다. 퀘벡 주의 경우, 이 지역을 대표하는 24명의 연방 상원의원들은 각 캐나다 통합법령 제1장 별표 A에 명시된 남부 캐나다 지역의 24개 선거구 중 한 지역에서 지명된다.

제26조 연방 상원의원을 추가로 선출하는 특별한 경우

언제라도 연방총독의 권고에 따라 연방 상원의원을 4명 내지 8명 추가로 선출하는 것이 적절하다는 여왕의 판단이 있을 경우, 연방총독은 캐나다의 4개 선거구를 동등하게 대표하는 4명 내지 8명의(해당 경우에 따라) 적격자들에 대한 소집을 통해 연방 상원의원을 추가할 수 있다.

제27조 연방 상원의원의 감원

연방 상원의원을 언제라도 추가로 선출한 경우, 연방총독은 캐나다의 4개 각 선거구를 대표하는 연방 상원의원이 24명이 될 때까지 어떠한 사람도 각 선거구의 대표로서 상원에 소집해서는 아니 된다. 단, 동일한 내용의 추천에 따라 여왕의 추후 명령이 있을 경우는 예외로 한다.

제28조 연방 상원의원의 최대 인원

연방 상원의원의 수는 어떤 경우에도 113명을 초과해서는 아니 된다.

연방하원

제37조 캐나다 연방 하원의 구성

캐나다 연방 하원은 이 법의 제반 조항에 따라 총 308명의 의원으로 구성되는데, 각 지역별로 선출해야 할 의원의 수는 온타리오 주 106명, 퀘벡 주 75명, 노바스코샤 주 11명, 뉴브런즈윅 주 10명, 매니토바 주 14명, 브리티시컬럼비아 주 36명, 프린스에드워드아일랜드 주 4명, 앨버타 주 28명, 서스캐처원 주 14명, 뉴펀들랜드 주 7명, 유콘 준주 1명 및 노스웨스트 준주 1명, 누나부트 준주 1명이다.

[호주]

제26조 (최초 의회의 하원의원)

제24조의 규정과는 관련 없이 첫 선거 시 각 주에서 선출하는 하원의원의 수는 다음과 같다.

뉴사우스웨일스 23
빅토리아 20
퀸즐랜드 8
. . .

제27조 (의원 수 변경) 헌법에 따라 의회는 하원의원의 수를 증감하기 위한 법률을 제정할 수 있다.

[남아프리카공화국]

하원

제46조 (구성 및 선거) ① 하원은 다음 조건을 모두 만족하는 선거 제도에 따라 선출된 남녀 최소 350명에서 최대 400명으로 구성 된다.

a. 법률에 규정됨
b. 일반 국민 유권자 명단에 근거
c. 투표에 참여할 수 있는 유권자의 최소 연령을 18세로 규정
d. 일반적으로 비례 대표제를 구성

② 법률은 하원의원의 수를 결정하기 위한 방법을 규정해야 한다.

상원

제60조 (상원의 구성) ① 상원은 10명의 상원의원으로 구성한 각 주의 단일 상원의원단으로 구성된다.

② 10명의 상원의원은 다음과 같다.

a. 다음과 같이 구성되는 4명의 특별 상원의원

ⅰ. 주지사, 또는 통상적으로 혹은 상원에서의 특정 업무를 위해 주지사가 지정한 주의회 의원(주지사가 참석할 수 없을 경우)

ⅱ. 다른 3명의 특별 상원의원

b. 제61조 제2항에 따라 임명된 6명의 상임상원의원

③ 주지사 또는 주지사가 임명한 주 상원의원단의 소속 의원(주지사가 참석할 수 없을 경우)이 상원의원단장을 담당한다.

4. 국회의원의 피선자격·정당추천·당적변경

[러시아]

제97조 1. 만 21세 이상으로 피선거권을 가진 러시아 연방 국민은 누구라도 국가 두마 의원으로 선출될 수 있다.

[멕시코]

제55조 하원의원은 다음 각 호의 요건에 해당하여야 한다.

I. 권리의 행사에 있어서 출생에 의한 멕시코 시민이다.

II. 선거일 현재 21세에 달한다.

III. 선거일로부터 6개월 이상 해당 주(州)에 거주하여야 한다...

IV. 선거일로부터 최소한 90일 내에 선거가 실시될 예정인 선거구의 연방군대에 현역으로 복무하거나 경찰 또는 헌병대에 근무하지 아니한다.

V. 헌법이 자치권을 수여하는 기관의 공직자, 연방장관 또는 차관, 지방기관 또는 연방기관의 장이 아니다. 다만, 선거일로부터 90일 전에 그 직을 사임한 경우를 제외한다...

VI. 종교단체의 사제 또는 성직자가 아니어야 한다.

VII. 제59조에 규정하는 결격사유에 해당하지 아니하여야 한다.

제58조 상원의원은 연령을 제외하고는 하원의원의 요건과 동일하다. 모든 상원의원은 선거일 현재 25세에 달하여야 한다.

[미국]

제1조 ② 제2문 누구든지 연령이 만 25세에 미달한 자, 미국 시민으로서의 기간이 7년이 못 되는 자, 그리고 선거 당시에 선출되는 주(州)의 주민이 아닌 자는 하원의원이 될 수 없다.

③ 제3문 연령이 30세에 미달하거나 미국 시민으로서의 기간이 9년이 되지 아니하거나 또는 선거당시 선출되는 주(州)의 주민이 아닌 자는 상원의원이 될 수 없다.

[아르헨티나]

제48조 하원의원이 되려면 선거 당시 25세에 달하고, 4년 이상 아르헨티나 국적을 가지고, 선출

하는 주(州)에서 출생했거나 2년간 거주해야 한다.

제55조 상원의원으로 선출되기 위한 필수 조건은 선거 당시 30세에 달하고, 6년 이상 아르헨티나 국적을 가지고, 연간 소득 2천 페소나 비슷한 수입이 있고, 선출하는 주(州)에서 출생했거나 2년간 거주해야 한다.

[프랑스]

제25조 ① 양원의 임기, 의원의 정수, 세비, 피선거 자격요건, 피선거권의 상실, 겸직금지에 관하여는 조직법으로 정한다.

[필리핀]

제6장 제3조 필리핀에서 태어난 국민이 아닌 자, 선거 당일을 기준으로 35세 이상이 되지 않은 자, 글을 읽고 쓸 수 있는 능력이 없는 자, 선거명부에 등록된 유권자가 아닌 자, 선거일 이전 2년 이상 필리핀에 거주한 자가 아닌 자는 상원의원이 될 수 없다.

제6조 필리핀에서 태어난 국민이 아닌 자 그리고 선거일을 기준으로 25세 이상이 되지 않았고 글을 읽고 쓸 수 있는 능력이 없으며, 비례대표의원을 제외하고, 피선거되는 선거구에 등록된 유권자가 아니며 선거일 이전 1년 이상 해당 선거구의 거주자가 아닌 자는 하원의원이 될 수 없다.

[그리스]

제55조 ① 그리스 국민으로서 투표권을 갖고 있고 선거일 기준 25세 이상인 자는 국회의원으로 선출될 자격이 있다.

② 위 자격 조건을 상실한 국회의원은 국회의원직을 당연 상실한다.

제56조 ① 급여를 받는 공무원 및 기타 국가 공무원, 군인 및 보안부대원, 지방 정부기관 직원 또는 공법상 법인, 지방정부 기관의 선출된 단독 구성원 기관, 또는 공법상 법인이나 국가에서 관리하는 민간 법인의 직원, 공기업 또는 국가에서 직·간접적으로 행정 조치나 주주의 권한에 의해 경영진을 임명하는 회사 또는 지방 정부 기업의 이사, 부이사, 이사회 회장, 전무이사 또는 대표이사는 입후보자로 지명되기 전에 사직하지 않는 한 국회의원에 입후보하거나 선출될 수 없다...

② 대학교급 기관의 교수는 전 항의 제약을 받지 않는다. 국회 임기 동안 교수직의 수행은 중지되며, 국회위원으로 선출된 교수의 대체에 관한 사항은 법률로 정한다.

③ 다음의 자들은 국회 임기 4년의 마지막 18개월 동안 자신이 복무하는 선거구 또는 자신의 지역적인 영향력이 미치는 다른 선거구에서 국회의원으로 입후보하거나 선출될 수 없다...

[네덜란드]

제56조 의원으로 선출될 수 있는 자는 18세 이상의 네덜란드 국민으로서 투표권을 박탈당한 경력이 없는 자라야 한다.

[노르웨이]

제61조 선거권을 가진 사람만이 의원으로 선출될 수 있다.

[덴마크]

제30조 (1) 국회의원 선거권을 가진 사람은 국회의원이 될 자격이 있다. 단, 일반인의 관점에서 국회의원 자격을 상실하게 하는 행위로 유죄판결을 받은 적이 없어야 한다.

(2) 국회의원으로 선출되는 공무원은 당선 수락에 대해 정부의 허가를 요하지 아니한다.

제32조 (6) 국회의원이 자격을 상실하는 경우 해당 국회 의석은 공석이 된다.

[독일]

제38조 (2) 만 18세 이상인 국민은 선거권을 가진다. 성년이 된 자는 피선거권을 갖는다.

(3) 자세한 사항은 연방법률로 정한다.

[벨기에]

제64조 피선거인의 요건은 다음 각 호와 같다.

1. 벨기에 국민일 것
2. 민사적, 정치적 권리를 향유하는 자일 것
3. 만 21세에 달할 것
4. 벨기에 국내에 주소를 가진 자일 것

그 밖에 피선거인 자격을 정하는 것은 허용되지 아니한다.

제69조 상원의원의 피선거인 또는 피임명자가 되는 요건은 다음과 같다.

1. 벨기에 국민일 것
2. 민사적, 정치적 권리를 향유하는 자일 것
3. 만 21세에 달할 것
4. 벨기에 국내에 주소를 가진 자일 것

[스웨덴]

정부조직법 제 3 장 제 4 조 현재 국내에 거주하거나 거주했던 모든 스웨덴 국민으로 18세에 달한 자는 의회 선거에서 투표할 수 있다. 투표권이 있는 자에 한하여 의회 의원 또는 교체의원이 될 수 있다...

[아이슬란드]

제34조 의원 선거권과 오점 없는 평판을 지닌 모든 국민은 의원으로 선출될 수 있다. 단, 대법관은 의원으로 선출될 수 없다.

[아일랜드]

제16조 1. 1° 21세의 연령에 달하고, 본 헌법 또는 법률에 의해 무능력 또는 행위 능력 상실 상태에 있지 않은 모든 시민은 성별의 구분 없이 하원 의원 피선거권을 가진다.

제18조 2. 상원 의원으로 지명 또는 선출될 자격이 있는 자는 하원 의원 피선거권을 가질 수 있는 자여야 한다.

[오스트리아]

제26조 ④ 선거일에 오스트리아 국적을 소지하고 선거일에 만 18세가 된 국민회의 선거권자는 피선거권이 있다.

[이탈리아]

제56조 (제2항 제2문) 선거일 현재 25세에 도달한 유권자는 하원 의원이 될 수 있다.

제58조 (제2항) 40세에 달한 선거권자는 상원의원으로 선출될 수 있다.

[일본]

제44조 [의원 및 선거인의 자격] 양원의 의원 및 선거인의 자격은 법률로 정한다. 다만, 인종, 신조, 성별, 사회적 신분, 가문, 교육, 재산 또는 수입에 의하여 차별하여서는 아니 된다.

[체코]

제19조 (1) 선거권이 있는 21세 이상의 모든 국민은 하원의원 피선거권이 있다.

(2) 선거권이 있는 40세 이상의 모든 국민은 상원의원 피선거권이 있다.

(3) 하원의원 및 상원의원의 직무는 선출과 동시에 부여한다.

[캐나다]

1867년 캐나다 헌법

연방상원

제23조 연방 상원의원의 자격 요건

연방 상원의원의 자격 요건은 다음과 같다.

① 연방 상원의원은 30세 이상의 성인이어야 한다.

④ 연방 상원의원이 보유한 부동산 및 개인 재산은 그의 부채 및 채무를 제외하고 모두 합쳐 4천 달러 이상이어야 한다.

⑤ 연방 상원의원은 그가 임명된 지역의 주민이어야 한다.

[호주]

제16조 (상원의원의 자격) 상원의원의 자격은 하원의원의 자격과 동일하다.

제34조 (하원의원의 자격) 의회가 달리 정하지 않는 한, 하원의원의 자격은 다음과 같다.

1. 만 21세 이상이며 하원의원 선거권자이거나 이러한 선거인이 될 자격을 보유한 사람으로서, 선출되는 시점에 3년 이상 동안 연방의 영토 내에 거주했어야 한다.

제44조 (자격 박탈) 다음 각 호에 해당되는 사람은 상원의원이나 하원의원으로 선출되거나 재임할 수 없다.

1. 외국에 충성, 복종 또는 가담하는 것으로 인정되는 자 또는 외국의 국민이거나 외국의 국민으로서의 권리 또는 특권을 향유하는 자
2. 반역죄를 범한 자 또는 연방 법률이나 주법에 의해 단기 징역 1년 이상의 법정형의 범죄로 기소되어 재판이 계류 중이거나, 유죄 판결을 받은 자
3. 복권되지 않은 파산자 또는 면책되지 않은 회생채무자
4. 국왕의 유급 관직을 보유한 자 또는 국왕의 신임을 받는 동안 연방 세입에서 지급되는 연금을 받는 자
5. 직원 수가 25인을 초과하는 법인의 직원으로서 다른 직원들과 공동으로 관여하는 경우를 제외하고 연방 공공기관과의 계약에 직간접적으로 금전적 이해관계를 가진 자

단, 제4호는 연방 국무장관 또는 주 장관에 대하여는 적용되지 않으며, 급여, 휴직급여 또는 연금을 받는 왕립 해군 또는 육군 장병 또는 비상근으로 급여를 받는 연방 해군 또는 육군 장병에 대하여도 적용되지 않는다.

[남아프리카공화국]

제47조 (의원의 자격) ① 하원의원 선거에서 투표권을 행사할 자격이 있는 모든 국민은 하원의

원이 될 자격이 있다. 단, 다음에 해당하는 자는 제외된다.

a. 국가에 의해 임명되거나 국가의 공무에 종사하는 자로서 해당 관직 또는 공무에 따른 보수를 받는 자, 단 다음에 해당하는 자는 제외

ⅰ. 대통령, 부통령, 장관 및 차관

ⅱ. 기능이 하원의원의 기능과 양립 가능하며 법률에 따라 그러한 기능을 겸할 수 있는 것으로 공표된 그 밖의 공무원

b. 상임 상원의원 또는 주의회 의원 또는 지방의회 의원

c. 복권되지 않은 파산자

d. 공화국의 법원에서 정신이상자로 선고를 받은 자

e. 본 조가 발효된 이후에 공화국의 국내 또는 국외(범죄를 구성하는 행위가 공화국 내에서 범죄인 경우)에서 유죄 판결을 받고 벌금 없이 12월을 초과하는 징역을 선고받은 자. 단, 유죄 판결 또는 선고에 대한 상소 판결이 확정될 때까지 또는 상소 기한이 만료될 때까지는 누구도 판결을 받은 자로 간주되지 않는다. 본 절에 따른 결격 사유는 판결이 완료된 날로부터 5년이 경과하면 소멸된다.

② 제1항 제a호 또는 동항 제b호에 따라 하원의원이 될 자격이 없는 자는 법률에 규정된 한도 또는 조건에 따르는 것을 조건으로 하여 하원에 입후보할 수 있다.

③ 다음에 해당하는 자는 하원의원의 자격을 상실한다.

a. 더 이상 적격자가 아닐 경우

b. 하원의 규칙 및 규율이 의원 자격의 상실을 규정하는 상황에서 하원에 무단결석할 경우

c. 자신을 하원의원으로 지명한 정당의 당원이 더 이상 아닐 경우

제61조 (상원의원의 배정) ① 주의회에 진출한 정당은 별표 3의 B부에 명시된 방법에 따라 해당 주의 상원의원단에서 상원의원을 확보할 자격이 있다.

② a. 주의회는 주의회 의원 선거의 결과를 발표한 날로부터 30일 이내에

ⅰ. 법률에 따라 각 당의 상원의원 중 상임 상원의원 및 특별 상원의원으로 선출할 자들의 수를 결정해야 한다.

ⅱ. 각 당의 지명에 따라 상임 상원의원을 임명해야 한다.

③ 전항 제a호에서 의도한 법률은 상원의원단 내 상임 상원의원 및 특별 상원의원 구성에 대한 소수당의 참여를 민주적인 방법에 따라 보장해야 한다.

[터키]

제76조 (2006년 10월 13일 개정 - 제5551/제1조) 25세 이상의 모든 터키 국민은 대의원으로서의 피선거권을 갖는다.

초등교육을 이수하지 아니한 자, 법적 행위무능력자, 의무 군복무를 이행을 하지 않은 자, 공직수행이 금지된 자, 비자발적 범죄행위를 제외하고, 합계 1년 이상의 징역형을 선고 받거나 중형을 선고 받은 자, 횡령, 부패, 뇌물, 절도, 사기, 위조, 신탁법 위반, 사기성 파산과 같은 불명예스러운 범죄로 유죄판결을 받은 자, 밀수, 공공입찰이나 구매에서 공모행위, 국가기밀 누설과 관련한 범죄, 테러행위 가담 또는 이러한 행위의 선동 또는 조장으로 유죄판결을 받은 자는 비록 사면을 받았더라도 선출직 대의원이 될 수 없다.

판사와 검사, 고위 사법기관 판사, 고등교육기관의 교직원, 고등교육위원회 위원, 공무원 신

분을 가지고 있는 공공기관 및 관청의 직원, 수행하는 업무로 인해 노동자로 간주되지 않는 기타 공직자, 군복무자는 해당 공직을 사임하지 않는 한 선거에 출마할 수 없거나 대의원이 될 수 없다.

[포르투갈]

第150조 (자격) 지역 내에서의 겸직 금지 또는 특정 직무의 행사와 관련해 선거법이 규정할 수 있는 제한 조건들을 제외하면, 선거권자로 등록된 모든 포르투갈 국민들은 피선거권이 있다.

第151조 (후보 지명) 1. 각 정당은 법률로 정하는 바에 따라 의원 후보 명단을 제출한다. 각 정당은 그러한 후보 명단을 개별적으로 혹은 합동으로 제출할 수 있으며, 의원 후보 목록은 해당 정당에 등록된 의원이 아닌 국민들을 포함할 수 있다.

2. 전국구를 제외하면 누구도 동일한 성격을 지닌 1개 이상의 선거구에서 의원 후보가 될 수 없다. 또한 누구도 1개 이상의 의원 후보 목록에 등록되어서는 아니 된다.

[핀란드]

第27조 (의원 자격 및 조건) 투표권이 있고 피후견인이 아닌 모든 국민은 의회 선거에서 후보가 될 수 있다. 단, 군인은 의원으로 선출될 수 없다. 정부 법무장관, 의회 옴부즈맨, 대법관, 최고행정법원 판사, 검찰총장은 의원이 될 수 없다. 의원이 대통령으로 선출되거나 전술한 공직 중 하나에 임명 또는 선출될 경우 임명일 또는 선출일부터 의원직을 마치게 된다. 의원이 자격을 상실하는 경우에도 의원직이 종료된다.

5. 국회의원의 임기

[대한민국]

第42조 국회의원의 임기는 4년으로 한다.

[러시아]

第96조 1. 국가두마는 5년 임기로 선거한다.

[멕시코]

第51조 하원은 매 3년마다 선출되는 각 주(州)의 대표로 구성된다. 각 하원의원에 대하여 보결 1명을 선출한다.

第56조 ③ 상원의원의 임기는 6년으로 한다.

[미국]

第1조 ② 제1문 하원은 각 주(states)의 주민이 2년마다 선출하는 의원으로 구성하며, 각 주의 선거인은 가장 많은 의원수를 가진 주의회의 선거인에게 요구되는 자격요건을 구비해야 한다.

③ 제2문 최초선거에서 당선된 상원의원들이 소집되면, 즉시 의원총수를 가능한 한 동수의 3개 부류로 나눈다. 제1부류의 의원은 2년 임기로, 제2부류의 의원은 4년 임기로, 그리고 제3부류의 의원은 6년 임기로 그 의석을 비워야 한다. 이렇게 하여 상원의원 총수의 3분의 1이 2년마다 개선될 수 있게 한다. 그리고 각 주는 주의회의 휴회 중에 사직 또는 그 밖의 원인으로 상원의원의 결원이 생길 때에는 그 주의 행정부는 다음 회기의 주의회가 결원을 보충을 할 때까지 잠정적으로 상원의원을 임명할 수 있다.

수정헌법 제17조 미국의 상원은 각 주에 2명씩의 상원의원으로 구성된다. 상원의원은 그 주의 주민에 의하여 선출되고 6년의 임기를 가진다. 각 상원의원은 1표의 투표권을 가진다. 각 주의 선거인은 가장 많은 수의 의원을 가진 주 의회의 선거인에게 요구되는 자격을 가져야 한다.

상원에서 어느 주의 의원에 결원이 생긴 때에는 그 주의 행정부는 결원을 보충하기 위하여 선거명령을 발하여야 한다. 다만, 주민이 주 의회가 정하는 선거에 의하여 결원을 보충할 때까지, 주 의회는 그 주의 행정부에 임시로 상원의원을 임명하는 권한을 부여할 수 있다.

이 수정조항은 이 헌법의 일부로서 효력을 발생하기 이전에 선출된 상원의원의 선거 또는 임기에 영향을 주는 것으로 해석하지 못한다.

[아르헨티나]

제50조 하원의원의 임기는 4년이고 재선될 수 있으나, 2년마다 2분의 1을 다시 선출하는데, 이 목적상 첫 회기에 선출된 자는 회의 후 제비뽑기로 첫 2년 후 공석을 결정한다.

제56조 상원의원의 임기는 6년이고 무한정 재선될 수 있으나, 2년마다 선거구의 3분의 1에서 다시 선출한다.

[프랑스]

제25조 ① 양원의 임기, 의원의 정수, 세비, 피선거 자격요건, 피선거권의 상실, 겸직금지에 관하여는 조직법으로 정한다.

[필리핀]

제 6 장 제 4 조 상원의원의 임기는 6년으로 하며, 법률이 달리 정하지 않는 한, 선거 후 첫 번째 6월의 30일 정오를 기해 임기를 시작해야 한다. 상원의원은 의원직을 두 번 이상 연임할 수 없다. 그 기간에 상관없이 의원직의 자발적 포기는 해당 의원이 선출된 전체 임기의 연속성이 중단된 것으로 간주되지 않는다.

제 7 조 하원의원은 3년의 임기로 선출되고, 법률이 달리 정하지 않는 한, 선거 후 첫 번째 6월의 30일 정오를 기해 임기가 시작된다. 하원의원은 의원직을 세 번 이상 연임할 수 없다. 그 기간에 상관없이 의원직의 자발적 포기는 해당 의원이 선출된 전체 임기의 연속성이 중단된 것으로 간주되지 않는다.

[그리스]

제53조 ① 국회의원은 총선 당일부터 4년간의 임기로 선출된다. 국회의원 임기가 만료되면 내각이 부서한 대통령령에 의해 30일 이내에 국회의원 총선이 실시되며 총선 이후 30일 이내에 새 국회가 소집된다.

② 국회의원 임기의 마지막 해에 공석이 되는 국회의원 의석은 공석의 수가 국회 재적의원의 5분의 1을 초과하지 않는 한, 법에 의해 요구되는 보궐선거에 의해 충원되지 않는다.

③ 전쟁이 발발된 경우 국회의원 임기는 전쟁이 끝날 때까지 연장된다. 국회가 해산된 경우에는 전쟁이 끝날 때까지 선거가 연기되며 해산된 국회는 법적으로 그 때까지 소집된다.

[네덜란드]

제52조 ① 하원 및 상원의 임기는 각각 4년으로 한다.

② 법률에 의거해 주의회의 현행 4년 임기를 변경할 경우, 상원의 임기도 그에 따라 변경한다.

[노르웨이]

제71조 의원은 연속하여 4년 동안 의원으로서 직무를 수행한다.

[뉴질랜드]

제17조 ① 의회의 임기는, 임기 전에 해산된 경우를 제외하고 직전 국회의원 총선의 명령서 반환 지정일부터 3년이다.

② 전항의 경우 1993년 선거법 제268조가 적용된다.

[덴마크]

제32조 (1) 국회의원의 임기는 4년이다.

(2) 국왕은 언제라도 새로운 선거 실시 명령을 발부할 수 있으며 새로운 선거가 실시되면 기존 의석은 공석이 된다. 단, 선거 실시 명령은 새로운 내각이 구성된 후 수상이 국회에 출두할 때까지 발부되지 아니한다.

(4) 의원직은 새로운 선거가 실시될 때까지 유지된다.

[독일]

제39조 (1) 연방의회는 다음의 규정을 제외하고는 4년마다 선출된다. 의회 회기는 차기 연방의회의 집회로 종료된다...

[룩셈부르크]

제56조 의원은 5년 기간으로 선출한다.

[벨기에]

제65조 하원의원은 4년의 임기로 선출된다. 하원의회는 4년마다 모두 개선(改選)된다.

제70조 제67조 제1항 제1호와 제2호에 정한 상원의원은 4년의 임기로 선출된다. 제67조 제1항 제6호와 제7호의 규정에 정한 상원의원은 4년의 임기로 임명된다. 상원의회는 4년마다 전부 개선(改選)한다. 제67조 제1항 제1호와 제2호에 정한 상원의원의 선거는 하원선거와 동시에 실시한다.

[스웨덴]

정부조직법 제 3 장 제 3 조 의회의 선거는 4년마다 실시한다.

[스위스]

제145조 (임기) 국민의회의 의원, 연방내각의 각료 및 연방내각사무처의 처장은 4년의 임기로 선출된다. 연방대법원의 법관은 6년의 임기로 선출된다.

[스페인]

제68조 ④ 하원의 선거는 4년마다 행한다. 하원의원의 임기는 선거일로부터 4년이 경과한 날 또는 의회가 해산한 날에 종료한다.

제69조 ⑥ 상원은 4년마다 선거한다. 상원의원의 임기는 선거일로부터 4년이 경과하거나 의회가 해산한 날에 종료한다.

[아일랜드]

제16조 5. 동 하원은 최초 회합일로부터 7년을 초과하여 존속되지 아니한다. 7년 이하의 기간은

법률로 정해질 수 있다.

[오스트리아]

제27조 ① 국민회의의 입법기간은 5년으로, 시기는 첫 번째 회의일부터 계산되며, 종기는 차기 국민회의의 첫 번째 회의일까지이다.

제35조 ③ 주의회의 입법기간이 끝난 후거나 해산 후에는 주에 의해 파견된 연방참사원의 의원은 새로운 주의회가 연 방참사원 선거를 실시한 때까지 계속 근무한다.

[이탈리아]

제60조 하원과 상원은 5년마다 선출한다.

각 원의 임기는 연장할 수 없으나, 전시에 한해 법률이 정하는 바에 의하여 예외를 인정한다.

[일본]

제45조 [중의원 의원의 임기] 중의원 의원의 임기는 4년으로 한다. 다만, 중의원 해산의 경우에는 임기 만료 전에 종료된다.

제46조 [참의원 의원의 임기] 참의원 의원의 임기는 6년으로 하고, 3년마다 의원의 반수(半數)를 새로 선출한다.

[체코]

제16조 (1) 하원은 4년을 임기로 선출되는 200명의 하원의원으로 구성한다.

(2) 상원은 6년을 임기로 선출되는 81명의 상원의원으로 구성한다. 매 2년마다 상원 재적의원의 3분의 1을 선거로 선출한다.

[캐나다]

1867년 캐나다 헌법

제29조 연방 상원의원의 재임기간

① 아래 제2항을 전제로 연방 상원의원은 이 법의 제반 조항에 따라 종신토록 재임한다.

② (75세의 연령에 도달 시 퇴임) 본 항이 발효된 이후에 상원에 소집된 연방 상원의원은 본법에 따라 75세의 연령에 도달할 때까지 상원 내에서 자신의 직책을 계속 보유한다.

[호주]

제28조 (하원의 존속기간) 하원은 첫 번째 회의부터 3년 동안 존속하며, 그 이전이라도 총독은 하원을 해산할 수 있다.

[남아프리카공화국]

제49조 (하원의 존속 기간) ① 하원의원 선거는 5년에 한 번씩 실시한다.

[터키]

제77조 (2007년 5월 31일 개정) 터키 대국민회의 선거는 4년마다 개최된다...

[포르투갈]

제153조 (임기 시작 및 종료) 1. 의원들의 임기는 선거 후 의회의 최초 개회 시 시작되며 차기 총선거 후 최초 개회 시 종료된다. 단, 개별 임기의 정지 또는 종료에 대한 권리를 침해하지 않아야 한다.

2. 선거법은 의회에서 발생하는 공석의 충원에 대해 규정하여야 하며 그러한 충원에 대한 중요

한 근거들이 존재할 경우에는 의원들의 임시적 대체에 대해 규정하여야 한다.

6. 의원의 겸직금지

[대한민국]

제43조 국회의원은 법률이 정하는 직을 겸할 수 없다.

[러시아]

제97조 2. 연방회의 의원과 국가두마 의원직은 겸직될 수 없다. 국가두마 의원은 여타의 국가기구의 의원직과 지방자치기구의 의원직을 겸할 수 없다.

3. 국가두마 의원들은 전업직으로 근무한다. 국가두마 의원들은 정부 직책을 겸직할 수 없으며 교육 및 연구 활동, 기타 창작 활동을 제외한 다른 유급 활동에 종사할 수 없다.

[멕시코]

제62조 하원의원과 상원의원은 임기 중에는 각 원의 사전 동의를 받지 아니하고는 급여를 받는 연방 또는 주(州)의 다른 위원직을 맡거나 고용될 수 없고, 새 직무를 수행하는 동안에는 대표권한이 정지된다. 보결 하원의원과 상원의원의 임기 중에도 동일한 규칙이 적용된다. 이 규칙을 위반하는 때에는 하원의원 또는 상원의원의 지위를 상실한다.

[미국]

제1조 ⑥ 제3문 상원의원 또는 하원의원은 재임기간 중에 신설되거나 봉급이 인상된 어떠한 미국의 공직에도 임명될 수 없다. 미국의 어떠한 공직에 있는 자라도 재직 중에 양원 중 어느 원의 의원이 될 수 없다.

[아르헨티나]

제105조 장관직을 사임하지 않으면 상원의원이나 하원의원이 될 수 없다.

[프랑스]

제23조 ① 국무위원은 의회 의원직, 전국적인 직능 대표, 공직, 전문적인 활동을 겸할 수 없다.

② 위와 같은 직무, 지위 또는 직위의 대체 방법은 조직법으로 정한다.

③ 의회 의원직의 충원은 제25조가 정하는 바에 따른다.

제25조 ① 양원의 임기, 의원의 정수, 세비, 피선거 자격요건, 피선거권의 상실, 겸직금지에 관하여는 조직법으로 정한다.

[필리핀]

제6장 제13조 어떠한 상원의원이나 하원의원도 임기 동안 의원직의 상실 없이 정부, 지방정부, 관청, 정부 소유 또는 정부 통제하의 기업이나 자회사를 포함한 그 산하기관 내에서 다른 공직 또는 고용관계를 가질 수 없다. 또한 상하 양원 의원은 임기 동안 신설된 공직에 취임할 수 없으며 또 그 취임을 통해 증가된 해당 공직의 보수를 수령할 수 없다.

제14조 상원의원 또는 하원의원은 개인적으로 사법재판소 또는 선거관리위원회 또는 준사법 및 기타 행정기관에 변호사로 출석할 수 없다...

[그리스]

제57조 ① 국회의원직은 다음과 같은 기업의 소유자, 파트너, 주주, 이사, 관리자, 이사회 이사 또는 임원과 겸직할 수 없다:

a) 국가에 공공사업이나 연구, 조달 및 지원을 제공하거나 국가와 개발 또는 투자와 유사한 성질의 계약을 체결하는 기업

b) 특권을 누리는 기업

c) 라디오나 TV 방송국을 소유 또는 관리하거나 그리스 전국에 보급되는 신문을 발행하는 기업

d) 면허에 의해 공공 지원이나 공공 사업을 수행하는 기업 또는 공공 설비 기업

e) 상업적 목적으로 국가가 소유하는 부동산을 임대하는 기업...

② 전 항의 첫 문장의 규정에 해당되는 국회의원은 선출이 최종 확정되는 날로부터 8일 이내에 국회의원직과 위에 언급된 직업 또는 자격 중 하나를 선택해야 한다. 상기 기한 내에 이에 대한 선언을 하지 못할 경우 국회의원직을 당연 상실한다.

③ 본 조 및 전 조에 언급된, 국회의원 역할을 방해하거나 국회의원 직과 겸임할 수 없는 자격이나 업무를 수락하는 국회의원은 국회의원직을 당연 상실한다.

④ 본 조 제1항에 언급된 국회의원이 체결한 계약 또는 선출 전에 그가 참여한 기업에 의한 계약이나 국회의원 직과 겸임할 수 없는 자격에서 체결된 계약의 지속 또는 양도 또는 해지에 관한 사항은 법률로 정한다.

[네덜란드]

제57조 ① 상원의원과 하원의원은 동시에 겸직할 수 없다.

② 의회의 의원은 장관, 국무장관, 국무위원, 감사위원, 국가행정감찰관 또는 부감찰관, 대법원 판사 또는 대법원의 검찰총장 내지 법무장관을 겸직할 수 없다.

③ 상기 규정에도 불구하고 사표 제출 의사를 밝힌 장관 또는 국무장관은 그러한 사의에 대한 결정이 있을 때까지 의회의 의원직을 겸직할 수 있다.

④ 의회의 의원 또는 국무위원으로서 겸직할 수 없는 공직은 법률로 정한다.

[노르웨이]

제62조 장관과 정치 고문을 제외한 정부 부처의 관리는 의원으로 선출될 수 없다. 대법관과 외교, 영사업무 담당 관리 역시 같다. 국무회의 위원은 국무회의 위원직을 유지하는 동안에는 의원으로서 의회 회의에 참석할 수 없다. 장관도 장관직을 유지하는 동안에는 의원으로서 의회 회의에 참석할 수 없고, 정부 부처의 고문도 해당 직위를 유지하는 동안에는 의회 회의에 참석할 수 없다.

[룩셈부르크]

제54조 ① 의원의 임기는 다음 각 호의 직무와 겸임이 금지된다.

1. 국무위원의 직무
2. 국사원 판사의 직무
3. 사법법원 사법관의 직무
4. 감사원 위원의 직무

5. 지역 경찰서장의 직무
6. 국가 징수관 또는 회계원의 직무
7. 현직에 있는 직업 군인의 직무

② 겸직이 불가능한 상황에 있는 공무원들은 그들에게 부여된 임기와 그들 직무 중에서 선택할 수 있다.

③ 국무위원 직무를 위해 요청 받았다가 이러한 공직을 그만두게 된 의원은 본인이 선출되었던 의원명부에 최우선 대체의원으로 당연히 등록된다.

국무위원 직무에 요청 받았다가 이러한 직무 진행 중에 맡게 된 의원의 임기를 포기하는 대체의원에 대해서도 사정은 마찬가지이다.

자격이 있는 여러 명의 의원들 사이에서 경합이 있을 경우, 선거에서 획득한 표의 순서에 따라 재등록된다.

제55조 전항에서 정한 겸직 불가능의 내용은 향후 법률이 다른 조항을 규정하는 데에 장애가 되지 않는다.

제58조 의원이 정부에 의해 그가 수용하는 봉급을 받는 직업에 임명되면, 즉시 의원직을 사퇴하고 새로운 선거에 의해서만 의원직을 회복한다.

[벨기에]

제49조 누구든지 동시에 양원의 의원이 되지 못한다.

제50조 국왕에 의해 장관으로 임명되고 이를 수락하는 의원은 의원직을 상실하며 국왕이 그를 장관직에서 해임한 때에 의원직을 회복한다. 당해 의원의 후임에 관한 규정은 법률로 정한다.

제51조 양원 중 어느 한 원의 의원으로서 정부에 의하여 장관 이외의 유급 공직에 임명되고 이를 수락한 자는 즉시 의석을 상실하며 새로이 선출된 경우를 제외하고는 의원직을 회복하지 못한다.

제119조 공동체 및 지역의회의 의원은 하원의원을 겸직할 수 없다. 제67조 제1항 제1호, 제2호, 제6호 및 제7호에 정한 바와 같이 상원의원도 겸직할 수 없다.

[스웨덴]

정부조직법 제 4 장 제13조 의원이 의장이나 각료직을 수행하는 기간 동안, 의원으로서의 권한은 교체의원이 행사한다.

[스위스]

제144조 (겸직금지) ① 국민의회 및 전주의회(全州議會)의 의원, 연방내각의 각료 및 연방대법원의 법관은 겸직을 금지한다.

② 연방내각의 각료 및 연방대법원의 전임법관은 연방 또는 주의 어떠한 관직에 취임하여서는 아니 되며, 기타 어떠한 영리활동도 하여서는 아니 된다.

③ 기타 겸직금지에 관하여 법률로 정할 수 있다.

[스페인]

제67조 ① 누구든지 동시에 하원과 상원의 의원이 될 수 없다. 그리고 자치주의회의 의원과 하원의원을 겸임할 수 없다.

제70조 ① 선거법은 하원의원 및 상원의원의 결격사유 및 겸직금지의 경우를 정한다. 다음 각

호의 경우에는 의원으로 선출될 수 없다.

a) 헌법재판소의 구성원

b) 법률이 정하는 국가의 고급공무원, 다만 정부각료는 그러하지 아니하다.

c) 호민관

d) 현직 재판관 및 검찰관

e) 현역 직업군인, 국방대원, 보안 및 경찰기관 종사자

f) 선거관리위원회의 위원

② 양원의원의 당선 및 신임장의 유효성은 선거법의 정하는 바에 따라 재판소의 통제에 따른다.

[아일랜드]

제15조 14. 어떤 개인도 동시에 국회 양원 의원을 겸할 수 없으며, 이미 상원 또는 하원 의원인 자가 다른 국회의 의원이 되는 경우, 즉시 처음의 의원직을 사퇴한 것으로 간주된다.

[오스트리아]

제59조 국민회의, 연방참사원 혹은 유럽의회의 구성원은 그 누구도 동시에 두 개의 다른 대의단체의 하나에 속할 수 없다.

[이탈리아]

제65조 하원의원이나 상원의원의 결격 사유는 법률로 정한다. 누구도 동시에 하원의원과 상원의원이 될 수 없다.

[일본]

제48조 [양원의 의원 겸직금지] 모든 사람은 동시에 양원의 의원이 될 수 없다.

[체코]

제21조 의회 양원에 대한 겸직은 금지한다.

제22조 (1) 하원의원 또는 상원의원은 대통령, 판사 및 법률이 정하는 기타 직무를 겸할 수 없다.
(2) 하원의원 또는 상원의원이 대통령 재판관 또는 하원 또는 상원의원의 직무와 겸할 수 없는 기타 직무를 맡은 날에 하원 또는 상원의원직을 상실한다.

제32조 정부위원인 하원의원 또는 상원의원은 상원 또는 하원의 의장 또는 부의장이 되거나 의회의 위원회, 조사위원회 또는 심의회의 구성원이 될 수 없다.

[호주]

제43조 (양원의원 겸직 금지) 의회의 각 원의 의원은 다른 원의 의원으로 선출되거나 재임할 수 없다.

[터키]

제82조 터키 대국민회의 의원은 국가 부서와 다른 공기업체 및 그 산하단체, 국가에 속한 회사 및 기업과 기타공기업체, 국가와 공기업체의 직접 또는 간접적인 참여가 있는 기업 및 회사의 경영 또는 감사기구, 그 수입과 특별자원이 법률에 따라 제공되는 공익협회의 집행 및 감독기구, 세금면제 및 국가로부터 재정적 보조금을 수령하는 재단의 집행 및 감독기구, 노동조합과 공공전문기구의 집행 및 감독기구와 위에서 언급한 조합 및 협회 또는 그 상급기관이 지분을 갖고 있는 기업 및 공사에 재직할 수 없다. 또한, 의원은 위에서 언급한 기구의 대표자로 임명

되거나 사업계약의 직접 또는 간접적인 당사자가 될 수 없으며 이들의 사업거래에 있어 대리인의 중재자가 될 수 없다.

터키 대국민회의 의원은 행정기관의 추천, 임명 또는 승인과 관련한 공적 또는 사적 의무를 위임 받을 수 없다... 터키 대국민회의 의원직과 겸임할 수 없는 그 밖의 직무와 활동은 법률로 정한다.

[포르투갈]

제154조 (겸직 금지 및 의원 직무 수행 제한) 1. 내각에 임명된 의원들은 내각에서 사퇴할 때까지 의원직을 수행해서는 안 되며 전조의 규정에 따라 그들을 대신할 임시 대리인을 임명한다. 2. 그 밖의 모든 겸직 금지 규정은 법률로 정한다.

[핀란드]

제28조 (의원직 정지와 사임 또는 해임) 유럽의회 의원으로 재직하는 기간 동안에는 의원직이 정지된다. 그 기간 동안 해당 의원의 보좌관이 직무를 대행한다. 의원 임기는 군복무 기간에도 정지된다. 의회는 사임을 허가할 정당한 이유가 있으면 의원의 요청에 따라 의원직 사임을 허가할 수 있다.

7. 의원의 세비·특혜

[미국]

제 1 조 ⑥ 제 1 문 상원의원과 하원의원은 그 직무에 대하여 법률이 정하고 미국 국고로부터 지급되는 보수를 받는다.

[아르헨티나]

제74조 상원과 하원의원은 법률로 정해진 보수를 재무부로부터 받는다.

[필리핀]

제 6 장 제10조 상원의원과 하원의원의 보수는 법률로 정한다. 규정된 보수의 어떠한 증가도 해당 증가를 승인한 상원 및 하원의원의 전체 임기가 만료된 후까지 시행되지는 않는다.

[그리스]

제63조 ① 직무 수행을 위해 국회의원은 국가로부터 보수와 경비를 받을 권리가 있다. 그 금액은 국회 총회에서 정한다.

② 국회의원은 국회 총회에서 결정되는 한도까지 교통비, 우편 요금 및 전화 요금을 면제받는다.

③ 한 달에 5회를 초과하여 정당한 사유 없이 결석할 경우 결석할 때마다 월 보수의 30분의 1이 공제된다.

[네덜란드]

제63조 의회의 현 의원 및 구 의원들과 그 수행원들에 대한 보수는 법률로 정한다. 의회 양원은 전체 양원 의원 3분의 2 이상이 출석하고 과반수의 동의가 있을 경우에만 해당 사안에 대한 법안을 가결할 수 있다.

[노르웨이]

제65조 의회에 소집된 모든 의원과 그 대리인은 재무부로부터 법률에 의하여 정하여진 의회로의 왕복 여비와 최소 14일간 연속된 휴가 기간 중의 의회와 자택의 왕복 여비를 구상 받을 권리가 있다.

의원은 의회 참석에 대하여 법률로 정한 보수를 받을 권리를 갖는다.

[덴마크]

제58조 국회의원은 「선거법」에 정해진 바에 따라 보수를 받는다.

[독일]

제48조 (3) 의원은 그의 독립성을 보장하기에 필요한 적정한 보수를 청구할 권한을 가진다. 의원은 모든 국유교통수단을 무상으로 이용할 수 있다. 자세한 사항은 연방법률로 정한다.

[룩셈부르크]

제75조 의회 의원들은 출장비 이외에 법률로 정해진 수당을 받는다.

[벨기에]

제66조 하원의원은 12,000프랑의 세비를 받는다.

국내에서 하원의원은 모든 국영 및 국가가 인가한 교통기관의 무임승차권을 가진다.

하원의장은 하원의 경비에 충당하기 위하여 세출에 의하여 지급되는 소정의 세비를 받을 수 있다…

제71조 상원의원은 수당을 받지 아니한다. 다만, 상원의원은 비용을 변상 받을 권리를 가진다. 변상금액은 연 4,000프랑으로 한다. 국내에서 상원의원은 모든 국영 및 국가가 인가한 교통기관의 무임승차권을 가진다.

[스페인]

제71조 ④ 하원의원 및 상원의원은 상하양원이 각각 정하는 세비를 받는다.

[아일랜드]

제15조 15. 국회는 국회의원으로서의 직무에 대해 상·하 양원 의원들에게 지급되는 수당과, 의원들에게 부여되는 무료 여비 보조금 및 국회가 정할 수 있는 해당 직무와 관련한 기타 시설에 대한 규정을 제정할 수 있다.

[오스트리아]

제59a조 ① 공직자에게는 그가 국민회의에 입후보하면, 입후보를 위해서 필요한 자유시간이 허용되어야 한다.

② 국민회의나 연방참사원의 구성원인 공직자는 그의 의석의 수행을 위해 필요한 범위에서 신청에 따라 면직 또는 퇴직할 수 있다. 면직 동안에는 근무수당은 그가 근무관계에서 실제로 이룩한 노동성과에 상응하는 정도에서 근무수당의 최대 75%가 지급된다. 이 한계선은 면직이나 퇴직이 요청되지 않은 경우에도 적용된다. 퇴직하면 근무수당은 없어진다.

③ 공직자는 그의 의원직 수행으로 인하여 종전 직장에 근무할 수가 없다면 그는 동등한 가치를 가진－그가 동의하면 동등한 가치를 가진 것이 아니더라도－활동을 부여해 줄 것을 요청할 권리를 가진다. 근무수당은 근무자가 실제로 수행한 활동에 따른다.

[이탈리아]

제69조 의원은 법률로 정한 수당을 받는다.

[일본]

제49조 [의원의 세비] 양원의 의원은 법률이 정하는 바에 따라 국고에서 상당액의 세비를 받는다.

[호주]

제48조 (의원의 세비) 의회가 달리 정하지 않는 한, 상원의원 및 하원의원은 취임한 날부터 1년에 400 파운드의 세비를 받는다.

[포르투갈]

제158조 (권한 및 특권) 의원들은 다음에 열거한 권한 및 특권을 향유한다.

a) 병역, 시민 봉사 및 민방위 활동의 유예

b) 행동의 자유 및 해외 공무 출장 중 특별 여권을 발급받을 권리

c) 특수 신분증

8. 의원의 불체포특권

[대한민국]

제44조 ① 국회의원은 현행범인인 경우를 제외하고는 회기중 국회의 동의없이 체포 또는 구금되지 아니한다.

② 국회의원이 회기전에 체포 또는 구금된 때에는 현행범인이 아닌 한 국회의 요구가 있으면 회기중 석방된다.

[러시아]

제98조 1. 연방회의 구성원과 국가두마 의원은 임기 동안 면책특권을 가진다. 이들은 현행범인 체포의 경우를 제외하고는 체포, 구금, 수색당하지 않는다. 타인의 안전을 보장하기 위하여 연방법률에 의하여 규정된 경우를 제외하고는 개인적 수색을 당하지 않는다.

2. 면책특권 박탈 문제는 러시아연방 검찰총장의 제기에 의해 연방 의회의 해당원에 의하여 결정된다.

[멕시코]

제111조 ① 상원의원 및 하원의원, 연방대법원 대법관, 고등선거법원 판사, 연방사법위원회 위원, 장관, 연방직할시 의회의원, 연방직할시 정부수반, 연방 법무장관, 연방직할시 법무장관과 연방선거관리위원회 위원장 및 위원의 재직 중 범죄에 대하여 형사절차를 진행하기 위하여, 하원은 출석한 의원의 과반수의 찬성으로 피고발인에 대한 절차를 진행할 근거가 있는지 여부를 의결하여야 한다.

② 하원의 의결이 부정적인 때에는 이후의 절차는 중단된다...

⑥ 하원 및 상원의 결정에 대해서는 불복할 수 없다.

[미국]

제1조 ⑥ 제2문 양원의 의원은 반역죄, 중죄 및 치안방해죄를 제외하고는 어떠한 경우에도 그

원의 회의에 출석 중에 그리고 의사당까지의 왕복 도중에 체포되지 아니하는 특권이 있다. 양원의 의원은 원내에서 행한 발언이나 토론에 관하여 원외에서 문책받지 아니한다.

[아르헨티나]

제69조 어떠한 의원도 당선일 부터 임기만료 시까지 체포되지 않으나, 사형이나 기타 불명예스럽거나 심한 처벌을 받는 죄를 뻔뻔하고 놀랍게 범한 경우는 예외이며, 이 경우 사실을 요약한 보고서를 해당 원에 제출한다.

[프랑스]

제26조 ① 의회의 의원은 직무 수행 중의 발언 또는 표결과 관련하여 소추되거나, 수사를 받거나, 체포, 구금되거나 재판을 받지 아니한다.

② 의회의 의원은 소속 원의 사무국의 동의 없이는 중범죄 또는 위법행위로 인하여 체포되거나 자유의 박탈 또는 제한을 받지 아니한다. 다만, 현행범이나 판결이 확정된 중범죄 또는 위법행위의 경우는 예외로 한다.

③ 해당 의원이 소속된 원의 요구에 의하여 회기 중에는 의원에 대한 구금이나 자유의 박탈 또는 제한, 소추가 중단된다.

[필리핀]

제6장 제11조 상원의원 또는 하원의원은 징역 6년 형 이하로 처벌되는 모든 범죄행위에 있어 의회 회기 중에는 불체포특권을 가진다...

[그리스]

제62조 국회 임기 동안 국회의원은 국회의 사전 허가 없이 기소되거나 체포되거나 구속되거나 다른 방식으로 감금되지 않는다. 마찬가지로, 해산된 국회의 의원은 국회 해산에서부터 새로운 국회 선출 공포 사이의 기간 동안 행한 정치 범죄에 대해 기소되지 않는다. 검사의 기소 요청서가 국회의장에게 전달된 날부터 3개월 내에 국회가 아무런 결정하지 않을 경우 기소 허가가 되지 않은 것으로 간주된다. 국회 휴회 중에는 이 3개월 기한이 정지된다. 국회의원이 중범죄의 현행범으로 체포된 경우에는 기소 허가가 필요 없다.

[노르웨이]

제66조 의원은 현행범으로 체포되는 경우를 제외하고는 의회로 또는 의회로부터 이동 중이거나 의회 참석 중에는 체포될 수 없[다]...

[덴마크]

제57조 국회의원은, 현행범으로 체포되지 않는 한 국회의 동의 없이 결코 기소 또는 수감될 수 없다...

[독일]

제46조 (2) 의원은 현행범이거나 그 익일에 체포되는 경우를 제외하면 연방의회의 동의가 있는 경우에 한하여 범죄행위를 이유로 책임을 지거나 체포될 수 있다.

(3) 연방의회의 동의는 나아가 의원의 인신의 자유에 대한 모든 다른 제한의 경우에 또는 제18조에 의거하여 의원에 대한 소송절차를 개시할 때에도 필요하다.

(4) 의원에 대한 일체의 형사절차와 제18조에 의거한 소송절차, 의원의 구금과 인신의 자유에

대한 그 밖의 제한은 연방의회의 요구가 있으면 정지되어야 한다.

[룩셈부르크]

제69조 제68조에 명시된 경우 외에 의원들은 회기 중에라도 형사사건으로 기소될 수 있다. 그러나 회기 중 의원 체포는 현행범인 경우를 제외하고 의회의 사전허가를 받아야 한다.

의회 허가는 형벌 집행에는 요구되지 않는다. 의원에게 선고된 자유를 박탈하는 형도 마찬가지다.

[벨기에]

제59조 양원의 의원은 현행범인 경우를 제외하고 자신이 소속된 원의 동의 없이 회기 중에 형사사건으로 소추되거나 체포되지 아니한다.

관할법관의 요청에 따라 항소법원장이 강제조치를 취하는 경우를 제외하고는, 현행범이 아닌 한, 의원에 대하여 회기 중에 형사사건으로 법관의 개입을 요하는 강제조치를 취할 수 없다. 이 결정은 당해 원의 의장에게 전달되어야 한다.

전 항에 따라 모든 수색 또는 압수는 해당 의회의장이나 해당 의회의장에 의해 임명된 의원의 면전에서만 실시될 수 있다.

회기 중에는 검사 및 소관 검찰관만이 의원에 대하여 절차를 진행할 수 있다.

의원은 누구나 회기 중에 형사사건의 어떤 재판심리 단계에서든 자신이 소속된 원에 재판절차의 중지를 요구할 수 있다. 당해 원은 투표자의 3분의 2 이상의 의결로 이 요구에 응할 수 있다.

양원의 의원에 대한 구금 및 소추는 당해 의원이 소속된 원의 요구가 있으면 회기 중에는 정지된다.

[스웨덴]

정부조직법 제 4 장 제12조 제 2 문 또한 의원의 권한이 있거나 있었던 자는 그 권한 행사 중의 행위 또는 발언으로 인하여 자유를 박탈당하거나 영토 내의 이동을 제한당하지 않는다. 다만 의회가 위의 방법으로 동의한 경우에는 그렇지 않다.

그 밖에 의원에게 범죄행위의 혐의가 있는 경우, 체포 또는 구금에 관한 법규는 당해인이 유죄를 시인하거나 현행범으로 체포되는 경우, 또는 당해 범죄에 대한 형벌 하한이 2년 이상의 징역인 경우에만 적용할 수 있다.

[스페인]

제71조 ② 임기 중 하원의원 및 상원의원은 불체포의 특권을 가지며 현행범인 경우를 제외하고는 체포되지 아니한다. 각 의원은 의회의 사전 승인 없이 소추되거나 판결을 선고받지 아니한다.
③ 하원의원 및 상원의원에 대한 형사재판은 최고재판소의 형사부가 관할한다.

[아이슬란드]

제49조 (제1문) 의원은 의회의 동의 없이는 회기 중 구속되지 않고, 현행범으로 체포되지 않는 한 기소되지 아니 한다.

[오스트리아]

제57조 ② 국민회의의 구성원은 처벌대상이 되는 행위로 인해—현행범으로 체포된 경우를 제외하면—국민회의의 동의가 있어야만 체포될 수 있다. 마찬가지로 국민회의의 구성원의 가택수색

은 국민회의의 동의를 필요로 한다.

③ 그 외의 경우 국민회의의 구성원은 그것이 해당 의원의 정치적 활동과 아무런 관계가 없음이 명백한 경우 국민회의의 동의 없이 형사처벌될 수 있는 행위를 이유로 관청에 의하여 기소되지 않는다. 그러나 소추관청은 해당 의원이나 이 사항을 위임받은 상설 위원회의 구성원의 3분의 1이 요청하면, 그러한 연관 관계에 대한 국민회의의 결정을 얻어야 한다. 그러한 요청이 있으면 모든 관청의 절차는 즉각 보류하거나 중단하여야 한다.

④ 국민회의가 소추관청의 상응하는 요구에 대해서 8주 내에 결의하지 않는 경우에는 이 모든 경우 국민회의의 동의가 이루어진 것으로 간주한다. 국민회의가 적시에 의결을 할 수 있도록 의장은 그러한 요구를 늦어도 이 기간의 마지막 날 하루 전날에는 표결에 부쳐야 한다. 폐회기간은 이 기간에 산정되지 않는다.

⑤ 현행범 체포의 경우 관청은 국민회의의 의장에게 지체 없이 체포가 이루어졌음을 알려야 한다. 국민회의의 폐회기간에 이 사항을 위임받은 상설 위원회가 요구하면 구속을 취소하거나 기소 절차를 중단하여야 한다.

⑥ 의원의 불체포특권은 새로 선출된 국민회의의 회합일에 끝나며 그 근무가 이 시점을 넘어서는 국민회의의 기관은 이 근무가 종식되면 끝난다.

⑦ 보다 상세한 규정은 국민회의의 의사규정에 관한 연방법으로 정한다.

[이탈리아]

제68조 의원은 소속 원의 허가 없이는 신체나 가택의 수색을 당하지 않고, 체포, 기타 개인적 자유 박탈 또는 구금을 당하지 않으나, 최종 법원 판결이 집행되는 경우나 현행범인으로 체포된 경우는 예외이다. 의원의 대화나 통신을 감시하거나 우편물을 압수하기 위해서도 소속 원의 허가가 필요하다.

[일본]

제50조 [의원의 불체포 특권] 양원의 의원은 법률이 정하는 경우를 제외하고는 국회 회기 중에 체포되지 않으며 회기 전에 체포된 의원은 소속 원(院)의 요구가 있으면 회기 중에 석방하여야 한다.

[체코]

제27조 (4) 하원의원 및 상원의원은 속하는 원의 동의 없이 형사소추 되지 아니한다. 속하는 원이 동의를 거부하는 때에는 형사소추는 영구히 배제한다.

(5) 하원의원 및 상원의원은 현행범이거나 그 직후에 체포된 경우에 한하여 구금될 수 있다. 관할기관은 즉시 구금자가 속한 원의 의장에게 구금사실을 통보하여야 한다. 해당 원의 의장이 구금자를 법원에 인도하는 것에 대하여 구금 시점으로부터 24시간 이내에 동의하지 아니하는 때에는 관할기관은 구금자를 석방하여야 한다. 이후 첫 번째 회의에서 형사소추의 허용여부에 관한 최종결정을 하여야 한다.

[포르투갈]

제157조 (면책특권) 2. 의원들은 의회의 승인 없이 진술서의 작성자 또는 피고인으로 법정에 출석해서는 아니 된다. 최대 3년 이상의 징역형에 처할 수 있는 중죄를 범했음을 확실히 입증하는 증거가 있을 경우, 의회는 해당 의원이 피고인의 자격으로 법정에 출석할 것을 의무적으로

승인한다.

3. 의회의 승인 없이 의원을 구류, 체포 또는 수감해서는 아니 된다. 단, 전항에 인용된 유형의 징역형에 처할 수 있는 중죄 및 현행범의 경우는 예외로 한다.

4. 의원에 대해 형사 소송을 제기할 경우와 해당 의원이 결정적으로 고발을 당할 경우, 의회는 소송을 진행할 수 있도록 하기 위해 그의 의원직을 정지할지 여부를 결정한다. 전항에 인용된 유형의 범죄일 경우, 의회는 해당 의원의 의원직을 의무적으로 정지한다.

9. 의원의 면책특권

[대한민국]

第45조 국회의원은 국회에서 직무상 행한 발언과 표결에 관하여 국회외에서 책임을 지지 아니한다.

[러시아]

第98조 1. 연방회의 구성원과 국가두마 의원은 임기 동안 면책특권을 가진다. 이들은 현행범인 체포의 경우를 제외하고는 체포, 구금, 수색당하지 않는다. 타인의 안전을 보장하기 위하여 연방법률에 의하여 규정된 경우를 제외하고는 개인적 수색을 당하지 않는다.

2. 면책특권 박탈 문제는 러시아연방 검찰총장의 제기에 의해 연방 의회의 해당원에 의하여 결정된다.

[멕시코]

第61조 ① 하원의원과 상원의원의 직무수행 중에 행한 발언은 불가침이므로 어떠한 경우에도 그 발언으로 인하여 소환되지 아니한다.

② 각 원의 의장은 양원 의원의 헌법상 면책과 회기 중인 장소의 불가침성을 보장하여야 한다.

[미국]

제 1 조 ⑥ 제 2 문 양원의 의원은 반역죄, 중죄 및 치안방해죄를 제외하고는 어떠한 경우에도 그 원의 회의에 출석 중에 그리고 의사당까지의 왕복 도중에 체포되지 아니하는 특권이 있다. 양원의 의원은 원내에서 행한 발언이나 토론에 관하여 원외에서 문책받지 아니한다.

[아르헨티나]

第68조 어떠한 의원도 의원으로 재직하는 동안 제시한 의견이나 발언에 대해 고소당하거나, 재판상 조사받거나, 고통 받지 않는다.

[프랑스]

第26조 ① 의회의 의원은 직무 수행 중의 발언 또는 표결과 관련하여 소추되거나, 수사를 받거나, 체포, 구금되거나 재판을 받지 아니한다.

[필리핀]

제 6 장 第11조 ... 어떠한 의원도 의회 내 또는 의회의 위원회 내에서 행한 발언 또는 논쟁을 이유로 조사받거나 책임을 지지 않는다.

[그리스]

제61조 ① 국회의원은 국회의원직을 수행하면서 했던 의사 표현이나 투표로 인해 기소되거나 어떤 방식으로든 심문 받지 않는다.

② 국회의원은 명예 훼손에 대해서만 법에 따라 국회의 허가를 받은 후에 기소될 수 있다...

③ 국회의원은 직무를 수행하는 과정에서 자신에게 주어지거나 제공된 정보 또는 정보를 자신에게 맡긴 사람이나 자신이 정보를 제공한 사람에 대해 증언을 할 의무가 없다.

[네덜란드]

제71조 의회의 의원, 각료, 국무장관 및 기타 심의 절차에 참여하는 관계자들은 의회 또는 의회 내 각 분야별 위원회에서 회의가 진행되는 동안 각자가 발언한 내용 또는 서면으로 제출한 내용을 이유로 기소를 당하거나 법적인 책임을 지지 않는다.

[노르웨이]

제66조 의원은 ... 의회 회의 중 표현한 의견에 대하여는 의회 밖에서 책임을 지지 않는다. 모든 의원은 의회에서 채택된 의사 규칙을 준수할 의무가 있다.

[덴마크]

제57조 ... 국회의 동의가 있는 경우를 제외하고는 국회의원은 국회 내에서 행한 발언에 대해 국회 밖에서 책임을 지지 아니한다.

[독일]

제46조 (1) 의원은 연방의회 또는 위원회에서의 표결 또는 발언을 이유로 어떤 경우에도 재판상 또는 직무상 소추되거나 연방의회 밖에서 책임을 지지 않는다. 중상적 모욕에 대하여는 이 규정이 적용되지 아니한다.

[룩셈부르크]

제68조 의원은 직무수행 차원에서 표명한 의견이나 결의를 이유로 민사소송이 제기되거나 형사재판에 기소될 수 없다.

[벨기에]

제58조 양원의 의원은 그 직무를 수행함에 있어서 표시한 의견 및 표결에 대하여 소추되거나 수사를 받지 아니한다.

[스웨덴]

정부조직법 제4장 제12조 제1문 의원의 권한이 있거나 있었던 자는 그 권한 행사 중의 행위 또는 발언으로 인하여 법적 소송을 당하지 않는다. 다만 의회가 투표자 6분의 5 이상 찬성으로 동의한 경우에는 그렇지 않다.

[스위스]

제162조 (면책특권) ① 연방의회의 의원, 연방내각의 각료 및 연방내각사무처의 처장은 양 의회 및 그 소속기관에서의 발언에 대하여 사법적 책임을 지지 아니한다.

② 면책특권의 유형 및 대상자의 확대에 관하여는 법률로 정할 수 있다.

[스페인]

제71조 ① 하원의원 및 상원의원은 그 직무 수행 중에 표명한 의견에 관하여 책임을 지지 않는다.

[아이슬란드]

제49조 의원은 의회에서 행한 발언에 대해 의회 밖에서 책임지지 않으나, 의회의 동의가 있는 경우는 예외이다.

[아일랜드]

제15조 12. 국회 또는 양원의 모든 공식 보고서 및 발표 내용과, 발표 시마다 상원 또는 하원에서 행해진 발언에는 면책 특권이 부여된다.

13. 상·하 양원 의원들은, 본 헌법에 정의된 반역죄, 중범죄 또는 치안 방해의 경우를 제외하고, 국회 출입 시와 국회 내에서 면책 특권을 가지며, 국회 내에서 행한 발언에 대해 해당 국회 이외에 어떠한 법원이나 기관에 제재 받지 아니 한다.

[오스트리아]

제33조 국민회의 및 그 위원회의 공개회의에서 심의에 관한 진실한 보고는 면책된다.

제57조 ① 국민회의의 구성원은 그가 직무상 행하는 표결에 관하여 결코 책임을 지지 않으며 그 직무상 행하는 구두나 서면으로 이루어진 견해 표명에 대해서는 국민회의에 대해서만 책임을 진다.

제58조 연방참사원의 구성원들은 그들의 전체 근무기간 동안 그들을 파견한 주의회 구성원의 면책특권을 누린다.

[이탈리아]

제68조 (제1항) 의원은 직무상 행한 발언이나 표결에 관하여 책임지지 않는다.

[일본]

제51조 [의원의 발언·표결의 무책임] 양원의 의원은 원내에서 행한 연설, 토론 또는 표결에 관하여 원외에서 책임을 지지 아니한다.

[체코]

제27조 (1) 하원의원 또는 상원의원은 하원 또는 상원 또는 원내단체에서 행한 표결에 관하여 책임을 지지 아니한다.

(2) 하원의원 및 상원의원은 하원 또는 상원, 또는 원내 기관에서 행한 발언에 관하여 형사 소추되지 아니한다. 하원의원 및 상원의원은 그 속하는 원의 재판권에 따른다.

(3) 경범죄에 관해서는 하원의원 및 상원의원은 법률이 달리 규정하지 아니하는 한, 그 속하는 원의 재판권에 따른다.

제28조 하원의원 및 상원의원은 그 지위를 상실한 후에도 자신의 직무수행과 관련하여 알게 된 사실에 관하여 증언을 거부할 권리를 갖는다.

[캐나다]

1867년 캐나다 헌법 제18조 의회 양원의 특권 등 캐나다 연방의회의 상원 및 하원 그리고 이들 양원의 의원들이 보유, 향유 및 행사할 특권, 면책 및 권한은 캐나다 연방 의회법에 의하여 수시로 규정될 수 있다. 다만 그러한 특권, 면책 및 권한을 정의하는 어떠한 캐나다 연방 의회법도 이 법 가결 시 영국 및 아일랜드 연합왕국 의회의 하원과 그 의원들이 보유, 향유 및 행사할 수 있는 범위를 초과한 어떠한 특권, 면책 및 권한을 부여해서는 아니 된다.

[헝가리]

제42조 (2) 국회의원은 독립성을 보장받을 수 있도록 면책특권 및 보수에 대한 권리를 가진다. 기본법률은 국회의원이 겸할 수 없는 공직을 정하고, 그 밖의 겸직금지에 관한 기준을 정할 수 있다.

[호주]

제49조 (의원의 특권 등) 상원 및 하원, 그리고 각 원의 의원과 위원회의 권한, 특권 및 면책은 의회에서 정한 바에 따르며, 의회가 정할 때까지는 연방 수립 시 연합왕국의 하원, 하원의원 및 하원 위원회의 권한, 특권 및 면책과 동일하다.

[남아프리카공화국]

제58조 (특권) ① 내각 구성원, 차관 및 하원의원은

b. 다음 사항을 이유로 하는 민사 소송 또는 형사 소송, 체포, 구금 또는 손해에 대해 면책권을 가진다.

i. 하원 또는 원내 위원회에서 발언, 제시 또는 제출한 모든 사항

ii. 하원 또는 원내 위원회에서 발언, 제시 또는 제출한 모든 사항의 결과로서 밝혀진 사항

② 하원, 내각 구성원 및 하원의원에게 부여되는 그 밖의 특권 및 면책권은 법률로 규정할 수 있다.

제71조 (특권) ① 상원의원과 제66조 및 제67조에 언급된 자들은

b. 아래에 열거한 사항을 이유로 하는 민사 소송 또는 형사 소송, 체포, 구금 또는 손해에 대해 면책권을 가진다.

i. 상원 또는 원내 위원회에서 발언, 제시 또는 제출한 모든 사항

ii. 상원 또는 원내 위원회에 발언, 제시 또는 제출한 모든 사항의 결과로서 밝혀진 사항

② 상원, 상원의원 및 제66조 및 제67조에 언급된 자들에게 부여되는 그 밖의 특권 및 면책권은 법률로 규정할 수 있다.

[포르투갈]

제157조 (면책특권) 1. 의원들은 직무를 수행하는 과정에서 투표 또는 표명하는 의견에 대해 민사상 내지 형사상의 책임을 지지 않으며 그러한 투표 또는 의견과 관련하여 징계적 절차의 대상이 되지 아니한다.

[터키]

제83조 터키 대국민회의 의원은 의회직무와 관련한 투표와 진술, 의회에서 제기한 견해 또는 국민회의가 해당회기에서 사무국의 제안과 다르게 결정하지 않는 한, 국민회의 외부에서 이를 반복 또는 공개하는 것에 대하여 책임을 지지 않는다.

선거 전 또는 후에 범죄행위를 행했다고 기소된 대의원은 대국민회의에서 다르게 결정하지

않는 한 체포, 신문, 구금 또는 기소되지 아니 한다. 이 규정은 의원이 중형으로 처벌될 수 있는 범죄현장에서 체포된 경우와 선거 전에 조사가 시작된 경우 및 헌법 제14조의 적용을 받는 범죄행위에는 적용되지 아니한다.

그러나 이 경우 주무기관은 터키 대국민회의에, 즉시 직접 통보해야 한다.

선거 전 또는 후에 터키 대국민회의 의원에게 부과된 형사상 판결의 집행은 해당 의원이 의원직을 중단할 때까지 유보되어야 한다. 제소기간 및 공소시효에 관한 규정은 의원 재임기간에는 적용되지 아니 한다.

재출된 대의원에 대한 조사와 기소는 대국민회의가 관련 개인에 대해 면책특권을 취소할지 여부에 따라야 한다.

터키 대국민회의 내 교섭단체는 의회 면책특권과 관련한 논의나 결정을 할 수 없다.

[핀란드]

제30조 (의회의 면책특권) 의원은 직무를 수행하는 것을 방해받지 않는다. 의원은 의회가 투표수 6분의 5 이상의 찬성으로 동의하지 않는 한 의회에서의 발언이나 직무상 행위로 인해 법원에 기소되거나 자유를 박탈당하지 않는다. 의원이 체포 또는 구금되면, 이 사실을 즉시 의회의장에게 통지한다. 의원은 처벌이 6개월 이상 징역인 범죄를 저질렀다고 상당한 이유로 의심되지 않는 한, 의회의 동의 없이 재판 시작 전에 체포되거나 구금되지 않는다.

10. 의원의 지위남용금지

[대한민국]

제46조 ① 국회의원은 청렴의 의무가 있다.

② 국회의원은 국가이익을 우선하여 양심에 따라 직무를 행한다.

③ 국회의원은 그 지위를 남용하여 국가·공공단체 또는 기업체와의 계약이나 그 처분에 의하여 재산상의 권리·이익 또는 직위를 취득하거나 타인을 위하여 그 취득을 알선할 수 없다.

[필리핀]

제6장 제12조 상원 및 하원의 모든 의원은 취임 시 재정 및 사업 이권을 모두 공개한다. 모든 의원은 관련 의회에 본인이 제안한 법안의 제출로 인해 발생할 수 있는 잠재적 이해의 충돌을 통지한다.

제14조 ... 또한 상하 양원 의원은 임기 동안에 정부, 지방정부, 관청, 정부 소유 또는 통제하의 기업 또는 그 자회사를 포함한 산하기관과 맺은 계약 또는 정부, 지방정부, 관청, 정부 소유 또는 통제하의 기업 또는 그 자회사를 포함한 산하기관이 허가한 모든 특권 및 특수 이권에, 직접 또는 간접적으로 재정적 이해관계를 가질 수 없다. 상하 양원 의원은 금전적 이익을 위해 또는 그 공직으로 인해 활동하도록 요구받을 경우에도 정부의 어떠한 공직에서 제기되는 모든 문제에 대해 개입할 수 없다.

[핀란드]

제29조 (의원의 독립성) 의원은 재임하는 동안 정의와 진실을 따를 의무가 있다. 의원은 헌법을 준수하며 다른 어떠한 명령도 의원을 구속할 수 없다.

11. 정기회·임시회

[대한민국]

제47조 ① 국회의 정기회는 법률이 정하는 바에 의하여 매년 1회 집회되며, 국회의 임시회는 대통령 또는 국회재적의원 4분의 1 이상의 요구에 의하여 집회된다.

② 정기회의 회기는 100일을, 임시회의 회기는 30일을 초과할 수 없다.

③ 대통령이 임시회의 집회를 요구할 때에는 기간과 집회요구의 이유를 명시하여야 한다.

[러시아]

제99조 1. 연방 의회는 상시 활동 기구이다.

제100조 1. 연방회의와 국가두마는 별도로 회기가 진행된다.

[멕시코]

제65조 ① 연방의회는 매년 9월 1일에 1차 정기회를 개회하고, 매년 2월 1일에 2차 정기회를 개회한다.

② 두 회기 동안, 연방의회는 제출된 법안을 연구, 토론 및 표결하고 헌법에 따라 그 관할에 속하는 기타 문제를 의결하여야 한다.

③ 각 정기회 동안에 연방의회는 국회법에 규정된 문제를 우선적으로 처리하여야 한다.

제66조 ① 각 정기회는 제65조에 규정하는 문제를 처리하기 위하여 필요한 기간 동안 계속된다. 1차 회기는 같은 해 12월 15일 이후로 연장할 수 없다. 다만, 제83조에 따라 대통령 취임이 예정된 해에는 12월 31일까지 회기를 연장할 수 있다. 2차 회기는 같은 해 4월 30일 이후로 연장할 수 없다.

② 양원이 지정된 일자 이전의 폐회에 관하여 합의하지 못한 경우에는 대통령이 그 문제를 해결한다.

제67조 연방의회 또는 각 원은 그 전속관할에 속하는 문제를 처리할 때에는 상임위원회의 요청에 따라 임시회를 소집하여야 한다. 이 경우에 연방의회는 상임위원회가 제출하고 개별 소집통지서에 구체적으로 명시된 문제만을 심의한다.

[미국]

수정헌법 제20조 ② 연방의회는 매년 적어도 1회 집회한다. 그 집회는 의회가 법률로 다른 날을 정하지 아니하는 한 1월 3일 정오부터 시작된다.

[아르헨티나]

제63조 양원은 각각 매년 3월 1일부터 11월 30일까지 정기회를 소집한다. 대통령은 임시회를 소집하거나 정기회를 연장할 수 있다.

제65조 양원은 회기를 동시에 시작하고 끝낸다. 각 원은 회기 중 상대방의 동의 없이 3일 이상 회의를 연기할 수 없다.

제99조 대통령의 권한은 다음과 같다.

9. 대통령은 연방의회 정기회를 연장하거나 어떤 중대사나 진행 사정상 필요하면 임시회를 소집한다.

[프랑스]

제28조 ① 의회의 정기회는 10월의 첫 번째 평일에 개회하고, 6월의 마지막 평일에 폐회한다.
② 각 원의 정기회기 중 개의 일수는 각 120일을 초과할 수 없다. 개의 주간은 각 원에서 정한다.
③ 총리는 해당 원의 의장 또는 각 원의 의원 과반수와의 협의를 거쳐 추가회의를 소집할 수 있다.
④ 개의 일수 및 개의시간은 각 원의 절차규정에 의한다.

제29조 ① 의회는 총리 또는 하원의 재적의원 과반수의 요구에 의하여 특정 안건을 처리하기 위하여 임시회를 소집한다.
② 하원의 요구에 의해 임시회가 소집된 경우에는, 당해 회의소집의 목적이 된 안건에 대한 논의가 종료한 날 또는 개회일로부터 12일을 초과하지 않는 날 중 더 빨리 도달하는 날에 명령에 의하여 폐회된다.
③ 총리는 임시회의 폐회명령이 이루어진 달이 끝나기 전에 새로운 회기를 요구할 수 있다.

제30조 의회가 당연 소집되는 경우를 제외하고는, 임시회는 대통령의 명령에 의하여 개회되고 폐회된다.

[필리핀]

제6장 제15조 의회는 법률로 다른 날짜를 지정한 경우가 아닌 한 매년 7월 네 번째 월요일에 정기회를 소집하며, 차기 정기 회기가 시작되기 30일 전까지 토요일, 일요일, 법정 공휴일을 제외하고, 의회가 정한 일수만큼 회기를 지속한다. 의장은 언제든지 특별 회기를 요구할 수 있다.

[그리스]

제40조 ① 대통령은 제64조 제1항에 따라 1년에 한 번 정기 국회를, 합리적이라고 판단되는 경우 임시 국회를 소집하고 각 국회 회기의 시작과 종료를 직접 또는 국무총리를 통해 선포한다.
② 대통령은 국회의 시작을 연기시키거나 휴회시키는 방법으로 국회 회기를 1회에 한하여 중지할 수 있다.
③ 휴회 기간은 30일을 초과하여 연장되어서는 안 되며 국회의 동의 없이는 같은 회기에 휴회를 반복해서는 안 된다.

제64조 ① 연례적인 업무를 수행하기 위한 국회 정기 회기는 대통령이 제40조에 따라 조기 소집할 경우를 제외하고 법적으로 매년 10월 첫 월요일에 소집된다.
② 정기 회기 기간은 제40조에 규정된 휴회 시간을 제외하고 5개월 이상이어야 한다. 정기 회기는 제79조에 따라 예산이 승인될 때까지 또는 동 조에 규정된 특별법이 통과될 때까지 의무적으로 연장된다.

[노르웨이]

제68조 의회는 원칙적으로 매년 10월 첫 평일에 왕국 수도에서 소집된다. 단, 국왕이 적의 침입 또는 전염병과 같은 예외적인 상황으로 왕국의 다른 도시를 소집장소로 정한 경우에는 예외이다. 그러한 결정은 미리 공표하여야 한다.

제69조 국왕은 필요한 경우 의회가 소집되어 있는 않은 때에도 의회를 소집할 수 있다.

[뉴질랜드]

제18조 ① 총독은 성명에 의하여 장소 및 시각을 정하여 의회를 소집할 수 있다. 해당 성명서에 서명한 시점 또는 효력이 발생한 시점에 의회가 기간을 정하여 휴회 중인 경우에도 같다.

①A 총독은 의회 소집 성명에서 정한 의회 소집 장소가 안전하지 않거나 거주에 부적합한 경우에는 성명에 의하여 소집장소를 변경할 수 있다.

② 총독은 성명에 의하여 의회를 휴회하거나 해산할 수 있다.

③ 의회 소집, 휴회 또는 해산 성명은 다음 둘 중 먼저 도달하는 시점에 효력을 갖는다.

a. 성명이 관보에 게재된 때

b. 총독으로부터 권한을 부여받은 사람이 국회의 서기 외 2인의 입회하에 성명서를 공표한 때

[덴마크]

제35조 (1) 새로 선출된 국회는, 국왕이 먼저 국회의원 회의를 소집한 경우를 제외하고, 선거일로부터 12일째 되는 날 정오 12시에 소집된다.

제36조 (1) 국회의 회기 연도는 10월 첫 번째 화요일에 시작되는 다음 해 10월 첫 번째 화요일까지 계속된다.

(2) 국회 회기 연도의 첫날 정오 12시에 국회의원들은 국회의 새로운 회의에 소집된다.

[독일]

제39조 (2) 연방의회는 늦어도 선거 후 30일에 집회한다.

(3) 연방의회는 회의의 폐회와 재개를 결정한다. 연방의회 의장은 그전에 연방의회를 소집할 수 있다. 의장은 의원의 3분의 1, 연방대통령 또는 연방수상이 요구할 때에는 연방의회를 소집하여야 한다.

[벨기에]

제44조 양원은 국왕이 의회의 조기 소집을 요구하지 않는 한 매년 10월 둘째 화요일에 정기회를 개최한다. 양원의 회기는 매년 40일 이상이어야 한다.

국왕은 폐회를 선언한다.

국왕은 양원의 임시회를 소집할 권한을 가진다.

[스웨덴]

정부조직법 제3장 제10조 각 선거는 새로 선출된 의회가 집회된 날로부터 차기 의회가 집회된 날까지 유효하다.

새로 선출된 의회는 선거 후 15일이 경과한 때에 집회한다. 다만, 선거결과가 공표된 후 4일이 경과되기 전에는 집회할 수 없다.

정부조직법 제4장 제1조 의회는 매년 집회한다. 의회의 자유나 안전과 관련하여 의회나 의장이 달리 결정하지 않는 한, 회의는 스톡홀름에서 연다.

정부조직법 제15장 제1조 국가가 전쟁 중이거나 전쟁 위험에 노출되면, 정부나 의장은 의회를 집회한다. 의회 소집을 통지하는 자는 스톡홀름 이외의 장소에서 의회를 집회하기로 결정할 수 있다.

[스위스]

제151조 (회기) ① 양 의회는 정기적으로 집회한다. 집회에 관한 사항은 법률로 정한다.

② 어느 한 의회의 4분의 1의 의원 또는 연방내각은 임시회의 집회를 요구할 수 있다.

[스페인]

제73조 ① 양원은 매년 2회의 정기회기를 집회한다. 제1회기는 9월에서 12월이며 제2회기는 2월에서 6월로 한다.

② 양원은 정부, 상임위원회(Diputación Permanente) 또는 양원 각 의원의 절대다수의 제청에 따라 임시로 개회할 수 있다. 임시의회는 특정의 의안에 관하여 집회하여야 하며 의안이 처리되면 폐회한다.

[아이슬란드]

제22조 대통령은 총선거 후 10주 내에 의회를 소집한다. 대통령은 매년 의회의 정기회를 개회한다.

제23조 대통령은 의회 회의를 한시적으로 연기할 수 있으나, 이는 2주를 초과할 수 없으며 연 1회를 초과하여 연기할 수 없다. 단, 의회는 대통령이 이 규정에서 벗어나는 것을 허가할 수 있다.

의회 회의가 연기된 경우라도 대통령은 필요한 때 의회를 소집할 수 있다. 나아가 대통령은 의회의 재적 의원 과반수가 요청한 경우 의회를 소집해야 한다.

제35조 의회는 매년 10월 1일 또는 그 날이 공휴일인 경우 다음 평일에 정기회를 소집하고, 의원 임기가 더 일찍 경과되거나 의회가 해산되지 않는 한 다음 해의 동일 일자까지 계속 회기가 지속된다.

의회 정기회의 개회일은 법률로 변경할 수 있다.

[아일랜드]

제13조 2. 1° 하원은 수상의 권고에 따라 대통령에 의해 소집 및 해산된다.

3° 대통령은 국가평의회와의 협의 하에 국회의 양원 또는 상원, 하원 각자 회의를 언제라도 소집할 수 있다.

제15조 7. 국회는 매년 1회 이상 개회한다.

[오스트리아]

제27조 ② 새로 선출된 국민회의는 연방대통령에 의해 늦어도 선거 후 30일 이내에 소집되어야 한다. 연방정부는 새로이 선출된 국민회의가 전 국민회의의 입법기간 중 다섯 번째 해가 끝나는 날 뒤에 회합할 수 있도록 일정을 조율하여야 한다.

제28조 ① 연방대통령은 국민회의를 매년 한 번의 정기회의를 소집한다. 이 정기회의는 9월 15일 이전에는 시작되어서는 안 되며 다음해의 7월 15일을 초과해서는 아니 된다.

② 연방대통령은 또한 임시회의를 위해서도 국민회의를 소집할 수 있다. 연방정부나 국민회의의 3분의 1이나 연방참사원이 요구하는 경우 연방대통령은 임시회의를 소집할 의무가 있고, 그 경우 국민회의의 요구가 연방대통령에게 도달된 후 늦어도 2주 안에 임시회의를 가져야 한다. 국민회의 의원이나 연방참사원 의 신청에 의한 임시의회 소집에 있어서는 연방정부의 제청을 필요로 하지 않는다.

③ 연방대통령은 국민회의의 회의가 국민회의의 결의에 따라 폐회되었음을 공고하여야 한다.

[이탈리아]

제62조 다른 규정이 없는 한 의회는 2월과 10월의 첫 근무일에 소집된다.

각 원은 의장이나 대통령 또는 재적의원 3분의 1의 발의로 임시 회의를 소집할 수 있다. 한 원에서 임시 회의를 소집하면, 나머지 원도 당연 소집된다.

[체코]

제34조 (1) 양원은 상시 개회한다. 하원의 회기는 선거일로부터 30일 이내에 대통령이 소집한다. 대통령이 하원을 소집하지 아니하는 때에는 하원은 선거일로부터 30일째에 회의를 소집하여야 한다.

(2) 양원의 회기는 의결을 통해 휴회할 수 있다. 회기를 휴회할 수 있는 총 일수는 120일을 초과하여서는 아니 된다.

(3) 회기가 휴회 중인 동안, 하원 또는 상원 의장은 정해진 휴회기간 전에 각 원의 회의를 소집할 수 있다. 의장은 대통령, 정부 또는 해당 원의 구성원 중 5분의 1 이상이 요청하는 경우에는 항상 각 원의 회의를 소집하여야 한다.

[캐나다]

1982 캐나다 헌법 제5조 입법기관의 연중 개회

캐나다 연방의회 및 각 주 입법부는 적어도 12개월에 1회 이상 개회해야 한다.

[헝가리]

제5조 (8) 국회의 정기회기에 관한 사항은 기본법률에서 정한다.

[호주]

제5조 (의회 회기, 정회 및 해산) 총독은 적절하다고 판단되는 바에 따라 의회의 회기를 지정하고, 포고 또는 다른 방법으로 의회를 정회하며, 같은 방법으로 하원을 해산할 수 있다.

(의회 소집) 의회 총선 후에 선거 승인장의 반환일로 지정된 날부터 30일 이내에 의회가 소집되어야 한다.

(첫 번째 회의) 의회는 연방 수립 후 6개월 이내에 소집되어야 한다.

제6조 (의회의 연례 회의) 매년 1회 이상 회의가 열려야 하며, 한 회기의 마지막 개회일과 다음 회기의 첫 개회일 사이의 기간이 12개월 이상이어서는 안 된다.

[남아프리카공화국]

제51조 (회기 및 휴회 기간) ① 하원의원 선거 후, 하원의 첫 회기는 선거 결과가 발표된 날로부터 늦어도 14일 이내에 헌법재판소장이 정하는 시간 및 날짜에 개회해야 한다. 하원은 기타 회기와 휴회의 시간 및 지속 기간을 결정할 수 있다.

② 대통령은 특별한 정무를 수행하기 위해 언제든지 임시 하원회의를 소집할 수 있다.

③ 하원은 공익, 안보 또는 편의에 근거해서만, 하원의 규칙 및 규율에 규정된 경우, 국회 소재지를 제외한 다른 장소에서 개회하도록 허용된다.

제63조 (상원의 회기) ① 상원은 개회 시점, 회기 및 휴회 기간을 결정할 수 있다.

② 대통령은 특별한 정무를 수행하기 위해 언제든지 임시 상원회의를 소집할 수 있다.

③ 상원은 공익, 안보 또는 편의에 근거해서만, 상원의 규칙 및 규율에 규정된 경우, 국회 소재지를 제외한 다른 장소에서 개회하도록 허용된다.

[터키]

제93조 (1995년 7월 23일 개정) 터키 대국민회의는 매년 10월 1일 자체 합의로 회의를 소집한다.

국민회의는 입법 회기년도 중 최대 3개월 동안 휴회할 수 있다 산회 또는 휴회 기간 중 공화국 대통령의 발의나 국무회의의 요청으로 공화국 대통령은 국민회의를 소집할 수 있다.

국민회의 역시 의장의 발의나 의원 5분의 1의 서면 요구로 국회를 소집할 수 있다.

터키 대국민회의가 산회 또는 휴회기간 중 소집될 경우, 국회소집의 사유가 된 사안에 대한 우선적인 심의를 하기 전에는 산회 또는 휴회할 수 없다.

[포르투갈]

제174조 (의회 회기, 의원 총회 및 소집) 1.의회 회기는 9월 15일을 시작으로 1년간 지속된다.

2. 전체 출석의원의 3분의 2에 해당하는 과반수에 의해 결정된 정회의 권리를 침해하지 않는 한도에서 의회의 일반 회기는 9월 15일부터 다음 해 6월 15일까지 지속된다.

3. 본회의에서 일반 회기를 연장하기로 의결한 후 또는 상임위원회의 발의 시 또는 상임위원회가 제 기능을 수행할 수 없으며 급박한 비상사태가 발생할 경우, 의회는 재적의원 중 과반수의 발의가 있는 경우를 조건으로 하여 전항에 명시된 회기를 초과해 의결 절차를 진행할 수 있다.

4. 또한 대통령은 특정 사안들을 처리하기 위해 임시의회를 소집할 수도 있다.

5. 의회가 제2항에 규정된 것과 동일한 회기 한도에서 의결을 실시할 경우, 의회 산하 위원회들은 의회 본회의가 개회 중인지 여부에 관계없이 의결 절차를 진행할 수 있다.

[핀란드]

제33조 (의회 회기) 의회는 의회가 정한 시간에 매년 회의를 소집하고 그 후 대통령은 의회 개회를 선언한다. 회기는 의회가 다음 회의를 소집할 때까지 계속된다. 단, 임기 중 마지막 회기는 의회가 업무 종결을 결정할 때까지 계속된다. 그 후 대통령은 해당 임기의 의회 업무가 끝났음을 선언한다. 단, 의회의장은 새로운 선거가 실시되기 전에 필요하면 의회를 재소집할 수 있다.

12. 국회의장·부의장

[대한민국]

제48조 국회는 의장 1인과 부의장 2인을 선출한다.

[러시아]

제101조 1. 연방회의는 구성원 중에서 의장과 부의장을 선출한다. 국가두마는 구성원 중에서 의장과 부의장을 선출한다.

2. 연방회의 의장과 부의장, 국가두마 의장과 부의장은 회의를 주재하며 각 원의 내부규칙을 정한다.

[미국]

제 1 조 ③ 제 3 문 ...미국의 부통령은 상원의장이 된다. 다만, 표결에서 가부동수일 경우를 제외하고는 투표권이 없다.

제 4 문 상원은 의장 이외의 임원들을 선임하며, 부통령이 결원일 경우나, 부통령이 대통령의 직무를 집행하는 때에는 임시의장을 선임한다.

[아르헨티나]

제57조 부통령은 상원의장이 되지만, 가부동수인 경우 외에는 투표권이 없다.

제58조 부통령이 궐위하거나 대통령직을 수행하는 경우 상원을 주재할 상원의장 대행을 임명한다.

[프랑스]

제32조 하원의장은 당해 입법회기 기간을 임기로 하여 선출된다. 상원의장은 상원의 부분적인 개편을 위한 선출이 이루어질 때마다 선출된다.

[필리핀]

제6장 제16조 ① 상원과 하원은 각각 재적의원의 과반수 득표를 통해 상원의장과 하원의장을 선출한다. 각 의회는 필요하다고 여겨지는 임원을 선출한다.

[그리스]

제65조 ② 국회는 의사 규칙에 따라 국회의원 중에서 국회의장과 그 외의 최고 간부 회의 위원들을 선출한다.

③ 국회의장과 부의장은 각 국회 임기가 시작될 때 선출된다. 본 조항은 제5차 개정 국회의 첫 회기에 의해 선출된 국회의장과 부의장들에게는 적용되지 않는다. 50명의 국회의원의 추천 시 국회의장이나 최고 간부 회의 위원을 징계할 수 있으며 이 경우 이들의 임기는 종료된다.

④ 국회의장은 국회 업무를 지시하며 국회 업무가 방해 받지 않고 수행되도록 관리하고 국회의원의 의사 표현의 자유를 보호하며 질서를 유지한다. 국회의장은 의사 규칙 위반 행위를 한 국회의원에 대한 징계 조치를 할 수도 있다.

[네덜란드]

제61조 ① 상하 각 원은 각 원 의원 중에서 각자 의장을 1명씩 임명한다.

② 상하 각 원은 의회의 의원을 겸직할 수 없는 서기를 각각 한 명씩 임명한다.

제62조 상원의장은 의회에서 양원합동회의를 소집 시 회의를 주재한다.

[노르웨이]

제73조 의회는 의장과 5명의 부의장, 2명의 사무총장을 선출한다...

[뉴질랜드]

제12조 국회는 의원 총선 후 첫 번째 회의와 의장직이 공석이 된 후 첫 번째 회의에서 의원 중 한 명을 의장으로 선출하여야 하고, 모든 선출은 총독이 승인하는 시점에 효력이 발생한다.

제13조 의회의 해산 또는 임기만료 직전의 의장은 의회의 해산 또는 임기만료에도 불구하고 다음 총선의 투표일이 끝날 때까지 계속 재직한다. 단, 해산 또는 임기만료 전에 의장직을 사임한 경우에는 그러하지 아니한다.

[덴마크]

제35조 (2) 유권자가 국회에 부여한 권한의 입증 후 국회는 자체적으로 의장 및 부의장을 선출한다.

제39조 국회의장은 국회의 회의를 소집하며 의사일정을 제시한다. 국회의장은 국회의원 5분의 2 이상 또는 수상이 서면으로 요청할 경우에 국회의 회의를 소집하며, 의사일정을 제시한다.

[독일]

제40조 (1) 연방의회는 의장, 의장대행과 사무총장을 선거한다. 연방의회는 의사규칙을 제정한다.

⑵ 의장은 연방의회 내에서 가택권과 경찰권을 행사한다. 연방의회에서는 의장의 허가가 없으면 수색이나 압수는 허용되지 않는다.

[룩셈부르크]

제60조 매 회기마다, 의회는 의장과 부의장을 임명하고 사무국을 구성한다.

[벨기에]

제52조 각 원은 각 회기마다 당해 의장과 부의장을 선임하고 사무국을 조직한다.

[스웨덴]

정부조직법 제 4 장 제 2 조 의회는 각 임기 동안 의원 중에서 의장과 제1부의장, 제2부의장, 제3부의장을 임명한다.

[스위스]

제152조 (의장) 각 의회는 해당 의회의 소속의원 중에서 의장 1인, 제1부의장 1인 및 제2부의장 1인을 각각 1년의 임기로 선출한다. 임기 다음 해에는 연임하지 못한다.

[스페인]

제72조 ② 양원은 각각 의장 및 의장단의 임원을 선출한다. 전체회의는 하원의장에 의하여 주재되며 각 의원의 절대다수로 승인한 국민회의규칙에 따라 규율된다.

③ 의장은 원내에서 모든 행정 및 징계 권한을 행사한다.

[아이슬란드]

제52조 의회는 의장을 선출하고, 의장이 의회의 의사 진행을 주재한다.

[아일랜드]

9. 1° 각 국회 양원은 각각 의원 중에서 의장과 부의장을 선출하고 그들의 권한과 직무를 규정한다.

2° 각 양원의 의장과 부의장의 보수는 법률로 정한다.

[오스트리아]

제30조 ① 국민회의는 의원들 중에서 의장, 부의장, 부부의장을 선출한다.

④ 국민회의의 의장에게는 특히 의회사무국의 근무자의 임명과 이 근무자의 인적사항에서의 모든 다른 권한이 부여되어 있다.

제36조 ① 연방참사원의 의장은 주마다 돌아가면서 반년씩 알파벳순으로 맡는다.

[이탈리아]

제63조 각 원은 소속 의원 중에서 의장과 사무총장을 선출한다.

양원합동회의 시 의장과 사무총장은 하원의 의장과 사무총장이 맡는다.

[일본]

제58조 [양원의 임원 선임과 규칙제정, 의원의 징벌] ① 양원은 각각 그 의장과 그 밖의 임원을 선임한다.

[체코]

제29조 (1) 하원은 하원의장 및 부의장을 임면한다.

(2) 상원은 상원의장 및 부의장을 임면한다.

[헝가리]

제5조 (2) 국회는 호선에 의하여 국회의장, 국회부의장 및 사무관을 선출하여야 한다.

[호주]

제17조 (의장의 선출) 상원은 다른 업무를 처리하기 전에 먼저 상원의장을 맡을 상원의원을 선출한다. 의장직이 결원이 될 때마다 상원은 의장을 맡을 상원의원을 다시 선출한다. 의장이 상원의원직을 상실할 경우 의장직에서 물러나야 한다. 의장은 상원의 표결에 의해 의장직에서 해임 될 수 있으며, 총독에게 서면 사직서를 제출하여 의장직 또는 의원직을 사임할 수 있다.

제18조 (의장의 부재) 의장의 부재 전 또는 부재중에 상원은 의장의 임무를 대신 수행할 상원의원을 선출할 수 있다.

제35조 (의장의 선출) 하원은 다른 업무를 처리하기 전에 먼저 하원의장을 맡을 하원의원을 선출한다. 의장직이 결원이 될 때마다 하원은 의장을 맡을 하원의원을 다시 선출한다. 의장이 하원의원직을 상실할 경우 의장직에서 물러나야 한다. 의장은 하원의 표결에 의해 의장직에서 해임될 수 있으며, 총독에게 서면 사직서를 제출하여 의장직 또는 의원직을 사임할 수 있다.

제36조 (의장의 부재) 의장의 부재 전 또는 부재중에 하원은 의장의 의무를 대신 수행할 하원의원을 선출할 수 있다.

[남아프리카공화국]

제52조 (하원의장 및 하원부의장) ① 하원의원선거 후 첫 개회시 또는 결원을 보충해야 할 경우, 하원은 하원의원 중에서 하원의장 및 하원부의장을 선출해야 한다.

② 헌법재판소장은 하원의장 선출을 주재하거나 그러한 역할을 담당할 다른 법관을 지명해야 한다. 하원의장은 하원부의장 선출을 주재한다.

제64조 (상원의장 및 상원부의장) ① 상원은 상원의원 중에서 상원의장 1명과 상원부의장 2명을 선출해야 한다.

② 상원의장과 상원부의장 1명은 해당자의 상원의원 임기가 먼저 만료되지 않는 이상, 5년에 한 번 상임 상원의원 중에서 선출한다.

③ 나머지 1명의 상원부의장은 1년에 한 번씩 선출되며 각 주의 상원의원이 교대로 상원부의장을 맡을 수 있도록 다른 주의 상원의원이 승계해야 한다.

④ 헌법재판소장은 상원의장 선출을 주재하거나 그러한 역할을 담당할 다른 법관을 임명해야 한다. 상원의장은 상원부의장 선출을 주재한다.

[터키]

제94조 (2010년 9월 23일 개정) 터키 대국민회의 사무국은 의회 의원 중에서 선출하며 의장, 부의장, 사무위원, 행정위원으로 구성된다...

터키 대국민회의의 의장과 부의장은 의회 내부 및 외부에서 그 직위의 기능에 의하여 요구되는 경우를 제외하고, 소속정당 또는 정당단체의 활동과 논의에 참여할 수 없다. 의장과 부의장은 임기 중에 투표에 참여할 수 없다.

[핀란드]

제34조 (의장과 의장단) 의회는 각 회기에 의원 중에서 의장 1명과 부의장 2명을 선출한다. 의장

과 부의장 선출은 비밀 투표로 한다. 과반수를 득표한 의원이 당선된다... 의장단은 의회 업무 편성에 관한 지침을 내리고 이 헌법이나 의회절차규칙에 구체적으로 규정된 대로 의회에서 의제를 심의할 때 따를 절차를 정한다. 의장단은 의회 공무원을 규율하는 법률이나 의회절차 규칙의 제정 또는 개정안뿐 아니라 의회 업무를 규율하는 기타 규정안을 제출할 수 있다.

13. 정족수

[대한민국]

제49조 국회는 헌법 또는 법률에 특별한 규정이 없는 한 재적의원 과반수의 출석과 출석의원 과반수의 찬성으로 의결한다. 가부동수인 때에는 부결된 것으로 본다.

[러시아]

제102조 3. 연방회의의 결정은 러시아연방 헌법에 의하여 별도로 규정되어 있는 경우를 제외하고는 재적의원 과반수의 찬성으로 채택한다.

제103조 3. 국가두마의 결정은 러시아연방 헌법에 의하여 별도로 규정되어 있는 경우를 제외하고는 재적 의원 과반수의 찬성으로 채택한다.

제105조 1. 연방법률은 국가두마에 의해 채택된다.

2. 연방법률은 러시아연방 헌법에 별도로 규정되어 있는 경우를 제외하고는 국가두마 재적의원 과반수의 찬성으로 채택된다.

제108조 1. 연방 헌법적 법률은 러시아연방 헌법에 의하여 규정된 바에 따라 채택된다.

2. 연방 헌법적 법률은 연방회의 재적 4분의 3 이상과 국가두마 재적 의원 3분의 2 이상의 찬성으로 의결될 경우 채택된 것으로 간주된다. 채택된 연방 헌법적 법률은 러시아연방 대통령이 14일 내에 서명하고 이를 공포한다.

[그리스]

제67조 국회는 국회 재적의원의 4분의 1 이상이 출석하고, 출석의원 과반수 이상으로 의결한다. 찬반 투표수가 같을 경우 투표를 다시 실시한다. 두 번째로 찬반 투표수가 같을 경우에는 법안이 거부된다.

[네덜란드]

제67조 ① 의회 양원은 전체 의원 과반수가 의회에 출석한 경우에만 개별적으로 혹은 양원합동회의를 통해 심의 또는 의결할 수 있다.

② 의결은 다수결의 원칙으로 결정된다.

③ 의원들은 의회 내에서 투표를 통해 의결권을 행사할 때 명령이나 지시에 구속되지 아니한다.

④ 개인과 무관한 사항에 대한 표결은 구두로 실시하거나 의원 1명의 요청에 따라 지명 투표로 실시할 수 있다.

[노르웨이]

제73조 ... 의회는 재적의원 과반수가 참석하지 아니하면 회의를 개최할 수 없다. 그러나 헌법의 개정안은 재적의원의 2/3 이상이 참석하지 아니하면 처리할 수 없다.

[덴마크]

제50조 국회의 의결 정족수는 국회 재적의원의 과반수이다.

[독일]

제42조 (2) 연방의회 의결은 기본법에 다른 규정이 없는 한 투표수의 과반수에 의한다. 연방의회가 실시하는 선거에 대하여는 의사규칙이 예외를 허용할 수 있다.

[룩셈부르크]

제62조 모든 결의안은 의원의 과반수 찬성이 있는 경우 채택한다. 반이 동수일 경우 안건은 부결된다. 의원의 과반수가 출석하여야만 의회가 결의안을 채택할 수 있다.

[벨기에]

제53조 모든 의결은 투표의 절대과반수로 가결된다. 다만, 선거 및 추천에 관하여 의회 절차 규칙이 정하는 특례의 경우는 제외한다.

가부동수인 경우에는 심의중인 의안이 부결된 것으로 본다.

양원은 당해 재적의원의 과반수의 출석이 없으면 결의안을 의결하지 못한다.

[스웨덴]

정부조직법 제 4 장 제 7 조 본회의에서 표결할 때는, 정부조직법 또는 의회 절차에 관한 문제의 경우 의회법에 다른 규정이 없는 한, 투표자 과반수가 지지한 의견이 의회의 결정이 된다. 가부 동수인 경우에는 의회법에서 정하는 규칙에 따른다.

[스위스]

제159조 (정족수 및 다수결) ① 양 의회는 재적의원 과반수의 출석으로 심의할 수 있다.

② 각 의회와 통합연방의회는 투표자의 과반수 득표로 결정한다.

[스페인]

제79조 ① 양원은 결의를 채택하기 위하여 법률에서 정한 바에 따라 의원의 과반수의 출석으로 개회하여야 한다.

② 의회의 결의가 유효하기 위하여 출석의원의 다수의 찬성을 요한다. 다만 헌법 또는 조직법 및 선거를 위한 의원규칙에 의하여 특별다수의 찬성이 요구되는 경우도 있다.

③ 상원의원 및 하원의원의 투표는 일신전속적이며 위임할 수 없다.

[아이슬란드]

제53조 의회는 정족수인 재적 의원의 과반수가 회의에 출석하여 투표에 참가하여야 결정을 할 수 있다.

[아일랜드]

11. 1° 각 양원의 모든 의제는, 본 헌법에 달리 규정된 경우를 제외하고, 의장 또는 회의를 주재하는 의원을 제외한 출석 의원들의 투표의 과반수로 결정된다.

2° 의장 또는 회의를 주재하는 의원은 가부 동수인 경우에 결정권을 행사한다.

3° 양원의 권한 행사를 위한 각각의 회의 구성 정족수는 각각의 의사 규정으로 정한다.

[오스트리아]

제31조 국민회의의 의결을 위해서는 이 법에서 달리 규정되어 있지 않거나 국민회의의 업무규정에 관한 연방법의 개별사항에서 달리 규정되어 있지 않는 한 적어도 구성원의 3분의 1의 참석과 투표수의 절대 과반수가 필요하다.

제37조 ① 연방참사원의 결정에는 이 법률에서 달리 규정되어 있지 않거나 개별 사항에 대한 연방참사원 의사규정에서 달리 규정되어 있지 않는 한, 최소한 의원의 3분의 1의 참석과 투표수의 절대 과반수의 찬성이 필요하다.

[이탈리아]

제64조 (제1항) 각 원은 의원 절대 다수로 자체 규칙을 채택한다.

(제3항) 헌법에 특별 다수결이 규정된 경우를 제외하고, 재적의원 과반수가 출석하지 않은 경우와 출석의원 과반수 찬성으로 통과되지 않은 경우 각 원 및 의회 결정은 유효하지 않다.

[일본]

제56조 [정족수] ① 양원은 각각 그 재적의원 3분의 1 이상이 출석하지 아니하면 개의하여 의결할 수 없다.

② 양원은 이 헌법에 특별한 규정이 있는 경우를 제외하고는 출석의원의 과반수로 의결하고 가부 동수인 경우에는 의장이 결정하는 바에 따른다.

[체코]

제39조 (1) 각 원은 재적의원의 3분의 1 이상이 출석하는 경우에 정족수를 충족한다.

(2) 헌법이 달리 규정하는 경우를 제외하고는 양원의 결의안 채택은 하원 또는 상원 출석의원 과반수가 찬성하여야 한다.

(3) 선전포고 또는 체코공화국 군대의 해외파병 또는 체코공화국 영토 내 외국 군대의 주둔의 승인에 관한 결의, 체코공화국이 가입한 국제기구의 방위체계에 대한 체코공화국의 참여에 관한 결의의 채택은 하원 재적의원 과반수와 상원 재적의원 과반수가 찬성하여야 한다.

(4) 헌법률의 채택 또는 제10a조 제1항에 명시된 국제협정의 비준에 대한 승인은 하원 재적의원 5분의 3과 상원 출석의원 5분의 3이 찬성하여야 한다.

[캐나다]

1867년 캐나다 헌법 제48조 연방 하원의 정족수

연방 하원의 권한을 행사하기 위하여 연방 하원 회의를 진행하려면 적어도 20명 이상의 연방 하원의원이 출석하여야 하고, 그러한 목적상 연방 하원의장은 연방 하원의원으로 간주한다.

제49조 연방 하원 내 표결

연방 하원 내에서 발생하는 문제는 연방 하원의장을 제외한 다수결을 통하여 결정하여야 하고, 의견이 동일할 경우 연방 하원의장은 한 표의 투표권을 갖는다.

[호주]

제22조 (정족수) 의회가 달리 정하지 않는 한, 상원 회의를 개회하기 위하여 전체 상원의원의 3분의 1 이상이 출석해야 한다.

제23조 (상원에서의 표결) 상원에서 의안은 과반수 득표에 의해 결정되며 각 의원은 하나의 투표권을 가진다. 의장은 모든 경우에 하나의 투표권을 가지며 가부동수일 경우 해당 의안은 부

결된다.

제39조 (정족수) 의회가 달리 정하지 않는 한, 하원의 권한을 행사하기 위한 하원 회의를 개회하기 위하여 전체 하원의원의 3분의 1 이상이 출석해야 한다.

제40조 (하원에서의 표결) 하원에서 의안은 의장을 제외한 과반수 득표에 의해 결정된다. 가부동수가 아닐 경우 의장은 투표할 수 없으며, 가부동수인 경우 의장이 결정권을 가진다.

[남아프리카공화국]

제53조 (의결) ① 헌법에 별도의 규정이 명시되어 있지 않은 한,

a. 법안 또는 법안의 수정안에 대한 표결을 실시할 경우, 표결에 앞서 전체 하원의원의 과반수가 출석해야 한다.

b. 하원에 제출된 그 밖의 사안에 관한 표결을 실시할 경우, 표결에 앞서 전체 하원의원의 3분의 1 이상이 출석해야 한다.

c. 하원의 모든 사안은 과반수 표결을 통해 결정한다.

② 하원회의를 주재하는 하원의원은 심의 표결권이 없지만,

a. 어떤 사안의 각 입장에 대한 투표수가 동일한 경우, 결정표를 행사해야 하며,

b. 전체 하원의원 중 3분의 2 이상의 찬성표를 통해 사안을 의결해야 할 경우, 심의 표결권을 행사할 수 있다.

[터키]

제96조(2007년 5월 31일 개정) 터키 대국민회의는 투표를 포함하여 모든 사안에 관해 총 재적의원의 최소 3분의 1이 출석해야 한다.

헌법에 특별히 규정되어 있지 않는 한, 터키 대국민회의는 재적의원의 최소 3분의 1의 출석과 출석의원의 절대 다수의 의결이 요구된다 그러나 의결 정족수는 어떠한 상황에서도 재적의원의 4분의 1을 초과해야 한다.

[포르투갈]

제168조 (심의 및 표결) 5. 최종 종합 투표를 통해 조직법을 결정할 경우, 재적의원 과반수에 의해 가결된다. 또한 제255조에 규정된 바에 따라 각 지역의 경계에 관한 규정의 세부 조항 역시 재적의원 과반수가 동의해야만 가결된다.

6. 다음에 열거한 법령들은 의회 출석의원 3분의 2 이상과 재적의원 과반수를 초과하는 동의가 있어야만 가결된다.

a) 매체 규제 기관을 규율하는 법률

b) 제118조 제2항의 규정을 규율하는 규칙

c) 제121조 제2항에 규정된 권리의 행사를 규제하는 법률

d) 제148조 및 제149조에 인용된 사안들을 규제하는 법률의 조항 및 제239조 제3항에 규정된 기관들을 선출하기 위한 제도 및 방법에 관한 법률의 조항

e) 제164조 제14호의 내용을 규제하는 조항

f) 자치구의 입법 권한에 의해 처리되는 사안들을 상세히 설명하고 있는 자치구 정치 행정 법령의 조항

14. 의사공개의 원칙

[대한민국]

제50조 ① 국회의 회의는 공개한다. 다만, 출석의원 과반수의 찬성이 있거나 의장이 국가의 안전보장을 위하여 필요하다고 인정할 때에는 공개하지 아니할 수 있다.

② 공개하지 아니한 회의내용의 공표에 관하여는 법률이 정하는 바에 의한다.

[러시아]

제100조 2. 연방회의와 국가두마의 회의는 공개된다. 절차 규정에 명시된 경우에는 비공개 회의를 개최할 수 있다.

[미국]

제 1 조 ⑤ 제 4 문 각 원은 의사록을 작성하여 각 원에서 비밀에 붙여져야 한다고 판단하는 부분을 제외하고, 의사록을 수시로 공표해야 한다. 각 원은 출석의원수의 5분의 1 이상이 요구할 경우에 어떠한 문제에 대해서도 소속의원의 찬반의견을 의사록에 기재해야 한다.

[프랑스]

제33조 ① 양원의 회의는 공개한다. 회의록 전문(全文)은 관보에 게재된다.

② 각 원은 총리 또는 그 재적의원의 10분의 1의 요구에 따라 회의를 공개하지 아니할 수 있다.

[필리핀]

제 6 장 제16조 ④ 의회는 그 절차에 대한 의사록을 보존해야 하며 때때로 의회의 판단에 따라 국가 안보에 영향을 끼치는 부분을 제외하고 동일한 의사록을 공개해야 하며 안건에 대한 찬반의 수는 출석의원 5분의 1의 요구가 있을 시 의사록에 기입되어야 한다. 의회는 또한 그 절차에 관한 기록을 보존한다.

[그리스]

제66조 ① 국회는 국회 회의장에서 공개적으로 개최된다. 그러나 정부의 청원이나 15명의 국회의원의 청원으로 비공개 회의 시 이루어진 과반수 결정에 의거하여 국회는 비공개 심의를 할 수 있다. 그 후 국회는 같은 주제에 대한 토론을 공개 회의에서 반복할 것인지 여부를 의결한다.

[네덜란드]

제66조 ① 의회의 각 회의는 공개한다.

② 의회의 각 회의는 출석의원 10분의 1이 요구하거나 혹은 양원의 각 의장이 필요하다고 판단할 경우에 비공개로 한다.

③ 상하 각 원 혹은 양원은 심의를 계속 진행할지 여부 및 비공개로 결정을 해야 할지 여부를 의결한다.

[노르웨이]

제84조 의회의 의사는 공개하고, 의사 내용은 인쇄물로 간행한다. 단, 과반수가 반대로 결정한 경우에는 예외로 한다.

[덴마크]

제49조 국회의 회의는 일반에 공개한다. 단, 국회의장, 절차 규정에 의해 규정될 수 있는 수의

의원들, 또는 장관은 관계자 이외의 모든 사람들의 퇴장을 요구할 자격이 있으며, 그 경우 해당 문제의 공개 또는 비공개 토의 여부를 토론 없이 결정해야 한다.

[독일]

제42조 (1) 연방의회의 의사는 공개된다. 연방의회 의원 10분의 1 또는 연방정부의 신청에 의하여 3분의 2의 다수의 동의로 비공개로 할 수 있다. 이 신청은 비공개회의에서 결정된다.

[룩셈부르크]

제61조 의회 회의는 명령에 의하여 결정될 예외적인 경우를 제외하고는 공개된다.

[벨기에]

제47조 양원의 회의는 공개한다. 다만, 상하 각 원은 당해 의장 또는 의원 10인의 요구가 있으면 이를 공개하지 아니할 수 있다. 비공개회의 후에 각 원은 절대과반수로 동일한 의제에 관하여 회의를 다시 공개할 것인가를 결정할 수 있다.

[스웨덴]

정부조직법 제 4 장 제 9 조 본회의는 일반인에게 공개한다. 그러나 회의는 의회법에 따라 비공개로 할 수 있다.

[스위스]

제158조 (회의의 공개) 양 의회의 회의는 공개한다. 법률에 의하여 예외를 정할 수 있다.

[스페인]

제80조 양원의 본회의는 공개로 한다. 다만, 의원규칙에 따라 절대다수 의원의 반대결의가 있을 경우에는 그러하지 아니하다.

[아이슬란드]

제57조 의회 회의는 공개한다. 단, 의장이나 의사규칙에 정해진 정족수 이상의 요청이 있는 경우 의원이 아닌 자를 전부 제외할 수 있다. 그 후 회의에서 의제를 공개 토론할지 비공개로 토론할지 결정한다.

[아일랜드]

제15조 8. 1° 각 국회 양원의 회의는 일반에 공개된다.

2° 단, 특별한 비상상황 시 양원은 각기 출석 의원 3분의 2의 찬성으로 비공개회의를 열 수 있다.

[오스트리아]

제32조 ① 국민회의의 회합은 공개한다.

② 의장이나 국민회의의 업무규정에 관하여 연방법이 정하는 일정 수의 의원의 요구가 있는 경우 및 국민회의가 방청자의 퇴정을 결의한 경우에는 비공개로 한다.

제37조 ③ 연방참사원의 회합은 공개적이다. 그러나 공개성은 의사규정에 따라 의결을 통해 폐지될 수 있다…

[이탈리아]

제64조 (제2항) 회의는 공개하나, 각 원과 양원합동회의는 비공개회의 소집을 결정할 수 있다.

[일본]

제57조 [회의의 공개] ① 양원의 회의는 공개한다. 다만, 출석의원 3분의 2 이상의 다수로 의결한 때에는 비밀회의로 할 수 있다.

② 양원은 각각 회의의 기록을 보존하며, 비밀회의의 기록 중에서 특별히 비밀을 요한다고 인정된 것 이외에는 이를 공표하고 일반에 배포하여야 한다.

③ 출석의원 5분의 1 이상의 요구가 있으면 각 의원의 표결은 회의록에 기재하여야 한다.

[체코]

제36조 양원의 회의는 공개하여야 한다. 국민은 법률에 정하는 조건에 따른 경우에 한하여 배제될 수 있다.

[헝가리]

제5조 (1) 국회의 회기는 일반인에게 공개한다. 국회는 정부 또는 국회의원의 요청이 있는 경우 국회의원 3분의 2 이상의 찬성으로 회기를 비공개로 하기로 결정할 수 있다.

[남아프리카공화국]

제59조 (일반인의 하원 참관 및 참여) ① 하원은

b. 하원 업무를 공개적으로 진행하고 하원회의 및 원내 위원회 회의를 공개적으로 열어야 한다. 단, 다음을 위해 적절한 조치를 취할 수 있다.

i. 언론 매체의 접근 등 하원 및 원내 위원회에 대한 일반인의 접근을 규제

ii. 특정인에 대한 수색과, 필요한 경우 입장 거부 또는 퇴장

② 열린 민주 사회에서 타당성 및 정당성이 인정되지 않는 한, 하원은 원내 위원회 회의에서 언론 매체를 포함한 일반인을 배제할 수 없다.

제72조 (일반인의 상원 참관 및 참여) ① 상원은

b. 상원 업무를 공개적으로 진행하고 상원회의 및 원내 위원회 회의를 공개적으로 열어야 한다. 단, 다음을 위해 적절한 조치를 취할 수 있다.

i. 언론 매체의 접근 등 상원 및 원내 위원회에 대한 일반인의 접근을 규제

ii. 특정인에 대한 수색과, 필요한 경우 입장 거부 또는 퇴장

② 열린 민주 사회에서 타당성 및 정당성이 인정되지 않는 한, 상원은 원내 위원회 회의에서 언론 매체를 포함한 일반인을 배제할 수 없다.

[터키]

제97조 터키 대국민회의 본회의에서 이루어진 토론은 공개되어야 하며 기록간행물에 속기록으로 발행해야 한다.

터키 대국민회의는 의사규칙에 따라 비공식 회의를 개최할 수 있다. 회의의 토론공개는 터키 대국민회의의 결정에 따라야 한다.

대국민회의의 공적인 업무는 국민회의 사무국의 제안으로 공개에 반대되는 결정이 국민회의에 의해 채택되지 않는 한 모든 매체를 통해 자유롭게 공개할 수 있다.

[핀란드]

제50조 (의회 활동의 공개) 의회가 매우 중대한 이유로 특정 문제에 대하여 공개하지 않기로 결정하지 않는 한 본회의는 일반에게 공개된다. 의회는 의회절차규칙의 세부 규정에 따라 문서

를 발간한다. 위원회 회의는 일반에게 공개하지 않는다. 단, 위원회는 어떤 의제 준비를 위해 정보를 수집하는 기간 동안에는 그 회의를 일반에게 공개할 수 있다. 위원회가 부득이한 이유로 특정 문제에 대해 공개하지 않기로 결정하지 않는 한 위원회 회의록과 기타 관련 문서는 일반에게 공개된다.

위원회의 구성원은 해당 위원회가 필요하다고 판단한 기밀 등급을 준수한다. 단, 핀란드의 국제관계나 유럽연합 문제와 관련된 의제를 심의할 때, 위원회의 구성원은 외무위원회나 대위원회가 정부의 의견을 들은 후 필요하다고 판단한 기밀 등급을 준수한다.

15. 회기계속의 원칙

[대한민국]

제51조 국회에 제출된 법률안 기타의 의안은 회기중에 의결되지 못한 이유로 폐기되지 아니한다. 다만, 국회의원의 임기가 만료된 때에는 그러하지 아니하다.

[뉴질랜드]

제20조 ① 의회 회기 중 국회 또는 국회의 위원회에 제출된 모든 법안, 청원 기타 업무(모든 의회의 업무)는 다음에 따른다.

a. 의회의 휴회로 폐기되지 않고, 다음 의회의 회기(동일 의회의 회기)에 계속된다.

b. 의회의 해산 또는 임기 만료로 폐기되지만, 다음 의회의 회기(차기 의회의 회기)에 재상정할 수 있다.

② 해산이나 임기 만료 후, 국회가 의회 업무를 차기 회기에 재상정하기로 의결한 경우에는 그 의회의 업무는 차기 회기에 재상정된다.

[오스트리아]

제28조 ④ 동일한 입법기간 내에 국민회의가 새로 개회되는 경우에는 최종 회의의 결과로 인정된 상황에 의한 과업은 승계된다. 폐회의 경우 국민회의의 각 상임위원회에 위임하여 자신의 활동을 승계하도록 할 수 있다. 새로운 입법기간이 시작되면 앞의 입법기간의 국민회의에 의해 처리되지 못한 국민발안과 국민회의에 청원된 시민발의는 새로 선출된 국민회의의 심리대상으로 인정된다. 이것은 국민회의의 업무규정에 대한 연방법을 통해 국민회의의 추가적인 심리대상으로 규정될 수 있다.

[핀란드]

제49조 (심의 계속) 한 회기에 끝나지 않은 의제 심의는 그 사이에 의회 선거가 실시되지 않는 한, 다음 회기에 계속된다.

필요 시 의회에 계류 중인 국제문제 심의는 의회 선거 후의 회기에 계속할 수 있다.

16. 의안제출

[대한민국]

제52조 국회의원과 정부는 법률안을 제출할 수 있다.

[러시아]

제104조 1. 러시아연방 대통령, 연방회의, 연방회의 의원, 국가두마 의원, 러시아연방 정부, 러시아연방 구성 주체들의 입법(대의)기구들은 법안 제출권을 가진다. 러시아연방 헌법재판소, 러시아연방 대법원 및 러시아연방 최고중재법원은 소관업무에 관련된 법안제출권을 가진다.

2. 법률안은 국가두마에 제출한다.

3. 조세의 도입 또는 폐지, 세금의 면제, 국채발행, 국가 재정의무의 변경에 관한 법안과 연방예산에 의하여 부담되는 지출을 수반하는 법안들은 러시아연방 정부의 결의하에서만 제출할 수 있다.

[멕시코]

제71조 ① 다음 각 호에 해당하는 자는 법률 또는 법령을 발의할 권리가 있다.

Ⅰ. 대통령

Ⅱ. 연방의회 하원의원 및 상원의원

Ⅲ. 주(州) 의회

Ⅳ. 법률에 정하는 바에 따라 선거인명부의 0.13%에 해당하는 수의 시민

[미국]

제 1 조 ⑦ 제 1 문 세입징수에 관한 모든 법률안은 먼저 하원에서 발의되어야 한다. 다만, 상원은 이에 대해 다른 법안에서와 마찬가지로 수정안을 발의하거나 수정을 가하여 동의할 수 있다.

[아르헨티나]

제39조 국민은 법안을 하원에 제출할 수 있다. 연방의회는 12개월 내에 그 법안을 심의한다.

연방의회는 각 원의 재적의원 과반수의 찬성으로 법률을 제정하며, 전국등록유권자의 3퍼센트 이상이 요구하지 않은 규제법률은 발의 시에 적절한 지역적 배분에 의한 동의가 있어야 한다.

개헌, 국제조약, 과세, 예산, 형사법과 관련된 법안은 국민이 발의할 수 없다.

제77조 이 헌법에 규정된 예외를 제외하고, 법률은 의원이나 연방정부가 제출한 법안을 통해 연방의회의 각 원에서 발의한다. 선거제도와 정당제도를 변경하는 법안은 각 원의 재적의원 과반수의 찬성으로 승인한다.

제84조 법률제정 시 다음 방식이 사용된다. 연방상원과 하원이 연방의회에 모여 법률로 제정한다.

[프랑스]

제39조 ① 총리와 의원은 법안 발의권을 가진다.

정부제출 법안은 국사원의 의견을 청취하고 국무회의에서 심의한 다음 양원 중 한 원에 제출된다. 재정법안과 사회보장 재정법안은 하원에 우선 제출한다. 제44조 제1문을 침해하지 않는 이상 지방자치단체의 구성을 주 내용으로 하는 정부제출 법안은 상원에 우선 제출한다.

[그리스]

제73조 ① 의안을 제출할 권한은 국회와 정부에게 있다.

② 연금 수여 및 그 필수조건과 관련된 의안은 감사 법원의 의견을 구한 후에 재무부 장관만이 제출할 수 있다. 지방 정부기관이나 다른 공법상 법인의 예산에 부담을 주는 연금의 경우, 관할 장관과 재무부 장관이 의안을 제출 한다...

[네덜란드]

제82조 ① 각종 법안은 국왕 또는 국왕의 대리인이 제출하거나 의회 하원에서 제출할 수 있다.

② 의회 양원합동회의에서 검토해야 하는 법안들은 본 헌법 제2장의 관련 조항에 부합하는 한 국왕 또는 국왕의 대리인이 제출하거나 의회 양원합동회의에서 제출할 수 있다.

③ 하원 또는 의회 양원합동회의에서 제출하는 법안들은 경우에 따라 하원 또는 양원합동회의에서 1명 이상의 의원들이 제출한다.

제85조 하원에서 어떤 법안을 가결하거나 이를 제출하기로 의결할 경우 하원은 동 법안을 상원에 회부해야 하며 상원은 하원으로부터 회부된 동 법안을 검토한다. 하원은 1명 이상의 하원의원으로 하여금 상원에서 해당 제출법안을 변호하도록 지시할 수 있다.

[노르웨이]

제76조 모든 법률안은 의회 의원이, 또는 국무회의 위원을 통하여 정부가 의회에 제출한다. 법률안이 의결되면 의회는 이를 승인하거나 거부하기 위하여 새로 심의를 한다. 거부의 경우 의회는 법률안을 보류하거나 또는 의회의 의견이 첨부된 법률안으로 승인할지 여부를 다시 심의한다.

각 심의는 적어도 3일 이상의 간격을 두고 한다.

[덴마크]

제21조 국왕은 법안 및 기타 의안을 국회에 제출할 수 있다.

제41조 (1) 국회의원은 법안 및 기타 의안을 제출할 자격이 있다.

[독일]

제76조 (1) 법률안은 연방정부, 연방의회의 의원들 또는 연방참사원에 의하여 연방의회에 제출된다.

(2) 연방정부의 법률안은 우선 연방참사원에 이송되어야 한다. 연방참사원은 6주 이내에 당해 법률안에 대하여 의견을 표명할 수 있다. 연방참사원이 중요한 이유로, 특히 법률안의 분량을 고려하여, 기한의 연장을 요구하는 경우에는 그 기한은 9주로 연장된다. 연방정부가 연방참사원에 법률안을 이송할 때 예외적으로 특히 긴급하다고 표시한 법률안은 3주 후에 또는 연방참사원이 제3문에 따른 요구를 표명한 경우에는 연방참사원의 입장표명이 아직 연방정부에 제출되지 않은 경우에도 6주 후에 연방의회에 이송할 수 있다. 연방정부는 연방참사원의 입장표명을 지체없이 연방의회에 제출하여야 한다. 기본법의 개정 및 제23조 또는 제24조에 따른 주권의 이양을 목적으로 하는 법률안은 그 입장표명 기한이 9주이다. 제4문은 적용되지 아니한다.

(3) 연방참사원의 법률안은 6주 이내에 연방정부에 의하여 연방의회에 이송되어야 한다. 이때 연방정부는 의견을 명시하여야 한다. 연방정부가 중요한 이유로, 특히 법률안의 분량을 고려하여, 기한의 연장을 요구하는 경우에는 그 기한은 9주로 연장된다. 연방참사원이 법률안을 예외적으로 특히 긴급하다고 표시한 경우에는 그 기한은 3주가 되거나 또는 연방정부가 제3문에 따른 요구를 표명하면 6주가 된다. 기본법의 개정 및 제23조 또는 제24조에 따른 주권의 이양을 목적으로 하는 법률안은 그 입장표명 기한이 9주이다. 제4문은 적용되지 아니한다. 연방의회는 이 법률안에 관하여 적절한 기한 내에 심의하여 의결하여야 한다.

[룩셈부르크]

제47조 대공은 가결되기를 바라는 법률의 제안서 또는 법률안을 의회에 제출한다. 의회는 대공에게 법률안을 제출할 수 있다.

[벨기에]

제75조 연방입법권의 각 기관은 입법을 제안할 권리를 가진다.

제132조 공동체 정부 및 공동체 의회의 의원은 법률안 제출권을 가진다.

[스웨덴]

정부조직법 제 4 장 제 4 조 정부와 모든 의원은 현 정부조직법에 다른 규정이 없는 한, 의회법의 규정에 따라 의회의 관할에 속한 문제에 관한 법안을 발의할 수 있다.

[스위스]

제181조 (발의권) 연방내각은 연방의회법률안을 연방의회에 제출한다.

[스페인]

제84조 의원발의법안 또는 수정안이 현행의 입법위임에 반하는 경우, 정부는 그 심의에 반대할 수 있다. 이 경우 위임입법의 전체 또는 일부의 폐지를 위한 법률안을 제출할 수 있다.

제87조 ① 법률안의 제출권은 헌법 및 각 의원규칙에 따라 내각, 하원 및 상원에 있다.

[아이슬란드]

제25조 대통령은 법안과 결의안을 의회에 제출하도록 할 수 있다.

제38조 의원과 장관은 법안과 결의안을 제출할 수 있다.

[아일랜드]

제20조 1. 하원에서 발의되어 가결된 모든 법안은 상원으로 송부되며, 재정 법안의 경우를 제외하고, 상원에서 수정될 수 있으며, 하원은 수정 사항을 심의한다.

2. 1° 재정 법안 이외의 법안은 상원에서 발의될 수 있으며, 상원에서 가결되는 경우, 하원에 제출된다.

2° 상원에서 발의된 법안은, 하원에서 수정된 경우, 하원에서 발의된 법안으로 간주된다.

3° 상원이나 하원에서 가결되어 상대 일방 국회에서 승인된 법안은 양원에서 가결된 것으로 간주된다.

제21조 1. 1° 재정 법안은 하원에서만 발의된다.

2° 하원에서 가결된 모든 재정 법안은 권고를 얻기 위해 상원으로 송부된다.

[오스트리아]

제41조 ① 법률제안은 국민회의 의원, 연방참사원, 연방참사원 의원의 3분의 1의 신청 및 연방정부 제안으로 국민회의에 제출된다.

[이탈리아]

제71조 행정부, 의원, 헌법 개정법률로 권한을 부여받은 단체나 기관은 법안을 제출할 수 있다.

[체코]

제33조 (3) 법률안은 정부만이 상원에 제출할 수 있다.

(4) 상원의 법률안은 상원 의장, 대통령 및 총리가 서명하여야 한다. 법률안은 법률과 동일한 방식으로 공포되어야 한다.

(5) 상원의 법률안은 하원의 첫 번째 회의에서 하원의 승인을 받아야 한다. 하원이 승인하지 아니하는 때에는 해당 법률안은 그 효력을 상실한다.

제41조 (1) 법률안은 하원에 제출되어야 한다.

(2) 법률안은 하원의원, 하원의원단체, 상원, 정부 또는 광역지방자치단체의 대표기관이 제출할 수 있다.

[헝가리]

제6조 (1) 대통령, 정부, 국회 위원회 및 국회의원은 법안을 제출할 수 있다.

[남아프리카공화국]

제55조 (하원의 권한) ① 입법권을 행사하는 과정에서 하원은

a. 하원에 제출된 모든 법률을 검토, 가결, 수정 또는 부결할 수 있다.

b. 재정 법안을 제외한 법률을 발의 또는 입안할 수 있다.

제68조 (상원의 권한) 상원은 입법권을 행사하면서,

a. 본 장에 따라 상원에 제출된 법률을 검토, 가결, 부결하거나 수정안을 제시할 수 있다.

b. 별표 4에 나열된 기능 영역의 범위 내에 해당되는 법률을 발의 또는 입안하거나 제76조 제3항에 언급된 그 밖의 법률을 발의 또는 입안할 수 있다. 단, 재정 법안은 발의 또는 입안할 수 없다.

제73조 (법안) ① 법안은 하원에 제출할 수 있다.

② 내각 구성원, 차관, 하원의원 또는 원내 위원회만이 하원에 법안을 제출할 수 있다. 단, 다음의 법안은 국가 재정 사안을 담당하는 내각 구성원만이 하원에 제출할 수 있다.

a. 재정 법안

b. 제214조에서 의도한 법률을 규정하는 법안

③ 이 조의 제2항 제a호 또는 동항 제b호에 언급된 법안을 제외하면 제76조 제3항에 언급된 법안은 상원에 제출할 수 있다.

④ 상원의원 또는 상원 내 위원회만이 상원에 법안을 제출할 수 있다.

⑤ 하원에서 가결한 법안은 상원에서 검토해야 할 경우, 상원에 회부해야 한다. 상원에서 가결한 법안은 하원에 회부해야 한다.

[터키]

제88조 국무회의와 대의원은 법률안을 제출할 수 있는 권한을 갖는다.

터키 대국민회의에서 법률초안 및 법률 제안과 관련한 절차 및 원칙은 의사규칙에 따라 규제된다.

[포르투갈]

제167조 (입법 및 국민투표에 관한 의안 제출권) 1.입법 및 국민투표를 발의할 권한은 의원, 의회단체 및 정부에 있으며 또한 법률에 규정된 조건에 따라 등록 유권자 단체에게도 부여된다.

[핀란드]

제70조 (입법 발의) 법률 제정에 관한 제안은 정부가 제출한 정부안에 의해 개시되거나 의원의 입법 발의를 통해 의회에서 시작된다. 입법 발의는 의회가 개회 중일 때 제출할 수 있다.

17. 법률안의 확정 · 공포

[대한민국]

제53조 ① 국회에서 의결된 법률안은 정부에 이송되어 15일 이내에 대통령이 공포한다.

② 법률안에 이의가 있을 때에는 대통령은 제1항의 기간내에 이의서를 붙여 국회로 환부하고, 그 재의를 요구할 수 있다. 국회의 폐회중에도 또한 같다.

③ 대통령은 법률안의 일부에 대하여 또는 법률안을 수정하여 재의를 요구할 수 없다.

④ 재의의 요구가 있을 때에는 국회는 재의에 붙이고, 재적의원과반수의 출석과 출석의원 3분의 2 이상의 찬성으로 전과 같은 의결을 하면 그 법률안은 법률로서 확정된다.

⑤ 대통령이 제1항의 기간내에 공포나 재의의 요구를 하지 아니한 때에도 그 법률안은 법률로서 확정된다.

⑥ 대통령은 제4항과 제5항의 규정에 의하여 확정된 법률을 지체없이 공포하여야 한다. 제5항에 의하여 법률이 확정된 후 또는 제4항에 의한 확정법률이 정부에 이송된 후 5일 이내에 대통령이 공포하지 아니할 때에는 국회의장이 이를 공포한다.

⑦ 법률은 특별한 규정이 없는 한 공포한 날로부터 20일을 경과함으로써 효력을 발생한다.

[러시아]

제105조 3. 국가두마가 채택한 연방법률은 5일 내에 연방회의의 심의에 회부한다.

4. 연방법률은 연방회의의 구성원 재적 과반수의 찬성을 받거나, 연방회의가 14일 이내에 심의하지 않은 경우에 연방회의를 통과한 것으로 간주한다. 연방법률이 연방회의에서 부결되는 경우, 양원은 이견을 해소하기 위하여 조정위원회를 구성할 수 있으며 연방법률은 국가두마에서 재심의한다.

5. 국가두마가 연방회의의 결정에 동의하지 않는 경우에 연방법률은 국가두마에서 재차 표결에 회부되어 재적 의원 3분의 2 이상의 찬성을 얻는 경우 채택된 것으로 간주한다.

제107조 1. 채택된 연방법률은 서명 및 공포를 위하여 5일 내에 러시아연방 대통령에게 송부한다.

2. 러시아연방 대통령은 14일 내에 연방법률에 서명하고 이를 공포한다.

3. 러시아연방 대통령이 연방법률이 송부된 시점으로부터 14일 내에 이를 거부하면 국가두마와 연방회의는 러시아연방 헌법에 규정된 절차에 따라 그 법률을 재심의한다. 재심의를 거쳐 연방법률이 연방회의와 국가두마 의원 재적 3분의 2 이상의 찬성으로 원안대로 재의결되면 러시아연방 대통령은 7일 내에 이에 서명하고 공포하여야 한다.

제108조 2. 연방 헌법적 법률은 연방회의 재적 4분의 3 이상과 국가두마 재적 의원 3분의 2 이상의 찬성으로 의결될 경우 채택된 것으로 간주된다. 채택된 연방 헌법적 법률은 러시아연방 대통령이 14일 내에 서명하고 이를 공포한다.

[멕시코]

제70조 ① 연방의회의 모든 의결은 법률 또는 법령의 효력을 갖는다. 법률 또는 법령은 양원의 의장과 서기가 서명한 문서로써 대통령에게 통지되고, “멕시코 연방의회는 다음과 같이 제정한다: (개별법률 또는 법령의 본문)”의 형식으로 공포한다...

제72조 각 원의 전속관할에 속하는 문제를 제외하고는 모든 법안 또는 법령안은 양원에서 연속

적으로 논의되어야 한다. 양원은 의회법과 그 규정이 정하는 방법, 시간, 토론 및 투표절차를 준수하여야 한다.

A. 발의한 원에서 승인한 법안은 토론을 위하여 다른 원에 제출한다. 다른 원이 해당 법안을 승인하는 경우에는 대통령에게 제출하고, 대통령은 해당 법안에 이의가 없는 때에는 즉시 공포하여야 한다.

B. 대통령이 자신에게 제출된 법안을 수령 후 30일 이내에 수정의견서와 함께 해당 법안을 발의한 원으로 환송하지 아니하는 때에는 이를 승인한 것으로 본다. 대통령은 해당 기간의 경과 후 10일 이내에 해당 법률 또는 법령을 공포하여야 한다. 이 기간이 경과한 때에는 법률 또는 법령이 제정된 것으로 보고, 해당 법안을 발의한 원의 의장은 승인을 요구함이 없이 10일 이내에 연방관보에 법률 또는 법령을 공고하여야 한다. 연방의회가 그 회기를 종료하거나 휴회하는 경우에도 이 기간은 중단되지 아니한다. 이 경우에 대통령은 상원위원회에 해당 법안을 환송하여야 한다.

C. 대통령이 일부 또는 전부를 거부한 모든 법안 또는 법령안은 각 의견서와 함께 발의한 원에 환송된다. 법안 또는 법령안이 환송된 원은 이를 다시 토론하여야 하고, 3분의 2의 찬성으로 통과된 경우에는 다시 다른 원에 제출하여 심의된다. 다른 원이 심의한 후 3분의 2의 찬성으로 해당 법안을 승인하는 경우에는 법률 또는 법령으로 제정된 것으로 보고, 공포를 위하여 대통령에게 송부하여야 한다.

법률 또는 법령의 제정을 위한 표결은 호명투표로 한다.

D. 법안을 심의한 원이 법안의 전부를 거부하는 경우에는 해당 의견서와 함께 발의된 원으로 환송된다. 법안을 발의한 원은 환송된 법안을 다시 심의하고 출석한 의원 과반수의 찬성으로 승인하는 경우에는 법안을 거절한 원으로 다시 제출하고 해당 원은 이를 다시 심의한다. 다른 원이 동일하게 과반수의 찬성으로 법안을 승인하는 경우에는 A의 목적을 위하여 대통령에게 제출된다. 다른 원이 법안을 거부하는 경우에는 동일 회기에 재상정될 수 없다.

E. 법안 또는 법령안을 심의한 다른 원이 그 일부를 거부, 수정 또는 추가하는 경우에는 발의한 원의 재논의는 이미 승인된 조항을 변경하지 아니하고 거부, 수정 또는 추가된 부분으로 제한된다.

검토한 원의 추가 또는 수정 부분이 발의한 원에서 출석 의원의 과반수의 찬성으로 의결되면, 전체 법안을 A의 목적으로 행정부에 보낸다. 다른 원의 추가 또는 수정이 발의한 원에서 과반수의 찬성으로 승인되는 경우에는 전체 법안 또는 법령안을 A의 목적을 위하여 대통령에게 송부한다.

다른 원의 추가 또는 수정이 발의한 원에서 과반수의 찬성으로 거부된 경우에는 해당 법안 또는 법령안은 거부의 사유를 검토하기 위하여 다른 원으로 환송된다. 다른 원의 검토 이후에 해당 추가 또는 수정이 다시 거부되는 경우에는 해당 법안 중 양원이 승인한 부분만을 A의 목적을 위하여 대통령에게 송부한다. 다른 원의 출석의원 과반수가 추가 또는 수정안의 제정을 주장하는 경우에는 양원의 출석의원 과반수가 해당 법안의 승인된 조항에 한정된 제정 및 추가 또는 수정안의 차기 회기 상정에 합의한 경우가 아니면 전체 법안 또는 법령안은 다음 회기까지 연기된다.

F. 법률 또는 법령의 해석, 개정 또는 폐지는 그 제정에 관하여 정한 것과 동일한 절차를 따른다.

G. 발의한 원에서 거부된 모든 법안 또는 법령안은 해당 연도의 다른 회기에 재상정할 수 없다.

H. 법률 또는 법령안은 양원 중 어느 원이라도 먼저 발의할 수 있다. 다만, 차관, 조세 또는 모병에 관한 법안은 하원에서 우선 심의되어야 한다.

I. 법안 또는 법령안은 제출된 원에서 우선적으로 심의한다. 자문위원회가 1개월 이상 해당 법안에 대한 의견표명을 지연하는 경우에는 해당 법안 또는 법령안은 심의를 위하여 다른 원에 제출할 수 있다.

J. 대통령은 선거기관 또는 재판관으로서 행위하는 경우와 하원이 고위공직자를 직무상 범죄로 탄핵하는 경우에는 연방의회 또는 각 원의 의결에 대하여 이의를 제기할 수 없다.

대통령은 상임위원회의 특별회기 소집명령에 대하여 이의를 제기할 수 없다.

[미국]

제1조 ⑦ 제2문 하원과 상원을 통과한 모든 법률안은 법률로 확정되기에 앞서 대통령에게 이송되어야 한다. 대통령이 이를 승인하는 경우에는 이에 서명하며, 승인하지 아니하는 경우에는 이의서를 첨부하여 이 법률안을 발의한 원으로 환부하여야 한다. 법률안을 환부 받은 원은 이의의 개요를 의사록에 기록한 후 이 법률안을 다시 심의하여야 한다. 다시 심의한 결과, 그 원의 의원 3분의 2 이상의 찬성으로 가결할 경우에는 법률안을 대통령의 이의서와 함께 다른 원으로 이송해야 한다. 다른 원에서 이 법률안을 재심의 하여 의원의 3분의 2 이상의 찬성으로 가결할 경우에는 이 법률안은 법률로 확정된다. 이 모든 경우에 있어서 양원은 호명, 구두표결로 결정하며, 그 법률안에 대한 찬성자와 반대자의 성명을 각 원의 의사록에 기재해야 한다. 법률안이 대통령에게 이송된 후 10일 이내(일요일 제외)에 의회로 환부되지 아니할 때에는 그 법률안은 대통령이 이에 서명한 경우와 마찬가지로 법률로 확정된다. 다만, 연방의회가 휴회하여 이 법률안을 환부할 수 없는 경우에는 법률로 확정되지 아니한다.

제3문 양원의 의결을 필요로 하는 모든 명령, 결의 또는 표결(휴회에 관한 결의는 제외)은 이를 대통령에게 이송해야 하며, 대통령이 이를 승인해야 효력을 발생한다. 대통령이 이를 승인하지 아니하는 경우에는 법률안에서와 같은 규칙 및 제한에 따라서 상원과 하원에서 3분의 2 이상의 의원의 찬성으로 다시 재의결해야 한다.

[아르헨티나]

제78조 법안이 발의된 원에서 통과되면 다른 원에 가서 토론을 거친다. 양원에서 승인된 법안은 연방정부에 가서 검토를 거쳐 승인되면 법률이 된다.

제80조 근무일 10일 내에 환부되지 않는 법안은 연방정부가 승인한 것으로 간주된다. 법안이 일부 거부되면 나머지 부분은 승인되지 않는다. 단, 거부되지 않은 부분이 규범적 독자성이 있고 일부 승인해도 연방의회가 승인한 법안의 정신이나 통일성에 변함이 없으면 그 부분만 공포할 수 있다. 이 경우 필요하고 긴급한 명령에 예정된 절차가 적용된다.

제83조 연방정부가 법안 전부나 일부를 거부하면 이의와 함께 발의한 원에 환부하고, 후자는 그 법안을 재심의 하여 3분의 2 찬성으로 확정하면, 수정한 원에 다시 송부한다. 양원이 그 법안을 3분의 2 찬성으로 승인하면, 법안은 법률이 되므로 연방정부에 송부되어 공포된다. 그 모든 경우에 양원의 표결은 호명투표로 하고, 투표자의 이름과 이유뿐 아니라 행정부의 이의도 즉시 언론에 공개한다. 양원이 이의에 관해 의견이 일치하지 않으면, 그 법안을 당해 연도의 회기에 재상정할 수 없다.

[프랑스]

제10조 ① 대통령은 최종적으로 가결되어 정부로 이송된 법안을 이송일로부터 15일 이내에 공포한다.

② 대통령은 이 기한이 만료되기 전에 의회에 대하여 당해 법률 또는 일부 조항의 재심의를 요구할 수 있다. 의회는 재심의 요구를 거부할 수 없다.

[필리핀]

제6장 제26조 ① 의회에서 통과된 모든 법안은 그 법안의 제목에 명시되어 있는 하나의 주제만을 포함한다.

② 상원 또는 하원에서 통과된 어떠한 법률도 각기 다른 날짜에 3회의 독회를 거치지 않았거나, 통과된 법률의 인쇄된 최종본 사본이 통과되기 3일 이전에 모든 의원들에게 배포되지 않았다면, 국가재난이나 비상사태에 대처하기 위해 즉각적인 법률 제정의 필요성을 대통령이 인정하는 경우를 제외하고는 법률의 효력을 갖지 않는다. 법률안의 최종독해를 마치면 해당 법률안에 대한 어떠한 개정도 허용되지 않으며 이에 대한 투표는 독해 후 즉시 진행되고 찬반의 수가 의사록에 기록된다.

제27조 ① 의회에서 통과된 모든 법안은 법률의 효력을 갖기 이전에 대통령에게 제출된다. 대통령이 동일한 내용의 법안을 승인하면 이에 서명한다. 그렇지 않을 경우 대통령은 해당 법안에 대해 거부권을 행사하고 동일 법안을 거부의사와 함께 그 법안을 최초 발의한 의회에 반환해야 하고 해당 의회는 거부의사의 내용을 상세하게 의사록에 기입하고 재심에 들어간다. 이후 해당 의회 재적의원의 3분의 2가 해당 법안의 통과에 동의할 경우 그 법안은 대통령의 거부의사와 함께 다른 의회에 전송되며 그 의회는 마찬가지로 이를 재검토하고, 해당 의회의 재적의원 3분의 2의 승인을 받아서 해당 법안을 법률로 제정한다. 이러한 모든 경우에서 각 의회의 투표는 찬반으로 결정되며 찬성 또는 반대표를 행사한 의원의 이름이 의사록에 기재된다. 대통령은 법안 수령일 후 30일 이내에 해당 법안을 최초 발의한 의회에 그 법안에 대한 거부권을 통지해야 하며 그렇지 않을 경우 대통령이 해당 법안에 대해 서명한 것으로 간주되어 해당 법안은 법률로 제정된다.

② 대통령은 세출, 세입 또는 관세에 관한 법의 모든 특정 항목 또는 항목들에 대해 거부권을 행사할 권한을 가지지만, 거부권은 대통령이 반대하지 않은 항목 또는 항목들에 대해서는 영향을 끼치지 않는다.

[그리스]

제42조 ① 대통령은 국회에서 통과된 법령을 표결 후 1개월 이내에 공포해야 한다. 대통령은 위에서 규정된 기한 내에 국회에서 통과된 법안을 반송 사유와 함께 반송할 수 있다.

② 대통령이 국회로 반송한 법안은 총회에 회부되며, 제76조 제2항에 규정된 절차에 따라 다시 국회 재적의원의 과반수에 의해 통과될 경우, 대통령은 이 두 번째 표결 후 10일 이내에 그 법안을 공포해야 한다.

제72조 ① 국회는 국회 의사 규칙, 제3조, 제13조, 제27조, 제28조 제2항과 제3항, 제29조 제2항, 제33조 제3항, 제48조, 제51조, 제54조, 제86조에 관한 의안 및 법안, 개인의 권리 행사와 보호에 관한 헌법 내용의 시행에 대한 의안과 법안, 법령의 올바른 해석에 관한 의안 및 법안, 그리고 헌법의 특별 조항에 의해 총회에 회부되거나 규제를 위해 특별 과반수가 필요한 기타

다른 모든 사안에 대해 총회에서 토론하고 표결한다. 또한 국회는 총회에서 국가와 국회의 예산 및 재무제표에 대해 표결한다.

② 기타 다른 모든 의안 또는 법안에 대한 토론과 투표는 제70조에 따라 회기 중에 국회 상임위원회에서 실시할 수 있다. 또한 제71조에 따라 구성되어 기능하는 부회에서도 휴회 기간 동안 국회 의사 규칙에 따라 토론과 표결을 실시할 수 있다.

③ 의안이나 법안의 투표를 하고자 하는 국회 상임 위원회는 해당 위원회 위원들의 과반수에 의해 채택된 의결로 그 권한 여부에 관한 논의를 총회에 회부할 수 있다. 총회의 의결은 모든 위원회에 대해 구속력을 가진다. 의안이나 법안의 제출과 국회 상임 위원회 토론 사이에는 최소한 1주일의 시간이 주어져야 한다.

④ 해당 국회 상임위원회에서 토론 및 표결한 의안이나 법안은 국회 의사 규칙에 따라 회기에 총회에 제출되며 원칙적으로 각 조문별 혹은 전체적으로 토론되고 표결된다. 위원회에서 5분의 4 이상의 과반수로 표결된 의안이나 법안은 의사 규칙에 따라 총회에서 토론 및 표결된다.

[네덜란드]

제87조 ① 의회에서 가결되고 국왕의 비준을 받은 법안은 법률로 제정된다.

② 국왕과 의회는 모든 법안에 대한 의결을 상호간에 통지한다.

제88조 각 법률의 공포 및 발효는 법률로 정한다. 각 법률은 반드시 공포된 후에 발효되는 것을 원칙으로 한다.

[노르웨이]

제77조 법률안이 2번의 연속된 회의에서 승인되면 재가요청과 함께 국왕에게 송부한다.

제78조 국왕이 법률안을 재가하여 서명함으로써 법률안은 법률로서 확정된다.

법률안을 재가하지 않을 경우, 국왕은 현재로서는 법률안의 재가가 적절하지 않다는 의견과 함께 법률안을 의회에 송부한다. 이러한 경우 당회 회기의 의회는 그 법률안을 국왕에서 재송부하여서는 안 된다.

제79조 법률안이 2번의 서로 다른 연속된 선거로 구성되고, 중간에 최소한 2번의 회기에 의하여 분리된 의회의 2번의 회기에서 수정되지 않은 채 의결되고, 첫 번째 의결과 마지막 의결 사이에 의회에서 그와 다른 법률안이 의결된 적이 없으며, 매우 신중한 심의를 거쳐 의회가 유익하다고 여기는 법률안이므로 재가를 거부하지 말아달라는 청원과 함께 국왕에게 송부된 경우, 그 법률안은 의회의 회기 종료시까지 국왕이 재가하지 않더라도 법률로 확정된다.

[뉴질랜드]

제16조 국회에서 통과된 법률안은 군주 또는 총독이 이를 재가하여 서명함으로써 법률로서 확정된다.

[덴마크]

제22조 국회에 의해 가결된 법안은 최종 가결 후 30일 이내에 국왕의 승인을 받으면 법률이 된다. 국왕은 법률의 공포를 명하고, 법률이 발효될 수 있도록 한다.

[독일]

제77조 (1) 연방법률은 연방의회가 의결한다. 연방법률은 채택된 후 연방의회 의장에 의하여 지체 없이 연방참사원에 이송된다.

⑵ 연방참사원은 법률의결이 접수된 후 3주 이내에 법률안의 공동심의를 목적으로 연방의회 의원 및 연방참사원 구성원으로 구성되는 위원회의 소집을 요구할 수 있다. 위원회의 조직 및 절차는 연방의회가 의결하고 연방참사원의 동의를 요하는 의사규칙으로 정한다. 이 위원회에 파견된 연방참사원 구성원은 지시에 구속되지 않는다. 법률이 연방참사원의 동의를 요하는 경우에는 연방의회 및 연방정부도 소집을 요구할 수 있다. 위원회가 법률의결의 수정을 제의하면 연방의회는 재의결하여야 한다.

(2a) 법률이 연방참사원의 동의를 요하는 경우에 연방참사원은 제2항 제1문에 따른 요구가 없거나 또는 공동심의절차가 법률의결의 수정제의 없이 종료된 경우에는 적절한 기한 내에 동의에 관하여 의결하여야 한다.

⑶ 법률이 연방참사원의 동의를 요하지 않는 경우에 연방참사원은 제2항에 따른 절차가 종료되면 연방의회가 의결한 법률에 대하여 2주 이내에 이의를 제기할 수 있다. 이의기한은 제2항 최후단의 경우에는 연방의회에 의한 재의결의 접수로 시작되며 그 외의 경우에는 위원회에서의 절차가 종료되었다는 제2항에 정한 위원회 의장의 보고를 접수한 때 시작된다.

⑷ 이의가 연방참사원 투표권의 과반수로 의결될 때에는 이의는 연방의회 의원의 과반수로 기각될 수 있다. 연방참사원이 최소한 투표권의 3분의 2의 다수로 이의를 의결한 때에는 연방의회에 의한 기각은 3분의 2의 다수, 최소한 연방의회 재적의원 과반수를 요한다.

제78조 연방의회가 의결한 법률은 연방참사원이 동의할 때, 제77조 제2항에 따른 요구를 하지 아니할 때, 제77조 제3항의 기한 내에 이의를 제기하지 않거나 또는 이의를 철회하거나 또는 이의를 연방의회가 거부할 때 성립한다.

제82조 ⑴ 기본법의 규정에 의하여 성립된 법률은 부서 후에 연방대통령이 서명하고 연방법률 공보에 공고된다. 법규명령은 이를 제정하는 관청이 서명하고 법률에 별도의 규정이 없는 한 연방법률 공보에 공고된다.

⑵ 모든 법률과 법규명령은 효력발생일을 정하여야 한다. 그러한 규정이 없으면, 법령은 연방법률 공보가 발행된 날의 경과 후 14일째에 효력을 발생한다.

[룩셈부르크]

제34조 대공은 의회 표결 후 3개월 이내에 법률을 공포한다.

[벨기에]

제109조 국왕은 법률을 재가하고 공포한다.

[스웨덴]

정부조직법 제8장 제19조 정부는 채택된 법률을 지체 없이 공포하여야 한다. 의회 또는 의회산하기관과 관련된 규정으로서 기본법 또는 의회법에 통합되지 않은 규정을 포함하는 법률은 의회가 공포할 수 있다. 법률은 지체 없이 간행되어야 한다. 이 규정은 조례에도 적용한다. 다만 법률에서 달리 정하는 경우에는 그렇지 않다.

[스페인]

제62조 국왕의 권능은 다음 각 호와 같다.

a) 법률을 재가하고 공포한다.

제91조 국왕은 국민의회가 승인한 법률을 15일 이내에 재가·공포하고 이를 즉시 공고할 것을

명한다.

[아이슬란드]

제26조 의회에서 법안이 통과되면 통과 후 2주 내에 승인을 위해 대통령에게 송부된다. 대통령이 승인한 법안은 법률이 된다. 대통령이 법안을 거부한 경우라도 법안은 유효하나, 사정이 허락하는 즉시 모든 유권자의 비밀 투표에 의한 투표에 붙인다. 부결된 법률은 무효가 되지만, 그렇지 않으면 그 효력을 유지한다.

제27조 모든 법률은 공포한다. 법률의 공포 형식 및 시행은 법률에 따른다.

제44조 어떤 법안도 의회에서 3회의 독회를 거치기 전까지는 통과될 수 없다.

[아일랜드]

제13조 3. 1° 국회 양원에 의해 통과된 또는 통과된 것으로 간주된 모든 법안은 법률로 제정하기 위해 대통령의 서명을 요한다.

2° 대통령은 국회에 의해 제정된 모든 법을 선포한다.

제21조 2. 1° 권고 목적상 상원으로 송부된 모든 재정 법안은, 상원에 송부된 날로부터 21일 이내의 만료일 안에, 하원에 반환되어야 하며, 하원은 상원의 권고를 전부 또는 일부 수락하거나 거부할 수 있다.

2° 해당 재정 법안이 21일 이내에 상원에 의해 하원으로 반환되지 않을 경우 또는 하원이 승인하지 않는 권고 사항과 함께 해당 21일 이내에 반환되는 경우, 해당 재정 법안은 21일의 만료일에 양원에 의해 가결된 것으로 간주된다.

제25조 1. 본 헌법의 수정안을 포함하고 있는 법안 이외의 법안이, 국회 양원에 의해 가결되었거나 가결된 것으로 간주된 즉시, 수상은 본 조의 규정에 따라 대통령의 서명과 함께 법률로 공포하기 위해 해당 법안을 대통령에게 제출한다.

2. 1° 본 헌법에 달리 규정된 경우를 제외하고, 대통령에 의해 서명되어 법률로 공포되기 위해 대통령에게 제출되는 모든 법안은 해당 법안이 대통령에게 제출된 날로부터 5일부터 7일 이내에 대통령에 의해 서명된다.

2° 내각의 요청 시, 상원의 사전 동의를 얻어, 대통령은 요청일로부터 5일이 되기 전에 해당 요청의 대상인 법안에 서명할 수 있다.

3. 본 헌법의 제24조에 따라 상원에 의한 심의 시한이 단축된 모든 법안은, 대통령에 의해 서명되어 법률로 공포되기 위해 대통령에게 제출되는 날에 대통령에 의해 서명된다.

4. 1° 모든 법안은 본 헌법에 따라 대통령이 서명하는 날로부터 법률이 되며, 반대되는 의도가 나타나지 않는 한, 그 날에 시행된다.

2° 본 헌법에 따라 대통령에 의해 서명된 모든 법안은 대통령이 아이리시 에피궐(Iris Oifigiúil, 아일랜드 관보)에 해당 법안이 법률이 되었음을 기술한 고시문의 발행을 지시함으로써 법률로서 공포된다.

3° 모든 법안은 국회 양원에 의해 가결되었음을 또는 가결된 것으로 간주되었음을 골자로 하는 본문에 대통령에 의해 서명되며, 법안이 두 개의 공용어 모두로 가결되었거나 가결된 것으로 간주된 경우, 대통령은 해당 각 언어로 된 법안의 본문에 서명한다.

4° 대통령이 법안의 본문에 공용어 중 한 언어만으로 서명하는 경우, 나머지 공용어로 작성된 공식 번역본이 발행된다.

5° 법안이 서명되어 법률로서 공포된 후 가능한 빠른 시일 내에, 대통령이 서명한 해당 법률의 본문 또는 각 공용어로 된 해당 법률의 본문은 대법원 등록사무소에 공식적으로 등록되며, 해당 본문 또는 위와 같이 등록된 두 본문은 해당 법률 조항의 결정적인 증거가 된다.

6° 본 항에 따라 두 개의 공용어로 등록된 법률의 본문 간에 불일치가 발생하는 경우, 국어로 작성된 본문이 우선한다.

5. 1° 수상이 때때로 필요하다고 판단하는 경우, 합법적으로 그의 감독 하에 그때까지의 모든 수정 사항을 포함하여 시행 중인 본 헌법의 본문을(두 공용어로) 작성하게 하게 할 수 있다.

2° 그와 같이 작성된 모든 본문의 등본은, 수상과 대법원장의 서명에 의해 인증되었을 경우, 대통령에 의해 서명되고, 대법원 등록관 사무소에 공식적으로 등록된다.

3° 당분간 최신본문으로 작성되고 서명 및 등록된 등본은, 등록 직후 등록일자로 본 헌법의 결정적인 증거가 되며, 해당 목적상 등본이 기존에 등록된 본 헌법의 모든 본문들을 대체한다.

4° 본 항에 따라 등록된 본 헌법 등본의 본문들 간에 불일치가 발생하는 경우, 국어로 작성된 본문이 우선한다.

第26조 본 조는 재정 법안 또는 헌법 수정안을 포함하고 있는 법안 또는 본 헌법의 제24조에 따라 상원에 의한 심의 시한이 단축된 법안 이외에, 국회 양원에 의해 가결되었거나 가결된 것으로 간주된 모든 법안에 적용된다.

1. 1° 대통령은 국가평의회와의 협의로, 본 조가 적용되는 법안 또는 해당 법안의 특정 조항(들)이 본 헌법 또는 본 헌법의 일부 조항과 모순되는지 여부의 문제에 대한 결정을 내리도록 해당 법안을 대법원에 회부할 수 있다.

2° 이와 같은 회부는 해당 법안이 대통령의 서명을 얻기 위해 수상에 의해 대통령에게 제출된 날로부터 7일 이내에 실시되어야 한다.

3° 대통령은 대법원결정 선고 계류 중에 본 조에 따라 대법원에 회부될 법안에 서명하지 아니 한다.

2. 1° 5명 이상의 판사로 구성된 대법원은 결정을 내리기 위해 본 조에 따라 대통령에 의해 대법원에 회부된 모든 문제를 심의하고, 법무장관 또는 법무장관 대리인의 주장과, 대법원에 의해 선정된 변호인의 주장을 들은 후, 가능한 빠른 시일 내에 그리고 어느 경우든 회부일로부터 60일 이내에, 공개 법정에서 해당 문제에 대한 결정을 선고한다.

2° 대법원 판사 다수에 의한 결정은, 본 조의 목적상, 대법원의 결정에 해당되며, 대법원의 지시에 따라 해당 판사들 중 한 명에 의해 선고되고, 기타 찬성이든 반대 의견은 표명되지 않으며, 그러한 기타 의견의 존재 여부도 공개되지 아니 한다.

3. 1° 대법원이 본 조에 따라 대법원 회부 대상인 법안의 규정이 본 헌법 또는 본 헌법의 일부 조항과 모순되는 것으로 결정하는 모든 경우에 대통령은 해당 법안에 대한 서명을 거부한다.

2° 본 헌법의 제27조가 적용되는 법안의 경우에 해당 조에 따라 대통령에게 청원서가 제출된 경우, 해당 조에 따른다.

3° 다른 모든 경우, 대법원의 결정이 선고된 후에 가능한 빠른 시일 내에 대통령은 해당

법안에 서명한다.

제27조 본 조는 본 헌법 제23조에 의거하여 국회 양원에 의해 가결된 것으로 간주되는 본 헌법의 수정안을 포함하고 있는 법안 이외의, 모든 법안에 적용된다.

1. 상원 의원의 과반수와 하원 의원의 3분의 1 이상은, 본 조에 따라 대통령에게 제출된 공동 청원서를 통해, 해당 법안에 국민의 뜻의 확인을 요하는 국가적으로 중요한 제안이 포함되어 있음을 근거로, 대통령에게 본 조가 적용되는 법안에 대한 서명과 법률로서 공포를 거부할 것을 요청할 수 있다.

2. 그와 같은 모든 청원은 서면으로 이루어져야 하며, 청원자들에 의해 서명되어야 하며 해당 서명은 법률로 규정된 방식으로 확인되어야 한다.

3. 그와 같은 모든 청원서는 요청의 근거가 되는 특정한 이유에 대한 설명을 포함해야 하며, 해당 법안이 국회 양원에 의해 가결된 것으로 간주된 날로부터 4일 이내에 대통령에게 제출되어야 한다.

4. 1° 본 조에 따라 대통령에게 제출된 청원서의 수령 즉시, 대통령은 해당 청원을 심사하고, 국가평의회와 협의한 후, 해당 청원서와 관련된 법안이 국회 양원에 의해 가결된 것으로 간주된 날로부터 10일 이내에 그에 대한 결정을 선언한다.

2° 해당 법안 또는 해당 법안의 일부 조항이 본 헌법 제26조에 따라 대법원에 회부되거나 회부되었던 경우, 해당 법안 또는 해당 법안의 일부 조항은 본 헌법 또는 본 헌법의 일부 조항과 모순되지 않는다는 취지로 해당 회부에 대한 결정을 선언하지 않는 한 또는 그와 같이 선언할 때까지, 대통령은 해당 청원을 심사할 의무가 없으며, 대법원이 그와 같은 취지로 결정을 선언하는 경우, 대법원이 그와 같은 취지로 결정을 선언하는 날로부터 6일이 만료되기 전에, 대통령은 해당 청원에 대한 결정을 선언할 의무가 없다.

5. 1° 본 조에 따라 청원의 대상인 법안에 국민의 뜻의 확인을 요하는 국가적으로 중요한 제안이 포함되어 있는 것으로 대통령이 결정하는 모든 경우, 대통령은 그에 따라 서면으로 서명 날인하여 수상과 국회 양원 의장에게 통지하고, 해당 제안이 아래와 같이 승인되지 않는 한 그리고 그와 같이 승인될 때까지 해당 법안에 대한 서명 및 법률로서 선포를 거부한다.

i. 대통령의 결정으로부터 18개월 내에 본 헌법 제47조제2항의 규정에 따라 국민투표에서 국민들에 의해 승인

ii. 하원의 해산·재소집 후 소정의 기간 내에 하원에 의해 가결

2° 본 조에 따른 청원의 대상인 법안에 포함된 제안이 본 항의 전술한 조항에 따라 국민에 의해 승인되거나 하원에 의해 가결될 때마다, 해당 법안은 그와 같은 승인 후 가능한 빠른 시일 내에 대통령의 서명으로 법률로서 선포되도록 대통령에게 제출되며, 대통령은 해당 법안에 서명하고 해당 법안을 법률로서 정식으로 선포한다.

6. 대통령이 본 조에 따른 청원의 대상인 법안에 그에 대한 국민의 뜻의 확인을 요하는 국가적으로 중요한 제안이 포함되어 있지 않은 것으로 결정하는 모든 경우, 대통령은 그에 따라 서면으로 서명 날인하여 수상과 국회 양원 의장에게 통지하고, 해당 법안은 국회 양원에 의해 가결된 것으로 간주된 날로부터 11일 이내에 대통령에 의해 서명되어 대통령에 의해 법률로 정식으로 선포된다.

[오스트리아]

제42조 ① 국민회의의 모든 법률의결은 지체 없이 그 의장에 의해 연방참사원에 통지되어야 한다.

② 법률의결은 헌법에 의해 달리 규정되어 있지 않는 한, 연방참사원이 이 의결에 대해 이유를 첨부한 이의를 제기하지 않을 때만 서명되고 공표될 수 있다.

③ 이 이의는 연방참사원에 법률의결안이 제출된 이후 8주 안에 그 의장에 의해 국민회의에 서면으로 전달되어야 한다. 그것은 연방수상에게 알려져야 한다.

④ 국민회의가 의원의 반수 이상의 참석으로 다시 원래의 의결을 하게 되면 이것은 승인되고 공표되어야 한다. 연방참사원이 아무런 이의를 제기하지 않기로 결정하거나 제3항에 정해져 있는 기간 내에 이유를 첨부한 이의를 제기하지 않으면 법률의결안은 서명되고 공표되어야 한다.

⑤ 국민회의의 법률의결이 국민회의의 의사규정, 국민회의의 해산, 연방재정근본법과 연방재정법의 제정 및 연방의 그 밖의 예산집행에 관해 상세히 규정하는 연방법, 연방재정근본법, 연방재정법, 제51a조 제4항이 의미하는 임시적인 대비 혹은 연방재산 관리, 연방의 책임의 수용이나 변경, 연방의 재정부채의 인수나 변경 혹은 연방회계결산의 승인과 관련되어 있는 한 연방참사원은 참여할 권한이 없다.

제43조 국민회의의 각 법률의결은 국민회의가 그것을 의결하거나 국민회의 구성원의 과반수가 그것을 요청하면 제42조에 따라 처리가 종결된 후 연방대통령의 서명 이전에 국민투표에 부쳐져야 한다.

제47조 ① 합헌적으로 이루어진 연방법은 연방대통령에 의해 서명된다.

② 서명을 위한 제출은 연방수상이 한다.

③ 서명은 연방수상의 부서가 있어야 한다.

제48조 연방법과 제50조 제1항에 따라 승인된 국가조약은 국민회의의 의결에 근거해서, 국민투표에 토대를 둔 연방법은 국민투표의 결과에 근거해서 공표된다.

제49조 ① 연방법은 연방수상에 의해 연방법률공보에 공표되어야 한다. 법률은 명시적으로 달리 규정되어 있지 않은 한 공표일이 지나면 발효되며 전 연방영역에 적용된다.

② 제50조 제1항에 따라 승인된 국가조약은 연방수상에 의해 연방법률공보에 공표되어야 한다. 제50조 제1항 제1호에 따라 승인된 국가조약이 2개 이상의 언어로 인증되어 확정되었고,

1. 두 개의 언어로 인증된 조약문과 독일어로 번역된 조약문이 공포될 경우 그리고
2. 독일어 조약문이 인증된 경우에는 독일어 조약문과 그 밖의 한 언어로 인증된 조약문이 공포될 경우, 조약문은 그것으로 충분한 효력을 갖는다.

제49a조 ① 연방수상은 관할 연방장관과 공동으로 본 법을 제외한 연방법과 연방법률공보에 공표된 국가조약을 유효한 법률안의 형태로 연방법률공보에 공표함으로써 재공시할 권한이 있다.

② 재공시를 통한 공표에서는

1. 시대에 뒤처진 기술적인 어법이 정정되고 낡은 서법이 새로운 서법으로 대체될 수 있다.
2. 입법 당시 상황에 부합하지 않는 다른 법률규정의 참조 및 그 밖의 부적합성을 바로잡을 수 있다.
3. 신법에 의해 폐지되거나 무효가 되어버린 규정들은 더 이상 효력이 없는 것으로 확정될 수 있다.

4. 간략제목과 제목의 철자축약이 확정될 수 있다.
5. 개별 규정의 탈락이나 삽입에서 조, 항, 호 및 그와 같은 것의 표시가 합당하게 변경되고 그 경우 법 규정의 문구 내에서의 인용도 부합하게 정정될 수 있다.
6. 경과규정 및 아직 효력을 가지는 이전의 연방법안 (국가조약)은 그 적용범위를 적시하여 개괄될 수 있다.

③ 명시적으로 달리 규정되어 있지 않은 한 재공시 된 연방법(재공시 된 국가조약)과 기타 공표에 포함된 규정은 공표일이 경과하면 효력이 발휘된다.

제50조 제1항에 명시된 국가조약의 승인의 경우에 국민회의는 어떤 다른 방식으로 국가조약이나 그 조약의 상세히 명시될 개별 부분들의 공표가 이루어져야 하는가를 의결할 수 있다. 국민회의의 그러한 의결은 연방수상에 의해 연방법률공보에 공표되어야 한다. 명시적으로 달리 규정되어 있지 않는 한 제50조 제1항에 따라 승인된 국가조약은 그 공표일이 지나면– 제3문의 경우에는 국민회의 의결안의 공표일이 지나면– 효력이 발휘되며 전 연방영역에 적용된다. 그러나 법률의 제정에 의하여 시행되는 조약(제50조 제2항 제4호)에 대하여는 그러하지 않다.

③ 제2항 제2문에 따른 연방법률공보 공시는 모두에게 접근이 가능해야 하며 그 공표 형태 전부가 지속적으로 조사될 수 있어야 한다.

④ 연방법률공보에 공표하는 것에 대한 상세한 규정은 연방법으로 정한다.

[이탈리아]

제72조 각 원에 제출된 법안은 해당 원의 의사규칙에 따라 위원회의 검토를 거쳐 본회의에서 조항별로 심의 후 최종표결에 붙여진다.

긴급한 것으로 선언된 법안을 심의하는 간이절차는 규칙으로 정한다.

법안의 심의와 승인을 원내 교섭단체의 비율이 반영되도록 구성된 상임위원회를 포함한 위원회에 언제, 그리고 어떻게 위임할 수 있는지는 규칙으로 정할 수 있다. 이 경우에 최종 승인 전에 행정부 또는 한 원 재적의원의 10분의 1이나 해당 위원회의 5분의 1이 본회의에서 토론 및 표결 또는 투표 설명 후 본회의에 상정하여 최종 승인하기를 요청하면 법안을 다시 본회의에 회부할 수 있다. 위원회의 절차를 공개하는 방식은 규칙으로 정한다.

헌법 및 선거문제에 관한 법안, 위임 입법, 국제조약 비준, 예산 및 결산 승인의 경우 항상 의회에 의한 심의와 직접 승인에 관한 정규 절차를 따른다.

제73조 법률은 승인 후 1개월 내에 대통령이 공포한다.

양원이 각 원 의원 절대 다수로 법률이 긴급하다고 선언하면, 그에 따라 정해진 기한 내에 법률을 공포한다. 법률은 공포 후 즉시 공고하고 해당 법률에 다른 기한이 규정되어 있지 않으면 공고 15일 후에 발효된다.

제74조 대통령은 이유를 명시한 의견서를 의회에 송부하여 공포 예정된 법률의 재심의를 요구할 수 있다. 해당 법률이 다시 통과되면 그대로 공포된다.

[일본]

제7조 [천황의 국사행위] 천황은 내각의 조언과 승인에 따라 국민을 위하여 다음의 국사에 관한 행위를 한다.

1. 헌법개정·법률·정령(政令) 및 조약의 공포

제59조 [법률안의 의결] ① 법률안은 헌법에 특별한 규정이 있는 경우를 제외하고는 양원에서

가결되었을 때 법률로서 성립한다.

② 중의원에서 가결되었으나 참의원에서 이와 다른 의결을 한 법률안이 중의원에서 출석의원 3분의 2 이상으로 다시 가결되었을 때는 법률로서 성립한다.

③ 제2항의 규정은 법률이 정하는 바에 따라 중의원이 양원의 협의회를 열도록 요구하는 것을 방해하지 아니한다.

④ 참의원이 중의원에서 가결된 법률안을 이송 받은 후 국회 휴회기간을 제외하고 60일 이내에 의결하지 아니할 때에는 중의원은 참의원이 그 법률안을 부결시킨 것으로 간주할 수 있다.

[체코]

제33조 (1) 하원이 해산된 경우에는 상원은 지체할 수 없고 기타 법률 제정이 필요한 사항에 관한 법안을 채택할 권한이 있다.

(2) 다만, 상원은 헌법, 국가예산, 최종 국가예산설명서, 선거법 또는 제10조에 따른 국제조약에 관한 법안을 채택할 권한은 인정되지 아니한다.

제40조 선거법, 양원 간 내·외부 교류 및 관계의 원칙에 관한 법률 또는 상원 의사규칙을 정하는 법률은 하원과 상원 모두의 승인을 받아야 한다.

제44조 (1) 정부는 모든 법률안에 대하여 그 의견을 표명할 권리가 있다.

(2) 정부가 법률안이 제출된 날로부터 40일 이내에 의견을 표명하지 아니하는 경우에는 해당 법률안에 동의한 것으로 본다.

(3) 정부가 정부법률안과 신임투표의 요청을 결부한 때에는 정부는 하원에 대하여 해당 법률안을 제출한 날로부터 3개월 이내에 해당 법률안에 대한 심의를 종료할 것을 요구할 수 있다.

제45조 하원은 법안을 가결한 때에는 즉시 상원에 이첩된다.

제46조 (1) 상원은 제45조의 제출일로부터 30일 이내에 해당 법률안을 심의·결의하여야 한다.

(2) 상원은 해당 법률안을 채택, 부결하거나 개정안과 함께 하원에 이첩하거나 해당 법률안을 처리하지 아니하는 의견을 표명할 수 있다.

(3) 제1항에 정하는 기간 내에 의견을 표명하지 아니한 경우에는 법률안이 채택된 것으로 본다.

제47조 (1) 상원이 법률안을 기각한 경우에는 하원은 법률안에 대하여 다시 표결하여야 한다. 전체 하원 재적의원의 과반수가 승인한 때에는 해당 법률안은 채택된다.

(2) 상원이 법률안을 개정안과 함께 하원에 반환하는 경우에는 하원은 상원이 승인한 법률안에 대한 표결을 실시하여야 한다 해당 법률안은 하원의 결의로써 채택된다.

(3) 하원이 상원에서 채택한 법률안을 승인하지 아니하는 경우에는 하원은 상원에 제출한 법률안에 대하여 다시 표결하여야 한다. 하원 재적의원의 과반수가 승인한 때에는 해당 법률안이 채택된다.

(4) 하원은 부결되거나 반환된 법률안에 관한 심의 과정에서 수정안을 제출할 수 없다.

제48조 상원이 법률안을 처리하지 아니하는 뜻을 표명한 경우에는 그 결정으로써 해당 법률안은 채택된다.

제50조 (1) 대통령은 헌법률을 제외하고는 대통령에게 법률이 제출된 날로부터 15일 이내에 환부 사유를 명시하여 환부할 권리가 있다.

(2) 하원은 환부된 법률에 대하여 다시 표결하여야 한다. 개정안은 허용되지 아니한다. 하원이 하원 재적의원의 과반수에 의하여 해당 법률의 승인을 재결의한 때에는 해당 법률을 공포하여

야 한다. 기타의 경우에는 법률은 채택되지 아니한 것으로 본다.

제51조 채택된 법률은 하원 의장, 대통령 및 총리가 서명하여야 한다.

제52조 (1) 법률이 발효되기 위해서는 반드시 공포되어야 한다.

(2) 법률과 국제협정의 공포방법은 법률로 정한다.

제62조 대통령은 다음 각 호의 권한을 갖는다.

체코공화국 대통령은

h) 헌법률을 제외하고 의회가 채택한 법률을 의회에 환부할 권리가 있다

[헝가리]

제6조 (2)국회는 최종 투표 전에 법안 찬성자, 정부 또는 국회의장의 신청에 따라 채택된 법률을 헌법재판소에 송부하여 헌법합치여부를 심사하게 할 수 있다. 국회는 최종 투표 후의 신청을 재결하여야 한다. 신청이 채택된 경우, 국회의장은 채택된 법률을 헌법재판소에 송부하여 헌법합치여부를 심사하게 하여야 한다.

(3) 국회의장은 5일 이내에 채택된 법률에 서명하고, 이를 대통령에게 송부하여야 한다. 대통령은 5일 이내에 수령한 법률에 서명하고, 이를 공표하도록 명하여야 한다. 국회가 제2항에 따라 법률을 헌법재판소에 송부하여 헌법합치여부를 심사하게 한 경우, 국회의장은 헌법재판소가 헌법 위반사실을 발견하지 못한 경우에 한하여 법률에 서명하고 대통령에게 송부할 수 있다.

(4) 대통령이 법률 또는 그 규정이 헌법에 반하는 것으로 판단하고 제2항에 의한 심사가 없는 경우, 대통령은 법률을 헌법재판소에 송부하여 헌법합치여부를 심사하게 하여야 한다.

(5) 대통령이 법률 또는 그 규정에 이의가 있고 제4항에 의한 권한을 행사하지 않은 경우, 대통령은 서명 전에 그 법률에 의견을 붙여 국회에 환부하고 재의를 요구할 수 있다. 국회는 동 법률에 대하여 재의하고, 채택여부를 다시 결정하여야 한다. 대통령은 헌법재판소가 국회의 의결에 따라 수행한 심사에서 헌법 위반을 발견하지 못한 경우에도 이 항의 권한을 행사할 수 있다.

(6) 헌법재판소는 지체 없이, 수령일로부터 30일 이내에 제2항 또는 제4항에 의한 신청에 관한 결정을 하여야 한다. 헌법재판소가 헌법 위반을 발견한 경우, 국회는 그 위반사항을 제거하기 위하여 당해 법률을 재의하여야 한다.

(7) 헌법재판소가 대통령이 제안한 심사에서 헌법 위반을 발견하지 못한 경우, 대통령은 그 법률에 즉시 서명하여 공표를 명하여야 한다.

(8) 헌법재판소는 제2항 및 제4항에 의한 헌법합치여부에 대하여 제6항에 의하여 국회가 논의 및 채택한 법률의 재심사를 위한 요청을 받을 수 있다. 헌법재판소는 지체 없이, 접수일로부터 10일 이내에 반복적 신청에 관한 판단을 하여야 한다.

(9) 대통령이 환부한 법률을 국회가 개정하는 경우, 제2항 및 제4항에 의한 헌법합치여부에 관한 심사는 개정규정에 대해서만 할 수 있고, 당해 법령 초안에 대한 헌법의 절차적 요건 미준수를 근거로만 할 수 있다. 대통령이 환부한 법률을 국회가 개정 없이 채택하는 경우, 대통령은 당해 법령 초안에 대한 헌법의 절차적 요건 미준수를 근거로 헌법합치여부에 대한 심사를 제안할 수 있다.

[호주]

제58조 (법안에 대한 국왕의 승인) 의회의 양원을 통과한 법안이 여왕의 승인을 받기 위해 총독에게 제출된 경우, 총독은 헌법에 따르는 것을 조건으로 하여 자유재량으로 여왕의 이름으로 승인하거나, 승인을 보류하거나, 여왕의 윤허를 받기 위해 해당 법률을 유보한다고 선언해야 한다.

(총독의 권고) 총독은 본인에게 제출된 법안을 그 법안을 발의한 원으로 회부할 수 있으며, 이때 해당 법안과 함께 총독이 권고할 수 있는 수정 사항을 전달할 수 있다. 양원은 그러한 권고를 처리할 수 있다.

제59조 (여왕의 불승인권) 여왕은 어떠한 법률에 대해서든 총독의 승인 후 1년 내에 불승인할 수 있으며, 불승인을 총독이 각 원에 구두 또는 문서로 알리거나 포고를 통해 알린 경우, 불승인이 알려진 그날부터 해당 법률은 효력을 상실한다.

제60조 (유보된 법안에 대한 여왕의 윤허) 여왕의 윤허를 받기 위해 유보된 법안은 여왕의 승인을 받기 위해 총독에게 제출된 날로부터 2년 이내에 총독이 해당 법안이 여왕의 승인을 얻었음을 연방의회 각 원에 구두 또는 문서로 알리거나 포고를 통해 알리지 않는 한, 아무런 효력도 가지지 않는다.

[남아프리카공화국]

제79조 (법안 승인) ① 대통령은 본 장에 따라 가결된 법안에 대해 승인하고 서명하여야 한다. 다만 대통령이 해당 법안의 합헌성에 관해 의심이 가는 경우, 재검토를 위해 동 법안을 하원에 다시 회부해야 한다.

② 공동 규칙 및 규율은 하원의 법안 재검토 절차 및 상원의 재검토 과정 참여 절차를 규정해야 한다.

③ 상원은 아래의 각 경우에 대통령이 하원에 다시 회부한 법안의 재검토에 참여해야 한다.

a. 해당 법안의 합헌성에 관한 대통령의 의심이 상원과 관련된 절차적 사안과 관련이 있을 경우

b. 해당 법안의 가결에 제74조 제1항, 동조 제2항 또는 동조 제3항 제b호 또는 제76조를 적용할 수 있었던 경우

④ 대통령은 재검토가 완료된 후 의심이 모두 해소된 경우 해당 법안을 승인하고 이에 서명해야 한다.

대통령은 의심이 모두 해소되지 아니한 경우

a. 해당 법안을 승인하고 이에 서명하거나

b. 해당 법안의 합헌성 판결을 위해 헌법재판소에 동 법안을 회부해야 한다.

⑤ 헌법재판소에서 해당 법안이 합헌적이라는 판결을 내릴 경우, 대통령은 동 법안을 승인하고 이에 서명해야 한다.

제81조 (법의 공포) 대통령이 승인 및 서명한 법안은 법률이 되며, 즉시 공포되어야 하고, 공포 시 또는 해당 법에 따라 지정된 날짜에 발효된다.

[터키]

제89조 (2001년 10월 17일 개정) 공화국 대통령은 터키 대국민회의에서 채택된 법률을 15일 이내에 공포해야 한다.

대통령은 같은 기간 내에 전체적으로 또는 부분적으로 공표에 부적절하다고 판단되는 법률에 대해 부적절한 사유에 대한 진술과 함께 터키 대국민회의에 추가 고려를 할 것을 요청해야 한다. 대통령이 부적절하다고 판단할 경우, 터키 대국민회의는 부적절하다고 판단되는 해당 조항에 대해서만 논의할 수 있다. 예산 법률은 이 규정의 적용을 받지 아니한다.

헌법 개정에 관한 규정은 별도로 규정되어 있다.

[포르투갈]

제119조 (법규의 공표) 1. 다음에 열거한 사항들은 포르투갈 관보(Diario da Republica)에 공고한다.

a) 포르투갈 헌법에 관한 법률

2. 전항의 제1호 내지 제8호에 규정된 법령으로서 주권 행사 기관, 자치구 기관, 지방자치단체 기관의 법령을 공표하지 않을 경우, 법령들은 법적 효력을 상실한다.

3. 그 외 다른 법령들을 공표할 방법은 물론, 그러한 법령들을 공표하지 않을 경우에 초래되는 결과들도 함께 법률로 정한다.

[핀란드]

제72조 (의회에서의 법안 심의) 해당 안건을 준비하는 위원회의 관련 보고서가 발행되면, 법안은 의회 본회의에서 2번의 독회로 심의한다. 법안의 첫 번째 독회에서 위원회 보고서를 제출하고 토론을 거친 다음 법안 내용에 관해 결정한다. 빨라도 첫 번째 독회가 끝난 3일 후에 하는 두 번째 독회에서 의회는 법안의 채택이나 기각 여부를 결정한다. 첫 번째 독회 중에 법안을 대위원회에 보내 심의할 수 있다. 법안 심의에 관한 세부사항은 의회절차규칙에서 정한다.

제77조 (법률 확정) 의회에서 채택된 법률은 대통령에게 제출되어 확정된다. 대통령은 법률 제출 후 3개월 내에 확정 여부를 결정한다. 대통령은 대법원이나 최고행정법원으로부터 법률에 관한 의견서를 받을 수 있다. 대통령이 법률을 확정하지 않으면 의회 심의로 회부된다. 의회가 중대한 변경 없이 법률을 다시 채택하면 이는 확정 없이 시행된다. 의회가 법률을 다시 채택하지 않으면 이는 폐기된 것으로 간주된다.

제78조 (미확정 법률 심의) 대통령이 정해진 기간 내에 법률을 확정하지 않으면, 의회에서 지체 없이 재의한다. 위원회의 관련 보고서가 발행되면, 법률은 중대한 변경 없이 채택되거나 기각되어야 한다. 채부의 결정은 본회의에서 1번의 독회로 다수결에 따라 이루어진다.

제79조 (법률의 공포 및 시행) 헌법상 법률제정 절차에 따라 법률이 제정되면, 이것은 그 법률에 기재된다. 확정되거나 확정 없이 시행되는 법률에는 대통령이 서명하고 해당 장관이 부서한다. 그 후 정부는 지체 없이 법률을 핀란드 법령집에 공포한다. 법률에 시행일을 명시한다. 특별한 이유가 있는 경우 명령에 따라 시행한다고 법률에 규정할 수 있다. 명시된 시행일까지 공포하지 않은 법률은 공포일부터 시행한다. 법률은 핀란드어와 스웨덴어로 제정하여 공포한다.

18. 예산안의 제출·심의·확정

[대한민국]

제54조 ① 국회는 국가의 예산안을 심의·확정한다.

② 정부는 회계연도마다 예산안을 편성하여 회계연도 개시 90일전까지 국회에 제출하고, 국회는 회계연도 개시 30일전까지 이를 의결하여야 한다.

[멕시코]

제74조 하원의 배타적 권한은 다음과 같다.

IV. 매년 국가예산의 평가 및 심의를 거쳐 국가예산을 승인하고, 예산을 충당하기 위해 세금의 부과를 승인한 대통령이 제출한 프로젝트의 수정을 승인할 권한이 있다. 하원은 법률에 따라 결정된 기반시설 건설을 위한 다년도 예산을 승인할 권한이 있다. 해당 다년도 예산은 장래의 예산에 포함되어야 한다.

대통령은 9월 8일까지 소득세법 및 연방지출예산안을 하원에 제출하고, 관련 장관은 하원에 출석하여 관련 계정을 설명하여야 한다. 하원은 11월 15일까지 연방지출예산안을 승인하여야 한다.

대통령이 제83조에 규정하는 날에 취임한 때에는 12월 15일까지 소득세법 및 연방지출예산안을 하원에 제출하여야 한다.

절대적으로 필요한 기밀항목에 한하여 지출예산에 포함될 수 있고, 장관은 대통령의 서면승인을 받아 해당 기밀항목을 사용할 수 있다.

하원 또는 상임위원회가 정당하다고 인정하는 때에는 대통령의 요청에 따라 소득세법 및 연방지출예산안의 제출기한을 연장할 수 있다. 관련 장관은 하원에 출석하여 연장 사유를 보고하여야 한다.

VI. 재무관리의 성과를 평가하고, 승인된 예산에 규정하는 기준의 준수를 확인하며, 다양한 프로그램에 규정된 목표의 달성을 검증하기 위하여 직전년도의 공공회계를 검토한다.

하원은 연방감사원을 통하여 공공회계를 검토하여야 한다. 연방감사원이 수입과 지출금액 간의 차이가 있음을 확인하거나 부정확하거나 부당한 수입과 지출을 확인한 경우에는 법률에 따라 위법행위를 처벌한다. 다양한 프로그램의 목표 달성에 관하여 연방감사원은 법률에 따라 그 성과의 개선을 권고할 수 있다.

당해 연도의 공공회계는 다음 연도 4월 30일까지 하원에 제출하여야 한다. 이 조 제IV호 마지막 단락에 따르는 경우에 한하여 해당 기한을 연장할 수 있다. 연장된 기간은 30일을 초과할 수 없다. 이 경우에, 연방감사원은 공공회계의 검토 결과에 대한 보고서의 제출 기한도 연장한다.

하원은 헌법 제79조에 규정하는 연방감사원의 결과보고서에 대한 내용분석과 기술적 결론에 기초하여 공표한 후에 늦어도 다음 연도 10월 31일까지 공공회계의 검토를 완료하여야 한다. 연방감사원이 제출한 준수절차, 권고 및 조치가 해당 조항에 정하는 바에 따라 계속될 것임을 인식하여야 한다.

하원은 연방감사원의 실적을 평가하고 감사업무의 진행사항에 관한 보고서를 요구할 수 있다.

[필리핀]

제6장 제25조 ① 의회는 예산에 규정된 바에 따라 정부운영을 위해 대통령이 권고한 세출을 증가시킬 수 없다. 예산의 형태, 내용 및 준비 방식은 법률로 정한다.

② 어떠한 조항이나 법안도 일반 세출 법안이 특별히 그 법안 내 일부 특정 세출과 관련이 있지 않는 한, 일반 세출 법안에 포함되지 않는다. 이러한 모든 조항이나 법안은 그 운용에 있어 그와 관련된 세출에 의해 제한된다.

③ 의회에 대한 세출 승인 절차는 다른 부처 및 기관의 세출 승인에 관한 절차를 엄격하게 따라야 한다.

④ 특별 세출 법안은 그 법안의 목적을 명시해야 하며, 재무부장관이 승인한 바에 따라 실질적으로 사용 가능한 기금 또는 법안 내에서 이에 상응하는 세입 제안을 통해 마련될 기금으로 지원된다.

⑤ 세출 이전을 승인하는 어떠한 법률도 입법화되지 않는다. 그러나 대통령, 상원의장, 하원의장, 대법원장 그리고 헌법위원회 위원장은 법률에 따라 각각의 세출 항목 중 다른 항목의 세출 감소를 통해 각각의 직무를 위한 일반 세출법 내의 항목을 증가시킬 수 있다.

⑥ 특정 공직을 위해 지출되는 재량 기금은 적절한 증빙 서류로 입증되는 공공 목적에 한해 그리고 법률로 정한 지침에 따라 지급된다.

제7장 제22조 대통령은 매 정기회기 개회일로부터 30일 이내에 일반 세출 법안의 토대로서 현재 및 향후의 세입 수단으로부터 징수되는 수입액을 포함하여 지출 예산과 자금 확보 출처를 의회에 제출해야 한다.

[그리스]

제79조 ① 연례 정기회기 중에 국회는 다음 해의 국가 세입 및 지출 예산에 대해 표결한다. 제3항에 규정된 예산안 논의 중, 국회는 예산의 각 항목에 대한 변경안을 제출하여 본회의에 상정하고 투표할 수 있다. 다만, 변경은 국가의 총 세입 및 세출에 영향을 미쳐서는 안 된다. 의회에 의한 국가 예산집행 모니터링을 위한 특별 절차는 의사규칙으로 정한다.

② 국가의 모든 세입 및 지출은 연간 예산 및 재무제표에 포함되어야 한다.

③ 예산안은 의사 규칙에 따라 재무 장관이 10월 첫 월요일에 관할 국회 상임위원회에 제출하여 토론에 회부된다. 재무 장관은 위원회의 의견을 고려하여 늦어도 회계 연도가 시작되기 40일 전에 예산안을 국회에 제출해야 한다. 예산안은 의사 규칙에 따라 총회에서 토론 및 표결된다. 이 때 국회의 모든 정치 분파들이 자신의 견해를 표현할 수 있는 기회가 보장되어야 한다.

④ 예산안에 규정된 세입 및 지출의 관리가 어떤 이유로든 이행되지 않을 경우에는 그 때마다 제정되는 특별법에 따라 관리되어야 한다.

[네덜란드]

제105조 ① 국가의 세출입 예산은 법률로 정한다.

② 일반 세출입 예산을 포함하는 법안들은 매년 제65조에 명시된 기일에 국왕 또는 국왕의 대리인이 의회에 제출한다.

③ 정부의 세출입 예산 보고서는 관련 법률에 따라 의회에 제출한다. 감사원이 가결한 대차대조표는 의회에 제출한다.

④ 법률은 국가 재정 관리에 관한 규칙을 포함한다.

[노르웨이]

제75조 의회의 권리·의무는 다음과 같다.

d) 정부 지출을 위해 필요한 예산을 정한다.

[덴마크]

제45조 (1) 다음 회계연도의 재정 법안은 해당 회계 연도가 개시되기 적어도 4개월 전에 국회에

제출되어야 한다.

(2) 다음 회계연도의 재정 법안에 대한 독회가 해당 회계 연도의 개시 전에 완료되지 않을 것으로 예상되는 경우 임시 세출 예산안이 국회에 제출되어야 한다.

제46조 (2) 국회에서 가결된 재정법 또는 추가 세출 예산법 또는 국회에서 가결된 임시 세출 예산법에 의해 규정되지 않는 한 어떠한 지출도 실행할 수 없다.

[독일]

제110조 (1) 연방의 모든 수입과 지출은 예산안으로 편성되어야 한다. 연방기업 및 특별자산의 경우에 전입금 또는 전출금만을 편성한다. 예산안은 수입 및 지출에 있어서 균형이 유지되어야 한다.

(2) 예산안은 그 연한에 따라 1년 또는 다년 회계연도로 나누며 제1차 회계연도의 개시 전에 예산법률에 의하여 확정되어야 한다. 예산안의 각 부분에 관하여 회계연도에 따라 분리되어 상이한 기간 적용된다고 규정될 수 있다.

(3) 제2항 제1문에 따른 법률안과 예산법률 및 예산안의 변경을 위한 안은 연방참사원에 이송됨과 동시에 연방 의회에 제출된다. 연방참사원은 6주 이내에, 수정안일 경우에는 3주 이내에 안에 대한 입장을 표명할 수 있다.

(4) 예산법률에는 연방의 수입과 지출, 그리고 예산법률이 의결되는 기간에 관련된 규정만이 포함되어야 한다. 예산법률은 그 조항이 차기 예산법률의 공포와 동시에, 또는 제115조에 따른 수권의 경우에는 그보다 늦은 시점에 실효된다고 규정할 수 있다.

[벨기에]

제174조 하원은 매년 결산법을 제정하고 예산을 의결한다. 다만, 하원과 상원은 매년 각기 운영비를 정한다. 국가의 모든 세입세출은 이를 예산 및 결산에 계상하여야 한다.

[스웨덴]

정부조직법 제9장 제1조 의회는 국가에 납부할 세금과 부담금을 결정하고, 국가 예산을 승인한다.

정부조직법 제9장 제2조 정부는 의회에 예산안을 제출한다.

정부조직법 제9장 제3조 제1문 의회는 다음 예산연도, 또는 특별한 사정이 있으면, 다른 예산기간의 국가 예산을 의결한다. 이와 관련하여 의회는 국가 세입을 추산하고 특정목적을 위한 지출을 결정한다.

정부조직법 제9장 제4조 예산기간 동안, 의회는 그 국가세입추산을 결정할 수 있고, 기승인된 지출승인을 변경하거나 새로운 지출을 승인할 수 있다.

정부조직법 제9장 제7조 세출예산 및 세입은 의회가 승인하지 않는 방법으로 사용할 수 없다.

[스위스]

제167조 (재정) 연방의회는 연방의 지출을 결정하고, 예산을 확정하며, 결산을 승인한다.

[스페인]

제134조 ① 내각은 국가의 예산을 편성하고 국민의회는 예산안을 심의, 수정 및 승인한다.

② 국가의 예산은 매년 편성되어야 하고, 국가의 공공부문에 대한 지출 및 수입의 총액을 포함하여야 하며 국가의 조세에 영향을 미치는 재정상 혜택의 액수도 기재되어야 한다.

③ 내각은 전년도가 종료하는 날부터 적어도 3개월 이전에 예산안을 하원에 제출하여야 한다.
⑤ 국가의 예산안이 승인되면 내각은 당해 회계연도에 대응하는 공공비용의 증액 또는 예산수입의 감소를 수반하는 법안을 제출할 수 있다.
⑥ 예산지출의 증가나 예산수입의 감소를 수반하는 모든 의원발의법안 또는 그 수정안은 이를 처리하기 전에 내각의 동의를 얻어야 한다.
⑦ 예산법은 새로운 조세를 창설할 수 없으며 세법에 근거 규정이 있을 때 조세를 수정할 수 있다.

[아이슬란드]

제41조 어떤 지출도 예산이나 추가예산에서 허용되지 않는 한 할 수 없다.
제42조 국가의 수입과 지출에 관한 보고가 포함된 다음 회계연도의 예산안은 의회의 각 정기회 소집 시 제출한다.
제43조 국가, 국가기관 및 행정 기구의 재무 회계는 법률에 따라 의회의 감사나 감독을 받는다.

[아일랜드]

제17조 1. 1° 회계 연도에 대한 국가의 세입 세출 예산을 본 헌법 제28조에 따라 하원에 제출한 후 하원은 해당 예산을 가능한 빠른 시일 내에 심의한다.
2° 각 경우에 특별 제정에 의해 규정될 수 있는 한도를 제외하고, 매년 재정 결의안의 시행에 요구되는 법률은 당해 연도 안에 제정된다.
2. 하원은 수상이 서명한 내각 교서에 의해 세출 목적이 하원에 권고된 경우를 제외하고 세입 또는 기타 공적 자금의 지출에 대한 어떠한 표결이나 결의안도 가결하지 않으며 어떠한 법도 제정하지 아니 한다.
제28조 4. 4° 내각은 각 회계 연도에 대해 국가의 세입 세출 예산을 작성하여 심의 목적으로 하원에 제출한다.

[오스트리아]

제51조 ① 국민회의는 연방재정근본법 및 그 범위 내에서 연방재정법을 의결한다. 그 협의에는 연방정부의 안이 토대가 되어야 한다.
② 연방정부는 매년 늦어도 연방법에 정해진 시점까지 국민회의에 연방재정근본법안이나 연방재정근본법을 개정시키는 연방법안을 제출해야 한다. 연방재정근본법은 다음 회계연도와 그 다음 회계연도에 대해서 국민회의에 의해 연방재정법에서 승인되어야 할 항목들에 대한 재원사용의 상한선 및 인사계획의 개요를 포함해야 한다. 이 중에서 재정부채의 상환과 임시적인 자금사정강화를 위한 유입된 채무 및 통화 교환조약에서 자본교환의 결과로 인한 재원사용은 예외이다. 더 상세한 하위구분으로 다음 회계연도와 그 다음 3년의 회계연도가 규정되어야 한다.
③ 연방정부는 국민회의에 다음 회계연도에 대한 연방재정법안을 늦어도 연방재정법이 해당하는 회계연도가 시작하기 10주 전에 제출해야 한다. 예외적으로 연방정부는 연방재정법안을 다음 회계연도와 그 다음 회계연도에 대해서도 연도별로 따로 국민회의에 제출할 수 있다.
④ 예외적인 방식으로 다음 회계연도와 그 다음 회계연도에 대한 연방재정법이 의결되면 다음 회계연도의 제2분기에 연방재정법을 변경시키게 될 연방법안이 연방정부에 의해 늦어도 차차기 회계연도가 시작되기 10주 전에 국민회의에 제출되어야 한다. 그 안에 포함된 연방재정법의 개정은 어느 경우에나 차차기 회계연도와 관련되어야 한다. 법안은 다음 회계연도가 끝날

때까지 국민회의에 의해 심의되어야 한다. 제51조 제1항과 제2항은 준용된다.

⑤ 연방재정법은 첨부서류로서 연방예산과 인사계획 및 예산관리에 중요한 기초자료를 포함해야 한다.

제51a조 ① 연방정부가 국민회의에 적시에(제51조 제2항과 제3항) 연방재정근본법안이나 연방재정법안을 제출하지 않으면 연방재정근본법안이나 연방재정법안이 국민회의에서 의원의 신청에 의해 제출될 수 있다.

② 연방정부가 그러한 신청이 제출된 뒤에 연방재정근본법안이나 연방재정법안을 제출하면 국민회의는 그 법안을 협의의 토대로 삼기로 의결할 수 있다.

[이탈리아]

제81조 국가는 경제의 호황 및 불황 주기를 고려하여 그 예산에서 세입과 세출의 균형을 유지하여야 한다.

경제주기의 효과를 고려할 목적으로 또는 예외적으로 양원 재적의원 절대다수의 승인이 있는 경우 이외에는 차입에 의존할 수 없다.

신규 세출 또는 세출 증가와 관련된 법률은 그 세출에 사용할 재원을 정하여야 한다.

양원은 매년 정부가 제출하는 예산 및 회계를 승인하는 법률을 채택하여야 한다.

임시예산의 시행은 국회 제정법에 의하여 허용되는 경우 이외에는 허용되지 않으며, 총 4개월을 초과할 수 없다.

예산법의 내용, 근본규칙, 세입 및 세출의 균형을 위한 기준이나 일반적 정부 부채의 지속 가능성은 헌법에 규정된 원칙에 따라 양원 재적의원 절대다수가 승인한 의회 제정법으로 정한다.

[일본]

제60조 [예산의 의결] ① 예산은 먼저 중의원에 제출하여야 한다.

② 예산에 관하여 참의원에서 중의원과 다른 의결을 한 경우에 법률이 정하는 바에 따라 양원의 협의회를 열어도 의견이 일치하지 아니할 때 또는 중의원이 가결한 예산을 참의원이 이송받은 후 국회 휴회기간을 제외하고 30일 이내에 의결하지 아니할 때에는 중의원의 의결을 국회의 의결로 한다.

제86조 [예산] 내각은 매 회계연도의 예산을 작성하여 국회에 제출하고, 그 심의와 의결을 거쳐야 한다.

[체코]

제42조 (1) 정부는 국가예산안 및 최종 국가예산설명서 초안을 제출하여야 한다.

(2) 초안은 하원이 공개회의를 통해 심의·의결한다.

[헝가리]

제N조 (1) 헝가리는 균형 있고, 투명하며 지속가능한 예산관리원칙을 집행한다.

(2) 국회와 정부는 제1항에 규정된 원칙을 집행할 일차적 의무를 진다.

(3) 헌법재판소 법원 지방정부 및 기타 국가기관은 그 의무를 수행하는 과정에서 제1항에 규정된 원칙을 존중할 의무가 있다.

제36조 (1) 국회는 매년 국가예산법과 그 시행계획을 채택하여야 한다. 정부는 법정 시한까지 국가예산안과 그 시행계획을 국회에 제출하여야 한다.

(2) 모든 국가예산안과 시행계획은 모든 세입과 세출을 같은 구조로 투명하게 표시하여야 하며, 합리적으로 상세히 기재하여야 한다.

(3) 국회는 국가예산법을 채택함으로써 정부에 대하여 국가예산법에서 정한 세입의 징수와 세출의 지출을 승인하여야 한다.

(4) 국회는 국가부채가 국내총생산의 절반을 초과하는 국가예산법을 채택할 수 없다.

(5) 국가부채가 국내총생산의 절반을 초과하는 경우, 국회는 국가부채가 국내총생산의 비율로 감액된 국가예산법에 한하여 채택할 수 있다.

(6) 제4항 및 제5항의 규정은 원인의 결과를 완화하는데 필요한 범위에서, 중요하고 지속적인 국가 경기침체가 있는 경우에는 국가경제의 균형을 회복하는데 필요한 범위에서 특별한 법적 명령이 있는 경우에 한하여 예외가 허용된다.

(7) 국회가 매년 초까지 국가예산법을 채택하지 못하는 경우, 정부는 국가예산법에 규정된 세출목표에 따라 안분하여 직전 연도의 세입을 징수하고 세출을 지출할 수 있다.

[호주]

제53조 (입법과 관련된 의회의 권한) 상원은 세입 또는 금전을 지출하거나 조세를 부과하는 법안을 발의할 수 없다. 그러나 법안이 벌금 또는 기타 금전적 처벌을 부과하고 지출하는 규정을 포함하고 있거나 면허료 또는 해당 법안에 의한 업무 수수료를 청구, 지급, 지출하는 규정을 포함하고 있다는 이유만으로 세입 또는 금전을 지출하거나 조세를 부과하는 것으로 간주되어서는 안 된다.

상원은 조세를 부과하는 법안 또는 세입이나 금전을 정부의 일반적인 연례 업무를 위해 지출하는 법안을 수정할 수 없다.

상원은 국민의 요금 또는 부담을 증가시키도록 법안을 수정할 수 없다.

상원은 상원이 개정할 수 없는 법안에 대해 언제든지 문서를 통해 해당 법안의 항목 또는 규정의 삭제나 수정을 요구하여 하원에 회부할 수 있다. 그리고 하원은 그 요구가 적절하다고 판단되는 경우, 상원의 요청대로 또는 변경하여 법안의 항목 또는 규정을 삭제 또는 수정할 수 있다.

본 조에 규정된 경우를 제외하고 상원은 모든 법안에 대해 하원과 동등한 권한을 가진다.

제54조 (세출 법안) 세입 또는 금전을 정부의 일반적인 연례 업무에 지출하는 법안은 해당 지출에 관한 사항만을 규정해야 한다.

제55조 (과세 법안) 조세를 부과하는 법률은 조세 부과에 관한 사항만 규정할 수 있으며 해당 법률에 포함된 그 외의 사항에 관한 규정은 무효이다.

조세를 부과하는 법률은 관세나 소비세를 부과하는 법률을 제외하고는 하나의 조세 과목만을 규정해야 한다. 그러나 관세를 부과하는 법률은 관세만 규정하고 소비세를 부과하는 법률은 소비세만 규정해야 한다.

[남아프리카공화국]

제215조 (중앙정부, 주정부 및 지방정부의 예산) ① 중앙정부, 주정부 및 지방정부 예산과 예산 결정 절차는 경제, 부채 및 공공 부문의 투명성, 책임능력 및 효과적 재정관리를 증진해야 한다.

② 법률은 다음의 각 사항을 규정해야 한다.

a. 중앙, 주 및 지방 예산의 형태

b. 중앙 및 주 예산의 상정 시점

c. 각 정부 영역의 예산은 세입원과 법률에 따라 지출을 실시할 방법을 명시해야 함

③ 각 정부 영역의 예산은 다음 사항을 포함해야 한다.

a. 자본 지출과 경상 지출을 구분하고 있는 세출입 예산안

b. 해당 기간 동안 예상되는 세입 적자를 충당하기 위한 계획안

c. 다음 해에 공공채무를 증가시킬 차입금 및 기타 형태의 공공 부채에 관한 계획의 제시

[터키]

제161조 (2005년 10월 29일 개정) 국가의 지출 및 국영경제기업을 제외한 공기업의 지출은 연간 예산으로 결정된다.

중앙관리예산의 회계연도 개시, 준비, 시행 및 통제는 법률로 정한다.

이 법률은 개발계획과 관련한 투자 또는 1년 이상 지속될 것으로 예상되는 사업과 서비스에 관한 특별기간과 절차를 규정할 수 있다.

예산과 관련된 규정 이외의 어떠한 규정도 예산법에 포함될 수 없다.

제163조 (2005년 10월 29일 개정) 일반 및 추경예산 하에 승인된 세출예산에는 허용된 지출 제한이 명시되어야 한다. 국무회의 결정에 따라 지출 제한을 초과할 수 있다고 해석할 수 있는 어떠한 규정도 예산에 포함될 수 없다. 국무회의는 법률적 효력을 갖는 시행령을 통해 예산을 개정할 권한을 갖지 않는다. 현재 회계연도 예산 하의 세출예산 증가를 수반하는 초안 개정, 현재 또는 차기연도 예산에 추가 재정약속을 규정하는 초안 법률 및 법률 제안에는 언급된 지출을 충당하는 재정자원이 명시되어야 한다.

제164조 결산회계 초안은, 단기기간이 법률로 규정되어 있지 않는 한, 관련 회계연도 종료일로부터 7개월 이내에 국무회의에 의해 터키 대국민회의에 제출되어야 한다. 감사법원은 문제의 결산회계 초안제출일로부터 75일 이내에 적합성 통지를 터키 대국민회의에 제출해야 한다.

결산회계 초안은 차기 회계연도 예산 초안과 함께 예산위원회의 의제로 상정된다. 예산위원회는 예산 초안을 최종 회계 초안과 관련하여 본회의에 제출해야 한다. 본회의는 차기 회기년도 예산 초안과 관련하여 결산회계 초안을 심사하고 확정한다.

결산회계 초안 및 적합성 통지의 터키 대국민회의 제출에는 감사법원이 아직 다루지 않은 해당 년도의 회계감사를 포함하며 해당 회계에 대해 최종결정이 이루어졌음을 표시하지 않아야 한다.

[포르투갈]

제105조 (예산) 1. 국가예산은 다음의 요소들로 구성된다.

a) 자치 기금 및 부처의 소득과 지출을 포함한 국가의 소득 및 지출 내역

b) 사회보장 예산

2. 예산은 주요 계획 입안 선택 사항에 따라 법적, 계약적 의무를 고려하여 편성한다.

3. 예산은 단일 예산이어야 하며 비밀 세출 예산 및 기금의 존재를 배제할 수 있는 방식으로 조직적, 기능적 분류에 따라 지출 내역을 규정한다. 또한 예산은 사업별로 편성할 수 있다.

4. 예산은 지출을 만회하는데 필요한 소득을 마련하며 법률은 예산의 집행을 규율하는 규정, 공공대출 사용을 규율하는 조건 및 의회를 통과한 각 예산 프로그램의 주무 부처에서 예산을 집행하는 동안 정부가 실시할 수 있는 변경 사항들을 규율하기 위한 기준 등을 정의한다. 이는

국가예산을 모두 집행하는데 그 목적이 있다.

제106조 (예산 편성) 1. 예산법은 해당 체계법에 의거해 입안되고 구성되며 표결에 부쳐지고 집행 되는데, 그러한 체계법의 내용은 자치 기금 및 부처의 각종 예산 입안 및 집행하는 절차를 규율하는 규정들을 포함한다.

2. 예산 법안은 법률에 명시된 시한 내에 제출 및 표결되어야 하며 그러한 시한의 요건을 충족할 수 없을 경우에 채택할 절차는 법률로 정한다.

3. 예산 법안은 다음에 열거한 사항들에 대한 보고서를 첨부한다.

a) 예산에 영향을 미치는 주요 거시 경제 지표의 발전 및 화폐공급과 자금원의 전개에 대한 추정

b) 과거 예산 대비 소득 및 지출 추정의 변동에 대한 근거

c) 공채, 국고 운영 및 국고 계정

d) 자치 기금 및 부처의 상황

e) 자치구 및 지방자치단체로의 자금 이전

f) 계획된 예산에 영향을 미치는 포르투갈과 외국 간의 자금 이동

g) 재정 편익 및 그에 따른 소득 감소의 추정

제107조 (정밀 조사) 예산 집행 내역은 회계감사법원과 의회를 통해 정밀하게 조사한다. 회계감사법원이 교부한 감정서를 접수한 후, 의회는 사회보장 계정을 포함한 일반 국가 계정의 내역을 검토하며, 이를 표결에 부쳐야 한다.

[핀란드]

제83조 (국가 예산) 의회는 한 번에 한 회계연도의 국가 예산을 결정한다. 결정된 국가예산은 핀란드 법령집에 공포한다. 국가 예산에 관한 정부안과 그에 관한 기타 제안은 다음 회계연도가 시작되기 전에 의회에 제출한다. 예산안의 추가 및 철회에는 제71조의 규정이 적용된다. 의원은 예산안을 토대로 예산 발의를 통해 국가 예산에 포함될 세출안이나 기타 결정안을 제출할 수 있다. 의회 재무위원회의 관련 보고서가 발행되면, 예산은 의회 본회의에서 1번의 독회로 채택된다. 의회의 예산안 심의에 관한 세부사항은 의회절차규칙에서 정한다. 국가 예산 공포가 새 회계연도를 지나서까지 지연되면, 의회가 정한 방식에 따라 정부의 예산안이 가예산으로 적용된다.

제84조 (예산 내용) 국가의 연간 세입과 세출의 추산, 예산의 지출 이유와 기타 정당성을 국가 예산에 포함시킨다. 서로 직접적으로 연결된 특정 세입과 지출의 경우, 그 차액에 해당하는 세입 예측이나 세출을 예산에 포함시킬 수 있다고 법률로 정할 수 있다. 예산의 세입 예측으로 예산에 포함된 세출이 충당되어야 한다. 세출을 정함에 있어서 법률 규정에 따라 국가의 최종 계정상의 흑자나 적자를 고려할 수 있다. 연결된 세입과 지출에 관련된 세입 예측 또는 세출은 법률 규정에 따라 여러 회계연도 동안의 예산에 포함시킬 수 있다. 공기업의 기능과 재정에 관한 일반 원칙은 법률로 정한다. 공기업에 관해서는 법률에 규정된 경우에만 세입 예측이나 세출을 예산에 반영한다. 의회는 예산을 심의할 때 공기업의 가장 중요한 서비스 목표와 기타 목표를 승인한다.

제85조 (예산의 세출) 세출은 고정 세출, 추계 세출, 이전 가능 세출로 예산에 반영된다. 추계 세출은 법률 규정에 따라 초과할 수 있고 이전 가능 세출은 차후 회계연도로 이월하여 사용할

수 있다. 법률이 허용하지 않는 한 고정 세출과 이전 가능 세출은 초과할 수 없고 고정 세출은 이전할 수 없다. 예산에서 허용되지 않는 한 세출은 한 예산 항목에서 다른 항목으로 전용할 수 없다. 단, 세출을 그 사용이 밀접하게 연결된 예산 항목으로 전용하는 것은 법률에 의해 허용될 수 있다. 지출 발생 시 그 세출을 다음 회계연도의 예산에서 가져올 권한은, 그 금액과 용도를 제한하여 예산에서 정한다.

제87조 (예산 외 자금) 국가의 항구적인 의무 이행에 반드시 필요한 경우 법률에 따라 예산 외 자금을 조성할 수 있다. 단, 의회가 예산 외 자금 조성이나 그 자금 또는 용도 확대에 관한 법안을 채택하는 결정을 함에 있어서는 투표수 3분의 2 이상의 찬성이 있어야 한다.

제90조 (국가 재정 감독과 감사) 의회는 국가 재정과 국가 예산 준수를 감독한다. 이를 위해 의회에 감사위원회를 둔다. 감사위원회는 모든 중요한 감사 결과를 의회에 보고한다. 국가 재정과 국가 예산 준수를 감사하기 위해 의회와 관련하여 독립된 감사원을 둔다. 감사원의 지위와 직무에 관한 세부사항은 법률로 정한다. 감사위원회와 감사원은 관할 공공기관과 그 통제하에 있는 자들로부터 직무 수행에 필요한 정보를 받을 권한이 있다.

19. 준예산

[대한민국]

제54조 ③ 새로운 회계연도가 개시될 때까지 예산안이 의결되지 못한 때에는 정부는 국회에서 예산안이 의결될 때까지 다음의 목적을 위한 경비는 전년도 예산에 준하여 집행할 수 있다.

1. 헌법이나 법률에 의하여 설치된 기관 또는 시설의 유지·운영
2. 법률상 지출의무의 이행
3. 이미 예산으로 승인된 사업의 계속

[필리핀]

제6장 제25조 ⑦ 회계연도 말까지 의회가 차기 회계연도의 일반 세출 법안을 통과시키지 못한 경우 이전 회계연도의 일반 세출법이 다시 제정된 것으로 간주되며 일반 세출 법안이 의회에서 통과될 때까지 효력을 유지한다.

[그리스]

제79조 ⑤ 국회 임기가 종료되어 예산안을 표결하지 못하거나 전 항에서 규정한 특별법을 통과시킬 수 없을 경우, 내각의 제안에 따라 공포된 명령에 의해 막 만료됐거나 곧 만료될 해당 회계 연도에 대한 예산안의 효력이 4개월 연장된다.

[독일]

제111조 (1) 회계연도가 종료될 때까지 다음 연도 예산안이 법률로 확정되지 않은 경우에는 연방정부는 그 법률의 효력이 발생할 때까지 다음 각항에 필요한 모든 지출을 집행할 수 있다.

a) 법률에 의하여 설치된 시설을 유지하고, 법률에 정한 조치를 실행하기 위하여,
b) 법적 근거가 있는 연방의 의무를 이행하기 위하여,
c) 전년도 예산안에서 이미 금액이 승인된 경우의 건축물, 조달 및 그 밖의 급부를 계속하기 위하여 또는 이 목적의 보조금을 계속 제공하기 위하여

(2) 특별법에 의거한 조세, 공과금 및 그 밖의 재원으로부터 나오는 수입 또는 사업자금 적립금

이 제1항의 지출을 충당할 수 없는 경우에는 연방정부는 경제운영을 위하여 필요한 자금을 종료된 예산안의 최종총액의 4분의 1의 액수에 달할 때까지 신용을 통하여 융통시킬 수 있다.

[스웨덴]

정부조직법 제 9 장 제 5 조 예산기간 시작 전에 국가예산을 채택할 수 없는 경우, 의회는 예산이 채택될 때까지 그 기간에 대해 필요한 지출을 결정한다. 의회는 재무위원회로 하여금 의회를 대리하여 그 결정을 하도록 허가할 수 있다. 첫째 문단에 의하여 의회가 특수목적을 위한 지출을 승인하지 않는 경우, 지출 승인 시까지 의회의 다른 결정에 의한 변경사항이 반영된 최근의 국가예산을 적용한다.

[스페인]

제134조 ④ 예산안이 당해 회계연도가 시작하는 첫날 전에 승인을 얻지 못한 경우에는 새로운 예산안이 승인받을 때까지 전년도의 예산이 자동적으로 연장된다.

[오스트리아]

제51a조 ③ 국민회의가 회계연도에 연방재정근본법을 의결하지 못하면 상한선이 정해졌던 지난 회계연도의 상한선이 계속 적용된다.

④ 국민회의가 회계연도 동안 연방재정법안을 의결하지 못하고 연방법을 통한 임시적인 대비도 하지 못하면 연방예산은 이전에 의결된 연방재정법의 규정에 따라서 시행되어야 한다. 재정부채는 규정된 최고액의 절반까지, 임시적인 자금력 강화를 위한 단기채무는 규정된 최고액까지 수용될 수 있다.

20. 계속비·예비비·추경예산

[대한민국]

제55조 ① 한 회계연도를 넘어 계속하여 지출할 필요가 있을 때에는 정부는 연한을 정하여 계속비로서 국회의 의결을 얻어야 한다.

② 예비비는 총액으로 국회의 의결을 얻어야 한다. 예비비의 지출은 차기국회의 승인을 얻어야 한다.

제56조 정부는 예산에 변경을 가할 필요가 있을 때에는 추가경정예산안을 편성하여 국회에 제출할 수 있다.

제57조 국회는 정부의 동의없이 정부가 제출한 지출예산 각항의 금액을 증가하거나 새 비목을 설치할 수 없다.

[독일]

제112조 예산의 초과지출 및 예산 외의 지출은 연방 재무장관의 동의를 요한다. 동의는 오직 예견할 수 없으며 불가피한 수요의 경우에만 부여될 수 있다. 자세한 사항은 연방법률로 정한다.

제113조 (1) 연방정부가 제안한 예산안의 지출을 증액하거나 또는 새로운 지출을 포함하거나 또는 향후 새로운 지출을 수반하는 법률은 연방정부의 동의를 요한다. 이는 수입 감소를 포함하거나 또는 장차 수반하는 법률의 경우에도 동일하다. 연방정부는 연방의회가 그러한 법률에 관한 의결을 연기하도록 요구할 수 있다. 이 경우에 연방정부는 6주 이내에 연방의회에 입장

을 표명하여야 한다.

(2) 연방정부는 연방의회가 법률을 의결한 후 4주 이내에 연방의회가 재의결하도록 요구할 수 있다.

(3) 법률이 제78조에 따라 성립된 때에는 연방정부는 6주 이내에만 그리고 연방정부가 사전에 제1항 제3문 및 제4문 또는 제2항에 의한 절차를 시작한 경우에만 동의를 거부할 수 있다. 이 기간이 경과한 후에는 동의는 있는 것으로 간주된다.

[스웨덴]

정부조직법 제 9 장 제 3 조 제 2 문 의회는 예산기간 이외의 기간 동안 특정 지출을 하도록 할 수 있다. 의회는 지출승인에 관한 결정 이외의 방법으로 특정 목적을 위해 국가 세입을 사용하도록 결정할 수 있다.

[스위스]

제126조 (연방재정) ③ 예외적인 재정수요가 있을 경우에는 제2항에 규정된 상한액을 인상할 수 있다. 연방의회는 제159조 제3항 제c호에 따라 상한액의 인상을 결정한다.

④ 국가회계상 총지출이 제2항 또는 제3항에서 정하는 상한액을 초과하는 경우에는 그 추가 지출분에 대해서는 다음 해에 보전하여야 한다.

⑤ 구체적인 사항은 법률로 정한다.

[오스트리아]

제51c조 ① 연방재정법에서 그 종류에 따라 규정되어 있지 않은 지출(계획 외의 지출)이나 연방재정법의 지출계획을 초과할 필요가 있는 지출(계획을 초과하는 지출)은 예산관리의 틀에서 연방재정법에 의한 전권위임을 근거로 해서만 수행될 수 있다.

② 국민회의는 연방제정법을 통해 연방재무장관에게 연방제정법이 정한 재정사용의 초과를 승인하도록 전권을 위임할 수 있다. 이 같은 전권위임은 그 초과가 객관적인 조건과 결부되어 있고, 숫자상으로 정해지고 계산가능한 경우에 한해 부여될 수 있다. 이 밖에 연방제정법이 정한 재정사용의 초과는 그것이 다음과 같은 이유로 필요한 경우에 연방재무장관의 동의를 받아 이루어질 수 있다.

1. 법적 의무로 인해
2. 현존하는 재정부채 또는 통화교환조약으로 인해
3. 연방제정법이 효력을 발휘한 시점에 이미 존재하는 기타 의무로 인해

예상하지 못한 필요에 의한 경우에만 그리고 충당이 보장되는 한에서 또 각각의 회계연도에 대해 제51조 제2항 및 제6항에 따른 구속력 있는 상한선을 넘지 않는 한에서만 이 항의 규정으로 인한 동의가 이루어져야 한다. 연방재무장관은 이 항의 규정에 근거해 부여된, 정해진 재원사용의 초과를 승인하는 전권을—제2호에 따른 초과를 제외하고—관할 예산관리 기관과 합의하여 관청 책임자에게 위임할 수 있다. 단, 이것이 효과적인 관리의 실현에 필요한 경우에 한한다.

③ 연방재무장관은 연방재정법의 예비협의를 위임받은 국민회의 위원회에 제2항에 따라 취한 조치에 대해 분기마다 보고한다.

[일본]

第87조 [예비비] ① 예상하기 어려운 예산의 부족에 충당하기 위하여 국회의 의결에 기하여 예비비를 두고 내각의 책임으로 이를 지출할 수 있다.

② 내각은 모든 예비비의 지출에 대하여 사후에 국회의 승인을 받아야 한다.

[핀란드]

第86조 (추가예산) 예산을 변경할 정당한 이유가 있으면 정부는 추가예산안을 의회에 제출한다. 의원은 추가예산과 직접적으로 연결된 예산 변경에 관한 발의를 제출할 수 있다.

21. 기채동의

[대한민국]

第58조 국채를 모집하거나 예산외에 국가의 부담이 될 계약을 체결하려 할 때에는 정부는 미리 국회의 의결을 얻어야 한다.

[멕시코]

第73조 연방의회는 다음과 같은 권한을 갖는다.

VIII. 대통령이 국가신용도를 기초로 차입할 수 있는 기준을 정하고, 해당 차입을 승인하며, 외채를 인정하고 그 지급을 명령한다. 정부의 수입을 직접적으로 증가시키는 사업을 시행하기 위한 경우에 한하여 차입할 수 있다. 다만, 통화규제, 환율조정을 위한 차입과 제29조에 따라 대통령이 선포한 비상사태에 대처하기 위한 차입은 예외로 한다...

[미국]

第1조 ⑧ 연방의회는 다음의 권한을 가진다.

...미국의 신용으로 금전을 차용한다...

[아르헨티나]

第75조 연방의회의 권한은 다음과 같다.

4. 국가신용으로 자금 차입

[노르웨이]

第75조 의회의 권리·의무는 다음과 같다.

b) 왕국의 이름으로 국채를 모집한다.

[뉴질랜드]

第22조 국왕은 의회의 법률에 의하지 아니하고는 아래와 같은 일을 할 수 없다.

b. 자금의 차입 또는 차입한 자금의 수령

[덴마크]

第43조 ... 또한 법률에 따르지 않고는... 공채가 모집될 수 없다.

[룩셈부르크]

第99조 ... 국가에 부담되는 대출금은 의회의 동의로만 부담될 수 있다.

[스웨덴]

정부조직법 제9장 제8조 ... 정부는 의회의 승인 없이 국가를 대표하여 차관을 도입하거나 다른 방식으로 재정적 의무를 부담할 수 없다.

[스페인]

제133조 ④ 행정청은 법률이 정한 경우에 한하여 재정상의 채무를 부담하는 계약을 체결하고, 비용을 지출할 수 있다.

제135조 ③ 주와 자치주는 공채 또는 담보채권을 발행하기 위하여 입법적 승인을 요구하여야 한다. 행정청이 보유하는 공채의 이자 및 원본의 지급에 충당하기 위한 대부는 세출예산에 포함된 것으로 간주되며, 그 지급을 최우선으로 하여야 한다. 당해 대부는 그 발행에 관한 입법에서 정하는 조건에 부합하는 한 개정 또는 변경의 대상이 되지 않는다. 행정청이 주의 국내총생산과 관련하여 전체적으로 보유하는 공채의 금액은 유럽연합의 기능에 관한 조약에 규정된 참조가치를 초과할 수 없다.

[아이슬란드]

제40조 법률상 권한에 의한 경우를 제외하고는 국채를 발행하거나 국유지 또는 그 사용권을 매각하거나 기타 방식으로 처분할 수 없다.

[일본]

제85조 [국비지출 및 국가의 채무부담] 국비를 지출하거나 국가가 채무를 부담할 경우에는 국회의 의결에 기하여야 한다.

[남아프리카공화국]

제218조 (정부 보증) ① 중앙정부, 주정부 또는 지방자치단체는 법률에 명시된 조건에 부합할 경우에만 공채를 보증할 수 있다.

② 상기 1항에 언급된 법률은 재정회계위원회의 권고 사항을 검토한 후에만 제정할 수 있다.

③ 모든 정부는 직접 승인한 정부 보증에 관한 보고서를 매년 발표해야 한다.

[핀란드]

제82조 (국채와 보증) 국채 발행 시에는 의회의 동의를 받되, 의회 동의는 새 국채의 상한 내지 국채의 총액을 명시하여야 한다. 국가 담보와 국가 보증은 의회의 동의에 따라 제공할 수 있다.

22. 조세법률주의

[대한민국]

제59조 조세의 종목과 세율은 법률로 정한다.

[프랑스]

제34조 법률은 다음 사항에 관하여 규정한다.

- 모든 조세의 과세기준, 세율, 징수방식 화폐의 발행

[그리스]

제78조 ① 과세대상 및 소득, 재산의 유형, 비용 및 기타 세금에 관련한 거래 또는 범주에 대해

국회가 제정한 법률 없이는 세금을 징수할 수 없다.
② 세금이 부과되기 전 회계 연도 이전으로 그 효력이 소급되는 법률에 의해 세금 또는 그 외의 금전적 부담을 부과할 수 없다.
③ 예외적으로 수입 및 수출 관세 또는 소비세를 부과하거나 인상하는 경우, 그 세금의 징수는 국회에 그 의안이 상정된 날짜부터 허용된다. 단, 그 법령은 제42조 제1항에 규정된 기한 내에 공포되어야 하며, 어떤 경우에도 국회 회기가 끝난 후 10일을 초과하지 않아야 한다.
④ 과세 대상, 세율, 감세 및 면세와 연금 수여는 위임 입법의 대상이 될 수 없다. 이 금지 규정은 공공 공사 현장에 인접하여 전적으로 그로 인해 개인 부동산 가치가 자동적으로 증가한 경우 국가 또는 공공기관의 몫을 평가하는 방식을 법으로 결정하는 것까지 배제하지 않는다.
⑤ 예외적으로 법령체계의 틀에서 허용된 위임을 통해, 상계 관세를 부과하는 것과, 경제 기구와의 국제적 관계 측면에서 경제적 조치 또는 국가의 외환 상태를 보호하기 위해 조치를 부과하는 것은 허용된다.

[네덜란드]

제104조 국세는 법률에 따라 부과한다. 그 외에 국가가 부과하는 부과금들은 법률로 정한다.

[뉴질랜드]

제22조 국왕은 의회의 법률에 의하지 아니하고는 아래와 같은 일을 할 수 없다.
a. 세금 부과

[덴마크]

제43조 법률에 따르지 않고는 어떠한 세금도 부과, 변경 또는 폐지할 수 없다...
제46조 (1) 세금은 재정법 또는 임시 세출 예산법이 국회에서 가결되기 전에 부과될 수 없다.

[룩셈부르크]

제99조 국가의 이익이 되는 세금은 법률에 의해서만 부과한다. 국가에 부담되는 대출금은 의회의 동의로만 부담될 수 있다. 국가 소유의 부동산은 양도가 특별법에 의해서 허가되지 않는다면 양도할 수 없다. 그러나 일반 법률은 의회의 특별한 허가가 요구되지 않는 하한의 한계를 정할 수 있다. 국가에 의한 모든 중요한 부동산 소유권의 취득, 국익을 위한 기초공사나 대형 건물의 거대한 계획의 모든 실현, 국가의 중요한 자금 투입은 모두 특별법에 의해 허가되어야 한다. 일반 법률은 이러한 허가가 필요한 한계를 정한다. 한 번을 초과하는 실행을 위한 국가 예산에 부담이 되는 모든 비용은 특별법에 의해서만 결정한다. 모든 지방자치단체의 부담 및 과세는 지방자치단체의회의 동의가 있어야만 결정된다. 법률은 지방자치단체 과세에 관련하여 필요성을 보여주는 경험에 관한 예외사항들을 정한다.
제100조 국익을 위한 세금은 매년 투표로 결정한다. 이를 정하는 법률은 갱신되지 않는다면 1년만 유효하다.
제101조 세금과 관련하여 어떤 특권도 정해질 수 없다. 오직 법률에 의해서만 면제되거나 경감될 수 있다.

[벨기에]

제170조 ① 국가의 모든 조세는 법률에 의하여서만 이를 징수할 수 있다.
② 공동체 또는 지역의 모든 조세는 연방법률 또는 제134조에 정한 규칙에 의하여서만 이를

징수할 수 있다.

첫번째 단락에 정한 조세에 관하여 필요하다고 인정되는 예외는 법률로 정한다.

제171조 국가, 공동체 또는 지역의 조세는 매년 이를 의결한다. 조세를 설정하는 법률은 갱신되지 않는 한 1년간 유효하다.

제172조 조세에 관하여는 특권을 설정할 수 없다. 법률에 의하지 않고는 조세를 감면할 수 없다.

[스위스]

제127조 (조세원칙) ① 조세에 관한 일반적인 원칙, 특히 납세자의 범위, 조세의 대상 및 그 금액에 관한 기본적인 사항은 법률로 정한다.

② 각 조세의 성질이 허용하는 한, 과세의 보편성, 균등성 및 경제적 부담능력에 상응한 과세의 원칙이 준수되어야 한다.

[스페인]

제133조 ① 주된 과세 권한은 법률에 따라 국가가 가진다.

③ 국가의 조세에 영향을 미치는 모든 재정상의 혜택은 법률에 의하여 규정되어야 한다.

[아이슬란드]

제40조 어떤 세금도 법률에 의하지 않고서는 부과, 변경 또는 폐지될 수 없다.

제77조 세금에 관한 사항은 법률로 정한다. 세금의 부과, 변경, 폐지 여부를 결정할 권한은 행정기관에 귀속되지 아니 한다.

세금의 근거가 되는 사실이 발생한 당시에 법률로 허용되지 않으면 어떤 세금도 부과할 수 없다.

[이탈리아]

제23조 법률에 의하지 않으면 누구에게도 개인적 또는 재정적 성격의 의무를 부과할 수 없다.

[일본]

제84조 [조세법률주의] 새로운 조세를 부과하거나 현행 조세를 변경할 경우에는 법률 또는 법률이 정하는 조건에 따라야 한다.

[캐나다]

제102조 연방통합예산기금의 수립

연방 창설 이전 및 창설 당시 캐나다, 노바스코샤 및 뉴브런즈윅 입법부가 세출 권한을 행사한 대상인 모든 부과금 및 세입(단, 이 법에 따라 각 주 입법부에 유보되거나 이 법에 따라 각 주 입법부에 부여된 특별 권한에 따라 해당 입법부가 징수하는 부분은 제외한다)은 이 법에 규정된 방식 및 의무에 따라 캐나다 공공서비스에 지출될 단일한 통합예산기금을 구성한다.

[헝가리]

제40조 일반적 과세 및 연금제도의 기본규칙은 공공수요의 충족을 위하거나 노인의 적절한 삶의 조건을 보장할 수 있도록 예견가능한 출연을 위하여 기본법률로 정한다.

[남아프리카공화국]

제213조 (국가 세입 기금) ① 법률에 따라 합당하게 제외된 재정 자금을 제외하고는, 중앙정부가 수령한 모든 재정 자금은 국가 세입 기금에 편입되어야 한다.

② 재정 자금은 다음 경우에만 국가 세입 기금에서 인출할 수 있다.
a. 법률에 따른 세출 예산에 따른 경우
b. 헌법 또는 법률에 규정되어 국가 세입 기금에서 직접 부담하는 경우
③ 국가 세입에 대한 각 주의 공평한 지분은 국가 세입 기금에서 직접 부담한다.

제214조 (세입의 공평한 배분 및 교부) ① 법률은 다음을 규정해야 한다.
a. 중앙정부 영역, 주정부 영역 및 지방정부 영역 간 국가 세입의 공평한 배분
b. 국가 세입에서 주정부 영역이 수령하는 지분 중 각 주의 공평한 지분에 관한 결정
c. 국가 세입 중 중앙정부의 지분에서 주정부 지방정부 또는 지방자치단체에 할당되는 그 밖의 모든 교부금, 그리고 그러한 교부를 실시할 수 있는 모든 조건

[핀란드]

제81조 (국세와 요금) 국세는 법률로 정하되 세금의 근거와 세액뿐 아니라 납세의무자가 이용할 수 있는 법적 구제수단이 포함되어야 한다. 국가기관의 공식 기능, 서비스, 기타 활동에 대해 부과되는 요금과 그 액수에 관한 일반적 기준은 법률로 정한다.

23. 조약의 체결, 선전포고 동의

[대한민국]

제60조 ① 국회는 상호원조 또는 안전보장에 관한 조약, 중요한 국제조직에 관한 조약, 우호통상항해조약, 주권의 제약에 관한 조약, 강화조약, 국가나 국민에게 중대한 재정적 부담을 지우는 조약 또는 입법사항에 관한 조약의 체결·비준에 대한 동의권을 가진다.
② 국회는 선전포고, 국군의 외국에의 파견 또는 외국군대의 대한민국 영역안에서의 주류에 대한 동의권을 가진다.

[러시아]

제102조 1. 다음 사항은 연방회의가 관할한다.
d) 러시아연방 영토 밖에서 러시아연방 군사력을 사용하는 문제의 결정

[멕시코]

제73조 연방의회는 다음과 같은 권한을 갖는다.
XII. 대통령이 제출한 정보에 근거하여 전쟁을 선포한다.

제76조 헌법은 상원에 대하여 다음과 같은 배타적 권한을 부여한다.
III. 대통령이 멕시코 군대의 해외 파병, 외국 군대의 국내 영토 통과, 멕시코 수역에 1개월 이상 외국군대의 주둔을 허용할 권한을 부여한다.

[미국]

제 1 조 ⑧ 연방의회는 다음의 권한을 가진다.
...전쟁을 포고하고, 나포허가장을 수여하고, 지상 및 해상에서의 나포에 관한 규칙을 정한다...

[아르헨티나]

제75조 연방의회의 권한은 다음과 같다.
22. 타국 및 국제기구와 체결한 조약, 교황청과 맺은 협정을 승인하거나 거부. 조약과 협정

은 법률보다 우위에 있다.

인간의 권리와 의무에 관한 미주선언, 세계인권선언, 미주인권협약, 경제·사회·문화적 권리에 관한 국제협약, 시민·정치적 권리에 관한 국제협약과 강화의정서, 대량학살방지와 처벌에 관한 협약, 인종차별 철폐에 관한 국제협약, 여성차별 철폐에 관한 협약, 고문 및 기타 잔혹한 비인도적, 굴욕적 처우나 처벌 금지협약, 아동의 권리에 관한 협약이 전부 유효하면 헌법과 동순위이고, 이 헌법의 제1부에 있는 조항을 폐지하지 못하며, 이 헌법에서 인정된 권리와 보장을 보충하는 것으로 이해한다. 그러한 경우 연방정부가 각 원의 재적의원 3분의 2의 찬성을 받은 후 폐지만 할 수 있다.

인권에 관한 기타 조약과 협약이 헌법과 동순위가 되려면 연방의회의 승인 후 각 원의 재적의원 3분의 2의 찬성이 필요하다.

25. 연방정부에 선전 포고나 강화 권한 부여
26. 연방정부가 보복공격을 명령하고 노획물에 관한 규칙을 제정할 수 있게 허가
28. 외국 군대의 아르헨티나 영토 진입과 국군의 해외파병 허가

[프랑스]

제35조 ① 전쟁의 선포는 의회의 승인을 받아야 한다.

정부는 해외파병 개시일로부터 적어도 3일 이내에 의회에 해외파병 결정을 통보한다. 이 때 위 파병의 목적을 상세히 알려야 한다. 이는 토론의 대상이 될 수 있으나, 표결에 부치지 아니한다.

② 해외파병기간이 4개월을 초과하는 경우에는 정부는 파병 연장에 대하여 의회의 승인을 요청한다. 정부는 하원에 최종결정을 요청할 수 있다.

③ 4개월이 경과한 때에 의회가 회기 중이 아닌 경우에는, 의회는 다음 회기의 개회 시에 이를 결정한다.

제53조 ① 평화조약, 통상협정, 국제기구 관련 조약 또는 협정, 국가의 재정부담을 야기하거나, 법률의 대상이 되는 규정을 개정하거나, 개인의 신분변화와 관련되거나, 영토의 이양, 교환, 병합을 내용으로 하는 조약 또는 협정은 법률에 의하여서만 비준 또는 승인할 수 있다.

② 조약 또는 협정은 비준 또는 승인하여야만 발효한다.

③ 관련된 국민들의 동의 없이 이루어지는 모든 영토의 이양, 교환, 병합은 효력이 없다.

[필리핀]

제6장 제23조 ① 의회는 소집된 양원 공동 회의에서 양원이 각각 별도로 투표하여 양원의 3분의 2의 득표를 통해 전시상태 선포를 할 수 있는 고유 권한을 가진다.

제7장 제21조 어떠한 조약이나 국제협약도 상원 재적의원 중 3분의 2 이상의 동의를 얻지 못한 경우에는 효력을 가지지 못한다.

[그리스]

제27조 ① 국경의 변경은 국회 재적의원의 과반수에 의해 통과된 법령에 의해서만 이루어질 수 있다.

② 그리스 영토 내 외국 군대는 허용되지 않으며, 국회 재적의원의 과반수에 의해 통과된 법률의 규정에 의하지 않고는 그리스 영토 내에 머물거나 횡단할 수 없다.

제36조 ② 무역, 과세, 경제 협력, 국제기구 및 연합 참여에 관한 협정, 그 밖에 본 헌법의 기타

규정상 법률 없이는 규정할 수 없거나 그리스인들에게 개인적인 부담을 주는 사항이 포함된 모든 협정은 국회에서 표결한 법률에 따라 비준되지 아니하면 효력을 가지지 아니한다.

[네덜란드]

제91조 ① 네덜란드 왕국은 의회의 동의 없이는 제반 조약의 구속을 받지 않으며 조약을 폐기할 수 없다. 동의가 불필요한 경우는 법률로 정한다.

② 조약의 승인에 동의하는 절차는 법률로 정한다. 경우에 따라 조약에 대한 암묵적 승인을 법률로 허용할 수 있다.

③ 네덜란드왕국 헌법에 위배되는 조약의 조항 또는 동 헌법에 위배되는 결과를 초래하는 조약의 조항은 의회의 전체 투표수 3분의 2 이상의 동의가 있어야만 가결할 수 있다.

제96조 ① 네덜란드 왕국이 전시 상태에 있음을 알리는 포고는 의회의 동의 없이 발령될 수 없다.

② 실질적으로 전시 상태이기 때문에 의회와의 협의가 불가능하다고 판단될 경우에는 그러한 의회의 동의를 요하지 않는다.

③ 의회는 양원합동회의에서 해당 사안을 심의 및 의결한다.

④ 제1항 및 제3항의 규정은 전시 상태가 중단되었음을 알리는 종전 선언에도 그대로 적용된다.

[노르웨이]

제25조 ... 의회의 동의 없이는 군대를 증강하거나 축소할 수 없다. 의회의 동의 없이는, 군대를 국외 세력을 위하여 파견하거나, 또는 적의 공격에 맞서는 보조병력을 제외한 국외 세력의 군대를 왕국 내에 들어오게 할 수 없다.

정규군이 아닌 국민방위군 및 기타 군대는 의회의 동의 없이 왕국의 영토 밖에 배치할 수 없다.

제26조 ...특별히 중요성을 갖는 조약과 헌법에 의하여 조약의 이행을 위하여서 새로운 법률이나 의회의 의결이 필요한 조약은 의회가 승인하기 전까지는 구속력이 없다.

[독일]

제59조 (2) 연방의 정치적 관계를 규정하거나 연방 입법 사항과 관계있는 조약은 연방법률의 형식으로 연방입법에 관한 권한을 가진 기관의 동의 또는 참여를 요한다. 행정협정에 대하여는 연방행정에 관한 규정이 준용된다.

[스웨덴]

정부조직법 제10장 제3조 정부가 국가에 부담이 되는 국제협약을 체결하고자 하는 경우에는 의회의 승인을 얻어야 한다.

1. 그 협약에 따라 법률의 개정 또는 폐지, 또는 신 법률의 제정이 요구되는 경우, 또는
2. 기타 의회가 결정하는 사항에 관련되는 경우

제1문 제1호 또는 제2호의 경우, 의회결정에 대한 특별 절차가 있는 경우, 조약 승인에 대하여 그 절차를 적용한다.

제1문 이외의 경우에도 조약이 중요한 경우 정부는 의회의 승인 없이 국가를 구속하는 국제조약을 체결할 수 없다. 다만, 국익 상 필요한 경우에는 의회의 승인 없이 조약을 체결할 수 있다. 이 경우 정부는 조약 체결 전에 외교자문회의와 상의하여야 한다.

[스위스]

제166조 (외국과의 관계 및 국제조약) ① 연방의회는 대외정책의 형성에 참여하고 외국과의 관계를 감독한다.

② 법률 또는 국제조약에 따라 연방내각이 체결한 조약을 제외하고는, 연방의회는 국제조약을 승인한다.

[스페인]

제93조 조직법은 국제기구 또는 단체에 헌법에 의한 권한을 부여하는 조약의 체결을 승인할 수 있다. 경우에 따라 이러한 조약의 이행 및 국제기구 또는 초국가적 기구의 결의 이행은 국민의회 또는 내각이 보장한다.

제94조 ① 조약 또는 협정에 의하여 의무를 부담하는 국가의 동의에는 다음 각 호의 경우 국민의회의 사전승인을 요한다.

a) 정치적 성격의 조약

b) 군사적 성격의 조약 또는 협정

c) 국가영토의 보전 또는 제1편에서 규정하는 기본적 권리 및 의무에 영향을 미치는 조약 또는 협정

d) 국고에 재정적 부담을 주는 조약 또는 협정

e) 법률의 개정 또는 폐지를 수반하거나, 그 집행에 입법조치를 요하는 조약 또는 협정

② 그 밖에 다른 조약 또는 협정 체결에 관하여는 그 결과가 하원 및 상원에 즉시 보고되어야 한다.

제95조 ① 헌법에 합치되지 않는 조항을 포함하는 조약의 체결에는 헌법의 개정이 선행되어야 한다.

② 내각 또는 양원 중 일방은 헌법위반 사항이 존재하는지 여부에 대한 선언을 헌법재판소에 요청할 수 있다.

[아이슬란드]

제21조 (제2문) 영토나 영해의 포기 또는 그에 대한 지역권이 수반되거나 국가 제도 변경을 요구하는 조약은 의회의 승인 없이는 체결할 수 없다.

[아일랜드]

제28조 3. 1° 하원이 동의하는 경우를 제외하고, 전쟁은 선포되지 않으며 국가는 어떠한 전쟁에도 개입하지 아니 한다.

5. 1° 국가가 당사자가 되는 모든 조약은 하원에 상정된다.

2° 국가는, 해당 조약의 조건을 하원에서 승인 받지 않는 한, 공적 자금 부과 책임과 관련된 조약에 구속되지 아니 한다.

3° 본 항은 기술적, 행정적인 성격의 조약에 적용되지 아니 한다.

6. 조약은 국회가 결정하는 경우를 제외하고는 국가의 국내법의 일부로 간주되지 아니 한다.

[오스트리아]

제38조 국민회의와 연방참사원은 연방대통령의 서약을 위한 공동 공개회합을 할 때와 국민회의의 소재지에서 전쟁선포에 관한 의결을 할 때 연방총회를 개최한다.

제50조 ① 다음 사항의 체결은 국민회의의 승인을 필요로 한다.

1. 법률을 개정하거나 보완하는 내용을 담고 있으며 제16조 제1항에 해당하지 않는 정치적 국가조약과 국가조약,
2. 유럽연합의 조약상의 토대를 변경시키는 국가조약

⑤ 국민회의와 연방참사원은 제1항에 따른 국가조약에 관한 협상의 개시 즉시 통보를 받아야 한다.

[이탈리아]

제78조 의회는 전쟁상태를 선포하고 필요한 권한을 행정부에 부여할 수 있다.

제80조 의회는 정치적 성격을 띠고 중재나 법적 화해를 요구하며 국경 변경이나 지출 또는 새로운 입법이 수반되는 국제 조약의 비준을, 법률로 승인한다.

[일본]

제61조 [조약의 승인] 조약 체결에 필요한 국회 승인에 대하여는 제60조 제2항의 규정을 준용한다.

[체코]

제10a조 (2) 헌법률에서 제1항에 따른 국제협정의 비준에 대하여 국민투표를 거친 승인을 규정하는 경우를 제외하고는 해당 비준은 의회의 동의를 요한다.

제43조 (1) 의회는 체코공화국이 공격을 받거나 집단방위에 관한 국제조약상의 의무를 이행하기 위하여 필요한 때에는 전쟁상태를 선언할 수 있다.

(2) 의회는 체코공화국이 가입한 국제기구의 방위체제에 대한 체코공화국의 참여를 결정한다.

(3) 의회는 다음 사항에 대하여 결의한다.

a) 체코공화국 군대의 해외 파병

b) 체코공화국 영토 내 다른 외국 군대의 주둔. 다만, 해당 결의가 정부에 유보되는 경우를 제외한다.

(4) 정부는 다음 각 호에 관한 사항에 있어서 60일 이내에 체코공화국 군대의 해외파병과 체코공화국 영토 내 외국 군대의 주둔을 결정할 수 있다.

a) 공격에 대한 공동방위와 관련된 조약상 의무의 이행

b) 체코공화국이 가입한 국제기구의 결정에 따른 평화유지활동 참가. 다만, 대상국가가 동의하여야 한다.

c) 자연재해, 산업재해 또는 환경재해의 경우에 구조 활동 참가

(5) 정부는 또한 다음 각 호의 사항을 의결해야 한다.

a) 다른 국가 군대의 체코공화국 영토 통과 및 영공의 비행

b) 체코공화국 군대의 해외 군사훈련 참가 및 체코공화국 영토 내 군사훈련에 대한 외국 군대의 참가

(6) 정부는 제4항 및 제5항에 따라 정부가 결정한 사안을 즉시 의회의 양원에 통보하여야 한다. 의회는 재적의원의 과반수가 채택한 하원 또는 상원의 반대 결의를 통하여 정부결정을 취소할 수 있다.

제49조 다음 각 호에 해당하는 국제협정의 비준은 의회 양원의 승인을 받아야 한다.

a) 국민의 권리 또는 의무에 영향을 미치는 국제협정

b) 동맹, 평화 또는 기타 정치적 성격의 국제협정
c) 체코공화국이 국제기구에 가입하는 국제협정
d) 일반적인 경제적 성격의 국제협정
e) 그 규제를 법률에 유보하는 기타 사항에 관한 국제협정

[터키]

제90조 터키 공화국의 명의로 외국 및 국제기구와 맺은 조약에 대한 비준은 비준 승인 법률에 따라 터키 대국민회의의 승인절차를 거친다.

경제, 상업 및 기술 관계를 규제하고 기간이 1년 이내인 국제협약은 국가에 의한 재정적 책임이 수반되지 않는 한 그리고 개인의 신분이나 해외 터키 시민의 재산권을 침해하지 않는 한, 공포로써 발효된다. 이 경우, 해당 협약은 그 공표일로부터 2개월 이내에 터키 대국민회의에 통지되어야 한다.

국제조약의 시행과 관련한 협약과 법률에 명시된 바와 같이 승인 여하에 따라 체결되는 법에 따른 승인절차를 거친 경제, 상업, 기술 또는 행정적 협약은 터키 대국민회의의 승인을 요구하지 않는다. 그러나 이 문단의 규정에 의하여 체결되며 경제적 또는 상업적 관계와 개인의 사적 권리에 영향을 주는 협약은 공포가 되지 않는 한 발효되지 않는다.

터키 법률개정이 요구되는 협약은 첫째 문단의 규정에 따라 터키 대국민회의의 승인절차를 거쳐야 한다.

합법적으로 발효된 국제협약은 법률적 효력을 갖는다. 이러한 협약과 관련하여 협약이 헌법에 어긋난다는 이유로 헌법재판소에 제소할 수 없다. 동일한 사안에 대한 서로 다른 규정으로 인해 합법적으로 효력이 발생된 기본권 및 자유분야의 국제협약과 국내법 간 충돌이 발생할 경우 국제협약의 규정이 우선한다.

제92조 국제법에 따라 정당하다고 판단되는 경우로서, 터키가 조약의 당사자인 국제조약에 의거하여 또는 터키 군대를 외국에 파견하고 외국 군대를 터키 내에 주둔하도록 허용하는 국제법 관례에 따라서 요구되는 경우를 제외하고는 전쟁상황 선포를 승인하는 권한은 터키 대국민회의에게 있다.

터키 대국민회의가 산회 또는 휴회 중에 국가가 기습 군사공격을 받아 군대파견에 대한 결정이 즉시 이루어져야 하는 경우, 공화국 대통령은 터키 군대의 동원을 결정할 수 있다.

[핀란드]

제94조 (국제의무와 그 폐기 승인) 입법의 성격을 띠는 조항이 들어있거나 다른 식으로 중요하거나 헌법상 다른 식으로 의회의 승인이 필요한 조약과 기타 국제의무에는 의회의 승인이 필요하다. 그 의무의 폐기에도 의회 승인이 필요하다. 국제의무나 그 폐기의 승인에 관한 결정은 다수결로 한다. 단, 헌법이나 국경 변경, 또는 핀란드의 주권에 관하여 중요한 의미를 가지는 유럽연합, 국제조직 또는 국제기구에 대한 권한위양에 관한 결정은 3분의 2 이상의 찬성이 있어야 한다. 국제의무는 헌법의 민주적 기반을 위태롭게 하면 안 된다.

제95조 (국제의무 발효) 입법적 성격의 조약과 기타 국제의무조항은 법률에 의하여 발효된다. 그 밖의 국제의무는 시행령에 의하여 발효된다. 국제의무를 이행하기 위한 정부 법안은 법률에 관한 통상적인 입법 절차에 따라 심의한다. 단, 의회는 헌법이나 국경 변경 또는 핀란드의 주권에 관하여 중요한 의미를 가지는 유럽연합, 국제조직 또는 국제기구에 대한 권한위양에

관한 법안을 미결로 남길 수 없고, 3분의 2의 이상의 찬성으로 채택한다. 법률은 국제의무의 발효를 시행령으로 정하도록 할 수 있다. 조약과 기타 국제의무의 공포에 관한 일반사항은 법률로 정한다.

24. 국무위원 등의 국회출석·발언

[대한민국]

제62조 ① 국무총리·국무위원 또는 정부위원은 국회나 그 위원회에 출석하여 국정처리상황을 보고하거나 의견을 진술하고 질문에 응답할 수 있다.

② 국회나 그 위원회의 요구가 있을 때에는 국무총리·국무위원 또는 정부위원은 출석·답변하여야 하며, 국무총리 또는 국무위원이 출석요구를 받은 때에는 국무위원 또는 정부위원으로 하여금 출석·답변하게 할 수 있다.

[멕시코]

제93조 ① 장관은 정기회가 개회된 후 즉시 각 부처의 업무현황을 의회에 보고하여야 한다.

② 각 원은 장관, 법무장관, 준국가기관의 임원 및 관리자, 자치기구의 장을 소환하여 연방의회가 법률 또는 각 기관의 관련 업무를 심사 또는 토론할 때에 선서한 후에 정보를 제공하게 할 수 있다.

③ 양원은 하원의 경우에는 재적의원 4분의 1, 상원의 경우에는 재적의원 2분의 1의 요청에 따라 권력분립기관과 공기업의 성과를 조사하는 위원회를 설치할 수 있다. 조사결과는 대통령에게 통보하여야 한다.

④ 각 원은 연방정부기관의 장에게 서면으로 정보 또는 문서를 요청할 수 있고, 해당 기관의 장은 요청을 수령한 날로부터 15일 이내에 답변하여야 한다.

⑤ 이 조의 권한은 연방의회가 제정한 법률 및 규정에 따라 행사하여야 한다.

[아르헨티나]

제71조 양원은 장관을 소환하여 필요한 설명이나 보고를 받는다.

제101조 국무총리는 제71조의 규정에도 불구하고, 정부의 현황을 보고하기 위해 최소한 매월 한번 연방의회의 각 원에 번갈아 출석한다. 각 원의 재적의원 과반수의 찬성으로 불신임 결의 목적상 국무총리에게 질의할 수 있고, 각 원의 재적의원 과반수의 찬성으로 국무총리를 해임할 수 있다.

제106조 장관은 연방의회에 출석하여 토론에 참가할 수 있으나 투표는 하지 않는다.

[프랑스]

제31조 국무위원은 양원에 출석할 수 있다. 국무위원은 의회에 요청하여 의회에서 발언할 수 있다. 국무위원은 정부위원의 보좌를 받는다.

[필리핀]

제6장 제22조 행정부처의 장관은 각 의회의 규칙이 규정한 바에 따라, 자체 발의로 또는 대통령 동의 시 또는 양원 중 한 의회의 요청 시 부처와 관련된 사안에 대해 해당 의회에 출석하여 의견을 제시한다. 서면질의는 예정된 출석일 최소 3일 이전에 상원의장이나 하원의장에게 제

출되어야 한다. 대정부 질의는 서면질의로 제한되지는 않지만 서면질의와 관련된 문제를 포함한다. 국가의 안보 또는 공익상 필요하고 상원의원이 서면으로 언급할 경우 비공개회의로 진행된다.

[그리스]

제66조 ② 장관과 부장관은 국회 회의에 자유롭게 참석할 수 있으며 발언권 요청시 언제나 발언할 수 있다.

③ 국회와 국회 위원회들은 전문성을 가진 사안에 대해 논의할 때 해당 장관 또는 차관의 출석을 요청할 수 있다. 국회 위원회는 자신의 업무에 유용하다고 생각하는 모든 사람을 초청할 수 있으며, 그 사실을 관할 장관에 통지한다. 국회 위원회는 의사 규칙에 따라 공개적으로 개최된다. 그러나 정부의 요청 또는 5명의 국회의원이 요청한 후 과반수가 비공개 회의를 결정할 경우 비공개로 심의할 수 있다. 이후 국회 위원회는 같은 주제에 대한 논의를 공개 회의에서 다시 열어야 하는지 여부를 결정한다.

제69조 누구도 스스로 국회에 나와서 구두 또는 서면 보고를 할 수 없다. 보고서는 국회의원을 통해서 제시 하거나 국회의장에게 전달해야 한다. 국회는 국회에 제출된 모든 보고서를 장관 및 차관에게 전달할 권리가 있으며 장관과 차관은 요청 시 전달된 사안에 대해 설명할 의무가 있다.

[네덜란드]

제68조 각료들과 국무장관들은 1명 이상의 의원의 요청이 있을 경우, 국익에 위배되지 아니하는 한, 개별적으로 혹은 양원합동회의에서 요청된 정보를 구두 또는 서면으로 제공한다.

제69조 ① 각료 및 국무장관들은 의회의 각 회의에 참석할 권리가 있으며 심의 절차에 참여할 수 있다.

② 요청이 있을 경우, 각료 및 국무장관들은 의회 양원에서 개별적으로 혹은 양원합동으로 소집되는 각 회의에 출석할 수 있다.

③ 의회의 각 회의에서 각료 및 국무장관들은 그들이 지명한 자들의 보좌를 받을 수 있다.

[노르웨이]

제74조 ... 의회의 의사가 개시되면, 총리와 국무회의 위원은 의회에 참석할 권리를 갖고, 투표권은 없으나 의원들과 같이 공개 회의에서 진행되는 의사에 참여할 권리를 갖는다. 그러나 비공개 회의에서 논의되는 사안에 대하여는 의회가 허용하는 한도 내에서만 참여할 수 있다.

제82조 정부는 정부가 제출한 안건에 대한 의사절차에 필요한 모든 정보를 의회에 제공하여야 한다. 국무회의 위원은 부정확하거나 오인을 유발할 수 있는 정보를 의회나 의회의 기구에 제출하여서는 아니 된다.

[덴마크]

제40조 장관들은 직무에 관하여 국회에 참석할 자격이 있으며 원할 때마다 토의 중에 국회에서 연설할 자격이 있다. 단, 국회 절차의 규칙을 준수해야 한다. 장관은 국회의원인 경우에만 투표권이 있다.

제53조 국회의 동의가 있는 경우 국회의원은 공익에 관한 문제를 토론에 부의하고 장관들에게 그에 관한 의견을 요구할 수 있다.

[독일]

제43조 (1) 연방의회와 위원회는 연방정부의 구성원에게 출석을 요구할 수 있다.

(2) 연방참사원과 연방정부의 구성원 및 그들의 대리인은 연방의회와 위원회의 회의에 출석할 수 있다. 이들의 의견은 언제라도 청취되어야 한다.

[룩셈부르크]

제80조 국무위원들은 의회에 자유로이 참석할 수 있고 그들이 요구할 때 의회는 국무위원들의 발언을 경청하여야 한다.

의회는 국무위원들의 출석을 요청할 수 있다.

[벨기에]

제100조 장관은 양원에 출석할 권리를 가지며 장관이 발언을 요구하면 의회는 이를 청취하여야 한다.

하원은 장관의 출석을 요구할 수 있다. 상원은 제77조에 정한 바와 같은 정부법률안이나 의원제출법률안 또는 제78조에 정한 바와 같은 정부법률안에 대하여 논의하거나 제56조에 정한 바와 같은 조사권을 행사하기 위하여 장관의 출석을 요구할 수 있다. 기타 문제에 대하여 상원은 장관의 출석을 요구할 수 있다.

[스웨덴]

정부조직법 제13장 제 5 조 의원은 의회법에 따라 각료의 직무 수행과 관련된 문제에 관해 질의서를 제출하거나 각료에게 질문할 수 있다.

[스페인]

제110조 ① 양원 및 각 위원회는 각료의 출석을 요구할 수 있다.

② 각료는 의회 및 각 위원회에 출석하여 의견을 진술할 권리를 가지고, 각 부처의 담당관이 의회 및 각 위원회에서 보고하도록 허락할 것을 요구할 수 있다.

제111조 ① 내각 및 각료는 의회에서 질의응답 요구를 받을 수 있다. 이를 위해 의원규칙은 적어도 1주일의 기간을 정하도록 한다.

② 모든 질의응답은 의회로 하여금 그 입장을 표명하는 발의를 하게 할 수 있다.

[아이슬란드]

제51조 장관은 의회에 참석할 수 있고, 그 직권으로 원하는 만큼 토론에 참가할 수 있으나, 절차규칙을 따라야 한다. 장관은 의원을 겸하는 경우에만 투표할 수 있다.

제54조 각 의원은 의회의 허가를 받아, 장관에게 질문을 제시하거나 보고서를 요청하여 정보나 공적 사안에 관한 답변을 요청할 수 있다.

[아일랜드]

제28조 8. 모든 내각 구성원은 국회 양원에 출석하여 의견을 청문할 권리가 있다.

[오스트리아]

제52조 ③ 국민회의와 연방참사원의 모든 구성원은 국민회의나 연방참사원의 회합에서 연방정부의 구성원에게 간단한 구두 문의를 할 권한이 있다.

④ 질문권과 관련한 상세한 규정은 국민회의의 의사규정에 관한 연방법으로 그리고 연방참사

원의 의사규정으로 정한다.

제75조 연방정부의 구성원과 차관은 국민의회, 연방참사원과 연방총회 및 그 위원회(소위원회)에 참석할 권한이 있으나, 특별한 요청이 있어야 국민의회 상임위원회의 상설 소위원회와 조사위원회의 협의에 참석할 수 있다. 연방정부의 구성원과 그 차관은 국민의회의 업무규정과 연방참사원의 업무규정에 대한 연방법률의 상세한 규정에 따라 자신들이 원하는 경우 청문될 권리가 있다. 국민의회, 연방참사원, 연방총회 및 그 위원회(소위원회)는 연방정부 구성원의 출석을 요구하고 이들에게 조사의 개시를 요청할 수 있다.

[이탈리아]

제64조 (제4항) 국무위원은 의원이 아니어도 회의에 참석할 권리가 있으며, 요청받은 경우 참석할 의무가 있다. 이들이 요청하면 발언 기회가 주어진다.

[일본]

제63조 [국무대신의 국회 출석] 내각총리대신 그 밖의 국무대신은 양원 내 의석보유 여부에 관계없이 언제든지 의안에 대하여 발언하기 위하여 국회에 출석할 수 있다. 또한 답변 또는 설명을 위하여 출석을 요구받은 때에는 출석하여야 한다.

[체코]

제38조 (1) 모든 정부위원은 양원, 양원 위원회 또는 심의회의 회의에 출석할 권리가 있다. 정부위원은 요청에 따라 회의에서 발언권을 갖는다.

(2) 정부위원은 하원이 결의하는 때에는 하원의 회의에 출석하여야 한다. 이 규정은 정부위원이 대리인 또는 다른 정부위원을 출석시킬 수 있다고 하더라도, 본인의 출석이 명시적으로 요구되지 아니하는 경우가 아니면 위원회, 심의회 또는 조사위원회의 회의에 대해서도 적용한다.

제53조 (1) 모든 하원의원은 소관사안과 관련하여 정부 또는 정부위원에게 질의할 권리가 있다.

(2) 질의를 받은 정부위원은 질의를 받은 날로부터 30일 이내에 답변하여야 한다.

[헝가리]

제7조 (1) 국회의원은 기본권위원회 위원장, 감사원장, 검찰총장 및 헝가리은행장에게 그 권한에 속하는 사항에 관한 질의를 할 수 있다.

(2) 국회의원은 정부 및 정부구성원에게 그 권한에 속하는 사항에 관한 설명요구 및 질의를 제출할 수 있다.

(3) 국회 위원회의 감독활동 및 위원회 출석의무는 기본법률로 정한다.

[남아프리카공화국]

제54조 (특정 내각 구성원 및 차관의 하원에서의 권리) 대통령, 그리고 하원의원이 아닌 내각 구성원 또는 차관은 하원의 규칙 및 규율에 따르는 것을 조건으로 하원에 출석하고 하원에서 발언할 수 있으나 투표권은 행사할 수 없다.

제66조 (행정부 구성원의 참여) ① 내각 구성원과 차관은 상원에 출석하고 발언할 수 있지만 투표권은 행사할 수 없다.

② 상원은 중앙 행정부 또는 주 행정부 소속의 내각 구성원, 차관 또는 공무원에게 상원회의 또는 원내 위원회에 출석할 것을 요구할 수 있다.

[포르투갈]

제177조 (내각 구성원의 참석) 1. 장관들은 의회의 본회의에 참석할 권리가 있으며 본회의에서 국무장관들이 각부 장관들을 보좌하거나 장관들을 대행할 수 있다. 또한 절차 규정에 명시된 바에 따라 각부 장관과 국무장관은 모두 본회의에서 발언할 권리가 있다.

2. 의원의 질문 및 해명 요청에 응하기 위해 내각 구성원들이 출석할 회의 일정을 계획한다. 그러한 회의는 절차 규정에 명시된 최소한의 시간 간격을 두고 정부와의 합의를 통해 결정되는 날짜에 개최한다.

3. 내각 구성원들은 위원회 의결 절차에 참여할 것을 요청할 수 있으며 위원회로부터 요청이 있을 경우에는 위원회에 출석한다.

[핀란드]

제43조 (질의) 20명 이상의 의원으로 이루어진 단체는 정부나 장관의 관할에 속하는 문제에 관해 정부나 각부 장관에게 질의할 수 있다. 질의가 정부에 전달된 날로부터 15일 내에 의회 본회의에서 질의에 대한 답변이 이루어져야 한다. 의회는 질의 심의 끝에 신임 투표를 하되 정부나 장관에 대한 불신임안은 토론 중에 제출되어야 한다.

제44조 (정부의 성명서와 보고서) 정부는 국가 운영이나 국제관계와 관련된 문제에 관한 성명서나 보고서를 의회에 제출할 수 있다.

제45조 (질문, 발표, 토론) 각 의원은 장관의 관할에 속하는 문제에 관해 장관에게 질문할 수 있다. 질문과 답변에 관해서는 의회절차 규칙에서 정한다. 국무총리나 그가 지정한 장관은 어떤 주제에 대해서도 그에 관한 발표문을 의회에 제출할 수 있다. 본회의에서는 어떤 주제에 대해서도 토론을 열 수 있는데, 세부사항은 의회절차규칙에서 정한다. 의회는 본 조에서 언급된 사항에 관해서는 어떠한 결정도 하지 않는다. 이러한 사항을 심의함에 있어서는 발언권에 관한 제31조 제1문의 규정에 예외가 생길 수 있다.

제46조 (의회에 제출하는 보고서) 정부는 정부활동과 의회 결정에 따라 취한 조치에 관한 연례 보고서 및 국가 재정 및 예산 엄수에 관한 연례 보고서를 의회에 제출한다. 기타 보고서는 헌법이나 다른 법률 또는 의회절차규칙에 따라 의회에 제출한다.

제47조 (정보를 받을 의회의 권리) 의회는 의제 심의에 필요한 정보를 정부로부터 받을 권리가 있다. 해당 장관은 위원회와 기타 의회 기관이 공공기관이 보유한 필요 문서와 기타 정보를 지체 없이 받을 수 있도록 보장한다. 위원회는 정부나 해당 부처로부터 그 관할에 속하는 문제에 관한 정보를 받을 권리가 있다. 위원회는 그 정보를 토대로 정부나 부처에 성명서를 제출할 수 있다. 의원은 기밀 정보가 아니고 준비 중인 국가 예산안과 무관한 경우, 공공기관이 보유하는 의원의 직무 수행에 필요한 정보를 받을 권리가 있다. 그 외에도 국제문제에 관한 정보를 받을 의회의 권리에 대해서는 헌법의 다른 곳에 포함된 규정이 적용된다.

제48조 (장관, 옴부즈맨, 법무장관의 출석 권리) 장관은 의원이 아니어도 의회 본회의에 출석하고 토론에 참가할 권리가 있다. 장관은 의회 위원회의 구성원이 될 수 없다. 제59조에 따른 대통령 직무 수행 시 장관은 의회 업무에 참여할 수 없다. 의회 옴부즈맨과 정부 법무장관은 각자의 보고서나 해당자가 발의한 의안에 관한 기타 사항이 심의 중일 때에는 의회 본회의에 출석하고 토론에 참가할 수 있다.

25. 정부불신임과 해임건의

[대한민국]

제63조 ① 국회는 국무총리 또는 국무위원의 해임을 대통령에게 건의할 수 있다.

② 제1항의 해임건의는 국회재적의원 3분의 1 이상의 발의에 의하여 국회재적의원 과반수의 찬성이 있어야 한다.

[러시아]

제117조 3. 국가두마는 러시아연방 내각에 대한 불신임을 의결할 수 있다. 러시아 연방 내각 불신임에 대한 의결은 국가두마 재적 의원 과반수의 찬성으로 채택한다. 국가두마가 러시아연방 내각에 불신임을 의결할 경우 러시아연방 대통령은 러시아연방 내각의 사퇴를 공고하거나 또는 국가두마의 결정에 동의하지 않을 권리가 있다. 국가두마가 3개월 이내에 러시아연방 내각에 대한 불신임을 재차 의결한 경우에 러시아연방 대통령은 내각 사퇴를 공고하거나 국가두마를 해산한다.

4. 러시아연방 총리는 러시아연방 내각 불신임에 관한 문제를 국가두마에 제기할 수 있다. 국가두마가 불신임을 의결하는 경우 대통령은 7일 내에 러시아연방 내각의 사퇴 또는 국가두마 해산과 새로운 선거공고에 대한 결정을 채택한다.

5. 내각 사퇴나 권한 해제의 경우 러시아연방 내각은 러시아연방 대통령의 명령에 의하여, 러시아연방의 새 내각이 구성될 때까지 계속 직무를 수행한다.

[프랑스]

제49조 ① 총리는 국무회의의 심의를 거쳐 국정운영계획 또는 일반 정책 선언에 대하여 하원에 신임투표를 부칠 수 있다.

② 하원은 불신임 동의안 표결을 표결함으로써 정부의 책임을 추궁할 수 있다. 불신임 동의안은 재적 하원의원 10분의 1 이상의 서명으로 접수된다. 불신임 동의안이 제출되면 그로부터 48시간이 경과한 후에 표결할 수 있다. 불신임 동의안에 대하여 찬성하는 투표만 집계되며, 불신임 동의안은 하원 재적의원의 과반수 이상의 찬성으로 가결된다. 이 조 셋째 문단이 정하는 경우를 제외하고는 각 의원은 하나의 정기회기 중에는 3개를 넘는 불신임 동의안에 서명할 수 없고, 하나의 임시회기 중에는 1개를 넘는 불신임 동의안에 서명할 수 없다.

③ 총리는 국무회의의 심의를 거쳐 재정법안 또는 사회보장 기금법안에 대하여 하원에 신임투표로 부칠 수 있다. 이 경우, 법안 제출로부터 24시간 이내에 앞 문단에서 정하는 바에 따라 이에 대한 불신임 동의안이 가결되지 아니하면 그 안은 채택된 것으로 간주된다. 또한, 총리는 회기당 1회에 한하여 다른 정부제출법안 또는 의원 발의법안에 대하여 같은 절차를 적용할 수 있다.

④ 총리는 상원에 대하여 일반 정책 선언에 대한 승인을 요구할 수 있다.

제50조 하원이 불신임 동의안을 가결하거나 정부의 국정운영계획 또는 일반 정책 선언을 부결하는 경우에 총리는 대통령에게 정부의 사퇴서를 제출한다.

[그리스]

제38조 ① 대통령은 내각이 사임하거나 제84조의 규정에 따라 국회가 내각에 대한 신임을 철회할 경우 내각을 해임해야 한다...

제84조 ① 정부는 국회의 신임을 받아야 한다. 정부는 국무총리 취임일 이후 15일 이내에 국회의 신임 투표를 요청할 의무가 있으며 다른 시기에도 언제나 신임 투표를 요청할 수 있다. 정부가 구성되는 시점에 국회가 업무를 중지할 경우, 신임 동의안 의결을 위해 15일 이내에 국회를 소집한다.

② 국회는 정부 또는 정부 구성원에 대한 신임을 철회하기로 결정할 수 있다. 국회가 견책(譴責)동의안을 거부할 경우 거부한 날부터 6개월이 경과하기 전까지는 다시 같은 안을 제출할 수 없다. 견책동의안은 최소한 국회 재적의원의 6분의 1이 서명해야 하며 견책 사유를 구체적으로 명시해야 한다.

③ 견책동의안은 국회 재적의원의 과반수가 서명할 경우 예외적으로 6개월이 경과하기 전에 다시 제출될 수 있다.

④ 신임 또는 견책동의안에 대한 토론은 동의안이 제출되고 2일 후에 시작된다. 단, 견책동의안의 경우 정부는 즉시 토론을 시작할 것을 요청할 수 있다. 어떤 경우이든 토론은 시작 후 3일을 초과하여 계속될 수 없다.

⑤ 신임 또는 불신임투표는 토론 종료 후 즉시 실시된다. 그러나 정부가 요청할 경우 48시간까지 연기될 수 있다.

⑥ 신임 동의안은 출석한 국회의원 수의 과반수에 의해 승인되지 않을 경우 채택될 수 없다. 단, 이 출석 국회의원 수는 국회 재적의원의 5분의 2 이상이어야 한다. 견책동의안은 국회 재적의원의 과반수가 승인할 경우에만 채택된다.

⑦ 국회의원인 장관과 차관은 상기 동의안에 대해 투표한다.

[노르웨이]

제15조 모든 국무회의 위원은, 의회가 자신 또는 국무회의 전체에 대하여 불신임안을 의결한 경우 사직할 의무가 있다. 국왕은 사직원을 수리해야 한다. 의회가 불신임안을 의결하면 직무를 마무리하는데 필요한 업무만 수행할 수 있다.

[덴마크]

제15조 (1) 장관은 국회가 불신임안을 가결한 후에는 해당 직을 유지하지 아니한다.

(2) 국회가 수상에 대해 불신임안을 가결하는 경우 총선거 실시 명령이 발령되지 않는 한 수상은 내각의 총사퇴를 표명한다. 내각에 대한 불신임안이 가결된 경우 또는 내각이 총사퇴를 표명한 경우 내각은 새로운 내각이 구성될 때까지 그 직책을 유지한다. 위와 같이 해당 직을 유지하고 있는 장관들은 중단 없는 공무 행위를 보장하기 위해 필요한 범위 내에서만 직무를 수행한다.

[독일]

제67조 (1) 연방의회는 의원의 과반수로 연방수상의 후임자를 선출하여 연방대통령에게 연방수상의 해임을 요청하는 방법으로만 연방수상에 대한 불신임을 표명할 수 있다. 연방대통령은 그 요청에 응하여야 하며, 선출된 자를 임명하여야 한다.

(2) 제안과 선출 사이에는 48시간이 경과하여야 한다.

[스웨덴]

정부조직법 제 6 장 제 7 조 의회가 수상 또는 그 정부구성원에 대해 불신임을 선언하는 경우, 의회의장은 당해 수상 또는 각료를 해임한다. 다만, 정부가 의회에게 특별 선거를 명할 수 있고 불신임 결의 후 1주 내에 특별 선거를 명한 경우, 수상 또는 각료는 해임되지 않는다.

정부조직법 제13장 제4조 의회는 각료에 대해 불신임을 선언할 수 있다. 불신임 선언은 의원 10분의 1 이상의 동의로 심의한다. 불신임 선언은 의회 재적의원 과반수의 찬성을 요한다.

[스페인]

제101조 ① 내각은 총선거 후에 헌법이 정하는 의회의 신임을 잃은 경우 또는 총리가 사임하거나 사망한 경우 총사직한다.

② 총사직한 내각은 새로운 내각이 수립될 때까지 그 직무를 계속한다.

제108조 내각은 그 정책 수행에 관하여 하원에 대해 연대하여 책임을 진다.

제112조 총리는 각료회의의 심의를 거쳐 그 정책안 또는 그 일반정책의 표명에 관한 신임투표를 하원에 요구할 수 있는데, 하원의원은 단순다수가 찬성투표를 할 때 신임이 있었던 것으로 본다.

제113조 ① 하원은 불신임동의안에 대한 절대다수의 결의에 의하여 내각의 정치책임을 물을 수 있다.

② 불신임동의안은 적어도 하원의원의 10분의 1이 발의하여야 하고, 그 대상에는 총리후보자도 포함된다.

③ 불신임동의안은 발의된 날로부터 5일을 경과할 때까지는 투표할 수 없다. 이 기간 중 첫 2일간은 이에 갈음한 다른 동의안이 발의될 수 있다.

④ 불신임동의안이 하원에 의하여 승인되지 아니할 경우에는 동의에 서명한 자는 동일한 회기 중 다른 불신임동의안을 발의할 수 없다.

제114조 ① 하원이 내각의 신임을 부결한 경우 내각은 국왕에게 사표를 제출하고 제99조가 정한 바에 따라 새로 총리가 지명된다.

② 하원이 불신임동의안을 가결한 경우 내각은 국왕에게 사표를 제출한다. 불신임동의안에 추천되어 있는 총리후보는 제99조가 정한 의회의 신임을 얻은 것으로 간주되고, 이 경우 국왕은 위 후보자를 총리로 임명한다.

[아일랜드]

제28조 4. 1° 내각은 하원에 대해 책임을 진다.

2° 내각은 집합적 기관으로서 회합 및 역할을 수행하고, 내각 구성원들에 의해 집행되는 국가 행정 조직에 공동으로 책임을 진다.

10. 수상은 하원에서 과반수의 지지를 확보하지 못하는 경우에 사임한다. 단, 수상의 권고에 따라 대통령이 하원을 해산하고, 하원 해산 후 하원의 재소집시 수상이 하원에서 과반수의 지지를 확보하는 경우는 제외한다.

11. 1° 수상이 사임하는 경우에 언제든지, 다른 내각 구성원들도 사임한 것으로 간주되지만, 수상과 다른 내각 구성원들은 후임자들이 임명될 때까지 직무를 계속 수행한다.

2° 하원 해산 시 재직 중인 내각 구성원들은 후임자들이 임명될 때까지 계속 재직한다.

[오스트리아]

제74조 ① 국민회의가 연방정부나 그 구성원 개개인을 명시적인 결정을 통해 불신임하는 경우에는 연방정부나 해당 연방장관은 면직된다.

② 국민회의가 불신임 의결을 하기 위해서는 국민회의 재적의원의 과반수의 출석이 필요하다.

그러나 국민회의의 업무규정에 관한 연방법률이 규정한 수의 구성원이 요청하면 표결은 그 다음 다음 근무일로 연기되어야 한다. 표결의 재연기는 국민회의의 의결을 통해서만 할 수 있다.

[이탈리아]

제94조 행정부는 양원의 신임을 받아야 한다.

각 원은 호명 투표로 표결되고 이유가 명시된 발의를 통해 신임을 부여하거나 철회한다.

정부는 구성 후 10일 내에 신임을 받기 위해 의회에 출석한다.

정부안에 대한 한 원이나 양원의 반대 표결은 사임 의무를 수반하지 않는다.

불신임 동의안은 해당 원의 의원 10분의 1 이상이 서명해야 하며 제출 후 3일이 경과하기 전에는 심의될 수 없다.

[일본]

제66조 [내각의 구성, 국회에 대한 연대책임] ③ 내각은 행정권의 행사에 관하여 국회에 대하여 연대하여 책임을 진다.

제69조 [중의원의 내각불신임과 중의원해산 또는 내각총사직] 내각은 중의원에서 불신임 결의안이 가결되거나 신임 결의안이 부결된 때에는 10일 이내에 중의원을 해산하지 아니하는 한 총사직하여야 한다.

[체코]

제71조 정부는 하원에 신임투표를 요청할 수 있다.

제72조 (1) 하원은 정부에 대하여 불신임 결의를 채택할 수 있다.

(2) 하원은 50명 이상의 하원의원이 서면으로 제출한 경우에 한하여 정부에 대한 불신임 결의를 심의할 수 있다. 결의안의 채택은 하원 재적의원의 과반수가 동의하여야 한다.

제74조 대통령은 총리가 제청하는 경우에는 정부위원을 해임하여야 한다.

제75조 대통령은 사퇴 요구에도 불구하고 사퇴하지 아니한 정부를 해임하여야 한다.

[헝가리]

제21조 (1) 5분의 1 이상의 국회의원은 수상이 될 다른 자를 제안함으로써 수상에 대한 불신임 서면동의서를 제출할 수 있다.

(2) 국회는 불신임안을 승인함으로써 수상에 대한 신임결여를 표현하고, 불신임안에서 제안된 자를 수상으로 선출할 수 있다. 이 결정은 재적의원 과반수의 찬성을 요한다.

(3) 수상은 신임투표를 제안할 수 있다. 국회는 재적의원 과반수가 수상이 제안한 신임투표에서 수상을 지지하지 않는 경우 수상에 대한 불신임안을 채택하여야 한다.

(4) 수상은 정부안에 대한 투표를 비밀 투표로 간주할 것을 제안할 수 있다. 국회는 정부안을 승인하지 않는 경우 수상에 대한 불신임안을 채택하여야 한다.

(5) 국회는 불신임안 또는 제3항 및 제4항에 규정된 수상의 제안 제출 시로부터 3일 이후 8일 이내에 결정을 하여야 한다.

[남아프리카공화국]

제102조 (불신임 동의) ① 하원이 전체 하원의원 과반수의 찬성투표를 통해 대통령을 제외한 내각에 대한 불신임 동의를 가결할 경우, 대통령은 내각을 개편해야 한다.

② 하원이 전체 하원의원 과반수의 찬성투표를 통해 대통령에 대한 불신임 동의를 가결할 경

우, 대통령과 그 외 내각 구성원 및 차관은 모두 사임해야 한다.

[포르투갈]

제193조 (신임 동의 요청) 정부는 일반 정책 성명서 또는 주요 국가 현안과 관련해 신임 동의안을 가결할 것을 의회에 요구할 수 있다.

제194조 (불신임 동의) 1. 재적의원 4분의 1 또는 의회단체의 발의가 있을 경우, 의회는 정부계획의 이행 또는 주요 국익 현안과 관련해 정부로 하여금 불신임 동의를 따를 것을 요구할 수 있다.

2. 불신임 동의는 그러한 동의가 이루어진 시점으로부터 48시간이 지난 후에 검토하며 불신임 동의에 관한 심의 절차는 3일 이상 진행해서는 아니 된다.

3. 불신임 동의안이 의회에서 가결되지 않을 경우, 불신임 동의안의 서명자들은 동일한 의회 회기 중에 그러한 동의안을 추가로 제출해서는 아니 된다.

26. 국회해산

[러시아]

제109조 1. 국가두마는 러시아연방 헌법 제111조와 제117조에 규정에 의거하여 러시아연방 대통령에 의해 해산할 수 있다.

2. 국가두마가 해산된 경우 러시아연방 대통령은 국가두마가 해산된 시점부터 4개월 이내에 새로운 국가두마가 소집될 수 있도록 선거일자를 공고한다.

3. 국가두마는 러시아연방 헌법 제117조의 규정에 의거하여 새로 구성된 후 1년 이내에는 해산할 수 없다.

4. 국가두마는 러시아연방 대통령에 대한 탄핵소추를 발의한 때로부터 연방회의에서 이에 대한 결의가 채택될 때까지는 해산되지 않는다.

5. 국가두마는 러시아연방 전역에서 계엄령 또는 비상상태가 선포된 경우 그리고 러시아연방 대통령의 임기 만료 전 6개월 기간 동안에는 해산할 수 없다.

[프랑스]

제12조 ① 대통령은 총리 및 양원의 의장과의 협의를 거쳐 하원의 해산을 선포할 수 있다.

② 총선거는 하원 해산 후 20일 내지 40일 이내에 실시한다.

③ 하원은 선출 이후 두 번째 목요일에 당연 소집된다. 정기회 기간 외에 소집되는 경우에는 15일의 회기로 개회된다.

④ 의회해산에 따른 총선거 후 1년 이내에는 다시 하원을 해산할 수 없다.

[그리스]

제41조[5] ① 대통령은 두 정부 기관이 사퇴하거나 또는 국회에서 부결하여 구성되지 않음으로써 정부의 안정을 보장하지 못할 경우 국회를 해산할 수 있다. 선거는 해산되는 국회의 신임을 받는 정부에 의해 실시할 수 있다. 기타 경우에는 제37조 제3항 세 번째 문장을 유추 적용한다.

② 대통령은 이례적으로 중요한 국가적 문제를 해결하기 위해 국민의 위임을 새로이 받을 필

5) 해석 조항 : 모든 경우에 예외 없이, 국회 해산령에는 30일 이내 선거 실시와 선거 후 30일 이내에 새 국회가 소집된다는 포고문이 포함되어야 한다.

요가 있을 경우, 신임 투표를 받은 내각의 제안으로 국회를 해산한다. 동일한 문제로 새 국회를 해산하는 것은 금지된다.

③ 전 항의 경우로 인해 내각이 부서한 국회 해산령에는 30일 이내 선거를 실시한다는 것과 선거 후 30일 이내에 새 국회가 소집된다는 포고문이 포함되어야 한다.

④ 이전 국회의 해산 이후 선출된 국회는 제37조 제3항과 본 조의 제3항에 기술된 경우를 제외하고 개회 이후 1년이 경과하기 전에 해산될 수 없다.

⑤ 제32조 제4항의 경우 국회의 해산은 강제로 실시된다.

[네덜란드]

제64조 ① 하원 및 상원은 국왕의 칙령에 의해 해산할 수 있다.

② 의회 해산에 대한 국왕의 칙령에 의거, 해산된 의회를 대신하는 새 의회의 의원들을 선출해야 하며 의회 선거일로부터 3개월 이내에 새로 선출된 의회를 개원한다.

③ 구 의회는 새로 선출된 의회의 개원일에 해산된다.

④ 의회가 해산된 후에 개원하는 하원의 임기는 법률로 정한다. 단, 하원의 임기는 5년을 초과해서는 안 된다. 의회가 해산된 후에 개원하는 상원의 임기는 해산된 구 상원의 임기가 그러한 해산이 없었을 경우에 예정대로 종료되는 시점에 종료된다.

[독일]

제68조 (1) 신임을 요구하는 연방수상의 제안이 연방의회 의원 과반수의 찬성을 얻지 못할 때에는 연방대통령은 연방수상의 제청으로 21일 이내에 연방의회를 해산할 수 있다. 해산권은 연방의회가 다른 연방수상을 선출하면 즉시 소멸한다.

(2) 제안과 투표 사이에는 48시간이 경과하여야 한다.

제81조 (1) 제68조의 경우 연방의회가 해산되지 않은 경우 연방정부가 어떤 법률안을 긴급하다고 표시하였음에도 불구하고 연방의회가 법률안을 부결하였을 때에는 연방대통령은 연방정부의 제의로 연방참사원의 동의를 얻어 그 법률안에 관한 입법비상사태를 선언할 수 있다. 연방수상이 법률안을 제68조의 동의와 결부시켰음에도 불구하고 법률안이 부결되었을 때에도 마찬가지이다.

(2) 입법비상사태가 선언된 후 연방의회가 법률안을 다시 부결하거나 또는 법률안을 연방정부가 동의할 수 없는 안으로 가결하면, 연방참사원이 법률안을 동의하는 한 법률은 성립된 것으로 효력을 발생한다. 법률안이 재의에 붙여진 후 4주 이내에 연방의회에 의하여 의결되지 않는 때에도 마찬가지이다.

(3) 연방수상의 임기 동안 연방의회가 부결한 모든 다른 법률안도 제1항 및 제2항에 의한 입법비상사태를 최초로 선언한 후 6개월의 기한 내에는 의결될 수 있다. 그 기한의 경과 후에는 동일한 연방수상의 임기 중에는 새로운 입법비상사태의 선언은 허용되지 아니한다.

(4) 기본법은 제2항에 따라 성립한 법률에 의하여 개정되거나 전부 또는 일부가 실효되거나 또는 정지될 수 없다.

[룩셈부르크]

제74조 대공은 의회를 해산시킬 수 있다. 해산 후 늦어도 3개월 이내에 새로운 선거가 시행된다.

[벨기에]

제46조 국왕은 다음 각 호에 해당하는 경우에 하원을 해산할 권리를 가진다.

1. 하원이 절대과반수로 연방정부의 신임 동의를 부결하고, 동의의 부결일로부터 3일 이내에 후임수상의 임명을 국왕에게 제안하지 않는 경우
2. 하원이 절대과반수로 연방정부의 불신임 동의를 채택하고, 동시에 후임수상의 임명을 국왕에게 제안하지 않는 경우

신임 및 불신임 동의는 해당 동의안의 상정으로부터 48시간 후에 표결에 부칠 수 있다.

국왕은 연방정부가 총사퇴하는 경우에 하원의 절대과반수 의결로 채택된 동의서를 수령한 후에 하원을 해산할 수 있다.

하원이 해산되면, 상원도 해산된다.

의회의 해산일로부터 40일 이내에 유권자들이 소집되며 2개월 이내에 의회가 구성한다.

[스페인]

제62조 국왕의 권능은 다음 각 호와 같다.

b) 국민의회를 소집·해산하고 헌법이 정하는 바에 따라 선거를 공시한다.

제115조 ① 총리는 각료회의와 사전에 협의한 후 그 독자적 책임 하에 하원, 상원 또는 국민의회의 해산을 제안할 수 있다. 해산은 국왕이 명한다. 해산명령에서 선거일을 정한다.

② 해산의 제안은 불신임동의안 심의 절차가 진행 중에는 행할 수 없다.

③ 제99조 제5항에 규정된 경우를 제외하고 해산일로부터 1년이 경과할 때까지 다른 해산을 할 수 없다.

[아이슬란드]

제24조 대통령은 의회를 해산할 수 있다. 해산 발표로부터 45일 내에 새 선거는 실시되어야 한다. 의회는 해산 후 10주 내에 소집된다. 의원은 선거일까지 의원직을 유지한다.

[아일랜드]

제13조 2. 2° 대통령은 하원 과반수지지를 확보하지 못한 수상이 하원해산을 권고하는 경우, 대통령의 절대적인 재량으로 하원해산을 거부할 수 있다.

제28조 10. 수상은 하원에서 과반수의 지지를 확보하지 못하는 경우에 사임한다. 단, 수상의 권고에 따라 대통령이 하원을 해산하고, 하원 해산 후 하원의 재소집시 수상이 하원에서 과반수의 지지를 확보하는 경우는 제외한다.

11. 2° 하원 해산 시 재직 중인 내각 구성원들은 후임자들이 임명될 때까지 계속 재직한다.

[오스트리아]

제29조 ① 연방대통령은 국민회의를 해산할 수 있다. 다만, 대통령이 동일한 원인으로 해산을 명하는 것은 1회에 한하여 인정된다. 이 경우 연방정부는 새로운 국민회의가 해산일부터 늦어도 100일 이내에 회합을 가질 수 있도록 새로운 선거 일정을 정하여야 한다.

② 입법기간이 끝나기 전에 국민회의는 단순 법률을 통해서 자신의 해산을 의결할 수 있다.

③ 제2항에 의해 이루어진 해산 후와 국민회의의 임기가 끝난 후 입법기간은 새로운 국민회의가 회합을 갖는 날까지 지속된다.

[이탈리아]

第88조 대통령은 의회의장들과 협의하여 한 원이나 양원 모두를 해산할 수 있다.

대통령은 임기의 만료 전 6개월 동안은 의회 해산권을 행사할 수 없으나, 해당 기간이 의회의 임기 만료 전 6개월과 전부 또는 일부 겹치는 경우에는 가능하다.

[일본]

제7조 [천황의 국사행위] 천황은 내각의 조언과 승인에 따라 국민을 위하여 다음의 국사에 관한 행위를 한다.

3. 중의원의 해산

제54조 [중의원의 해산·총선거·특별회, 참의원의 긴급집회] ① 중의원이 해산되었을 때에는 해산된 날로부터 40일 이내에 중의원 의원 총선거를 실시하고, 그 선거일로부터 30일 이내에 국회를 소집하여야 한다.

② 중의원이 해산되었을 때에는 참의원은 동시에 폐회된다. 다만, 내각은 국가에 긴급한 필요가 있을 때에는 참의원의 긴급집회를 요구할 수 있다.

③ 제2항 단서의 긴급집회에서 채택된 조치는 임시적인 것이며 다음 국회 개회 후 10일 이내에 중의원의 동의가 없을 경우에는 그 효력을 상실한다.

[체코]

第35조 (1) 대통령은 다음 각 호에 해당하는 경우에는 하원을 해산할 수 있다.

a) 하원이 하원의장의 제안에 기초하여 대통령이 임명한 총리의 새로운 정부에 대한 신임결의를 채택하지 아니하는 경우

b) 하원이 정부가 신임문제와 관련하여 상정한 정부법안에 대하여 3개월 이내에 결의를 하지 아니하는 경우

c) 하원의 회기가 허용되는 기간을 초과하여 휴회하고 있는 경우

d) 하원의 회기가 휴회되지 아니하고 3개월 이상의 기간 동안 반복적으로 회의를 소집하였음에도 불구하고, 해당 기간 동안 하원이 정족수를 확보하지 아니한 경우

(2) 하원이 재적의원 5분의 3 이상이 승인한 결의로써 해산을 요구한 경우에는 대통령은 하원을 해산하여야 한다.

(3) 하원은 임기의 만료 전 3개월의 기간 동안에는 해산할 수 없다.

[헝가리]

제3조 (2) 국회는 해산을 결의할 수 있다.

(3) 대통령은 다음의 경우 국회를 해산하고 이와 동시에 선거를 공고할 수 있다.

a) 정부의 임기가 종료된 경우, 국회가 대통령이 수상 선출안을 제출한 때로부터 40일 이내에 대통령이 제안한 자를 수상으로 선출하지 않은 경우 또는

b) 국회가 당해 연도 3월 31일까지 국가예산을 채택하지 않은 경우

(4) 국회 해산 전, 대통령은 수상, 국회의장, 교섭단체의 장에게 의견을 구하여야 한다.

(5) 대통령은 국회가 수상을 선출할 때까지 제3항 제a호에 규정된 권한을 행사할 수 있다. 대통령은 국회가 국가예산안을 승인할 때까지 제3항 제b호에 규정된 권한을 행사할 수 있다.

(6) 직전 국회의 자발적 또는 강제적 해산일로부터 90일 이내에 신규 국회 선거를 시행하여야

한다.

[남아프리카공화국]

제50조 (임기 만료 전 하원의 해산) ① 다음에 해당하는 경우에 대통령은 하원을 해산해야 한다.

a. 하원이 전체 하원의원의 과반수 찬성표를 통해 해산 결의안을 채택했으며

b. 하원의원 선거일로부터 3년이 경과한 경우

② 다음에 해당하는 경우에 대통령 권한대행은 하원을 해산해야 한다.

a. 대통령직이 공석이며

b. 대통령직이 공석이 된 날로부터 30일 이내에 하원이 신임 대통령을 선출하는 데 실패한 경우

[포르투갈]

제172조 (의회 해산) 1. 의회는 총선거일 후 6개월 간, 대통령의 임기 중 마지막 6개월 간 또는 계엄 상태나 비상사태 발령 중에 해산해서는 아니 된다.

2. 전항의 규정을 준수하지 않을 경우, 의회 해산 명령은 무효가 된다.

3. 의회의 해산은 차기 선거 후 의회의 최초 개회일 이전까지 의원의 임기 존속 또는 상임위원회의 책임을 침해해서는 아니 된다.

27. 국회의 자율권

[대한민국]

제64조 ① 국회는 법률에 저촉되지 아니하는 범위안에서 의사와 내부규율에 관한 규칙을 제정할 수 있다.

② 국회는 의원의 자격을 심사하며, 의원을 징계할 수 있다.

③ 의원을 제명하려면 국회재적의원 3분의 2 이상의 찬성이 있어야 한다.

④ 제2항과 제3항의 처분에 대하여는 법원에 제소할 수 없다.

[러시아]

제101조 4. 양원은 각기 의사규칙을 채택하며 스스로의 활동을 위한 일상적 절차와 관련된 쟁점을 해결한다.

[멕시코]

제70조 ① ...연방의회는 그 구조와 내부기능을 규율하는 법률을 제정하여야 한다.

② 법률은 하원에서 대표하는 다양한 이념의 자유로운 표현을 보호하기 위하여 정당소속에 따라 하원의원 단체를 구성하는 방법과 절차를 규정하여야 한다.

③ 전 단락의 법률에 대해서는 거부권을 행사할 수 없고, 대통령이 공포할 것이 요구되지 아니한다.

제77조 각 원은 다른 원의 간섭을 받지 아니하고 다음 각 호의 행위를 할 수 있다.

Ⅰ. 각 원의 내부적인 경제문제에 관하여 결의한다.

Ⅱ. 소속 의원으로 구성된 위원회를 통하여 다른 원 및 대통령과 소통한다.

Ⅲ. 사무처 직원을 임명하고 그에 대한 규칙을 제정한다.

Ⅳ. 상대다수대표의 원칙에 따라 선출된 연방의회의 하원의원과 상원의원이 공석인 경우에는 해당 원은 공석이 발생한 날로부터 30일 이내에 특별선거를 요청하고, 해당 요청을 한 날로부터 90일 이내에 헌법 제63호에 규정하는 의원의 공석을 충원하는 선거를 실시한다. 다만, 임기의 마지막 연도에 공석이 발생한 경우를 제외한다.

[미국]

제1조 ⑤ 제1문 각 원은 그 소속 의원의 당선, 득표수 및 자격을 판정한다. 각 원은 소속의원의 과반수가 출석함으로써 의사를 진행시킬 수 있는 정족수를 구성한다. 정족수에 미달하는 경우에는 연일 휴회할 수 있으며, 각 원에서 정하는 방법과 벌칙에 따라 결석의원의 출석을 강제할 수 있다.

제2문 각 원은 의사규칙을 결정하며, 원내의 질서를 문란케 한 의원을 징계하며, 의원 3분의 2 이상의 찬성을 얻어 의원을 제명할 수 있다.

[아르헨티나]

제64조 각 원은 소속의원의 선거, 권리, 자격의 유효성에 관해 판단한다. 각 원은 재적의원 과반수의 찬성 없이 모이지 않으나, 의원이 과반수 미달인 경우에는 각 원이 정할 수 있는 조건과 벌칙에 따라 결석의원들로 하여금 출석을 강제할 수 있다.

제66조 각 원은 절차규칙을 제정하고, 3분의 2 찬성으로 의원의 직무수행 시 비윤리적 행위를 지적할 수 있고, 혹은 그의 시인 후 발생한 신체적, 도덕적 무능력을 이유로 정직시키고, 심지어 해임할 수도 있으나, 자발적 사임에 관해 결정할 때는 출석의원 과반수면 충분하다.

[프랑스]

제51-1조 원내 교섭단체의 권한은 각 원의 절차규정으로 정한다. 위 절차규정은 관련 원내 제1야당 교섭단체 및 소수교섭단체에게 특별한 권한이 있음을 정한다.

[필리핀]

제6장 제16조 ② 의회의 과반수가 입법부 업무를 수행하는 정족수를 구성해야 하지만 과반수 미만일 경우 정회를 할 수 있으며 해당 의회가 규정한 방법과 벌칙하에서 결석 의원의 출석을 강요할 수 있다.

③ 의회는 그 절차에 관한 규칙을 정하고 무질서한 행위에 대해 의원을 처벌하며, 모든 재적의원의 3분의 2의 동의하에 의원직을 정직 또는 의원을 추방할 수 있다. 정직 처벌 부과 시 정직은 60일을 넘지 않아야 한다.

[그리스]

제65조 ① 국회는 의사 규칙을 채택하여 자유롭고 민주적인 국회 운영 방식을 결정한다. 이 의사규칙은 제76조의 규정에 따라 총회에 의해 채택되며 국회의장의 지시에 따라 관보에 공표된다.

제70조 ② 입법 업무 수행에 관한 사항은 국회의사규칙으로 정한다. 입법 업무는 국회의사규칙 및 제72조의 제한에 따라, 회기 중에 설립되어 기능하는 국회 상임 위원회들에 의해서도 실시 가능하다.

③ 국회 상임 위원회에 대한 부처별 권한 배분도 국회 의사 규칙으로 정한다.

[네덜란드]

제58조 하원 및 상원은 각각 새로 임명된 의원들의 자격을 심사하고 그러한 자격 또는 선거와

관련해 발생하는 모든 분쟁을 법률에 따른 규정을 충분히 참조해 해결한다.
제72조 의회 양원은 개별적으로 또는 합동회의를 통해 의정 절차에 관한 규정을 마련한다.

[덴마크]

제33조 국회는 자체적으로 국회의원 당선의 유효성을 확정하고 의원의 자격 상실 여부를 결정한다.
제48조 국회는 업무 수행과 질서 유지에 관한 규정을 포함한 절차에 관한 규정을 정한다.

[독일]

제41조 (1) 선거심사는 연방의회에서 행한다. 연방의회는 연방의회 의원이 그 자격을 상실하였는지 여부도 결정한다.
(2) 연방의회의 결정에 대하여 연방헌법재판소에 대한 헌법소원이 허용된다.
(3) 자세한 사항은 연방법률로 정한다.

[벨기에]

제48조 각 원은 당해 의원의 자격을 심사하고 의원의 자격에 관하여 발생하는 쟁송을 재결한다.
제60조 각 원은 당해 절차규칙으로 해당 직무를 행사하는 방식을 정한다.

[스웨덴]

정부조직법 제 3 장 제13조 제1조 셋째 문단 및 제3조 내지 제11조에 의한 사항 및 문제와 교체의원 임명에 관한 기타 규칙은 의회법 또는 다른 법률로 정한다.

[스페인]

제72조 ① 양원은 의원규칙을 제정하고 자율적으로 예산을 승인하며 합의에 의하여 국민의회인사규칙을 규정한다. 규칙의 제정 및 개정은 그 전체에 관하여 최종투표에서 절대다수의 득표를 요한다.

[아이슬란드]

제36조 의회는 불가침 영역이다. 누구도 의회의 평화를 깨뜨리거나 의회의 자유를 침해할 수 없다.
제46조 의회는 의원의 합법적 당선 여부와 자격 상실 여부를 결정한다.

[아일랜드]

제15조 10. 각 양원은 위반 시 처벌할 수 있는 권한으로, 각기 규칙과 의사 규정을 정하고, 토론의 자유를 보장하며, 국회의 공식 문서와 의원들의 사적 문서를 보호하고, 의원들의 직무 수행 시 의원들을 방해하거나, 괴롭히거나, 매수를 시도하는 자로부터 국회와 해당 의원들을 보호할 권한이 있다.

[이탈리아]

제66조 각 원은 소속 의원의 자격과 추후 발생할 수 있는 결격 사유를 확인한다.

[일본]

제55조 [의원의 자격쟁송] 양원은 각각 그 의원의 자격에 관한 쟁송을 재판한다. 다만, 의원의 자격을 박탈할 때에는 출석의원 3분의 2 이상의 다수에 의한 의결을 필요로 한다.
제58조 [양원의 임원 선임과 규칙제정, 의원의 징벌] ② 양원은 각각 그 회의와 그 밖의 절차 및 내부규율에 관한 규칙을 정하고 원내의 질서를 어지럽히는 의원을 징벌할 수 있다. 다만,

의원을 제명할 때에는 출석의원 3분의 2 이상의 의결이 필요하다.

[호주]

제50조 (규칙 및 명령) 각 원은 다음과 관련하여 규칙과 명령을 제정할 수 있다.
1. 각 원의 권한, 특권 및 면책을 행사하고 유지하는 방법
2. 다른 원과 각자 또는 공동으로 수행하는 업무와 의사 절차의 순서 및 방법

[핀란드]

제52조 (의회절차규칙과 기타 지침 및 절차규칙) 의회에서 따를 절차, 의회 기관 및 의회 업무에 관한 세부사항은 의회절차규칙에서 정한다. 의회절차규칙은 법안 심의 절차에 따라 본회의에서 채택되어 핀란드 법령집에 공포된다. 의회는 세부적인 내부적 행정 준비, 의회에서 진행되는 선거, 기타 의회 업무에 관한 지침을 내릴 수 있다. 그 외에도 의회는 의회가 임명하는 기관에 대한 절차규칙을 정할 수 있다.

28. 탄 핵

[대한민국]

제65조 ① 대통령·국무총리·국무위원·행정각부의 장·헌법재판소 재판관·법관·중앙선거관리위원회 위원·감사원장·감사위원 기타 법률이 정한 공무원이 그 직무집행에 있어서 헌법이나 법률을 위배한 때에는 국회는 탄핵의 소추를 의결할 수 있다.

② 제1항의 탄핵소추는 국회재적의원 3분의 1 이상의 발의가 있어야 하며, 그 의결은 국회재적의원 과반수의 찬성이 있어야 한다. 다만, 대통령에 대한 탄핵소추는 국회재적의원 과반수의 발의와 국회재적의원 3분의 2 이상의 찬성이 있어야 한다.

③ 탄핵소추의 의결을 받은 자는 탄핵심판이 있을 때까지 그 권한행사가 정지된다.

④ 탄핵결정은 공직으로부터 파면함에 그친다. 그러나 이에 의하여 민사상이나 형사상의 책임이 면제되지는 아니한다.

[러시아]

제93조 1. 러시아 연방 대통령은 국가두마에 의해 제기된 대역죄 또는 다른 중범죄의 소추에 기해서만, 러시아 연방회의에 의해 탄핵될 수 있고, 러시아 연방 대통령의 행동에 범죄의 징표가 존재한다는 점에 대한 러시아 연방대법원의 판단 그리고 탄핵의 절차가 준수되었음을 확인하는 러시아 연방 헌법재판소의 판단에 의하여 확정된다.

2. 대통령을 소추하는 국가두마의 결정 및 대통령을 탄핵하는 연방회의의 결정은 국가두마 의원 3분의 1 이상의 발의 및 국가두마에 설치된 특별위원회의 결정을 거쳐 국가 두마와 연방회의의 각 재적의원 3분의 2의 찬성으로 채택되어야 한다.

3. 러시아 연방 대통령을 탄핵하는 연방회의의 결정은 국가두마가 대통령을 소추한 후 3개월 이내에 채택되어야 한다. 만일 연방회의의 결정이 그 기간 내에 채택되지 않을 경우 대통령에 대한 소추는 받아들여지지 않은 것으로 간주된다.

[멕시코]

제110조 ① 상원의원 및 하원의원, 연방대법원 대법관, 연방사법위원회 위원, 장관, 연방직할시

의회의원, 연방직할시 정부수반, 연방법무장관, 연방직할시 정부장관, 순회법원 및 지방법원 판사, 연방직할시 보통법원 판사, 연방직할시 사법위원회 위원, 연방선거관리위원회 위원장, 위원 및 사무국장, 선거법원 판사, 지방분권기관, 준공영기업 또는 공익재단이 소유하는 협회의 경영자 및 이와 동등한 자는 탄핵의 대상이 될 수 있다.

③ 공무원의 해임과 모든 종류의 직무 또는 공직 수행의 자격상실이 이에 대한 벌칙이다.

④ 전 단락에 규정하는 벌칙을 부과하기 위하여 하원은 혐의를 입증하고 피고발인을 심리한 후에 출석한 하원의원 과반수의 찬성으로 탄핵을 선언하고, 상원에 이를 제출하여야 한다.

⑤ 사건을 인지한 상원은 배심원단을 구성하고, 조사청문회를 실시하여 피고발인을 심리한 후에 출석의원 3분의 2의 찬성으로 적절한 벌칙을 부과한다.

⑥ 하원과 상원의 선언 및 결정에 대해서는 불복할 수 없다.

제114조 ① 공무원에 대한 탄핵절차는 공무원의 임기 중 및 퇴임 후 1년 이내에 한하여 개시될 수 있다. 해당 절차가 개시된 후 1년 이내에 처벌을 부과하여야 한다.

[미국]

제1조 ② 제5문 하원은 그 의장과 그 밖의 임원을 선임하며, 탄핵권을 독점적으로 가진다.

③ 제5문 상원은 모든 탄핵심판의 권한을 독점적으로 가진다. 이를 위하여 상원이 개회될 때, 의원들은 선서 또는 확약을 해야 한다. 미국 대통령을 심판할 경우에는 연방대법원장(Chief Justice)을 의장으로 한다. 누구라도 출석의원 3분의 2 이상의 찬성 없이는 유죄판결을 받지 아니한다.

제6문 탄핵심판에서의 판결은 면직, 그리고 명예직, 위임직 또는 보수를 수반하는 미국의 공직에 취임·재직하는 자격을 박탈하는 것 이상이 될 수 없다. 다만, 이같이 탄핵결정을 받은 자일지라도 법률의 규정에 따른 기소, 재판, 판결 및 처벌을 면할 수 없다.

제2조 ④ 대통령, 부통령 그리고 합중국의 모든 공무원은 반역죄, 수뢰죄, 또는 그 밖의 범죄 및 경범죄 등으로 탄핵을 받거나 유죄 판결을 받는 경우 그 직에서 면직된다.

[아르헨티나]

제53조 하원만이 대통령, 부통령, 국무총리, 장관, 대법관이 직무수행 시 범한 부정행위나 범죄 또는 일반범죄에 대해 그들에게 책임을 묻는 사건에서, 그에 대해 알게 된 후 출석의원 3분의 2의 찬성으로 탄핵을 의결할 수 있다.

제59조 상원은 하원이 탄핵한 자를 공개 재판에서 심판할 단독 권한이 있고, 이를 위해 참석한 상원의원은 선서해야 한다. 대통령 탄핵 시 대법원장이 상원을 주재한다. 누구든지 출석의원 3분의 2의 동의 없이 유죄를 선고받지 않는다.

제60조 판결은 탄핵 대상자를 파면하고 명예, 신뢰, 이익이 따르는 공직을 맡을 자격을 박탈하는 데 그친다. 그래도 유죄 선고받은 자는 일반법원에서 법률에 따라 고소, 재판, 처벌받는다.

[필리핀]

제11장 제2조 대통령, 부통령, 대법원 판사, 헌법위원회 위원, 옴부즈맨은 헌법의 태만적 위반, 반역죄, 뇌물, 부정축재, 부패, 그 밖의 중대한 범죄 또는 국민 신뢰에 대한 배신을 이유로 탄핵 또는 유죄 판결 시 그 직에서 해임될 수 있다. 다른 모든 공무원 및 공공근로자는 탄핵이 아닌 법률이 정한 바에 따라 공직에서 해임될 수 있다.

제3조 ① 하원은 모든 탄핵사건을 발의할 수 있는 독점적 권한을 가진다.

④ 입증된 탄핵소추 청원 또는 탄핵결의가 하원 재적의원의 3분의 1 이상에 의해 제출될 경우 탄핵소추 조항도 만들어야 하고 상원의 심리가 즉시 진행되어야 한다.
⑤ 어떠한 탄핵절차도 동일 공무원에 대해 1년 내 1회 이상 발의되지 않는다.
⑥ 상원은 모든 탄핵 사건을 심리하고 결정하는 고유 권한을 가진다. 이러한 목적으로 소집될 경우 상원의원은 선서 또는 맹세를 해야 한다. 필리핀 대통령이 재판에 회부될 경우 대법원장이 주심을 맡지만 투표에 참여하지는 않는다. 누구도 상원 재적의원 3분의 2의 동의 없이 유죄로 확정될 수 없다.
⑦ 탄핵결정은 필리핀 공화국 하의 공직 해임 및 취임 자격 박탈 이상으로 형을 확대할 수 없지만 형 확정 당사자는 그럼에도 불구하고 법률에 따라 기소, 재판 및 처벌에 대해 책임을 진다.
⑧ 의회는 본 조의 목적을 효과적으로 수행하기 위해 탄핵에 관한 규칙을 공포한다.

[그리스]

제49조 ② 대통령에 대한 소송 제기나 탄핵에 대한 발의는 최소한 국회 재적의원의 3분의 1 이상이 서명해야 하며 국회 재적의원의 3분의 2에 의한 의결로 채택된다.
③ 발의가 채택될 경우 대통령은 제86조에 따라 법정에 소환되며, 따라서 이 경우 제86조의 규정이 적용된다.
④ 소환된 대통령은 직무 수행이 정지되고, 제34조에 따라 직무가 대행된다. 임기가 아직 끝나지 않았을 경우 제86조에 따라 법원에서 무죄 판결을 받으면 대통령은 다시 직무를 행한다.
⑤ 본 조의 시행은 국회 본회의에서 제정된 법으로 정한다.

[덴마크]

제16조 장관은 직무상 실정(失政)으로 국왕 또는 국회에 의해 탄핵될 수 있다. 왕국의 고등법원은 장관의 직무상 실정으로 제기된 탄핵 사건을 심리한다.

[독일]

제61조 (1) 연방의회 또는 연방참사원은 고의에 의한 기본법 또는 다른 연방법률 위반을 이유로 연방대통령을 연방 헌법재판소에 탄핵소추할 수 있다. 탄핵소추의 발의는 최소한 연방의회 의원 4분의 1 또는 연방참사원 투표권 4분의 1에 의하여 이루어져야 한다. 탄핵소추의 의결에는 연방의회 의원 3분의 2 또는 연방참사원 투표권 3분의 2의 다수를 요한다. 탄핵소추는 소추하는 기관의 대리인이 대표한다.
(2) 연방헌법재판소가 연방대통령이 기본법 또는 다른 연방법률을 고의로 위반한 책임이 있다고 확인할 때에는 연방헌법재판소는 연방대통령의 직을 상실시킬 수 있다. 연방헌법재판소는 탄핵소추 후 가처분으로 연방대통령의 직무집행을 정지시킬 수 있다.

[아이슬란드]

제14조 장관은 모든 행정 행위에 대해 책임을 진다. 장관의 책임은 법률로 정한다. 의회는 장관의 업무상 행위를 이유로 장관을 탄핵할 수 있다. 그 사안은 탄핵재판소가 관할한다.

[아일랜드]

제12조 10. 1° 대통령은 명시된 부정행위로 탄핵당할 수 있다.
2° 탄핵안은 본 항의 규정에 따라 국회 상원 또는 하원에 의해 제출된다.

3° 본 항에 따른 국회 상원 또는 하원에 의한 대통령 탄핵안은 국회의원 30명 이상의 서명을 얻지 못한 경우 접수되지 아니 한다.
4° 이와 같은 탄핵안은 국회의원 재적의원 3분의 2 이상의 찬성으로 국회 의결 시에 상원 또는 하원에 의해 채택된다.
5° 탄핵안이 상원 또는 하원에 의해 제출된 경우, 양원 중 탄핵안을 제출하지 않은 원은 탄핵안을 직접 또는 간접적으로 조사한다.
6° 대통령은 탄핵 조사 시 출두할 권리와 대리인을 세울 권리가 있다.
7° 국회가 탄핵안에 대해 직접 또는 간접 조사를 실시하고, 해당 조사 결과 대통령 탄핵안이 정당하며, 탄핵을 야기한 부정행위로 대통령직의 계속 수행이 부적합함을 국회의원 재적의원 3분의 2 이상의 찬성으로 가결하는 경우, 해당 의결은 대통령 해임의 효력을 가진다.

[체코]

제65조 (2) 의회의 상원은 하원의 동의를 얻어 반역죄, 헌법 또는 기타 헌법적 명령의 중대한 위반을 이유로 대통령을 헌법재판소에 제소할 수 있다. 반역죄는 공화국의 주권 및 완전성과 공화국의 민주질서에 반하는 대통령의 행위를 말한다. 헌법소송에 근거하여 헌법재판소는 대통령직의 상실과 대통령직에 복귀할 수 있는 자격의 박탈을 선고할 수 있다.
(3) 상원은 상원 출석의원 5분의 3의 동의를 얻어 헌법소송을 승인할 수 있다. 하원은 하원 재적의원 5분의 3의 동의를 얻어 헌법소송의 제기에 동의할 수 있다. 상원이 동의를 요청한 날로부터 3개월 이내에 하원이 동의하지 아니한 경우에는 동의하지 아니한 것으로 본다.

29. 국정감사·조사권

[대한민국]

제61조 ① 국회는 국정을 감사하거나 특정한 국정사안에 대하여 조사할 수 있으며, 이에 필요한 서류의 제출 또는 증인의 출석과 증언이나 의견의 진술을 요구할 수 있다.
② 국정감사 및 조사에 관한 절차 기타 필요한 사항은 법률로 정한다.

[필리핀]

제 6 장 제21조 상원 또는 하원 또는 각각의 위원회는 적절하게 공개된 절차 규칙에 따라 법률을 근거로 하여 조사를 수행한다. 조사에 출석하거나 조사의 영향을 받는 자의 권리가 존중되어야 한다.

[그리스]

제70조 ⑥ 국정조사권은 국회 의사 규칙에 따라 총회가 행사한다. 제71조에 명시된 부회와 회기 중에 설립되어 기능하는 국회 상임 위원회 또한 국정조사를 할 수 있도록 의사규칙으로 정할 수 있다.

[네덜란드]

제70조 의회 양원은 법률에 규정된 바에 따라 양원 공동으로 또는 개별적으로 국정조사권을 갖는다.

[룩셈부르크]

제64조 의회는 조사를 할 수 있다. 법률이 조사권 행사를 정한다.

[벨기에]

제56조 각 원은 국정조사권을 가진다.

[아이슬란드]

제39조 의회는 공익상 중요한 사안을 조사하기 위해 의원들로 위원회를 구성할 수 있다. 의회는 공무원과 개인에게 구두 또는 서면 보고를 요청할 수 있는 권한을 그 위원회에 부여할 수 있다.

[오스트리아]

제52조 ① 국민회의와 연방참사원은 연방정부의 업무관리를 감사하고, 집행의 모든 대상에 대해서 그 구성원에게 심문하며, 모든 관계정보를 요청하고 집행에 관한 그들의 요구사항을 결의로 표시할 권한이 있다.

(1a) 국민회의와 연방참사원의 관할 위원회는 제20조 제2항에 따라 위원회의 회합에 명령에서 자유로운 기관의 장이 참석할 것을 요청하며 그에게 업무관리의 모든 대상에 대해 심문할 권한이 있다.

② 연방이 자본금, 기본자본 혹은 자기자본의 최소 50%로 참여하고 있으며 회계감사원의 감사를 받고 있는 기업에 관련해서도 연방정부와 그 구성원에 대해 제1항에 따른 감사권이 존재한다. 재정적이거나 그 밖의 경제적 혹은 조직적인 다른 조치를 통한 기업의 지배는 그러한 재정적인 참여와 동등하게 취급되어야 한다. 이것은 이 항에 따른 전제조건이 존재하는 모든 다른 단계의 기업에 대해서도 적용된다.

제53조 ① 국민회의는 의결을 통해 조사위원회를 설치할 수 있다.

② 조사위원회의 설치와 처리절차에 관련한 상세한 규정은 국민회의의 의사규정에 관한 연방법으로 정한다.

③ 법원과 그 밖의 모든 관청은 증거조사를 위한 위 위원회의 요구에 응하여야 할 의무를 진다. 모든 공공관청은 위원회의 요구에 따라 공문서를 제출하여야 한다.

[이탈리아]

제82조 각 원은 공익을 위해 조사를 수행할 수 있다.

이를 위해 기존 원내단체에서 비례대표방식에 따라 소속 의원으로 위원회를 구성한다. 조사위원회는 법원과 같은 권한 및 한계를 가지고 조사 및 검토를 수행할 수 있다.

[체코]

제30조 (1) 하원은 공공의 이익에 관한 사안을 조사할 목적으로, 하원 재적의원의 5분의 1 이상이 발의할 경우에는 조사위원회를 설치할 수 있다.

(2) 조사위원회의 의사규칙은 법률로 정한다.

30. 공무원임용에 대한 인준

[멕시코]

第76조 헌법은 상원에 대하여 다음과 같은 배타적 권한을 부여한다.

Ⅱ. 법률에 정하는 바에 따라 법무장관, 대사, 총영사, 재무부 고위관료, 통신, 에너지 및 경제 문제를 규제할 책임이 있는 합의기관의 구성원, 육군, 해군 및 공군의 대령 및 기타 지휘관의 임명을 승인한다.

[스위스]

第168조 (임명) ① 연방의회는 연방내각의 각료, 연방내각사무처의 처장, 연방대법원의 법관 및 군 장성(장군)을 임명한다.

② 연방의회가 전항에서 열거하지 아니한 인사를 임명하거나 임명을 승인하는 것에 관하여는 이를 법률로 정할 수 있다.

[일본]

第62조 [양원의 국정조사권] 양원은 각각 국정에 관한 조사를 행하며 이에 관하여 증인의 출두와 증언, 기록의 제출을 요구할 수 있다.

Ⅵ. 사법부

1. 사법권

[대한민국]

제101조 ① 사법권은 법관으로 구성된 법원에 속한다.
② 법원은 최고법원인 대법원과 각급법원으로 조직된다.
③ 법관의 자격은 법률로 정한다.

[러시아]

제118조 1. 러시아연방에서 재판은 법원에 의해서만 행하여진다.
2. 사법권은 헌법, 민사, 행정 및 형사 소송절차를 통하여 실현된다.

[멕시코]

제94조 ① 연방사법권은 연방대법원, 선거법원, 합의제 순회법원 및 단독제 순회법원, 지방법원에 귀속된다.
② 연방사법위원회는 법률 및 헌법에 규정하는 원칙에 따라 연방대법원을 제외한 연방사법부의 행정, 감독 및 징계에 관한 문제를 처리한다.

[미국]

제3조 ① 미국의 사법권은 1개의 연방대법원에, 그리고 연방의회가 수시로 제정, 설치하는 하급법원들에게 속한다...
② 제3문 탄핵사건을 제외한 모든 범죄의 재판은 배심제로 한다...

[아르헨티나]

제108조 연방사법권은 대법원과 의회가 연방에 구성하는 하급법원에 귀속된다.

[필리핀]

제8장 제1조 사법권은 하나의 대법원과 법률에 따라 설립될 수 있는 하위 법원에 있어야 한다.
사법권에는 법적으로 요구 가능하며 집행 가능한 권리와 관련된 실질적 분쟁을 해결하고 정부의 부처나 기관이 관할권의 결여 또는 과도라고 볼 수 있을 정도의 재량권 남용을 하였는지 여부를 결정하는 법원의 의무가 포함된다.

[그리스]

제26조 ③ 사법권은 법원이 행사하며, 법원의 판결은 그리스 국민의 이름으로 실행된다.

제87조 ① 재판은 기능적 및 개인적 독립성을 향유하는 일반 판사들로 구성된 법원이 행한다.

② 판사는 헌법과 법률에 의해서만 직무를 수행한다. 어떤 경우에도 판사는 헌법을 위반하여 제정된 법규정을 준수할 의무가 없다.

③ 일반 판사들은 직급이 높은 판사들과 최고 민·형사 법원의 검사 및 부검사의 감독을 받는다. 검사는 최고 민·형사 법원 판사와 직급이 높은 검사의 감독을 받는다.

[네덜란드]

제112조 ① 민법에 따른 권리 및 부채와 관련된 각종 분쟁을 판결해야 할 책임은 사법부에 있다.

② 제1항에 의한 분쟁이 아닌 분쟁에 대한 사법적 판단은 법률에 따라 사법부에 위임하거나 혹은 판사가 아닌 자로 구성된 법원에 위임할 수 있다. 분쟁을 처리하는 방법과 판결 결과는 법률로 정한다.

제113조 ① 각종 범죄를 재판해야 할 책임은 사법부에 있다.

② 각 정부 기관에서 마련한 징계 절차들은 법률로 정한다.

③ 사법부만이 자유의 박탈을 수반하는 판결을 할 수 있다.

제118조 ② 법률에 명시된 각 경우 및 범위 내에서 대법원은 법률을 위반하는 법원의 판결을 무효화할 책임이 있다.

③ 그 밖의 의무들을 법률에 의거해 대법원에 추가로 부과할 수 있다.

[노르웨이]

제88조 대법원은 최종심이다. 그러나 법률로 대법원에 상고할 권리를 제한할 수 있다.

대법원은 대법원장과 최소한 4명의 다른 대법관으로 구성한다.

[덴마크]

제 3 조 ...사법권은 사법재판소에 귀속한다.

제61조 사법권의 행사는 법률에 따른다. 사법권이 있는 특별사법재판소는 설치하지 아니한다.

[독일]

제92조 사법권은 법관에게 맡겨진다. 사법권은 연방헌법재판소, 기본법이 정하는 연방법원 및 주의 법원에 의하여 행사된다.

[룩셈부르크]

제49조 사법은 법원을 통하여 대공의 이름으로 행해진다. 법원의 판결은 대공의 이름으로 집행한다.

제84조 민사 권리를 대상으로 한 분쟁은 오로지 법원 관할에 속한다.

제85조 참정권을 대상으로 한 분쟁은 법률이 정한 예외를 제외하고 법원관할에 속한다.

[벨기에]

제40조 사법권은 법원이 행사한다. 법원의 판결은 국왕의 이름으로 집행된다.

제144조 민사에 관한 쟁송은 법원의 재판권에 속한다.
제145조 정치적 권리에 관한 쟁송은 법률로 정한 예외의 경우를 제외하고는 법원의 재판권에 속한다.

[스웨덴]

정부조직법 제1장 제8조 사법기관으로 법원이 존재하고, 공공행정기관으로 중앙 및 지방 정부의 행정기관이 존재한다.

[스위스]

제188조 (지위) ① 연방대법원은 연방의 최고사법기관이다.

[스페인]

제117조 ① 사법권은 국민으로부터 나오고, 사법부를 구성하는 재판관(Jueces y Magistrados)이 국왕의 이름으로 이를 행한다. 재판관은 독립적이고, 신분이 보장되며, 법률에 대해서만 책임을 지고 이에 복종한다.

③ 어떤 종류의 소송이라도 판결을 선고하고 집행하는 사법권의 행사는 법률이 규정한 관할과 절차에 따라 재판소(Juzgados y Tribunales)에만 속한다.

④ 재판소는 제3항에 규정된 권한과 법률에 의해 명시적으로 부여받은 권한을 제외하고는 어떤 권한도 행사하지 않는다.

⑤ 사법단일의 원칙(El principio de unidad jurisdiccional)은 재판소의 조직 및 운영의 기본원칙이다. 법률은 엄밀하게 군사적 영역에 속하는 사항과 계엄의 경우에 이루어지는 군사재판권의 행사에 관하여 헌법의 원칙에 따라 규정한다.

제123조 ① 스페인을 관할하는 최고재판소는 헌법상 보장에 관한 것을 제외하고는 모든 재판소 중 최고사법기관이다.

[아이슬란드]

제2조 … 사법권은 법관이 행사한다.

[아일랜드]

제34조 1. 재판은 본 헌법에 규정된 방식으로 임명된 판사들에 의해 법률로 설립된 법원에서 집행되며, 법률로 규정될 수 있는 특별한 제한적인 경우를 제외하고 공개적으로 집행된다.

[오스트리아]

제82조 ① 모든 재판권은 연방으로부터 나온다.

② 판결과 결정은 공화국의 명의로 선고되고 작성된다.

[일본]

제76조 [사법권과 재판소·특별재판소의 금지·재판관의 독립] ① 모든 사법권은 최고재판소 및 법률이 정하는 바에 따라 설치되는 하급재판소에 속한다.

[체코]

제81조 사법권은 독립적인 법원에 의하여 공화국의 이름으로 행사되어야 한다.

[헝가리]

제25조 (1) 법원은 사법을 집행한다. 최고사법기구는 대법원(Curia)으로 한다.

(2) 법원은 다음을 판단한다.

a) 형사사건, 민사분쟁, 기타 법률로 정한 사항,

b) 행정판단의 적법성,

c) 지방 조례와 입법간의 충돌 및 무효화,

d) 지방정부의 법적 의무 위반 확인.

(3) 제2항에 규정된 책임 이외에, 대법원은 법적용의 일관성을 확보하고, 그에 따라 판결하여야 한다. 법원은 그 판결에 구속된다.

(4) 사법부의 조직은 복수의 심급을 둔다. 특정한 유형의 사건에 대하여 특별법원을 설치할 수 있다.

(5) 법원행정의 주요 책임은 국가사법평의회 위원장이 수행한다. 자치정부의 사법기관은 법원행정에 참가하여야 한다.

(6) 의회는 대통령의 제안에 따라 법관 중에서 9년을 임기로 하는 국가사법평의회 위원장을 선출하여야 한다. 국가사법평의회 위원장의 선출은 국회의원 3분의 2의 찬성을 요한다.

(7) 법률로써 특정한 법적 분쟁에 대하여 다른 기관에 심리권한을 부여할 수 있다.

(8) 법원의 조직 및 행정과 법관의 법적 지위 및 보수에 관한 세부규칙은 기본법률로 정한다.

제26조 (2) 대통령은 기본법률이 정하는 바에 따라 전문법관을 임명하여야 한다. 30세가 되지 아니한 자는 법관이 될 수 없다. 대법원장과 국가사법평의회 위원장을 제외하고는 일반적인 퇴직 연령을 초과한 자는 법관이 될 수 없다.

(3) 대법원장은 대통령의 제청에 의하여 국회가 대법관 중에서 선출하고, 임기는 9년으로 한다. 대법원장의 선출은 국회의원 3분의 2 이상의 찬성을 요한다.

제27조 (1) 법률에서 달리 정하지 않는 한, 법원은 재판부를 구성하여 사법을 집행한다.

(2) 비전문법관은 법률로 정한 경우에 법률로 정한 방식으로 사법집행에 참여한다.

(3) 단독판사 및 재판부장은 전문법관에 한한다. 법률로 정한 법원 서기도 제26조 제1항을 조건으로 단독판사의 권한에 속하는 행위를 할 수 있다.

(4) 합리적인 기한 내에 취한 법원판결에 대한 기본권을 행사하고 법원 간 업무부담의 균형을 맞추기 위하여, 국가사법평의회 위원장은 기본법률이 정하는 방식으로 일반적 관할의 법원 이외에 법원을 지정할 수 있다. 다만 해당 법원은 기본법률이 정하는 특정한 사건을 심리할 동일한 권한을 가져야 한다.

[호주]

제71조 (사법권과 법원) 연방의 사법권은 호주 고등법원이라고 부르는 연방최고법원과 의회가 설치하는 기타 연방법원 및 연방관할권을 부여받은 기타 법원에 귀속된다. 고등법원은 법원장과 의회가 정하는 2인 이상의 판사로 구성한다.

제73조 (고등법원의 상소 관할권) 고등법원은 의회가 정한 예외와 규칙하에 다음과 같은 판사나 기관의 모든 판결, 결정, 명령 및 선고에 대한 상소를 심리하고 재판할 권리를 가진다...

모든 사건에 있어서 고등법원의 판결은 최종적이고 확정적이다...

[남아프리카공화국]

제165조 (사법권) ① 공화국의 사법권은 법원에 속한다.

⑤ 법원이 발한 명령 또는 판결은 이의 적용 대상인 모든 사람 및 국가기관을 구속한다.

⑥ 헌법재판소장은 사법부의 수장으로서 모든 법원의 사법기능행사를 위한 규범과 기준을 확립하고 감독할 책임을 진다.

[터키]

제 9 조 사법권은 터키 국민을 대표하여 독립된 법원이 행사한다.

제37조 누구든지 법률로 정한 법원이 아닌 사법기관에 의해 재판을 받지 아니 한다. 실질적으로 법률로 정한 법원의 관할권을 침해하는 특별재판소를 설립해서는 아니 된다.

[포르투갈]

제202조 (사법권) 1. 법원은 국민의 이름으로 재판을 해야 할 책임이 있는 주권 행사 기관이다.

2. 재판을 하는 과정에서 법원은 법률에 의해 보호되는 국민의 권익을 수호할 수 있도록 보장하며 민주적 법치주의의 침해를 막는 한편, 공익과 사익을 포함한 이해관계의 충돌에 대한 판결을 내린다.

3. 법원은 고유의 기능을 수행하는 과정에서 다른 기관들의 도움을 받을 권리가 있다.

4. 법률은 갈등을 해결할 비사법적 수단과 방법을 규정할 수 있다.

[핀란드]

제98조 (법원) 대법원, 항소법원, 지방법원은 일반 법원이다. 최고행정법원과 지방행정법원은 일반 행정법원이다. 특정 분야에서 사법업무를 관할하는 특별법원에 관해서는 법률로 정한다. 임시 법원은 설치하지 않는다.

2. 법원의 조직

[대한민국]

제102조 ① 대법원에 부를 둘 수 있다.

② 대법원에 대법관을 둔다. 다만, 법률이 정하는 바에 의하여 대법관이 아닌 법관을 둘 수 있다.

③ 대법원과 각급법원의 조직은 법률로 정한다.

[러시아]

제118조 3. 러시아연방 사법제도는 러시아연방 헌법과 연방 헌법적 법률에 의하여 규정한다. 특별법원의 창설은 허용되지 않는다.

제126조 러시아연방 대법원은 민사, 형사, 행정소송과 일반 법원 관할의 사건에 대한 최고 사법기관이며, 연방법률에 규정된 절차에 따라 사법부의 활동에 대한 감독행위를 시행하며, 소송절차상 쟁점에 관하여 해석을 제공한다.

제127조 러시아연방 최고 법원은 경제 분쟁 및 중재법원의 심리대상이 되는 기타 사건들을 심판하는 최고 사법기관이며, 연방법률에 규정된 절차에 따라 하급 중재 법원들의 활동에 대한 감독행위를 시행하며, 소송절차상 쟁점에 관하여 해석을 제공한다.

제128조 3. 러시아연방 헌법재판소, 러시아연방 대법원, 러시아연방 최고 중재법원 및 기타 연방 법원들의 권한, 편제 및 활동 절차는 연방 헌법적 법률에 의하여 규정한다.

[멕시코]

제94조 ③ 연방대법원은 11명의 대법관으로 구성되고, 전원재판부 또는 전담재판부 형식으로 재판한다.

⑤ 대법원, 순회법원, 지방법원 및 선거법원의 권한 및 기능과 연방사법부 공무원의 책임은 헌법에 정하는 기준에 따라 법률로 정한다.

⑦ 대법원은 각 지역에 속하는 순회법원의 수와 전문성을 고려하여 일반적인 계약에 의하여 순회법원을 설치할 수 있다. 그 구성과 운영은 법률로 정한다.

[프랑스]

제64조 ③ 사법부 구성원의 신분은 조직법으로 정한다.

[필리핀]

제8장 제4조 ① 대법원은 대법원장과 14명의 대법원 판사로 구성한다. 대법원은 전원합의체 또는 3, 5 또는 7명의 판사로 구성된 심판부에서 판결을 한다. 결원은 결원이 발생한 후 90일 이내에 보충되어야 한다.

[그리스]

제93조 ① 법원은 행정, 민사, 형사 법원으로 구분되며, 특별법에 의해 구성된다.

[네덜란드]

제116조 ① 판사로 구성된 법원은 법률로 정한다.

② 사법부의 조직, 구성 및 권한은 법률로 정한다.

③ 법률로 정하는 경우에 사법부에 속하지 않는 자가 사법부의 구성원과 함께 사법 절차에 참여할 수 있다.

[독일]

제95조 (1) 일반적 재판, 행정재판, 재정재판, 노동재판 및 사회재판을 위하여, 연방은 최고법원으로 연방일반법원, 연방행정법원, 연방재정법원, 연방노동법원 및 연방사회법원을 설치한다.

(3) 재판의 통일성을 유지하기 위하여 제1항에 열거된 법원들의 합동부가 구성되어야 한다. 자세한 사항은 연방법률로 정한다.

제96조 (1) 연방은 영업상 권리 보호 사안을 위하여 연방법원을 설치할 수 있다.

(3) 제1항 및 제2항에 열거된 법원의 상급법원은 연방 일반법원이다.

(4) 연방은 연방에 대하여 공법상 근무관계에 있는 사람에 대한 징계절차와 소원절차를 관할하는 연방법원을 설치할 수 있다.

[룩셈부르크]

제86조 모든 법원은 법률에 의해서만 설치할 수 있다. 어떠한 명칭 하에서도 위원회나 예외적인 법원이 창설될 수 없다.

제87조 사법상급법원의 조직은 법률에 의해 마련된다.

[벨기에]

제147조 벨기에 전국에 하나의 대법원을 설치한다. 대법원은 사건의 실체관계를 심리하지 아니한다.

제156조 벨기에 전국에 5개의 항소법원을 설치한다...

[스웨덴]

정부조직법 제11장 제 1 조 제 1 문 대법원, 항소법원 및 지방법원은 일반적 관할권을 가진다. 최고행정법원, 행정항소법원 및 행정법원은 일반 행정법원이다. 대법원, 최고행정법원, 항소법원 또는 행정항소법원에서 재판 받을 권리는 법률로 제한할 수 있다. 그 밖의 법원은 법률로 설치한다. 특정한 경우의 법원 설치금지는 제2장 제11조 첫째 문단에서 정한다.

[스위스]

제188조 (지위) ② 연방대법원의 조직 및 절차는 법률로 정한다.

③ 연방대법원에는 독자적 행정처를 둔다.

제191a조 (연방의 기타 사법기관) ① 연방은 형사법원을 설치한다. 형사법원은 법률이 정하는 바에 의하여 연방의 사법관할로 정한 사건에 관하여 제1심으로서 심판한다. 형사법원의 기타 권한에 관하여는 법률로 정한다.

② 연방은 연방행정의 관할에 속하는 사항에 대한 공법상의 소송에 관하여 재판권을 가지는 사법기관을 설치한다.

③ 연방의 기타 사법기관에 관하여는 법률로 정한다.

[아일랜드]

제34조 2. 법원은 일심 법원과 최종심 법원으로 구성된다.

3. 1° 일심 법원에는 법률 또는 사실, 민사 또는 형사 여부에 관한 모든 사항 및 문제들을 결정할 수 있는 판결권과 전적으로 최초 관할권을 부여 받은 고등법원이 포함된다.

4. 1° 최종심 법원은 대법원이라고 한다.

2° 대법원의 수장은 대법원장이라고 한다.

3° 대법원은, 법률로 규정될 수 있는 예외 및 규제를 조건으로 하여, 고등법원의 모든 판결에 대한 항소심 관할권을 가지며, 법률로 규정될 수 있는 기타 법원들의 판결에 대한 항소심 관할권을 가진다.

[오스트리아]

제92조 ① 민사사건과 형사사건에 대한 최고심급은 최고법원이다.

[체코]

제91조 (1) 법원제도는 대법원, 최고행정법원, 고등법원 및 지방법원으로 구성된다. 법률은 해당 법원에 대하여 다른 명칭을 정할 수 있다.

(2) 법원의 권한과 조직은 법률로 정한다.

제92조 대법원은 헌법재판소 또는 최고행정법원의 관할권에 관한 문제를 제외하고는 법원의 관할에 속하는 사건에 대한 최고사법기관이다.

[남아프리카공화국]

제166조 (사법 제도)

a. 헌법재판소

b. 대법원

c. 남아프리카공화국 고등법원 및 남아프리카공화국 고등법원과 유사한 지위를 가지는 법원

으로부터의 항소를 심리하기 위해 법률에 의해 설립된 모든 고등법원
d. 하급법원
e. 남아프리카공화국 고등법원 또는 치안법원과 유사한 지위를 가지는 법원 등 법률에 따라 설립 또는 인정되는 기타 법원

제168조 (대법원) ① 대법원은 대법원장, 부원장 및 법률에서 정한 인원의 상고 법관들로 구성된다.
② 대법원에 제기된 사안은 법률에 따라 정해진 인원의 법관들이 판결해야 한다.
③ a. 대법원은 남아프리카공화국 고등법원 및 남아프리카공화국 고등법원과 유사한 지위를 가지는 법원으로부터의 상고를 판결할 수 있다. 다만 법률에서 정하는 범위에서 노동 또는 독점 관련 사항은 그렇지 않다.
b. 대법원은 다음의 사항에 한하여 판결할 수 있다...

제169조 (고등법원) ① 남아프리카공화국 고등법원은 다음의 사항을 판결할 수 있다...
③ 남아프리카공화국 고등법원의 각 분과는
a. 판사장을 두고
b. 1인 이상의 판사장보를 두며
c. 법률에 따라 정해지는 다수의 판사를 둔다.

제170조 (기타 법원) 제167조, 제168조 및 제169조에서 정하는 것 이외의 모든 법원은 법률에서 정하는 모든 사안을 판결할 수 있으나, 남아프리카공화국 고등법원보다 지위가 낮은 법원은 어떤 법률 또는 대통령이 취한 행위의 합헌성을 조사하거나 이를 판결할 수 없다.

[터키]

제142조 법원의 조직, 직무 및 관할권, 그 직무의 수행 및 재판절차는 법률로 정한다.

[포르투갈]

제209조 (법원의 범주) 1. 헌법재판소 외에도 다음에 열거한 각 범주의 법원을 운영한다.
a) 대법원과 제1심 및 제2심 법원
b) 최고행정법원과 그 외의 행정 및 조세 법원
c) 회계감사법원

2. 해사법원, 중재재판소 및 치안판사의 운영은 허용된다.

3. 전항에 규정된 법원들을 분쟁해결기구로서 개별 혹은 공동으로 구성할 수 있는 경우 및 방식들은 법률로 정한다.

4. 군사법원에 관한 규정들을 위반하지 않는 한도에서 법원들이 특정 범주의 범죄를 재판할 배타적 권한을 보유하는 것을 금한다.

제210조 (대법원 및 그 밖의 법원) 1. 헌법재판소의 특정 책임을 침해하지 않는 한도에서 대법원은 사법재판소의 최고 기관에 해당된다.

2. 대법관들은 대법원장을 선출한다.

3. 일반적으로 제1심재판소는 지방 법원이며 그 지위는 제211조 제2항에 인용된 지방 법원의 지위와 동일한 것으로 한다.

4. 일반적으로 제2심재판소는 항소법원이다.

5. 대법원은 법률에서 규정하는 각 경우의 사건에 대한 심리를 맡는다.

[핀란드]

제99조 (대법원과 최고행정법원의 직무) 민사, 상사, 형사 사건의 최종심은 대법원이 맡는다. 행정 사건의 최종심은 최고행정법원이 맡는다. 대법원과 최고행정법원은 각자 맡은 분야의 사법 업무를 감독한다. 대법원과 최고행정법원은 입법 발의안을 정부에 제출할 수 있다.

제100조 (대법원과 최고행정법원의 구성) 대법원과 최고행정법원은 각 법원장과 정해진 수의 법관으로 구성한다.

대법원과 최고행정법원은 법률에 달리 규정되지 않는 한 구성원 5명이 참석하면 정족수가 충족된다.

제101조 (고등탄핵재판소) 고등탄핵재판소는 정부 구성원, 법무장관, 의회 옴부즈맨, 대법원 또는 최고행정법원 구성원의 직무상 위법행위에 대해 제기된 고발을 처리한다. 탄핵재판소는 아래의 제113조에 언급된 고발도 처리한다. 고등탄핵 재판소는 재판장을 맡는 대법원장, 최고행정법원장, 최고위급 항소법원장 3명, 의회에서 4년 임기로 선출된 5명으로 구성한다. 탄핵재판소의 구성, 정족수, 절차에 관한 세부사항은 법률로 정한다.

제102조 (판사 임명) 종신직 판사는 법률이 정한 절차에 따라 대통령이 임명한다. 다른 판사의 임명에 관해서는 법률로 정한다.

3. 사법권의 독립

[대한민국]

제103조 법관은 헌법과 법률에 의하여 그 양심에 따라 독립하여 심판한다.

[러시아]

제120조 1. 법관은 독립적이며 러시아연방 헌법과 연방법률에만 복종한다.

2. 법원은 국가 또는 그 밖의 기구의 법규범이 법률과 상충되는 사건을 처리할 때 법률에 따라 결정한다.

제124조 법원은 연방 예산에 의해서만 재정 지원을 받고, 연방법률의 요건에 따라 완전하고 독립적인 재판의 실시 가능성을 보장받아야 한다.

[프랑스]

제64조 ① 대통령은 사법권의 독립을 보장한다.

[필리핀]

제8장 제2조 의회는 다양한 법원의 관할권을 정의, 규정, 분배하는 권한을 가지지만, 본 장의 제5조에 열거된 사건에 대한 관할권을 대법원으로부터 박탈할 수는 없다.

사법부 판사의 임기 보장을 손상시키는 한 사법제도를 재구성하는 어떠한 법률도 제정될 수 없다.

제3조 사법부는 재정 자율성을 가진다. 사법부의 세출은 입법부에 의해 이전 연도에 지출된 액수 이하로 감소될 수 없으며, 승인 후 자동적으로 그리고 정기적으로 제공된다.

[독일]

제97조 (1) 법관은 독립적이고 법률에만 기속된다.

[벨기에]

제151조 ① 법관은 독립적으로 재판권을 행사한다. 검사는 수사 및 기소에 관한 정책을 포함하여 형사정책에 관한 구속력 있는 명령을 내리고 기소를 명할 주무장관의 권리를 침해함이 없이 독립적으로 개별적 수사 및 기소를 실시한다.

[스웨덴]

정부조직법 제11장 제3조 의회 또는 공공기관은 법원의 개별사건 판단 또는 법률원칙의 적용에 간섭할 수 없고, 기타 공공기관은 개별법관들 사이에 법적 책임이 분배되는 방식을 판단할 수 없다.

[스위스]

제191c조 (사법기관의 독립성) 사법기관은 그 사법적 권한을 행사함에 있어서 독립적이며, 법률에만 기속된다.

[스페인]

제127조 ① 재판관 및 검찰은 현직에 있는 동안에는 다른 공직을 가질 수 없으며 정당 또는 조합에 가입할 수 없다. 법률은 재판관 및 검찰의 전문직단체의 제도 및 방식을 정한다.

② 법률은 사법부 구성원의 겸직금지의 제도를 정하여 그 완전한 독립성을 보장하여야 한다.

[아일랜드]

제35조 2. 모든 판사는 본 헌법과 법률에만 의거하여 재판 직무를 독립적으로 수행한다.

[오스트리아]

제87조 ① 법관은 자신의 법관직무를 수행함에 있어서 독립적이다.

[이탈리아]

제104조 사법부는 자치 조직이며 다른 모든 권력으로부터 독립되어 있다.

[일본]

제76조 [사법권과 재판소·특별재판소의 금지·재판관의 독립] ③ 모든 재판관은 양심에 따라 독립하여 그 직권을 행사하며 헌법 및 법률에만 구속된다.

[체코]

제82조 (1) 판사는 그 직무의 수행에 있어서 독립적이어야 한다. 판사의 공평성을 위협할 수 없다.

(3) 판사는 대통령, 양원의원의 직무와 공공기관의 다른 직무를 겸임할 수 없다. 판사의 직무에 반하는 기타의 활동은 법률로 정한다.

제90조 법원은 무엇보다도 법률에 따라 권리를 보호하여야 한다. 법원만이 범죄에 대하여 유죄를 선고하고 양형을 결정할 수 있다.

제95조 (1) 판사는 판결을 함에 있어서 법률과 법질서의 일부를 구성하는 국제협정에 구속된다. 판사는 법률 이외의 명령이 법률 또는 해당 국제협약과 합치하는지 여부를 판단할 권한이 있다.

(2) 법원이 사건의 판결에 적용되어야 하는 법률이 헌법질서에 위배된다는 결론에 이른 경우에는 법원은 해당 사건을 헌법재판소에 회부하여야 한다.

[헝가리]

제26조 (1) 법관은 오로지 법률에 따라 독립하여 심판하고, 사법적 활동에 관하여 지시를 받지 않는다. 법관은 기본법률로 정한 사유가 있는 경우에 한하여 기본법률로 정한 절차에 따라 해임될 수 있다. 법관은 정당에 가입하거나 정치활동에 관여할 수 없다.

제28조 법원은 법률을 적용함에 있어서 모든 법률의 문언을 그 목적과 헌법에 따라 해석하여야 한다. 헌법 및 기타 법률은 이들이 상식과 공공이익에 부응하는 도덕적 및 경제적 목적을 추구한다는 가정에 기초하여 해석하여야 한다.

[남아프리카공화국]

제165조 (사법권) ② 법원은 독립적인 기관으로서 오로지 헌법 및 법률만을 따라야 하며 두려움, 호의 또는 편견 없이 이러한 헌법 및 법률을 공정하게 집행해야 한다.

③ 어떠한 개인 또는 국가기관도 법원의 기능에 간섭할 수 없다.

④ 국가기관은 법원의 독립성, 공정성, 존엄성, 접근성 및 유효성을 보장할 수 있도록 입법 조치 및 기타 조치를 통해 법원을 원조하고 보호해야 한다.

[터키]

제138조 판사는 그 의무를 이행함에 있어 독립적이어야 한다. 판사는 헌법, 법률 그리고 법률과 일치하는 개인의 신념에 따라 판결을 내려야 한다.

어떤 조직, 기관, 공무원 또는 개인도 사법권 행사와 관련하여 법원이나 판사에게 명령이나 지침을 줄 수 없으며 회보를 회람하거나 권고 또는 제안을 할 수 없다.

소송 중인 사건과 관련한 사법권 행사와 관련하여 입법부인 의회에서 어떠한 질의나 논의 또는 진술도 이루어질 수 없다.

입법 및 행정기관과 행정부는 법원의 판결을 준수해야 한다. 이러한 기관과 행정부는 법원 판결은 어떠한 측면에서도 변경할 수 없으며 그 집행을 지연할 수 없다.

[포르투갈]

제203조 (사법권의 독립) 법원은 독립 기관으로서 오로지 법률의 지배만 받는다.

4. 법관의 자격·임명 등

[대한민국]

제104조 ① 대법원장은 국회의 동의를 얻어 대통령이 임명한다.

② 대법관은 대법원장의 제청으로 국회의 동의를 얻어 대통령이 임명한다.

③ 대법원장과 대법관이 아닌 법관은 대법관회의의 동의를 얻어 대법원장이 임명한다.

제105조 ① 대법원장의 임기는 6년으로 하며, 중임할 수 없다.

② 대법관의 임기는 6년으로 하며, 법률이 정하는 바에 의하여 연임할 수 있다.

③ 대법원장과 대법관이 아닌 법관의 임기는 10년으로 하며, 법률이 정하는 바에 의하여 연임할 수 있다.

④ 법관의 정년은 법률로 정한다.

[러시아]

제119조 법관은 만 25세 이상으로, 고등 법학교육을 받고 법률분야에서의 실무경험을 5년 이상 가지고 있는 러시아연방 국민 중에서 임명한다. 러시아연방 법관들에 대한 추가적 요건은 연방법률에 의해 규정한다.

제128조 1. 러시아연방 헌법재판소, 러시아연방 대법원, 러시아연방 중재법원 판사들은 러시아연방 대통령의 지명에 의해 연방회의에 의해 임명한다.

2. 다른 연방법원의 판사들은 러시아 연방 대통령이 연방법률에 규정된 절차에 따라 임명한다.

[멕시코]

제94조 ⑫ 대법관의 임기는 15년이며, 헌법 제4편에 규정하는 경우에 한하여 해임될 수 있다. 대법관은 임기의 만료에 따라 연금을 받을 수 있다.

⑬ 대법관은 중임할 수 없다. 다만, 임시 또는 잠정 대법관으로 직무를 수행한 경우는 제외한다.

제95조 ① 다음에 해당하는 자는 대법관으로 임명될 수 있다.

Ⅰ. 참정권과 시민권을 행사할 자격이 있는 출생에 의한 멕시코 시민

Ⅱ. 임명일 현재 35세 이상인 자

Ⅲ. 임명일 현재 법적으로 권한이 부여된 기관 또는 단체가 발행한 변호사 자격증을 5년 이상 소지한 자.

Ⅳ. 평판이 좋고, 1년 이상의 징역으로 처벌될 수 있는 범죄로 유죄판결을 받지 아니한 자. 다만, 강도, 사기, 위조, 배임 또는 기타 좋은 평판을 심각하게 훼손하는 범죄인 경우에는 형벌에 관계없이 결격사유가 된다.

Ⅴ. 지명일 이전에 최근 2년간 국내에 거주한 자

Ⅵ. 임명일 전 1년 간 국무장관, 법무장관 또는 연방직할시의 장관, 상원의원, 하원의원, 주(州)지사 또는 연방직할시장이 아닌 자.

② 대법관의 임명은 사법제도에 있어서 효율적이고, 능력 있고, 청렴하게 직무를 수행한 자 또는 법조계에서 명예, 능력 또는 경력이 뛰어난 자를 우선한다.

제96조 ① 대법관을 임명하기 위하여 대통령은 3명의 후보자 명단을 상원에 제출하고, 해당 후보자가 상원에 출석하여 청문회를 거친 후 30일 이내에 출석한 상원의원 3분의 2의 동의를 얻어 후보자 중 1명을 공석을 충원할 대법관으로 임명한다. 이 기간은 연장할 수 없다. 상원이 해당 기간 내에 결정을 하지 아니하는 때에는 대통령이 후보자 중 1명을 임명한다.

② 상원이 후보자 전부를 거부하는 경우에는 대통령은 새로운 후보자 명단을 제출하고, 전항의 절차에 따른다. 상원이 2차 후보자를 전부 거부하는 경우에는 대통령이 후보자 중 1명을 임명한다.

제97조 ① 순회법원 및 지방법원 판사는 법률에 정하는 요건과 절차를 준수하고 객관적 기준에 따라 연방사법위원회가 임명한다. 순회법원 및 지방법원 판사의 임기는 6년으로 한다. 임기가 만료한 때에 재선임되거나 고위직으로 승진한 경우에는 법률이 규정하는 경우에 한하여 규정된 절차에 따라 해임될 수 있다.

[아르헨티나]

제99조 대통령의 권한은 다음과 같다.

4. 대통령은 이 목적상 소집한 상원 공개회의에서 출석의원 3분의 2의 동의를 받아 대법관을 임명한다.

대통령은 판사협의회가 제출한 세 후보 명단으로 구성된 구속력있는 제안에 따라, 후보의 자격을 심의하는 상원 공개회의의 동의를 받아 연방 하급법원의 다른 판사를 임명한다.

그들이 75세에 달한 후에도 계속 재직하려면, 동일한 동의를 받아 새로 임명해야 한다. 그 연령 이상인 판사는 5년간 임명되고, 이 절차로 무기한 재임명될 수 있다.

제111조 대법관이 되려면 실무 경력 8년 이상인 연방 변호사이고, 상원의원이 되는 데 필요한 것과 동일한 자격이 있어야 한다.

제112조 대법원을 처음 설치할 때 대법관 내정자는 헌법에 따라 적절한 방식으로 성실하게 직무를 수행하고 정의를 실현하겠다고 대통령 앞에서 선서한다. 향후에는 대법원장 앞에서 선서한다.

[필리핀]

제8장 제7조 ① 필리핀에서 태어난 국민이 아닌 자는 누구도 대법원 또는 하위 합의제 법원의 판사로 임명될 수 없다. 대법원 판사는 40세 이상이어야 하며 15년 이상 하위 법원 판사로 또는 필리핀 내 변호사로 종사한 적이 있어야 한다.

② 의회는 하위 법원 판사의 자격요건을 규정해야 하지만 필리핀 국민이 아니며 필리핀 변호사 협회 회원이 아닌 자는 누구도 하위 법원의 판사로 임명될 수 없다.

③ 사법부 판사는 입증된 능력, 도덕, 청렴 및 독립성을 갖춘 자이어야 한다.

제9조 대법원 판사와 하위 법원 판사는 사법집행위원회가 매 결원에 대해 준비한 3배수 이상의 추천인 목록에서 대통령이 지명한다. 지명에 승인은 요구되지 않는다.

하위 법원의 경우 대통령은 목록 제출일로부터 90일 이내에 임명한다.

제11조 대법원 판사와 하위 법원 판사는 70세가 될 때까지 또는 직무를 수행할 수 없게 될 때까지 충실히 근무하면서 재직한다. 대법원 전원합의체는 사안의 심의에 실질적으로 참여하여 이에 대해 투표한 대법원 판사 중 과반수의 찬성을 통해 하위 법원 판사를 징계하거나 면직을 명령할 수 있는 권한을 가진다.

[그리스]

제88조 ① 사법 공무원들은 선정 자격 및 절차를 규정하는 법률에 따라 대통령령에 의해 임명되며 임기는 종신으로 한다.

⑤ 사법 공무원의 퇴직은 항소 법원 판사 또는 항소 법원 부검사 또는 그와 동등한 직급까지 모든 공무원에 대해 65세가 되는 시점에 의무적으로 이루어진다. 앞에서 언급한 직급보다 높거나 그와 동등한 사법 공무원의 경우에는 67세의 나이가 되면 의무적으로 퇴직한다...

[네덜란드]

제117조 ① 사법을 담당하는 사법부의 구성원, 대법원의 검찰총장은 네덜란드 국왕의 칙령에 따라 종신직으로 임명된다.

② 상기의 공직자들은 사임을 할 경우 또는 법률에서 정한 연령에 이르면 각자의 직위를 상실한다.

③ 법률에 규정된 경우 상기 공직자들은 사법부에 속하며 법률로 지정된 법원에 의해 정직 또는 해임될 수 있다.

④ 상기 공직자들의 법적 지위는 법률로 정한다.

제118조 ① 네덜란드 대법원의 일원은 의회 하원에서 작성한 3인의 후보자 명단을 근거로 하여 임명한다.

[노르웨이]

제91조 30세 미만인 자는 대법관으로 임명될 수 없다.

[덴마크]

제59조 (1) 왕국의 고등법원은 왕국의 최고사법재판소 수석관할재판관 최대 15인(직무의 기간에 따른다)과 비례대표에 따라 국회에 의해 6년 임기로 선출된 동수의 재판관으로 구성된다. 각 선출 재판관에 대해 1인 이상의 대리인을 선출한다. 국회의원은 왕국의 고등법원의 재판관으로 선출되거나 왕국의 고등법원의 재판관으로 행동하지 아니한다. 특별 소송에서 왕국의 최고사법재판소의 일부 재판관들이 사건의 재판에 참여할 수 없게 되는 경우 국회에 의해 선출된 왕국의 고등법원 재판관들 중 동수가 해당 직에서 물러난다.

(2) 왕국의 고등법원은 소속 재판관 중에서 재판장을 선출한다.

(3) 소송이 왕국의 고등법원에 제기되는 경우 국회에 의해 선출된 재판관은 임기가 만료되더라도 해당 소송 기간 동안 왕국의 고등법원 재판관으로서의 지위를 유지한다.

(4) 왕국의 고등법원에 관한 규정은 법률로 정한다.

[독일]

제95조 (2) 위 각 법원의 법관의 임명에 관하여는 각 분야의 주무 연방장관이 주의 각 분야의 주무 장관과 연방의회에서 선출되는 동수의 의원으로 구성되는 법관선출위원회와 공동으로 결정한다.

[룩셈부르크]

제90조 치안판사, 지방법원 판사는 대공이 직접 임명한다. 상급법원 부장판사와 지방법원 법원장 및 부장판사는 사법상급법원의 제청에 따라 대공이 임명한다.

[벨기에]

제151조 ④ 치안판사와 대법원 및 법원의 법관들은 법률에 정한 요건 및 방법에 따라 국왕이 임명한다.

임명은 자격 및 적성심사 후에 법률에 명시된 조건에 따라 3분의 2 이상에 의하여 당해 지명 및 임명위원회의 이유를 붙인 지명에 입각하여 실시된다...

⑤ 국왕은 법률에 정한 요건과 방법에 따라 대법원장, 항소법원장 및 하급법원장을 임명한다.

그와 같은 임명은 자격 및 적성심사 후에 법률에 명시된 조건에 따라 3분의 2 이상에 의한 당해 지명 및 임명위원회의 이유를 붙인 지명에 입각하여 실시된다...

[스웨덴]

정부조직법 제11장 제1조 제2문 현직 또는 전직 상임 유급 법관에 한하여 대법원 또는 최고행정법원의 법관이 될 수 있다. 그 밖의 법원에는 상임 유급 법관을 둔다. 다만, 특정 사건 재판을 위해 설치된 법원과 관련하여 법률로서 이 규정의 예외를 정할 수 있다.

정부조직법 제11장 제6조 상임 유급 법관은 정부가 임명한다.

임명 시에는 공과와 능력 등 객관적 요소에 한하여 고려하여야 한다. 상임 유급 법관의 선임에 관한 절차에 관한 원칙은 법률로 정한다.

[스위스]

제145조 (임기) 국민의회의 의원, 연방내각의 각료 및 연방내각사무처의 처장은 4년의 임기로 선출된다. 연방대법원의 법관은 6년의 임기로 선출된다.

[스페인]

제123조 ② 최고재판소장관은 법률이 정하는 방식으로 사법부 총평의회의 제청에 의하여 국왕이 임명한다.

[아일랜드]

제35조 1. 대법원, 고등법원 및 본 헌법 제34조에 의거하여 설립된 기타 모든 법원의 판사들은 대통령에 의해 임명된다.

3. 판사는 국회 양원 의원이 될 자격이 없으며 보수가 있는 다른 관직이나 직위를 유지하지 아니 한다.

[오스트리아]

제86조 ① 이 헌법에서 달리 규정되어 있지 않은 한 법관은 연방정부의 제청에 따라 연방대통령에 의해서 임명되거나 연방대통령의 위임을 근거로 관할 연방장관에 의해 임명된다. 연방정부나 연방장관은 법원조직법에 따라 이것을 위해서 임명된 평의회의 임명제청을 얻어야 한다.

② 관할 연방장관에게 제출되고 그에 의해 연방정부에 이첩된 임명제청은 충분한 지원자가 있는 한 최소 3명을 포함해야 하지만, 한 개 이상의 직책이 임명되어야 할 경우에는 임명되는 법관보다 적어도 두 배의 인원을 포함해야 한다.

제92조 ② 연방정부, 주정부, 일반 대의기관이나 유럽의회의 구성원은 최고법원의 구성원이 될 수 없다. 특정의 입법기간을 위해 선출된 일반 대의기관이나 유럽의회의 구성원은 임기만료 전에 사임하더라도 입법기간 또는 재직기간이 종료될 때까지 최고법원의 구성원이 될 수 없다. 최근 5년간 바로 위에서 언급된 직에 종사한 적이 있는 자는 최고법원의 원장이나 부원장으로 임명될 수 없다.

[이탈리아]

제105조 최고사법회의는 사법부 규칙에 따라 판사의 임용, 배치, 전보, 승진, 징계를 관할한다.

제106조 판사는 경쟁시험을 통해 임명된다.

사법부 규칙에 관한 법률은 단독 판사가 수행하는 모든 직무에 대한 명예 판사의 임명과 선출을 허용한다.

최고사법회의의 제청에 따라, 15년 경력의 법학 교수와 변호사로서 상급법원에 대한 특별전문가 명부에 등록된 자는 그의 뛰어난 공로로 대법관으로 임명될 수 있다.

[일본]

제79조 [최고재판소의 재판관·국민심사·정년·보수] ① 최고재판소는 그 장인 재판관 및 법률이 정하는 수의 그 밖의 재판관으로 구성하고, 그 장인 재판관 이외의 재판관은 내각에서 임명한다.

② 최고재판소의 재판관 임명은 임명 후 최초로 실시되는 중의원 의원 총선거에서 국민심사에 회부하고, 10년이 경과한 후 최초로 실시되는 중의원 의원 총선거에서 다시 국민심사에 회부

하며, 그 이후도 이와 마찬가지로 한다.

③ 제2항의 경우 투표자의 다수가 재판관의 파면에 찬성한 때에는 그 재판관은 파면된다.

④ 국민심사에 관한 사항은 법률로 정한다.

⑤ 최고재판소의 재판관은 법률이 정하는 연령에 달한 때에 퇴직한다.

⑥ 최고재판소의 재판관은 모두 정기적으로 상당액의 보수를 받는다. 보수는 재임 중에 감액할 수 없다.

제80조 [하급재판소의 재판관·임기·정년·보수] ① 하급재판소의 재판관은 최고재판소의 지명자 명단에 따라 내각에서 임명한다. 재판관의 임기는 10년으로 하고 재임될 수 있다. 다만, 법률이 정하는 연령에 달한 때에는 퇴직한다.

[체코]

제93조 (1) 판사는 대통령에 의하여 종신직으로 임명한다. 판사는 선서를 함으로써 그 직무를 맡는다.

(2) 전과가 없고 로스쿨을 졸업한 모든 시민은 재판관에 임명될 수 있다. 기타 조건과 절차는 법률로 정한다.

[캐나다]

1867년 캐나다 헌법 제96조 (판사의 임명) 연방총독은 노바스코샤 주 및 뉴브런즈윅 주 유언검인 법원의 판사를 제외한 각 주의 상급 법원, 하급 법원 및 지방 법원 판사를 임명한다.

[호주]

제72조 (판사의 임명, 임기 및 보수) 고등법원 및 의회가 설치하는 기타 법원의 법관은

1. 위원회의 총독이 임명한다.
2. 입증된 부정행위 또는 무능력을 근거로 해임을 요구하는 청원이 동일 회기에 의회의 양원으로부터 제출되어 위원회의 총독이 해임하는 경우 외에는 해임되지 않는다...

고등법원 판사의 임기는 만 70세에 만료되며, 이 정년에 도달한 사람은 고등법원 판사로 임명될 수 없다.

의회가 설치한 법원의 판사의 임기는 임명 시점에 규정된 해당 법원 판사의 정년에 도달했을 때 만료되며, 당시 해당 법원 판사의 정년에 도달한 사람은 해당 법원의 판사로 임명될 수 없다.

본 조에 의하여 의회가 설치한 모든 법원의 판사의 정년은 70세이다. 의회는 의회가 설치한 법원 판사의 정년을 70세보다 낮은 연령으로 정하는 법률을 제정할 수 있으며 언제든지 그 법률을 폐지하거나 개정할 수 있다. 그러나 폐지 또는 개정은 폐지나 개정 전에 임명된 판사의 임기에 영향을 주지 않는다.

고등법원 또는 의회가 설치한 법원의 판사는 자필 사직서를 총독에게 제출하여 사임할 수 있다.

1977년 헌법 개정(판사의 정년퇴임)에 의해 본 조에 추가된 규정은 그 규정의 발효 전에 임명된 법원 판사의 임기에 영향을 주지 않는다.

본 조에서 고등법원 또는 의회에서 설치한 법원의 판사의 임명에 대한 규정은 고등법원 또는 의회에서 치한 법원의 판사로서 다른 지위나 칭호를 가진 동일한 법원의 다른 직책을 맡은 사람의 임명에 대한 규정을 포함하는 것으로 해석해야 한다.

제79조 (판사의 수) 법원의 연방 관할권은 의회가 정하는 일정 수의 판사에 의해 행사될 수 있다.

[남아프리카공화국]

제174조 (법관의 임명) ① 일정 요건에 해당되는 자로서 적절한 자격을 갖춘 자(성별 무관)를 법관으로 임명할 수 있다. 또한 헌법재판소의 법관으로 임명되는 모든 자는 남아프리카공화국 국민이어야 한다.

② 법관을 임명할 경우, 사법부 구성에 남아프리카공화국의 인종 및 성별 비율이 광범위하게 반영되어야 할 필요성을 고려해야 한다.

③ 중앙 행정부의 수반인 대통령은 사법위원회 및 하원의 원내 정당 대표들과 협의한 후에 헌법재판소장 및 부소장을 임명하며, 사법위원회와 협의한 후에 대법원장 및 부원장을 임명한다.

④ 그 밖의 헌법재판소 법관은 중앙 행정부의 수반인 대통령이 헌법재판소장 및 하원의 원내 정당 대표들과 협의한 후에 아래에 열거한 절차에 따라 임명한다.

a. 사법위원회는 헌법재판소 법관으로 임명할 법관의 수보다 3명 더 많은 인원을 명시한 지명자 명단을 작성해야 하며, 해당 명단을 대통령에게 제출해야 한다.

b. 대통령은 헌법재판소 법관 지명자 명단 중에서 법관을 임명할 수 있으며, 지명자 중 부적합한 자가 있고 아직 임명해야 할 법관직이 남아 있을 경우에는 그 사유를 제시하여 사법위원회에 권고해야 한다.

c. 사법위원회는 별도의 지명자를 추가하여 지명자 명단을 보충해야 하며 대통령은 이러한 추가 지명자 포함 명단에서 나머지 법관을 임명해야 한다.

⑤ 언제든지 헌법재판소의 구성원 중 4명 이상은 헌법재판소 법관으로 임명될 당시에 법관으로 재직하고 있던 자여야 한다.

⑥ 대통령은 사법위원회의 권고에 따라 다른 모든 법원의 법관을 임명해야 한다.

⑦ 그 외의 법관들은 법률에 따라 임명해야 한다. 해당 법률은 이들 법관의 임명, 승진, 전보, 해임 또는 징계 조치가 일체의 호의나 편견 없이 공정하게 실시되도록 보장해야 한다.

[포르투갈]

제3장 판사의 지위 제215조 (법원의 판사) 1. 법원의 판사는 단일 기관을 구성하며 단일 법령의 지배를 받는다.

2. 법률은 제1심 법원 판사의 채용을 규율하는 요건 및 규칙들을 규정한다.

3. 제2심 법원 판사의 선발 시 주된 기준은 제1심 법원 판사들의 경쟁적인 활동계획서 제출을 통해 결정되는 우수성을 기준으로 한다.

4. 대법관 임명은 법률에 정한 바에 따라 판사, 검사 및 기타 사법 공적이 있는 법조계 인사들의 경쟁적인 활동 계획서 제출을 통해 결정한다.

제217조 (판사의 임명, 배정, 전보 및 승진) 1. 법원 판사의 임명, 배정, 전보 및 승진과 법원 판사에 대한 징계 조치의 집행은 법률에 규정된 바에 따라 최고사법평의회의 책임에 속한다.

2. 행정 및 조세 법원 담당 판사의 임명, 배정, 전보 및 승진과 동 판사에 대한 징계 조치의 집행은 법률에 정한 바에 따라 관련 최고평의회의 책임에 속한다.

3. 헌법에 규정된 보장 사항에 따라 법률은 나머지 법원들에 배속되는 담당 판사의 배정, 전보 및 승진을 규율하는 규칙은 물론, 그러한 판사들에 대한 징계 조치의 집행에 대해 규정하며, 그에 대한 책임의 범위를 결정한다.

5. 법관의 신분보장

[대한민국]

제106조 ① 법관은 탄핵 또는 금고 이상의 형의 선고에 의하지 아니하고는 파면되지 아니하며, 징계처분에 의하지 아니하고는 정직·감봉 기타 불리한 처분을 받지 아니한다.

② 법관이 중대한 심신상의 장해로 직무를 수행할 수 없을 때에는 법률이 정하는 바에 의하여 퇴직하게 할 수 있다.

[러시아]

제121조 1. 법관은 파면되지 않는다.

2. 법관의 권한은 연방법률에 정해진 절차와 근거에 의해서만 일시 중지되거나 정지될 수 있다.

제122조 1. 법관은 불가침이다.

2. 법관에게는 연방법률에 정해진 절차에 의하지 않는 한 형사책임을 추궁할 수 없다.

[멕시코]

제94조 ⑪ 대법관, 순회법원 판사, 지방법원 판사, 연방사법위원회 위원, 선거법원 판사의 보수는 임기 중에 삭감할 수 없다.

[미국]

제3조 ① ... 연방대법원 및 하급법원의 판사는 윤리적 문제가 있거나 탄핵심판을 받지 않는 한 그 직을 보유하며, 그 직무에 대하여 정기적으로 보수를 받으며, 그 보수는 재임 중에 감액되지 아니한다.

[아르헨티나]

제110조 대법관과 하급법원 판사는 재직 중 모범적으로 행동하고, 법률로 정한 보수를 받는데, 그 보수는 재직 중 어떤 식으로든 감소하지 않는다.

제115조 ① 연방 하급법원 판사는 제53조에 규정된 이유로 의원, 판사, 연방에 등록된 변호사로 구성된 특별배심원에 의해 해임된다.

② 해임결정에 항소할 수 없으며 그 효력은 해임에 그친다. 그래도 해당자는 일반법원에서 법률에 따라 기소, 재판, 처벌받는다.

③ 해임절차 개시 후 180일이 지나도 아무런 결정을 하지 않으면, 해당절차는 정리되고, 정직된 판사는 복직된다.

[프랑스]

제64조 ③ 사법부 구성원의 신분은 조직법으로 정한다.

④ 법관은 종신직이다.

[필리핀]

제8장 제10조 대법원 대법원장과 대법원 판사 그리고 하위 법원 판사의 보수는 법률로 정한다. 재직 중인 동안에 이들의 보수는 감소되지 않는다.

[그리스]

제88조 ④ 사법 공무원은 법률 및 제93조 제2항과 제3항의 규정에 따라 유죄 판결이나 중대한 규율 위반 또는 질병 또는 장애 또는 직업적 무능력으로 인한 법원의 판결에 의해서만 면직된다. ⑥ 사법 공무원을 다른 부서로 전임시키는 것은 금지된다. 예외적으로 배석판사를 제1심 법원으로 전임시키거나 검사보를 검찰청으로 전임시키는 것은 법률에 따라 관련 당사자의 요청 시 허용된다. 일반행정법원 판사는 법률에 따라 최고행정법원의 고문관등급 및 보직의 5분의 1 등급으로 승진된다.

[뉴질랜드]

제23조 군주 또는 총독은 부정행위 또는 직무 수행 능력 상실을 이유로 하는 국회의 건의에 의해서만 대법관을 해임할 수 있다

제24조 대법관의 급여는 법관의 재임기간 중에 삭감할 수 없다.

[덴마크]

제64조 재판관의 직무 수행은 법률에만 준거한다. 재판관은 판결에 의하지 않고는 해임될 수 없으며 사법재판소의 재편성이 있는 경우를 제외하고 자신의 의사에 반하여 전임될 수 없다. 단, 만 65세의 재판관은 퇴임할 수 있지만 정년퇴직에 해당될 때까지 소득이 유지된다.

[독일]

제97조 ⑵ 전임으로 그리고 계획에 따라 종국적으로 임명된 법관은 법원의 판결에 의하여 그리고 법률이 정하는 이유 및 형식에 의하여만 그의 의사에 반하여 임기의 만료 전에 면직되거나, 지속적 또는 일시적으로 정직되거나 전보 또는 퇴직될 수 있다. 법률에 의하여 정년을 정할 수 있고 정년에 달한 종신법관을 퇴직시킬 수 있다. 법원의 조직이나 구역이 변경되는 경우에 법관은 다른 법원으로 전보되거나 퇴직될 수 있지만, 봉급의 전액이 지급되어야 한다.

제98조 ⑴ 연방법관의 법적 지위는 특별한 연방법률에 의하여 정한다.

⑵ 연방 법관이 직무상 또는 직무 외에 기본법의 원칙 또는 주의 헌법 질서를 위반한 경우 연방헌법재판소는 연방의회의 신청에 의하여 3분의 2의 다수로 법관에게 전직 또는 퇴직을 명할 수 있다. 고의적인 위반의 경우에는 파면할 수 있다.

[룩셈부르크]

제91조 치안판사, 지방법원 판사 및 상급법원 부장판사는 신분이 보장된다. 그들은 판결에 의해서만 직위를 박탈당하거나 직무가 정지될 수 있다. 판사의 이동은 새로운 임명 및 판사의 동의에 의해서만 실시된다.

그러나 질병이나 비행사유가 있는 때에는 법률이 정하는 바에 의하여 정직, 해임, 또는 전보될 수 있다.

제92조 사법법원 구성원들의 처우는 법률에 의해서 정해져 있다.

[벨기에]

제152조 법관은 종신직이다. 법관은 법률로 정한 퇴직연령에 퇴직하며 법률로 정한 연금을 수령한다. 법관은 판결에 의하지 아니하고는 면직 또는 정직되지 아니한다.

법관의 전출은 새로운 직위에의 임명 및 본인의 동기가 있는 경우에만 이루어질 수 있다.

제155조 법관은 유급으로 공직에 취임할 수 없다. 다만, 무상으로 직무를 수행하고, 법률로 정한

겸직금지 규정에 위반되지 않는 경우는 예외로 한다.

[스웨덴]

정부조직법 제11장 제7조 상임 유급 법관으로 임명된 자는 다음 경우에만 해임할 수 있다.

1. 범죄행위를 저지르거나 중대하거나 반복되는 직무태만으로 인하여 그 직무를 유지하는 것이 명백히 부당한 경우
2. 퇴직 연령에 달했거나 기타 장기적 업무능력상실을 이유로 법률상 사임할 의무가 있는 경우

조직적 고려 상 필요하면, 상임 유급 법관으로 임명된 자는 동등한 지위의 다른 법원으로 전보될 수 있다.

[스위스]

제144조 (겸직금지) ① 국민의회 및 전주의회(全州議會)의 의원, 연방내각의 각료 및 연방대법원의 법관은 겸직을 금지한다.

② 연방내각의 각료 및 연방대법원의 전임법관은 연방 또는 주의 어떠한 관직에 취임하여서는 아니 되며, 기타 어떠한 영리활동도 하여서는 아니 된다.

③ 기타 겸직금지에 관하여 법률로 정할 수 있다.

[스페인]

제117조 ② 재판관은 법률에 의한 보호를 받으며, 법률이 정하는 사유가 있는 경우를 제외하고는 해임, 정직, 전임 또는 퇴직당하지 아니한다.

[아이슬란드]

제61조 법관은 공무 수행 시 법률에만 구속된다. 행정 기능을 담당하지 않은 법관은 사법적 결정에 의하지 않고서는 해임될 수 없으며, 사법부 개편의 경우를 제외하고는 본인 의사에 반해 전보될 수 없다. 단, 65세에 달한 법관은 면직될 수 있으나, 대법관은 보수를 그대로 받는다.

[아일랜드]

제35조 4. 1° 대법원 또는 고등법원 판사는 국회 양원이 해임 요구 결의안에 가결하는 경우를 제외하고 명시된 부정행위 또는 행위 능력 상실을 이유로 해임되지 아니 한다.

5. 1° 판사의 보수는 이 조에 따른 경우 이외에는 재직 중에 삭감되지 아니 한다.

3° 이 조의 제정 전후, 공적 자금으로 보수를 지급하는 계층에 속하는 자의 보수가 법률에 의하여 감액되고, 그 법률에서 그 감액을 공익을 위한 것으로 명시하는 경우, 판사의 보수는 법률에 의하여 비례적으로 감액할 수 있다.

[오스트리아]

제88조 ① 법관의 정년은 연방법률로 정한다.

② 법관은 법률이 정한 경우에 법률이 정한 형식 및 법관직에 대한 법관의 형식적인 결정에 의해서만 파면되거나 그의 의사에 반하여 다른 곳으로 전근되거나 퇴직된다. 하지만 이 규정은 법원조직법의 개정으로 인해 필요한 전근과 퇴직에는 적용되지 않는다. 이러한 경우 법률로 어느 기간 내에 법관이 위와 같이 규정된 형식 없이 전근되고 퇴직될 수 있는지를 정한다.

③ 법관은, 법원장이나 상급법원의 처분에 의해서만, 그리고 동시에 사건이 관할법원으로 송부되는 경우에만, 일시적으로 면직될 수 있다.

[일본]

제78조 [재판관의 신분보장] 재판관은 심신의 장해로 직무를 수행할 수 없음이 재판에 의하여 결정된 경우를 제외하고는, 공적인 탄핵에 의하지 아니하고 파면되지 아니한다. 재판관의 징계처분은 행정기관이 할 수 없다.

제80조 ② 하급재판소의 재판관은 모두 정기적으로 상당액의 보수를 받는다. 이 보수는 재임 중에 감액할 수 없다.

[체코]

제82조 (2) 판사는 본인의 의사에 반하여 해임되거나 다른 법원으로 전보될 수 없다. 특히 징계책임에 기인하는 예외는 법률로 정한다.

[터키]

제139조 판사 및 검사는 헌법에 규정된 연령 이전에 해임 또는 퇴직할 수 없다. 또한, 판사 및 검사는 심지어 법원이나 직위가 폐지되더라도 신분과 관련한 봉급, 수당 또는 기타 권리를 박탈당하지 않는다.

파면이 요구되는 범죄로 유죄판결을 받은 자, 건강상의 이유로 그 직무를 수행할 수 없다고 명백히 판단되는 자, 해당 직업에 남아 있기에 부적절하다고 판단되는 자와 관련하여 법으로 명시된 예외는 별도로 규정되어 있다.

[캐나다]

제100조 판사의 급여 등 상급 법원, 하급 법원 및 지방 법원 판사(노바스코샤 주 및 뉴브런즈윅 주의 유언 검인 법원 판사는 제외한다)의 급여, 수당 및 연금 그리고 당시 급여를 통해 보수를 받는 해양법원 판사의 급여, 수당 및 연금은 캐나다 연방의회에서 결정, 지급한다.

[호주]

제72조 (판사의 임명, 임기 및 보수) 3. 의회가 정하는 액수의 보수를 받는다. 재임 중에는 보수를 감액할 수 없다.

[남아프리카공화국]

제176조 (임기 및 보수) ① 헌법재판소 법관의 임기는 12년 단임 혹은 법관의 연령이 70세에 도달할 때까지(둘 중 먼저 도래하는 날까지)이다. 단, 법률에 따라 헌법재판소 법관의 임기가 연장되는 경우는 예외로 한다.

② 그 밖의 법관은 법률에 따라 현직에서 해임될 때까지 재직한다.

③ 법관의 급여, 수당 및 혜택은 감액할 수 없다.

제177조 (해임) ① 법관은 다음 경우에 한해 해임될 수 있다.

a. 해당 법관이 무능력하거나 매우 부적격하거나 중대한 직권 남용을 범한 것으로 사법위원회가 판단하고

b. 하원이 전체 하원의원 중 3분의 2 이상의 찬성으로 채택한 결의안에 따라 해당 법관을 해임할 것을 요청할 경우

② 대통령은 법관에 대한 해임 요청 결의안이 채택되는 대로 해당 법관을 해임해야 한다.

③ 대통령은 사법위원회의 권고에 따라 상기 제1항에 따른 해임 절차의 대상이 되는 법관을 정직할 수 있다.

[포르투갈]

제216조 (보장 및 겸직 금지) 1. 판사들은 신분의 보장을 받으며 법률에 규정된 경우가 아닌 한, 전보, 정직, 퇴임 또는 해임되어서는 아니 된다.

2. 법률에 규정된 예외 조건들을 제외하면 판사들은 판결에 대해 개인적인 책임을 지지 않는다.

3. 현직 판사들은 법률에 정한 바에 따라 무보수의 교수 또는 법률 연구 업무를 제외한 나머지 공적 내지 사적인 직무를 수행해서는 아니 된다.

4. 현직 판사들은 관할 최고평의회의 승인을 받지 않은 상태에서 법원의 업무와 무관한 사법적 직분에 임명되어서는 아니 된다.

5. 판사의 직무 수행과 배치되는 그 밖의 겸직은 법률로 규정할 수 있다.

[핀란드]

제103조 (판사의 재직권) 판사는 법원 판결에 의한 경우를 제외하고는 정직당하지 않는다. 또한 사법부 개편의 결과인 경우를 제외하고 판사 본인의 동의 없이 다른 법원에 전보시킬 수 없다. 판사의 정년퇴직이나 근무능력 상실 후 사직할 의무에 관해서는 법률로 정한다. 판사의 기타 복무 조건에 관한 세부사항은 법률로 정한다.

6. 위헌법령심사권

[대한민국]

제107조 ① 법률이 헌법에 위반되는 여부가 재판의 전제가 된 경우에는 법원은 헌법재판소에 제청하여 그 심판에 의하여 재판한다.

② 명령·규칙 또는 처분이 헌법이나 법률에 위반되는 여부가 재판의 전제가 된 경우에는 대법원은 이를 최종적으로 심사할 권한을 가진다.

[독일]

제100조 (1) 법원은 그 위헌 여부가 재판의 전제가 되는 법률이 위헌으로 판단되는 때에는 그 절차를 중지하고, 주 헌법의 침해가 문제인 경우에는 주의 헌법분쟁에 관한 관할권을 갖는 법원의 결정을 구하여야 하고, 기본법의 침해가 문제인 경우에는 연방헌법재판소의 결정을 구하여야 한다. 이는 주법에 의한 기본법 침해 또는 주 법률의 연방법률과의 합치 여부가 문제된 경우에도 동일하다.

(2) 소송에 있어서 국제법의 규정이 연방법의 구성부분인지, 그 규정이 개인에 대하여 직접적으로 권리와 의무를 발생시키는지(제25조)가 의심스러운 경우에는 법원은 연방헌법재판소의 결정을 구하여야 한다.

[아일랜드]

제15조 4. 1° 국회는 어떤 점에서도 본 헌법 또는 본 헌법의 일부 조항과 모순되는 법률을 제정하지 아니 한다.

2° 본 헌법 또는 본 헌법의 일부 조항과 모순되는 국회에 의해 제정된 모든 법률은, 그러한 모순 범위에 한해 무효이다.

[오스트리아]

제189조 (연방대법원의 관할) ① 연방대법원은 다음의 사항에 대한 위반을 심판한다.

a. 연방법률
b. 국제법
c. 주 간 법률(interkantonalem Recht)
d. 주헌법상 기본권
e. 자치단체의 자치권 및 주가 공법상의 법인에 대하여 보장한 이익이나 권리
f. 참정권에 관한 연방과 주의 규정

② 연방대법원은 연방과 주 사이 또는 주 상호 간의 쟁의를 심판한다.

③ 대법원의 관할은 법률로 확장될 수 있다.

④ 연방의회 또는 연방내각이 제정한 법률에 관해서는 연방대법원에서 심판하지 못한다. 다만, 그 예외에 관하여는 법률로 정한다.

[스페인]

제106조 ① 재판소는 규칙제정권, 행정행위의 적법성 및 행정행위가 정당한 목표에 부합하도록 감독한다.

[일본]

제81조 [법령 등의 합헌심사권] 최고재판소는 모든 법률, 명령, 규칙 또는 처분이 헌법에 적합한지 여부를 최종적으로 심사할 권한을 가진다.

7. 내부규칙 제정권

[대한민국]

제108조 대법원은 법률에 저촉되지 아니하는 범위안에서 소송에 관한 절차, 법원의 내부규율과 사무처리에 관한 규칙을 제정할 수 있다.

[아르헨티나]

제113조 대법원은 내부규칙을 제정하고 소속직원을 임명한다.

[덴마크]

제62조 사법 행정은 항상 행정권으로부터 독립을 유지한다. 이에 관한 규정은 법률로 정한다.

[일본]

제77조 [최고재판소의 규칙제정권] ① 최고재판소는 소송에 관한 절차, 변호사, 재판소의 내부규율 및 사법 사무처리에 관하여 규칙을 정할 권한을 가진다.

③ 최고재판소는 하급재판소에 관한 규칙을 정할 권한을 하급재판소에 위임할 수 있다.

8. 재판의 공개

[대한민국]

제109조 재판의 심리와 판결은 공개한다. 다만, 심리는 국가의 안전보장 또는 안녕질서를 방해

하거나 선량한 풍속을 해할 염려가 있을 때에는 법원의 결정으로 공개하지 아니할 수 있다.

[러시아]

제123조 1. 모든 재판의 진행은 공개한다. 비공개 재판은 연방법률에 규정된 경우에만 허용한다.
2. 형사사건의 궐석재판은 연방법률이 허용하는 경우를 제외하고는 허용되지 않는다.
3. 소송절차는 당사자의 논쟁과 대등함에 기초하여 진행한다.
4. 연방법률에 의하여 규정된 경우 소송절차는 배심원의 참여하에 진행한다.

[멕시코]

제94조 ④ 전원재판부 또는 전담재판부의 재판은 법률에 따라 공개한다. 다만, 공익 또는 도덕상 요구되는 때에는 비공개로 할 수 있다.

[그리스]

제93조 ② 법원이 재판 공개가 적절하게 사용되지 못하고 해가 된다고 판단하거나 재판 당사자의 개인 또는 가족 사생활의 보호가 필요한 특별한 이유가 있다고 결정하는 경우를 제외하고, 모든 법원의 재판은 공개된다.
③ 모든 법원의 판결은 구체적이며 상세히 이유를 기재하여야 하며 공개 재판에서 선고해야 한다. 위 문장에서 규정한 내용을 위반할 경우, 그에 따른 법적 결과와 부과되는 처벌에 대해서는 법률로 정한다. 반대의견은 반드시 발표해야 한다. 법은 반대 의견의 의사록 등록과 반대의 의견 공개에 대한 조건 및 충족요건과 관련된 문제들을 규정한다.

[네덜란드]

제121조 법률에 명시된 경우가 아닌 한 재판은 공개하며 판결문은 그 근거를 명시한다. 판결은 공개적으로 선고한다.

[덴마크]

제65조 (1) 모든 사법 절차는 최대한 공개적으로 그리고 구두로 행한다.
(2) 전문가가 아닌 일반인들은 형사 재판에 참여한다. 이와 같은 참여가 이루어지는 배심원에 의해 심리되는 소송을 포함한 소송 및 형식은 법률로 정한다.

[룩셈부르크]

제88조 법원 변론은, 그 공개가 질서나 공서양속에 위험하지 않는다면 공개한다. 그 공개가 위험한 경우에는 법원은 판결을 통해 이를 선언한다.

[벨기에]

제148조 법원의 심리는 공개한다. 다만, 공공질서 및 풍속을 해하는 경우에는 예외로 하고, 이러한 경우에는 법원은 판결에 의하여 그 뜻을 선고한다.
정치 및 언론에 관한 범죄의 경우에는 법원은 만장일치로 절차를 비공개로 진행한다.
제149조 모든 판결은 이유를 명시한다. 판결은 공개된 법정에서 선고한다.

[스위스]

제30조 (사법절차) ③ 법원의 심리 및 판결은 공개하며, 그 예외에 관하여는 법률로 정한다.

[스페인]

제120조 ① 사법절차는 소송법에 달리 규정되어 있는 경우를 제외하고는 공개로 한다.

② 특히 형사소송 절차는 원칙적으로 구두로 한다.

③ 판결에는 반드시 그 이유를 명시하여야 하며 선고는 공개법정에서 하여야 한다.

[아일랜드]

제34조 1. 재판은 본 헌법에 규정된 방식으로 임명된 판사들에 의해 법률로 설립된 법원에서 집행되며, 법률로 규정될 수 있는 특별한 제한적인 경우를 제외하고 공개적으로 집행된다.

[오스트리아]

제90조 ① 판결법원의 민사사건과 형사사건의 심리는 구술 및 공개로 한다. 예외는 법률로 정한다.

[일본]

제82조 [재판의 공개] ① 재판의 심리 및 판결은 공개법정에서 행한다.

② 재판소가 재판관의 전원일치로 공공의 질서 또는 선량한 풍속을 해칠 우려가 있다고 결정한 경우 그 심리는 공개하지 아니할 수 있다. 다만, 정치범죄, 출판에 관한 범죄 또는 헌법 제3장에서 보장하는 국민의 권리가 문제되는 사건의 심리는 항상 공개하여야 한다.

[체코]

제96조 (2) 법률에 의해 예외로 규정된 경우를 제외하고는 공판은 구술에 의하고 공개한다. 판결은 항상 공개적으로 선고되어야 한다.

[터키]

제141조 법원심리는 일반인에게 공개되어야 한다. 공공의 도덕성이나 공공안전을 이유로 절대적으로 필요한 경우에 한하여 심리의 전부 또는 부분을 비공개로 진행할 것인지를 결정한다.

[포르투갈]

제206조 (법정 심리) 법정 심리의 내용은 일반에 공개한다. 단, 개인의 존엄 또는 공중도덕을 수호하기 위해 혹은 법정 심리의 올바른 운영을 보장하기 위해 해당 법원이 그 근거를 설명하는 서면에 의해 비공개 심리를 결정하는 경우는 예외로 한다.

9. 특별법원

[대한민국]

제110조 ① 군사재판을 관할하기 위하여 특별법원으로서 군사법원을 둘 수 있다.

② 군사법원의 상고심은 대법원에서 관할한다.

③ 군사법원의 조직·권한 및 재판관의 자격은 법률로 정한다.

④ 비상계엄하의 군사재판은 군인·군무원의 범죄나 군사에 관한 간첩죄의 경우와 초병·초소·유독음식물공급·포로에 관한 죄중 법률이 정한 경우에 한하여 단심으로 할 수 있다. 다만, 사형을 선고한 경우에는 그러하지 아니하다.

[러시아]

제118조 3. 러시아연방 사법제도는 러시아연방 헌법과 연방 헌법적 법률에 의하여 규정한다. 특별법원의 창설은 허용되지 않는다.

[멕시코]

제13조 누구라도 특별법 또는 특별법원에 의하여 재판받지 아니한다. 자연인 또는 법인은 공무의 대가로 제공되고 법률에 규정된 것을 제외하고는 특권을 갖거나 보수를 받을 수 없다. 군사법권은 군법에 대한 범죄와 위반행위에 적용되고, 어떠한 경우에도 군대의 구성원이 아닌 자에 대하여 해당 사법권을 행사할 수 없다. 군사범죄 또는 위반행위와 관련된 민간인은 관할 민간기관에 의한 재판을 받는다.

[그리스]

제8조 ... 어떤 명칭이든 관계없이 사법 위원회나 특별법원을 구성해서는 안 된다.

제96조 ④ 특별법으로 다음을 규정한다.

a) 민간인에 대한 재판권이 없는 육군, 해군 및 공군 법원

b) 포획물 심판소

⑤ 전 항 제a호에 규정된 법원들은 헌법 제87조 제1항에 규정된 기능적 및 개인적 독립성을 보장 받은 군사법부 판사의 과반수로 구성된다. 제93조 제2항 내지 제4항의 규정은 이들 법원의 재판과 판결에 적용된다. 본 항의 규정의 적용과 관련된 사안들과 그 발효되는 시점은 법으로 정한다.

[독일]

제96조 ⑵ 연방은 군대를 위한 군·형사법원을 연방법원으로 설치할 수 있다. 군·형사법원은, 방위사태의 경우 및 외국에 출병하거나 군함에 승선하고 있는 군대의 소속원에 대하여만 형사재판권을 행사할 수 있다. 자세한 사항은 연방법률로 정한다. 이 법원은 연방 법무부장관의 소관 분야에 속한다. 군·형사법원의 전임법관은 법관의 자격을 가져야 한다.

제101조 ⑴ 특별법원은 허용되지 않는다...

⑵ 특별사안 분야를 관할하는 법원은 법률에 의해서만 설치될 수 있다.

[룩셈부르크]

제94조 특별법은 군사법원 조직, 권한, 구성원들의 권리와 의무 및 임기를 결정한다.

또한 법률은 노동법원과 사회보장법원의 조직, 권한, 구성원 임명 방식 및 임기를 결정한다.

[벨기에]

제146조 법원과 판결을 할 수 있는 기관은 법률에 의해서만 이를 설치할 수 있다. 명칭 여하를 불문하고 특별재판소 및 특별위원회의 설치는 허용되지 아니한다.

제157조 제167조 제1항의 두번째 단락에 정한 전쟁 상태가 존재하는 것으로 인정되는 경우는 군사법원이 관할한다. 군사법원의 조직, 권한, 구성원의 권리와 의무 및 임기는 법률로 정한다.

제160조 벨기에 전국에 단독 최고행정법원을 설치하며 그 구성, 권한 및 기능은 법률로 정한다. 다만, 법률로 정하는 원칙에 따라 국왕에게 절차수립 권한을 법률로 부여할 수 있다.

[스페인]

제26조 민사행정부 및 전문기관단체의 내부에서 명예재판은 금지된다.

제117조 ⑤ 사법단일의 원칙(El principio de unidad jurisdiccional)은 재판소의 조직 및 운영의 기본원칙이다. 법률은 엄밀하게 군사적 영역에 속하는 사항과 계엄의 경우에 이루어지는 군사재판권의 행사에 관하여 헌법의 원칙에 따라 규정한다.

⑥ 특별재판소의 설치는 금지된다.

[아일랜드]

제38조 3. 1° 범죄 재판 법률에 의거, 일반 법원이 법의 효과적인 집행을 보장하고 치안 및 질서를 보존하는데 부적합한 것으로 결정되는 경우, 특별 법원이 해당 법률에 의해 설치될 수 있다.

2° 그와 같은 특별 법원의 구성, 권한, 관할권 및 절차는 법률로 정한다.

4. 1° 군사재판소는 군법에 적용을 받는 자가 군법에 위반되는 행위를 했다고 주장되는 범죄의 재판을 위해 그리고 전쟁 또는 무장 반란 상태를 처리하기 위해 설치될 수 있다.

2° 현역이 아닌 국방군의 구성원은 해당 범죄가 군율의 시행 목적상 법률에 따라 군사법원 또는 기타 군사재판소의 관할권 내에 해당되지 않는 한, 민사법원에 의해 심리될 수 있는 범죄에 대해, 군사법원이나 군사재판소에서 재판을 받지 아니 한다.

[오스트리아]

제84조 군사재판권은—전시를 제외하고는—폐지한다.

[이탈리아]

제103조 (제3항) 군사법원은 전시에 법률에 따른 관할권을 가진다. 평상시에는 군인의 군사 범죄만 관할한다.

[일본]

제76조 [사법권과 재판소·특별재판소의 금지·재판관의 독립] ② 특별재판소는 설치할 수 없다. 행정기관은 종심(終審)으로서 재판을 할 수 없다.

[터키]

제145조 (2010년 9월 23일) 군사재판은 군사법원과 군사행정법원이 수행한다. 이 법원은 군사적 범죄행위, 다른 군인을 대상으로 또는 군복무 및 그 직무와 관련된 범죄에 대해 군인에 대한 재판권을 갖는다. 국가보안, 헌법질서 및 헌법질서에 반하는 범죄의 경우에는 법정에서 재판한다.

전시가 아니면, 군인이 아닌 민간인을 군사법원에서 재판할 수 없다.

전시 중 군사법원 관할권 내에 속하는 범죄와 피고인 및 군사법원의 조직 필요한 경우, 사법재판소의 판사와 검사에 대한 군사법원에의 임명은 법률로 정한다.

군사법원의 조직, 직무, 군 판사의 신분과 관련한 사안, 군 검찰관으로서 복무하는 군 판사와 그가 복무하는 명령권자와의 관계는 법원의 독립성 원칙과 군복무 규정에 따라 법률로 정한다.

[포르투갈]

제213조 (군법회의) 전쟁 기간 중에는 엄밀히 군사적 성격의 범죄에 대해 사법권을 보유한 군사법원을 구성한다.

Ⅶ. 헌법재판

[대한민국]

제111조 ① 헌법재판소는 다음 사항을 관장한다.

1. 법원의 제청에 의한 법률의 위헌여부 심판
2. 탄핵의 심판
3. 정당의 해산 심판
4. 국가기관 상호간, 국가기관과 지방자치단체간 및 지방자치단체 상호간의 권한쟁의에 관한 심판
5. 법률이 정하는 헌법소원에 관한 심판

② 헌법재판소는 법관의 자격을 가진 9인의 재판관으로 구성하며, 재판관은 대통령이 임명한다.

③ 제2항의 재판관중 3인은 국회에서 선출하는 자를, 3인은 대법원장이 지명하는 자를 임명한다.

④ 헌법재판소의 장은 국회의 동의를 얻어 재판관중에서 대통령이 임명한다.

제112조 ① 헌법재판소 재판관의 임기는 6년으로 하며, 법률이 정하는 바에 의하여 연임할 수 있다.

② 헌법재판소 재판관은 정당에 가입하거나 정치에 관여할 수 없다.

③ 헌법재판소 재판관은 탄핵 또는 금고 이상의 형의 선고에 의하지 아니하고는 파면되지 아니한다.

제113조 ① 헌법재판소에서 법률의 위헌결정, 탄핵의 결정, 정당해산의 결정 또는 헌법소원에 관한 인용결정을 할 때에는 재판관 6인 이상의 찬성이 있어야 한다.

② 헌법재판소는 법률에 저촉되지 아니하는 범위안에서 심판에 관한 절차, 내부규율과 사무처리에 관한 규칙을 제정할 수 있다.

③ 헌법재판소의 조직과 운영 기타 필요한 사항은 법률로 정한다.

[러시아]

제125조 1. 러시아연방 헌법재판소는 19인의 판사로 구성된다.

2. 러시아연방 헌법재판소는 러시아연방 대통령, 연방회의 또는 국가두마 재적의원 5분의 1, 러시아연방 내각, 러시아연방 대법원과 러시아연방 최고중재법원, 러시아연방 구성주체들의 입법기관과 행정 기관의 요구가 있을 경우 다음 사항이 러시아연방 헌법에 합치되는지 여부를 심판한다.

a) 연방법률, 러시아연방 대통령, 연방회의, 국가두마, 러시아연방 내각의 법령

b) 공화국 헌법, 그리고 러시아 연방 정부기구의 관할에 속하는 문제 및 러시아 연방 정부기구와 러시아 연방 구성주체들의 정부기구의 공동 관할에 속하는 문제들에 관하여 공표된 러시아 연방 구성주체들의 헌장, 법률 및 기타 법령

c) 러시아연방 기구와 러시아연방 구성주체 기구 사이에 체결된 조약, 러시아 연방 구성주체 기구들 간에 체결된 조약

d) 발효되지 않은 러시아연방의 국제조약

3. 러시아연방 헌법재판소는 다음과 같은 쟁의를 심판한다.

a) 러시아연방 정부기구들 간의 쟁의

b) 러시아연방 정부기구와 러시아연방 구성 주체 정부기구 간의 쟁의

c) 러시아연방 구성주체의 상급 정부기구들 간의 쟁의

4. 러시아연방 헌법재판소는 개인의 헌법적 권리와 자유의 침해에 대한 헌법소원과 법원의 제청에 의해 구체적인 사건에 적용하게 될 법률의 합헌성 여부를 연방법률이 정한 절차에 따라 심리한다.

5. 러시아연방 헌법재판소는 러시아연방 대통령, 연방회의, 국가두마, 러시아 연방 내각, 러시아연방 구성 주체 입법기구들의 요청이 있을 경우 러시아 연방 헌법의 해석을 제공한다.

6. 위헌으로 인정된 법령이나 규정은 효력을 상실하며 러시아연방 헌법에 상치되는 러시아 연방의 국제조약들은 발효되지 않는다.

7. 러시아연방 헌법재판소는 연방회의의 요청에 의해 러시아연방 대통령에 대해 제기된 탄핵의 절차가 준수되었는지의 여부를 심의한다.

[멕시코]

제105조 ① 연방대법원은 법률에 규정하는 바에 따라 다음 사항과 관련된 문제를 해결한다:

Ⅰ. 헌법분쟁. 다음에 규정하는 기관 간에 발생한 선거문제에 관한 헌법분쟁을 제외한다.

a) 연방과 주 또는 연방직할시

b) 연방정부와 지방자치단체

c) 대통령과 연방기관 또는 연방직할시 기관으로서 행위하는 연방의회, 각 원, 또는 상임위원회

d) 두 개의 주(州)

e) 주(州)와 연방직할시

f) 연방직할시와 지방자치단체

g) 다른 주(州)에 속하는 2개의 지방자치단체

h) 행위 또는 일반규정의 합헌성에 관한 같은 주(州)의 2개의 기관

i) 행위 또는 일반규정의 합헌성에 관한 주(州)와 그 지방자치단체

j) 행위 또는 일반규정의 합헌성에 관한 주(州)와 다른 주(州)의 지방자치단체

k) 행위 또는 일반규정의 합헌성에 관한 연방직할시 정부의 2개의 기관

l) 행위 또는 일반규정의 합헌성에 관한 2개의 헌법상 자치기구와 연방정부 및 의회.

연방이 제기한 주(州) 또는 지방자치단체의 일반규정과 관련된 분쟁, 주(州)가 제기한 지방자치단체의 일반규정과 관련된 분쟁 또는 c), h) 및 k)에 규정하는 경우에, 8명의 찬성으로 일반규정의 무효를 선언하는 대법원의 판결은 일반적인 효력이 있다.

기타의 경우에는 대법원의 판결은 해당 당사자에게만 효력이 있다.

Ⅱ. 일반규정과 이 헌법 간의 충돌을 주장하는 위헌 소송

위헌소송은 규정의 공표 후 30일 이내에 다음에 해당하는 자가 제기할 수 있다.

a) 연방의회가 제정한 연방 또는 연방직할시 법률에 대하여 하원 재적의원의 33%

b) 연방의회가 제정한 연방 또는 연방직할시 법률 또는 멕시코가 가입한 국제조약에 대하여 상원 재적의원의 33%

c) 연방, 주(州) 및 연방직할시 법률과 멕시코가 가입한 국제조약에 대하여 법무장관

d) 주(州) 의회가 제정한 법률에 대하여 주(州) 의회 재적의원의 33%

e) 연방직할시 의회가 제정한 법률에 대하여 연방직할시 의회 재적의원의 33%

f) 연방 또는 지방 선거법에 대하여 전국 지도부를 통하여 연방선거관리위원회에 적법하게 등록한 정당 주(州)정당의 등록을 승인한 주(州) 의회가 제정한 법률에 대하여 주(州) 의회 지도부를 통하여 주(州)에 등록한 주(州) 정당

g) 헌법과 멕시코가 가입한 국제조약에서 규정하는 인권을 침해하는 연방, 주(州) 및 연방직할시 법률, 대통령이 체결하고 상원이 승인한 국제조약에 대하여 국가인권위원회, 주(州) 의회가 제정한 법률에 대하여 주(州)인권보호기관, 연방직할시 의회가 제정한 법률에 대하여 연방직할시 인권위원회

선거법의 위헌을 제기하는 유일한 방법은 이 조에 규정하는 것이다.

연방 및 지방 선거법은 선거절차가 개시되기 최소 90일 전에 제정되고 공표되어야 한다. 선거 기간 중에는 근본적으로 법률을 개정할 수 없다.

대법원의 판결은 8명 이상이 동의한 경우에 한하여 위헌소송이 제기된 규정의 무효를 선언할 수 있다.

Ⅲ. 연방대법원은 연방정부가 해당 사건의 당사자이고 중요한 사건인 경우에는 자진하여 또는 해당 통합순회법원 또는 법무장관이 정당한 사유에 따라 제기한 신청에 의하여 지방판사의 판결에 대한 항소를 심리할 수 있다.

② 이 조 제I호 및 제II호에 규정하는 판결의 무효 선언은 형사 일반원칙과 법조항을 적용하는 형사사건을 제외하고는 소급하지 아니한다.

③ 이 조 제I호 및 제II호에 규정하는 판결을 따르지 아니하는 경우에는 헌법 제107조 제XVI호의 첫 두 단락에 규정하는 절차가 적용된다.

[프랑스]

제56조 ① 헌법위원회는 9인의 위원으로 구성되고, 그 임기는 9년이며, 연임할 수 없다. 헌법위원회는 3년마다 3분의 1씩 갱신된다. 대통령, 하원의장, 상원의장이 각각 3인의 위원을 임명한다. 헌법위원회 위원의 임명에는 제13조 다섯째 문단이 정한 절차가 적용된다. 각 원의 의장에 의한 임명은 해당 원의 소관 상임위원회의 의견에만 구속된다.

② 위 9인의 위원 외에 전임 대통령들은 당연직 종신회원이 된다.

③ 헌법위원회 위원장은 대통령이 임명한다. 헌법위원회 위원장은 가부 동수인 경우에 결정권을 가진다.

第57조 헌법위원회 위원은 국무위원직 또는 의원직을 겸할 수 없다. 그 외의 겸직금지에 관하여서는 조직법으로 정한다.

第58조 ① 헌법위원회는 대통령선거가 적법하게 이루어지는지 감독한다.

② 이의가 있는 경우에는 이를 심사하고, 투표결과를 공표한다.

第59조 하원의원 및 상원의원의 선거가 적법하게 이루어졌는지에 관하여 분쟁이 발생한 경우에는 이를 심사한다.

第60조 헌법위원회는 제11조, 제89조, 제15장에 규정된 절차가 적법하게 이루어졌는지 감독하고, 국민투표 결과를 선언한다.

第61조 ① 조직법은 공포되기 전에, 제11조에 정한 의원 발의법안은 국민투표에 회부되기 전에, 의회 의사규정은 시행되기 전에, 헌법위원회에 회부되어 그 합헌성에 대한 심사를 받아야 한다.

② 대통령, 총리, 하원의장, 상원의장, 하원의원 60인, 상원의원 60인은 법률을 공포하기 전에 같은 목적으로 이를 헌법위원회에 회부할 수 있다.

③ 첫째, 둘째 문단의 경우, 헌법위원회는 1개월 이내에 이를 심사하여야 한다. 다만, 긴급한 경우에는 정부의 요구에 따라 그 기간이 8일로 단축된다.

④ 헌법위원회에서 심의하는 경우 공포기간은 중단한다.

第61-1조 ① 법원에서 소송이 진행되는 중에 당사자가 법률규정이 헌법에서 보장하는 권리와 자유를 침해한다고 주장하는 경우에는, 국사원 또는 파기원은 일정한 기한 내에 이를 헌법위원회에 제소할 수 있다.

② 이 조의 적용 요건은 조직법으로 정한다.

第62조 ① 제61조에 의하여 위헌으로 선언된 규정은 공포되거나 시행될 수 없다.

② 제61－1조에 의하여 위헌으로 선언된 규정은 헌법위원회의 결정이 공표된 날 또는 위 결정에서 지정한 일자부터 폐지된다. 헌법위원회는 당해 규정으로 인하여 발생한 효과를 재검토할 요건과 범위를 정한다. 헌법위원회의 결정에 대하여서는 불복할 수 없다. 헌법위원회의 결정은 공권력 및 모든 행정권과 사법권에 우선한다.

第63조 헌법위원회의 구성 및 운영에 대한 규칙, 심의절차, 특히 이의제기 기간은 조직법으로 정한다.

[독일]

第93조 (1) 연방헌법재판소는 다음 사항을 결정한다.

1. 연방최고기관 또는 기본법에 의하거나 또는 연방최고기관의 의사규칙에서 고유 권한을 부여받은 기타 관계자의 권한과 의무의 범위에 관한 분쟁을 계기로 한 기본법 해석
2. 연방정부, 주정부 또는 연방의회 재적의원의 3분의 1의 신청으로 연방법 또는 주법이 기본법에 형식적 및 실질적으로 합치하는지 여부, 또는 주법이 그 밖의 연방법에 합치하는지 여부에 관한 의견의 차이 또는 의문

2a. 연방참사원, 주정부 또는 주 의회의 신청으로 법률이 제72조 제2항의 요건에 합치하는

지 여부에 관한 의견의 차이

3. 연방 및 주의 권한과 의무, 특히 연방법을 주가 집행하는 경우 및 연방 감독의 행사에 있어서 의견의 차이
4. 연방과 주 사이, 다른 주 사이, 또는 한 주 내부에서의 다른 공법상의 분쟁에서 다른 쟁송수단이 없는 경우

4a. 기본권 또는 제20조 제4항, 제33조, 제38조, 제101조, 제103조 및 제104조에 포함된 권리가 공권력에 의하여 침해되었다고 주장하는 자의 헌법소원

4b. 제28조의 자치행정권이 법률에 의하여 침해되거나 주 헌법재판소에 소원이 제기될 수 없는 경우로서 주 법률에 의하여 침해됨을 이유로 한 지방자치단체 및 지방자치단체연합에 의한 헌법소원

4c. 연방의회 선거에서 정당으로 불승인된 것에 대한 사단의 헌법소원

5. 그 밖에 기본법에 규정되어 있는 경우

⑵ 연방헌법재판소는 그 밖에 연방참사원, 주정부 또는 주의회의 신청에 따라 제72조 제4항의 경우 제72조 제2항에 의한 연방법률의 규율 필요성이 더 이상 존재하지 않는지 또는 연방법이 제125a조 제2항 제1문의 경우에 더 이상 제정할 수 없는지를 결정한다. 필요성이 없어졌다거나 또는 연방법을 더 이상 제정할 수 없다는 확인은 제72조 제4항 또는 제125a조 제2항 제2문에 의한 연방법률을 대체한다. 제1문에 따른 신청은 제72조 제4항 또는 제125a조 제2항 제2문에 의한 법률안이 연방의회에서 부결되거나 또는 그에 대하여 1년 이내에 토론되고 의결되지 않거나 또는 일치하는 법률안이 연방참사원에서 부결된 때에만 허용된다.

⑶ 연방헌법재판소는 그 밖에 연방법률로 관할이 인정되는 건을 관할한다.

제94조 ⑴ 연방헌법재판소는 연방 법관 및 그 밖의 구성원으로 구성된다. 연방헌법재판소 재판관은 각각 2분의 1을 연방의회 및 연방참사원에서 선출한다. 연방헌법재판소 재판관은 연방의회, 연방참사원, 연방정부, 그리고 이에 상응하는 주의 기관에 속할 수 없다.

⑵ 연방법률은 연방헌법재판소의 조직과 절차를 규정하고 어떤 경우에 연방헌법재판소의 결정이 법적 효력을 갖는지를 규정한다. 연방법률은 헌법소원을 위하여 다른 구제절차를 모두 거칠 것을 요건으로 할 수 있고 특별한 수리절차를 정할 수 있다.

제99조 주법률로 주 내부의 헌법분쟁에 관한 결정은 연방헌법재판소에서 주법의 적용이 문제가 되는 사항에 대한 최종심으로서의 결정은 제95조 제1항에 열거된 최고법원에 배정될 수 있다.

[룩셈부르크]

제95조의3 ① 헌법재판소는 판결에 의해 법률의 합헌여부를 심사한다.

② 헌법재판소는 선결적으로 법률에 의해 결정될 방식을 좇아서 모든 법원에 의해, 조약 승인을 담고 있는 법률을 제외하고, 법률의 헌법 부합 여부에 관한 심사를 청구 받는다.

③ 헌법재판소는 사법상급법원장, 행정최고법원장, 파기원 부장판사 두 명 및 대공이 사법상급 법원과 행정최고법원의 의견을 수렴하여 임명한 다섯 명의 사법관으로 구성한다. 제91조, 제92조, 제93조의 조항은 이 경우 적용가능하다. 헌법재판소는 5인의 사법관으로 된 하나의 재판부로 구성한다.

④ 헌법재판소의 조직과 권한을 행사하는 방법은 법률이 정하는 바에 의한다.

[벨기에]

제142조 벨기에 전국에 하나의 헌법재판소를 설치하며, 헌법재판소의 구성, 권한 및 직무는 법률로 정한다. 헌법재판소는 다음 사항에 관하여 결정으로 규율한다.

1. 제141조에 규정된 상충 문제
2. 법률, 연방법률 또는 제134조에 정한 규칙에 의한 제10조, 제11조 및 제24조의 위반
3. 법률, 연방법률 또는 제134조에 정한 규칙에 의한 법률이 결정하는 헌법 조항의 위반

사건은 법률이 정한 공공기관, 이해관계가 있음을 입증할 수 있는 자가 편파적인 영향을 미치는 경우, 재판 전에 각급법원에 의하여 헌법재판소에 회부될 수 있다.

첫번째 단락, 두번째 단락의 제3호 및 세번째 단락에 따른 법률은 제4조 마지막 단락에 규정된 바와 같이 과반수로 이를 채택한다.

[스페인]

제159조 ① 헌법재판소는 국왕이 임명하는 12인의 재판관에 의하여 구성된다. 그 중 4인은 의원 5분의 3의 다수에 의하여 하원이 추천하고, 4인은 동일한 수의 다수에 의하여 상원이 추천하며, 2인은 내각이 추천하고, 나머지 2인은 사법부 총평의회가 추천한다.

② 헌법재판소의 재판관은 15년 이상의 전문경력을 가진 유능한 재판관, 검찰관, 대학교수, 공무원 및 변호사 중에서 임명한다.

③ 헌법재판소 재판관의 임기는 9년으로 하고 3년마다 그 3분의 1이 새로 임명된다.

④ 헌법재판소의 재판관은 모든 대의적 직무, 정치적 또는 행정적 직무, 정당 또는 노동조합의 지도적 직무 집행, 정당, 노동조합의 직원, 재판관, 검찰관의 직무, 기타 전문직 또는 상업적 활동의 종사자의 지위와 겸할 수 없다. 사법부 구성원의 겸직금지의무는 헌법재판소 재판관에게도 동일하게 적용된다.

⑤ 헌법재판소의 재판관은 재임기간 중 독립적으로 직무를 수행하고, 신분을 보장받는다.

제160조 헌법재판소장관은 동 재판소 재판관 전원의 추천에 의하여 그 재판관 중에서 국왕이 임명하고, 임기는 3년으로 한다.

제161조 ① 헌법재판소는 스페인 전체에 걸쳐 관할권을 가지고 다음 각 호의 사항을 심리한다.

a) 법률 및 법률의 효력을 가지는 규범적 규정에 대한 위헌소송, 법률의 지위를 가지며 이미 재판소에 의해 적용되고 있는 규범에 대한 위헌판결은 그 규범에 관한 판례에 영향을 미치나 이미 선고된 판결에 기초한 법률관계에는 영향을 미치지 않는다.
b) 법률이 정하는 조건과 방식에 의하여 헌법 제53조 제2항에 규정된 권리 및 자유의 침해에 대한 보호청구 소송
c) 국가와 자치주 또는 자치주 상호 간의 권한쟁의
d) 그 밖에 헌법 또는 조직법이 부여하는 사항

② 내각은 자치주의 모든 기관이 채택한 조치와 결정에 관하여 헌법재판소에 이의를 제기할 수 있다. 이 이의의 제기는 위 조치 또는 결정의 효력을 정지시킨다. 헌법재판소는 5개월 안에 위 이의제기에 대하여 추인하거나 기각하여야 한다.

제162조 ① 다음 각 호의 사항은 적법한 것으로 본다.

a) 총리, 호민관, 50인의 하원의원, 50인의 상원의원, 자치주의 집행기관 및 경우에 따라서는 자치주의회가 위헌소송을 제기하는 것.

b) 적법한 이익을 가지는 자연인, 법인 및 호민관, 검찰관이 보호청구소송을 제기하는 것.

② 기타의 경우 조직법이 누가 헌법재판소에 제소할 자격이 있는지를 정한다.

제163조 재판소가 사건을 심리하던 중 해당 사건에 적용되는 법령의 효력 여부가 재판결과에 영향을 미치고, 위 법령이 헌법에 위반된다고 판단하는 경우 법률에서 정한 요건, 방법, 효과에 따라 위 사건을 헌법재판소에 송부할 수 있다. 이 경우 재판소의 심리가 중단되는 것은 아니다.

제164조 ① 헌법재판소의 판결은 반대의견이 있는 경우 이를 기재하여 관보에 공고한다. 판결은 공고한 다음날부터 기판력을 가지며 이에 대하여 항소를 제기할 수 없다. 법률 또는 법률의 효력을 가진 규범에 위헌판결과 개인의 권리에 대한 존중은 모든 사람을 구속한다.

② 위헌판결로 인하여 영향을 받지 아니하는 부분에 관하여는 판결에서 따로 정하지 아니하는 한, 법률의 효력은 존속한다.

제165조 조직법은 헌법재판소의 운영, 재판관의 지위, 재판절차, 소송지휘권 행사의 조건을 규정한다.

[오스트리아]

제89조 ① 정당하게 공표된 명령, 법률(조약)의 재공포에 관한 공고, 법률 및 조약의 유효성에 관한 심사는, 다음 항에서 달리 규정되어 있지 않은 한, 법원의 권한이 아니다.

② 법원이 위법성을 근거로 어떤 명령의 적용에 대해서 의문을 갖는 경우 법원은 헌법재판소에 명령의 폐지를 신청해야 한다. 최고법원이나 제2심 법원이 위법성을 근거로 어떤 법률의 적용에 대해서 의문을 갖는 경우 그 법원은 헌법재판소에 이 법률의 폐지를 신청해야 한다.

③ 법원에 의해 적용되는 법률규정이 이미 효력을 상실한 경우 법원은 헌법재판소에 신청하여 그 법률규정이 위법 또는 위헌이었는지 여부에 관한 재판을 신청해야 한다.

④ 어떤 법률(조약)의 재공포에 관한 공고에 대해서는 제2항 제1문과 제3항이, 조약에 대해서는 ― 제140a조에 따라 ― 제2항과 제3항이 각 준용된다.

⑤ 제2항, 제3항, 제4항에 따른 신청이 법원에 계속 중인 절차에 어떤 영향을 미치는가에 대해서는 연방법률로 정할 수 있다.

제137조 통상의 소송절차에서 해결되지 아니하고, 행정청의 처분에 의해서도 해결되지 아니하는 연방, 주, 기초자치단체 및 기초자치단체 연합체에 대한 재산법상의 청구에 대하여 결정한다.

제138조 ① 헌법재판소는 다음 각 호의 권한쟁의에 관하여 결정한다.

1. 법원과 행정청 간의 권한쟁의
2. 통상법원과 망명법원 또는 행정법원 간의 권한쟁의, 망명법원과 행정법원 간의 권한쟁의, 헌법재판소와 다른 모든 법원 간의 권한쟁의
3. 연방과 주 또는 주 상호 간의 권한쟁의

② 헌법재판소는 그밖에 연방정부 또는 주정부의 신청으로 입법행위 또는 집행행위가 연방의 관할에 속하는지 아니면 주의 관할에 속하는지에 대해 확정한다.

제138a조 ① 헌법재판소는, 연방정부 또는 관계 주정부의 신청으로, 제15a조 제1항의 합의가 존재하는지 여부 및 재산법적 청구권이 문제되지 않는 경우에 주 또는 연방이 그와 같은 합의에서 도출되는 의무를 이행하였는지 여부를 확정한다.

② 그밖에 헌법재판소는, 제15a조 제2항의 합의에 규정되어 있는 경우, 관계 주정부의 신청으

로, 그와 같은 합의가 존재하는지 여부 및 재판법적 청구권이 문제되지 않는 경우에 그와 같은 합의에서 도출되는 의무가 이행되었는지 여부를 확정한다.

제139조 ① 헌법재판소는, 연방행정청 또는 주행정청의 명령을 계속 중인 법률사건에 적용해야 할 경우에, 법원·독립행정합의체 또는 연방조달청의 신청으로, 연방행정청 또는 주행정청 명령의 위법성에 관하여 직권으로 결정한다. 또한 헌법재판소는 연방정부의 신청으로 주행정청 명령의 위법성에 관하여 결정하고, 주정부의 신청으로 연방행정청 명령의 위법성에 관하여 결정하며, 관계 기초자치단체의 신청으로 제119a조 제6항에 의한 기초자치단체 감독청 명령의 위법성에 관하여 결정한다. 그밖에 헌법재판소는, 명령의 위법성으로 인하여 직접 자신의 권리가 침해되었다고 주장하는 자가 있는 경우, 그 자에 대한 법원의 재판 선고 또는 처분의 부과가 없으면, 명령이 유효하게 되는 한, 그 자의 신청으로 명령의 위법성에 관하여 재판한다. 이상의 신청에 대해서는 제89조 제3항을 준용한다.

② 헌법재판소가 명령을 적용해야 하는 헌법재판소에 계속 중인 법률사건에 있어서, 당사자가 제소하지 않더라도, 이미 개시된 명령의 적법성 심사절차는 계속된다.

③ 헌법재판소는, 명령의 실효가 명시적으로 신청되었거나 헌법재판소가 그 명령을 헌법재판소에 계속 중인 법률사건에 적용해야할 경우에만, 위법성을 이유로 명령을 실효시킬 수 있다. 다만 헌법재판소가 a) 명령 전체에 법률상의 기초가 결여되어 있다거나, b) 관할권 없는 행정청이 공포한 것이거나, c) 위법한 방식으로 공포되었다는 견해에 이른 경우, 헌법재판소는 명령 전체를 위법한 것으로 실효시켜야 한다. 명령 전체를 실효시키는 것이, 제1항 제3문에 따라 신청을 하였던 당사자 또는 직권에 의한 명령심사절차를 개시하는 계기를 제공한 법률사건 당사자의 정당한 이익에 명백히 반하는 경우에는, 그러하지 아니하다.

④ 명령이 헌법재판소의 결정 선고 시점에 이미 실효되었고, 절차가 직권으로 개시되었거나 법원·독립행정합의체·연방조달청 또는 명령의 위법성으로 인하여 직접 자신의 권리가 침해되었다고 주장하는 자가 신청을 제기한 경우, 헌법재판소는 그 명령이 위법하였는지 여부에 관하여 선고하여야 한다. 제3항은 준용된다.

⑤ 연방 또는 주의 최고주무관청은, 위법하다는 이유로 명령을 실효시킨 헌법재판소의 결정에 있어서, 즉시 그 실효를 공고할 의무가 있다. 이는 제4항에 의한 선고의 경우에 준용한다. 헌법재판소가 그 실효유예기간을 정하지 아니한 경우에는, 실효는 그 공고일의 경과로 효력을 발하며, 실효유예기간을 정하는 경우에 그 기간은 6개월, 법률상의 보호조치가 필요한 경우에는 18개월을 초과해서는 아니 된다.

⑥ 명령이 위법성을 이유로 실효되었거나 또는 헌법재판소가 제4항에 따라 명령이 위법하였다고 선고한 경우, 모든 법원과 행정청은 헌법재판소의 결정에 구속된다. 다만 헌법재판소가 그 실효결정에서 달리 선고하지 않는 한, 명령은 그 실효 전에 발생한 사건에 대하여, 실효결정의 계기가 된 사건을 제외하고, 계속하여 적용되어야 한다. 헌법재판소가 그 명령의 실효 결정에서 제5항에 따른 기간을 정한 경우, 명령은 기간의 만료 시까지 발생한 사건에 대하여, 실효결정의 계기가 된 사건을 제외하고, 적용되어야 한다.

제139a조 헌법재판소는 법원·독립행정합의체 또는 연방조달청의 신청으로, 법률(조약)의 재공포에 관한 공고의 위법성 에 관하여, 헌법재판소가 공고를 계속된 법률사건에 적용해야만 할 경우, 직권으로 결정한다. 헌법재판소는 연방정부의 신청으로 주의 그러한 공고의 위법성에 관해 판결하며, 주정부의 신청에 의해 연방의 그러한 공고의 위법성에 관해 판결한다. 그밖에 헌법재판소는, 공고의 위법성으로 인하여 직접 자신의 권리가 침해되었다고 주장하는 자가 있는 경우, 그 자에 대한 법원의 재판 선고 또는 처분의 부과가 없으면, 공고가 유효하게 되는 한, 그 자의 신청으로 공고의 위법성에 관하여 재판한다. 제139조 제2항에서 제6항까지는 준용된다.

제140조 ① 헌법재판소는 최고법원, 제2심 재판을 담당하는 법원, 독립적인 행정평의회, 망명재판소, 행정재판소, 연방조달청의 신청에 따라, 헌법재판소가 그 법률을 계속 중인 법률사건에 적용하여야 하는 경우에는 직권으로, 연방법률 또는 주법률의 위헌성 여부에 관하여 결정한다. 헌법재판소는 연방정부의 신청으로 주법의 위헌성에 대해서, 주정부의 그리고 국민회의 구성원의 3분의 1이나 연방참사원 구성원의 3분의 1의 신청으로 연방법의 위헌성에 관하여 결정한다. 그밖에 헌법재판소는, 법률의 위헌성으로 인하여 직접 자신의 권리가 침해되었다고 주장하는 자가 있는 경우, 그 자에 대한 법원의 재판 선고 또는 처분의 부과가 없으면, 법률이 유효하게 되는 한, 그 자의 신청으로 법률의 위헌성에 관하여 재판한다. 그러한 신청에 대해 제89조 제3항은 준용된다.

② 헌법재판소가 법률을 적용해야만 하는, 헌법재판소에 계속 중인 법률사건에 있어서, 당사자가 소를 제기하지 아니한 경우에도, 이미 개시된 법률의 합헌성 심사 절차는 계속되어야 한다.

③ 헌법재판소는 법률의 실효가 명시적으로 신청되었거나 또는 헌법재판소가 법률을 헌법재판소에 계속 중인 법률사건에 적용해야만 할 경우에만, 법률을 그 위헌성을 이유로 실효시킬 수 있다. 다만 헌법재판소가 전체법률이 권한배분에 의할 때 권한 있는 입법기관에 의해서 공포되지 않았거나 또는 위헌적인 방식으로 공포되었다는 견해에 이른 경우, 헌법재판소는 전체 법률을 위헌을 이유로 실효시켜야 한다. 전체 법률을 실효시키는 것이, 제1항 제4문에 따라 신청을 하였던 당사자 또는 직권에 의한 법률심사절차를 개시하는 계기를 제공한 법률사건 당사자의 정당한 이익에 명백히 반하는 경우에는, 그러하지 아니하다.

④ 법률이 헌법재판소 결정의 선고 시점에 이미 실효되었고, 절차가 직권으로 개시되었거나 또는 법원·독립적인 행정평의회·연방조달청 또는 법률의 위헌성으로 인하여 직접 자신의 권리가 침해되었다고 주장하는 자의 신청이 제기된 경우, 헌법재판소는 법률이 위헌이었는지 여부를 선고해야 한다. 제3항은 준용된다.

⑤ 연방수상 또는 관계 주지사는 위헌을 이유로 법률을 실효시키는 헌법재판소의 결정에 있어서, 즉시 그 실효를 공고할 의무가 있다. 이는 제4항의 선고에 준용된다. 헌법재판소가 법률의 실효유예기간을 정하지 아니하는 경우, 법률의 실효는 공고일의 경과로 효력을 발한다. 실효유예기간은 18개월을 초과해서는 아니 된다.

⑥ 헌법재판소의 결정으로 법률이 그 위헌을 이유로 실효된 경우, 그 결정에서 달리 선고되지 아니하는 한, 헌법재판소가 위헌으로 결정한 그 법률에 의하여 실효되었던 법률 규정은, 위헌법률의 실효가 발효되는 날에 다시 효력을 발한다. 법률의 실효에 관하여 공고하는 경우, (위헌법률에 의하여 실효된) 법률규정이 다시 효력을 발하는지 및 어떠한 법률규정이 효력을 발하는지에 관한 내용도 공고되어야 한다.

⑦ 법률이 위헌성을 이유로 실효되었거나 또는 헌법재판소가 제4항에 따라 법률이 위헌이라고 선언한 경우, 모든 법원과 행정청은 헌법재판소의 결정에 구속된다. 다만, 헌법재판소가 그 법률의 실효 결정에서 달리 선고하지 않는 한, 법률은 그 실효 전에 발생한 사건에 대하여, 실효 결정의 계기가 된 사건을 제외하고, 계속하여 적용되어야 한다. 헌법재판소가 그 법률의 실효

결정에서 제5항에 따른 기간을 정한 경우, 법률은 기간의 만료 시까지 발생한 사건에 대하여, 실효결정의 계기가 된 사건을 제외하고, 적용되어야 한다.

제140a조 ① 헌법재판소는 조약의 위법성에 대해서 판결한다. 그 경우에 제50조에 따라 국민회의의 승인으로 의결된 조약과 제16조제1항에 따라 법률을 변경하거나 보충하는 조약에 대해서는 제140조가, 모든 다른 조약에 대해서는 제139가 준용된다. 단, 헌법재판소가 그 위법성 내지 위헌성을 확정한 조약이 계속하여 적용될 수 있는 기간을 정하지 아니한 경우, 헌법재판소 결정의 공고일의 경과로 그 조약의 집행을 위임 받은 기관에 의하여 조약이 적용되어서는 아니 된다. 이 기간은 제50조에 규정된 조약과 법률을 변경하거나 보충하는 제16조 제2항에 따른 조약에 있어서는 2년, 모든 다른 국가조약에서는 1년을 넘어서는 아니 된다.

② 헌법재판소가 조약의 위법성 또는 위헌성을 결정하는 때에는, 결정 선고일의 경과로 그 조약과 관련된 제65조 제1항 제2문에 의한 연방대통령의 명령 또는 제50조 제2항에 따른 국민회의의 결정이 효력을 상실한다.

제141조 ① 헌법재판소는 다음 각 호의 경우에 대하여 결정을 한다.

a) 연방대통령의 선거, 일반대의기관의 선거, 유럽연합의회의 선거 및 법률에 의한 직업상 대의기관에 소속된 규칙을 제정하는 기관의 선거에 관한 쟁송
b) 주정부 및 집행을 위임 받은 지방자치단체 기관의 선거에 관한 쟁송
c) 구성원의 기관직 상실에 대한 일반대의기관의 신청, 오스트리아 공화국 출신 유럽의회의원의 의원직 상실에 대한 11인 이상의 오스트리아 공화국 출신 유럽의회의원의 신청
d) 법률에 의한 직업상 대의기관 소속의 규칙을 제정하는 기관 구성원의 기관직 상실에 대한 규칙을 제정하는 기관의 신청
e) 선거를 규율하는 연방법률 또는 주법률에 행정청의 처분에 의한 기관직 상실의 선고가 규정되어 있는 경우, 일반대의기관, 집행을 위임 받은 지방자치단체의 기관 또는 법률에 의한 직업상 대의기관 소속의 규칙을 제정하는 기관의 기관직 상실을 결정하는 처분에 관한 이의절차를 거친 후의 쟁송(신청)은 선거절차의 위법성 및 일반대의기관, 유럽의회, 집행을 위임 받은 지방자치단체의 기관 또는 법률에 의한 직업상 대의기관 소속의 규칙을 제정하는 국방부 직할부대 및 국방부 직할부대 및 기관(대의단체)의 구성원직 상실에 관하여 법률상 규정된 사유에 근거를 둘 수 있다. 헌법재판소는, 주장된 선거절차의 위법성이 입증되었고 그 위법성이 선거결과에 영향을 미친 경우, 선거에 관한 쟁송을 인용하여야 한다. 행정청의 절차에서 일반대의기관과 법률에 의한 직업상 대의기관도 당사자의 지위를 갖는다.

② 제1항 제a호에 따라 이의 신청이 허락되고 그렇게 돼서 공적 대의단체, 유럽의회 혹은 법적이고 직업적인 대의체의 규약제정기관에 대한 선거를 부분적으로 혹은 전체적으로 다시 해야 할 필요가 있게 되면, 이 대의단체의 해당 구성원은 헌법재판소의 판결이 송부된 후 100일 이내에 시행된 재선거에서 선출된 구성원이 그 의석을 넘겨받는 시점에 자신의 의석을 상실하게 된다.

③ 헌법재판소가 국민발안, 국민청의나 국민투표의 결과에 대한 이의 신청에 대해서 어떤 조건의 전제하에 판결해야 하는가는 연방법으로 정한다. 연방법에는 또한 그러한 이의 신청을 할 수 있으려면 그것에 대해 국민투표가 이루어진 연방법이 공표되려면 얼마를 대기해야 하는지도 규정될 수 있다.

제142조 ① 헌법재판소는 연방 및 주의 최고기관이 그 직무행위로 인하여 야기한 유책한 권리침해에 대한 헌법상의 책임을 주장하는 공소에 관하여 결정한다.

② 다음 각 호의 경우에 공소가 제기될 수 있다.

a) 연방헌법의 침해를 이유로, 연방총회의 결정에 의한, 연방대통령에 대한 공소

b) 법률위반을 이유로, 국민의회의 결정에 의한, 연방정부의 구성원 및 이와 동일한 책임을 지는 기관에 대한 공소

c) 입법이 연방과 관계될 사건에 있어서, 법률위반을 이유로, 국민의회의 결정에 의한, 오스트리아 의회 구성원에 대한 공소. 그리고 입법이 주와 관계될 사건에 있어서, 법률위반을 이유로, 모든 주의회의 결정에 의한, 오스트리아 의회 구성원에 대한 공소

d) 법률위반을 이유로, 관계 주의회의 결정에 의한, 주정부의 구성원 및 이 법 또는 주헌법에 의하여 주정부의 구성원과 동일한 책임을 지는 기관에 대한 공소

e) 법률위반 및 간접연방행정 사건에 있어서 연방의 명령 또는 기타의 명령(지시)에 대한 불복종을 이유로, 주정부 구성원의 경우, 간접연방행정 사건에 있어서 주지사의 지시에 대한 불복종을 이유로, 연방정부의 결정에 의한, 주지사 및 그 대리자(제105조 제1항) 또는 주정부의 구성원(제103조 제2항 및 제3항)에 대한 공소.

f) 연방수도 빈(Wien)의 기관이 독립권한 내에서 연방집행의 범위에 속하는 직무를 처리하는 경우, 그 법률위반을 이유로, 연방정부의 결정에 의한, 연방수도 빈의 기관에 대한 공소.

g) 제14조 제8항의 지시에 대한 불복종을 이유로, 연방정부의 결정에 의한, 주지사에 대한 공소.

h) 법률위반 및 연방의 명령 또는 그 밖의 명령(지시)의 불복종을 이유로, 연방정부의 결정에 의한, 주교육위원회 의장 또는 그 직무수행자에 대한 공소.

③ 연방정부가 주지사 또는 그 대리자에 대해서만 제2항 제e호의 규정에 따라 공소를 제기하고, 제103조 제2항에 따라 간접연방행정 사무를 담당하는 주정부의 다른 구성원에게 제2항 제e호의 책임이 있음이 입증되는 경우, 연방정부는 판결이 선고될 때까지 그 주정부 구성원에 대해서도 공소를 언제든지 확장할 수 있다.

④ 헌법재판소의 유죄판결시 관직의 상실 및 정상이 특히 중대한 경우에는 정치적 권리의 일시적 상실도 선고되어야 한다. 제2항 제c호, 제e호, 제g호 및 제h호에 규정된 사례에 있어서, 권리침해가 경미한 때에는, 헌법재판소가 권리침해가 있음을 확정하는데 그칠 수 있다. 주교육위원회 의장직이 박탈되는 경우 제137조 통상의 소송절차에서 해결되지 아니하고, 행정청의 처분에 의해서도 해결되지 아니하는 연방, 주, 기초자치단체 및 기초자치단체 연합체에 대한 재산법상의 청구에 대하여 결정한다.

제138조 ① 헌법재판소는 다음 각 호의 권한쟁의에 관하여 결정한다.

1. 법원과 행정청 간의 권한쟁의
2. 통상법원과 망명법원 또는 행정법원 간의 권한쟁의, 망명법원과 행정법원 간의 권한쟁의, 헌법재판소와 다른 모든 법원 간의 권한쟁의
3. 연방과 주 또는 주 상호 간의 권한쟁의

② 헌법재판소는 그밖에 연방정부 또는 주정부의 신청으로 입법행위 또는 집행행위가 연방의 관할에 속하는지 아니면 주의 관할에 속하는지에 대해 확정한다.

제138a조 ① 헌법재판소는, 연방정부 또는 관계 주정부의 신청으로, 제15a조 제1항의 합의가 존재하는지 여부 및 재산법적 청구권이 문제되지 않는 경우에 주 또는 연방이 그와 같은 합의에서 도출되는 의무를 이행하였는지 여부를 확정한다.

② 그밖에 헌법재판소는, 제15a조 제2항의 합의에 규정되어 있는 경우, 관계 주정부의 신청으로, 그와 같은 합의가 존재하는지 여부 및 재판법적 청구권이 문제되지 않는 경우에 그와 같은 합의에서 도출되는 의무가 이행되었는지 여부를 확정한다.

제139조 ① 헌법재판소는, 연방행정청 또는 주행정청의 명령을 계속 중인 법률사건에 적용해야 할 경우에, 법원·독립행정합의체 또는 연방조달청의 신청으로, 연방행정청 또는 주행정청 명령의 위법성에 관하여 직권으로 결정한다. 또한 헌법재판소는 연방정부의 신청으로 주행정청 명령의 위법성에 관하여 결정하고, 주정부의 신청으로 연방행정청 명령의 위법성에 관하여 결정하며, 관계 기초자치단체의 신청으로 제119a조 제6항에 의한 기초자치단체 감독청 명령의 위법성에 관하여 결정한다. 그밖에 헌법재판소는, 명령의 위법성으로 인하여 직접 자신의 권리가 침해되었다고 주장하는 자가 있는 경우, 그 자에 대한 법원의 재판 선고 또는 처분의 부과가 없으면, 명령이 유효하게 되는 한, 그 자의 신청으로 명령의 위법성에 관하여 재판한다. 이상의 신청에 대해서는 제89조 제3항을 준용한다.

② 헌법재판소가 명령을 적용해야 하는, 헌법재판소에 계속 중인 법률사건에 있어서, 당사자가 제소하지 않더라도, 이미 개시된 명령의 적법성 심사절차는 계속된다.

③ 헌법재판소는, 명령의 실효가 명시적으로 신청되었거나 헌법재판소가 그 명령을 헌법재판소에 계속 중인 법률사건에 적용해야할 경우에만, 위법성을 이유로 명령을 실효시킬 수 있다. 다만 헌법재판소가 a) 명령 전체에 법률상의 기초가 결여되어 있다거나, b) 관할권 없는 행정청이 공포한 것이거나, c) 위법한 방식으로 공포되었다는 견해에 이른 경우, 헌법재판소는 명령 전체를 위법한 것으로 실효시켜야 한다. 명령 전체를 실효시키는 것이, 제1항 제3문에 따라 신청을 하였던 당사자 또는 직권에 의한 명령심사절차를 개시하는 계기를 제공한 법률사건 당사자의 정당한 이익에 명백히 반하는 경우에는, 그러하지 아니하다.

④ 명령이 헌법재판소의 결정 선고 시점에 이미 실효되었고, 절차가 직권으로 개시되었거나 법원·독립행정합의체·연방조달청 또는 명령의 위법성으로 인하여 직접 자신의 권리가 침해되었다고 주장하는 자가 신청을 제기한 경우, 헌법재판소는 그 명령이 위법하였는지 여부에 관하여 선고하여야 한다. 제3항은 준용된다.

⑤ 연방 또는 주의 최고주무관청은, 위법하다는 이유로 명령을 실효시킨 헌법재판소의 결정에 있어서, 즉시 그 실효를 공고할 의무가 있다. 이는 제4항에 의한 선고의 경우에 준용한다. 헌법재판소가 그 실효유예기간을 정하지 아니한 경우에는, 실효는 그 공고일의 경과로 효력을 발하며, 실효유예기간을 정하는 경우에 그 기간은 6개월, 법률상의 보호조치가 필요한 경우에는 18개월을 초과해서는 아니 된다.

⑥ 명령이 위법성을 이유로 실효되었거나 또는 헌법재판소가 제4항에 따라 명령이 위법하였다고 선고한 경우, 모든 법원과 행정청은 헌법재판소의 결정에 구속된다. 다만 헌법재판소가 그 실효결정에서 달리 선고하지 않는 한, 명령은 그 실효 전에 발생한 사건에 대하여, 실효결정의 계기가 된 사건을 제외하고, 계속하여 적용되어야 한다. 헌법재판소가 그 명령의 실효 결정에서 제5항에 따른 기간을 정한 경우, 명령은 기간의 만료 시까지 발생한 사건에 대하여, 실효결정의 계기가 된 사건을 제외하고, 적용되어야 한다.

제139a조 헌법재판소는, 법원·독립행정합의체 또는 연방조달청의 신청으로, 법률(조약)의 재공포에 관한 공고의 위법성에 관하여, 헌법재판소가 공고를 계속된 법률사건에 적용해야만 할 경우, 직권으로 결정한다. 헌법재판소는 연방정부의 신청으로 주의 그러한 공고의 위법성에 관해 판결하며, 주정부의 신청에 의해 연방의 그러한 공고의 위법성에 관해 판결한다. 그밖에 헌법재판소는, 공고의 위법성으로 인하여 직접 자신의 권리가 침해되었다고 주장하는 자가 있는 경우, 그 자에 대한 법원의 재판 선고 또는 처분의 부과가 없으면, 공고가 유효하게 되는 한, 그 자의 신청으로 공고의 위법성에 관하여 재판한다. 제139조 제2항에서 제6항까지는 준용된다.

제140조 ① 헌법재판소는 최고법원, 제2심 재판을 담당하는 법원, 독립적인 행정평의회, 망명재판소, 행정재판소, 연방조달청의 신청에 따라, 헌법재판소가 그 법률을 계속 중인 법률사건에 적용하여야 하는 경우에는 직권으로, 연방법률 또는 주법률의 위헌성 여부에 관하여 결정한다. 헌법재판소는 연방정부의 신청으로 주법의 위헌성에 대해서, 주정부의 그리고 국민회의 구성원의 3분의 1이나 연방참사원 구성원의 3분의 1의 신청으로 연방법의 위헌성에 관하여 결정한다. 그밖에 헌법재판소는, 법률의 위헌성으로 인하여 직접 자신의 권리가 침해되었다고 주장하는 자가 있는 경우, 그 자에 대한 법원의 재판 선고 또는 처분의 부과가 없으면, 법률이 유효하게 되는 한, 그 자의 신청으로 법률의 위헌성에 관하여 재판한다. 그러한 신청에 대해 제89조 제3항은 준용된다.

② 헌법재판소가 법률을 적용해야만 하는 헌법재판소에 계속 중인 법률사건에 있어서, 당사자가 소를 제기하지 아니한 경우에도, 이미 개시된 법률의 합헌성 심사 절차는 계속되어야 한다.

③ 헌법재판소는, 법률의 실효가 명시적으로 신청되었거나 또는 헌법재판소가 법률을 헌법재판소에 계속 중인 법률사건에 적용해야만 할 경우에만, 법률을 그 위헌성을 이유로 실효시킬 수 있다. 다만 헌법재판소가 전체법률이 권한배분에 의할 때 권한 있는 입법기관에 의해서 공포되지 않았거나 또는 위헌적인 방식으로 공포되었다는 견해에 이른 경우, 헌법재판소는 전체 법률을 위헌을 이유로 실효시켜야 한다. 전체 법률을 실효시키는 것이, 제1항 제4문에 따라 신청을 하였던 당사자 또는 직권에 의한 법률심사절차를 개시하는 계기를 제공한 법률사건 당사자의 정당한 이익에 명백히 반하는 경우에는, 그러하지 아니하다.

④ 법률이 헌법재판소 결정의 선고 시점에 이미 실효되었고, 절차가 직권으로 개시되었거나 또는 법원·독립적인 행정평의회·연방조달청 또는 법률의 위헌성으로 인하여 직접 자신의 권리가 침해되었다고 주장하는 자의 신청이 제기된 경우, 헌법재판소는 법률이 위헌이었는지 여부를 선고해야 한다. 제3항은 준용된다.

⑤ 연방수상 또는 관계 주지사는 위헌을 이유로 법률을 실효시키는 헌법재판소의 결정에 있어서, 즉시 그 실효를 공고할 의무가 있다. 이는 제4항의 선고에 준용된다. 헌법재판소가 법률의 실효유예기간을 정하지 아니하는 경우, 법률의 실효는 공고일의 경과로 효력을 발한다. 실효유예기간은 18개월을 초과해서는 아니 된다.

⑥ 헌법재판소의 결정으로 법률이 그 위헌을 이유로 실효된 경우, 그 결정에서 달리 선고되지 아니하는 한, 헌법재판소가 위헌으로 결정한 그 법률에 의하여 실효되었던 법률 규정은, 위헌법률의 실효가 발효되는 날에 다시 효력을 발한다. 법률의 실효에 관하여 공고하는 경우, (위헌법률에 의하여 실효된) 법률규정이 다시 효력을 발하는지 및 어떠한 법률규정이 효력을 발하는지에 관한 내용도 공고되어야 한다.

⑦ 법률이 위헌성을 이유로 실효되었거나 또는 헌법재판소가 제4항에 따라 법률이 위헌이라고 선언한 경우, 모든 법원과 행정청은 헌법재판소의 결정에 구속된다. 다만, 헌법재판소가 그 법률의 실효 결정에서 달리 선고하지 않는 한, 법률은 그 실효 전에 발생한 사건에 대하여, 실효 결정의 계기가 된 사건을 제외하고, 계속하여 적용되어야 한다. 헌법재판소가 그 법률의 실효 결정에서 제5항에 따른 기간을 정한 경우, 법률은 기간의 만료 시까지 발생한 사건에 대하여, 실효결정의 계기가 된 사건을 제외하고, 적용되어야 한다.

제140a조 ① 헌법재판소는 조약의 위법성에 대해서 판결한다. 그 경우에 제50조에 따라 국민회의의 승인으로 의결된 조약과 제16조 제1항에 따라 법률을 변경하거나 보충하는 조약에 대해서는 제140조가, 모든 다른 조약에 대해서는 제139가 준용된다. 단, 헌법재판소가, 그 위법성 내지 위헌성을 확정한 조약이 계속하여 적용될 수 있는 기간을 정하지 아니한 경우, 헌법재판소 결정의 공고일의 경과로 그 조약의 집행을 위임 받은 기관에 의하여 조약이 적용되어서는 아니 된다. 이 기간은 제50조에 규정된 조약과 법률을 변경하거나 보충하는 제16조 제2항에 따른 조약에 있어서는 2년, 모든 다른 국가조약에서는 1년을 넘어서는 아니 된다.

② 헌법재판소가 조약의 위법성 또는 위헌성을 결정하는 때에는, 결정 선고일의 경과로 그 조약과 관련된 제65조 제1항 제2문에 의한 연방대통령의 명령 또는 제50조 제2항에 따른 국민회의의 결정이 효력을 상실한다.

제141조 ① 헌법재판소는 다음 각 호의 경우에 대하여 결정을 한다.

a) 연방대통령의 선거, 일반대의기관의 선거, 유럽연합의회의 선거 및 법률에 의한 직업상 대의기관에 소속된 규칙을 제정하는 기관의 선거에 관한 쟁송

b) 주정부 및 집행을 위임 받은 지방자치단체 기관의 선거에 관한 쟁송

c) 구성원의 기관직 상실에 대한 일반대의기관의 신청, 오스트리아 공화국 출신 유럽의회의원의 의원직 상실에 대한 11인 이상의 오스트리아 공화국 출신 유럽의회의원의 신청

d) 법률에 의한 직업상 대의기관 소속의 규칙을 제정하는 기관 구성원의 기관직 상실에 대한 규칙을 제정하는 기관의 신청

e) 선거를 규율하는 연방법률 또는 주법률에 행정청의 처분에 의한 기관직 상실의 선고가 규정되어 있는 경우, 일반대의기관, 집행을 위임 받은 지방자치단체의 기관 또는 법률에 의한 직업상 대의기관 소속의 규칙을 제정하는 기관의 기관직 상실을 결정하는 처분에 관한 이의절차를 거친 후의 쟁송(신청)은 선거절차의 위법성 및 일반대의기관, 유럽의회, 집행을 위임 받은 지방자치단체의 기관 또는 법률에 의한 직업상 대의기관 소속의 규칙을 제정하는 국방부 직할부대 및 국방부 직할부대 및 기관(대의단체)의 구성원직 상실에 관하여 법률상 규정된 사유에 근거를 둘 수 있다. 헌법재판소는, 주장된 선거절차의 위법성이 입증되었고 그 위법성이 선거결과에 영향을 미친 경우, 선거에 관한 쟁송을 인용하여야 한다. 행정청의 절차에서 일반대의기관과 법률에 의한 직업상 대의기관도 당사자의 지위를 갖는다.

② 제1항 제a호에 따라 이의 신청이 허락되고 그렇게 돼서 공적 대의단체, 유럽의회 혹은 법적이고 직업적인 대의체의 규약제정기관에 대한 선거를 부분적으로 혹은 전체적으로 다시 해야 할 필요가 있게 되면, 이 대의단체의 해당 구성원은 헌법재판소의 판결이 송부된 후 100일 이내에 시행된 재선거에서 선출된 구성원이 그 의석을 넘겨받는 시점에 자신의 의석을 상실하게 된다.

③ 헌법재판소가 국민발안, 국민청의나 국민투표의 결과에 대한 이의 신청에 대해서 어떤 조건의 전제하에 판결해야 하는가는 연방법으로 정한다. 연방법에는 또한 그러한 이의 신청을 할 수 있으려면 그것에 대해 국민투표가 이루어진 연방법이 공표되려면 얼마를 대기해야 하는지도 규정될 수 있다.

제142조 ① 헌법재판소는, 연방 및 주의 최고기관이 그 직무행위로 인하여 야기한 유책한 권리침해에 대한 헌법상의 책임을 주장하는, 공소에 관하여 결정한다.

② 다음 각 호의 경우에 공소가 제기될 수 있다.

a) 연방헌법의 침해를 이유로, 연방총회의 결정에 의한, 연방대통령에 대한 공소

b) 법률위반을 이유로, 국민의회의 결정에 의한, 연방정부의 구성원 및 이와 동일한 책임을 지는 기관에 대한 공소

c) 입법이 연방과 관계될 사건에 있어서, 법률위반을 이유로, 국민의회의 결정에 의한, 오스트리아 의회 구성원에 대한 공소. 그리고 입법이 주와 관계될 사건에 있어서, 법률위반을 이유로, 모든 주의회의 결정에 의한, 오스트리아 의회 구성원에 대한 공소

d) 법률위반을 이유로, 관계 주의회의 결정에 의한, 주정부의 구성원 및 이 법 또는 주헌법에 의하여 주정부의 구성원과 동일한 책임을 지는 기관에 대한 공소

e) 법률위반 및 간접연방행정 사건에 있어서 연방의 명령 또는 기타의 명령(지시)에 대한 불복종을 이유로, 주정부 구성원의 경우, 간접연방행정 사건에 있어서 주지사의 지시에 대한 불복종을 이유로, 연방정부의 결정에 의한, 주지사 및 그 대리자(제105조 제1항) 또는 주정부의 구성원(제103조 제2항 및 제3항)에 대한 공소.

f) 연방수도 빈(Wien)의 기관이 독립권한 내에서 연방집행의 범위에 속하는 직무를 처리하는 경우, 그 법률위반을 이유로, 연방정부의 결정에 의한, 연방수도 빈의 기관에 대한 공소.

g) 제14조 제8항의 지시에 대한 불복종을 이유로, 연방정부의 결정에 의한, 주지사에 대한 공소.

h) 법률위반 및 연방의 명령 또는 그 밖의 명령(지시)의 불복종을 이유로, 연방정부의 결정에 의한, 주교육위원회 의장 또는 그 직무수행자에 대한 공소.

③ 연방정부가 주지사 또는 그 대리자에 대해서만 제2항 제e호의 규정에 따라 공소를 제기하고, 제103조 제2항에 따라 간접연방행정 사무를 담당하는 주정부의 다른 구성원에게 제2항 제e호의 책임이 있음이 입증되는 경우, 연방정부는 판결이 선고될 때까지 그 주정부 구성원에 대해서도 공소를 언제든지 확장할 수 있다.

④ 헌법재판소의 유죄판결시 관직의 상실 및 정상이 특히 중대한 경우에는 정치적 권리의 일시적 상실도 선고되어야 한다. 제2항 제c호, 제e호, 제g호 및 제h호에 규정된 사례에 있어서, 권리침해가 경미한 때에는, 헌법재판소가 권리침해가 있음을 확정하는데 그칠 수 있다. 주교육위원회 의장직이 박탈되는 경우 제81a조 제3항 제b호에 의한 의장의 직무와 관련된 모든 관직이 상실된다.

⑤ 연방대통령은, 공소를 결정한 대의기관의 신청으로 또는 연방정부가 공소를 결정한 경우에는 연방정부의 신청으로, 제65조 제2항 제c호에 따라 연방대통령에 귀속되는 권리를 행사할 수 있으며, 모든 경우에 피고인의 동의를 요한다.

제143조 제142조에 규정된 자에 대한 공소는, 공소를 제기받는 자의 직무행위에 관련된, 형사재

판상 소추하여야 할 행위를 이유로도 이를 제기할 수 있다. 이 경우 헌법재판소만이 그 관할권을 갖는다. 보통형사법원에 이미 계속 중에 있는 심리는 헌법재판소에 이송된다. 이 경우 헌법재판소는 제142조 제4항 이외에 형법 규정도 적용할 수 있다.

제144조 ① 헌법재판소는, 독립행정합의체를 포함한 행정청의 처분에 대하여 불복하는 자가 그 처분으로 인하여 헌법상 보장된 권리가 침해되었다고 주장하거나 또는 위법한 명령, 법률(조약)의 재공포에 관한 위법한 공고, 위헌적 법률 또는 위법한 조약의 적용으로 인하여 자신의 권리가 침해되었다고 주장하는 경우, 독립행정합의체를 포함한 행정청의 처분에 대한 불복에 대하여 결정한다. 심급을 거친 후에 비로소 불복할 수 있다.

② 헌법재판소는, 불복에 충분한 승소 가능성이 없거나 결정으로 인한 헌법적 문제의 해명을 기대할 수 없는 경우, 심리시까지 불복의 처리를 결정으로 각하할 수 있다. 제133조에 따라 행정법원의 관할이 배제되는 사건이 문제되는 경우, 불복 처리를 각하하는 것은 부적법하다.

③ 헌법재판소가 행정청의 불복된 처분으로 인하여 제1항의 권리가 침해되지 않았다고 결정하고, 제133조에 따라 행정법원의 관할이 배제되는 사건이 문제되지 않는 경우, 헌법재판소는 불복하는 자의 신청으로 그 자가 처분으로 인하여 그 밖의 권리를 침해당하였는지 여부에 관하여 재판하기 위해 그 불복 사건을 행정법원에 이송해야 한다. 이는 제2항의 결정에 준용된다.

제144a조 ① 헌법재판소는, 망명법원의 재판에 대하여 불복하는 자가 재판으로 인하여 헌법에 보장된 권리를 침해받았다고 주장하거나 또는 위법한 명령, 법률(조약)의 재공포에 관한 위법한 공고, 위헌적 법률 또는 위법한 조약의 적용으로 인하여 자신의 권리가 침해되었다고 주장하는 경우, 망명법원 재판에 대한 불복에 관하여 결정한다.

② 헌법재판소는, 망명법원의 재판에 대한 불복에 충분한 승소 가능성이 없거나 결정으로 인한 헌법적 문제의 해명을 기대할 수 없는 경우, 심리시까지 그 불복의 처리를 결정으로 각하할 수 있다.

제145조 헌법재판소는 연방특별법의 규정에 따라 국제법 위반에 관하여 결정한다.

제146조 ① 제126a조, 제127c조 및 제137조에 의한 헌법재판소 결정은 통상법원이 집행한다.

② 헌법재판소의 기타 결정의 집행은 연방대통령의 직무로 한다. 이 집행은 대통령의 지시에 따라 대통령의 재량에 의하여 집행을 위임받은 연방 또는 주의 기관(연방군을 포함)이 해야 한다. 이러한 결정 집행의 신청은 헌법재판소가 연방대통령에게 해야 한다. 언급한 연방대통령의 지시는, 연방 또는 그 기관에 대한 집행과 관련된 경우, 제67조에 의한 부서를 요하지 아니한다.

제147조 ① 헌법재판소는 소장 1인, 부소장 1인, 기타 재판관 12인 및 대리재판관 6인으로 구성된다.

② 헌법재판소의 소장, 부소장 기타 6인의 법관 및 3인의 대리재판관은 연방정부의 제청을 받아 연방대통령이 임명한다. 이들 헌법재판소 재판관과 대리재판관은 법관, 행정공무원 및 법과대학교수 중에서 선임하여야 한다. 나머지 재판관 6인과 대리재판관 3인 중, 3인의 재판관과 2인의 대리재판관에 대해서는 하원의 제청을, 나머지 3인의 재판관과 1인의 재판관에 대해서는 상원의 제청을 받아, 연방대통령이 임명한다. 3인의 재판관과 2인의 재판관은 연방수도인 빈(Wien) 밖에 그 주소를 두어야 한다. 재판관 또는 대리재판관으로 임명된 복무 중인 행정공무원은, 자신의 봉급이 배제된 채, 그 직에서 물러나야 한다. 대리재판관으로 임명된 행정공무원이 모든 지시에 구속되는 활동으로부터 면제된 경우, 그 면제 기간 동안, 동 행정공무원에

대해서는 그러하지 아니하다.
③ 헌법재판소의 소장, 부소장 및 기타 재판관과 대리재판관은 법학 또는 법학 및 국가학의 학부과정을 수료하고, 그 수료를 요건으로 하는 직에 이미 최소 10년 동안 종사한 자이어야 한다.
④ 연방정부 또는 주정부의 구성원, 그 밖의 하원, 상원 또는 기타 일반대의기관의 구성원은, 헌법재판소의 구성원이 될 수 없다. 일정한 입법기간 또는 재직기간 동안 선출된 대의기관 구성원에 대해서는, 그 자가 임기만료 전에 사임한 경우에도, 입법기간 또는 재직기간의 만료시까지 헌법재판소 구성원으로서의 겸직은 인정되지 아니한다. 끝으로 정당의 당원이나 기타 직원인 자는 헌법재판소의 구성원이 될 수 없다.
⑤ 제4항에 규정된 직무 중 어느 하나의 직무에 최근 4년간 종사한 적이 있는 자는 헌법재판소의 소장 또는 부소장에 임명될 수 없다.
⑥ 헌법재판소의 재판관 및 대리재판관에 대해서는 제87조 제1항과 제2항 및 제88조 제2항이 준용된다. 더욱 상세한 규정은 제148조에 따라 제정하는 연방법률로 정한다. 재판관이 70세에 달한 해의 12월 31일을 헌법재판소 구성원의 정년으로 한다.
⑦ 재판관 또는 대리재판관이 정당한 사유 없이 헌법재판소의 심리에 대한 소환에 계속하여 3회 응하지 아니한 경우, 헌법재판소는 그 의견을 청취한 후 이를 확정해야 한다. 그와 같은 확정으로 인하여 재판관의 직 또는 대리재판관의 자격이 상실된다.

제148조 헌법재판소의 조직과 절차에 관한 세칙은 연방특별법 및 연방특별법에 근거하여 헌법재판소가 의결해야 하는 사무규칙으로 정한다.

[이탈리아]

제134조 헌법재판소는 다음 사항에 관해 판결을 내린다.

- 국가와 주에서 공포한 법률과 법률의 효력을 지닌 법규의 합헌성 논의
- 국가기관 사이, 국가와 주 및 주 사이의 권한 쟁송
- 헌법에 따라 대통령과 장관에 대한 탄핵 등

제135조 헌법재판소는 15명의 재판관으로 구성되며 대통령, 양원합동회의, 통상 및 행정의 최고법원에서 각각 3분의 1씩 지명한다.

헌법재판소 재판관은 퇴직 판사를 포함한 통상 및 행정 상급법원의 판사, 20년 이상의 경력을 가진 법학 교수와 변호사 중에서 선정한다.

헌법재판소 재판관의 임기는 9년으로 취임 선서한 날부터 각 임기가 시작하며 재임명될 수 없다. 재판관은 임기가 만료되면 자리에서 물러나 직무 수행을 중단한다.

헌법재판소는 법률 규정에 따라 재판관 중에서 재판소장을 선출하며 임기는 3년이고 연임가능하며, 모든 경우에 헌법재판관의 만료 임기는 존중된다.

헌법재판관직은 양원 의원, 주의회 의원, 변호사, 법률에 명시된 모든 직무와 겸할 수 없다.

대통령에 대한 탄핵 절차에서는 헌법재판소 재판관 외에도 의회가 일반 판사 임명절차로써 선거를 통해 9년마다 선출하는, 상원선거 출마 자격을 갖춘 국민 명단에서 추첨으로 뽑은 16명이 추가 된다.

제136조 헌법재판소가 법률이나 법률의 효력을 가진 법규의 위헌을 선언하면, 해당 법률은 선고 다음 날부터 무효가 된다.

헌법재판소 결정은 공고하고 의회와 관련 주 의회에 통지하여 필요한 경우 헌법적 절차에 따라 행동하게 한다.

第137条 합헌성 여부에 대한 판결의 조건, 형태, 기간과 헌법재판소 재판관의 독립성 보장은 헌법률로 규정한다. 헌법재판소의 구성과 기능에 필요한 기타 사항은 일반 법률로 정한다.

헌법재판소 결정에 대해서는 항소할 수 없다.

[체코]

第83条 헌법재판소는 헌법을 수호할 책임이 있는 사법기관이다.

第84条 (1) 헌법재판소는 10년의 임기의 15명의 재판관으로 구성한다.

(2) 헌법재판소 재판관은 상원의 동의를 얻어 대통령이 임명한다.

(3) 전과가 없고, 상원의원의 피선거권이 있고, 로스쿨 졸업생으로 법조계에서 10년 이상 종사한 모든 국민은 헌법재판소 재판관으로 임명될 수 있다.

第85条 (1) 헌법재판소 재판관은 대통령이 주재하는 취임선서를 함으로써 그 직무를 맡는다.

(2) 헌법재판소 재판관은 다음과 같이 선서한다. "본인은 명예와 양심을 걸고 인간의 자연권과 시민권의 불가침성을 수호하고, 헌법률을 준수하며, 독립적으로 공명정대하게 본인의 신념에 따라 판결할 것을 선서합니다."

(3) 재판관이 선서를 거부하거나 조건부로 선서를 하는 경우에는 해당 재판관은 임명되지 아니한 것으로 본다.

第86条 (1) 헌법재판소 재판관은 상원의 동의 없이 형사소추의 대상이 되지 아니한다. 상원이 그 동의를 거부하는 경우에는 해당 형사소추는 영구히 배제된다.

(2) 헌법재판소 재판관은 현행범 또는 그 직후에 체포된 경우에 한하여 구금될 수 있다. 체포기관은 즉시 체포사실을 상원의장에게 통보하여야 한다. 상원의장이 구금 후 24시간 이내에 구금자의 법원 이송에 대하여 동의하지 아니하는 경우에는 체포기관은 피구금인을 석방하여야 한다. 상원은 이후 열리는 첫 번째 회의에서 형사소추의 허용 여부에 관하여 결정을 하여야 한다.

(3) 헌법재판소 재판관은 직무의 수행과 관련하여 알게 된 사실에 관하여 헌법재판소 재판관을 사임한 후라도 증언을 거부할 권리가 있다.

第87条 (1) 헌법재판소는 다음 사항을 관장한다.

a) 헌법질서에 위배되는 법률 또는 그 개별 조항의 폐지
b) 헌법질서 또는 법률에 위배되는 기타 명령 또는 개별 조항의 폐지
c) 국가에 의한 불법적 개입에 대한 광역자치단체 대표기관의 헌법소원
d) 헌법상 보장되는 기본권 및 자유를 침해하는 공공기관의 최종 결정 또는 기타 개입에 대한 헌법소원
e) 하원의원 또는 상원의원 선거의 유효성에 관한 결정에 대한 구제소송
f) 하원의원 또는 상원의원의 직무 수행에 관한 자격의 상실 또는 하원의원 또는 상원의원의 직위로 한 기타 직위 또는 활동의 제25조에 따른 겸직 금지에 관하여 의심이 있는 경우
g) 제65조제2항에 따라 대통령에 대하여 상원이 제기한 탄핵심판
h) 제66조에 따라 하원과 상원의 공동결의에 관한 철회를 청구하는 대통령의 청원 심리
i) 달리 시행될 수 없는 경우에 체코공화국에 대하여 구속력이 있는 국제재판소의 판결을

이행하기 위하여 필요한 조치의 결정

j) 정당 해산 또는 활동에 관한 결정이 헌법적 법률 또는 기타 법률을 준수하는지 여부에 관한 결정

k) 국가 기관과 지방자치단체 기관 간 관할권 분쟁의 해결. 다만, 법률이 다른 기관에 해당 분쟁을 해결할 권한을 부여하는 경우를 제외한다.

(2) 헌법재판소는 제10a조 또는 제49조에 따른 조약의 비준에 앞서 해당 조약이 헌법질서와 합치하는지 여부에 대하여 결정할 권한을 갖는다. 헌법재판소가 판결하기 전에는 국제협정 비준할 수 없다.

(3) 법률은 다음 각 호에 대하여 헌법재판소를 대신하여 최고행정법원에 관할권이 있음을 규정할 수 있다.

a) 법률에 위배되는 경우에 법률 이외의 명령 또는 그 개별 조항의 폐지

b) 국가 기관과 지방자치단체 기관 간 관할권 분쟁의 해결. 다만, 법률이 다른 기관에 해당 분쟁을 해결할 권한을 부여하는 경우를 제외한다.

제88조 (1) 법률은 헌법재판소에 제소할 수 있는 주체와 제반 조건 및 절차 규정을 정하여야 한다.

(2) 헌법재판소 재판관은 판결과정에서 헌정질서 및 제1항에 규정하는 법률에만 구속된다.

제89조 (1) 헌법재판소의 결정은 법률에 정하는 방식으로 공표된 즉시 집행할 수 있다. 다만, 헌법재판소가 집행에 관하여 달리 판결하는 경우를 제외한다.

(2) 헌법재판소의 확정 결정은 모든 기관과 개인에 대하여 구속력을 갖는다.

(3) 헌법 제87조 제2항에 따라 헌정질서에 대한 국제협정의 불합치를 선언한 헌법재판소의 결정은 해당 협정과 헌법질서가 상호 합치될 때까지 비준을 금지한다.

[헝가리]

제24조 (1) 헌법재판소는 헌법을 수호하는 최고 기관이다.

(2) 헌법재판소는,

a) 채택되어 미공표된 법률의 헌법합치여부를 심사하고,

b) 30일 이내에 우선적으로 법관의 제청에 따라 특정한 사건에 적용된 법규의 헌법합치여부를 심사하며,

c) 헌법소원에 의하여 특정한 경우에 적용되는 입법의 헌법합치여부를 검토하고,

d) 헌법소원에 의하여 법원의 판결의 헌법합치여부를 검토하며,

e) 정부, 국회의원 4분의 1, 대법원장, 검찰총장 또는 기본권위원회 위원장의 제안에 따라 법규의 헌법합치여부를 심사하고,

f) 입법의 국제협약 충돌여부를 심사하며,

g) 기타 헌법 및 기본법률로 정한 책임 및 권한을 행사한다.

(3) 헌법재판소는,

a) 제2항 제b호, 제c호, 제e호 및 제f호에 규정하는 권한 내에서 헌법과 충돌하는 법규 또는 모든 구성조항을 무효화하여야 하고,

b) 제2항 제d호에 규정된 권한 내에서 헌법에 충돌하는 법원의 판결을 무효로 하여야 하며,

c) 제2항 제g호에 규정하는 권한 내에서, 국제협약과 충돌하는 법규 또는 모든 구성조항을

무효화하여야 하고, 기본법률에 정하는 기타 법적 결과를 결정하여야 한다.

(4) 헌법재판소는 그 본질이 심사를 위하여 제출된 법규와 밀접하게 관련된 경우에는 심사를 위하여 제출되지 아니한 법규를 심사하거나 무효화할 수 있다.

(5) 헌법재판소는 헌법과 개정헌법의 채택 및 공포에 관하여 헌법에 규정하는 절차적 요건의 준수여부를 심사할 수 있다. 해당 심사는 다음에 규정하는 자에 의하여 개시될 수 있다.

a) 채택되고 아직 공표되지 아니한 경우에는 헌법 및 개정헌법에 관하여 대통령,

b) 공표 후 30일 이내에 정부, 국회의원의 4분의 1, 대법원장, 검찰총장, 기본권위원회 위원장.

(6) 헌법재판소는 순서에 관계없이 30일 이내에 제5항에 따른 신청에 대하여 결정하여야 한다. 헌법재판소가 헌법 또는 개정헌법이 제5항에 규정하는 절차적 요건을 준수하지 아니한다고 판단하는 경우에는 헌법 또는 개정헌법은 다음에 따른다.

a) 제5항 제a호에 규정하는 경우에는 의회가 재교섭한다.

b) 제5항 제b호에 규정하는 경우에는 헌법재판소가 무효화한다.

(7) 헌법재판소는 해당 사건이 광범위한 자에게 영향을 미치는 경우에는 입법자, 법률안 발의자 또는 그 대표자를 심리하고, 기본법률로 정하는 절차에 따라 그 의견을 들어야 한다. 이 절차 단계는 공개적으로 진행하여야 한다.

(8) 헌법재판소는 국회의원 3분의 2의 찬성으로 선출된 15인의 재판관으로 구성되며, 각 임기는 12년으로 한다. 국회는 국회의원 3분의 2의 찬성으로 헌법재판소 재판관 중에서 헌법재판소장을 선출하고, 그 임기는 헌법재판관으로서 임기가 만료될 때까지로 한다. 헌법재판소 재판관은 정당에 가입하거나 정치활동에 관여할 수 없다.

(9) 헌법재판소의 권한, 조직 및 운영에 관한 세부규칙은 기본법률로 정한다.

[남아프리카공화국]

제167조 (헌법재판소) ① 헌법재판소는 남아공 헌법재판소장, 부소장 및 9인의 다른 법관들로 구성된다.

② 헌법재판소에 제출된 사안은 8인 이상의 법관이 심리해야 한다.

③ 헌법재판소는

a. 남아프리카공화국의 최고 법원으로서

b. 다음 사안을 결정할 수 있고

i. 헌법 사안 및

ii. 기타 사안(헌법재판소가 심사해야 할 정도의 일반적 중요성이 있는 법률문제가 제기된다는 근거로 헌법재판소가 항소를 허용한 경우) 및

c. 어떤 사안이 그 관할에 속하는지 여부를 최종적으로 결정한다.

④ 오로지 헌법재판소만이

a. 중앙정부 영역 또는 주정부 영역의 행정기관 사이에서 각 행정기관의 헌법상 지위, 권한 또는 기능에 관하여 발생한 분쟁을 판결할 수 있다.

b. 국회 또는 주의회 법안의 합헌성을 판결할 수 있다. 단, 그러한 판결은 제79조 또는 제121조에서 의도한 상황에서만 행할 수 있다.

c. 제80조 또는 제122조에서 의도하는 명령 신청을 판결할 수 있다.

d. 헌법개정안의 합헌성을 판결할 수 있다.

e. 국회 또는 대통령이 헌법상의 의무를 이행하지 못했음을 판결할 수 있다.

f. 제144조에 따라 주헌법을 인증할 수 있다.

⑤ 헌법재판소는 법률, 주 법률 또는 대통령의 행동이 합헌적인지 여부를 최종적으로 판결하며, 대법원, 남아프리카공화국 고등법원 또는 그에 준하는 지위를 갖춘 법원이 내린 모든 무효명령이 발효되기 전에 그러한 결정을 확인해야 한다.

⑥ 법률 또는 헌법재판소의 규칙은, 정당성에 부합하며 헌법재판소의 허가를 갖춘 경우, 사람들이 다음의 행위를 할 수 있도록 허용해야 한다.

a. 사안을 헌법재판소에 직접 제소, 또는

b. 그 밖의 모든 법원에서 헌법재판소로 직접 항소

⑦ 헌법상의 사안은 공화국 헌법의 해석, 보호 또는 집행에 관한 모든 쟁점을 포함한다.

[터키]

1. 조직

제146조 (2010년 9월 23일 개정) 헌법재판소는 17명의 재판관으로 구성된다.

터키 대국민회의는 모든 결원에 대해 후보를 3명씩 선출하고 2명은 국가회계법원 법원장 또는 판사 중에서 1명은 변호사협회의 개업 변호사들이 지명하여 총 3명의 후보자 중에서 비밀투표로 선출한다.

터키 대국민회의에서 시행하는 이 선거에서 모든 결원에 대해 첫번째 선거에서 총 재적인원의 3분의 2, 두 번째 선거에서 재적인원의 과반수 득표가 요구된다. 두번째 선거에서 과반수 득표를 못할 경우, 이 선거에서 가장 많이 득표한 2명의 후보자를 대상으로 세번째 선거를 실시한다. 세번째 선거에서 가장 많이 득표한 후보자가 선출된다.

공화국 대통령은 최고법원, 최고행정법원, 최고군사법원, 군사고등행정법원에서 각각 1명씩을 임명하고, 각 결원에 대해서는 3명의 후보자 중에서 선출한다. 적어도 2명의 변호사는 고등교육위원회 위원이 아닌 고등교육기관의 위원으로 경제와 정치분야에서 직무를 수행할 교수들 중에서 각각 3명씩 후보를 고위공무원 4명, 개업 변호사, 1급 판사와 검사는 최소 5년 동안 연구관으로 근무한 헌법재판소 연구관 중에서 선출한다.

고등교육위원회와 최고법원, 최고행정법원, 최고군사법원, 군사고등행정법원 및 국가회계법원에서 각각의 결원에 대한 헌법재판소 재판관 후보를 선출하기 위한 선거에서 가장 많이 득표한 3명의 후보를 지명한다.

변호사협회의 개업 변호사들 중 후보선출 선거를 통해 가장 많이 득표한 3명의 후보를 지명한다.

헌법재판소의 재판관으로 선출되기 위해서는 45세가 넘어야 하며 고등교육기관의 교수 혹은 부교수 및 변호사의 경우에는 최소 20년 동안 해당 직에 종사했어야 하며 고위공무원은 고등교육을 이수하고 공직에 최소 20년 동안 종사했어야 하며, 1급 판사와 검사는 후보직을 합쳐 최소 20년 동안 근무한 경력이 있어야 한다.

헌법재판소는 재판관 중에서 비밀투표를 통해 총 재적인원의 과반수 득표로 4년 임기의 소장 1명, 부소장 1명을 선출한다. 소장 및 부소장은 중임할 수 있다.

헌법재판소 재판관은 모든 공적 및 사적 직무와 겸직할 수 없다.

2. 임기만료

제147조 (2010년 9월 23일 개정) 헌법재판소 재판관의 임기는 12년이며 중임할 수 없다. 헌법재판소 재판관은 65세가 되면 퇴임해야 한다.

재판관의 임기 중의 퇴임 및 인사정책은 법률로 정한다.

헌법재판소의 재판관은 재판관이 사법적 직무수행과 관련하여 파면에 해당하는 범죄로 유죄판결을 받거나 건강상의 이유로 그 직무를 수행할 수 없음이 명백한 경우 헌법재판소 재판관 전원의 과반수의 찬성으로 퇴임할 수 있다.

3. 직무와 권한

제148조 (2010년 9월 23일 개정) 헌법재판소는 법률, 법률적 효력을 갖는 법규명령, 터키 대국민회의 의사규칙에 대하여 절차적, 내용적 측면에서 그 합헌성을 심사한다. 헌법 개정에 대해서는 그 절차에 관해서만 심사하고 판단한다. 그러나 국가비상사태, 계엄 또는 전시에 발효된 법률적 효력을 갖는 명령의 절차나 내용에 관해 위헌성을 주장하는 모든 소송은 헌법재판소에 제기될 수 없다.

법률에 관한 절차적 판단은 최종 투표에서 의결정족수가 채워졌는지 여부를 심사하며, 헌법 개정에 관한 판단은 제안과 투표에서 각각 의사정족수 및 의결정족수가 채워졌는지 여부와 긴급 절차에 따른 논의의 금지가 준수되었는지 여부를 심사하는 것으로 제한된다. 절차적 판단은 공화국 대통령 또는 터키 대국민회의 의원의 5분의 1의 찬성으로 제기할 수 있다. 절차적 하자를 이유로 한 무효확인 청구는 법률이 공포된 날로부터 10일 이후에는 제기할 수 없다. 또한 이의를 제기할 수도 없다.

공권력으로 인하여 헌법상의 기본권 또는 유럽인권협약상의 권리를 침해받았다고 생각하는 자는 누구든지 헌법재판소에 헌법소원을 청구할 수 있다. 헌법소원 절차를 통해 정상적인 법률 구제방법을 적용할 수 있도록 한다.

개별 헌법소원은 법률적인 절차 보호의 측면에서 심사해서는 안 된다.

개별 헌법소원과 관련된 원칙과 절차는 법률로 정한다.

공화국 대통령, 터키 대국민회의 의장, 각 정부의 각료들, 헌법재판소, 최고법원, 최고행정법원, 최고군사법원, 군사고등행정법원의 법원장 또는 판사, 공화국 검찰, 판사 및 검사 최고위원회의 법원장 또는 판사, 국가회계법원의 법원장 또는 판사는 직무와 관련한 범죄에 대해서 헌법재판소에서 재판을 받으며, 이 경우 헌법재판소는 최고법원으로써 기능한다.

육군 사령관, 해군 사령관, 공군 사령관과 참모총장, 헌병대 사령관은 직무와 관련한 범죄에 대해서 최고법원에서 재판을 받는다.

공화국의 검찰총장이나 부총장은 최고법원에서 검사 역할을 한다.

최고법원의 판결에 대해 재심을 청구할 수 있다.

전원재판부의 재심결정은 종국적이다.

헌법재판소는 헌법에 따라 부여된 그 밖의 직무들도 수행해야 한다.

4. 직무와 재판절차

제149조 (2010년 9월 23일 개정) 헌법재판소는 2개의 재판부와 전원재판부로 운영된다. 재판부는 부소장을 재판장으로 하여 재판관 4명의 출석으로 심리한다. 전원재판부는 헌법재판소 소장 또는 소장이 지명한 부소장을 재판장으로 하여 최소 12명의 재판관이 심리한다. 재판부와 전원재판부는 과반수 찬성으로 결정을 내린다. 개별 헌법소원의 적법성을 심사하기 위해 지정

재판부를 둘 수 있다.

정당과 관련한 소송 및 신청, 취하 및 상소 절차는 전원재판부가 최고법원의 역할로써 담당한다. 개별 헌법소원은 해당 재판부의 결정에 따른다.

헌법개정의 무효여부 심판, 정당해산 심판 또는 정당에 대한 국가재정지원 박탈 심판의 경우에는 심사참가 재판관의 3분의 2 이상의 찬성으로 결정한다.

헌법재판소는 우선적으로 그 절차적 하자를 이유로 한 무효여부를 심사해야 한다.

헌법재판소 지정재판부는, 전원재판부와 재판부의 재판절차, 의장, 부의장 및 위원들과 관련한 규정을 법률로 정하고, 헌법재판소의 기본업무, 재판부와 지정재판부 구성과 업무분담은 내부규정으로 정해야 한다. 헌법재판소는 최고법원의 역할을 수행하는 경우를 제외하고 서면으로 사건을 심리한다. 그러나 개별 헌법소원에 대해서는 변론기일을 지정할 수 있다. 헌법재판소와 별도로, 사건과 관련된 정보를 가지고 있는 자의 구두진술이 필요하다고 판단될 경우 참고인을 소환할 수 있고, 정당해산심판에서 헌법재판소는 공화국 검찰총장의 공소사실 낭독 후 그 해산심판대상 정당의 대표 또는 그 대리인에게 변론의 기회를 제공해야 한다.

5. 무효조치

第150조 공화국 대통령과 집권당 및 주요 야당의 의회단체, 터키 대국민회의 재적의원의 최소 5분의 1은 헌법재판소에 형식과 내용 면에서 법률, 법률적 효력을 갖는 명령, 터키 대국민회의 의사규칙 또는 특별조항이나 규정의 위헌성 주장을 토대로 무효조치를 신청할 권리를 갖는다. 하나 이상의 정당이 집권여당인 경우, 연합 집권당의 무효조치 신청 권리는 그 의원 수가 가장 많은 정당이 행사한다.

6. 무효조치 신청의 제소기간

第151조 헌법재판소에 직접 무효조치를 신청할 수 있는 권리는 쟁점이 된 법률, 법률적 효력을 갖는 명령 또는 의사규칙이 관보에 게재된 후 60일이 경과하면 소멸된다.

7. 위헌법률심판

第152조 사건을 재판하는 법원이 제기된 법률 또는 법률적 효력을 갖는 명령이 위헌이라고 판단할 경우 또는 당사자 중 일방이 신청한 법률의 위헌성 주장이 상당히 확신 타당하다고 판단될 경우, 법원은 헌법재판소가 사안에 대해 판결할 때까지 사건의 심리를 연기해야 한다.

법원이 위헌법률 심판신청에 상당한 확신을 갖고 있지 않을 경우, 주요 판결과 함께 그러한 주장은 항소 주무기관에 의해 결정된다.

헌법재판소는 위헌법률심판 제청접수일로부터 5개월 이내에 사안에 대해 판결하고 그 판결을 공개해야 한다. 이 기간 동안 판결이 내려지지 않을 경우, 재판법원은 사건을 기존 법률조항에 의거하여 판결해야 한다. 그러나 사건의 본안에 대해 최종판결이 내려질 경우 재판법원은 이를 준수해야 한다.

동일한 법률조항과 관련한 어떠한 위헌소송도 본안에 대한 신청을 기각한 헌법재판소의 판결이 관보에 개제된 후 10년이 경과할 때까지 제기될 수 없다.

8. 헌법재판소의 판결

第153조 헌법재판소의 판결은 최종판결이다. 무효 판결은 판단의 이유와 함께 서면으로 공개되어야 한다.

법률 또는 법률적 효력을 갖는 명령의 전체 또는 조항의 무효화 과정에서 헌법재판소는 입법권자로서의 역할을 할 수 없고 새로운 시행을 유도하는 판결을 내릴 수 없다.

법률, 법률적 효력을 갖는 명령 또는 터키 대국민회의 의사규칙이나 그 의사규칙의 조항은 무효판결이 관보에 게재된 날로부터 효력을 중단한다. 필요한 경우, 헌법재판소는 무효판결이 발효되는 날을 결정 할 수 있다. 해당 일은 관보에 판결이 게재되는 날로부터 1년을 넘지 않아야 한다.

무효판결이 발효되는 날이 연기되는 경우, 터키 대국민회의는 우선적으로 법률 초안이나 법률 제안을 논의하고 결정하여 무효판결로 인해 야기되는 법률적 공백을 보충하여야 한다.

무효판결은 소급하여 적용될 수 없다.

헌법재판소의 판결은 관보에 즉시 게재되어야 하며 입법, 행정, 사법기구, 행정기관, 개인 또는 법인에 구속력을 갖는다.

[포르투갈]

제134조 (개인적 책임) 대통령은 다음에 열거한 사항들에 대한 개인적인 책임을 진다.

g) 법률 및 시행령과 국제 협약에 규정된 규칙의 합헌성 사전 검토를 헌법재판소에 요청

h) 법률 조항 또는 법령이 어떤 조항의 포함 또는 누락으로 인하여 위헌 소지가 있는지 여부를 판단해 줄 것을 헌법재판소에 요청

제221조 (정의) 헌법재판소는 법률적, 헌법적 성격의 사안에서 재판을 집행해야 할 고유한 책임이 있는 법정이다.

제222조 (구성 및 재판관의 지위) 1. 헌법재판소는 13명의 재판관들로 구성되며 그 중 10명은 의회가 임명하고 나머지 3명은 그 10명의 재판관들에 의해 공동으로 선출된다.

2. 의회에 의해 임명되었거나 공동으로 선출된 재판관 중 6명은 나머지 법원의 판사들 중에서 의무적으로 선택하며 나머지 재판관들은 법률가 중에서 선출한다.

3. 헌법재판소 재판관의 임기는 9년이며 연장할 수 없다.

4. 헌법재판소장은 헌법재판소 재판관들이 선출한다.

5. 헌법재판소 재판관들은 여타 법원의 판사들과 동일하게 독립성의 보장, 신분 보장, 공평한 기회 및 개인적 책임의 면제를 향유하며, 동일한 겸직 금지 원칙에 따른다.

6. 헌법재판소 재판관들의 면책특권 및 지위를 규율하는 기타 규칙들은 법률로 정한다.

제223조 (책임) 1. 헌법재판소는 아래 제277조 규정에 따라 위헌성 및 위법성이 문제되는 사건들을 심리한다.

2. 또한 헌법재판소는 다음에 열거한 사항들을 이행해야 할 책임이 있다.

a) 대통령의 사망을 확인하고 그의 영구적인 신체적 행위능력 상실을 공표하는 한편, 대통령의 직무 수행이 일시적으로 중지되는 경우들을 확인

b) 제129조 제3항 및 제130조 제3항에 규정된 각 경우에서 대통령의 직무 박탈을 확인

c) 법률로 정해진 바에 따라 선거행위의 적절한 수행 및 타당성에 대한 최종 심급으로서의 판결 내용을 발표

d) 제124조 제3항의 목적상, 대통령 후보의 사망을 확인하거나 그가 대통령직을 행사할 수 없음을 공표

e) 헌법과 법률에 규정된 바와 같이 정당들과 그 연합의 구성이 적법한지 여부를 확인하고 그러한 단체들의 명칭, 머리글자 및 기호가 적법한지 여부를 평가하는 한편, 그러한 단체들의 폐지를 명령

f) 각 소송에서 유권자들과 관련된 요구 사항을 평가하는 등 국가, 지방 및 지역 주민 투표의 합헌성과 적법성을 사전에 확인

g) 의원들의 요청이 있을 경우 법률에 규정된 바에 따라 의회 및 자치구 의회가 보유한 의석 수와 투표수의 손실에 관한 이의제기를 판결

h) 법률에 따라 항소의 대상이 되는 사건으로서 각 정당의 투표 결과에 대한 이의 제기 및 그러한 정당들이 내린 의결 사항과 관련된 사건을 판결

3. 또한 헌법재판소는 헌법과 법률에 따라 헌법재판소에 부여되는 그 밖의 기능들을 수행한다.

제224조 (조직 및 절차) 1. 헌법재판소의 의석, 조직 구성 방법 및 절차들을 규율하는 규칙은 법률로 정한다.

2. 합헌성 및 적법성에 대한 추상적 평가의 목적이 아닌 한, 여러 부문에 헌법재판소의 운영을 법률로 요구할 수 있다.

3. 동일한 규칙 또는 규정의 적용에 있어 상이한 조항에 따라 상반된 판결이 나온 경우 전원합의체로서의 헌법재판소에 대한 항소를 법률로 정한다.

Ⅷ. 기타 헌법기관

1. 감사원

[대한민국]

제97조 국가의 세입·세출의 결산, 국가 및 법률이 정한 단체의 회계검사와 행정기관 및 공무원의 직무에 관한 감찰을 하기 위하여 대통령 소속하에 감사원을 둔다.

제98조 ① 감사원은 원장을 포함한 5인 이상 11인 이하의 감사위원으로 구성한다.

② 원장은 국회의 동의를 얻어 대통령이 임명하고, 그 임기는 4년으로 하며, 1차에 한하여 중임할 수 있다.

③ 감사위원은 원장의 제청으로 대통령이 임명하고, 그 임기는 4년으로 하며, 1차에 한하여 중임할 수 있다.

제99조 감사원은 세입·세출의 결산을 매년 검사하여 대통령과 차년도국회에 그 결과를 보고하여야 한다.

제100조 감사원의 조직·직무범위·감사위원의 자격·감사대상공무원의 범위 기타 필요한 사항은 법률로 정한다.

[러시아]

제101조 5. 연방예산 집행을 감사하기 위하여 연방 회의와 국가두마는 회계감사원을 구성하며 그 구성원과 활동절차는 연방법률에 의하여 규정된다.

[멕시코]

제79조 ① 하원에 소속된 연방감사원은 법률에 정하는 바에 따라 그 권한의 행사와 내부 조직, 기능 및 결정에 대한 기술 및 운영상 자율권을 갖는다.

감독기능은 후속성, 연속성, 적법성, 확정성, 공정성 및 신뢰성의 원칙에 따라 행사하여야 한다.

② 연방감사원은 다음 각 호에 대해 책임을 진다.

Ⅰ. 수입 및 지출, 연방기관 및 연방공동단체에 속하는 기금 및 재원의 관리, 유지 및 사용을

감독하고, 법률에 정하는 바에 따라 제출된 보고서를 통하여 다수의 연방프로그램에 포함된 목표의 달성을 평가한다…

Ⅱ. 공공회계가 제출된 다음 해 2월 20일까지 공공회계의 감사결과보고서를 하원에 제출한다. 하원은 제출된 보고서를 검토하고 공개하여야 한다…

Ⅲ. 부정행위와 관련된 작위 또는 부작위, 또는 연방기금 및 재원의 수입, 지출, 관리, 보관 및 사용에 관한 불법행위를 조사한다. 연방감사원은 조사를 위하여 장부, 서류 및 기록의 검토가 필요한 경우에 한하여 수색에 관하여 규정된 법률과 절차에 따라 가택을 수색할 수 있다.

Ⅳ. 법률에 정하는 절차에 따라 연방재정 또는 연방공공단체의 재산에 영향을 미치는 손해 및 손실과 배상금 지급책임 및 금전적 처벌을 결정하고 헌법 제4편에 규정하는 행위책임을 촉진하며, 형사 고발 및 고소를 제기한다.

감사대상기관 또는 공무원은 연방감사원의 처벌 및 결정에 대하여 법률에 따라 연방감사원 또는 헌법 제73조제XXIX－H호에 규정하는 법원에 이의를 제기할 수 있다.

연방감사원장은 출석한 하원의원 3분의 2의 찬성에 의하여 임명된다. 임명절차는 법률로 정한다. 연방감사원장의 임기는 8년이며, 1회에 한하여 중임할 수 있다. 연방감사원장은 법률에 규정하는 중대한 위법행위를 한 경우에 한하여 출석한 하원의원 3분의 2가 찬성한 경우 또는 헌법 제4편에 규정하는 사유가 발생한 경우에 해임될 수 있다.

연방감사원장이 되기 위해서는 헌법 제95조 제I호, 제II호, 제IV호, 제V호 및 제VI호에 규정하는 요건과 법률이 정하는 기타 요건을 충족하여야 한다. 연방감사원장은 그 직무를 수행하는 동안 정당에 가입하거나 다른 직무를 겸임할 수 없다. 다만, 과학, 교육, 문화 또는 자선단체에서 무보수로 일할 수 있다.

감사대상인 다른 연방기관, 주(州) 및 기타 정부기관은 연방감사원이 그 직무의 수행을 위하여 요구하는 지원을 제공하여야 한다. 지원을 하지 아니한 때에는 법률에 규정하는 처벌의 대상이 된다. 연방 및 지방공무원, 공공단체 또는 민간단체, 신탁, 위임, 기금 또는 연방의 공적자금을 수령하거나 집행하는 기타 단체는 법률에 정하는 절차에 따라 연방감사원이 요청하는 정보와 문서를 제공하여야 한다. 이 조항은 다른 기관의 관할권 또는 사용자의 권리를 침해하지 아니한다. 정보를 제공하지 아니한 때에는 법률에 정하는 바에 따라 처벌된다.

연방정부는 이 조 제IV호에 규정하는 배상금의 지급과 금전적 처벌에 관하여 행정집행절차를 적용하여야 한다.

[아르헨티나]

제85조 ① 입법부는 국가행정 상황과 경제, 재정, 운영 측면에 관해 외부통제권을 전적으로 행사한다.

② 국가행정 실적과 일반상황에 대한 입법부의 교정과 의견은 연방감사원의 보고서를 토대로 한다.

기능이 독립된 이 기술적 의회자문기관은 각 원의 과반수 찬성으로 승인된 그 설립과 운영에 관한 법률에 따라 구성한다. 감사원장은 연방의회 제1야당의 제청에 따라 임명한다.

③ 감사원은 조직 형태와 법률로 부여된 기타 권한이 어떠하든 중앙집권 및 지방분권식 모든 행정활동의 법적 측면 통제와 관리 및 감사를 담당한다. 감사원은 세입과 공적자금 투자계정의

승인이나 거부에 참가해야 한다.

[프랑스]

제47-2조 ① 회계감사원은 정부활동에 관한 감독업무에 있어서 의회를 지원한다. 회계감사원은 재정법과 사회보장기금법의 집행감독, 공공정책의 평가에 있어서 정부와 의회를 지원한다. 회계감사원은 공개보고서를 통해 국민에게 정보를 제공한다.

② 공공기관의 회계는 적법하고 적정하게 이루어져야 한다. 이는 위 공공기관들의 재정관리, 자산 및 재정상황을 충실히 반영하여야 한다.

[필리핀]

제9장 D. 제1조 ① 감사위원회는 필리핀에서 태어난 국민이며, 임명 당시 35세 이상이고, 10년 이상의 감사 경력을 갖춘 인가된 공인 회계사 또는 10년 이상 동안 변호사 업무를 수행한 적이 있는 필리핀 변호사 협회 회원이며 임명 전 선거에서 선출직의 후보가 아니었던 위원장과 2명의 위원들로 구성한다. 위원회의 모든 위원들은 결코 동일한 직업군에 속하지 않아야 한다.

② 위원장과 위원들은 재임명 없이 7년을 임기로 임명위원회의 동의를 얻어 대통령이 임명한다. 첫 번째 임명된 위원들 중 위원장은 7년간, 한 명의 위원은 5년간, 다른 한 명의 위원은 3년간 재임명 없이 재직해야 한다. 결원에 대한 임명은 선임자의 잔여임기에 대해서만 이루어져야 한다. 어떠한 경우라도 모든 위원들은 임시 또는 권한대행으로 임명 또는 지명되지 않는다.

제2조 ① 감사위원회는 정부 또는 정부의 산하부처, 관청 또는 설립헌장을 가지고 있는 정부 소유 또는 통제하의 기업을 포함한 산하기관, 그리고 감사 후 기준으로, (a) 헌법에 따라 재정 자율성을 허가 받은 헌법기관, 위원회 및 관청, (b) 자율적인 주립대학 및 대학교, (c) 그 밖의 정부 소유 또는 통제하에 있는 기업 및 그 자회사, 그리고 (d) 정부로부터 또는 정부를 통하여 직·간접적으로 보조금 또는 자본을 받되, 법률에 의하여 또는 보조금 수여기관에 의하여 그와 같은 보조금 또는 자본을 받는 조건으로 감사를 받아야만 하는 비정부기관 등이 소유하거나 신탁 보관하는 또는 위 기관들과 관련된 기금 및 자산의 수입, 수령, 지출, 사용과 관련한 모든 회계를 검사, 감사, 결산하는 권한, 권위 및 의무를 가져야 한다...

제3조 정부 기관 또는 모든 형태의 정부 산하기관 또는 공적 자금 투자를 감사위원회의 관할권에서 제외시키는 어떠한 법률도 제정될 수 없다.

제4조 이 위원회는 법률로 정한 기간 내에 정부, 정부 산하부처, 관청, 정부 소유 또는 통제하의 기업을 포함한 산하기관, 위원회의 감사를 받는 비정부 단체의 재정상태와 운영을 내용으로 하는 연례보고서를 대통령과 의회에 제출해야 하며 그 효율성과 효과를 향상시키는데 필요한 방안을 권고한다. 이 위원회는 법률이 요구하는 그 밖의 보고서를 제출한다.

[네덜란드]

제76조 감사원은 국가의 세입 및 세출을 심사할 책임이 있다.

제77조 ① 감사원의 위원들은 의회 하원이 작성한 공석(空席) 개수 당 3명의 후보자 명단을 근거로 하여 국왕의 칙령에 따라 종신직으로 임명된다.

② 동 위원들은 사임을 할 경우 혹은 법률에서 정하는 연령에 도달할 경우에 위원직을 상실한다.

③ 동 위원들은 법률에 특별히 명시된 각 경우에서 대법원에 의해 정직 또는 해임될 수 있다.
④ 동 위원들의 법적 지위는 법률로 정한다.

제78조 ① 감사원의 조직, 구성 및 권한은 법률로 정한다.
② 감사원은 법률에 따라 별도의 임무를 추가로 위임 받을 수 있다.

[독일]

제114조 (1) 연방 재무장관은 연방의회 및 연방참사원에 모든 수입 및 지출과 재산 및 부채에 관하여 다음 회계연도 중에 연방정부의 책임을 면제하기 위하여 결산을 제출하여야 한다.
(2) 구성원이 사법적 독립성을 갖는 연방회계 감사원은 결산, 예산집행 및 경제운영의 경제성과 적정성을 심사한다. 연방회계 감사원은 연방정부 이외에 연방의회 및 연방참사원에 매년 직접 보고하여야 한다. 그 밖에 연방회계 감사원의 권한은 연방법률로 정한다.

[룩셈부르크]

제105조 ① 감사원은 국가의 기관, 관공서 및 부서에 관한 재정관리에 관한 감독 책임이 있다; 법률은 감사원에 공적 자금에 대한 재정관리 감독의 의무를 별도로 부여할 수 있다.
② 감사원의 조직과 권한, 감독 및 통제 방법, 의회와의 관계는 법률에 의해 제정한다.
③ 감사원의 구성원은 대공이 의회의 제청에 따라 임명한다.
④ 국가의 일반 회계는 감사원의 의견과 함께 의회에 제출된다.

[벨기에]

제180조 회계감사원의 구성원은 법률이 정하는 임기로 하원에서 이를 임명한다.
회계감사원은 일반 행정의 회계 및 국고금을 취급하는 모든 회계공무원의 회계를 검사 확정할 임무를 가진다. 회계감사원은 세출예산 항목초과 및 유용 유무를 감사한다. 회계감사원은 세출을 포함하여 국가소유의 권리를 확정하고 수집하는 것과 관련된 작용에 대하여 일반적으로 감사한다.

[스웨덴]

정부조직법 제13장 제7조 감사원은 의회 소속으로 국가의 활동을 감시하는 역할을 한다. 국가 활동 이외의 활동에 대한 감사 범위의 확대는 법률로 정한다.

정부조직법 제13장 제8조 감사원은 의회에서 선출된 감사위원 3인의 지시를 따른다. 의회는 감사위원이 직무수행요건을 충족하지 않게 되거나 중과실을 범한 때에 한하여 해임할 수 있다.
감사위원은 법률이 정하는 바에 따라 감사 대상 활동을 독립적으로 결정하고, 그 감사수행방법을 별도로 독립적으로 결정하며 감사의 기초에 관한 결론을 형성한다.

정부조직법 제13장 제9조 감사원에 관한 기타 규정은 의회법 등에서 정한다.

[스페인]

제136조 ① 회계감사원(El Tribunal de Cuentas)은 국가 및 공공부문의 회계 및 재정운영에 대한 최고감사기관이다. 회계감사원은 국민의회의 직속기관으로 국가의 회계감사를 함에 있어서 국민의회의 요구에 대응하여 그 직무를 집행한다.
② 국가 및 국가 공공부문의 회계보고서는 회계감사원에 제출되어 감사를 받아야 한다. 회계감사원은 그 고유한 관할권에 상관없이 국민의회에 연차보고서를 제출하며, 위반행위가 발견되거나 책임추궁이 필요하다고 판단될 경우 위 보고서를 통해 국민의회에 이를 보고한다.

③ 회계감사원의 감사관은 재판관과 동일하게 지위의 독립성과 신분의 보장을 받으며 겸직금지의 의무를 부담한다.

④ 회계감사원의 구성 및 직무는 조직법이 정하는 바에 따른다.

[아일랜드]

제33조 1. 회계감사원장은 국가를 대리하여 모든 지출을 통제하고 국회의 권위로 또는 국회의 지배하에 집행되는 모든 자금의 계정을 감사한다.

2. 회계감사원장은 하원의 지명에 따라 대통령에 의해 임명된다.

3. 회계감사원장은 국회 양원 의원이어서는 안 되며 보수가 있는 다른 관직이나 직위를 유지하지 아니 한다.

4. 회계감사원장은 법률로 정하는 지정된 기간에 하원에 보고한다.

5. 1° 회계감사원장은 하원과 상원에서 해임 요구 결의안이 가결된 경우를 제외하고 명시된 부정행위 또는 행위 능력 상실을 이유로 해임되지 아니 한다.

2° 수상은 하원과 상원에서 가결된 해당 결의안에 대해 대통령에게 정식으로 통지하고 가결된 결의안의 각 등본을 국회 의장의 인증을 거쳐 대통령에게 송부한다.

3° 그와 같은 통지와 해당 결의안의 등본을 수령한 직후, 대통령은 대통령령에 서명 날인하여 회계감사원장을 즉시 해임한다.

6. 전술한 규정에 따라 회계감사원장 직의 조건은 법률로 정한다.

[오스트리아]

제121조 ① 연방, 주, 지방자치단체연맹, 지방자치단체 및 다른 법률을 통해 규정된 권리주체의 경영에 대한 감사는 회계감사원의 권한이다.

② 회계감사원은 연방결산서를 작성하여 국민회의에 제출한다.

제122조 ① 회계감사원은 직접 국민회의에 소속되어 있다. 회계감사원은 그것이 연방의 집행에 해당하는 한에서 연방경영과 법적이고 직업적인 대의체의 경영에 관한 사항에서는 국민회의의 기관이고, ...

② 회계감사원은 연방정부와 주정부로부터 독립되어 있으며 오직 법률의 규정에만 구속된다.

③ 회계감사원은 원장과 필요한 공무원 및 보조인력으로 구성되어 있다.

④ 회계감사원의 원장은 상임위원회의 제청으로 국민회의에 의해 12년의 임기로 선출된다. 재임은 허용되지 않는다. 그는 취임하기 전에 연방대통령 앞에서 선서를 한다.

⑤ 회계감사원의 원장은 일반대의기관이나 유럽의회에 속해서는 안 되며 지난 5년 동안 연방정부나 주 정부의 구성원이었던 적이 없어야 한다.

제124조 ① 회계감사원의 원장은 그의 유고시에는 회계감사원의 최고연장자인 공무원에 의해 대리된다. 이것은 원장이 공석인 경우에도 적용된다. 국민회의에서 회계감사원 원장을 대리하는 것은 국민회의의 업무규정에 관한 연방법률로 정한다.

② 원장의 대리의 경우에는 제123조 제1항의 규정이 대리자에게 적용된다.

제125조 ① 회계감사원의 공무원은 회계감사원 원장의 제청과 부서로 연방대통령이 임명한다. 이것은 보직의 경우에도 마찬가지이다. 그러나 연방대통령은 회계감사원의 원장에게 특정한 범위의 공무원을 임명할 권한을 부여할 수 있다.

② 보조인력은 회계감사원의 원장이 임명한다.

③ 회계감사원의 근무자에 대한 연방의 근무고권은 회계감사원의 원장에 의해 행사된다.

제126조 회계감사원의 구성원 누구도 회계감사원의 감사를 받는 기업의 경영 및 관리에 참여해서는 안 된다. 마찬가지로 회계감사원의 구성원은 그 외의 이익을 추구하는 기업의 경영 및 관리에 참여해서는 아니 된다.

제126a조 회계감사원과 어떤 권리주체(제121조 제1항) 사이에 회계감사원의 권한을 규정하는 법률규정의 해석에 관해 의견이 다르면, 연방정부나 주정부 또는 회계감사원의 신청으로 헌법재판소가 판단한다. 모든 권리주체는 헌법재판소의 법률적 견해에 따라 회계감사원을 통한 감사가 가능하도록 할 의무가 있다.

제126b조 ① 회계감사원은 연방의 전체 국가경제, 나아가 연방의 기관이나 연방의 기관에 의해 임명되는 자(인적 공동체)에 의해 관리되는 재단, 펀드 및 기관의 경영을 감사해야 한다.

② 회계감사원은 나아가 연방 단독으로 혹은 회계감사원의 권한에 종속하는 다른 권리주체와 공동으로 자본금, 기본금 및 자기자본의 최소한 50%를 소유한 기업이나 연방 단독으로 혹은 다른 주체와 공동으로 운영하는 기업의 경영을 감사한다. 그러한 재정적인 참여는 다른 재정적이거나 그 외의 경제적인 혹은 조직적인 조치를 통한 기업의 지배와 동일시되어야 한다. 회계감사원의 권한은 본 항에 따른 전제조건이 존재하는 그 외의 모든 단계의 기업에도 미친다.

③ 회계감사원은 연방의 재산을 소유한 공법적인 단체의 경영을 감사할 권한이 있다.

④ 회계감사원은 국민회의의 의결이나 국민회의의 구성원의 요청에 의해 자신의 권한 내에서 특별한 경영감사 활동을 수행해야 한다. 상세한 규정은 국민회의의 업무규정에 관한 연방법률로 정한다. 마찬가지로 회계감사원은 연방정부나 연방장관의 근거 있는 청원에 의거하여 그러한 활동을 수행하고 그 결과를 청원하는 기관에 통지해야 한다.

⑤ 회계감사원의 감사는 숫자상의 정확성, 기존의 규정과의 합치, 나아가 절약성, 경제성 및 합목적성에까지 미친다.

제126c조 회계감사원은 사회보험의 주체의 경영을 감사할 권한이 있다.

제126d조 ① 회계감사원은 늦어도 매년 12월 31일까지 자신의 활동에 대해 국민의회에 보고한다. 이 외에 회계감사원은 개별적인 활동사항에 대해서는 어느 때나 국민의회에 경우에 따라서는 제안서와 함께 보고할 수 있다. 회계감사원은 모든 보고에서 국민의회뿐만 아니라 동시에 연방수상에게도 전달해야 한다. 회계감사원의 보고는 국민의회에 대한 제안서에 따라 공표된다.

② 회계감사원의 보고에 대한 심리를 위해서 국민회의에는 상설 위원회가 설치된다. 설치에서는 비례선거의 원칙이 준수되어야 한다.

제127a조 ① 회계감사원에 의한 감사를 받아야 하는 것은 인구 2만 명 이상의 지방자치단체의 경영과 지방자치단체의 기관이나 지방자치단체의 기관에 의해 임명되는 자(인적 공동체)에 의해 관리되는 재단, 펀드 및 시설의 경영이다. 감사는 숫자상의 정확성, 기존의 규정과의 합치, 나아가 절약성, 경제성 및 합목적성에까지 이르러야 한다.

제127b조 ① 회계감사원은 법적이고 직업적인 대의기관의 경영을 감사할 권한이 있다.

제127c조 주의 영역에서 회계감사원과 같은 종류의 기관을 설치하면 주헌법에 제126a조 제1문에 상응하는 규정을 둘 수 있다. 제126a조 제2문은 이 경우에도 적용된다.

제128조 회계감사원의 설치와 업무에 관한 상세한 규정은 연방법률로 정한다.

[이탈리아]

제100조 ... 회계감사원은 정부 조치의 합법성에 대해 예방적 통제권을 행사하고 예산운영을 감사한다. 회계감사원은 법률에 규정된 경우와 방식에 따라 국가로부터 정기적 예산 지원을 받는 단체의 재무 관리에 대한 감사에 참여한다. 감사 결과는 의회에 직접 보고한다.

... 기관과 그 구성원의 정부로부터의 독립성은 법률로 보장한다.

[체코]

제97조 (1) 감사원은 독립기관이다. 감사원은 국가재산의 관리 및 국가예산의 집행을 감독한다.

(2) 감사원장 및 부감사원장은 하원의 제청에 따라 대통령이 임명한다.

(3) 감사원의 법적 지위, 권한 및 조직구성과 기타 세부 사항은 법률로 정한다.

[헝가리]

제43조 (1) 감사원은 국회의 재정적 및 경제적 감사기관이 된다. 감사원은 법정 권한 내에서 국가예산의 집행, 공공재정의 관리, 공공재정으로부터 기금활용 및 국유자산관리를 감사한다. 감사원은 적법성, 실용성 및 효율성을 기준으로 그 업무를 수행한다.

(2) 감사원장은 국회의원 3분의 2 이상의 찬성으로 선출하고, 임기는 12년으로 한다.

(3) 감사원장은 감사원의 활동에 관한 연차보고서를 국회에 제출하여야 한다.

(4) 감사원의 조직 및 운영에 관한 세부규칙은 기본법률에서 정한다.

[남아프리카공화국]

제188조 (회계감사원의 기능) ① 회계감사원은 다음 대상 기관의 회계, 재무제표 및 재무 관리를 감사하고 보고해야 한다.

a. 중앙정부 및 주정부 내 모든 부처와 행정기관

b. 모든 지방자치단체

c. 필요한 그 밖의 모든 기관 또는 회계 실체

② 회계감사원은 전항에 규정된 임무 외에도, 법률에 따르는 것을 조건으로 하여, 다음 각 기관의 회계, 재무제표 및 재무 관리를 감사하고 보고할 수 있다.

a. 국가 세입 기금 또는 주 세입 기금 또는 지방자치단체가 지원하는 재정으로 운영되는 모든 기관

b. 법률에 따라 공익적 목적을 위해 자금을 수취할 수 있는 권한을 갖는 모든 기관

③ 회계감사원은 회계 감사 활동에 대해 직접적인 이해관계가 있는 모든 입법기관은 물론, 법률에서 정한 그 밖의 모든 기관을 대상으로 감사 보고서를 제출해야 한다. 모든 보고서는 일반에 공개해야 한다.

④ 회계감사원은 법률에서 정한 별도의 권한 및 기능을 추가로 담당한다.

제189조 (임기) 회계감사원은 5~10년의 범위 내에서 임기를 정하여 임명되며, 중임할 수 없다.

[터키]

제160조 감사법원은 터키 대국민회의를 대신하여 일반 및 추경예산의 재정을 수령하는 정부부처의 세입, 세출 및 자산과 관련한 모든 회계를 감사하고, 주무관청의 활동 및 회계에 관한 최종결정을 의결하며 법률이 부여한 조사, 감사 및 판결기능을 행사한다. 관련 당사자는 결정의 서면 통지일로부터 15일 이내에 감사법원의 최종결정에 대한 재고 요청을 1회에 한하여

제기할 수 있다. 이러한 결정의 사법적 검토에 관한 신청은 행정법원에 제출할 수 없다.

세금 및 유사한 재정적 의무와 관련하여, 최고행정법원과 감사법원 간 결정이 상충할 경우, 최고행정법원의 결정이 우선한다.

지방행정의 회계에 관한 감독 및 최종결정은 감사법원에 의해 이루어진다.

감사법원의 설립과 직무, 감독절차, 감사법원 재판관의 자격 임명 업무 및 의무, 권한 및 책임 기타 재판관의 신분과 관련한 문제, 감사법원 원장 및 재판관의 신분보장은 법률로 정한다.

2. 자문기구

[네덜란드]

제79조 ① 국가의 입법 및 행정과 관련된 제반 사안에 필요한 자문을 제공할 상임 자문 기관들은 법률에 따라 혹은 그에 준거해 설립한다.

② 자문 기관들의 조직, 구성 및 권한은 법률로 정한다.

③ 자문 기관들은 법률에 따라 기본적인 자문 업무 이외에 별도의 임무를 추가로 위임 받을 수 있다.

제80조 ① 본 장에 인용된 각 기관에서 제공한 권고 사항들은 법률에 따라 일반에 공포한다.

② 법률에 정해진 경우 외에는, 국왕 또는 그 대리인이 제출한 법안에 대한권고 사항은 의회에 제출한다.

1) 국가안전보장회의

[대한민국]

제91조 ① 국가안전보장에 관련되는 대외정책·군사정책과 국내정책의 수립에 관하여 국무회의의 심의에 앞서 대통령의 자문에 응하기 위하여 국가안전보장회의를 둔다.

② 국가안전보장회의는 대통령이 주재한다.

③ 국가안전보장회의의 조직·직무범위 기타 필요한 사항은 법률로 정한다.

[러시아]

제83조 러시아연방 대통령은

g) 그 지위가 연방법률에 의하여 규정되는 러시아연방 국가안보회의를 구성하고 주재[한다].

[스웨덴]

정부조직법 제10장 제11조 정부는 국가에 중요한 외교관계와 관련된 문제를 외교자문회의에 계속 보고하고, 필요하면 이 문제에 관해 외교자문회의와 협의한다. 중요한 의의가 있는 외교정책 문제에 대하여 정부는 가능하면 결정하기 전에 외교자문회의와 협의한다.

정부조직법 제10장 제12조 외교자문회의는 의장과 의원 중에서 선출된 9인으로 구성한다. 외교자문회의의 구성에 관한 세부 사항은 의회법으로 정한다.

외교자문회의는 정부가 집회한다. 최소한 구성원 4인이 특정 문제에 관한 협의를 요청하면 정부는 회의를 집회해야 한다. 회의는 국가원수 또는 그의 부재 시 수상이 주재한다.

외교자문회의 구성원과 기타 관계자는 그 자격으로 알게 된 정보를 타인에게 전달할 때 주의

한다. 회의 주재자는 무조건의 비밀유지의무를 명할 수 있다.

2) 경제·사회·과학심의 기구

[대한민국]

제93조 ① 국민경제의 발전을 위한 중요정책의 수립에 관하여 대통령의 자문에 응하기 위하여 국민경제자문회의를 둘 수 있다.

② 국민경제자문회의의 조직·직무범위 기타 필요한 사항은 법률로 정한다.

제127조 ③ 대통령은 제1항의 목적을 달성하기 위하여 필요한 자문기구를 둘 수 있다.

[프랑스]

제69조 ① 경제·사회 및 환경위원회는 정부에서 회부한 정부제출법안, 법률명령안, 명령안 및 경제·사회 및 의원 발의법안에 대하여 의견을 표명한다.

② 경제·사회 및 환경위원회는 양원에 대하여 위원회에 회부된 위 초안들, 정부제출법안, 의원 발의법안에 대한 의견을 개진할 수 있게 하기 위하여 1인의 의원을 지명할 수 있다.

③ 조직법이 정하는 방법에 따라 경제·사회 및 환경위원회에 회부할 수 있다. 위원회는 신청내용에 관하여 검토한 다음, 정부와 의회에 후속조치를 제안한다.

제70조 정부와 의회는 경제적, 사회적 및 환경에 관한 모든 쟁점에 대하여 경제·사회 및 환경위원회의 자문을 구할 수 있다. 정부는 공공재정에 관한 다년간의 운용방향을 정하는 국정운영법안에 위원회의 자문을 구할 수 있다. 경제적, 사회적 또는 환경적 성격을 갖는 모든 계획 또는 국정운영법안은 위원회에 회부되어 그 의견을 청취한다.

제71조 경제·사회 및 환경위원회의 구성은 233인을 초과할 수 없고, 그 운영규칙은 조직법으로 정한다.

[필리핀]

제12장 제9조 의회는 대통령을 수장으로 하는 독립적인 경제기획기구를 수립할 수 있으며, 이 기구는 적절한 공공기관, 다양한 민간부문 그리고 지방경제 단위와의 협의 후 의회에 국가발전을 위한 지속적으로 통합되고 조율된 프로그램과 정책을 권고하고 시행해야 한다.

의회가 달리 정하지 않는 한, 국가경제개발청은 정부의 독립된 계획기구로서 기능한다.

Ⅸ. 선거관리

[대한민국]

제114조 ① 선거와 국민투표의 공정한 관리 및 정당에 관한 사무를 처리하기 위하여 선거관리위원회를 둔다.

② 중앙선거관리위원회는 대통령이 임명하는 3인, 국회에서 선출하는 3인과 대법원장이 지명하는 3인의 위원으로 구성한다. 위원장은 위원중에서 호선한다.

③ 위원의 임기는 6년으로 한다.

④ 위원은 정당에 가입하거나 정치에 관여할 수 없다.

⑤ 위원은 탄핵 또는 금고 이상의 형의 선고에 의하지 아니하고는 파면되지 아니한다.

⑥ 중앙선거관리위원회는 법령의 범위안에서 선거관리·국민투표관리 또는 정당사무에 관한 규칙을 제정할 수 있으며, 법률에 저촉되지 아니하는 범위안에서 내부규율에 관한 규칙을 제정할 수 있다.

⑦ 각급 선거관리위원회의 조직·직무범위 기타 필요한 사항은 법률로 정한다.

제115조 ① 각급 선거관리위원회는 선거인명부의 작성등 선거사무와 국민투표사무에 관하여 관계 행정기관에 필요한 지시를 할 수 있다.

② 제1항의 지시를 받은 당해 행정기관은 이에 응하여야 한다.

제116조 ① 선거운동은 각급 선거관리위원회의 관리하에 법률이 정하는 범위안에서 하되, 균등한 기회가 보장되어야 한다.

② 선거에 관한 경비는 법률이 정하는 경우를 제외하고는 정당 또는 후보자에게 부담시킬 수 없다

[멕시코]

제41조 ② 연방 입법부와 행정부는 다음에 규정하는 원칙에 따른 자유선거, 정식선거 및 정기선거에 의하여 교체된다.

Ⅴ. 국가는 법인격이 부여되고 재산을 소유하는 연방선거관리위원회라는 자율적 공공기관을 통하여 연방선거를 실시한다. 입법부, 전국정당 및 시민은 법률에 정하는 바에 따라

연방선거관리위원회에 참여한다.

선거절차에 관한 연방선거관리위원회의 지도원칙은 확실성, 적법성, 독립성, 공정성 및 객관성이다.

연방선거관리위원회는 선거관할권을 가지며 그 결정과 기능에 있어서 독립적이다. 연방선거관리위원회는 경영기구, 집행기구, 기술기구 및 감시기구로 구성된다. 총괄위원회는 연방선거관리위원회의 최고관리기관으로서, 의결권이 있는 위원장 1명과 선거관리위원 8명, 의결권이 없는 의회위원, 정당 대표 및 사무국장으로 구성된다. 총괄위원회 기관의 구성 및 기능과 해당 기관 간의 지휘관계는 법률로 정한다. 집행기구 및 기술기구는 선거절차를 진행하는데 필요한 자격을 갖춘 인력을 고용한다. 감사실은 연방선거관리위원회의 모든 수입과 지출을 기술 및 경영상 감독할 책임을 진다. 연방관리위원회와 그 직원 간의 노사관계에 대해서는 선거법 및 총괄위원회의 승인을 얻은 규칙을 적용한다. 감독기구는 주로 전국정당의 대표로 구성한다. 투표소의 참관위원은 시민으로 구성한다.

총괄위원회 위원장의 임기는 6년으로 1회에 한하여 중임할 수 있다. 선거관리위원의 임기는 9년으로서 순차적으로 교체되고 중임할 수 없다. 위원장과 선거관리위원은 사회의 광범위한 여론 수렴을 거친 후에 원내 단체의 제안에 따라 출석한 하원의원 3분의 2의 찬성으로 선출된다. 위원장 또는 선거관리위원이 궐석인 때에는 잔여임기에 대한 후임자를 선출한다. 관련 규칙과 절차는 법률로 정한다.

위원장과 선거관리위원은 총괄위원회를 대표하고 교육, 과학, 문화, 연구 또는 자선단체에서 무보수로 수행하는 직무를 제외하고는 다른 직무를 겸임할 수 없다. 위원장과 선거관리위원의 보수는 대법원 재판관에게 지급되는 보수와 같다.

감사실장은 법률에 정한 형식과 조건에 따라 공립고등교육기관의 제안을 기초로 출석한 하원의원 3분의 2의 찬성으로 임명된다. 감사실장의 임기는 6년으로 1회에 한하여 중임할 수 있다. 감사실장은 행정적으로 총괄위원회의 위원장의 직속기구로서 연방감사원과 기술적인 협력을 유지한다.

사무국장은 위원장의 제안에 따라 총괄위원회의 3분의 2의 찬성으로 임명된다.

연방선거관리위원회의 총괄위원회 위원장, 선거관리위원, 감사실장 또는 사무국장의 임명에 필요한 자격요건은 법률로 정하고, 위원장, 선거관리위원 및 사무국장의 직무를 수행하는 자는 사임일로부터 2년 이내에는 자신이 관여한 선거로 선출된 공공기관의 직을 맡을 수 없다.

의회위원은 각 원의 정당소속 원내 단체가 지명한다. 양원의 승인에 관계없이 각 원내 단체마다 1명에 한한다.

연방선거관리위원회는 법률에 규정된 사항 이외에 시민교육 및 훈련, 선거구, 정당과 단체의 권리와 특권, 인구조사 및 연방선거인명부, 선거자료 인쇄, 선거 준비, 법률에 정한 방식에 따른 개표, 선거의 유효 선언 및 상원의원 및 하원의원의 당선증 교부, 각 선거구에서 대통령 선거 개표, 선거감시 및 여론조사의 규제와 관련된 활동에 대하여 종합적이고 직접적인 책임을 진다. 모든 공공기관의 회의는 법률에 따라 공개하여야 한다.

연방선거관리위원회 총괄위원회 기술기구는 전국정당의 재정을 감사하는 기구로서, 행정적 자치권이 있고 기구의 장은 위원장의 제안에 따라 총괄위원회 3분의 2의 찬성으로 임명된다. 이 기구의 조직 및 기능과 총괄위원회에 의한 제재절차는 법률로 정한다. 기술기구는 그 기능을 수행함에 있어서 은행, 신탁 또는 회계상 비밀의무의 제한을 받지 아니한다.

기술기구는 주(州)에서 정당을 규제하는 기관이 은행, 신탁 또는 회계상 비밀의무의 제한을 극복할 수 있는 수단이 된다.

연방선거관리위원회는 요청하는 주(州)의 관할기관과의 합의를 통하여 관련 법률이 정하는 바에 따라 지방선거를 조직한다.

제60조 ① 헌법 제41조에 규정하는 연방선거관리위원회는 법률이 정하는 바에 따라 각 소선거구와 각 주(州)에서 실시한 하원의원 및 상원의원 선거의 유효를 선언하고 상대다수를 득표한 후보자에게 각각 당선증을 교부하며, 헌법 제56조와 법률에 따라 제1소수당에게 상원의석을 할당한다. 또한, 연방선거관리위원회는 헌법 제54조와 법률에 따라 선거의 유효를 선언하고 비례대표원칙에 상응하는 하원의석을 할당한다.

② 유효 선언, 당선증 교부, 하원 또는 상원 의석할당에 관한 결정은 법률에 정한 방식에 따라 연방선거법원의 지방법원에 제소할 수 있다.

③ 전 단락에 규정하는 지방법원의 판결에 대하여 정당이 항소하는 때에는 연방고등선거법원만이 심리할 수 있다. 다만, 해당 항소는 선거결과를 바꿀 수 있는 것이어야 한다. 연방고등선거법원의 판결은 확정적이고 불복할 수 없다. 항소제도의 요건과 절차는 법률로 정한다.

[필리핀]

제6장 제17조 상원과 하원은 각각의 의원에 대한 선거, 당선 및 자격과 관련한 모든 분쟁에 대한 유일한 판단자인 선거관리위원회를 각각 둔다. 각 선거관리위원회는 9명의 위원들로 구성되며, 이 중 3명의 위원은 대법원장이 지명한 대법원 판사로 구성되고 나머지 6명의 위원들은 정당과 정당을 대변하는 정당명부제하에 등록된 정당 또는 단체의 비례대표를 기준으로 선정되는 상원 또는 하원의 의원들로 구성한다. 선거관리위원회 내의 선임 재판관이 의장이 된다.

제9장 C. 제1조 ① 선거위원회는 필리핀에서 태어난 국민이어야 하며 임명 당시 35세 이상이고 대학 학위 소유자이며 바로 이전 선거에서 선출직의 후보가 아니었던 위원장과 6명의 위원으로 구성한다. 그러나 위원장을 포함한 위원의 과반수는 10년 이상 동안 변호사 업무에 종사한 적이 있는 필리핀 변호사 협회의 회원이어야 한다.

② 위원장과 위원은 재임명 없이 7년을 임기로 임명위원회의 동의를 얻어 대통령에 의해 임명된다. 첫번째 임명된 위원 중 3명의 위원은 7년간, 2명의 위원은 5년간, 마지막 위원은 3년간 재직한다. 결원에 대한 임명은 선임자의 잔여기간에 한하여 이루어진다. 어떠한 경우라도 위원은 임시 또는 권한대행으로 임명 또는 지명되지는 않는다.

제2조 선거위원회는 다음의 권한과 기능을 행사한다.

① 선거, 국민투표, 국민발안, 국민소환의 진행과 관련된 모든 법률과 규정을 집행하고 관리한다.

② 모든 지역, 주, 시의 선출직 공무원의 선거, 당선 및 자격과 관련한 모든 분쟁에 관한 독점적 관할권과 일반관할권을 가진 재판 법원이 결정한 선출직 지자체 공무원과 관련된 또는 제한된 관할권을 가진 재판 법원이 결정한 선출직 바랑가이(Barangay) 공무원과 관련된 모든 분쟁에 대한 항소 관할권을 행사한다.

지자체 및 바랑가이 선출직 공무원과 관련한 선거분쟁에 관한 위원회의 결정, 최종명령 또는 판단은 최종의 행정적 결정으로도 항소할 수 없다.

③ 투표권과 관련된 문제를 제외한, 투표소 수와 장소의 결정, 선거관리자 및 검사자의 임명 그리고 투표자등록을 포함한 선거에 영향을 미치는 모든 문제를 결정한다.

④ 자유, 질서, 정직, 평화, 신뢰 선거를 보장할 목적으로 대통령의 동의하에 필리핀 군대를 포함한 법 집행기관과 정부 산하기관에 업무를 위임한다.

⑤ 다른 요구사항과 함께 정부의 정강이나 정책을 제시해야 하는 정당, 조직 또는 연합체를 충분한 공표 후 등록한다. 그리고 선거위원회의 시민 기구를 임명한다. 종교적 분파와 종파는 등록되지 않아야 한다.

폭력 또는 불법적 수단을 통해 목적을 성취하고자 하는 자 또는 헌법의 보존과 준수를 거부하는 자 또는 외국 정부의 지원을 받는 자는 마찬가지로 등록이 거부된다.

외국정부와 그 기관이 정당, 조직, 연합체 또는 선거와 관련된 후보자에게 제공한 금전적 기여는 내정간섭으로 여겨지고, 금전적 기여를 받은 경우 법률로 정한 다른 처벌의 근거가 될 뿐만 아니라 위원회에서 한 등록 취소에 관한 추가적인 근거가 된다.

⑥ 입증된 민원이 제기되었을 때 또는 자체 발의로 투표자의 포함 또는 제외에 관한 탄원을 법원에 제기한다.

선거사기, 위법행위 및 부정행위를 구성하는 행위 또는 부작위를 포함한 선거법 위반 사건을 조사하고, 적절한 경우 기소한다.

⑦ 선전물이 부착되어야 할 장소의 제한을 포함한 선거지출의 최소화와 모든 형태의 선거사기, 위법행위, 부정행위 그리고 불법후보자 방지 및 처벌을 위한 효과적인 방안을 의회에 권고한다.

⑧ 위원회의 지침, 명령 또는 결정의 위반이나 경시 또는 불복종을 근거로 위원회가 업무를 위임한 관리자 또는 피고용인의 해임이나 그 밖의 처벌조치 부과를 대통령에게 권고한다.

⑨ 각각의 선거, 국민투표, 국민발안, 국민소환 진행에 관한 종합적인 보고서를 대통령과 의회에 제출한다.

제3조 선거위원회는 전원 배석 또는 두 분과로 나뉘어 의사를 결정할 수 있으며, 사전 선언 분쟁을 포함한 선거사건의 처리를 신속히 하기 위해 절차규칙을 공표한다. 이러한 모든 선거사건은 분과 형태로 청취되고 결정된다.

단, 결정에 대한 재심신청은 전원합의체 위원회에 의해 결정된다.

제4조 위원회는 선거기간 중 운송 또는 기타 공공시설, 통신 또는 정보매체의 운영에 대한 특권이나 특혜, 정부 소유 또는 통제하의 기업 또는 그 자회사를 포함한, 정부 또는 부처, 관청 또는 그 산하기관이 허가한 모든 보조금, 특권 또는 이권의 향유 및 이용을 감독 또는 규제할 수 있다. 이러한 감독이나 규제는 자유, 질서, 정직, 평화, 신뢰 선거의 개최라는 목적과 관련하여 후보자 간 공공정보 캠페인과 포럼의 평등한 기회와 이를 위한 공평한 비율을 보장하는 것을 목적으로 한다.

[오스트리아]

제26a조 선거 전에 국민회의에 의해 새로 구성되는 선거관청은 유럽의회의 선거, 국민회의의 선거, 연방대통령의 선거와 국민투표의 시행과 지휘 및 국민발안과 국민청의의 검토에 참여할 의무가 있다. 여기에는 투표권이 있는 참관인으로서 선거에 참여한 정당과 연방선거관청의 대표자 및 재임 중이거나 퇴임한 판사가 들어 있어야 한다. 참관인의 수는 국민회의 선거규정으로 정할 수 있다. 비판사 참관인은 선거참가 정당의 제청을 토대로 지난 국민회의 선거에서 확정된 비례에 따라 임명된다. 그 경우 지난번에 선출된 국민회의에서 대표를 낸 선거참가 정당 가운데 참관인의 임명을 요구할 권한이 없는 정당도 연방선거관청에 한 명의 참관인을 제청할 권리는 있다.

[남아프리카공화국]

제190조 (선거관리위원회의 기능) ① 선거관리위원회는

a. 법률에 따라 국회, 주의회 및 지방의회의 의원 선거를 관리해야 한다.
b. 그러한 선거가 자유롭고 공정하게 실시될 수 있도록 보장해야 한다.
c. 그러한 선거 결과를 합리적으로 가능한 한 짧은 기간으로서 법률에서 정하는 기간 내에 발표해야 한다.

② 선거관리위원회는 법률에서 정한 별도의 권한 및 기능을 추가로 담당한다.

제191조 (선거관리위원회의 구성) 선거관리위원회는 3인 이상의 위원으로 구성해야 한다. 선거관리위원의 수와 임기는 법률로 정해야 한다.

[터키]

제79조 (2007년 5월 31일 개정) 선거는 사법기관의 행정 및 감독 하에 실시된다.

중앙선거위원회는 선거 전 기간에 걸쳐 공정하고 질서 있는 선거행위가 이루어질 수 있도록 모든 업무를 수행하고, 조사를 수행하며 선거 기간 및 그 후에 선거와 관련한 모든 부정행위, 불만, 이의에 대해 최종 결정을 내리고 터키 대국민회의 의원 및 대통령 선거의 당선을 승인한다.

중앙선거위원회 및 그 밖의 선거 위원회의 기능과 권한은 법률로 정한다.

중앙선거위원회는 7명의 상임위원과 4명의 대리인으로 구성된다. 위원 중 6명은 고등법원 본회의에서, 5명은 최고행정법원 본회의에서 자체 위원 중에서 비밀투표와 위원의 절대 다수로 선출된다.

중앙선거위원회 위원은 비밀투표와 절대 다수결로 위원 중에서 의장과 부의장을 선출한다.

고등법원과 최고행정법원에서 중앙선거위원회에 선출된 위원 중 각 그룹의 두 위원은 추첨을 통해 대표위원으로 지정된다. 중앙선거위원회의 의장과 부의장은 이 절차에 참여할 수 없다.

헌법개정 시 법안에 대한 국민투표와 국민에 의한 공화국 대통령 선거에 관한 행정 및 감독은 대의원 선거와 관련한 조항과 동일한 조항을 따라야 한다.

X. 지방자치

[대한민국]

제117조 ① 지방자치단체는 주민의 복리에 관한 사무를 처리하고 재산을 관리하며, 법령의 범위 안에서 자치에 관한 규정을 제정할 수 있다.

② 지방자치단체의 종류는 법률로 정한다.

제118조 ① 지방자치단체에 의회를 둔다.

② 지방의회의 조직·권한·의원선거와 지방자치단체의 장의 선임방법 기타 지방자치단체의 조직과 운영에 관한 사항은 법률로 정한다.

[러시아]

제5조 1. 러시아연방은 동등한 권리를 가지는 연방의 주체로서 공화국, 지방, 주, 연방직할시, 자치주, 자치관구들로 구성한다.

제12조 러시아연방에서는 지방자치가 인정되고 보장된다. 지방자치는 각 주체들의 권한 범위 내에서 독자적으로 시행한다. 지방자치기구들은 국가권력기구 체계에 포함되지 않는다.

제130조 1. 러시아연방 지방자치제도는 지방적 의의를 갖는 문제에 대한 주민들의 자치적 해결과 자치기구 재산에 대한 소유, 사용 및 처분권을 보장한다.

2. 지방자치는 국민투표, 선거 등 직접적 형태의 의사표시와 지방자치기구를 통하여 시민들에 의하여 실시된다.

제131조 1. 지방자치는 도시 및 농촌 거주지와 기타지역에서 그 지방의 역사와 전통 등을 고려하여 시행한다. 지방자치기구들의 구성은 주민들에 의해 독립적으로 결정된다.

2. 지방자치구역의 경계선 변경은 해당지역 주민들의 의견을 고려하여 시행한다.

제132조 1. 지방자치기구는 독립적으로 자치제 재산을 관리하며, 지방예산을 편성, 승인, 집행하며, 지방세와 부담금을 도입하고, 사회 질서를 유지하며, 지역적으로 중요한 그 밖의 문제를 해결한다.

2. 국가의 특정 권한이 법률에 의하여 지방자치기구에 위임될 수 있고, 권한 행사에 필요한 물질적, 재정적 수단도 자치 기구에 이전될 수 있다. 위임된 권한의 행사는 국가에 의해 통제된다.

第133조 러시아연방의 지방자치는 사법적 보호를 받을 권리, 연방기구가 채택한 결정의 결과로 발생한 추가 지출에 대한 보상을 받을 권리 및 러시아연방 헌법과 연방법률에 규정된 지방자치권의 제한금지가 보장된다.

[멕시코]

第115조 멕시코 합중국을 구성하는 주(州)는 내부제도로서 다음의 기준에 따라 정치 및 행정조직의 기초인 지방자치단 체로 구분되는 공화제, 대의제 및 민주제 정부를 채택한다.

Ⅰ. 각 지방자치단체는 주민의 직접선거로 선출된 시장과 법률이 정하는 수의 참의원 및 시의원으로 구성된 시의회가 통치한다. 시의회는 이 헌법이 지방자치단체에 부여하는 권한을 배타적으로 행사하고, 시의회와 주(州)정부 간의 중재기관은 두지 아니한다...

Ⅱ. 지방자치단체는 법인격을 가지고 법률에 따라 자체 자산을 관리한다...

Ⅲ. 지방자치단체는 다음의 기능과 공공서비스를 담당한다...

Ⅳ. 지방자치단체는 소유한 자산에서 발생한 수익과 주(州)의회가 승인한 세금 및 기타 수입으로 구성된 재산을 자유롭게 관리할 수 있다. 지방자치단체의 재산은 다음 사항을 포함한다...

Ⅴ. 지방자치단체는 관련 연방 및 주(州) 법률이 정하는 조건에 따라 다음 행위를 할 권한이 있다...

Ⅵ. 2개 이상의 주(州)의 지방자치단체 구역에 위치한 2개 이상의 도시중심지가 연속된 인구지역을 형성하거나 형성하는 경향이 있는 때에는 연방, 주(州) 및 지방자치단체는 그 권한 범위 내에서 관련 연방 법률에 따라 공동으로 해당 중심지의 개발을 계획 및 규제하기 위하여 협력하여야 한다.

Ⅶ. 시 경찰은 주(州)공공안전법이 정하는 바에 따라 시장이 통수한다. 시 경찰은 불가항력 또는 중대한 치안방해의 경우에는 주(州)지사의 명령을 따른다.
대통령은 정기적으로 또는 일시적으로 거주하는 장소에서 공권력을 지휘한다.

Ⅷ. 주(州) 법률은 모든 지방자치단체 의회의 선거에 비례대표원칙을 도입하여야 한다.
지방자치단체와 그 공무원 간의 노사관계는 헌법 제123조와 그 관련 규정에 따라 주(州)의회가 제정한 법률을 적용한다.

[프랑스]

제1조 ① ...프랑스는 지방 분권을 기초로 하여 이루어진다.

제72조 ① 공화국의 지방자치단체는 꼬뮌, 도, 광역지방, 특별지방자치단체, 제74조의 적용을 받는 해외령으로 구성한다. 이 항에 규정된 하나의 또는 수개의 지방자치단체를 대체하기 위하여 다른 지방자치단체가 설치되는 경우에는 이는 법률에 의하여 설치된다.

② 지방자치단체는 지방자치단체 차원에서 가장 잘 행사될 수 있는 권한하에서 제기되는 모든 사항에 대하여 결정을 하여야 한다.

③ 지방자치단체는 법률이 정하는 바에 따라 지방의회를 통하여 자율적으로 행정권을 행사하고, 그 권한을 행사하기 위하여 행정입법권을 가진다.

④ 조직법이 정하는 바에 따라, 지방자치단체 또는 지방자치단체연합은 공공의 자유권 또는 헌법에 의하여 보장되는 권리의 행사를 위한 필수불가결한 요건에 영향을 미치는 경우를 제외하고는, 법률 또는 규칙에서 정하는 바에 따라, 일정한 경우에, 제한된 목적과 기간 동안 실험

적으로, 그 권한의 행사에 관하여 규정하는 법률 또는 행정입법 규정에 따르지 않을 수 있다.
지방자치단체는 다른 지방자치단체에 영향력을 행사할 수 없다. 다만, 특정한 권한을 행사함에 있어 여러 지방자치단체의 결합적 행위가 요구되는 경우에는, 그러한 지방자치단체 또는 지방자치단체연합 중 하나는 그러한 결합된 행위에 관하여 정한 법률에 의하여 권한을 부여받을 수 있다.

⑤ 공화국의 지방자치단체에서 정부의 각 구성원을 대표하는 정부대표는 국가의 이익, 행정적 감독, 법률의 준수에 대한 책임을 가진다.

제72-1조 ① 각 지방자치단체의 유권자들이 해당 지방의회에 그 소관사항을 의사일정에 포함시킬 것을 구하는 신청권의 행사요건에 관하여는 법률로 정한다.

② 조직법이 정하는 바에 따라, 지방자치단체는 그 소관에 속하는 결정안 또는 법률안을 주민투표에 회부할 수 있다.

③ 특별지방자치단체의 설치 또는 조직의 변경을 하려는 경우에는 법률에 따라 관련 지방자치단체들에 등록된 유권자들에 대한 주민투표를 실시할 수 있다. 지방자치단체들의 경계를 변경하는 경우에도 법률에 따라 주민투표를 실시할 수 있다.

제73조 ① 법률과 행정입법은 해외·도·지역에서도 자동적으로 적용된다. 지방자치단체들의 특성과 제한에 따라 법률과 행정입법을 변경할 수 있다.

② 지방자치단체는 일정한 경우에 법률이나 행정입법에서 부여한 권한에 따라 그 소관사항에 해당하는 법률과 행정입법을 변경할 수 있다.

③ 각 지방자치단체들의 특성을 반영하기 위하여 첫째 문단에 대한 예외로서, 이 조에서 규정하는 지방자치단체는 일정한 경우에 법률이나 행정입법에서 부여한 권한에 따라 그 소관사항 중 일정한 사항에 대하여 해당 지역 내에서 적용되는 규칙을 정할 수 있다.

④ 위 규칙으로는 국적, 시민적 권리, 시민의 자유의 보장, 개인의 지위와 능력, 사법조직, 형법, 형사소송절차, 외교, 국방, 치안, 공공 질서, 화폐, 차관, 외환, 선거법에 관하여 정할 수 없다. 조직법은 제외대상을 구체화되고 보완하여 정할 수 있다.

⑤ 셋째, 넷째 문단은 레유니옹島에서는 적용되지 아니한다.

⑥ 둘째, 셋째 문단 기재의 권한은 조직법에서 정하는 요건과 유보에 따라 관련 지방자치단체의 요구에 의하여 부여된다. 이러한 권한은 시민의 자유, 헌법에 의하여 보장된 권리의 행사를 필수조건에 영향을 주는 경우에는 부여되지 아니한다.

⑦ 제72-4조에서 정하는 바에 따라 해당 유권자들의 사전 동의가 없는 한, 법률로 해외·도·지역을 지방자치단체로 대체하여 설치하거나 두 지방자치단체를 관할하는 단일 지방의회를 설립할 수 없다.

제74조 ① 이 조의 적용을 받는 해외지방자치단체는 공화국내에서 각각의 고유한 이익을 반영한 지위를 가진다.

② 지방자치단체의 지위는 다음 사항에 관한 지방의회의 의견개진을 거쳐 채택된 조직법으로 정한다.

- 법률과 행정입법의 적용 요건
- 지방자치단체의 권한. 이미 해외 지방자치단체에 이양된 권한 외에, 조직법에 의하여 구체화되고 보완되는 제73조 넷째 문단에 열거된 권한의 이양은 허용되지 아니한다.
- 지방자치단체들의 조직, 제도운영에 관한 규칙 및 지방의회 선거제도

- 특히 지방자치단체에 관련되는 조항을 포함하는 정부제출법안, 의원 발의법안, 법률명령안, 명령안에 관하여 그 기관들의 의견개진 요건 및 소관사항과 관련 있는 국제협약의 비준 또는 승인

③ 조직법은 자치권을 가진 지방자치단체의 다음 권한에 관하여도 규정할 수 있다.

- 국사원은 법률의 소관사항에 해당하는 사항에 관한 지방의회의 일정한 결정에 대하여 특정한 사법심사권을 행사한다.
- 지방의회는 지방자치단체의 새로운 지위가 발효된 이후에 공포된 법률이라고 하더라도, 그 지방자치단체의 제소에 따라 헌법위원회가 그 법률이 그 지방의회의 권한 범위 내라고 판단한 경우에는, 이를 개정할 수 있다.
- 지방자치단체는 지역적 필요에 따라, 그 주민을 위한 취업, 창업, 택지보호의 조치를 취할 수 있다.
- 지방자치단체는 중앙정부의 감독 하에서, 전국적인 영역에서의 시민적 자유의 보장을 준수하면서 그 권한을 행사할 수 있다.

④ 이 조의 적용을 받는 지방자치단체의 특수한 조직은 해당 지방의회와의 협의를 거쳐 법률로써 결정되고 개정된다.

제74-1조 정부는 법률이 관련 규정들에 대하여 이와 같은 절차를 사용하는 것을 명시적으로 금지하고 있지 않는 한, 제74조에서 정한 해외지방자치단체 및 뉴칼레도니아에서 국가의 소관사항에 관하여 본토에서 발효 중인 법률조항을 적절한 변경을 거쳐 법률명령에 의하여 확대적용하거나, 해당 지방자치단체의 특정한 조직에서 적용되는 법률조항을 적절히 적용할 수 있다.

법률명령은 관련 지방의회 및 국사원의 의견청취 후 국무회의에서 발령한다. 법률명령은 공표 즉시 발효된다. 법률명령은 공표된 날로부터 18개월 이내에 의회에서 비준되지 아니하는 경우에는 폐기된다.

[필리핀]

제2장 제25조 국가는 지방정부의 자율권을 보장한다.

제10장 제2조 지역적 및 정치적 하부단위는 지역적 자율성을 향유한다.

제3조 의회는 지방정부법을 제정한다. 지방정부법은 국민소환, 국민발안, 국민투표의 효과적인 메커니즘을 활용한 분권화 시스템에 따라 제도화된 보다 민감하고 책임감 있는 지방정부를 수립하고, 다양한 지방정부 단위에 고유의 권한, 책임 및 자원을 배정하며 지방 공무원의 자격요건, 선거, 임명 및 해임, 임기, 보수, 권한 및 직무, 의무 그리고 지역 단위의 조직 및 운영과 관련된 그 밖의 모든 사안들을 규정한다.

제4조 필리핀 대통령은 지방정부에 대한 일반 감독을 행사한다. 주(州)는 그 구성 도시 및 지자체와 관련하여 그리고 시와 지자체는 그 구성 바랑가이와 관련하여 구성단위의 활동이 규정된 권한과 기능 범위 내에 있도록 해야 한다.

제5조 지방정부 단위는 지방 자율성의 기본 정책에 따라 자체 세입원을 규정하고 의회가 규정한 지침과 제한에 따라 세금, 이용료 및 요금을 징수할 수 있는 권한을 가진다. 세금, 이용료 및 요금은 지방정부에 독점적으로 귀속된다.

제6조 지방정부 단위는 법률로 정한 바에 따라 지방정부에 자동으로 제공되어야 하는 국세에서 공정한 몫을 가진다.

제7조 지방정부는 직접적 이익을 주는 방식을 통하여 주민들과 동등한 몫을 나누는 것을 포함하여 법률로 정한 방식으로 각각의 지역 내에서 국부의 활용과 개발 과정에서 공평한 몫을 부여 받는다.

제8조 법률로 정한 바랑가이 공무원을 제외한 선출직 지방 공무원의 임기는 3년으로 하며 어떠한 공무원도 세 번 이상 연임할 수 없다. 그 기간과 상관없이 공직의 자발적 사임은 선출된 전체 임기 동안의 연속성을 중단하는 것으로 간주되지 않는다.

제9조 지방정부의 입법기관은 법률로 정한 바와 같이 구역 대표성을 가진다.

제10조 지방정부법 내 수립된 기준을 따르는 경우와 직접적으로 영향을 받는 정치 단위 내 주민투표에서 과반수의 득표를 통한 승인을 받는 경우를 제외하고는 어떠한 주, 시, 지자체 또는 바랑가이도 설립, 분할, 통합, 폐기될 수 없으며 그 경계가 실질적으로 변경될 수 없다.

제11조 의회는 법률에 따라 본 장의 제10조에 규정된 주민투표를 통해 특별시의 정치 하부단위를 설립할 수 있다.

그 구성 도시 및 지자체는 기본적인 자율성을 유지해야 하며 자체 지방 행정부 및 의회를 가질 수 있어야 한다. 이에 따라 설립될 특별시 기관의 관할권은 조정을 요하는 기본 역무로 국한된다.

제12조 법률로 정한 바에 따라 고도로 도시화된 시와 그 설립헌장에서 유권자의 선출직 주 공무원에 대한 투표를 금지하고 있는 구성도시는 해당 주(州)로부터 독립적이어야 한다. 이러한 금지조항을 포함하고 있지 않은 설립헌장을 가진 주(州) 내 구성 도시의 유권자는 선출직 주 공무원에 대한 투표권을 박탈당하지 않는다.

제13조 지방정부 단위들은 법률에 따라 공통 이익을 목적으로 여러 단위가 그룹을 형성하거나 정책과 역무 및 자원을 합병 또는 조정할 수 있다.

제14조 대통령은 지역 내 단위의 자율성을 강화하고 해당 지역 내 단위의 경제 및 사회적 성장과 발전을 촉진시키기 위해 행정적 분권화를 목적으로 해당 지역 내 지방 공무원, 지역부처 장, 기타 정부 공직 그리고 비정부 단체의 대표자로 구성된 지역 발전위원회 또는 그 밖의 유사한 단체를 설립한다.

제16조 대통령은 법률이 성실하게 집행되도록 자치구역에 대한 일반 감독권을 행사한다.

제17조 헌법 또는 법률에 따라 자치구역에 허가되지 않은 모든 권한과 기능 및 책임은 중앙정부에 속한다.

제18조 의회는 여러 부문단체가 추천한 지명자 명단에서 대통령이 임명한 대표자로 구성된 지역 자문위원회의 지원과 참가 하에 각 자치구역의 조직법을 제정한다. 조직법은 행정부와 입법부로 구성된 해당 지역 정부의 기본 구조를 정의하며, 행정부와 입법부는 모두 구성 정치단위의 선출직과 대의원이 된다. 이 조직법은 마찬가지로 헌법 및 국내법의 조항과 일치하는 사법, 가족법 및 재산법의 관할권을 가진 특별 법원을 규정한다.

자치구역 설립은 해당 목적을 위해 요청된 주민투표에서 선거구 단위들의 과반수 득표를 통해 승인된 경우에 효력을 가진다. 단, 주민투표에서 찬성투표를 한 주, 시 및 지리적 영역만 해당 자치구역에 포함된다.

제20조 지역적 관할권 내에서 그리고 헌법과 국내법의 조항에 따라 자치구역의 조직법은 다음에 대한 입법권한을 규정한다.

① 행정 조직

② 세입원 설립
③ 고유영역과 천연자원
④ 개인, 가족 및 재산 관계
⑤ 지역적 도시 및 농촌계획 개발
⑥ 경제, 사회, 관광 개발
⑦ 교육정책
⑧ 문화유산의 보존과 발전
⑨ 해당 지역 주민의 일반 복지를 추구하기 위해 법률로 승인된 그 밖의 사안

제21조 해당 지역 내 평화와 질서의 유지는 적용 가능한 법률에 따라 조직, 관리, 감독, 활용하는 지방 경찰청의 책임에 속한다. 해당 지역의 방어 및 안보는 중앙정부의 책임에 속한다.

[그리스]

제101조 ① 국가 행정부는 지방 분권의 원칙에 따라 조직된다.
② 국가의 행정부 분할은 지역경제, 사회 및 교통 상황을 근거로 이루어진다.
③ 국가의 지방 행정부는 각 지역의 사안에 대한 최종 일반 결정권한을 갖는다. 국가의 중앙 행정부는 특별 권한에 추가하여 법률에 따라 지방 행정부의 행위의 적법성에 대한 일반적인 지도, 조정 및 평가 권한을 갖는다.
④ 입법부와 행정부는 규제 권한을 행사할 때 도서 및 산간 지역의 발전 등 특별한 상황을 고려하여야 한다.

제102조 ① 지방 행정은 제1급 및 제2급 지방 정부기관이 행사한다. 지방 행정은 지방 정부기관의 권한으로 추정한다. 지방행정 업무의 범위와 범주, 그리고 각 급의 지정에 대한 사항은 법으로 정한다. 법률로 국가의 임무에 해당하는 권한을 지방 정부기관이 행사하도록 할 수 있다.
② 지방 정부기관은 행정적 및 재정적 독립성을 누린다. 지방 정부기관의 책임자는 법률에 따라 보편·비밀 투표로 선출된다.
③ 법은 업무 수행, 서비스제공 및 지방 정부기관의 권한 행사를 위하여 강제적 또는 자발적인 지방정부협회를 구성하도록 할 수 있다. 이들 협회는 선출된 행정부에 의해 통치된다.
④ 국가는 적법성의 평가에 대해서만 지방 정부기관에 대한 감독 권한을 행사할 수 있으며 지방 정부기관의 주도권과 행위의 자유를 방해해서는 아니 된다. 적법성의 평가는 법률에 따라 실시한다. 법적 직위 박탈이나 직무 정지와 관계된 경우를 제외하고, 선출된 지방 정부기관의 행정부에 대한 징계는 법률에 따라 과반수가 판사로 구성된 위원회의 일치된 의견으로만 부과할 수 있다.
⑤ 국가는 지방 정부기관의 임무 수행과 권한 행사를 위해 필요한 재정적 독립성을 보장하고 동시에 그 예산 관리의 투명성을 보장하기 위해 필요한 입법, 규제 및 회계 조치를 채택한다. 국가에서 징수한 세금을 지방 정부기관 사이에 분배하는 일과 관련된 사안은 법으로 정한다. 중앙 행정부에서 지방 행정부로의 권한 이양에는 해당 예산의 이양도 수반된다. 지방 정부기관에서 직접 징수하는 지방세의 결정 및 징수와 관련된 사안은 법으로 정한다.

[네덜란드]

제123조 ① 각 주 정부 및 지방자치단체는 법률에 따라 해산할 수 있으며 새로운 정부 및 지자체를 구성할 수 있다.

② 각 주 및 시의 경계를 수정하는 절차는 법률로 정한다.

제124조 ① 내부 문제를 규제 및 관리할 각 주정부 및 지방자치단체의 권한은 각 행정기관에 위임할 수 있다.

② 각 주정부 및 지방자치단체의 행정기관들은 법률로 정한다.

제125조 ① 각 주정부 및 지방자치단체의 운영에 관한 책임은 주의회 및 시의회에서 각각 담당한다. 법률에 별도로 명시된 경우가 아닌 한 주의회 및 시의회의 각종 회의는 공개적으로 진행한다.

② 각 주의 행정부는 주집행위원회 및 주지사로 구성되며 지방자치단체의 행정부는 시집행위원회 및 시장으로 구성된다.

제127조 법률에 명시되어 있는 경우를 제외하고는 각 주 및 시의 조례는 주 의회 또는 시 의회에서 각각 제정한다.

제128조 제123조에 명시된 경우가 아닌 한 제124조 제1항에 인용된 권한은 주의회 또는 시의회가 제125조에 명시되어 있지 않은 기관들에게 위임할 수 있다.

제129조 ① 주의회 및 시의회의 의원들은 각 주 또는 지방자치단체에 거주하는 주민이자 의회 하원 선거권을 가진 네덜란드 국민에 의해 직접 선출된다. 이와 동일한 조건들은 의원의 자격에도 적용된다.

② 주의회 및 시의회의의원들은 법률에 명시된 각 주 및 시의 관할구역 내에서 비례대표제를 통해 선출된다.

③ 제53조 제2항 및 제59조 규정을 적용한다. 제57조의a를 준용한다.

④ 법률에 별도의 규정이 없는 한 주의회 및 시의회의 임기는 4년으로 한다.

⑤ 주의회 및 시의회의 의원을 겸직할 수 없는 직위들은 법률로 정한다. 또한 가족 연고나 혼인은 의원직을 수행하는데 지장을 초래할 수 있으며 법률에 명시된 몇몇 행정적 결정의 위임은 의원직이 상실되는 결과를 초래할 수 있음을 법률로 규정할 수도 있다.

⑥ 의원들은 투표를 통해 의결권을 행사할 때 명령이나 지시에 구속되지 아니한다.

제130조 시의원 선거권 및 피선거권은 법률에 따라 네덜란드 국민이 아닌 네덜란드 거주자들에게도 부여할 수 있다. 단, 그러한 자들은 적어도 네덜란드 국민이자 네덜란드에 거주하는 자들에게 적용되는 요건을 충족해야 한다.

제131조 주지사와 시장은 국왕의 칙령에 따라 임명한다.

제132조 ① 각 주정부 및 지방자치단체의 조직과 이들 행정기관의 구성 및 권한은 법률로 정한다.

② 각 행정기관의 감독은 법률로 정한다.

③ 각 행정기관은 법률에 명시된 경우에 한해 사전 감독을 받는다.

④ 각 행정기관의 결정은 법률에 위배되거나 공익과 상충되는 사유가 있을 때 오로지 국왕의 칙령에 따라서만 파기할 수 있다.

⑤ 제124조 제2항에 따라 요구되는 규제 및 관리를 준수하지 않는 경우에 대한 규정은 법률로 정할 수 있다. 이러한 규정은 각 주정부 또는 지방자치단체 산하 행정기관의 현저한 의무 소홀에 관한 제125조 및 제127조 규정과 관계없이 마련할 수 있다.

⑥ 각 주정부 및 지방자치단체의 행정기관에서 부과할 수 있는 각종 세금과 이들 행정기관과 중앙정부의 재정 관계는 법률로 정한다.

[덴마크]

제82조 지방자치단체가 국가 감독 하에 독립적으로 자치할 권리는 법률로 정한다.

[독일]

제28조 (1) 각 주의 헌법질서는 기본법상의 공화적, 민주적, 사회적 법치국가의 원칙에 부합하여야 한다. 주, 군(시), 기초 지방자치단체에는 국민이 보통, 직접, 자유, 평등, 비밀선거로 선출한 대표기관이 구성된다. 군, 기초지방자치단체의 선거에 있어서는 유럽공동체 회원국의 국적을 가진 자도 유럽공동체 법이 정하는 바에 따라 선거권과 피선거권을 가진다. 기초 지방자치단체에서는 선출된 의회 대신에 면민회의를 둘 수 있다.

(2) 기초 지방자치단체에는 법률의 범위 내에서 지역 공동체의 모든 사안을 자기의 책임으로 규율할 권리가 보장되어야 한다. 기초 지방자치단체의 연합도 법률상 직무의 범위 내에서 법률이 정하는 바에 따라 자치행정권을 가진다. 자치행정의 보장은 재정적인 자기책임의 원칙도 포함한다. 이 원칙에는 기초 지방자치단체에 세율결정권과 함께 부여된 경제력과 관련된 조세원이 속한다.

(3) 연방은 주의 헌법질서가 기본권과 제1항 및 제2항의 규정에 부합하도록 보장한다.

제106조 (5) 지방자치단체는 주 지방자치단체 주민의 소득세 납부에 근거하여 주로부터 지방자치단체에 전달되어야 하는 소득세 수입의 몫을 받는다. 자세한 사항은 연방참사원의 동의를 요하는 연방법률로 정한다. 이 법률은 지방자치단체가 그의 몫에 관한 징세율을 확정하도록 정할 수 있다.

(5a) 1998년 1월 1일부터 지방자치단체는 판매세의 수입에서 몫을 받는다. 그 몫은 주가 지역 및 경제에 관련한 기준에 근거하여 지방자치단체에 전달한다. 자세한 사항은 연방참사원의 동의를 요하는 연방법률로 정한다.

(6) 토지세와 영업세의 수입은 지방자치단체에 귀속되며, 지역적 소비세와 사치세의 수입은 지방자치단체에 또는 주법이 정하는 바에 따라 지방자치단체연합에 귀속된다. 지방자치단체는 그 법률의 범위 내에서 토지세와 영업세의 징수율을 확정할 권한이 있다 주에 어떤 지방자치단체도 없는 경우에는 토지세와 영업세 및 지역적 소비세와 사치세의 수입은 주에 귀속된다. 연방 및 주는 할당금을 통하여 영업세의 수입에 참여할 수 있다. 할당금에 관한 자세한 사항은 연방참사원의 동의를 요하는 연방법률로 정한다. 주법이 정하는 비율에 따라 토지세와 영업세 및 소득세와 판매세 수입의 지방자치단체 몫은 할당금을 위한 산정기준으로 삼을 수 있다.

(7) 공동조세 총수입 중 주의 몫에서 주법이 정하는 비율이 전체적으로 지방자치단체 및 지방자치단체연합에 귀속된다. 그 밖에 주의 조세수입이 지방자치단체(지방자치단체연합)에 귀속되는지 여부 및 정도는 주법이 정한다.

(8) 연방이 개별 주 또는 지방자치단체(지방자치단체연합)에 직접적인 추가지출 또는 수입감소(특별부담)의 원인이 되는 특별한 시설을 하게 할 경우 연방은 주 또는 지방자치단체(지방자치단체연합)가 특별부담을 할 것으로 기대될 수 없는 때에는 필요한 조정을 한다. 제3자의 보상급부와 시설의 설치로 인하여 주 또는 지방자치단체(지방자치단체연합)가 얻게 되는 재정적 이익은 조정에 있어서 참작된다.

(9) 지방자치단체(지방자치단체연합)의 수입과 지출은 이 조에서 말하는 주의 수입과 지출에 해당된다.

제106a조 1996년 1월 1일부터 공공의 근거리 여객운송을 위하여 일정 금액이 연방의 조세수입으로부터 주에 귀속된다. 자세한 사항은 연방참사원의 동의를 요하는 연방법률로 정한다...

[룩셈부르크]

제107조 ① 코뮌은 영토를 기반으로 자율적 단체를 형성하고, 법인격을 지니며 그들의 기관을 통하여 그들의 재산과 고유한 이익을 관리한다.

② 각 코뮌에는 그 주민들에 의해 직접 선출된 지방의회가 있다. 선거권자와 피선거권자가 되기 위한 요건은 법률에 의해 정해진다.

③ 지방의회는 매년 코뮌의 예산을 수립하고 결산한다. 지방의회는 긴급한 경우를 제외하고는 자치법규를 제정한다. 지방의회는 대공의 승인을 받아 지방세 과세를 결정할 수 있다. 대공은 지방의회를 해산시킬 수 있다.

④ 코뮌의 행정은 단체장과 부단체장들의 협의체 감독하에 관리되고, 그 구성원들은 지방의회 의원들 중에서 선택되어야 한다. 단체장과 부단체장 협의체 구성원들이 충족시켜야 할 국적의 조건은 헌법 제114조 제2항의 조건에 따라 가결된 법률에 의해 결정한다.

⑤ 법률은 코뮌 기관들의 구성, 조직 및 권한을 정한다. 법률은 지방공무원들의 지위를 확정한다. 코뮌은 법률에 정한 방식으로 교육 실행에 참여한다.

⑥ 법률은 지방관리의 감독을 규정한다. 법률은 지방기관들의 몇 가지 행위를 감독당국의 승인을 받도록 할 수 있고 그 행위가 불법이거나 전체의 이익에 반할 때 사법 또는 행정법원의 권한을 침해하지 않고 그 취소나 정지를 규정할 수 있다.

제108조 호적등본의 작성 및 대장의 관리는 전적으로 지방당국의 권한에 속한다.

[벨기에]

제41조 자치도시 또는 주(州)의 고유 사무는 헌법이 정하는 원칙에 따라서 시의회 또는 주(州) 의회가 규율한다. 제134조의 규정은 자치도시의 고유사무를 규제할 권한을 부여받은 자치도시 내의 지방 기관의 권한, 실무 규칙 및 선출 방식을 규정한다.

인구 10만 이상의 자치도시 내에 지방기관을 설치할 수 있다. 그 구성원은 직접 선출된다. 제4조 마지막 단락에 규정된 바와 같이 과반수로 채택된 법률의 이행에 있어서 연방 법률 또는 제134조의 규정에 따라 다른 요건들과 해당 자치도시 내의 지방 기관들의 설치 방법을 정한다.

연방 법률과 제134조의 규정은 관련 의회의 재적의원 과반수가 출석하고 유효투표의 2/3의 찬성으로만 채택될 수 있다.

자치도시 또는 주(州)의 고유사무는 해당 자치도시 또는 주(州)에서 주민투표의 대상이 될 수 있다. 제134조의 규정은 주민투표의 절차 및 준비사항에 대하여 규정한다.

[스웨덴]

정부조직법 제1장 제7조 스웨덴에는 지방 및 지역 자치단체가 있다.

정부조직법 제14장 제1조 스웨덴은 시 및 주 평의회를 둔다. 이들 자치단체의 의사결정권은 선출된 의회가 행사한다.

정부조직법 제14장 제2조 자치단체는 지방자치의 원칙에 따라 공공의 이익에 관한 지방 및 지역적 사안을 담당한다. 이에 관한 상세규칙은 법률로 정한다. 같은 원칙에 따라 자치단체는 법률로 정하는 기타 사항을 담당한다.

정부조직법 제14장 제3조 지방자치에 대한 제한은 그 제한의 목적에 관하여 필요한 범위를 초과할 수 없다.

정부조직법 제14장 제4조 자치단체는 그 사무의 관리를 위하여 세금을 부과할 수 있다.

정부조직법 제14장 제5조 자치단체는 평등한 재정기반을 달성하는데 필요한 경우 법률에 따라 다른 자치단체가 부담하는 비용을 출연할 의무를 질 수 있다.

정부조직법 제14장 제6조 국가의 일부를 자치단체로 변경하는 근거는 법률로 정한다.

[스위스]

제50조 ① 지방자치는 주법이 정하는 범위 내에서 보장한다.

② 연방은 그 활동이 자치단체에 미칠 수 있는 영향을 감안한다.

③ 연방은 도시지역, 대도시지역 및 산악지역의 특수성을 감안한다.

[스페인]

제2조 헌법은 모든 스페인 국민 공동의 불가분의 조국인 스페인의 분리불가능한 통일성에 근거하고 있으며 스페인을 구성하는 국민 및 모든 지방의 자치권과 이들 간의 연대를 확인하고 보장한다.

제137조 국가는 지역상 시·군·구, 현, 자치주로 구성한다. 이러한 자치단체는 모두 각자의 이익을 위한 자치권을 가진다.

제138조 ① 국가는 스페인 영토 내 다른 지역 간의 적절하고도 정당한 경제적 균형의 확립에 노력하고, 특히 도서문제를 고려함으로써 헌법 제2조에 규정된 연대의 원칙의 효과적 실현을 보장한다.

② 각 자치주의 조례 간의 차이는 어떠한 경우에도 경제적 또는 사회적 특권을 의미하지는 아니한다.

[아이슬란드]

제78조 지방자치단체는 법률에 규정된 바에 따라 독립적으로 업무를 처리한다. 지방자치단체의 재원과 그 사용 방법을 결정할 권리는 법률로 정한다.

[아일랜드]

제28A조 1. 국가는 지역 사회의 민주적 대의제에 관한 포럼 제공, 법률로 부여된 지역사회 수준의 권한과 기능의 행사 및 수행 그리고 지역 자체의 발안권에 의한 지역사회의 이익 촉진에 있어서 지방 정부의 역할을 인정한다.

2. 법률로 정할 수 있는 직접선거방식의 지방정부가 있으며, 지방 정부의 권한과 기능은, 본 헌법의 조항에 의거하여 결정되며 법률에 따라 행사 및 수행된다.

[오스트리아]

제115조 ① 다음 조항들에서 언급되는 자치단체는 지방자치단체로 이해되어야 한다.

② 연방의 권한이 명시적으로 정해져 있지 않은 경우에는 주입법은 지방자치단체법을 본 절의 다음 조항들의 원칙에 따라 제정해야 한다. 제118조, 제118a조 및 제119조에 따라 지방자치단체에 의해 처리되어야 하는 사항을 규정할 권한은 이 연방헌법의 일반규정에 따라 정해진다.

③ 오스트리아의 지방자치단체연맹과 오스트리아 도시연맹은 지방자치단체의 이익을 대변한다.

제116조 ① 모든 주는 지방자치단체로 분류된다. 지방자치단체는 자치권을 지닌 지역단체임과

동시에 행정구역이다. 모든 토지는 하나의 지방자치단체에 속해야 한다.

② 지방자치단체는 독립적인 경제단체이다. 그것은 일반적인 연방법률과 주법률의 범위 내에서 모든 종류의 재산을 점유, 취득, 처분하고, 독자적으로 경제적인 기업을 운영하며, 재정헌법의 범위 내에서 예산을 운영하고 조세를 부과할 권리를 갖는다.

③ 2만 명 이상의 인구를 가진 지방자치단체에게는 주의 이익이 침해되지 않는다면 지방자치단체의 신청으로 주법률에 의해 독자적인 규약(시법)이 부여되어야 한다. 그러한 법률의결은 연방정부의 동의가 있어야만 공표된다. 연방정부가 법률의결안이 관할 연방부처에 제출된 날부터 8주 내에 주지사에게 법률의결이 거부되었음을 통지하지 않으면 동의가 있는 것으로 본다. 독자적인 규약을 가진 시는 지방자치단체 행정업무 외에 구역행정업무도 처리해야 한다.

제116a조 ① 고유권한에 관한 개별 업무를 처리하기 위해서 지방자치단체는 합의를 통해 지방자치단체연맹을 결성할 수 있다. 그러한 합의는 감독관청의 승인이 필요하다. 승인은 법률에 부합하는 참여 지방자치단체의 합의가 제출되고 지방자치단체연맹의 결성이 다음과 같을 때 명령으로 한다.

1. 고권행정업무를 처리하는 경우에 연맹의 결성이 자치단체로서의 참여지방자치단체의 기능을 위험하게 하지 않는 경우
2. 사권의 주체로서 지방자치단체의 업무를 처리하는 경우에 지방자치단체연명의 결성이 합목적성, 경제성 및 절약성이라는 측면에서 참여 지방자치단체의 이익이 되는 경우

② 합목적성을 위하여 관계법률(제10조 내지 제15조)은 개별적인 업무의 처리를 위해서 지방자치단체의 결성을 규정할 수 있으나, 이로 인하여 자치행정단체와 행정구역으로서의 지방자치단체의 기능이 위험에 처해져서는 안 된다. 집행의 분야에서의 지방자치단체연맹의 결성의 경우 참여 지방자치단체가 사전에 청문되어야 한다.

③ 지방자치단체연맹이 지방자치단체의 고유한 권한에 관한 사항을 처리해야 하는 경우, 연맹에 속한 지방자치단체에게 지방자치단체연맹의 업무를 처리하는 데 결정적인 영향력이 부여되어야 한다.

④ 주입법은 지방자치단체연맹의 조직을 규정해야 한다. 이 경우 지방자치단체연맹의 기관으로 모든 연맹소 속 지방자치단체에서 선출된 대표로 이루어진 연맹총회와 연맹의장이 규정되어야 한다. 합의를 통해서 결성되는 지방자치단체연맹에 대해서 지방자치단체의 가입과 탈퇴와 지방자치단체연맹의 해산에 관한 상세한 규정이 제정되어야 한다.

⑤ 지방자치단체연맹에 의해 처리되어야 하는 사항을 규정할 권한은 이 연방헌법의 일반규정으로 정한다.

제117조 ① 지방자치단체의 기관으로는 다음과 같은 것이 규정되어야 한다.

a) 지방자치단체의 선거권자에 의해 선출되는 일반대의기관인 지방자치단체의회
b) 지방자치단체이사회(시의회), 독자적인 규약을 가진 시의 경우에는 시참사회
c) 시장

② 지방자치단체의회는 당해 지방자치단체에 주된 주소가 있는 남성과 여성 국민의 평등, 직접, 개인적, 자유, 비밀 선거권에 의거하여 비례선거의 원칙에 따라 선출된다. 그러나 선거규정은 당해 지방자치단체에 주된 주소가 아닌 주소를 가지고 있는 국민도 선거권이 있다고 규정할 수 있다. 선거규정은 선거권과 피선거권의 조건을 주의회 선거규정보다 더 엄격하게 규정하여서는 안 된다. 그러나 당해 자치단체에서의 체류가 명백하게 일시적인 경우 당해 자치단체에서

의 체류기간이 아직 1년이 되지 않은 자는 선거권과 피선거권이 없다고 규정할 수 있다. 선거규정에 정해진 조건 하에서 유럽연합의 다른 회원국의 국적을 가지고 있는 사람도 선거권과 피선거권이 있다. 선거규정은 선거인이 정해진 구역을 갖는 선거구에서 선거권을 행사하도록 규정할 수 있다. 다른 선거단체에서의 선거인단의 구성은 인정되지 않는다. 제26조 제6항은 준용된다. 선거입후보자 명단이 제출되지 않은 경우 투표용지에 이름이 가장 빈번하게 언급되는 사람이 선출되는 것으로 선거규정에 규정할 수 있다.

③ 지방자치단체의회의 의결을 위해서는 의결정족수에 해당하는 참석한 구성원의 단순과반수의 찬성이 필요하다. 그러나 특정한 사항에 대해서는 다른 의결조건이 규정될 수 있다.

④ 지방자치단체의회의 회의는 공개적이지만 예외가 규정될 수 있다. 지방자치단체예산이나 지방자치단체결산을 심사하는 경우에는 반드시 공개로 하여야 한다.

⑤ 지방자치단체의회에 대표를 낸 선거정당은 그 총원에 비례하여 지방자치단체이사회에 대표를 파견할 권한이 있다.

⑥ 시장은 지방자치단체의회에서 선출된다. 주헌법에 지방자치단체의회의 선거권이 있는 자가 시장을 선출한다고 규정할 수 있다. 이 경우 제26조 제6항이 준용된다.

⑦ 지방자치단체의 업무는 지방자치단체관청(시청)을 통해서, 독자적인 규약을 가지고 있는 시의 업무는 시청을 통해서 처리된다. 시청의 내부근무의 지휘를 위해서 법에 정통한 행정관리가 시행정관으로 임명되어야 한다.

⑧ 지방자치단체의 고유한 권한에 관한 사항에서는 주입법자는 지방자치단체의회의 선거권이 있는 자의 직접적인 참여와 협조를 규정할 수 있다.

제118조 ① 지방자치단체의 권한은 고유권한과 연방 또는 주에 의해 위임된 권한이다.

② 고유권한은 제116조 제2항에 언급된 사항 이외에 지방자치단체가 존재하는 지역 공동체에 전적으로 또는 중대한 이익이 되고 공동체에 의해 그 지역 내에서 처리되는 데 적합한 모든 사항을 포함한다. 법률은 그러한 사항을 지방자치단체의 고유권한으로 명시해야 한다.

③ 지방자치단체에게는 고유권한의 처리를 위해서 특히 다음 사항에 관한 관청의 업무가 보장된다.

1. 상급지역선거관청의 권한을 침해하지 않는 지방자치단체기관의 임명. 지방자치단체의 업무처리를 위한 내부조직의 규정
2. 상급지역의 징계, 자격 및 시험위원회의 권한을 침해하지 않는 지방자치단체근무자의 임명과 근무고권의 행사
3. 지방 보안경찰(제15조 제2항), 지방 행사경찰
4. 지방자치단체의 교통행정, 지방도로경찰
5. 경지보호경찰
6. 지방 시장경찰
7. 지방 건강경찰, 특히 지원과 구조제도 및 시체와 매장제도의 영역에서
8. 풍속경찰
9. 연방 고유의 건물이 아닌 공적인 목적(제15조 제5항)에 봉사하는 건물을 대상으로 하는 경우 지방 건설경찰, 지방 소방경찰, 지방 도시계획
10. 재판 외 분쟁조정을 위한 공공기관
11. 동산의 임의매각

④ 연방과 주의 법률과 명령의 범위 내에서 지방자치단체는 고유한 권한에 관한 사항을 자신의 책임 하에 지시에 구속되지 않고—제119a조 제5항의 규정의 유보 하에—지방자치단체 외부의 행정기관에 대한 불복절차를 배제하고 처리해야 한다. 연방과 주에는 지방자치단체에 대해서 고유권한의 처리에 대한 감독권이 있다. 제12조 제2항의 규정은 영향을 받지 않는다.

⑤ 시장, 지방자치단체이사회 구성원(시의회, 시평의회) 및 필요한 경우 임명되는 지방자치단체의 다른 기관은 지방자치단체의 고유권한에 속하는 업무의 수행에 대해서 지방자치단체의회에 책임을 진다.

⑥ 고유권한에 관한 사항에서 지방자치단체는 자유롭게 직접적으로 예상되는 지방공동체의 생활을 방해하는 피해를 예방하거나 존재하는 지방공동체의 생활을 방해하는 피해를 제거하기 위한 지방경찰명령을 발령하고 명령위반을 행정위반으로 선언할 권한을 가진다. 그러한 규정은 연방과 주의 기존의 법률과 명령을 위반해서는 안 된다.

⑦ 지방자치단체의 신청에 따라 고유권한에 관한 개별 사항들의 처리는 제119a조 제3항에 따라 주정부 또는 주지사의 명령을 통해서 국가의 관청으로 이관될 수 있다. 그러한 명령에 의해 연방관청으로 권한이 이관되는 경우 연방정부의 동의가 필요하다. 주지사의 명령으로 권한이 주관청으로 이관되어야 한다면 주정부의 동의가 필요하다. 그러한 명령은 그것을 발령하게 된 근거가 사라지면 곧 폐지되어야 한다. 이관은 제6항에 따른 명령권한에까지 이르지는 않는다.

⑧ 지방자치단체 경비대의 설치나 그 조직의 변경은 연방정부에 통고되어야 한다.

第118a조 ① 연방법률이나 주법률을 통해서 지방자치단체 경비대의 소속원에게 지방자치단체의 동의하에 관할 관청의 집행업무를 처리하도록 위임할 수 있다.

② 지방자치단체의 동의하에 구역행정관청은 지방자치단체 경비대의 소속원에게 공공보안업무에 관한 그 밖의 기관과 똑같은 범위 내에서 행정형법을 취급할 권한을 부여할 수 있다. 이러한 권한의 부여는 공공보안업무 기관이 행정형법절차의 대상을 형성하는 사항에 관하여 행정규정의 준수를 감시해야 하거나 이 사항이 지방자치단체의 권한 내에서 처리되어야 하는 경우에만 이루어질 수 있다.

第119조 ① 이관된 권한은 지방자치단체가 위임에 관한 연방법률에 따라, 연방의 명령이나 위임에 관한 주법률에 따라 그리고 주의 명령에 따라 처리해야 하는 사항을 포괄한다.

② 이관된 권한에 관한 사항들은 시장에 의해 처리된다. 이 경우 시장은 연방집행에 관한 사항에서는 연방의 관할 기관의 지시에 구속되고, 주집행에 관한 사항에서는 주의 관할 기관의 지시에 구속되며 제4항에 따라 책임을 진다.

③ 시장은 이관된 권한에 관한 사항을 고유한 권한에 관한 사항들과의 사물적 관련성을 이유로 그룹별로—그의 책임성과는 상관없이—지방자치단체이사회의 구성원(시참사회, 시평의회)과 제117조 제1항에 따라 설립된 다른 기관이나 협의체기관 및 그 구성원에게 자신의 이름으로 처리하도록 위임할 수 있다. 이러한 사항들에서는 해당 기관이나 그 구성원은 시장의 지시에 구속되고 제4항에 따라 책임을 진다.

④ 법률위반 및 명령이나 지시의 미준수로 인해 제2항과 제3항에서 언급된 기관은 고의나 중대한 과실이 있는 경우, 연방집행의 영역에서 활동하는 때에는 주지사에 의해, 주집행의 영역에서 활동하는 때에는 주정부에 의해 면직을 선언 받을 수 있다. 이러한 기관이 지방자치단체의회의 구성원인 경우 그 구성원 자격은 이로 인해 아무런 영향을 받지 않는다.

第119a조 ① 연방과 주는 지방자치단체가 고유권한을 처리함에 있어서 법률과 명령을 위반하지 않고, 특히 자신의 권한을 넘어서지 않으며, 법적으로 부과된 업무를 수행하도록 감독할 권한을 가진다.

② 나아가 주는 지방자치단체의 경영을 그 절약, 경제성 및 합목적성의 관점에서 검사할 권한을 가진다. 검사결과는 지방자치단체의회에 제출하기 위해 시장에게 전달되어야 한다. 시장은 검사결과를 근거로 한 조치를 3개월 내에 감독관청에 보고해야 한다.

③ 감독권과 그 법적인 규율에 관한 권한은 지방자치단체의 고유권한이 연방집행 분야의 사항을 포괄하는 경우에는 연방에 있고, 그 밖의 경우에는 주에 그 권한이 있다. 감독권은 일반국가 행정 관청에 의해서 행사된다.

④ 감독관청은 지방자치단체의 모든 사항에 대해서 보고받을 권리가 있다. 지방자치단체는 감독관청이 개별적인 경우에 요청하는 정보를 제공하고 현장검사를 수인할 의무가 있다.

⑤ 고유권한에 관한 사항에서 지방자치단체 기관의 결정으로 자신의 권리가 침해되었다고 주장하는 자는 심급순서에 따라(제118조 제4항) 결정이 있은 후 2주 내에 감독관청에 그 결정에 대해 이의를 제기할 수 있다. 감독관청은 이의신청인의 권리가 그 결정으로 침해된 경우 그 결정을 취소하여야 하고 새로운 결정을 하도록 그 사항을 지방자치단체로 이첩해야 한다. 독자적인 규약을 가지고 있는 시에 대해 관할 입법(제3항)은 감독관청에 이의제기를 할 수 없도록 규정할 수 있다.

⑥ 지방자치단체는 고유권한 내에서 발령한 명령을 감독관청에 지체 없이 보고해야 한다. 감독관청은 위법적인 명령의 경우 지방자치단체에 대해 청문한 후에 명령으로 취소하고 이에 대한 근거를 동시에 지방자치단체에 통보해야 한다.

⑦ 관할 입법(제3항)이 감독수단으로 지방자치단체의회의 해산을 규정하는 경우, 주가 감독권을 행사하는 경우는 주정부가, 연방이 감독권을 행사하는 경우는 주지사가 이러한 조치를 취하게 된다. 감독수단으로 대집행을 허용하는 것은 불가피한 경우로 제한되어야 한다. 감독수단은 제3자의 기득권을 가능한 한 보호하면서 행사되어야 한다.

⑧ 고유권한 내에서 지방자치단체가 취해야 하며, 상급지역의 이해관계와 특별한 관계가 있고 특히 재정적으로 매우 중요한, 개별적인 조치는 관할 입법(제3항)에 의해 감독관청의 승인에 구속될 수 있다. 승인의 거부의 이유로는 상급지방의 이익의 우선권을 명백하게 정당화하는 구성요건만이 규정되어야 한다.

⑨ 지방자치단체는 감독관청에서의 절차에서 당사자가 된다. 지방자치단체는 행정법원(제131조와 제132조) 과 헌법재판소(제144조)에 감독관청을 상대로 이의를 제기할 권리가 있다.

⑩ 본 조항의 규정은 지방자치단체의 고유권한에 관한 사항을 처리하는 지방자치단체연맹에 대한 감독에도 준용된다.

제120조 지방자치단체의 지역지방자치단체에로의 통합, 자치행정의 모델에 따른 지역지방자치단체의 설치 및 주에서의 일반국가행정조직에 대한 상세한 원칙의 확정은 연방헌법입법의 소관이다. 그 시행의 의무는 주입법에 있다. 지역자치단체의 근무자의 근무규약과 직무대리규약 사항에 대한 권한규정은 연방헌법입법의 소관이다.

제120a조 ① 사람들은 자신들에게 배타적이거나 우월적인 공동의 이익이 있고 공동으로 처리되기에 적합한 공적 업무를 스스로 처리하기 위해서 법률을 통해 자치행정단체로 통합될 수 있다.

② 공화국은 사회적 파트너의 역할을 인정한다. 공화국은 사회적 파트너의 자율을 존중하며

자치행정단체를 설립함으로써 사회파트너적인 대화를 촉진한다.

제120b조 ① 자치행정단체는 자신의 업무를 자신의 책임 하에 지시를 받지 않고 처리하고 법률의 범위 내에서 규칙을 제정할 권한을 가진다. 연방과 주에는 법률규정에 따라 행정실행의 합법성과 관련하여 그들에 대한 감독권이 있다. 나아가 감독권은 그것이 자치행정단체의 업무 때문에 필요하면, 행정실행의 합목적성까지도 대상으로 할 수 있다.

② 자치행정단체에게는 국가행정업무가 이관될 수 있다. 법률은 그러한 사항을 이관된 권한에 관한 사항으로 명시해야 하며 관할 최고행정기관에 대한 지시구속성을 규정해야 한다.

③ 법률로 국가적 집행에 대한 자치행정단체들의 협력의 형태가 규정될 수 있다.

제120c조 ① 자치행정단체의 기관은 그 구성원 중에서 민주주의적인 원칙에 따라서 구성되어야 한다.

② 자치행정단체가 절약하고 경제적으로 업무를 수행하는 것은 법률규정에 따라 그 구성원의 분담금이나 다른 수단을 통해 보장되어야 한다.

③ 자치행정단체는 독자적인 경제단체이다. 그것은 법률의 틀에서 그 업무의 수행을 위해 모든 종류의 재산을 취득, 점유, 처분할 수 있다.

[이탈리아]

제5조 국가는 하나이며 분할될 수 없다. 국가는 지방자치를 인정 및 촉진하고, 국가에 의존하는 서비스에 있어서 최대한의 행정적 분권화를 이행한다. 국가는 자치와 분권화의 요구에 따른 입법 원칙과 방식을 채택한다.

제114조 공화국은 시, 도, 대도시, 주, 국가로 구성된다. 시, 도, 대도시, 주는 헌법에 규정된 원칙에 따라 조례와 권한 및 기능을 가진 자치단체이다.

공화국의 수도는 로마이다. 그 지위는 국법으로 정한다.

제118조 도, 대도시, 주 또는 국가에 속하지 않는 행정 기능은 보완, 차별, 비례 원칙에 따라 시에 부여하여 균등한 이행을 보장한다.

시, 도, 대도시는 자체 행정 기능뿐 아니라 국가나 주법이 각각의 권한에 따라 할당한 기능도 이행한다. 국가 법률은 제117조 제2문의 제b호와 제h호에 해당하는 문제에서 국가와 주사이의 조정 행위, 그리고 문화유산 보존 분야에서의 합의와 조정 행위에 관해 규정한다.

국가, 주, 대도시, 도, 시는 보완 원칙에 따라 공익 활동과 관련하여 개인으로서와 단체의 일원으로서 국민의 자율적 발의를 촉진한다.

제119조 시, 도, 대도시, 주는 세입세출예산의 균형을 유지할 의무를 조건으로 세입과 세출에 대한 자주적 권리를 가지며, 유럽연합 법률이 부과하는 경제적 및 재정적 제약을 준수하는데 기여하여야 한다.

시, 도, 대도시, 주는 독립된 재정 자원을 가진다. 이들은 헌법과 공공 재정 및 조세 제도 조정 원칙에 따라 세금을 결정하여 부과하고 각자의 수입을 징수한다. 이들은 각각의 지역과 관련된 국가 세입을 분배한다. 국가 법률은 1인당 납세능력이 낮은 지역을 위하여 배당 제한이 없는 평등기금을 규정한다.

위에 언급된 수입원에서 나온 수입으로 시, 도, 대도시, 주는 각자에게 속한 공공 기능의 재원을 모두 충당한다.

국가는 경제 개발과 사회 통합 및 연대를 촉진하거나, 경제적, 사회적 불균형을 해소하거나,

개인의 권리 행사를 독려하거나, 시, 도, 대도시, 주의 통상적인 기능 이행에서 추구하는 것 이외의 목표를 달성하기 위해 특정 시, 도, 대도시, 주를 위해 추가 자원을 할당하고 특별 조치를 채택한다.

시, 도, 대도시, 주는 국가 법률이 규정한 일반 원칙에 따라 할당되는 자체 자산을 운용한다. 이들은 부수적으로 상각계획을 채택하고, 전체로서 각 주 당국의 예산균형 확보를 조건으로 투자경비조달의 수단으로서 차입에 의존할 수 있다. 이 경우 당해 당국을 위한 국가의 대출보증은 인정되지 않는다.

第132조 관계주민의 3분의 1 이상을 대표하는 시의회가 요구하고 주민투표의 과반수 찬성으로 승인되면, 주의회의 의견을 청취한 후 헌법률로써 기존 주를 통합하거나 인구 1백만 명 이상의 새로운 주를 창설할 수 있다. 주에서 분리되어 다른 주로의 통합을 요청하는 도와 시는 주민투표와 국법에 따라 허용되며 관련 주민의 과반수 찬성을 얻고 주 의회의 의견을 들어야 한다.

第133조 어떤 주 내에서 도의 경계선 변경 및 새로운 도의 설치는 시당국의 발의로 주와 협의 후 국법으로 정한다.

주는 관련 주민과 협의 후, 주법을 통해 자기 지역 내에 새 시를 설치하고 그 관할 구역과 명칭을 변경할 수 있다.

[일본]

第92조 [지방공공단체의 조직 및 운영에 관한 사항의 법정] 지방공공단체의 조직 및 운영에 관한 사항은 지방자치의 본지에 따라 법률로 정한다.

第93조 [지방공공단체의 기관·직접선거] ① 지방공공단체는 법률이 정하는 바에 따라 의사기관으로서 의회를 설치한다.

② 지방공공단체의 장과 그 의회의 의원 및 법률이 정하는 그 밖의 공무원은 지방공공단체의 주민이 직접 선거로 선출한다.

第94조 [지방공공단체의 권한] 지방공공단체는 그 재산을 관리하고 사무를 처리하며 행정을 집행하는 권한을 가지고 법률의 범위 내에서 조례를 제정할 수 있다.

第95조 [지방공공단체에 대한 특별법과 주민투표] 하나의 지방공공단체에만 적용되는 특별법은 법률이 정하는 바에 따라 그 지방공공단체의 주민투표에서 과반수의 동의를 얻지 못하면 국회가 이를 제정할 수 없다.

[체코]

第8조 지방자치단체의 자치권은 보장된다.

第99조 체코공화국은 기초지방자치단위인 지방자치단체와 상위자치단위인 광역지방자치단체로 분할된다.

第100조 (1) 지방자치단체는 자치권이 있는 국민의 지역공동체이다. 해당 지방자치단체가 행정구역을 구성하는 요건은 법률로 정한다.

(2) 기초지방자치단체는 항상 광역지방자치단체의 일부를 구성한다.

(3) 광역자치단체는 헌법률에 의한 경우에 한하여 설치 또는 폐지할 수 있다.

第101조 (1) 지방자치단체는 시의회가 독립적으로 운영한다.

(2) 광역자치단체는 지방의회가 독립적으로 운영한다.

(3) 기초지방자치단체는 지자체 재산을 소유하고 지자체 예산에 따라 업무를 관리하는 공법상 법인이다.

(4) 정부는 법률의 보호를 위하여 필요하고 법률로 정하는 방식에 따르는 경우에 한하여 기초지방자치단체의 활동에 개입할 수 있다.

제102조 (1) 시의원 또는 지방의원은 보통, 평등 및 직접 선거권에 기초한 비밀투표로 선출된다.

(2) 시의회 또는 지방의회의 임기는 4년으로 한다. 법률은 임기 만료 전에 차기 시의회 또는 지방의회의 선거를 요구하는 조건은 법률로 정한다.

제104조 (1) 시의회 또는 지방의회의 권한은 법률로만 규정한다.

(2) 시의회는 지방의회에 위임되는 사안을 제외하고는 기초지방자치단체의 제반 사안에 대하여 의결해야 한다.

(3) 시의회 또는 지방의회는 관할권의 범위 내에서 일반적인 구속력이 있는 지방조례를 제정할 수 있다.

제105조 법률로 규정하는 경우에 한하여 국정의 수행을 지방자치단체에 위임할 수 있다.

[헝가리]

제31조 (1) 헝가리에는 지방차원의 공공사무를 집행하고 공권력을 행사하기 위한 지방정부를 둔다.

(2) 법률로 정한 바에 따라 지방정부의 책임 및 권한에 속하는 사항에 관하여 주민투표를 할 수 있다.

(3) 지방정부의 규칙은 기본법률로 정한다.

제32조 (1) 지방정부는 지방차원의 공공사무를 집행함에 있어서 법률이 허용하는 범위에서

a) 조례를 채택하고,

b) 결정을 내리며,

c) 자율적 행정을 수행하고,

d) 그 조직 및 운영제도를 결정하며,

e) 지방정부재산의 소유자로서 권리를 행사하고,

f) 예산을 결정하고, 그에 따라 독립적 재무관리를 수행하며,

g) 의무적 임무수행에 지장을 초래하지 않는 범위에서 그 자산 및 세입으로 기업활동에 관여하고,

h) 지방세의 유형과 세율을 결정하고,

I) 지방정부의 상징을 제작하고, 지방 휘장과 명예 칭호를 확립하며,

j) 관련 기관에게 정보를 요구하고, 결정을 제시하며 의견을 표현하고,

k) 다른 지방정부와 자유롭게 유대하고, 이익대변을 위한 공조를 구축하며, 그 권한에 관하여 다른 국가의 지방정부와 협조하고, 국제적 지방정부 조직과 자유롭게 유대관계를 형성하며,

l) 기타 법정의 책임 및 권한을 행사한다.

(2) 지방정부는 그 권한 내에서 법률에 의하여 또는 법률의 위임에 의하여 규제되지 않는 지방의 사회적 관계를 규제하기 위한 지방조례를 채택하여야 한다.

(3) 지방조례는 기타 입법과 충돌할 수 없다.

(4) 지방정부는 그 조례를 공표한 후 즉시 광역시 또는 카운티정부사무소에 송부하여야 한다. 광역시 또는 카운티정부사무소는 조례 또는 그 규정이 위법한 것으로 인정되는 경우, 그 조례의 심사를 법원에 청구할 수 있다.

(5) 광역시 또는 카운티정부사무소는 조례를 제정하거나 의사를 결정할 지방정부의 법정의무 태만에 대한 확인을 법원에 청구할 수 있다. 지방정부가 태만의 확인에 대한 법원의 판결로 정한 날까지 조례를 제정하거나 의사를 결정할 법정의무를 계속하여 태만히 하는 경우에는 법원은 광역시 또는 카운티정부사무소의 요청에 따라 광역시장 또는 카운티정부사무소의 장에게 지방정부의 이름으로 해당 태만을 치유하기 위하여 요구되는 지방정부조례 또는 지방정부결정을 채택할 것을 명할 수 있다.

(6) 지방정부의 재산은 공공의 재산으로써 지방정부의 의무를 수행하는데 사용하여야 한다.

제33조 (1) 지방정부의 책임과 권한은 지방대표기구가 행사한다.

(2) 지방대표기구는 시장이 대표한다. 카운티 대표기구는 그 임기동안 대표로 행위할 자를 호선으로 선출하여야 한다.

(3) 지방대표기구는 기본법률로 정한 바에 따라 위원회를 선출하고 사무국을 설치할 수 있다.

제34조 (1) 지방정부 및 국가기관은 공동체의 목표를 달성하기 위하여 협조하여야 한다. 법률은 지방정부의 강제적 책임 및 권한을 정할 수 있다. 지방정부는 강제적 책임 및 권한의 수행에 대하여 비례적 예산 및 기타 재정지원을 받을 수 있다.

(2) 법률은 지방정부가 제휴를 통하여 강제적 의무를 수행하도록 허용할 수 있다.

(3) 법률 또는 법률이 위임한 정부조례는 예외적으로 시장, 카운티 대표기구의 장 및 대표기구 사무소의 장 또는 직원의 공공행정에 관한 의무와 권한을 규정할 수 있다.

(4) 정부는 광역시 및 카운티정부사무소를 통하여 지방정부에 대한 법적 감독을 수행한다.

(5) 법률은 지방정부의 예산균형을 유지할 목적으로 지방정부의 차입 또는 기타 위탁의 조건 또는 그에 대한 정부의 동의조건을 정할 수 있다.

제35조 (1) 선거인은 기본법률로 정한 방식으로 선거인의 의지를 자유롭게 표현할 수 있는 선거에서 직접·비밀투표로 지방대표 및 시장을 선출할 수 있는 보통 및 평등 선거권을 행사할 수 있다.

(2) 지방정부대표 및 시장의 일반선거는 전임 지방정부대표 및 시장의 일반선거 이후 5년째 되는 해의 10월에 실시한다.

(3) 지방대표기구의 임기는 지방대표 및 시장의 전국선거일로 종료한다. 선거가 후보자 부재로 취소되는 경우, 지방대표기구의 임기는 보궐선거일까지 연장된다. 시장의 임기는 신임 시장이 선출되는 날에 종료된다.

(4) 지방대표기구는 기본법률로 정한 바에 따라 해산하기로 결의할 수 있다.

(5) 정부가 헌법재판소와 상의한 후 제안하는 경우, 국회는 헌법을 위반하는 지방대표기구를 해산할 수 있다.

(6) 자발적 및 강제적 해산 시, 시장의 임기도 종료된다.

[남아프리카공화국]

제139조 (지방정부에 대한 주정부의 개입) ① 어떤 지방자치단체가 헌법 또는 법률에 따라 행정의무를 이행할 수 없거나 이행하지 않을 경우, 해당 주 행정부는 아래에 열거한 조치를 포함해

그러한 의무의 이행을 보장하기 위해 적절한 조치를 취하여 개입할 수 있다.

a. 지방의회에 지침을 발표하고 의무 불이행 범위를 설명하며 의무를 이행하기 위하여 필요한 조치를 진술

b. 다음을 위해 필요한 범위 내에서 해당 지방자치단체의 관련 의무에 대한 책임을 감당

 ⅰ. 필수적인 국가 표준을 유지하거나 서비스를 제공하기 위해 제정된 최소한의 표준 요건 충족

 ⅱ. 해당 지방의회가 다른 지방자치단체나 해당 주 전체의 이익을 침해하는 불합리한 조치를 취하지 못하도록 방지

 ⅲ. 경제적 단결 유지

c. 지방의회를 해산하고 새로 선출된 지방의회가 신임 의회로 공표될 때까지 행정관을 임명 (이례적인 상황으로 그러한 조치가 필요한 경우)

② 제1항 제b호에 따라 주 행정부가 지방자치단체의 행정에 개입할 경우,

a. 해당 주 행정부는 개입 통지서를

 ⅰ. 지방 정무를 담당하는 내각 구성원에게 제출해야 하며

 ⅱ. 해당 주의회 및 상원에 제출해야 한다. 이는 개입을 시작한 날로부터 14일 이내에 이루어져야 한다.

b. 다음 경우에 개입이 중단되어야 한다.

 ⅰ. 개입이 시작된 날로부터 28일 이내에 지방 정무를 담당하는 내각 구성원이 그러한 개입을 불승인할 경우 혹은 그러한 기간이 종료될 때까지 동 내각 구성원이 그러한 개입을 승인하지 않은 경우

 ⅱ. 개입이 시작된 날로부터 180일 이내에 상원이 그러한 개입을 불승인할 경우 혹은 그러한 기간이 종료될 때까지 상원이 그러한 개입을 승인하지 않은 경우

c. 개입이 지속되는 동안 상원은 개입 현황을 정기적으로 검토하고 적절한 권고 사항을 해당 주 행정부에 전달해야 한다.

③ 제1항 제c호에 따라 지방의회가 해산될 경우,

a. 해당 주 행정부는 즉시 해산 통지서를 다음 당사자에게 제출해야 한다.

 ⅰ. 지방 정무를 담당하는 내각 구성원

 ⅱ. 해당 주의회 및 상원

b. 지방의회의 해산은 상원에서 해산 통지서를 접수한 날로부터 14일 후에 발효된다. 단, 그러한 14일의 기간이 만료되기 전에 해당 내각 구성원 또는 상원이 지방의회의 해산을 무효화할 경우는 예외이다.

④ 어떤 지방자치단체가 헌법 또는 법률에 따라 예산안 또는 해당 예산안을 집행하기 위한 세입 확보 대책을 승인해야 할 의무를 이행할 수 없거나 이행하지 못할 경우, 해당 주 행정부는 지방의회의 해산을 비롯해 아래에 열거한 대책을 포함하여 해당 예산안 또는 세입 확보 대책을 승인할 수 있도록 보장하기 위한 적절한 조치를 취하여 개입해야 한다.

a. 새로 선출된 지방의회가 신임 의회로 공표될 때까지 행정관을 임명

b. 지방자치단체의 지속적인 기능 수행을 위한 임시 예산안 또는 세입 확보 대책 승인

⑤ 지방 재정의 위기로 인해 어떤 지방자치단체가 기본적인 서비스를 제공해야 할 의무 또는 재정적 약정을 이행해야 할 의무를 중대하게 혹은 지속적으로 위반할 경우 또는 자신의 의무

또는 재정적 약정을 이행할 능력이 없음을 인정할 경우, 해당 주 행정부는

a. 기본적인 서비스를 제공할 의무 또는 재정적 약정을 이행할 수 있는 지방자치단체의 능력을 확보하는데 목적을 둔 회복 계획을 부과해야 한다. 이때 그러한 회복 계획은

ⅰ. 법률에 따라 마련되어야 하며

ⅱ. 지방자치단체의 재정 위기를 해결하는 데 필요한 범위 내에서, 지방자치단체의 입법 및 행정권 행사에 대해 구속력을 가진다.

b. 지방자치단체가 회복 계획을 집행하는 데 필요한 예산안 또는 세입 확보 대책을 포함한 입법 조치를 승인할 수 없거나 승인하지 않을 경우, 지방의회를 해산해야 하며,

ⅰ. 새로 선출된 지방의회가 신임 의회로 공표될 때까지 행정관을 임명해야 하고

ⅱ. 임시 예산안 또는 세입 확보 대책 또는 지방자치단체의 지속적인 기능 수행을 위한 회복 계획을 집행하기 위한 그 밖의 모든 조치를 승인해야 한다.

c. 지방의회가 상기 제b호에 따라 해산되지 않을 경우, 지방자치단체가 회복 계획을 이행할 수 없거나 이행하지 않는 범위에서 회복 계획을 이행해야 할 책임을 담당해야 한다.

⑥ 주 행정부가 상기 제4항 또는 제5항에 따라 지방자치단체에 개입할 경우, 주 행정부는 개입 통지서를

a. 지방 정무를 담당하는 내각 구성원에게 제출해야 하며

b. 해당 주의회 및 상원에 제출해야 한다. 이는 개입을 시작한 날로부터 7일 이내에 이루어져야 한다.

⑦ 주 행정부가 상기 제4항 또는 제5항에 언급된 권한을 행사할 수 없거나 행사하지 않거나 충분히 행사하지 않을 경우 혹은 동 항에 언급된 기능을 수행할 수 없거나 수행하지 않거나 충분히 수행하지 않을 경우, 중앙 행정부는 해당 주 행정부를 대신해 상기 제4항 또는 제5항에 따라 지방 행정에 개입해야 한다.

⑧ 법률은 이 조에 의해 수립된 절차를 포함해 이 조의 이행을 규제할 수 있다.

제7장 지방정부

제151조 (지방자치단체의 지위) ① 지방정부 영역은 여러 지방자치단체로 구성되며 이러한 지방자치단체는 공화국 영토 전역에 걸쳐 수립되어야 한다.

② 지방자치단체의 행정권 및 입법권은 지방의회에 귀속된다.

③ 지방자치단체는 이 법에 규정된 바와 같이, 법률 및 주 법률에 따르는 것을 조건으로 하여, 해당 지방 내 공동체의 지방 정무를 자발적으로 운영할 권리를 가진다.

④ 중앙정부 또는 주정부는, 그 권한을 행사하거나 그 기능을 수행하는 지방자치단체의 능력 또는 권리를 저해하거나 이에 지장을 주어서는 안 된다.

제152조 (지방정부의 목적) ① 지방정부의 목적은 다음과 같다.

a. 지역사회에 대해 책임을 질 수 있는 민주적 행정을 제공

b. 지역사회를 대상으로 한 서비스를 지속 가능한 방법으로 제공할 수 있도록 보장

c. 사회 경제적 발전을 촉진

d. 안전하고 건강한 환경을 증진

e. 지방정부의 사안에 대한 지역사회 및 지역사회 조직의 참여를 독려

② 지방자치단체는 자신의 재정 및 행정 능력의 범위 내에서 제1항에 명시된 목적을 달성하기 위해 노력해야 한다.

제153조 (지방자치단체의 발전 임무) 지방자치단체는

a. 지역 주민의 기본적인 요구를 우선적으로 충족하고 지역사회의 사회 경제적 발전을 촉진할 수 있도록 행정 조직과 예산 편성 및 계획 절차를 구성 및 관리해야 한다.

b. 중앙정부 및 주정부의 각종 개발 계획에 참여해야 한다.

제154조 (협력 정부 내 지방자치단체) ① 중앙정부와 주정부는, 지역의 사안을 관리하고 자신의 권한을 행사하며 자신의 기능을 수행할 수 있는 지방자치단체의 능력을 입법 조치 및 기타 조치를 통해 지원 및 강화해야 한다.

② 지방정부의 지위, 제도, 권한 또는 직무에 적용되는 법률 또는 주 법률의 초안은 국회 또는 주의회에 제출되기 전에, 조직화된 지방정부, 지방자치단체 및 기타 이해관계자가 법률 초안과 관련해 의견을 정할 기회를 주는 방식으로 공개 의견 수렴을 위해 공고되어야 한다.

제155조 (지방자치단체의 설립) ① 지방자치단체는 다음의 세 범주로 구분된다.

a. 범주 A : 관할 지역에서 지방의 행정권 및 입법권을 독점하는 지방자치단체

b. 범주 B : 관할 지역에서 해당 지역 내에 있는 범주 C의 지방자치단체와 함께 지방의 행정권 및 입법권을 공유하는 지방자치단체

c. 범주 C : 1개 이상의 지방자치단체를 포함하는 지역 내에서 지방의 행정권 및 입법권을 갖는 지방자치단체

② 법률은 각 범주 내에서 설립할 수 있는 상이한 유형의 지방자치단체를 규정해야 한다.

③ 법률은

a. 어떤 지역이 범주 A에 속하는 단일한 지방자치단체를 가져야 하는 경우 또는 범주 B와 C 양쪽 모두의 지방자치단체를 가져야 하는 경우를 각각 결정하기 위한 기준을 수립해야 한다.

b. 독립적인 권한에 의해 지방자치단체의 경계를 결정하기 위한 기준 및 절차를 수립해야 한다.

c. 제229조에 따르는 것을 조건으로 하여, 어떤 지역이 범주 B와 C 양쪽 모두의 지방자치단체를 가질 경우 각 지방자치단체 간에 권한 및 기능을 적절히 분담하기 위한 규정을 마련해야 한다. 범주 B에 속하는 어느 지방자치단체와 범주 C에 속하는 어느 지방자치단체간 권한 및 기능의 분담은 범주 B에 속하는 다른 지방자치단체와 범주 C에 속하는 해당 지방자치단체간 권한 및 기능의 분담과 차이를 보일 수 있다.

④ 전항에 언급된 법률은 지방자치단체 서비스를 공평하면서도 지속 가능한 방법으로 제공해야 할 필요성을 고려해야 한다.

⑤ 주 법률은 해당 주 내에 설립되어야 할 지방자치단체의 유형을 결정해야 한다.

⑥ 각 주정부는 상기 제2항 및 제3항에 따라 제정된 법률에 부합하는 방법으로 해당 주 내에서 지방자치단체를 설립해야 하며, 입법 조치 또는 기타 조치를 통해

a. 주 내 지방정부에 대한 감시 및 지원을 제공해야 한다.

b. 지방자치단체가 각자의 기능을 수행하고 자체 업무를 관리할 수 있도록 하는 지방정부의 역량 개발을 촉진해야 한다.

⑦ 제44조에 따르는 것을 조건으로 하여, 중앙정부와 주정부는 제156조 제1항에 언급된 지방자치단체의 행정권을 각 지방자치단체가 행사하는 것을 규제함으로써 별표 4 및 5에 나열된 사안과 관련해 지방자치단체의 효과적인 기능 수행을 위한 조치를 취할 입법권 및 행정권을

가진다.

제156조 (지방자치단체의 권한 및 기능) ① 지방자치단체는 아래에 열거한 사항에 관하여 행정권을 가지며 이러한 사항을 처리할 권리를 가진다.

a. 별표 4의 B부 및 별표 5의 B부에 나열된 지방정부의 사안

b. 법률 또는 주 법률에 따라 지방자치단체에 위임된 그 밖의 모든 사안

② 지방자치단체는 지방자치단체의 권한 범위에 속하는 사안을 효과적으로 처리하기 위해 조례를 제정 및 시행할 수 있다.

③ 제151조 제4항에 따르는 것을 조건으로 하여, 법률 또는 주 법률과 상충하는 지방 조례는 효력을 상실한다.

제149조에 언급된 법적 상충으로 인해 작용하지 않게 된 법률 또는 주 법률과 지방 조례 간에 법적 상충이 있을 경우, 그러한 법률 또는 주 법률이 작용하지 않는 한 해당 지방 조례를 유효한 것으로 간주해야 한다.

④ 다음 경우에 중앙정부와 주정부는 지방정부와 필연적으로 관련이 있는 사안으로서 별표 4의 A부 또는 별표 5의 A부에 나열된 사안에 대한 처리를, 협정에 의해 그리고 여하한 조건을 전제로, 지방자치단체에 위임해야 한다.

a. 그러한 사안을 지방 차원에서 처리하는 것이 가장 효과적일 것이며

b. 지방자치단체가 그러한 사안을 처리할 역량을 갖추고 있는 경우

⑤ 지방자치단체는 그 기능을 효과적으로 수행하는 데 합리적으로 필요하거나 그러한 기능 수행에 수반되는 사안과 관련해 모든 권한을 행사할 권리를 가진다.

제157조 (지방의회의 구성 및 선거) ① 지방의회는 다음 구성원으로 구성된다.

a. 제2항, 제3항, 제4항 및 제5항에 따라 선출된 의원, 또는

b. 법률에 규정된 경우,

　i. 기타 지방의회를 대표하도록 해당 지방의회에 의해 임명된 의원, 또는

　ii. 상기 제a호에 따라 선출된 의원과 이 호의 i목에 따라 임명된 의원

② 전항 제a호에 따른 지방의회 의원은 법률에 따라 선출해야 하며 이러한 법률은 다음과 같은 제도를 규정해야 한다.

a. 일반 국민 유권자 명단의 해당 지방자치단체 부분을 근거로 하며, 정당의 선호도 순으로 정렬된 정당 후보자 목록을 통한 지방의회 의원의 선출을 규정하고 있는 비례 대표제, 또는

b. 일반 국민 유권자 명단의 해당 지방자치단체 부분을 근거로 한 지역구 대표제와 결합된, 상기 제a호에 설명된 비례 대표제

③ 전항에 따른 지방의회 선거 제도는 일반적으로 비례 대표제를 구성해야 한다.

④ 지방의회 선거 제도가 지역구 대표제를 포함할 경우, 각 지역구의 경계는 법률에 규정된 절차 및 기준에 따라 임명되고 동 절차 및 기준에 따라 운영되는 독립 기관에 의해 결정되어야 한다.

⑤ 일반 국민 유권자 명단의 해당 지방자치단체 부분에 등록된 자에 한해 동 지방자치단체에서 투표권을 행사할 수 있다.

⑥ 제1항 제b호에 따른 법률은 지방의회 의원을 임명하는 해당 지방의회 내에 반영된 정당 및 이해관계가 위 지방의회에서 공정하게 대표될 수 있도록 하는 제도를 마련해야 한다.

제158조 (지방의회 의원의 자격) ① 지방의회 의원 선거에서 투표권을 행사할 자격이 있는 모든 국민은 해당 지방의회의 의원이 될 자격이 있다. 단, 다음에 해당하는 자는 제외된다.

a. 지방자치단체에 의해 임명되거나 지방자치단체의 공무에 종사하는 자로서 해당 관직 또는 공무에 따른 보수를 받으며, 법률에 따라 이러한 결격 사유가 면제되지 않은 모든 자

b. 다른 정부 영역에 의해 임명되거나 그러한 정부 영역의 공무에 종사하는 자로서 해당 관직 또는 공무에 따른 보수를 받으며, 법률에 따라 지방의회 의원 자격을 상실한 모든 자

c. 하원의원 선거에서 투표할 자격을 상실하거나 제47조 제1항 제c호, 동항 제d호 또는 제e호에 따라 하원의원이 될 자격을 상실한 모든 자

d. 하원의원, 상원의원 또는 주의회 의원. 단, 이러한 결격 사유는 상원에서 지방정부를 대표하는 지방의회 의원에 대해 적용되지 않음

e. 다른 지방의회의 의원. 단, 이러한 결격 사유는 어떤 지방의회의 의원이 다른 범주에 속하는 다른 지방의회에서 전자의 지방의회를 대표하는 경우에는 적용되지 않음

② 전항 제a호, 제b호, 제d호 또는 제e호에 따라 지방의회의 의원이 될 자격이 없는 자는 법률에 규정된 일정한 제한 또는 조건에 따르는 것을 조건으로 하여 지방의회의 의원으로 입후보할 수 있다.

제159조 (지방의회의 임기) ① 지방의회의 임기는 법률에서 정한 바와 같이 최대 5년까지 허용할 수 있다.

② 지방의회가 법률에 따라 해산될 경우 또는 지방의회의 임기가 만료될 경우, 해당 지방의회의 해산일 또는 임기 만료일로부터 90일 이내에 지방의회 의원 선거를 실시해야 한다.

③ 제139조에 따른 개입 이후에 지방의회가 해산된 경우가 아닌 한, 지방의회는 해산 또는 임기 만료 시점으로부터 새로 선출된 지방의회가 신임 의회로 공표될 때까지 기능을 수행할 수 있는 자격을 유지한다.

제160조 (내부 절차) ① 지방의회는

a. 지방자치단체의 권한 행사 및 직무 수행과 관련해 의결을 수행한다.

b. 지방의회 의장을 선출해야 한다.

c. 법률에 따르는 것을 조건으로 하여 집행위원회 및 기타 위원회를 선출할 수 있다.

d. 지방의회의 직무를 효과적으로 수행하는 데 필요한 직원을 고용할 수 있다.

② 지방의회가 위임할 수 없는 직무는 다음과 같다.

a. 지방 조례의 가결

b. 예산안의 승인

c. 지방세 및 기타 세금, 부과금 및 공과금의 부과

d. 공채 모집

③ a. 어떠한 사안에 대해 표결을 실시할 경우, 그에 앞서 지방의회에 소속된 전체 의원의 과반수가 출석해야 한다.

b. 전항에서 언급된 사안에 관한 모든 안건은 지방의회에 소속된 전체 의원의 과반수 찬성 투표를 얻은 지방의회의 의결에 따라 결정한다.

c. 지방의회에 제출된 그 밖의 모든 안건은 투표 과반수 득표를 통해 결정한다.

④ 지방 조례는 다음 조건을 충족하지 않고는 지방의회에서 가결할 수 없다.

a. 지방의회의 모든 의원들이 적절한 통보를 받았으며

b. 공개 의견 수렴을 위해 지방 조례안을 공고한 경우

⑤ 법률은 다음 사항을 결정하기 위한 기준을 규정할 수 있다.

a. 지방의회의 규모

b. 지방의회가 집행위원회 또는 그 밖의 위원회를 선출할 수 있는지 여부

c. 지방의회의 집행위원회 또는 그 밖의 위원회의 규모

⑥ 지방의회는 아래에 열거한 각 사항에 대한 규칙 및 규율을 규정하는 지방 조례를 제정할 수 있다.

a. 지방의회 내부의 협정

b. 지방의회의 업무 및 절차

c. 지방의회 내 위원회의 설립, 구성, 절차, 권한 및 직무

⑦ 지방의회는 업무를 공개적으로 진행해야 하며, 처리 중인 업무의 성격을 고려해 적절하다고 판단될 경우에만 지방의회 또는 의회 내 위원회의 회의를 비공개로 할 수 있다.

⑧ 지방의회 의원은 다음과 같은 방식으로 지방의회 및 위원회의 의정 절차에 참여할 자격이 있다.

a. 지방의회 내에 반영된 정당 및 이해관계가 공정하게 대표될 수 있으며

b. 민주주의에 부합하고

c. 법률에 의해 규제 가능한 방식

제161조 (특권) 법률의 기본틀 내에서 주 법률은 지방의회 및 지방의회 의원의 특권 및 면책권을 규정할 수 있다.

제162조 (지방 조례의 공포) ① 지방 조례는 해당 주의 관보에 공포한 후에만 시행할 수 있다.

② 주의 관보는 지방자치단체의 요청에 따라 지방 조례를 공포해야 한다.

③ 지방 조례는 일반인이 열람할 수 있도록 공개해야 한다.

제163조 (조직화된 지방정부) 제76조에서 규정한 절차에 따라 제정된 법률은

a. 지방자치단체를 대표하는 중앙 및 주 조직의 인정을 규정해야 한다.

b. 지방정부가 다음을 실행할 수 있는 절차를 결정해야 한다.

ⅰ. 중앙정부 또는 주정부와 협의

ⅱ. 상원에 참여할 대의원을 임명

ⅲ. 제221조 제1항 제c호에 따른 법률에 규정된 절차에 참여

제164조 (그 밖의 사안) 이 법에서 다루고 있지 않은 모든 지방정부 관련 사안은 법률에 의해 또는 법률의 기본틀 내에서 주 법률에 의해 규정할 수 있다.

제227조 (주정부 및 지방정부의 재원) ① 지방정부 및 각 주는

a. 기본적인 서비스를 제공하고 자신에게 위임된 기능을 수행할 수 있도록 할 목적으로 국가 세입을 공평하게 분배받을 권리를 가진다.

b. 중앙정부의 세입에서 그 밖의 교부금을 조건부로 또는 조건 없이 받을 수 있다.

② 각 주 또는 지방자치단체가 징수한 추가적 세입은, 국가 세입에 대한 해당 주 또는 지방자치단체의 지분이나 중앙정부의 세입에서 해당 주 또는 지방자치단체에 지급된 그 밖의 교부금에서 공제되지 않는다. 마찬가지로 중앙정부는 자체적 재정 능력과 과세 표준을 가지고 세입을

징수하지 않는 주 또는 지방자치단체를 대상으로 재정을 보상해야 할 의무가 없다.

③ 국가 세입에 대한 각 주의 공평한 지분은 즉시 공제없이 각주에 이전되어야 한다. 단, 상기 제216조에 따라 그러한 자금 이전을 중단한 경우는 예외로 한다.

④ 각 주는 이 법에서 의도한 필요에 추가하여 주헌법의 규정에 따라 해당 주가 필요로 하는 모든 재원을 자체적으로 조달해야 한다.

제229조 (지방자치단체의 재정 권한 및 기능) ① 제2항, 제3항 및 제4항을 조건으로 하여, 지방자치단체는 아래의 세금을 부과할 수 있다.

a. 재산세 그리고 지방자치단체가 제공하거나 지방자치단체를 대신해 제공되는 각종 서비스에 대한 수수료 가산금

b. 법률에서 승인할 경우 지방정부 또는 지방자치단체가 속하는 해당 지방정부 범주에 적합한 그 밖의 세금, 부과금 및 공과금. 단, 지방자치단체는 소득세, 부가가치세, 일반 판매세 또는 관세를 부과할 수 없다.

② 재산세, 지방자치단체가 제공하거나 지방자치단체를 대신해 제공되는 각종 서비스에 대한 수수료 가산금 또는 그 밖의 세금, 부과금 또는 공과금을 부과할 수 있는 지방자치단체의 권한은

a. 국가 경제 정책, 여러 지방에 걸친 경제 활동, 또는 재화, 서비스, 자본 또는 노동의 국가적 이동에 대해 실질적으로 불합리하게 피해를 입히는 방식으로 행사해서는 안 된다.

b. 법률에 의해 규제할 수 있다.

③ 2개의 지방자치단체가 동일한 지역을 대상으로 동일한 재정 권한 및 기능을 보유할 경우, 그러한 권한 및 기능은 법률에 따라 적절히 배분되어야 한다. 이러한 권한 및 기능의 배분은 적어도 다음의 기준을 고려한 후에만 실시할 수 있다.

a. 건전한 과세 원칙을 준수해야 할 필요성

b. 각 지방자치단체가 수행하는 권한 및 기능

c. 각 지방자치단체의 재정 능력

d. 세금, 부과금 및 공과금 징수의 효과 및 효율성

e. 형평성

④ 이 조의 어떠한 규정도 이 조에 따라 징수된 세입의, 동일한 지역 내에서 재정 권한 및 기능을 갖는 지방 자치단체 간 분배를 배제하지 않는다.

⑤ 이 조에서 의도한 법률은 조직화된 지방정부 및 재정회계위원회와 협의하고, 동 위원회의 권고사항을 검토한 후에만 제정할 수 있다.

제230조 (주 및 지방의 공채) ① 각 주는 법률에 따라 자본 지출 또는 경상 지출을 위한 공채를 모집할 수 있으나, 경상 지출을 위한 공채는 회계연도 중 자금의 일시적 조달을 위해 필요한 경우에만 모집할 수 있다.

② 전항에 언급된 법률은 재정회계위원회의 모든 권고 사항을 검토한 후에만 제정할 수 있다.

제230A조 (지방채) ① 지방의회는 법률에 따라

a. 지방자치단체의 자본 지출 또는 경상 지출을 위한 지방채를 모집할 수 있으나, 경상 지출을 위한 지방채는 회계연도 중 자금의 일시적 조달을 위해 필요한 경우에만 모집할 수 있다.

b. 지방자치단체를 위한 지방채 또는 투자를 보증하기 위해 해당 의회의 입법권 및 행정권

을 행사하도록 당기 의회 및 차기 의회를 구속할 수 있다.

② 전항에 언급된 법률은 재정회계위원회의 모든 권고 사항을 검토한 후에만 제정할 수 있다.

[터키]

제127조 (1995년 7월 23일 개정) 지방행정조직은 의사결정기구가 법률이 정한 바에 따라 선거로 선출되고 구조의 원칙 또한 법률로 정한, 주(州)·시구역·마을 주민의 지역 공통 요구를 충족시키기 위해 설립된 공기업체이다.

지방행정의 구성, 의무 및 권한은 지방행정원칙에 따라 법률로 정한다.

지방행정선거는 제67조에 규정된 원칙에 따라 매 5년마다 실시된다. 그러나 대의원 총선 또는 보궐선거 이전 또는 이후 1년 이내에 실시되어야 하는 지방행정조직과 그 조직의 임원에 대한 총선 및 보궐선거는 대의원총선 또는 보궐선거와 동시에 실시된다. 보다 대규모의 도심지에 대해서는 특별행정체제를 법률로 도입할 수 있다.

지방정부의 선출직 조직에 의한 취득 또는 조직으로서의 그 신분에 대한 이의제기 그리고 해당 신분의상실에 대한 이의제기를 다루는 절차는 사법부를 통해 해결되어야 한다. 그러나 임시조치로서 내무부 장관은 임무와 관련한 범죄를 근거로 조사 또는 기소가 이루어진 미결 상태에서도 대상이 된 지방행정기구나 그 임원을 직위에서 파면할 수 있다.

중앙행정부는 행정 단일체 원칙에 따른 지역서비스의 기능을 확보하고, 동일한 공공서비스를 보장하며, 공공의 이익을 보호하고, 지역요구를 충족시키기 위해 적절한 방법으로 법률이 정한 원칙과 절차의 틀 내에서 지방정부에 대하여 행정적 신탁을 행사할 권한을 갖는다.

특별 공공서비스 수행을 목적으로 국무회의의 승인을 통한 지방행정기구의 연합체 구성, 해당 연합체의 기능, 권한, 재정 및 안보체계와 그 중앙행정부와의 상호 결속 및 관계는 법률로 정한다. 이러한 행정기관은 그 직무에 비례하여 재정자원을 배정 받는다.

[포르투갈]

제 8 편 지방 정부 제 1 장 일반 원칙

제235조 (지방자치단체) 1. 국가의 민주적 조직 구조는 지방자치단체를 포함한다.

2. 지방자치단체는 영토 내 법인으로서 대의 기구들을 갖추고 있어야 하며 지역 주민들의 이익을 추구하기 위해 노력한다.

제236조 (지방자치단체 및 행정구역의 유형) 1.포르투갈 본토에서 지방자치단체는 행정 교구, 시 자치단체 및 행정 지역들을 포함한다.

2. 아조레스 군도와 마데이라 제도의 자치구들은 행정 교구와 시 자치단체를 포함한다.

3. 대도시 지역과 도서 지역의 경우, 그러한 지역 내에서 지배적인 특정 조건들에 따라 다른 형태의 지방정부기구는 법률로 설립할 수 있다.

4. 포르투갈 영토를 행정적 목적에 맞게 구분하는 방법은 법률로 정한다.

제237조 (행정적 지방 분권) 1. 행정 분권의 원칙에 따라 지방자치단체의 책임과 구성 및 지방자치단체 산하 기관들의 책임을 법률로 정한다.

2. 각 지방자치단체 의회는 법률에 따라 동 의회의 계획 및 예산의 선택권을 가결할 권한 등 동 의회에 부여된 권한을 행사할 책임이 있다.

3. 자치경찰은 공공질서를 유지하고 지역 사회를 보호하는데 협력한다.

제238조 (지방자치단체 자산 및 재정) 1. 지방자치단체는 자체 자산 및 재정을 보유한다.

2. 지자체 재정을 규율하는 규칙은 법률로 정하고, 국가와 지방자치단체가 공공 자원을 공정하게 공유할 수 있도록 법률로 보장하며 동일 범주의 지방자치단체 간 불균형을 필요에 따라 교정하기 위해 노력한다.

3. 각 지방자치단체의 수입은 지자체가 보유한 자산의 관리에서 발생하는 수입과 지자체의 서비스 이용에 부과되는 수수료 수입을 필수적으로 포함한다.

4. 지방자치단체는 법률로 정해진 각 경우와 조건에 따라 과세권을 보유할 수 있다.

제239조 (의결 및 행정기관) 1. 지방자치단체의 조직 구조는 의결권을 가진 의회 및 의회에 대해 책임이 있는 단체 행정기구를 포함한다.

2. 각 의회의 선거는 비례대표제에 따라 해당 지방자치단체의 구역 내에서 등록된 유권자들의 보통·직접·비밀 선거를 통해 실시한다.

3. 단체 행정기구는 충분한 수의 구성원들로 구성된다. 득표수가 가장 많은 후보는 법률에서 채택한 해결안에 따라 의회의장 또는 집행부의 단체장으로 임명한다. 또한 선거 절차, 의회 및 단체 행정기구의 구성과 해체를 규율하는 요구 사항과 의회 및 단체 행정기구의 절차와 운영 등은 법률로 정한다.

4. 지방자치단체 선거 후보 명단은 법률로 정해진 바에 따라 각 정당에서 개별적으로 혹은 공동으로 제출하거나 또는 등록 유권자 단체에서 제출할 수 있다.

제240조 (지역 주민 투표) 1. 법률로 정해진 각 경우와 조건에 따라, 그리고 동법에 규정된 법적 효력의 범위 내에서 지방자치단체는 지방자치단체의 책임에 속하는 사안을 유권자로 등록된 주민들에 의한 지역 주민 투표에 부칠 수 있다.

2. 법으로 등록 유권자들에게 지역 주민 투표를 발의할 권한을 부여할 수 있다.

제241조 (규제 권한) 헌법 및 상위 지방자치단체 또는 해당 지방자치단체에 대한 감독권이 있는 당국에 의해 제정된 법령과 규제의 범위 내에서 지방자치단체는 자체적인 규제 권한을 가진다.

제242조 (행정 감시) 1. 지방자치단체에 대한 행정 감시는 지방자치단체의 법률 준수 여부를 확인하는 절차로 구성되며 법률로 정해진 각 경우와 방식에 따라 실시한다.

2. 지방 자치권을 제한하는 감시 조치들은 지방자치단체로부터의 의견 수렴절차가 선행되어야 하며 법에 의해 이루어져야 한다.

3. 지방자치단체는 중대한 위법적 작위 또는 부작위의 경우에만 해산할 수 있다.

제243조 (지방자치단체 직원) 1. 지방자치단체는 법률로 정한 바에 따라 자체 직원을 보유한다.

2. 정부 공무원 및 요원들을 규율하는 규칙은 법률로 정해진 바에 따라 지방 정부 공무원과 요원들에게 준용한다.

3. 지방자치단체의 자율권을 침해하지 않는 한도에서, 국가가 해당 지자체들을 대상으로 기술 및 인적 자원 형태의 지원을 제공할 때 지원 방식은 법률로 정한다.

제3장 시 자치단체

제249조 (시 자치단체로의 변경) 시 자치단체는 해당 지방당국 산하 기구의 사전 협의 후에 법률에 따라 구성 및 폐지되고 그 구역이 변경된다.

제250조 (시 자치단체 기관) 시 자치단체의 대의 기구들은 시의회와 시당국으로 이루어진다.

제251조 (시의회) 시의회는 시 자치단체의 의결 기구로서 직접 선거를 통해 선출된 의원들과 시의회 산하 행정 교구 집행당국의 단체장들로 구성된다. 이때 직접 선거를 통해 선출된 의원

들의 수가 행정 교구 집행당국의 단체장들의 수보다 많아야 한다.

제252조 (시당국) 시당국은 시 자치단체의 합의제 집행기구에 해당된다.

제253조 (연합 및 연맹) 공동의 이해를 추구하기 위해 지방자치단체는 연합과 연맹을 구성할 수 있으며, 이러한 단체의 고유한 권한과 책임은 법률로 부여할 수 있다.

제254조 (직접세 수입 배당) 1. 시 자치단체는 법률로 정해진 바에 따라 직접세에서 얻은 세수 중 일정 부분을 공정하게 배당받는다.

2. 시 자치단체는 법률로 정해진 바에 따라 자체 세수를 보유한다.

제259조 (지역 기관) 지역 의회와 지역 당국은 행정 지역의 대의기구에 해당된다.

제260조 (지역 의회) 지역 의회는 해당 지역의 의결 기구에 해당된다. 지역 의회는 직접 선거로 선출된 의원들과, 직접 선거를 통해 임명된 동일 지역의 시 자치단체 의원들이 구성한 선거인단이 비례대표제에 따라 동트(d'Hondt)의 최고 평균 방식을 적용해 선출하는 더 적은 의원들로 구성된다.

제261조 (지역 당국) 지역 당국은 해당 지역의 합의제 집행기구에 해당된다.

제262조 (정부 대표) 각료회의 각 지역에 정부 대표를 1명씩 임명할 수 있다. 그러한 대표들의 책임은 해당 지역의 지방자치단체에까지 확장된다.

제 5 장 주민 단체

제263조 (구성 및 영역) 1. 지역 행정 생활에 대한 지역 주민들의 참여도를 높이기 위해 해당 행정 교구보다 규모가 작은 지역 내에서 주민 단체를 결성할 수 있다.

2. 그 자신의 발의에 따라 또는 1개 이상의 지역 주민위원회 내지 상당수의 주민들로부터 요청이 있을 경우, 그 지역 행정 교구 집행당국은 전항에 규정된 단체들의 지리적 범위를 결정하며, 범위 설정으로 인해 발생하는 이해관계의 충돌을 해결한다.

제264조 (구조) 1. 주민의회와 주민위원회를 포함하는 주민 단체의 구성은 법률로 정한다.

2. 주민의회는 해당 행정 교구의 인구 조사 기간에 등록된 주민들로 구성된다.

3. 각 주민의회는 주민위원회를 선출하며 주민위원회를 해산할 수 있는 재량을 가진다.

제265조 (권리 및 책임) 1. 주민 단체는 다음에 열거한 권리를 가진다.

a) 주민들에게 중요한 행정 사안과 관련해 지방자치단체에 청원할 권리

b) 주민 단체의 대표들을 통해 투표권 없이 행정 교구 의회에 참여할 권리

2. 주민 단체는 법률에 따라 또는 행정 교구 기관이 주민 단체에 위임할 수 있는 과업들을 수행해야 할 책임이 있다.

[핀란드]

제121조 (시 및 기타 지역 자치정부) 핀란드는 지방자치단체들로 나누어지고, 그 행정은 주민자치를 토대로 한다. 지방자치단체의 행정과 직무를 규율하는 일반 원칙은 법률로 정한다. 지방자치단체는 지방세를 부과할 수 있다. 세금의 근거와 납세의무뿐 아니라 과세 대상자가 이용할 수 있는 법적 구제수단을 규율하는 일반 원칙은 법률로 정한다. 시보다 큰 행정구역의 자치에 관해서는 법률로 정한다. 사미족은 그들의 토착 지역에서 법률에 따라 언어적, 문화적 자치정부를 갖는다.

XI. 경 제

1. 경제의 기본질서

[대한민국]

제119조 ① 대한민국의 경제질서는 개인과 기업의 경제상의 자유와 창의를 존중함을 기본으로 한다.

② 국가는 균형있는 국민경제의 성장 및 안정과 적정한 소득의 분배를 유지하고, 시장의 지배와 경제력의 남용을 방지하며, 경제주체간의 조화를 통한 경제의 민주화를 위하여 경제에 관한 규제와 조정을 할 수 있다.

[러시아]

제74조 1. 러시아연방 영토에서는 관세구역 설정, 세금, 부담금 징수 그 밖에 상품, 용역 및 자본재의 자유거래에 대한 어떠한 장애물도 허용되지 않는다.

2. 국가안보, 시민의 생명과 건강보호, 자연. 문화재 보호를 위한 경우에 한하여 연방법률에 의해 상품과 용역거래에 관한 제한을 할 수 있다.

[멕시코]

제25조 ① 국가는 국가의 주권과 민주주의 제도를 강화하기 위하여 지속가능한 통합적 국가발전을 보장하고, 경쟁을 통해 경제성장, 고용, 공정한 소득과 부의 분배 촉진을 보장한다. 이를 통해 개인, 집단, 사회계급의 자유와 존엄성을 완전히 실현시키며, 헌법은 이의 안전을 보장한다. 이에 경쟁력은 투자와 고용창출을 장려하여 높은 경제성장을 촉진하는 필요조건으로 이해된다.

② 국가는 모든 국가경제활동을 계획, 시행, 조정 및 지시하고, 이 헌법이 정한 자유의 범위내에서 보편적 이익이 요구하는 활동의 규제 및 촉진하여야 한다.

③ 공공, 사회 및 민간 부문은 국가의 발전에 기여하는 다른 형태의 경제활동을 침해하지 아니하면서 국가경제발전을 위한 역할을 함으로써 사회적 책임을 이행하여야 한다.

④ 공공부문은 헌법 제28조 네번째 단락에 규정하는 전략적 영역에 대하여 전적인 책임을 진

다. 연방정부는 이 목적으로 설치된 기관에 대한 소유권과 통제권을 항상 유지하여야 한다.

⑤ 공공부문은 법률에 따라 단독으로 또는 사회 부문 및 민간 부문과 함께 우선 개발 분야를 촉진 및 조직할 수 있다.

⑥ 국가는 사회적 평등 및 생산성 기준에 따라 생산자원의 보존과 환경을 보호하는 보편적 이익을 위하여 공익과 용도에 맞는 방법을 사용하여 사회 및 민간 부문의 기업을 지원하고 장려하여야 한다...

⑦ 법률은 개인의 경제활동을 장려하고 보호하며, 민간분야의 발전이 국가경제발전에 기여하도록 필요한 조건을 제공하여야 한다. 이를 위해 헌법에서 정한 규정에 따라, 경쟁력을 강화하고 분야별, 지역별 측면을 포함한 국가차원의 산업발전정책을 시행한다.

제28조 ① 멕시코에서는 법률이 정하는 바에 따라 모든 독점, 독점적 관행, 국가독점 및 면세는 금지된다. 보호주의 정책도 금지된다.

② 따라서 가격인상을 목적으로 주요 필수품을 한 사람이나 몇몇 사람이 모으거나 비축하는 행위, 자유경쟁 또는 상호경쟁을 방해하거나 소비자가 과다한 가격을 지불하는 것을 목적으로 한 생산자, 산업, 공업 또는 서비스 기업의 계약, 절차 혹은 담합 행위, 일반적으로 1인 이상의 특정인에게 유리하고, 일반 대중이나 사회계층에 불리한 부당하고 독점적인 이익을 취하는 모든 행위는 법률로 엄중 처벌하며, 관련 기관은 즉시 고발되어야 한다.

[필리핀]

제2장 제19조 국가는 필리핀 국민에 의해 효과적으로 통제되는 자립적이고 독립적인 국가경제를 발전시킨다.

제12장 제1조 국가경제의 목표는 기회, 수입 및 부의 보다 공평한 분배, 국민을 위하여 국가가 생산하는 상품과 서비스 양의 지속적인 증가 그리고 전체 국민, 특히 비혜택 계층을 위한 삶의 질을 향상시키는 핵심요소로서 생산성을 향상시키는 것이다. 국가는 인적자원과 천연자원을 충분히 효과적으로 활용하고 국내와 국외 시장에서 경쟁력이 있는 산업들을 통해 건전한 농업 발전과 농지개혁을 토대로 산업화와 완전고용을 추구해야 한다. 그러나 국가는 불공정한 국외 경쟁과 무역관행으로부터 필리핀 기업들을 보호해야 한다. 이러한 목표를 추구함에 있어 경제의 모든 부문들과 전국의 모든 지역들에게 최적의 발전 기회를 제공해야 한다.

국가는 공사, 조합 그리고 유사한 기업집단을 포함한 민간기업들이 소유권 기반을 확대하도록 장려해야 한다.

제6조 재산의 사용은 사회적 책임을 가지며 모든 경제 행위자는 공익에 기여해야 한다. 기업, 조합 및 유사한 기업 집단을 포함한 개인과 민간그룹은 분배정의를 추구하고 공익의 실현을 위해 간섭할 수 있는 국가의 의무가 적용되는 범위 내에서 경제기업을 소유, 수립 및 운영할 수 있는 권리를 가진다.

제19조 국가는 공익에 필요한 경우 독점을 규제하거나 금지한다. 무역을 억제하거나 불공정한 경쟁을 하는 어떠한 담합도 허용되지 않는다.

제22조 본 장의 조항을 회피 또는 부인하는 행위는 국가이익에 반하는 것으로 간주되며, 법률이 정한 바에 따라 형사 및 민사상 처벌을 받는다.

제13장 제1조 의회는 모든 국민의 인간존엄에 대한 권리를 보호하고 증진하며, 사회, 경제 및 정치적 불평등을 줄이고 공익을 위해 부와 정치권력을 평등하게 분배함으로써 문화적 불평등

을 해소하는 조치의 입법을 가장 중요하게 여겨야 한다.

이를 위하여 국가는 재산과 그 증가액의 취득, 소유, 사용, 처분을 규제한다.

제2조 사회정의의 추구에는 자발적이며 자립적인 자유에 기초한 경제적 기회를 창출하고자 하는 노력이 포함된다.

[그리스]

제106조 ① 사회의 평화를 공고히 하고 공공의 이익을 보호하기 위해 국가는 국가 경제의 모든 부분의 경제적 발전을 보호할 목적으로 국가의 경제 활동을 계획하고 조정한다. 국가는 공중, 지하 및 수중 퇴적지에서 국부의 원천을 개발하고 지역 개발을 촉진하며 특히 산악 지역, 도서 지역 및 국경 지역의 경제를 더욱 발전시키기 위해 필요한 모든 조치를 취한다.

② 자유와 인간의 존엄성을 해치거나 국가 경제에 손해를 입히는 민간 경제 주도의 개발은 허용되지 않는다.

[스위스]

제94조 (경제질서의 원칙) ① 연방 및 주는 자유경제의 원칙을 준수한다.

② 연방 및 주는 스위스 경제 전체의 이익을 보호하고, 민간경제와 협력하여 국민의 복지와 경제적인 안정에 기여한다.

③ 연방 및 주는 각각의 권한의 범위 내에서 민간부문경제에 유리한 환경을 조성하도록 노력한다.

④ 자유경제의 원칙에 대한 예외, 특히 경쟁을 제한하는 조치들은 이를 연방헌법에서 규정하고 있거나 주의 독점적 특권에 따른 경우에만 허용한다.

제100조 (경제정책) ① 연방은 균형 있는 경제발전을 달성하기 위하여 대책을 마련하고, 특히 실업 및 물가인상을 방지하고 억제하기 위한 조치를 강구한다.

[스페인]

제38조 기업의 자유는 시장경제의 범위 안에서 인정한다. 국가는 일반경제의 수요, 그리고 경우에 따라서는 경제계획에 따라서 기업의 자유권의 행사 및 생산성의 방어를 보장하고 보호한다.

제40조 ① 국가는 경제안정정책의 범위 안에서 사회적·경제적 발전과 지역적·인적 소득의 보다 공평한 분배를 위한 유리한 조건을 장려한다. 특히 완전고용을 지향하는 정책을 실행하여야 한다.

② 국가는 직업훈련 및 재훈련을 위한 정책을 추진하고, 근로의 안전 및 위생을 보장하며, 근로시간의 제한, 정기적인 유급휴가, 적절한 시설의 확충을 통한 휴식을 제공한다.

제128조 ① 국가의 모든 형태의 부는 그 소유권을 막론하고 전체 이익에 공여된다.

② 경제활동에 있어서의 공공의 우선권이 인정된다. 필수적 재화 및 용역의 독점적 공급은 공공부문이 이를 담당할 수 있다. 또 공공의 이익에 부합하는 경우 국가가 기업에 개입할 수 있다.

제130조 ① 국가는 모든 스페인 국민의 생활수준의 평준화를 위하여 모든 경제 분야, 특히 농업·목축업·어업·수공업 분야의 근대화 및 발전을 장려한다.

② 위와 같은 목적으로 산악지대에 대하여 특별조치를 취한다.

제131조 ① 국가는 전체의 수요를 충족하고, 지역별 또는 분야별로 균형적이고 조화로운 발전을

도모하며 소득 및 부의 증대와 이에 대한 공정한 배분을 촉진하기 위하여 법률에 따라 일반 경제활동을 계획할 수 있다.

② 국가는 자치주가 제공한 예측자료, 노동조합, 기타 전문직단체, 기업자단체, 금융단체의 조언 및 협력에 따라 계획안을 책정한다. 이를 위하여 평의회를 설치하고 그 구성 및 기능은 법률로 정한다.

[아일랜드]

제45조 본 조에 명시된 사회 정책의 원칙은 국회의 일반적 지침을 위한 것이다. 해당 원칙을 입법에 적용하는 것은 전적으로 국회의 책임이며, 본 헌법의 어떠한 조항에 따라서도 법원에 의해 심리될 수 없다.

2. 특히, 국가는 다음 사항을 확보할 목적으로 정책 방향을 설정한다.

ii. 지역 사회의 물적 자원의 소유권 및 규제권은 공익을 최선으로 촉진하기 위해 사적 개인들과 다양한 집단들 간에 분배될 수 있음

iii. 특히, 자유 경쟁으로 소수의 개인들에게 필수품의 소유 또는 통제의 집중화가 전개되어 공동의 손해를 야기하도록 운영되는 것이 허용되지 않음

[이탈리아]

제41조 민간 경제 기업은 자유롭다.

이는 공공이익에 반하거나 안전, 자유, 인간의 존엄성을 해치는 방식으로 경영될 수 없다.

적절한 프로그램과 규제를 법률로 정하여 공공 및 민간 부문의 경제 활동이 사회적 목적을 지향하고 이를 위해 조정될 수 있도록 한다.

[헝가리]

제M조 (1) 헝가리 경제는 기업의 가치와 자유의 창출에 기초한다.

(2) 헝가리는 공정한 경제적 경쟁 환경을 보장하고, 지배적 지위의 남용을 규제하며, 소비자의 권리를 보호하여야 한다.

[터키]

제65조 (2001년 10월 17일 개정) 국가는 사회 및 경제분야에서 헌법에 규정되어 있는 바에 따라 재정적 자원능력의 범위 내에서 그 의무를 이행해야 하며 이러한 의무의 목적과 일치하는 우선순위를 고려해야 한다.

제166조 (2010년 9월 23일 개정) 경제, 사회 및 문화 발전, 특히 신속하고 균형 있으며 조화로운 전국적인 산업 및 농업 발전, 상세한 분석과 평가를 토대로 한 국가자원의 효율적인 사용 및 이러한 목적을 위한 필요한 조직설립은 국가의 의무이다.

국가의 효율성과 생산성을 증대하고 물가안정 및 무역거래의 균형을 보장하며 투자와 고용을 촉진시키기 위한 조치들이 계획에 포함되어야 하며, 이러한 투자에는 공공 혜택 및 요구가 고려되어야 하고 자원의 효율적인 사용을 목표로 해야 한다. 이 계획에 따른 개발활동을 수행해야 한다.

개발계획 수립절차와 원칙, 터키 대국민회의의 승인, 그 시행과 수정 및 계획의 통일성에 영향을 줄 수 있는 개정 방지를 위한 원칙과 절차는 법률로 정한다.

정부의 경제 및 사회적 정책형성에 자문을 제공할 수 있는 경제사회이사회를 설립한다. 경제

사회이사회의 설립 및 운영은 법률로 정한다.

제167조 국가는 건전하고 질서 있는 통화, 신용, 자본, 상품 및 서비스 시장의 기능을 보장하고 촉진시키는 조치를 취해야 하며 시장에서 실제적으로 또는 계약에 의해 독점과 카르텔이 형성되는 것을 금지해야 한다.

국가의 경제적 혜택을 위한 국제무역을 규제하기 위해 국무회의는 법률로 수입, 수출 및 기타 국제무역에 관세와 유사 부과금뿐만 아니라 재정적 추가 부과금을 도입 또는 철폐할 수 있는 권한을 갖는다.

[포르투갈]

제80조 (기본 원칙) 사회와 경제는 다음에 열거한 원칙들을 근거로 하여 구성한다.

a) 경제적인 힘은 민주적인 정치적 권력의 통제를 받아야 한다.

b) 공공 부문, 민간 부문과 협력하고 사회 부문은 생산 수단을 공유한다.

c) 기업 계획 및 조직의 자유는 혼합 경제의 전반적인 틀 안에서 보장된다.

d) 공익에 따른 요구가 있을 경우, 천연자원과 생산 수단은 국유화된다.

e) 경제 및 사회 개발은 민주적 절차에 따라 계획한다.

f) 협력 및 사회 부문은 생산 수단의 소유와 관련하여 보호를 받는다.

g) 노동자들을 대변하는 기구들과 기업을 대변하는 기구들은 주요 경제·사회 조치들을 규정하는 절차에 참여한다.

제81조 (국가의 일차적 의무) 경제 및 사회 분야에서 국가는 다음에 열거한 일차적 의무들을 이행한다.

a) 지속가능한 개발 전략의 전반적인 틀 안에서 국민, 특히 가장 불리한 한도에서 생활하는 사회적 약자들의 사회적, 경제적 복지와 삶의 질을 증진해야 할 의무

b) 부와 소득의 분배에 있어 특히 재정 정책을 수단으로 활용하여 사회적 정의를 도모하고 균등한 기회를 보장하며, 불균형을 시정하는 조치를 실시해야 할 의무

c) 특히 공공 부문의 효율성을 보장하기 위해 최대한 노력함으로써 생산력을 최대한 활용하도록 보장해야 할 의무

d) 모든 부문 및 지역에서 균형 발전을 꾀하는 방향으로 개발을 유도하는 한편, 도시와 농촌 간 또는 연안지대와 내륙지역 간의 사회·경제적 격차를 점진적으로 해소함으로써 전국의 사회·경제적 결속력을 강화해야 할 의무

e) 자치구의 고립적 성격으로부터 파생된 불균형의 시정을 촉진하는 한편, 이러한 지역들을 국내 또는 국제적 범위의 보다 넓은 경제영역에 점진적으로 통합하도록 유도해야 할 의무

f) 기업 간 균형적인 경쟁을 보장하고 독점적 형태의 조직을 무효화하는 한편, 시장 지배적 지위의 남용이나 공공의 이해에 반하는 다른 관행을 억제하는 방향으로 시장의 효율적인 운용을 보장해야 할 의무

g) 모든 국민과의 경제적 관계를 발전시키는 한편, 포르투갈 국민과 국가 경제의 독립 및 이해관계를 항상 보호해야 할 의무

h) 초대형 사유지를 없애고 소규모 농장을 재편성할 의무

i) 소비자의 권익을 보장해야 할 의무

j) 사회적·경제적 개발을 민주적 절차에 따라 계획하는데 필요한 법적, 기술적 수단들을 창안할 의무

l) 국가의 발전에 도움이 되는 과학 및 기술 정책의 존속을 보장해야 할 의무

m) 천연자원과 생태적 균형을 보존하는 국가 에너지정책을 채택하는 한편, 이 영역에서 국제적 협력을 증진해야 할 의무

n) 수자원을 사용, 계획 및 합리적으로 관리하는 국가 수자원 정책을 채택해야 할 의무

제82조 (생산 수단의 소유 부문) 1. 생산 수단의 소유 부문 3가지가 공존할 수 있도록 보장한다.

2. 공공 부문은 국가 또는 기타 공공기관이 정당하게 소유하고 관리해야 하는 생산 수단으로 이루어진다.

3. 민간 부문은 다음 항의 규정들을 위반하지 않는 한도에서 개인 또는 민간단체가 정당하게 소유 또는 관리해야 하는 생산 수단으로 이루어진다.

4. 협동조합 부문은 특별히 다음에 열거한 수단으로 이루어진다.

a) 공공 부문이 이해관계를 갖고 있으며 그러한 이해관계에 의해 정당화되는 협동조합에 대해 법률이 정하는 특별한 조항들을 위반하지 않는 한도에서 협동조합의 원칙에 따라 협동조합이 보유 및 관리하는 생산 수단

b) 지역 사회가 보유 및 관리하는 공용 생산 수단

c) 노동자 집단이 운영하는 생산 수단

d) 자선 활동을 1차적 목적으로 하는 비영리 법인, 특히 상호부조의 특성을 지닌 기관이 보유 및 관리하는 생산 수단

2. 광물 기타 천연자원

[대한민국]

제120조 ① 광물 기타 중요한 지하자원·수산자원·수력과 경제상 이용할 수 있는 자연력은 법률이 정하는 바에 의하여 일정한 기간 그 채취·개발 또는 이용을 특허할 수 있다.

② 국토와 자원은 국가의 보호를 받으며, 국가는 그 균형있는 개발과 이용을 위하여 필요한 계획을 수립한다.

[러시아]

제 9 조 1. 토지와 기타 천연자원은 러시아연방 내 해당지역에 거주하는 제민족의 생활과 활동의 기반으로써 이용되고 보호된다.

2. 토지와 기타 천연자원들은 개인소유, 국가소유, 자치단체 소유 및 여타의 소유형태가 될 수 있다.

[멕시코]

제27조 ③ 대륙붕과 도서지역 해저층의 모든 천연자원, 광맥, 지층, 집괴의 모든 광물 또는 물질, 산업용 금속 및 비금속을 얻을 수 있는 광물 등 땅의 구성요소와는 자연적으로 구별되는 광상을 구성하는 광석층, 보석용 원석, 암염, 해수로 형성된 소금퇴적물, 채취에 지하작업이 필요한 암석의 해체로 얻은 산물, 비료로 활용할 수 있는 물질의 광상 또는 유기광상, 고체광물연료, 석유와 모든 고체, 액체, 기체 탄화수소, 국제법이 규정하는 범위와 조건에 따른 영공은

국가가 직접 소유한다.

④ 국제법이 정하는 한계와 조건에 따라 영해 수역, 내해 수역, 바다와 상시적으로 또는 간헐적으로 연결되는 석호 및 하구, 끊임없이 흐르는 시내와 직접 연결된 내륙의 천연호수, 영구적, 간헐적 또는 급류의 발원 지점부터 국가가 소유하는 바다, 호수, 석호, 하구의 입구까지의 강과 직접 또는 간접적인 지류, 하상이 국가 간 또는 주(州) 간 경계의 역할을 하거나 한 주에서 다른 주(州)로 흐르거나 국가의 국경선을 가로지르는 경우의 상시적 또는 간헐적으로 흐르는 시내와 직접 또는 간접적인 지류, 유역, 암층 또는 하안이 하나 이상의 주(州)를 분할하거나 멕시코와 인접 국가 간의 경계선이 되는 경우 또는 해안선이 두 개의 주(州) 간 또는 멕시코와 인접국가 간의 경계선으로서 역할을 하는 경우의 호수, 석호 또는 하구, 영토 내의 해변, 해안지대, 수로, 호수, 석호 또는 하구의 유역 또는 호안에서 발원하는 샘, 광산에서 끌어올린 물, 법률에 규정하는 범위내의 내륙 호수 및 수로의 바닥 또는 하안은 국가의 재산이다. 지하수는 인위적인 작업으로 자유롭게 추출하여 토지 소유자가 사용할 수 있다. 다만, 공익상 필요하거나 다른 사용자에게 영향을 미치는 때에는 연방정부는 지하수의 추출 및 사용을 규제하고 나아가 다른 국가 수역과 같이 추출 금지구역으로 설정할 수 있다. 이 항에 규정되지 아니한 물은 흐르거나 고여 있는 토지의 소유권의 불가분한 부분으로 본다. 물이 둘 이상의 재산에 위치한 때에는 그 물의 사용은 공익의 문제로 보고 주(州)가 제정한 법률에 따른다.

⑤ 전술한 두 번째 단락에 있어서, 국유재산은 양도할 수 없고, 소멸시효가 없으며, 멕시코 법률에 따라 설립된 법인이나 개인이 국가재산에 속한 자원을 개발하거나 이용할 수 없다. 단, 법률로 정한 규정과 조건에 의거하여 연방행정부가 허용한 채광권을 통해서만 법인과 개인이 자원을 개발하고 이용할 수 있다. 방송과 통신에 대한 허가권은 연방통신연구소가 수여한다. 네번째 단락에 정하는 광물의 채굴과 관련한 법적 규정에서는 채광권 수여일과는 독립적으로, 채광권의 효력이 발생하는 때부터 시행되어야 하는 채광행위의 시행과 승인에 대해 규제하고, 이를 어길 시에는 채광권이 취소된다. 연방정부는 국가의 비축량을 설정하고 폐지할 권한을 갖는다. 해당 선언은 법률이 정하는 바에 따라 행정부가 실시한다. 석유와 고체, 액체 또는 기체 탄화수소 혹은 방사능 물질의 경우에는 채광권이나 계약체결을 할 수 없으며, 이미 채광이 허가된 경우라도 채광권이나 계약은 유지되지 않으며, 해당규정법률에 명시한 내용에 의거하여 국가가 해당 자원을 개발한다. 공공서비스에 사용할 전력의 생산, 관리, 변형, 배급 및 공급은 국가만이 할 수 있고 개인에 대하여 허가하여서는 아니 된다. 국가는 해당 목적을 달성하기 위하여 필요한 국가자산과 천연자원을 사용할 수 있다.

⑥ 국가만이 원자력에너지의 생산을 위하여 핵 광물을 사용할 수 있고, 국가는 핵 광물을 다른 목적으로 사용하지 않도록 규제하여야 한다. 원자력 에너지는 평화적인 목적에 한하여 사용하여야 한다.

제28조 ⑪ 법률에 정하는 예외적인 경우를 제외하고는 국가는 이익이 되는 때에는 법률에 따라 공공서비스의 제공 또는 국가가 소유한 재산의 개발 및 이용을 허가할 수 있다. 법률은 허가한 서비스의 효율적 제공과 상품의 사회적 이용을 보장하고, 공공의 이익에 반하는 집중현상을 방지하기 위한 조건을 규정하여야 한다. 공공서비스의 규제는 헌법을 준수하여야 하고, 법률에 의해서만 시행할 수 있다.

[필리핀]

제12장 제 2 조 국유지의 모든 육지, 물, 광물, 석탄, 석유, 기타 광유, 모든 잠재적 에너지원, 어류, 산림 또는 목재, 야생생물, 식물군과 동물군 그리고 그 밖의 천연자원은 국가가 소유한다. 농경지를 제외하고, 모든 그 밖의 천연자원은 양도되지 않는다. 천연자원의 탐사, 개발, 활용은 전적으로 국가의 통제와 감시하에 있다. 국가는 직접 이러한 활동을 수행할 수 있으며 또는 국가는 필리핀 국민이나 국민이 그 자본 중 60% 이상을 소유하고 있는 기업 또는 단체와 공동생산, 합작회사 또는 생산공유 협정을 체결할 수 있다. 협정의 기간은 25년을 초과하지 않아야 하며 25년 이상을 기간으로 갱신할 수 없으며 법률이 정한 기간과 조건을 준수해야 한다.

수력발전 개발이 아닌 관개, 양식업 또는 산업용 사용을 위한 물에 대한 권리의 경우 유익한 물사용은 허가의 수단이자 제한이 될 수 있다. 국가는 국가의 다도해 해상, 해역 및 배타적 경제구역 내 해양자원을 보호하고 그 사용과 향유를 배타적으로 필리핀 국민에 대해서만 유지한다. 의회는 법률에 따라 강, 호수, 만, 석호 내 생계형 어민과 어업노동자를 우대하면서 필리핀 국민과 기업형 어업 양식장의 소규모 천연자원 사용을 허용할 수 있다.

대통령은 법률이 정한 조건에 따라 국가의 경제적 성장과 국민복지에 대한 실제적 기여를 토대로 광물, 석유 그리고 그 밖의 광유의 대규모 탐사, 개발 및 활용을 위한 기술 또는 재정적 지원과 관련한 외국인 소유 기업과 협정을 체결할 수 있다. 협정에서 국가는 국내 과학 및 기술자원의 발전과 사용을 추구해야 한다.

대통령은 본 조항에 따라 체결된 모든 계약을 그 시행으로부터 30일 이내에 의회에 통지해야 한다.

[스위스]

제76조 (수자원) ① 연방은 그 권한의 범위 내에서 수자원의 합리적인 이용, 보호 및 수자원으로 인한 재해 방지를 위하여 노력한다.

② 연방은 수자원 보존 및 이용, 수자원을 이용한 에너지 생산 및 냉각, 기타 수자원의 순환에 영향을 미치는 조치에 관한 원칙을 정한다.

③ 연방은 수자원의 보호, 적절한 잔류량의 유지, 하천 정비, 댐의 안전 및 강수에 영향을 미치는 조치들에 관한 법률을 제정한다.

④ 주는 수자원을 관리한다. 주는 연방법제에서 정하는 범위 내에서 수자원 사용료를 부과할 수 있다. 연방은 교통 목적으로 수자원을 사용할 권리를 가지며, 이 경우에 사용료 및 보상금을 지불한다.

⑤ 연방은 관련 주와 협의하여 국제적인 수자원에 대한 권리와 그 사용료를 정한다. 관련 주 간에 합의가 이루어지지 아니하는 경우에는 연방이 결정한다.

⑥ 연방은 그 임무를 수행함에 있어서 수원지가 위치하는 주의 이익을 고려한다.

제77조 (삼림) ① 연방은 삼림이 그 보호적·경제적·사회적 편의 기능을 수행할 수 있도록 보장한다.

② 연방은 삼림보호에 관한 원칙을 정한다.

③ 연방은 삼림보존을 위한 조치를 강구한다.

제89조 (에너지 정책) ① 연방 및 주는 각각 그 권한의 범위 내에서 충분하고 다양하며 안전하고 경제적이며 환경 친화적인 에너지의 공급과 경제적이고 효율적인 에너지 이용을 증진하기 위

하여 노력한다.

[스페인]

제132조 ① 공공재산은 양도불가능하고, 시효의 적용을 받지 아니하며, 어떠한 경우에도 담보로 제공될 수 없다는 기초하에 공공재산을 관리하는 규정을 법률로 정한다. 또한 법률은 공공재산이 공공의 목적에 부합하지 않게 이용되는 경우를 규정한다.

② 공공재산의 내용은 법률로 정하며, 해안, 영해 및 배타적 경제수역 및 대륙붕에 있는 천연자원을 포함한다.

③ 국가의 유적 및 문화유산에 대한 권리와 그 관리, 보호 및 유지는 법률이 정하는 바에 따른다.

[아일랜드]

제10조 1. 본 헌법에 의해 수립된 국회와 내각 관할권 내의 공기 및 모든 형태의 잠재적 에너지를 포함한 모든 천연 자원과 해당 관할 내의 모든 사용권 및 면허는 당시 개인이나 법인에 합법적으로 귀속된 그 안의 모든 재산과 이해관계를 조건으로 하여 국가에 속한다.

2. 본 헌법의 시행 직전에 아일랜드 자유국에 속한 모든 토지와 모든 광산, 광물 및 용수는 당시 아일랜드 자유국에 속한 범위와 같은 범위로 국가에 속한다.

3. 본 조에 의해 국가에 속하는 재산의 관리와, 해당 재산의 임시 또는 영구적인 이전의 통제를 목적으로 하는 조항이 법률로 제정될 수 있다.

4. 또한, 본 헌법의 시행 후 국가에 의해 취득되는 토지, 광산, 광물 및 용수의 관리와, 그와 같이 취득된 토지, 광산, 광물 및 용수의 임시 또는 영구적인 이전의 통제를 목적으로 하는 조항이 법률에 따라 제정될 수 있다.

[체코]

제7조 국가는 천연의 부를 보호하고 천연자원의 효율적 활용을 고려하여야 한다.

[캐나다]

제109조 토지, 광산 등의 소유권

캐나다 연방 창설 시 캐나다의 각 주, 노바스코샤 및 뉴브런즈윅이 소유한 모든 토지, 광산, 광물, 로열티와 토지, 광산, 광물, 로열티에 대해 지급되어야하는 모든 금액은 온타리오, 퀘벡, 노바스코샤 및 뉴브런즈윅 중 해당 항목이 위치하거나 발생하는 주가 소유한다. 이때, 그와 관련해 존재하는 모든 신탁과 위 항목에 있어 해당 주의 이권 외의 모든 이권이 적용된다.

[헝가리]

제P조 (1) 모든 천연자원, 특히 농지, 산림 및 식수, 생물학적 다양성—특히 토종 동식물—뿐만 아니라 문화자산은 국가의 공동유산을 구성하고, 국가와 각 개인은 이를 보호 및 유지하고 미래세대를 위하여 보전할 의무가 있다.

제38조 (1) 국가 및 지방정부의 재산은 국유자산으로 한다. 국유자산의 관리 및 보호는 공익, 공공수요 충족 및 미래세대의 요구를 고려한 천연자원 보호를 목적으로 하여야 한다. 국유자산의 보전, 보호 및 책임관리에 한 요건은 기본법률로 정한다.

(2) 국가의 배타적 재산 및 배타적 경제활동의 범위, 국가경제에 있어서 전략적인 국유자산의 양도 제한 및 조건은 제1항에 규정된 목표를 고려하여 기본법률로 정한다.

(3) 국유자산은 비례적 가치의 요건을 고려하여 법률로 정한 요건 및 예외에 따른 경우에 한하

여 이전할 수 있다.

(4) 국유자산의 이전 및 활용에 관한 계약의 상대방은 활용을 위하여 이전 또는 양도되는 국유자산을 관리하기 위하여 투명한 소유구조, 조직 및 활동을 가진 조직에 한한다.

(5) 국가 및 지방정부가 소유한 모든 기업조직은 적법하고 책임 있게, 실용적이고 효율적인 방법으로 독립적 경영을 수행하여야 한다.

[터키]

제63조 국가는 역사적, 문화적, 자연적 자산 및 부를 보존해야 하며 이러한 목적을 지향하는 지원 및 촉진 조치를 취해야 한다.

개인소유의 이러한 자산과 부에 부과된 모든 제한 및 위 제한으로 인한 해당 자산과 부의 소유자에게 적용되는 보상 및 면제는 법률로 정한다.

제168조 자연적 부와 자원은 국가의 통제와 재량 하에 놓여 있어야 한다. 자원의 탐사와 개발권은 국가에 속한다.

국가는 이 권한을 특정기간 동안 개인 또는 공기업에게 위임할 수 있다. 자연적 부와 자원 중에 국가가 개인 또는 공기업과 협력하여 탐사 및 개발하고자 하는 자원, 개인 또는 공기업에 의해 직접 탐사 및 개발되는 자원은 법률의 명시적 허가를 따라야 한다. 이러한 경우 개인 및 공기업이 준수해야 할 조건, 국가의 감독과 통제를 관장하는 절차와 원칙 그리고 적용되는 제재는 법률로 정한다.

A. 산림보호 및 개발

제169조 국가는 산림보호와 산림지역 확대를 위해 필요한 법률을 제정하고 조치를 취해야 한다. 화재로 파괴된 산림지역은 재조림해야 한다. 그 밖의 농업 및 축산업 활동은 이 지역에서 허용되지 아니한다. 모든 산림은 국가의 보호와 감독 하에 있어야 한다.

국가산림의 소유권은 타인에게 양도될 수 없다. 국가산림은 법률에 따라 국가가 관리, 이용해야 한다.

이러한 산림의 소유권은 규정을 통해 취득될 수 없으며 이러한 산림과 관련하여 공익의 지역권 이외의 지역권은 부과되지 않는다.

산림을 손상시키는 법률과 조치는 허용되지 않는다. 산림을 파괴할 수 있는 어떠한 정치적 선동도 이루어질 수 없다. 산림파괴 범죄행위에 대해 특별히 허용되는 사면 또는 특사는 법률로 제정될 수 없다. 산림 파괴 및 화재의 의도를 갖거나 산림지역 축소의 의도로 행해진 범죄는 다른 경우에 적용 가능한 사면이나 특사의 범주 내에 속하지 않는다.

산림지역으로 보존을 고려하는 것이 기술적 및 과학적으로 쓸모가 없지만 농지로의 전환은 명확히 유용하다고 판단된 지역, 1981년 12월 31일 이전에 기술적 및 과학적으로 산림이 아닌 들판, 포도원, 과수원, 올리브 숲 또는 유사 지역, 농업 또는 축산업 목적으로의 사용이 유용하다고 판단된 지역, 도시, 읍면, 마을 근처의 건설지역을 제외하고 산림경계의 제한을 금지한다.

B. 산림지역 거주민 보호

제170조 산림의 보존과 산림지역 거주민의 생활조건 개선을 목적으로 산림의 감독과 이용에 있어 산림 내 또는 그 근처에 위치한 마을의 거주민과 국가 간 협력을 보장하기 위해 법률로서 조치를 도입해야 한다. 이 법률은 또한 1981년 12월 31일 이전에 기술적 및 과학적으로 산림이 중단된 지역의 개발, 산림으로 보존하는 것이 기술적 및 과학적으로 쓸모없는 지역 파악,

산림경계로부터 이러한 지역 제외, 산림지역 내 거주민 전체 또는 일부의 정착을 목적으로 정부가 진행하는 개선사업 그리고 이러한 마을의 배정을 정한다.

국가는 이러한 주민에 의한 농업장비 및 기타 투입물 취득을 활성화하기 위한 조치를 취해야 한다.

산림 외부에 재정착한 마을주민이 소유한 토지는 즉시 국가산림으로 재조림되어야 한다.

[포르투갈]

제84조 (공유 재산) 1. 다음에 열거한 사항들은 공유 재산에 속한다.

a) 해저 지층과 인접한 해저 영역을 포함한 영해 및 탐사나 부양에 적합한 호수, 초호 및 하천
b) 소유권 또는 지상권에 대하여 인정되는 범위를 초과하는 포르투갈 영토 위의 영공
c) 지하의 광산, 광천수원과 약수원 및 천연 지하 동굴. 단, 건설 목적으로 상시 사용할 수 있는 암반, 일반 흙 및 기타 물질은 제외한다.
d) 도로
e) 국유 철도
f) 법률에 의해 공유 재산으로 분류할 수 있는 그 밖의 재산

2. 국가, 자치구 및 지방자치단체의 공유 재산 중 일부를 이루는 재산은 법률로 규정하는 한편, 그러한 재산을 규율하는 사용 및 제한의 규칙과 조건도 각각 법률로 정한다.

제85조 (협동조합 및 노사 간 교섭 시도) 1. 국가는 협동조합의 설립 및 활동을 촉진하고 지원한다.

2. 협동조합이 향유해야 하는 재정 및 금융상의 혜택들은 법률로 정하는 한편, 유상 원조 및 기술 원조를 획득하기 위한 우대적인 조건들도 함께 법률로 정한다.

3. 국가는 실행 가능한 노사 간 교섭 시도를 지원한다.

3. 농지분배 및 소작제도금지

[대한민국]

제121조 ① 국가는 농지에 관하여 경자유전의 원칙이 달성될 수 있도록 노력하여야 하며, 농지의 소작제도는 금지된다.

② 농업생산성의 제고와 농지의 합리적인 이용을 위하거나 불가피한 사정으로 발생하는 농지의 임대차와 위탁경영은 법률이 정하는 바에 의하여 인정된다.

[멕시코]

제27조 ⑧ XV. 멕시코에서 대규모 농지 소유는 금지된다.

소농지는 1인당 100헥타르를 초과하지 아니하는 관개지 또는 습지 기타 이와 동등한 종류의 토지를 말한다. 동등하다는 것은 관개지 1헥타르, 계절토지 2헥타르, 초목지 4헥타르, 산림, 산 또는 건조한 방목지 8헥타르로 계산한다.

면화재배에 사용되는 150헥타르 이하의 관개지, 바나나, 사탕수수, 커피, 헤네켄, 고무, 코코넛, 포도, 올리브, 키니네, 바닐라, 카카오, 용설란, 선인장 및 과실나무의 재배에 사용되는 300헥타르 이하의 토지도 소농지로 본다.

목축용 소농지는 법률이 정하는 바에 따라 토지의 방목능력이 큰 가축 또는 이와 동등한 작은 가축 500두 이하를 유지하는데 필요한 면적을 초과하지 아니하는 토지를 말한다.

농지의 소유자 또는 점유자가 실시한 관개, 배수 또는 기타 작업으로 인하여 토지의 질이 개선된 때에는 그 개선으로 인하여 토지에 관하여 설정한 최대한도가 초과되더라도 계속 소농지로 본다.

다만, 법률에 정한 요건을 충족하여야 한다.

목축용 소농지의 소유자 또는 점유자가 해당 토지를 개선하고 농업용으로 사용하는 때에는 개선 전에 전항의 토지의 질에 상당하는 이 조항의 두 번째 및 세 번째 단락에 규정하는 한도를 초과하여서는 아니 된다.

XVII. 연방의회와 주(州) 의회는 각 관할권 내에서 이 조 제IV호 및 제XV호에 규정하는 한도를 초과하는 대규모 토지의 양도 및 분할에 관한 절차를 규정하는 법률을 제정하여야 한다.

소유자는 초과사실을 통지받은 날로부터 1년 이내에 해당 초과 토지를 분할 및 양도하여야 한다.

해당 기간이 경과한 후에도 초과 토지를 양도하지 아니한 때에는 공매에 의하여 매각한다. 동일한 조건에 따라 법률로 정하는 우선권을 존중하여야 한다.

지방 법률은 가족재산을 규정하고, 가족재산이 양도 및 담보의 대상이 되지 아니함을 근거로 하여 가족재산을 구성하는 항목을 결정하여야 한다.

XVIII. 한 개인 또는 회사가 국가의 토지, 물 및 천연자원을 독점하는 결과를 초래한 1876년 이후에 정부가 체결한 모든 계약과 허가는 재검토의 대상이며, 연방정부는 공익에 중대한 피해를 입힌다고 판단하는 때에는 해당 계약 또는 허가의 무효를 선언할 수 있다.

XIX. 국가는 이 헌법에 근거하여 공유지 및 소농지 소유권의 법적 안전을 보장하기 위하여 신속하고 정직하게 토지를 분배하는데 필요한 조치를 규정하고, 농민에게 법률 상담을 제공하여야 한다.

토지 소유제한 또는 토지 소유권과 관련하여 둘 이상의 공동체 간에 발생할 가능성이 있거나 진행 중인 모든 분쟁은 연방정부의 관할에 속한다. 공정한 농지관리를 위하여 법률에 따라 대통령이 추천하고 상원 또는 휴회 중인 때에는 상임위원회의 승인을 받은 판사로 구성되고, 자치권과 전권이 부여된 농업법원을 설치하여야 한다.

법률에 따라 공정한 토지분배를 수행할 기관을 설치하여야 한다.

[필리핀]

제13장 제 4 조 국가는 법률로 농민과 농지를 가지고 있지 않은 정규 농업 노동자들이 경작하는 토지를 직접 또는 집단적으로 소유하거나, 다른 농업 노동자의 경우 그 생산물의 정당한 몫을 받아야 하는 권리 위에 세워진 농지개혁 프로그램을 수행한다. 이를 위해 국가는 의회가 규정한 위와 같은 우선순위와 합리적인 보유제한에 따라 생태적 또는 발전적 또는 자산 고려사항을 염두에 두고, 정당한 보상하에 모든 농업용지의 공정한 분배를 장려하고 이행한다. 보유제한을 결정함에 있어 국가는 소규모 농지 소유자의 권리를 존중한다. 국가는 추가로 자발적인 농지공유를 위한 인센티브를 제공한다.

[헝가리]

제P조 (2) 제1항에 규정하는 목표를 달성하기 위하여 필요한 소유권의 취득과 농지 및 산림의 이용에 관한 제한과 조건뿐만 아니라 통합적인 농업생산의 조직과 가족농 및 기타 농업사업체에 관한 규칙은 기본법률로 정한다.

[포르투갈]

제93조 (농업정책의 목적) 1. 농업정책의 목적을 열거하면 다음과 같다.

a) 경쟁력 강화를 위해 동원될 인적, 기술적, 재정적 자원들과 충분한 기반시설을 농업 부문에 제공함으로써 농업 생산과 생산성을 증진하고, 제품의 품질, 효과적인 마케팅 및 판매, 국가 농산물 공급 향상 및 농산물 수출 증대 등을 보장

b) 지방 및 농촌 노동자들의 경제, 사회 및 문화적 여건 향상, 농어촌의 발전, 토지 소유구조의 합리화, 사업 조직의 현대화 및 대지를 경작하는 자들의 토지 또는 그들이 직접 활용하는 기타 생산 수단의 소유권 또는 점유권 획득 등을 증진

c) 농업에 종사하는 자들과 기타 노동자들 간의 실질적인 평등을 실현하는데 필요한 여건을 조성하는 한편, 농업부문이 여타 산업부문과의 거래에서 불리한 처우를 받지 않도록 방지

d) 토양 및 기타 천연자원의 합리적 사용과 관리를 보장하는 한편, 그러한 자원들의 재생능력 유지

e) 농민들이 단체를 구성하고 이에 가입하도록 독려하는 한편, 토지를 직접 경작하도록 장려

2. 국가는 국가의 조건이 되는 생태적, 사회적 요인들에 따라 농지계획 및 전환과 삼림개발정책을 추진한다.

제94조 (초대형 사유지의 배제) 1. 농업정책 목적의 견지에서 지나치게 큰 농업 단위의 규모 조정은 법률로 규제하며, 농지수용 시 각 농지 소유주가 상응하는 보상을 받을 권리 및 각자가 소유한 농지의 존속능력과 합리성을 충분히 보장하는 영역을 유지할 권리는 법률로 정한다.
2. 해당 토지의 효율적 합리적 사용 여부를 확인하기 위해 모든 권원을 , 허가하기에 앞서 시범기간의 약정 조건을 위반하지 않는 한, 수용된 토지의 소유권 또는 사용권은 법률로 정한 바와 같이 소규모 농민들 (특히 가족 농장), 농어촌 노동자 협동조합 또는 소규모 농업 협동조합, 여타 형태의 노동자 사업장에 양도된다.

제95조 (소규모 농장의 크기 조정) 소유권을 침해하지 않는 한, 국가는 법률로 정하는 바에 따라 농업정책의 목적이라는 관점에서 볼 때 적정한 수준보다 작은 소규모 농업 단위의 규모 조정작업을 추진한다. 특히 이 과정에서는 그러한 농업 단위의 구조적 또는 순수 경제적 통합 (특히 협동조합 형태의)을 위한 법적, 재정적, 신용적 인센티브를 활용하거나 여러 구획의 대지를 함께 결합할 목적으로 고안된 조치들을 적용한다.

제96조 (미소유 토지의 사용 형태) 1. 농민의 안정과 합법적인 이익을 보장할 수 있는 방법으로 미소유 대지의 임대 및 그 밖의 다른 형태의 사용을 규율하는 규칙들은 법률로 정한다.
2. 영대차지 및 식민지 제도는 금지하며 농민들이 농업조합 제도를 실질적으로 폐지해야 하는 조건을 조성한다.

제97조 (국가의 지원) 1. 농업정책의 목적을 추구하는 과정에서 국가는 특히 가족농업 단위에 통합되는 중소규모 농업 종사자들, 단독 농업 종사자들 또는 협동조합에 참여하는 농민들은 물론, 농업 노동자 협동조합과 기타 형태의 농업 노동자 사업장을 대상으로 우선적인 지원을

제공한다.

2. 그러한 국가의 지원은 특별히 다음에 열거한 사항들을 포함한다.
   a) 기술 원조의 제공
   b) 농산물 그 자체로부터 마케팅 및 판매 지원의 상류 및 하류 부문 형태의 조성
   c) 예측할 수 없거나 통제가 불가능한 기후 또는 식물병리학적 조건들에서 비롯되는 위험의 보상을 위한 지원제공
   d) 생산자, 구매, 판매, 가공 및 서비스 협동조합과 여타 형태의 농업 노동자 사업장을 구성함으로써 농촌 노동자들과 농민들이 단체를 구성하고 이에 가입하도록 장려

4. 국토의 효율적 이용

[대한민국]

제122조 국가는 국민 모두의 생산 및 생활의 기반이 되는 국토의 효율적이고 균형있는 이용·개발과 보전을 위하여 법률이 정하는 바에 의하여 그에 관한 필요한 제한과 의무를 과할 수 있다.

[러시아]

제36조 3. 토지 이용의 조건과 절차는 연방법에 따라 정한다.

[필리핀]

제2장 제21조 국가는 종합적인 농촌발전과 토지개혁을 추구한다.

[스위스]

제75조 (국토계획) ① 연방은 국토계획에 관한 원칙을 정한다. 이 원칙은 각 주에서 구속력이 있고, 적절하고 경제적인 토지의 활용 및 국토의 합리적인 정착에 이바지한다.

② 연방은 주의 노력을 장려하고 조정하며, 주와 협력한다.

③ 연방 및 주는 그 임무를 수행함에 있어서 국토계획의 필요조건들을 고려한다.

제75a조 (측량) ① 국가의 토지측량은 연방의 권한에 속한다.

② 연방은 공적 토지측량에 관한 법 규정을 제정한다.

③ 연방은 공식적인 토지정보의 조율에 관한 법 규정을 제정할 수 있다.

제75b조 (별장) ① 별장으로 사용되는 주택은 주거용 주택 및 주거용 아파트 총수의 20퍼센트를 초과할 수 없다.

② 법률은 공동체로 하여금 실주거용 주택비율계획 및 연도별 시행에 관한 세부적 보고서를 발간하도록 하여야 한다.

[이탈리아]

제44조 토지의 합리적 사용과 공평한 사회적 관계를 보장하기 위해 법률로 토지 사유에 의무와 제한을 부과하고, 주와 농업구역에 따라 토지 면적의 한도를 정하며 토지 개간, 대농장 개조, 농장단위 개편을 장려 및 부담시키고 중소 규모의 토지를 지원한다.

산악 지대에 관해서는 법률로 규정한다.

[터키]

제44조 국가는 효율적으로 토지를 경작하고 이를 발전시키며 침식으로 인한 손실을 예방하고 소유하고 있는 토지를 충분히 소유하지 못하거나 토지를 전혀 소유하고 있지 않은 농민에게 토지를 제공할 수 있게 하는데 필요한 조치를 취해야 한다. 이를 위해 법률은 다양한 농업지역과 농사 유형에 따라 적절한 토지단위 규모를 정의할 수 있다. 토지를 충분히 소유하고 있지 못하거나 토지를 전혀 소유하고 있지 못한 농민을 대상으로 한 토지제공은 생산저하, 산림 및 기타 토지 그리고 지하자원의 고갈을 야기해서는 아니 된다.

이러한 목적으로 분배된 토지는 유산상속의 경우를 제외하고는 타인과 분할 또는 타인에게 양도될 수 없으며 또한 토지가 분배된 농민 당사자 그리고 그 상속인에 의해서만 , 경작되어야 한다. 이러한 조건이 유지되지 않는 경우, 분배된 토지의 국가회수와 관련된 원칙들은 법률로 정한다.

제45조 국가는 농경지, 목초지 및 초원의 부적절한 사용 및 파괴를 방지하기 위해 그리고 농업계획의 원칙에 따라 작물 및 가축의 생산을 늘리기 위해, 농민과 축산 농민들이 기계류, 장비 및 기타 비료 등 필수장비를 취득하는 것을 용이하게 한다.

국가는 곡물 및 가축제품의 가치를 높이고 경작자와 사육자가 그들 제품의 실질적 가치를 보상 받을 수 있도록 필요한 조치를 취해야 한다.

5. 농어민·중소기업의 자조조직

[대한민국]

제123조 ① 국가는 농업 및 어업을 보호·육성하기 위하여 농·어촌종합개발과 그 지원 등 필요한 계획을 수립·시행하여야 한다.

② 국가는 지역간의 균형있는 발전을 위하여 지역경제를 육성할 의무를 진다.

③ 국가는 중소기업을 보호·육성하여야 한다.

④ 국가는 농수산물의 수급균형과 유통구조의 개선에 노력하여 가격안정을 도모함으로써 농·어민의 이익을 보호한다.

⑤ 국가는 농·어민과 중소기업의 자조조직을 육성하여야 하며, 그 자율적 활동과 발전을 보장한다.

[멕시코]

제25조 ⑥ ...법률은 사회부문, 즉 영농조합, 노동단체, 조합, 농촌, 근로자가 다수 또는 배타적으로 소유하는 기업 및 일반적으로 사회에 필요한 재화와 용역을 생산, 유통 및 소비하는 모든 사회단체의 경제활동의 조직 및 확대를 촉진하는 절차를 정하여야 한다.

제27조 ⑧ XX. 국가는 일자리를 창출하고, 농민의 복지와 국가발전 참여를 보장하는 것을 목적으로 기반시설 건설, 원재료, 신용, 훈련 및 기술적 지원의 제공을 통하여 최적의 토지이용을 위한 농업 및 임업활동을 촉진하여야 한다. 국가는 또한 공익을 고려하여 농업 생산의 계획, 조직, 산업화 및 상업화를 위한 법률을 제정하여야 한다.

전술한 단락에 규정된 종합적이고 지속가능한 지역개발은 국가가 법률로 정하는 기본 식량의 충분하고 시기적절한 공급을 보장하는 것을 그 목적에 포함하여야 한다.

[필리핀]

제2장 제23조 국가는 국가의 복지를 추구하는 비정부적이고 공동체에 기초한 부문단체를 장려한다.

제12장 제15조 의회는 사회정의와 경제발전을 위한 도구로서 협동조합의 자립과 성장을 촉진시키는 기관을 설립한다.

제13장 제5조 국가는 농민, 농업 노동자, 토지 소유자 및 조합 그리고 그 밖의 농민단체들이 이러한 프로그램의 기획, 조직화 및 관리에 참여하는 권리를 인정하며 적절한 기술과 연구 그리고 적절한 재정, 생산, 마케팅 그리고 그 밖의 지원 서비스를 통해 농업을 지원한다.

제6조 국가는 대여 또는 이권하에 있는 농업에 적합한 국유지를 포함한 다른 천연자원을 처분하거나 이용함에 있어서 법률에 따라 적용가능한 경우에는 언제나 우선권, 소규모 정착민의 부속지에 대한 권리, 토착공동체의 고유토지에 대한 권리에 따라, 농지개혁 또는 관리의 원칙을 적용하여야 한다.

국가는 법률로 정한 방식에 따라 분배되어야 할 농업용지 내에 토지를 소유하지 않은 농민 및 농업 노동자들을 재정착시킬 수 있다.

제7조 국가는 자급자족 어민, 특히 지방 공동체의 어민의 내륙 및 해안의 공동 해양 및 어업자원의 우선적 사용 권리를 보호한다. 국가는 적절한 기술과 연구, 적절한 금융, 생산, 마케팅 지원과 그 밖의 서비스를 통해 어민을 지원한다. 국가는 또한 자원을 보호, 개발, 보존한다. 보존은 외침에 대항한 자급자족 어민의 해안 어업 근거지로 확대되어야 한다. 어업 노동자는 해양 및 어업 자원의 활용에 있어 그들의 노동으로부터 정당한 몫을 받는다.

제8조 국가는 토지 소유자에게 산업화, 고용창출 및 공공부문 기업의 민영화를 촉진시키는 농지개혁 프로그램의 진행에 투자하도록 인센티브를 제공한다. 이들의 토지에 대한 지불로 사용되는 재정적 수단은 이들이 선택한 기업의 자본으로 인정된다.

[그리스]

제12조 ④ 모든 종류의 농업 및 도시 협동조합은 법과 법령의 규정에 따라 자치적으로 운영되며 국가의 보호와 감독을 받는다. 국가는 이들 협동조합의 발전을 지원할 의무가 있다.

⑤ 농촌 지역 또는 다른 재화 원산지의 공통적인 혜택, 공공 이익 또는 공동 개발을 목적으로 하는 협동조합의 강제적인 설립은 법에 의해 허용된다. 그러나 모든 참여자의 공평한 처우를 보장해야 한다.

[스위스]

제104조 (농업) ① 연방은 농업이 지속가능하고 시장 지향적 생산 정책을 통하여 다음 사항과 관련하여 실질적인 기여를 하도록 보장한다.

a. 국민에 대한 안정적 식량 공급

b. 천연자원의 보존 및 전원지역의 유지

c. 지역 분산적인 인구분포

② 연방은 농업에 대하여 합리적으로 요구할 수 있는 자조 조치에 대한 보완으로 필요한 경우에는 자유경제의 원칙에서 벗어나 농민의 토지경작을 지원한다.

③ 연방은 농업이 다양한 기능을 수행하도록 조치를 강구한다. 연방은 특히 다음과 같은 권한과 임무를 가진다.

a. 연방은 농민이 농업활동에 대한 공정하고 적절한 보상을 받도록 하기 위하여, 환경 보호의 요건을 충족하였음을 증명하는 것을 조건으로, 농민의 소득을 보전해 준다.
b. 연방은 경제적으로 유익한 장려책을 통하여 자연친화적인 환경 및 가축에 우호적인 생산법을 장려한다.
c. 연방은 식료품의 원산지, 품질, 제조방법 및 가공공정의 표시에 관한 법률을 제정한다.
d. 연방은 비료, 화학물질 및 기타 첨가물의 남용으로 인한 환경의 파괴를 예방한다.
e. 연방은 그 재량에 따라 농업 연구, 지도 및 교육을 장려하고 투자를 지원할 수 있다.
f. 연방은 그 재량에 따라 농촌지역의 토지소유를 안정화하기 위한 법률을 제정할 수 있다.

④ 연방은 이를 위하여 특별 배정된 농업예산 및 연방의 일반 재원을 투자한다.

[스페인]

제129조 ② 국가는 각종 형식의 기업참여를 효과적으로 촉진하고 적절한 입법에 의하여 협동조합을 조성한다. 또한 노동자가 생산수단의 소유를 가능하게 하는 정책을 수립한다.

[이탈리아]

제45조 국가는 상호부조적이고 비투기적인 협동조합의 사회적 기능을 인정한다. 법률은 적절한 수단을 통해 협동조합을 촉진 및 장려하고 적절한 조사를 통해 그 특성과 목적을 보장한다. 법률은 수공예를 보호하고 촉진한다.

6. 사기업의 보호와 국공유화

[대한민국]

제126조 국방상 또는 국민경제상 긴절한 필요로 인하여 법률이 정하는 경우를 제외하고는, 사영기업을 국유 또는 공유로 이전하거나 그 경영을 통제 또는 관리할 수 없다.

[필리핀]

제 2 장 제20조 국가는 민간부문의 필수불가결한 역할을 인정하고, 민간기업을 장려하며 필요한 투자에 대한 인센티브를 제공한다.

제12장 제16조 의회는 일반 법률로 정한 경우를 제외하고는 민간 기업의 구성, 조직 또는 규제를 규정할 수 없다. 정부 소유 또는 통제하의 기업은 공익의 관점과 경제적 자립성 시험에 따라 특별 헌장을 통해 설립 또는 수립될 수 있다.

제17조 국가비상사태 시 공익에 필요한 경우 국가는 비상사태 동안 그리고 국가가 규정한 타당한 기간 동안 일시적으로 공익의 영향을 받는 민간이 소유한 공공시설 또는 사업의 운영을 인수 또는 지시할 수 있다.

제18조 국가는 국가복지 또는 방어를 위하여 핵심 산업을 수립하고 운영할 수 있으며, 정당한 보상하에 핵심 산업을 국가소유로 이전하거나 다른 민간기업들을 정부가 운영할 수 있다.

[그리스]

제106조 ③ 제107조에 규정된 외국 자본의 재수출과 관련된 보호를 제외하고 독점적 성격을 지니거나 국부의 원천 개발에 큰 중요성을 지니고 있거나 공동체 전체에 대해 봉사하는 것이 주목적인 기업에 대해서는, 법률로써 국가나 다른 공공 기관이 이를 취득하거나, 강제적으로

그런 기업에 참여하는 것을 규제할 수 있다.

④ 국가나 공공 기관에 의한 취득 비용 또는 강제 참여의 상대방이 되는 데 드는 비용은 반드시 법원에 의해 결정되며, 구매된 기업이나 기업 참여의 가치에 해당하는 금액 전체를 지불해야 한다.6)

⑤ 제3항에 의한 강제 참여의 결과로 통제권이 국가나 국가에서 관리하는 기관에 양도된 기업의 주주, 파트너 또는 소유자는 법률에 따라 해당 기업에 대한 자신의 지분의 구매를 요청할 권리를 갖는다.

⑥ 공공시설 공사 또는 국가의 경제 발전에 일반적인 중요성을 갖는 공사의 수혜자들이 국가 지출을 분담하는 것과 관련된 사안을 법으로 규정할 수 있다.

[아일랜드]

제45조 본 조에 명시된 사회 정책의 원칙은 국회의 일반적 지침을 위한 것이다. 해당 원칙을 입법에 적용하는 것은 전적으로 국회의 책임이며, 본 헌법의 어떠한 조항에 따라서도 법원에 의해 심리될 수 없다.

3. 1° 국가는 산업 및 상업에서 민간 주도를 장려하고, 필요한 경우, 이를 보조한다.

2° 국가는 민간 회사가 제품의 생산 및 분배의 합리적인 효율성을 확보하고 대중을 부당한 착취로부터 보호받을 수 있게 운영되도록 노력한다.

[터키]

제47조(1999년 8월 13일 개정) 공공서비스를 수행하는 민간기업은 공익의 긴급상황에 의해 필요에 따라 국유화될 수 있다.

국유화는 실질가치를 기준으로 수행된다. 실제가치 산출에 관한 방법과 절차는 법률로 정한다.

국가, 국영기업, 기타 공기업이 소유하고 있는 사업체와 자산의 민영화와 관련한 원칙과 규칙은 법률로 정한다.

사인간 계약을 통해 실물회사 또는 기업체가 수행하거나 이에 위탁될 수 있는 국가, 국영기업 및 기타공기업이 수행하고 있는 투자 및 서비스는 법률로 정한다.

[포르투갈]

제86조 (민간 기업) 1. 국가는 기업 활동, 특히 중소기업의 기업 활동을 장려하며 경제에 중요한 활동에 종사하는 기업들의 법적 의무 이행 여부를 점검한다.

2. 국가는 법률에 명시적으로 규정되어 있는 경우로서 원칙적으로 사전에 사법적 통제를 따르는 경우들에 한해서만 민간 기업의 경영에 일시적으로 개입한다.

3. 민간 기업 및 비슷한 성격의 다른 기관들이 활동할 수 없는 기본 부문들은 법률로 규정할 수 있다.

7. 경제·과학기술의 창달

[대한민국]

제125조 국가는 대외무역을 육성하며, 이를 규제·조정할 수 있다.

---

6) 해석 조항 : 제4항에 명시된 가치는 해당 기업의 독점적 성격으로 인해 발생하는 가치를 포함하지 않는다.

제127조 ① 국가는 과학기술의 혁신과 정보 및 인력의 개발을 통하여 국민경제의 발전에 노력하여야 한다.
② 국가는 국가표준제도를 확립한다.

[필리핀]

제12장 제12조 국가는 필리핀 노동, 국내 자재 및 국내에서 생산된 상품의 우선 사용을 추구하며 이들이 경쟁력을 갖추는데 필요한 조치들을 채택한다.

제13조 국가는 국민복지에 이바지하는 무역정책을 추구하고 평등과 상호주의의 토대 위에서 모든 형태와 체계의 교역을 활용한다.

제14조 모든 분야에서 필리핀 과학자, 기업인, 전문가, 관리자, 고급 기술인력 및 숙련된 노동자와 장인으로 구성된 국가적 인재의 지속적인 개발은 국가에 의해 추구되어야 한다. 국가는 적절한 기술을 장려하고 국가이익을 위해 그 이전을 규제한다. 필리핀 내 모든 전문 직종 활동은 법률로 정한 경우를 제외하고는 필리핀 국민으로 국한된다.

제14장 제10조 과학과 기술은 국가발전과 진보의 핵심이다. 국가는 연구와 개발, 발명, 혁신 및 그 활용, 그리고 과학과 기술교육, 학습 및 서비스에 우선순위를 두어야 한다. 국가는 고유하고 적절하며 자립적 과학 및 기술 능력과 그러한 능력들이 국가의 생산적 시스템 및 국가생활에 적용될 수 있도록 지원한다.

제11조 의회는 기초 및 응용 과학연구 프로그램의 민간참여를 장려하기 위해 세금 감면을 포함한 인센티브를 제공할 수 있다. 장학금, 지원금 또는 그 밖의 형태의 인센티브를 받을 자격을 갖춘 학생, 연구자, 과학자, 발명가, 기술자 그리고 특별히 재능 있는 국민에게 제공된다.

제12조 국가는 국익을 위해 모든 출처로부터 기술 이전을 규제하고 기술 채택을 장려한다. 국가는 과학과 기술의 발전과 활용에 민간그룹, 지방정부 및 지역사회 기반 조직의 가장 광범위한 참여를 장려한다.

제13조 국가는 과학자, 발명가, 기술자 그리고 그 밖의 재능 있는 국민의 지적재산권과 창조물에 대한 독점적인 권리를, 특히 국민에게 이익이 되는 경우 법률이 정한 기간 동안 보호한다.

[스위스]

제64조 (연구) ① 연방은 과학 연구 및 혁신을 진흥한다.
② 연방은 과학 연구 및 혁신의 질적 보증 및 조정 보장을 조건부로 그 지원을 할 수 있다.
③ 연방은 연구소들을 설치, 인수 및 운영할 수 있다.

[이탈리아]

제9조 국가는 문화와 과학·기술 연구의 발전을 촉진한다.
국가는 자연 경관과 역사적, 예술적 문화유산을 보호한다.

[헝가리]

제XXVI조 국가는 최신의 기술적 해법 및 과학적 성과를 이용하여 운영을 효율화하고, 공공서비스 기준을 향상시키며, 공무의 투명성을 제고하고, 기회균등을 촉진하도록 노력하여야 한다.

[포르투갈]

제87조 (해외경제 활동 및 투자) 국가 발전에 확고히 기여하고 국가의 독립과 노동자의 이익을 옹호하기 위한 목적으로 외국의 개인 투자자 및 민간 법인의 경제 활동과 투자는 법률로 규제

한다.

8. 공기업

[멕시코]

第28조 ④ 국가가 우편, 전신 및 무선전신, 석유 및 기타 탄화수소, 기초 석유화학제품, 방사능 물질 및 원자력 발전, 전력 및 연방의회가 제정한 법률이 명시적으로 규정하는 활동과 같은 전략적 분야에서 배타적으로 수행하는 기능은 독점을 구성하지 아니한다. 헌법 제25조에 따라 위성통신과 철도는 국가 개발을 위한 우선적 분야로서, 국가가 그에 대한 통제권을 행사하고, 국가안보와 주권을 보호하며, 허가 또는 면허를 부여할 수 있다. 법률에 따라 개별 통신채널의 소유권은 국가가 갖는다.

⑥ 국가는 법률에 따라 단독으로 또는 민간 및 사회 부문과 함께 참여할 수 있는 전략적 분야와 그에 종속된 우선적 활동의 효과적인 관리를 위하여 필요한 기관 및 회사를 둔다.

[스페인]

第128조 ② 경제활동에 있어서의 공공의 우선권이 인정된다. 필수적 재화 및 용역의 독점적 공급은 공공부문이 이를 담당할 수 있다. 또 공공의 이익에 부합하는 경우 국가가 기업에 개입할 수 있다.

XII. 헌법개정

[대한민국]

제128조 ① 헌법개정은 국회재적의원 과반수 또는 대통령의 발의로 제안된다.

② 대통령의 임기연장 또는 중임변경을 위한 헌법개정은 그 헌법개정 제안 당시의 대통령에 대하여는 효력이 없다.

제129조 제안된 헌법개정안은 대통령이 20일 이상의 기간 이를 공고하여야 한다.

제130조 ① 국회는 헌법개정안이 공고된 날로부터 60일 이내에 의결하여야 하며, 국회의 의결은 재적의원 3분의 2 이상의 찬성을 얻어야 한다.

② 헌법개정안은 국회가 의결한 후 일 이내에 국민투표에 붙여 국회의원선거권자 30 과반수의 투표와 투표자 과반수의 찬성을 얻어야 한다.

③ 헌법개정안이 제2항의 찬성을 얻은 때에는 헌법개정은 확정되며, 대통령은 즉시 이를 공포하여야 한다.

[러시아]

제16조 1. 러시아연방 헌법체제의 기초를 구성하는 제1장의 내용들은 헌법에 규정된 절차에 의하지 아니하고는 개정이 불가능하다.

2. 헌법의 어떤 조항도 러시아연방 헌법 질서의 근본 원리에 어긋나서는 안 된다.

제134조 러시아연방 헌법조항에 대한 개정안은 러시아연방 대통령, 연방회의, 국가두마, 러시아연방 내각, 러시아연방 구성주체의 입법(대의), 연방회의 또는 국가두마 재적 의원 5분의 1 이상의 요구에 의해 제출된다.

제135조 1. 러시아연방 헌법 제1장, 제2장 및 제9장의 규정은 연방의회에 의해 수정될 수 없다.

2. 연방회의 및 국가두마 재적의원의 5분의 3 이상이 러시아연방 헌법 제1장, 제2장 및 제9장의 개정에 대한 제안을 요구하면 연방 헌법적 법률에 따라 제헌회의가 소집한다.

3. 제헌회의는 러시아연방 헌법을 변경하지 않기로 확정하거나, 새 러시아연방 헌법 초안을 작성하며, 그 초안은 제헌회의 재적 의원 3분의 2 이상의 찬성을 얻어 채택되거나 국민투표에 회부한다. 국민투표를 실시하는 경우 러시아연방 헌법은 유권자 재적 과반수가 투표에 참가하고 투표참가자 과반수가 찬성하면 채택된 것으로 간주한다.

第136조 러시아연방 헌법 제3장~제8장에 대한 개정은 연방 헌법적 법률의 채택을 위하여 규정된 절차에 따라 채택되며 러시아연방 구성 주체 입법기구 3분의 2 이상의 찬성을 얻은 후 효력을 발생한다.

第137조 1. 러시아연방의 구성을 규정하는 러시아연방 헌법 제65조에 대한 개정은 러시아 연방에 가입하여 그 내부의 새로운 연방 구성주체로 창설되는데 관한 연방 헌법적 법률, 러시아연방 구성주체 지위의 변경에 관한 연방 헌법적 법률에 따라 이루어질 수 있다.

2. 공화국, 지방, 주, 연방직할시, 자치주, 자치구역의 명칭이 변경되는 경우 러시아연방 구성주체의 새 명칭은 러시아연방 헌법 제65조에 기재한다.

[멕시코]

第135조 ① 현행 헌법을 추가 또는 개정할 수 있다. 추가 또는 개정 조항을 위해서는 연방의회가 출석의원 3분의 2의 투표로서 추가 또는 개정 조항에 찬성하고 주(州) 의회의 과반수가 승인하여야 한다.

② 연방의회는 주(州) 의회의 투표 결과를 계산하여 승인된 추가 또는 개정 조항을 공표한다.

[미국]

연방의회는 양원의원의 3분의 2가 이 헌법에 대한 수정의 필요성을 인정할 때에는 헌법수정을 발의해야 하며, 또는 주(州) 중 3분의 2 이상의 주(州) 의회의 요청이 있을 때에는 수정발의를 위한 헌법회의를 소집하여야 한다. 어느 경우에나 연방의회는 4분의 3의 주(州)의 주(州)의회 또는 헌법회의에서의 비준이라는 두 가지 방법 중 하나를 정할 수 있고, 위 방법에 따라 비준되는 때에는 사실상 이 헌법의 일부로서 효력을 발생한다. 다만, 1808년 이전에 이루어지는 수정은 어떠한 방법으로도 제1조 제9항 제1호 및 제4호에 변경을 가져올 수 없다. 어느 주(州)도 그 주(州)의 동의 없이는 상원에서의 동등한 투표권을 박탈당하지 아니한다.

[아르헨티나]

第30조 헌법은 전부나 일부 개정할 수 있다. 연방의회가 최소한 재적의원 3분의 2의 찬성으로 개헌의 필요성을 선언할 수 있으나, 그런 취지로 소집된 의회 외에는 개헌을 진행할 수 없다.

[프랑스]

第89조 ① 대통령과 의회는 총리의 제안을 받아 헌법개정안을 발의할 권한을 가진다.

② 정부제출 또는 의원발의의 헌법개정안은 양원에서 제42조 셋째 문단에 정한 기간 내에 심의하여야 하고, 양원에서 동일한 내용으로 표결되어야 한다. 국민투표에서 승인되면 개정의 효력이 발생한다.

③ 다만, 대통령이 정부제출 헌법개정안을 양원합동회의에 제출하기로 결정하는 경우에는 위 개정안은 국민투표에 회부되지 아니한다. 이 경우, 개정안은 유효투표의 5분의 3 이상을 획득함으로써 가결된다. 하원의 의장단이 양원 합동회의의 의장단이 된다.

④ 영토의 보전을 침해하는 개정절차는 개시되거나 계속될 수 없다.

정부의 공화제체는 개정의 대상이 되지 아니한다.

[필리핀]

第17장 제 1 조 헌법의 개정 또는 수정은 다음에 의하여 제안된다.

① 재적의원의 4분의 3이 찬성한 의회 또는

② 제헌회의

제2조 헌법의 개정은 모든 선거구가 해당 선거구 내 선거명부에 등록된 유권자 중 최소 3%로 대표되는, 선거명부에 등록된 모든 유권자 수의 최소 12%의 탄원 후 발의를 통해 국민이 직접 제안할 수 있다. 본 조의 어떠한 개정도 본 헌법이 비준된 후 5년 이내에 그리고 그 후 매 5년 마다 1회 이상 허용되지 않는다. 의회는 이러한 권리의 실행을 규정한다.

제3조 의회는 재적의원 3분의 2의 득표로 제헌회의를 소집하거나, 재적의원의 과반수로 헌법제정회의 소집 문제를 유권자에게 제기한다.

제4조 본 장의 제1조에 따른 헌법의 개정 또는 수정은 개정 또는 수정의 승인 후 60일 이후 90일 이내에 실시되는 국민투표에서 투표자의 과반수의 찬성으로 효력을 가진다. 본 장의 제2조에 따른 개정은 선거위원회가 청원의 타당성에 대하여 확인한 후 60일 이후 90일 이내에 실시되는 국민투표에서 투표자의 과반수의 찬성으로 효력을 가진다.

[그리스]

제110조 ① 헌법의 조항들은 개정될 수 있다. 단, 정부의 형태를 의회 공화국으로 규정하는 조항과 제2조 제1항, 제4조 제1항과 제4항 및 제7항 제5조 제1항과 제3항, 제13조 제1항, 그리고 제26조는 제외된다.

② 헌법 개정 필요성은 50명 이상의 국회의원의 제안에 따라, 최소한 한 달의 간격을 두고 이루어진 2번의 투표에서 국회 재적의원의 5분의 3의 찬성으로 결정된 국회 의결에 의해 확정된다. 이 의결는 구체적으로 개정될 조항들을 정의해야 한다.

③ 헌법 개정에 대한 국회의 의결이 이루어지면 다음 국회는 개정 회기 중에 국회 재적의원의 과반수에 의해 개정될 조항들을 결정한다.

④ 헌법 개정 발의가 국회 재적의원의 과반수 표를 받았지만 제2항에 규정된 5분의 3에 못 미칠 경우, 다음 국회는 개정 회기 중에 국회 재적의원의 5분의 3에 의해 개정될 조항들을 결정한다.

⑤ 투표로 결정된 개정된 헌법 조항은 국회에서 채택된 날로부터 10일 이내에 관보에 공포되며 국회의 특별 의결을 통해 발효된다.

⑥ 이전 헌법 개정 후 5년이 경과하기 전에는 헌법 개정은 허용되지 않는다.

[네덜란드]

제137조 ① 심사가 필요한 개헌안을 내용으로 하는 법률을 의결할 수 있다.

② 하원은 국왕 또는 그 대리인이 안건을 제출하거나 그 외의 경로를 통해 안건이 제출되면 개헌을 목적으로 제출된 개헌안을 여러 개의 법안으로 나눌 수 있다.

③ 하원은 제1항에 인용된 개헌안이 공포된 후에 해산한다.

④ 신임 하원이 소집된 후 의회의 양원은 2차 독회에서 제1항에 인용된 개헌안을 검토한다. 이 개헌안은 전체 투표수 3분의 2 이상의 동의가 있을 경우에만 가결된다.

⑤ 국왕 또는 그 대리인이 안건을 제출하거나 그 외의 경로를 통해 안건이 제출될 때 전체 투표수 3분의 2 이상의 동의가 있을 경우, 하원은 네덜란드 헌법 개헌안을 여러 개의 법안으로 나눌 수 있다.

제138조 ① 2차 독회를 통과한 네덜란드 헌법 개헌안이 국왕의 승인을 받기 전에 법률에 따라 아래에 열거한 사항들의 근거가 되는 개헌안의 조항을 제출할 수 있다.

a. 채택된 안건과 개헌 전 네덜란드 헌법의 구(舊)조항은 필요하다면 서로 조정한다.

b. 장, 조 및 항의 구분과 제목 및 순번은 변경한다.

② 제1항 제a호에 인용된 조항을 수록한 개헌안은 전체 투표수 3분의 2 이상의 동의가 있을 경우에만 양원에 의해 가결된다.

제139조 의회에서 가결된 후 국왕의 승인을 받은 개헌안은 공포된 직후에 발효된다.

제140조 개헌안과 상충하는 기존 법률 및 기타 법규와 법령들은 네덜란드 헌법에 따라 개정할 때까지 그 효력을 계속 유지한다.

제141조 개헌안의 전문은 국왕의 칙령에 따라 공포해야 하며 이러한 전문에서 각 장, 조 및 항의 순번 및 그에 대한 인용은 조정 및 변경할 수 있다.

제142조 네덜란드 헌법은 네덜란드 왕국 헌장에 부합하도록 제정할 수 있다. 제139조, 제140조 및 제141조 규정이 적용된다.

[노르웨이]

제112조 노르웨이왕국 헌법의 일부를 개정하여야 할 경우, 그 개헌안은 새로운 총선 후 첫 번째, 두 번째 또는 세 번째 의회에 제출하고 지면으로 공표하여야 한다. 그러나 개헌안에 대한 채부 의결은 차기 총선 후 첫 번째, 두 번째 또는 세 번째 의회에서 한다. 개정 헌법은 이 헌법에 구현된 원칙들에 저촉되어서는 안 되고, 헌법의 정신을 바꾸지 않는 특정 규정의 수정에만 국한되어야 한다. 헌법의 개정에는 의회 의원 2/3 이상의 동의가 필요하다.

이에 따라 개정된 헌법은 의회 의장과 사무총장이 서명하고 국왕에게 송부하여 유효한 노르웨이왕국의 헌법으로서 지면으로 공포해야 한다.

[덴마크]

제88조 국회가 헌법 개정안을 의결하고 정부가 개정절차를 진행하기 위해서는, 새로운 국회의원 선거를 실시하여야 한다. 개정안이 선거 후 소집되는 국회에 의해 무수정 가결되는 경우 해당 법안은 최종 가결일로부터 6개월 이내에 직접 투표에 의한 찬반 여부를 묻기 위해 유권자들에게 부의된다. 이 투표에 관한 규정은 법률로 정한다. 이 투표에 참여한 유권자의 과반수와 전체 유권자의 40% 이상이 국회에 의해 가결된 바와 같이 개정안에 찬성 투표할 경우 그리고 해당 개정안이 국왕의 재가를 받을 경우 해당 개정안은 헌법의 일부가 된다.

[독일]

제79조 (1) 기본법은 문언을 명시적으로 변경 또는 보완하는 법률에 의하여만 개정될 수 있다. 평화규정, 평화규정의 준비 또는 점령법적 질서의 폐기를 대상으로 하거나 또는 연방공화국의 방위에 기여하도록 규정된 국제법적 조약에 있어서는 기본법의 규정이 조약의 체결 및 발효에 반하지 아니함을 해명하기 위해서는 이 해명에 국한되는 기본법 문언의 보충으로 충분하다.

(2) 이와 같은 법률은 연방의회 의원 3분의 2, 그리고 연방참사원 투표권의 3분의 2의 동의를 요한다.

(3) 연방을 각 주로 편성하는 입법에 있어서 주의 원칙적인 참여 또는 제1조와 제20조에 규정된 원칙에 저촉되는 기본법의 개정은 허용되지 아니한다.

[룩셈부르크]

제114조 헌법의 모든 개정안은 최소한 3개월 간격으로 시행된 두 번의 연속적 투표를 통하여

의회에 의해 가결되어야 한다. 출석의원이 3분의 2 이상이 되지 않으면 개정안은 채택되지 않으며 대리투표는 허용되지 않는다. 만일 첫 투표 이후 두 달 이내에 의회 의원의 4분의 1 이상 혹은 국회의원 선거인단 명부에 등록된 25,000명의 선거권자의 요청이 있는 경우, 의원의 첫 독회에 채택된 법안은 국민투표에 위임되고 국민투표는 의회의 두 번째 투표를 대신한다. 개정안은 유효한 투표의 과반수 이상의 찬성으로만 채택한다. 국민투표의 방식은 법률에 의한다.

제115조 섭정기간 동안에는 대공의 헌법상의 특권, 지위, 왕위 계승 서열과 관련하여 헌법이 개정될 수 없다.

[벨기에]

제195조 연방입법권은 헌법의 특정 규정에 대한 개정 필요성을 선언할 권한이 있다. 이러한 선언이 있으면 양원은 당연 해산된다.

제46조의 규정에 따라서 새로운 양원이 소집된다.

새로운 양원은 국왕과 공동으로 개정안에 관하여 결정한다.

이 경우에 양원은 각 재적의원 3분의 2 이상의 출석으로 의사를 진행하며, 출석의원 3분의 2 이상의 찬성으로 개정안을 의결한다.

제196조 전시 중이거나 영토 내에서 양원이 자유로이 집회할 수 없는 경우에는 헌법 개정을 할 수 없다.

제197조 섭정기간 중에 국왕의 헌법상 권한과 헌법의 제85조에서 제88조, 제91조에서 제95조, 제106조 및 제197조에 관하여 헌법 개정을 할 수 없다.

제198조 헌법제정권을 가진 양원은 국왕과의 합의 하에 헌법의 조항의 번호, 체계 및 세부항목을 변경하고 항목을 장, 절, 관으로 세분화할 수 있으며, 새로운 조항의 용어와 일치시키고 헌법의 네덜란드어, 프랑스어 및 독일어 본문의 일치를 확보하기 위하여 개정 목적으로 제출되지 않은 조항의 용어를 수정할 수 있다. 양원은 이에 대하여 각 재적의원의 3분의 2 이상의 출석으로 의사를 진행하고, 출석의원의 3분의 2 이상의 찬성으로 개정안을 의결한다.

[스웨덴]

정부조직법 제 8 장 제14조 기본법은 동일한 자구로 2회 의결하여 제정한다. 최초 결정 시, 기본법 제정안은 미결보류 상태로 채택한다. 첫 번째 결정 후 의회 선거가 전국에서 실시되고, 새로 선출 된 의회가 소집된 후에만 두 번째 결정을 할 수 있다. 그 의제가 의회 본회의에 처음 제출된 날과 선거일 사이에 최소 9개월이 경과해야 한다. 다만, 헌법위원회가 예외를 인정한 경우에는 그렇지 않다. 이 결정은 위원회 단계 전에 있어야 하고, 의원 6분의 5가 그 결정에 찬성하여야 한다.

정부조직법 제 8 장 제15조 의회는 처음 채택한 기본법 제정안을 동시에 부결하지 않는 한, 현재 미결상태로 둔 기본법 제정안과 충돌 하는 다른 기본법 제정안을 미결 상태로 두는 결정을 채택할 수 없다.

정부조직법 제 8 장 제16조 선거에 우선하여 미결 상태로 두는 기본법 관련 제안에 관해, 이런 취지의 의원 10분의 1 이상의 동의로 국민 투표를 실시할 수 있으나, 의원 3분의 1 이상이 그 동의를 승인하는데 찬성해야 한다. 그 동의는 의회가 미결 상태로 두는 제안을 채택한 날로부터 15일 이내에 제출해야 한다. 그 동의는 위원회의 준비를 위해 회부되지 않는다. 국민투표는 제14조에서 정하는 선거와 동시에 실시한다.

국민투표에서, 선거의 모든 유권자가 미결 상태인 기본법 관련 제안의 수용 여부를 표시할 수 있다. 국민투표 참가자의 과반수가 반대하고 반대표수가 선거의 유효표수의 절반을 넘으면 제정안은 부결된다. 그 외의 경우에는 기본법 제정안은 의회의 최종 심의로 넘어간다.

[스위스]

제140조 (필요적 국민투표) ① 다음 사항은 국민투표 및 주투표에 회부한다.
a. 연방헌법의 개정
② 다음 사항은 국민투표에 회부한다.
a. 연방헌법의 전면개정을 위한 국민발안
b. 연방의회에 의하여 부결된 일반적 발안의 형식으로 행해진 연방헌법의 부분개정을 위한 국민발안
c. 양 의회 간 의견이 일치하지 아니하는 경우에 연방헌법 전면개정의 여부

제192조 (원칙) ① 연방헌법은 언제든지 전면적으로 또는 부분적으로 개정할 수 있다.
② 연방헌법 및 연방헌법에 의거한 법률이 달리 규정하지 아니하는 한, 연방헌법은 법률제정 절차에 의하여 개정한다.

제193조 (전면개정) ① 헌법의 전면개정은 국민투표로, 또는 양 의회 중 어느 한 의회가 발의하거나 연방의 포고로 결정할 수 있다.
② 국민투표로 발의하거나 양 의회의 의견이 일치하지 아니하는 경우에는 국민투표로 전면개정의 여부를 결정한다.
③ 국민투표로 전면개정이 결정된 경우에는 새로운 선거로 양 의회를 구성한다.
④ 국제법의 강행규정을 위반하여서는 아니 된다.

제194조 (부분개정) ① 연방헌법의 부분개정은 국민투표로 발의하거나 연방의회의 포고로 결정한다.
② 연방헌법의 부분개정은 내용의 통일성을 확보하여야 하며, 국제법의 강행규정을 위반하여서는 아니 된다.
③ 연방헌법의 부분개정에 관한 국민발안은 그 형식의 통일성의 원칙을 준수하여야 한다.

제195조 (발효) 전면적 또는 부분적으로 개정된 연방헌법은 국민 및 주가 승인하는 즉시 효력을 발한다.

[스페인]

제166조 헌법 개정의 발의권은 제87조 제1항 및 제2항에서 정한 조건으로 행사한다.

제167조 ① 헌법개정안은 양원의 각 5분의 3 이상의 승인을 얻어야 한다. 양원에서 합의에 달하지 아니하는 경우 하원의원 및 상원의원 동수로 구성되는 위원회를 설치하여 합의형성에 노력한다. 이 위원회는 하원 및 상원에 의한 표결에 부치기 위해 합의된 헌법개정안을 제출한다.
② 제1항의 절차에 의하여도 승인을 얻지 못하였으나, 해당 개정안이 상원의 절대다수의 찬성투표를 획득한 때에는 하원은 3분의 2의 다수로 그 개정을 승인할 수 있다.
③ 국민의회에 의하여 개정이 승인된 경우 승인한 날로부터 15일 이내에 양원 중의 어느 한 쪽의 10분의 1의 의원이 요구할 때에는 그 추인을 위한 국민투표에 부친다.

제168조 ① 헌법 전체, 또는 서편, 제1편 제2장 제1절 또는 제2편에 관한 부분의 개정이 제의되어 양원의 각 3분의 2에 의하여 개정의 원칙이 승인된 경우에는 국민의회를 즉시 해산한다.

② 선거에 의해 새로 선출된 의원으로 구성되는 양원은 해산 전 의회에서 승인된 원칙을 재승인하고 신헌법안을 검토한다. 위 신헌법안은 양원의 각 3분의 2에 의하여 가결되어야 한다.

③ 국민의회에 의하여 개정이 승인되면 추인을 위하여 국민투표에 부친다.

제169조 전시 또는 제116조에 규정된 사태 중 어느 하나가 계속되고 있는 동안에는 헌법의 개정을 발의할 수 없다.

[아이슬란드]

제79조 이 헌법을 개정하거나 추가하는 안은 의회의 정기회와 임시회에 제출할 수 있다. 그 안이 채택되면, 즉시 의회를 해산하고 총선거를 실시한다. 그 후에 결의가 의회에서 변경 없이 통과되면, 대통령에 의해 승인되어 헌법으로 시행된다.

제62조상 국교의 지위 개정안이 의회에서 통과되면, 모든 유권자를 대상으로 하는 비밀 투표로 찬반투표에 회부된다.

[아일랜드]

제46조 1. 본 헌법의 조항은 본 조에 규정된 방식으로 변경, 추가 또는 폐지를 통해 수정될 수 있다.

2. 본 헌법의 모든 수정안은 하원에서 법안으로 발의되고, 국회 양원에서 통과되거나 국회 양원에서 통과된 것으로 간주되어야 하며, 국민투표와 관련하여 당시 유효한 법에 따라 민의를 묻기 위해 국민투표에 부의된다.

3. 그와 같은 모든 법안은 "헌법 개정법"이라고 한다.

4. 본 헌법의 개정법안을 포함한 법안은 다른 법안을 포함하지 아니한다.

5. 본 헌법의 개정안을 포함한 법안은 그와 관련하여 본 조의 규정이 이행되고 본 헌법 제47조 제1항의 규정에 따라 해당 제안이 국민으로부터 정식 승인을 얻음으로써 즉시 대통령에 의해 서명되고, 대통령에 의해 법률로서 정식으로 공포된다.

[오스트리아]

제44조 ① 헌법이나 개별법에 들어 있는 헌법 규정들은 국민회의에 의해 최소한 의원의 과반수의 참석과 투표수의 3분의 2의 찬성으로 의결될 수 있다. '헌법률', '헌법 규정'으로 명시되어야 한다.

② 헌법이나 개별법에 포함되어 있고, 입법과 집행에서 주의 권한을 제한하는 헌법 규정은 과반수의 참석과 투표수의 3분의 2가 찬성하는 연방참사원의 동의를 필요로 한다.

③ 연방헌법의 모든 전체적 개정과 부분개정은 국민회의나 연방참사원 구성원의 3분의 1이 요청할 때만, 제42조에 따른 처리절차가 종결된 후 대통령의 서명 이전에 전체 연방국민의 투표로 표결한다.

제45조 ① 국민투표에서는 유효한 투표수의 절대과반수에 의해 결정된다.

② 국민투표의 결과는 공식적으로 공시되어야 한다.

제46조 ① 연방대통령은 국민투표를 관리한다.

② 국민회의 선거권을 가진 사람은 국민투표에 관한 투표권을 가진다.

③ 국민투표 처리에 관한 상세규정은 연방법으로 정한다. 제26조 제6항이 준용된다.

[이탈리아]

제138조 헌법개정법률 및 그 외의 헌법률(constitutional laws)은 3개월 이상의 간격으로 2회 연속 심의를 거쳐 양원에서 결정하며 2차 표결에서 양원의 절대 다수로 가결된다.

한 원의 재적의원 5분의 1이나 유권자 50만 명 또는 5개 주 의회의 요구가 있는 경우, 해당 법률은 공고 후 3개월 내에 국민투표에 붙인다. 국민투표에 붙인 법률은 유효투표의 과반수가 찬성하지 않으면 공포할 수 없다.

당해 법률이 2차 표결에서 양원의 3분의 2 이상의 다수 찬성으로 가결되면 국민투표를 실시하지 않는다.

제139조 국가 형태는 헌법 개정 사안이 아니다.

[일본]

제96조 [헌법개정절차·공포] ① 헌법의 개정은 국회가 각 원의 총 재적의원 3분의 2 이상의 찬성으로 발의하고, 국민에게 제안하여 그 승인을 거쳐야 한다. 이러한 승인에는 특별 국민투표 또는 국회가 정하는 선거 시 행하여지는 투표에서 과반수의 찬성을 필요로 한다.

② 헌법 개정에 대하여 제1항의 승인을 거친 때에는, 천황은 국민의 이름으로 이 헌법과 일체를 이루는 것으로서 이를 즉시 공포한다.

[체코]

제9조 (1) 헌법은 헌법률에 의해서만 개정되거나 추가될 수 있다.

(2) 민주적 법치국가에 관한 본질적인 요건은 개헌의 대상이 되지 아니한다.

(3) 어떠한 자에게 국가의 민주적 기반을 폐지하거나 위협할 권한을 부여하는 것으로 법규범을 해석할 수 없다.

[캐나다]

제38조 캐나다 헌법의 일반 개정 절차

① 캐나다 헌법의 개정은 아래에 열거한 결의를 거쳐 승인될 경우에 캐나다 국새의 날인에 의한 연방총독의 공식 성명으로 이루어질 수 있다.

(a) 캐나다 연방 상원 및 연방 하원의 결의와

(b) 최근 총인구 조사에 따라 캐나다 연방의 총인구 중 적어도 50% 이상을 차지하는 3분의 2 이상 주의 주 하원 결의

② (의원의 과반수) 어떤 주의 입법부 또는 주 정부가 보유한 입법권, 소유권 또는 그 밖의 모든 권리 내지 특권을 훼손하는 전항에 따른 개헌은 전항의 연방 상원, 연방 하원 및 주 하원의 각 과반수 찬성 결의를 요한다.

③ (이의 표시) 전항의 개헌은 공식성명을 발표하기에 앞서 주 하원에서 의원 과반수가 찬성한 결의에 따라 이의를 표시한 주에서 발효되어서는 아니 된다. 다만, 이후에 주 하원이 의원 과반수가 찬성하는 결의를 통하여 이의를 철회하고 개헌을 승인한 경우에는 예외로 한다.

④ (이의 철회) 전항의 이의의 결의는 이의와 관련된 공식 성명의 발표를 전후로 하여 언제든지 철회할 수 있다.

제39조 (공식 성명에 대한 제한 조건) ① 각 주의 하원이 이전에 동의 또는 이의결의를 채택하지 않는 한, 공식성명은 개헌절차를 발의하는 결의안을 채택한 날로부터 1년이 경과하기 전에 제

38조 제1항에 따라 공표하여서는 아니 된다.

② 공식성명은 개헌절차를 발의하는 결의한 채택일로부터 3년이 경과한 후에 제38조제1항에 따라 공표해서는 아니 된다.

제40조 보상

교육 또는 기타 문화적인 사안들과 관련된 주의 입법권을 주의 입법부에서 연방의회로 이전하는 개헌이 제38조 제1항에 따라 이루어진 경우, 캐나다는 개헌을 적용하지 않는 모든 주를 대상으로 적정한 보상을 제공하여야 한다.

제41조 만장일치에 의한 개헌

다음에 열거한 사안들과 관련하여 캐나다 헌법 개정은 캐나다 연방 상원 및 연방 하원의 결의 그리고 각 주 하원의 결의를 통해 승인된 경우에 한하여 캐나다 국새의 날인에 의한 연방총독의 공식성명에 의하여 이루어질 수 있다.

(a) 여왕, 연방총독 및 주 부총독의 직무

(b) 본 장의 규정이 발효될 때 어떤 주를 대표할 자격이 있는 연방 상원의원의 수와 같거나 그보다 많은 수의 연방하원의원을 해당 주에서 선출할 권리

(c) 제43조에 따른 영어 또는 불어의 사용

(d) 캐나다 대법원의 구성

(e) 본 장의 수정

제42조 일반 절차에 따른 개헌

① 다음의 사안들과 관련하여 캐나다 헌법의 개정은 제38조 제1항에 의해서만 이루어질 수 있다.

(a) 캐나다 헌법에 규정된 연방하원 내 각 주의 비례대표 선출의 원칙

(b) 연방 상원의 권한 그리고 연방 상원의원의 선출 방법

(c) 연방 상원에서 어떤 주의 대의원으로 선출될 자격이 있는 의원의 수 그리고 연방 상원의원의 거주 자격요건

(d) 제41조 제d호에 따른 캐나다 대법원

(e) 기존 주 지역을 준주로 확장

(f) 다른 법률 내지 관례와 관계없이 새로운 주의 창설

② (예외 사항) 제38조 제2항 내지 제4항은 제1항의 사안들과 관련된 개헌에 대하여 적용되지 아니한다.

제43조 일부 주와 관련된 조항의 개정

아래의 사항들 즉,

(a) 각 주 간 경계의 변경

(b) 어떤 주 내에서 영어 또는 불어의 사용과 관련된 조항의 개정을 포함하여 1개 이상의 주(모든 주는 아니다)에 적용되는 조항과 관련하여 캐나다 헌법의 개정은 캐나다 연방 상원 및 연방 하원의 결의 그리고 개헌이 적용되는 각 주 하원의 결의를 통하여 승인된 경우에 한하여 캐나다 국새의 날인에 의한 연방총독의 공식성명에 의하여 이루어질 수 있다.

제44조 연방의회에 의한 개헌

제41조, 제42조 규정에 따라, 캐나다 연방의회는 캐나다의 행정부 또는 연방 상원 및 연방 하원과 관련하여 캐나다 헌법을 개정하는 제반 법률을 단독으로 제정할 수 있다.

제45조 각 주 입법부에 의한 개헌

제41조 규정에 따라, 각 주의 입법부는 각 주의 헌법을 개정하는 제반 법률을 단독으로 제정할 수 있다.

제46조 개헌 절차의 발의

① 제38조, 제41조, 제42조, 제43조 규정에 따른 개헌 절차는 캐나다 연방 상원 또는 연방 하원에서 발의하거나 혹은 주 하원에서 발의할 수 있다.

② (승인의 철회) 본 장의 목적을 위해 이루어진 동의 결의는 그에 의해 승인된 공식성명의 발표에 앞서 언제든지 철회할 수 있다.

제47조 연방 상원의 결의 절차를 생략한 개헌

① 공식성명의 발표를 승인하는 결의안을 연방하원에서 채택한 날로부터 180일 이내에 연방 상원이 그러한 결의안을 채택하지 않은 경우 그리고 해당 기한이 경과한 이후에 연방 하원이 언제든지 결의안을 다시 택할 경우, 제38조, 제41조, 제42조, 제43조 규정에 따른 공식성명을 통하여 이루어지는 캐나다 헌법 개정은 공식성명의 발표를 승인하는 연방 상원의 결의 절차 없이 이루어질 수 있다.

② (기간의 계산) 연방의회가 정회 또는 해산된 기간은 전항의 180일 기간에 산입되지 아니한다.

제48조 공식 성명 발표를 위한 권고

캐나다 추밀원은 본 장에 따른 공식성명을 통하여 이루어지는 개헌에 대해 요구되는 결의안 채택 시 본 장에 따른 공식성명을 즉시 발표할 것을 연방총독에게 권고해야 한다.

제49조 헌법회의

캐나다 연방총리 및 각 주의 수상으로 구성된 헌법회의는 본 장의 제반 조항을 심의할 수 있도록 본 장이 발효된 날로부터 15년 이내에 캐나다 연방총리가 소집해야 한다.

[헝가리]

제S조 (1) 새로운 헌법의 채택 또는 현행 헌법의 개정안은 대통령, 정부, 국회 위원회 또는 국회의원이 제출할 수 있다.

(2) 새로운 헌법의 채택 또는 현행 헌법의 개정은 국회의원 3분의 2 이상의 찬성이 있어야 한다.

(3) 국회의장은 5일 이내에 제정 또는 개정된 헌법에 서명하여 이를 대통령에게 송부하여야 한다. 대통령은 이를 수령한 날로부터 5일 이내에 제정 또는 개정된 헌법에 서명하고, 관보에 게재할 것을 명하여야 한다. 대통령이 헌법의 제정 또는 개정에 관하여 헌법에 규정하는 절차적 요건이 충족되지 아니하였다고 판단하는 경우에는 헌법재판소에 해당 문제에 대한 심사를 요청하여야 한다. 헌법재판소의 심사에 의하여 해당 요건의 위반이 확인되지 아니한 때에는 대통령은 즉시 제정 또는 개정된 헌법에 서명하고, 관보에 게재할 것을 명하여야 한다.

(4) 헌법 개정의 관보게재 시에는 표제, 개정연번 및 게재일을 표시한다.

[호주]

제 8 장 헌법 개정

제128조 (헌법 개정 방법) 헌법은 다음 방법으로만 개정할 수 있다.

헌법 개정을 위한 법안은 의회 각 원의 절대 과반수에 의해 통과되어야 하며, 양원을 모두 통과한 후 2개월 이상 6개월 이내에 각 주 및 준주의 하원의원 선거권자에게 법안이 제출되어야 한다.

그러나 어느 원이 그러한 법안을 절대 과반수로 통과시키고 다른 원이 이를 거부하거나 부결하거나, 먼저 제안한 원이 동의하지 않을 수정을 가하여 통과시키고, 3개월이 경과한 후 동일 회기 또는 차기 회기 중에, 먼저 제안한 원이 다른 원이 작성 또는 동의한 법안을 수정을 가하거나 가하지 않고 절대 과반수로 다시 통과시키고, 다른 원이 이를 거부하거나 부결하거나 먼저 통과시킨 원이 동의하지 않을 수정을 가하여 통과시킬 경우, 총독은 먼저 제안한 원이 제출한 최종 법안을, 그 후에 양원의 합의에 따른 수정을 가하거나 가하지 않고, 각 주 및 준주의 하원의원 선거권자에게 제출할 수 있다.

법안이 선거인에게 제출된 경우 의회가 정하는 방법으로 투표를 실시한다. 단, 하원의원 선거인의 자격이 전체 연방에서 동일해질 때까지 성인 선거가 실시되는 주에서는 법안에 대하여 찬반 투표를 하는 선거인의 반수만 산입한다. 과반수의 주에서 과반수의 선거인이 법안에 찬성하고 전체 선거인의 과반수가 법안에 찬성할 경우, 해당 법안은 여왕의 승인을 위하여 총독에게 제출된다.

의회의 한 원에서 어느 주가 대표하는 의원 또는 주의 최소한의 하원의원 수를 줄이거나 주의 경계를 확대, 축소 또는 변경하거나 어떠한 방식으로라도 그와 관련된 헌법 조항에 영향을 미치는 개정은, 해당 주의 선거인 과반수가 해당 법안을 찬성해야만 법률이 될 수 있다.

본 조에서 준주는 제122조에 의한 영토로서 해당 영토를 대표하는 하원의원을 선출하도록 허용하는 유효한 법률이 있는 영토를 의미한다.

[남아프리카공화국]

제74조 (개헌 법안) ① 제1조 및 본 항은 하원 및 상원이 다음과 같은 절차에 따라 가결한 법안을 통해 개정할 수 있다.

a. 하원 : 하원의원의 75% 이상 찬성표

b. 상원 : 주 6개 이상 찬성표

② 제2장은 하원 및 상원이 다음과 같은 절차에 따라 가결한 법안을 통해 개정할 수 있다.

a. 하원 : 하원의원의 3분의 2 이상 찬성표

b. 상원 : 주 6개 이상 찬성표

③ 이 법의 나머지 모든 조항은 하원 및 상원이 다음과 같은 절차에 따라 가결한 법안을 통해 개정할 수 있다.

a. 하원 : 하원의원의 3분의 2 이상 찬성표

b. 상원 : 주 6개 이상 찬성표. 단, 상원의 가결은 다음의 경우에만 필요함

ⅰ. 상원에 영향을 미치는 사안과 관련이 있는 개정

ⅱ. 주의 경계, 권한, 기능 또는 제도를 변경하는 개정

ⅲ. 특별히 주 관련 사안을 다루고 있는 조항에 대한 개정

④ 개헌 법안은 헌법 개정 및 해당 개정과 관련된 사안 이외의 조항을 포함할 수 없다.

⑤ 전조 제2항에 따라 개헌 법안을 제출하는 날로부터 최소 30일 이전에 해당 법안을 제출하려는 자 또는 위원회는

a. 하원의 규칙 및 규율에 따라, 공개 의견 수렴을 위해 개헌 발의안의 세부 사항을 중앙정부 관보에 공고해야 한다.

b. 하원의 규칙 및 규율에 따라, 주의회의 견해를 얻기 위해 그러한 세부 사항을 주의회에 제출해야 한다.

c. 헌법 개정안이 상원이 가결해야 하는 개정이 아닌 경우, 상원의 규칙 및 규율에 따라, 공개 심의절차를 위해 그러한 세부 사항을 상원에 제출해야 한다.

⑥ 개헌 법안을 국회에 제출할 경우, 개헌 법안을 제출하는 자 또는 위원회는 일반인 및 주의회로부터 수렴한 모든 의견서를 아래의 각 당사자에게 제출해야 한다.

a. 하원의장(하원에서의 상정을 위해)

b. 상기 제1항, 제2항 또는 제3항 제b호에 언급된 개정과 관련해, 상원의장(상원에서의 상정을 위해)

⑦ 아래의 각 경우에 개헌 법안은 하원에서 해당 기간 동안 표결에 붙여서는 안 된다.

a. 법안 제출 시 하원이 개회 중일 경우, 제출일로부터 30일 이내

b. 법안 제출 시 하원이 휴회 중일 경우, 하원 내 법안 상정일로부터 30일 이내

⑧ 상기 제3항 제b호에 언급된 개헌 법안 또는 개헌 법안의 일부가 특정한 주(하나 이상)와만 관련이 있을 경우, 해당 주의 의회에서 동 개헌 법안을 승인하지 않는 한, 상원은 동 개헌 법안 또는 그 일부를 가결할 수 없다.

⑨ 하원 및 상원(해당하는 경우)에서 가결한 개헌 법안은 승인을 위해 대통령에게 회부되어야 한다.

[터키]

제 4 조 국가형태를 공화국으로 규정한 헌법 제1조의 규정과 공화국의 특징에 관한 제2조의 규정 그리고 제3조의 규정은 개정할 수 없으며 그 개정안을 제의할 수 없다.

[포르투갈]

제 2 편 개헌

제284조 (개헌에 대한 책임 및 소요 시간) 1. 의회는 최종 개정헌법을 발표한 날로부터 5년 후에 헌법을 개정할 수 있다.

2. 단, 의회는 재적의원 5분의 4에 해당하는 과반수의 동의를 통해 언제든지 특별 개헌을 할 수 있다.

제285조 (개헌안 발의 권한) 1. 의원들은 개헌안 발의 권한을 가진다.

2. 어떤 개헌안이 제출된 경우, 그 외의 개헌안은 30일 이내에 제출한다.

제286조 (개헌안 가결 및 입법)

1. 개헌안은 재적의원 3분의 2에 해당하는 과반수에 의해 가결된다.
2. 가결된 개헌안들은 하나의 개정법으로 묶어야 한다.
3. 대통령은 위와 같은 법을 거부할 수 없다.

제287조 (신규 헌법 본문) 1.개헌안 조항들은 필요한 대체, 삭제 및 추가를 통해 적절한 위치에 삽입한다.

2. 헌법의 새로운 내용은 개정법과 함께 공표한다.

제288조 (개헌을 규제해야 하는 사안) 헌법 개정은 다음에 열거한 사항들을 존중한다.

a) 국가의 독립과 단결

b) 정부의 공화 정체 형태

c) 정교분리

d) 국민의 권리, 자유 및 보장

e) 노동자, 노동자위원회 및 노동조합의 권리

f) 생산 수단의 소유와 관련해 공공 부문, 민간 부문, 협동조합 부문 및 사회 부문의 공존

g) 혼합 경제의 틀 내에서 존재하는 경제 계획에 대한 요구 사항

h) 보통·직접·비밀·정기 선거와 비례대표제를 통해 주권 행사 기관, 자치구 산하 기관 및 지방 정부 기구의 선출직 공무원을 임명

i) 다수의 의사 표현과 정치적 기구 (정당을 포함) 및 민주적 반대권

j) 주권 행사 기관들의 분립 및 상호 의존성

l) 법규에 대하여 실질적 합헌성 여부 검토 및 부작위에 따른 위헌성 여부 검토를 받게 하는 것

m) 각 법원의 독립성

n) 지방자치단체의 자치권

o) 아조레스 군도 및 마데이라 제도의 정치·행정적 자치권

제289조 (개헌을 규제해야 하는 상황) 동 헌법의 개정과 관련된 조치는 계엄 상태 또는 비상사태 중에 실시하지 아니한다.

[핀란드]

제73조 (헌법 제정 절차) 헌법의 제정, 개정, 폐지나 한시적 제한에 관한 제안 심의는 두 번째 독회에서 다수결로, 다음 의회 선거 후 첫 회기까지 정지된다. 그 후 제안은 위원회가 보고서를 발행하면 본회의 첫 번째 독회에서 중대한 변경사항 없이 투표수 3분의 2 이상의 찬성으로 채택된다. 단, 제안은 투표수 6분의 5 이상의 찬성으로 긴급한 것으로 선언될 수 있다. 이 경우 제안은 정지되지 않고 투표수 3분의 2 이상의 찬성으로 채택될 수 있다.

김철수

서울대학교 법과대학 졸업
독일 뮌헨대학교 법과대학에서 법학연구
미국 하버드대학교 법과대학 대학원에서 법학연구
법학박사(서울대학교 대학원)
한국공법학회 회장, 한국교육법학회 회장, 한국법학교수회 회장, 탐라대학교 총장, 국제헌법학회 부회장 역임
현재 서울대학교 명예교수, 한국헌법연구소 이사장, 대한민국학술원 회원

[주요 저서]

韓國憲法の50年(1998)
독일통일의 정치와 헌법(2004)
학설·판례 헌법학(상·하)(2008)
학설·판례 헌법학(상)(중)(2010)
헌법과 정치(2012)
법과 정의·복지(2012)
헌법정치의 이상과 현실(2013)
헌법학신론(제21전정신판)(2013)
새 헌법 개정안(2014)

정재황

서울대학교 법과대학 법학과, 동 대학원 졸업
법학박사(프랑스 국립 파리(Paris) 제2대학교)
프랑스 국립 파리(Paris) 제2대학교 초청교수
미국 University of California at Berkeley의 Visiting Scholar
한국헌법학회·한국비교공법학회 부회장
한국공법학회 회장·한국언론법학회 회장·유럽헌법학회 회장
헌법재판소 헌법연구위원, 한국법제연구원 자문위원, 중앙행정심판위원회 위원
홍익대학교 법학과 교수
헌법재판소 세계헌법재판회의 자문위원회 부위원장
대법원 법관징계위원회 위원
현재 성균관대학교 법학전문대학원·법과대학 교수

[주요 저서]

기본권연구 I
판례헌법(1997)
헌법과 행정실무(2000)
헌법판례와 행정실무(2003)
헌법재판개론(2011)
신 헌법입문(2014)

김대환

연세대학교 법과대학 졸업
서울대학교 대학원 법학석사
서울대학교 대학원 법학박사
탐라대학교 조교수
독일 괴팅엔대학교 방문교수
경성대학교 조교수, 부교수
한국헌법학회 총무이사
한국공법학회 부회장, 한국언론법학회 부회장, 유럽헌법학회 부회장, 한국교육법학회 부회장
중앙행정심판위원회 위원, 법제처 법령해석심의회 위원
서울특별시교육청 정보공개심의회 위원장
현재 서울시립대학교 법학전문대학원 교수

[주요 저서 및 논문]

기본권제한의 한계(법영사, 2007)
위헌심사기준론(서울시립대 출판부, 2009)
북한의 법체계(공저, 집문당, 2004)
국가의 국민안전보장의무(공법학연구, 2014)
본질적 내용 침해금지 원칙의 이론과 실제 — 헌법재판 25주년을 되돌아보며 — (헌법학연구, 2013)
개별 기본권의 개정방향 — 헌법재판 25주년을 기념하여 — (세계헌법연구, 2013)
위헌심사의 대상의 관점에서 본 법원과 헌법재판소의 관계(공법연구, 2012)
기본권과 기본의무의 개정 필요성과 방향 — 기본권 총론 부분과 인간의 존엄과 가치 및 행복추구권을 중심으로 — (헌법학연구, 2010)

이효원

서울대학교 법과대학 졸업
서울대학교 대학원 법학석사
제33회 사법시험 합격
서울중앙지검, 법무부 특수법령과, 대검찰청 검찰연구관 등 검사
독일 베를린자유대학교 연수(검사)
서울대학교 대학원 법학박사
독일 연방헌법재판소 연수(검사)
현재 서울대학교 법과대학/법학전문대학원 교수

[주요 저서]

판례로 보는 남북한관계(2012)
남북교류협력의 규범체계(2006)
헌법소송론(공저)(2012)
통일법의 이해(2014)

세계비교헌법

초판인쇄 2014년 10월 20일
초판발행 2014년 10월 30일

엮은이 김철수 · 정재황 · 김대환 · 이효원
펴낸이 안종만

편 집 김선민 · 나경선
기획/마케팅 조성호
표지디자인 최은정
제 작 우인도 · 고철민

펴낸곳 (주) 박영사
서울특별시 종로구 새문안로3길, 1601
등록 1959. 3. 11. 제300-1959-1호(倫)
전 화 02)733-6771
f a x 02)736-4818
e-mail pys@pybook.co.kr
homepage www.pybook.co.kr
ISBN 979-11-303-2660-3 93360

정 가 34,000원